논쟁 없는 시대의 논쟁

리얼리티 TV, 윤리적 관광, 동물실험, 대체의학, 맞춤아기

논쟁 없는 시대의 논쟁

리얼리티 TV, 윤리적 관광, 동물실험, 대체의학, 맞춤아기

영국사상연구소 엮음

박민아 · 정동욱 · 정세권 옮김

이음

논쟁 없는 시대의 논쟁

리얼리티 TV, 윤리적 관광, 동물실험, 대체의학, 맞춤아기

초판발행 | 2009년 9월 30일

엮은이 | 영국사상연구소
옮긴이 | 박민아 · 정동욱 · 정세권
발행인 | 윤병무
발행처 | (주)도서출판 이음
등록번호 | 제313-2005-000137호(2005년 6월 27일)

북디자인 | 조혁준 · 김윤미
종이 공급 | 일급지류(주)
인쇄 · 제본 | 삼성인쇄(주)

주소 | 서울시 마포구 서교동 326-26번지 혜원빌딩 202호 (121-836)
전화 | (02) 3141-6126~7
팩스 | (02) 3141-6128
전자우편 | editor@eumbooks.com

2000년 여름, 런던에서 열린 '영국사상연구소'(Institute of Ideas) 주최의 토론회에 참석한 적이 있다. 일단은 '지구 온난화'라는 주제에 관심이 있었기 때문에 참석을 결심했던 것이지만 새로 만들어진 영국사상연구소라는 기관 자체에도 흥미가 동했다. 영국은 유구한 토론의 전통을 자랑하는 나라이다. 영국에서 국회 방송을 보면 과연 명불허전이라는 생각을 하게 된다. 결코 유머를 잃지 않으면서도 어려운 주제들에 대한 이견을 조정해 가는 과정을 직접 보는 것은 새로운 경험이었다. 물론 정치는 정치인지라 그 뒤에서는 가식과 궤계가 난무할 것이 빤하지만, 최소한 겉보기에는 서로를 인정하는 토론의 전통을 충실히 따르고 있기 때문이다. 이런 전통이 있는데도 영국사상연구소가 토론의 부재, 논쟁의 부재라는 문제 제기를 하는 이유가 궁금했다. 이 기관은 사람들이 토론해야 할 주제들이 무엇인지도 모르고 제대로 된 논쟁도 없다고 주장했다. 그리고 이런 상황을 타개하기 위해 새로운 논쟁의 장을 열겠다고 토론회를 마련했다고 했다.

영국사상연구소가 개최한 첫 번째 토론회. 대형 극장에 많은 사람들이 모였고 환경운동가, 학자, 시민, 그리고 국회의원에 이르는 다양한 사람들이 의견 발표에 귀를 기울였다. 의견을 가진 사람이 대중을 만나는 강연의 전통. 한때 해가 지지 않는 나라였던, 지금은 해가 지는 때가 더 많은 나라가 되었지만 여전히 뒷심을 발휘하는 영국을 지탱하는 강력한 힘이 바로 이것이다. 이미 오래전부터 영국에서는 사소한 과학적 발견에도 사람들이 모여들고 토론의 과정에서 그 결실을 함께 나누어 가졌다. 먼 나라의 이국적인 동물에 대한 이야기, 자석이나 전기가 일으키는 신기한 자연 현상에 대한 설명을 들으러 모인 사람들은 그들의 육체적, 지적 모험을 지지했다. 서로 다른 정치적 주장들을 듣고 타협하는 자리도 빈번하다. 나는 토론회에서, 입장이 서로 다른 사람들이 쏟아내는 다채로운 주장을 때로는 메모하면서, 또 때로는 고개를 저으면서 듣고 있었다. 문득 사회 환경과 맥락은 다르지만 이런 토론들을 언젠가는 우리나라에도 소개하고 싶다는 생각이 들었다. 무엇보다도 이런 토론의 장을 우리나라에서 열 수 있었으면 좋겠다는 희망이 생겨났다.

영국사상연구소의 토론들이 여러 해 동안 진행되고 그 결과물들이 책으로 출간되는 것을 유심히 지켜보다가 그 중 몇 개를 골라 번역해서 내보자는 결심을 했다. 영국 사회가 논쟁을 즐기는 사회임에도 불구하고 이 연구소가 논쟁이 없다고 주장하는 것은 정말 해야 할 논쟁들이 관심의 초점 바깥에 놓여 있다는 판단 때문이었다. 종종 대중매체를 통해 거론되기는 하지만 몇몇 당사자가 포함된 작은 그룹의 테두리를 벗어나면 아무도 관심을 갖지 않는 중요한 주제들은 우리 사회에 더 많다. 이러저러한 정치적, 사회적 이유 때문에 논쟁 자체가 원천 봉쇄되는 주제들도 허다하다. 논쟁보다 권위나 고정관념에 의존하는 사회 분위기는 당면한 문제들을 합리적으로 풀어나가는 데 커다란 장애물이다. 개인이, 그리고 사회가 어떤 결정을 하는 데 필요한 원칙을 확인하는 일은 논쟁이 실종된 사회에서는 불가능하다. 여기에 실린 주제들을 고르면서 이 책이 이런 분위기를 반전시키는 작은 씨앗이 되어주기를 바라는 마음이 간절했다. 여러 해 동안 대입 수험생들을 괴롭히고 있는 '논술'의 답안이 천편일률적인 것은 사교육의 영향 때문인가? 아니, 그보다는 원칙을 확인하는 열린 논쟁이 우리 사회에는 존재하지 않기 때문이라고 보는 편이 좀 더 타당할 것이다. 논쟁이란 한 사회가 나아갈 길을 열고 문제를 해결할 수 있는 상상력의 바탕이다. 그리고 지금의 우리에게는 그러한 상상력의 재료가 없는 것이다.

이 책을 위해 다섯 개의 주제들을 골랐다. 리얼리티 TV, 윤리적 관광, 동물실험, 대체의학, 그리고 맞춤아기.

'리얼리티 TV'는 이제 막 우리 사회에서 사회 현상으로 등장했고 단편적인 비판은 있으나 본격적인 토론이 이루어진 적은 없는 주제이다. 연예인이 보통 사람처럼 등장하거나 보통 사람들이 직접 화면에 출연하는 TV 프로그램의 인기는 상한가를 치고 있지만 그것이 어떤 의미인지를 진지하게 따지는 경우는 드물다. 더구나 리얼리티 TV를 둘러싼 논쟁이 원리적으로는 '진실'과 '실제'를 둘러싼 심오한 철학적 논쟁과 연결된다는 것을 알고 있는 사람들이 얼마나 될까? 상대주의의 위세가 대단한 이 시기에 '진실처럼 보이는 것'에 열광하는 이유는 도대체 무엇일까?

'윤리적 관광'은 그 용어 자체가 생소하다. 무슨 뚱딴지같은 소리인가 하며 고개를 갸우뚱할 사람도 많을 것이다. 휴가철이면 서울이 텅 비고 세계의 오지(奧地) 구석구석까지 소개하는 여행 서적들이 불티나게 팔려나가는 현실을 보라. 우리 사회에서도 이제 여행은 일상화된 듯하다. 그렇지만 그 행위에 대한 성찰은 찾아보기 힘들다. 내가 좋아서 내 돈으로 가는 여행에서 그곳 사람들을 고려해야 할 필요는 있을까? 독재 국가를 여행하는 것은 정치적으로 올바른가? 내가 안기고 싶은 자연을 찾는 것이 결국 그것을 훼손하는 결과를 낳는다면 나는 여행을 그만두어야만 하는

가?

'동물실험'이라는 주제에 대해서는 그 자체에 반감을 갖는 사람의 숫자도 제법 될 것이다. 하지만 동물권이라니 이것은 또 무슨 이야기인가? 개 고기를 먹는 습관을 비난하는 몇몇 배부른 서양인들의 잠꼬대 같은 소리 아닌가? 하지만 인간의 이익과 동물의 고통을 고민하는 사람들이 실제로는 인간과 인간성이란 무엇인가에 대해 깊은 성찰을 하고 있다는 것을 알고 있는 사람은 드물다.

'대체의학'과 관련된 논쟁이 벌어지는 것은 인간을 이해하는 동서양의 방식이 다르기 때문임을 어렴풋이 짐작할 만한 사람들은 많다. 그래서 이 논쟁을 진부한 것이라고 지레 짐작하는 잘못을 범하기 쉽다. 하지만 장담하건데, 제도화된 의료 서비스 정책을 입안하는 사람들에게는 이것이 의료의 범위와 내용과 관련된 철학적, 실천적 고민의 문제라는 것을 명확히 알고 있는 사람들은 별로 없을 것이다. 적어도 우리나라에서 그것이 공적인 영역에서 토론의 주제가 된 적은 없다.

황우석 박사와 관련된 논란 속에서 일반인들도 제법 유전자 조작이나 '맞춤아기'에 대한 기술적인 문제들에 '정통'하게 되었다. 하지만 우리 사회에서는 많은 사람들이, 맞춤아기와 관련된 논쟁에는 기술적인 내용이 아니라 정상과 비정상을 나누는 사회의 기준을 마련한다는 훨씬 심오한 의미가 담겨 있다는 것을 간과한다.

이 책에서 다루는 위의 다섯 가지 주제들과 그 논쟁을 따라가다 보면 우리 사회의 많은 사람들이 얼마나 모든 주제들을 수박 겉핥기식으로 이해하고 있는지를 확인할 수 있다. 왜 문제가 되는지에 대한 깊은 이해 없이 한두 사람의 주장에 이리저리 휘둘리는 경우가 많다. 이러한 상황에 이르게 된 가장 큰 이유는 우리 사회에 진정한 의미의 논쟁이 없기 때문이다.

원칙을 확인하면서 합리적으로 진행되는 논쟁은 사회의 지적 자원을 풍부하게 늘리는 역할을 하면서 그 사회가 민주주의 원칙에 어긋나지 않는 좋은 결정을 내릴 수 있도록 돕는 역할을 해낸다. 하지만 우리 사회는 이데올로기의 과잉이라는 질병을 앓고 있고 목적이 분명하지 않은 대중 선동에 취약하다. '허구로 만든 진실'에 쉽게 미혹되고 이내 냉정함을 잃는다. '정쟁'은 허다하지만 '논쟁'은 없는 까닭이다.

　다른 목소리는 여러 곳에서 흘러나온다. 그리고 그 목소리들은 모두 근거를 가지고 있다. 하나의 목소리가 다른 목소리들을 힘으로 덮어버리는 것, 그것이 차이를 지우기에는 가장 손쉬운 방식일 것이다. 하지만 그 결과는 어떤 방식으로든 힘을 획득한 사람들에게만 이득을 안겨주게 된다. 이러한 상황은 힘을 얻기 위한 눈먼 열정만을 자극할 뿐이다. 나는 다른 목소리를 인정하면서 타협점을 찾아나가는 논쟁이 우리 사회에서 만발하기를 바란다. 비록 이 책은 다른 나라에서 진행된 논쟁을 담고 있지만 이를 굳이 번역하여 우리 사회에 내놓는 이유는 그 기대를 실현하기 위한 출발점을 제공할 수 있다고 믿기 때문이다. 이 책에서 제공하는 기본적인 사실과 지식들도 흥미롭다. 하지만 이 책을 읽는 독자들이 논쟁을 하는 태도, 논쟁에서 확인해야 할 원칙, 그리고 논쟁의 결과들을 실질적인 정책으로 끌어내는 방식을 배울 수만 있다면 더 이상 바랄 것이 없겠다.

　마지막으로, 각각 독립적으로 출간된 책들 중에서 우리나라에 필요한 주제들을 골라 한 권의 책으로 묶어내겠다는 무리한 제안을 흔쾌히 수락해준 영국사상연구소에 감사의 말을 전한다.

2008년 9월,
주일우

일러두기

* 논자들의 주(註)는 이 책 맨 뒷부분에 '논자 주(註)'로 편집했다.
* 논자 소개 및 옮긴이 주(註)는 각 페이지 하단에 '각주'(脚註)로 편집했다.

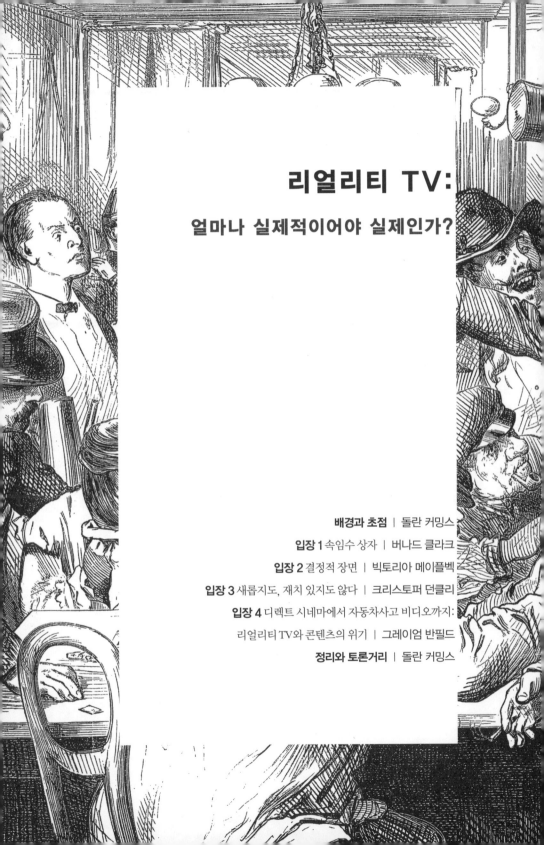

리얼리티 TV:

얼마나 실제적이어야 실제인가?

돌란 커밍스*

리얼리티 TV라는 개념은 이상하다. 여기에 담긴 함의는, 다른 TV는 아무래도 실제가 아니라는 것이다. 한편으로 보면 이 말이 분명 맞는 것이기는 하다. 픽션인 것이 분명한 드라마는 제쳐두더라도, 게임쇼, 스튜디오에서 진행하는 뉴스 프로그램, 시트콤 등 주로 인위적인 형식들이 TV를 채우고 있다. 심지어는 다큐멘터리조차도 그릇된 인상을 주는 관행을 따르곤 한다. 예를 들면, 진행자가 곧이어 나오게 될 내용을 모르는 척하면서 다큐멘터리를 시작하는 식으로 말이다. 그렇다면 리얼리티 TV는 정말로 이런 규칙에서 예외적인 것인지, 아니면 그 자체의 비실제적인(unreal) 관행을 따르는 것인지에 관해 질문을 던져볼 수 있을 것이다.

그렇다면 리얼리티 TV란 무엇일까? 참가자들이 멀리 떨어진 장소나 무인도에서 살아남아야 하는 ITV의 『서바이버』(*Survivors*)부터 젊은 남녀

---

* 돌란 커밍스(**Dolan Cummings**)는 영국사상연구소(Institute of Ideas)에서 활동하고 있으며 『논쟁』 예술, 미디어 분야의 책임 편집자이다. 『세사미 스트리트를 찾아서』(*In Search of Sesame Street: Policing Civility for the 21st Century*)[Sheffield Hallam University Press, 1999]의 저자이며, www.spiked-online.com에 매주 텔레비전 칼럼을 쓰고 있다.

들을 이성끼리 엮어주는 E4의 『체인드』(*Chained*)에 이르는 많은 예들이 여기에 포함된다. BBC의 『드라이빙 스쿨』(*Driving School*) 같은 다큐드라마(docusoap)*나 ITV의 『팝스타』(*Popstars*)와 같은 연예인 발굴 프로그램이 리얼리티 TV 논의에 포함되기도 한다. 어떻게 해서 이런 갖가지 프로그램 모두를 동일한 장르에 속하는 것으로 여기게 되었을까? 이 장의 논자들이 이야기하고 있듯이, 이 프로그램들이 갖는 공통점은 '보통 사람들'을 선호한다는 점이다.

버나드 클라크의 에세이에 따르면 리얼리티 TV는 장구하고도 흥미로운 전사(前史)를 지니고 있다. 『빅브라더』(*Big Brother*)가 나오기 훨씬 전부터 다큐멘터리 제작자들은 '실제 사람들'을 TV에 내보내 그들로 하여금 자신의 이야기를 말하게 하고 싶어했다. 그렇지만 요즘에 리얼리티 TV로 논의되는 것들은 이와는 많이 다르다. 흔히 요즘의 리얼리티 TV라 여겨지는 것들은 일반인을 별난 상황 속에 던져놓거나, 때로는 상을 두고 경쟁하게 만들거나, 때로는 시청자를 참여시키기도 한다. 제작자들은 이 프로그램들에 다큐멘터리나 인류학적인 가치가 있다고 주장하기도 하지만, '리얼리티 TV'라는 이름은 일반적으로 오락프로그램에 붙여진다. 그렇다고는 해도 리얼리티 TV의 '윤리'(ethic)는 사실적 프로그램(factual programming)**에까지 광범위하게 영향을 미쳤다. 예를 들자면 철기시대나 1차 세계대전기의 생활 조건 속에서 일반인들을 살게 만드는 식으

---

* 다큐멘터리처럼 대상을 수동적으로 관찰하는 스타일을 취하지만 '플롯'에 따라 편집이나 상황설정이 정해져 있는 방식으로, 다큐멘터리와 연속극 드라마(soap opera)의 중간이라는 의미에서 다큐숍(docusoap)이라고 부른다.
** '사실적 텔레비전'(factual television), '사실적 프로그램'(factual program)은 실제 인물이 겪는 실제 사건을 다루는 TV의 한 장르이다. 리얼리티 TV가 사실적 텔레비전의 대표적인 예에 해당되며, 이외에도 다큐멘터리와 관찰 다큐멘터리, 플라이-온-더-월, 다큐드라마 등이 여기에 포함된다.

로, 점점 더 재현(reconstruction)의 형태를 취하는 역사물들이 많아지고 있다. TV 종사자라면 '리얼리티'라는 요소를 가진 프로그램 아이디어들이 기존의 아이디어보다 훨씬 막강한 권한을 갖는다는 사실을 누구나 알고 있다.

리얼리티 TV의 전형이라 할 수 있는 『빅브라더』에서는 일군의 경쟁자들을 카메라가 설치된 특수 설계된 집에 살게 하면서 하루 24시간 동안 이 '동거인들'을 촬영한다. 경쟁자들은 그 보상으로 여분의 음식이나 향응을 제공받기 위해, 다양한 방식으로 상호작용을 하기 위해, 그리고 서로를 알아가기 위해 주어진 임무를 수행한다. 매주, 참가자 각각이 가장 싫어하는 동거인을 지목하여 최다 득표자 두 명이 발표되면, 대중들이 그 중 집에서 나가게 될 한 사람을 뽑게 된다. 이런 식으로 참가자들은 점점 줄어들고 가장 마지막에 남는 사람은 승자가 되어 상금을 획득한다.

『빅브라더』가 인기를 끌 수 있었던 데에는 '실제 사람들'이 나온다는 점도 작용했다. 무명의 누군가가 특별한 재능이 있어서가 아니라 단지 매력적이라는 이유만으로 일약 스타가 되는 것이다. 이런 점에서 『빅브라더』는, 말 그대로 인간적 매력의 경연장이다. 그보다 더 중요한 점은 경쟁자들의 운명이 더 '평범한 사람들', 즉 시청자 본인의 손에 달려 있다는 점이다. 이런 이유 때문에 『빅브라더』는 민주적이라고까지 묘사되기도 했다. 국회의원 선거 투표율이 기약 없는 내리막길을 걷고 있는 반면에 『빅브라더』의 전화 투표에는 수천 명의 사람들이 참가한다. 그래서 보통 사람들에게는 웨스트민스터에서 일어나는 일보다는 『빅브라더』의 집에서 일어나는 일이 더 '실제'로 느껴지는 것이 아니겠느냐고 하는 주장이 제기되기도 했다.

리얼리티 TV의 비판자들은 이런 미사여구가 문제라고 생각한다. 리얼리티 TV가 강렬하게 부각된 것은 1990년대 중반에 등장한 '저속화'

(dumbing down) 논쟁에서였다. 우리 문화가 저속하고 우둔해지고 있으며 TV와 여타 미디어는 '가장 저질적인 공통분모'(섹스, 연예인, 관음적인 선정주의)에 맞춰가고 있다는 주장이 제기되었던 것이다. 이런 시각에서 본다면 빅브라더 참가자들의 '평범함'은 결코 칭송받을 만한 것이 아니다. '민주적인' TV라는 관념이 재능의 하향평준화와 도덕적 규범의 포기를 의미하는 것이 확실하다면, 리스(Reith) 식의 이상을 믿는 사람들에게는 혐오스럽게 여겨질 것이다(리스 경[Lord Reith]은 BBC의 설립자로서, 방송은 평균적인 시청자들보다 약간 높은 수준을 목표로 삼아 시청자들을 진보시켜야 한다는 이상과 관련이 있다). 리스 식의 이상은 단순히 '사람들이 원하는 것만을 주기'보다는 더 나은 것을 제공해야 한다는 것인데, 결국에는 사람들이 그 진가를 깨닫게 될 것이라는 믿음에 기초하고 있다.

좋건 나쁘건 간에 이런 생각은 오늘날의 문화에 퍼져 있는 반엘리트주의와 충돌하게 된다. 권위자가 (혹은 어쨌든 누군가가) 무엇이 더 나은지를 결정해야 한다는 생각은 금기시되고 있다. 영국 필름 및 텔레비전 예술 아카데미(British Academy of Film and Television Arts, BAFTA)가 개최했던 세미나에서 『빅브라더』 제작의 핵심 인물인 연예제작사 엔데몰(Endemol)의 개리 카터(Gary Carter)는 리얼리티 TV의 미래에 관해 연설을 했다(2002년 2월 25일). 카터는 미디어를 분명한 권위의 원천으로 여기던 시절부터 좀 더 비판적이고 영리하게 대하게 된 때에 이르기까지, 지난 두 세대 동안 TV에 대한 대중들의 태도가 어떻게 변해왔는가를 설명했다. TV가 처음 등장했을 때 사람들은 그것이 객관적 실제를 반영한다고 생각했다. BBC의 진행자는 단지 TV에 나오는 사람이 아니라 'TV 속의 그 사람'이었다. 이제 40대가 된 그 다음 세대의 사람들은 TV가 역사를 지니게 되었을 무렵, 그래서 TV가 단순한 실제의 반영이 아니라 문화의 일부라는 것을 이해하게 되었을 무렵에 성장했다. TV에 관한 TV마저 등장하게 되었고, 사람들도 미디어에 대해 좀 더 비판적으로 사고하기 시작했다.

오늘날 'TV 속의 그 사람'은 하이테크 멀티미디어 시대를 채우는 왁자지껄한 소리 중 하나에 불과하다. 특히 젊은 사람들은 미디어를 그 자체로 맹목적으로 존경하지 않는다. 그들은 다큐멘터리가 주관적이라는 점을, 뉴스와 시사 프로그램이 한 쪽으로 혹은 다른 쪽으로 편향될 수 있다는 점을 당연시한다. 이는 우리가 실제를 이해하는 방식에 큰 변화가 생겼다는 것을 보여주는 것이다. 단순히 요즘 사람들이 좀 더 약아졌기 때문에 TV를 통해 보는 것을 곧이곧대로 믿지 않으려 한다는 의미가 아니다. 물론 그럴 수도 있지만 말이다. 오늘날에는 객관적 실제가 존재한다는 사실조차도 더 이상은 당연시되지 않고 있다.

실제 세계의 합의된 지표가 부재한 이 상황에서는 방송국도 그들이 한 때 누렸던 것과 같은 권위를 요구할 수 없게 되었다. 이제 프로그램 제작자들은 시청자들을 끌어들이고 시청자들과 만날 다른 방법을 찾아야만 한다. 이는 BBC의 주요 관심사이기도 하다. '오락, 정보전달, 교육'이라는, 리스 경이 만든 유명한 BBC의 사명은 이제 '만남'(connect)을 포함하는 방향으로 새롭게 바뀌어가고 있다. 이를 위한 해결책이 개리 카터에게는 시청하는 프로그램을 컨트롤할 수 있는 막강한 권한을 시청자들에게 주는 것이었다. 리얼리티 TV의 '민주적' 측면이 힘을 발휘할 수 있는 것이 바로 이 지점이다. 텔레비전 프로그램과 직접 상호작용할 수 있는 기회를 제공하면 사람들이 미디어와 관련을 맺는 방식 또한 근본적으로 바뀌게 된다. 시청자들은 인터넷과 휴대폰까지 사용하여 TV를 따라가고 하고 싶은 말을 한다. 젊은이들은 방송국이 선택한 정보를 방송국에서 적합하다고 보는 방식과 때에 맞춰 받아들이기보다는, 자신들의 라이프스타일에 미디어를 맞추고 미디어가 자신들의 관심을 반영하기를 바란다.

이 모든 것이 분명한 사실이라면, 리얼리티 TV는 대중 생활과 사회적 관습에 일어난 큰 변화의 일면에 불과할 것이다. 이어지는 네 편의 에세이에서는 이 특별한 현상을 심도 있게 살펴봄으로써, TV 방송 편성의 최신 경향뿐만 아니라 우리 사회 전반에 걸쳐 일어나는 이러한 변화들에 대해 많은 것을 알려줄 것이다.

버나드 클라크(Bernard Clark)는 1970년대 '보통 사람들'에 관한 프로그램을 제작했던 자신의 경험에 비추어 다큐멘터리의 역사를 살펴본다. 클라크가 보기에, TV 프로그램이 '실제'라는 생각은 언제나 힘을 얻기 힘들었다. 의도적이든 아니든 간에 프로듀서나 편집자들은 현실을 왜곡할 수밖에 없기 때문이다. 클라크는 자신의 초기 작품들이 제한적이기는 했지만 참신한 수준에서 리얼리즘을 달성했다고 생각한다. 그러나 다큐멘터리의 대상들이 점점 영리해지고 TV가 자의식 강한 중산층으로 관심을 돌림에 따라 리얼리즘의 표방은 점점 더 어려워져갔다. 다큐멘터리가 힘을 잃게 되면서 오늘날 실제라고 여겨지는 것 또한 많이 달라졌다. 클라크는 리얼리티 TV는 용어상으로도 모순적이라고 생각하며, 프로듀서가 실제를 다룬다고 주장하면 할수록 그것이 진실일 가능성은 더 낮아진다고 주장한다.

빅토리아 메이플벡(Victoria Mapplebeck)은 클라크가 이야기를 마친 그 지점에서 이야기를 시작한다. 그녀는 전통적인 다큐멘터리가 주장하는 객관성이라는 것에 대해 회의적이다. 대신에 메이플벡은 다큐멘터리 제작에 관한 새로운 모델을 제시한다. 프로듀서들이 진실을 직접적으로 보여주는 척하기보다는, 그들의 대상으로 하여금 직접 말하도록 하고 시청자들이 스스로 결론짓도록 해야 한다는 것이다. 메이플벡은 그 일례로서 웹캠, 즉 사람들을 하루 24시간 관찰할 수 있으며 인터넷을 통해 이를 곧장 볼 수 있게 해주는 이 소형 카메라의 잠재력에 대해 논한다. 그녀는 자신의 프로그램 『스마트 하트』(*Smart Hearts*)에서 웹캠을 사용한 적이 있기 때문에 편집권과 접근권 사이에 타협이 이루어져야만 한다는 점은 알고 있지만, 때로는 후자를 위해 전자를 희생할 만한 가치가 있다고 생각한다. 메이플벡은 리얼리티 TV를 관음증의 한 형태라고 하는 논의는 이 접근법을 통해 반박할 수 있을 것이라고 주장한다. 출연자가 동의하는 한, 관음증이라는 비난은 진부한 비판 이상이 될 수 없기 때문이다.

그 다음 에세이에서는 크리스토퍼 던클리(Christopher Dunkley)가 리얼리티 TV를 두 가지 측면에서 비판하고 있다. 첫째, 리얼리티 TV는 흔히 주장하는 것처럼 그렇게 새로운 것이 아니라는 점이다. 멀리 떨어진 섬에 고립되어 있는 사람들을 찍는다는 식의 아이디어는 1950년대로까지 거슬러 올라갈 수 있다. 이보다 더 중요하게도, 던클리는 소위 리얼리티 TV 라고 하는 장르가 다큐멘터리가 아니라 게임쇼에서 기원했다고 주장한다. 던클리는『빅브라더』같은 프로그램은 폴 왓슨(Paul Watson)의『패밀리』(*The Family*)보다는 엉뚱하기 그지없었던『K. O.』(*It's a Knockout*)와 훨씬 많은 공통점을 갖는다고 주장한다. 프로듀서들은 실제 세계를 상세히 기록하는 것보다는 많은 시청자들을 즐겁게 만드는 데 더 큰 관심을 보인다. 던클리가 제기하는 두 번째 문제는 리얼리티 TV가 출연자를 희생시킴으로써 그 재미를 끌어내는 양상이 점점 더 심해지고 있다는 점이다. 소소하게는, 리얼리티 TV는 사람들을 카메라 앞에서 바보가 되게 만든다. 더 심각하게는 리얼리티 TV가 감정적 노출에 힘입어 번창한다는 점이 문제이다. 빅토리아 메이플벡이 이를 진지한 다큐멘터리가 갖춰야 할 중요한 요소라고 지적했던 반면, 던클리는 가벼운 오락적 가치를 위한 창피주기일 뿐이라고 말한다.

그레이엄 반필드(Graham Barnfield)의 에세이는 주로 다큐멘터리의 전통에 대해 다루고 있다. 던클리처럼 반필드 역시 다큐멘터리와 오락물을 구분 지으려 하지만, 반필드는 최근의 다큐멘터리가 리얼리티 TV에 중요한 영향을 미쳤다고 본다. 그는 다큐멘터리 제작의 두 양식인 시네마-베리테(ciné-verité)와 디렉트 시네마(direct cinema)가 1960년대의 리얼리즘과 권위에 대한 지배적인 태도를 어떻게 표현했는지를 살펴본다. 두 양식 모두는 객관성 확보의 어려움을 인정하면서도 진실에 최대한 가까이 다가가기 위해 서로 다른 방식으로 노력해왔다는 것이다. 반필드는 이를 달성하기 위한 최선의 방법이 무엇인가를 두고 논쟁이 벌어졌다는 사실이 중요하다고 생각한다. 다큐멘터리의 기술적 측면에 대해 제작자들이 몰두한다는 것은 그 기저에 놓인 콘텐츠에 대해 그들이 열정적 관심을 갖고 있다는 것이다. 반필드의 주장에 따르면, 리얼리티 TV의 부상은 객관적 실제에 대한 신념의 상실을 반영하는 것이다. 과거에는 '진실'에 대해 치열하게 논쟁을 벌였던 반면, 역설적으로 오늘날의 상대주의적인 풍조 속에서는 '실제'라는 이름표를 무비판적으로 받아들이고 있다.

비판적 사고의 정신이라는 측면에서, 리얼리티 TV라 할 만한 것이 진짜로 존재하는가에 대해서는 질문해볼 만한 가치가 있다. 리얼리티 TV는 금세 지나갈 유행이자 가벼운 오락물에 불과하므로 진지하게 고민할 필요가 없다고 주장하는 사람들도 있다. 그러나 리얼리티 TV가 확고한 지위를 얻었다고 한다면, 이것은 그저 자체의 관행을 따르는 새로운 장르에 불과한 것일까 아니면 TV라는 미디어에 밀어닥친 대규모의 변화를 반영하는 것일까? 논쟁을 시작하면서, 우리는 독자들이 이 장으로 인해 리얼리티 TV라는 색다른 세계에 대해 비판적으로, 풍부한 상상력을 발휘하여 사고할 수 있게 되기를 바란다.

속임수 상자

버나드 클라크*

몇 년 전, 나는 공장의 식품 생산 공정을 조사한 적이 있다. 아이스크림은 돼지 지방으로 만들고 커피 가루에는 인공향을 입히며 위스키에는 화학적으로 향을 첨가한다. 또 고기에는 보통 스웨터에 사용되는 것보다 더 많은 염료가 포함되어 있다. 이 조사는 우리가 먹는 음식 중에 '진짜'(real)인 것이 매우 드물다는 것을, 또한 포장지에 적힌 내용과 제품의 인공성은 보통 반비례한다는 것도 보여주었다. 전통적으로 그래왔던 것처럼, 인공적으로 만들어진 상품일수록 포장지에는 특별히 믿을 만하다고 적혀 있었기 때문이다.

'리얼리티 TV'에 관한 에세이의 시작이라고 하기에는 이상해 보일 수도 있지만, 내게는 공통점이 분명해 보인다. 그 이름이 '관찰 다큐멘터리'

---

* **버나드 클라크(Bernard Clark)**는 30년 동안 해외특파원, 뉴스진행자, PD, 다큐멘터리 제작자, 독립PD 등의 일을 하며 방송에 종사해왔다. BBC의 『와치독』(*Watchdog*)과 『북마크』(*Bookmark*), 채널4의 『하드 뉴스』(*Hard News*)를 기획하기도 했으며, 1980년대 초에는 클라크 TV를 시작했는데 이는 영국의 주요 방송국과 많은 해외 방송국, 그 중에서도 특히 미국과 일본에서 시리즈와 다큐멘터리로 만들어졌다.

이든 '플라이-온-더-월'(fly-on-the-wall)*이나 '실화 드라마'(real-life-soap)이든 아니면 또 다른 무엇이든 간에, 수많은 '리얼리티 TV'가 포장된 패스트푸드점의 햄버거보다 더 진짜라고 할 수는 없으며, 그 영양가는 오히려 더 떨어지기도 한다. 진정성이 떨어지는 프로그램일수록 '유례없는 접근'이라고 떠벌리면서 '사실'인 척하는 것이다.

리 얼 리 티   T V 의   기 원

소비자들의 요구 때문에, 이같은 균질화는 공산품에서 그랬던 것처럼 사실적 텔레비전(factual television)에서도 일어나고 있다. 텔레비전도 결국 장사니까 말이다. 사람들이 고기처럼 꾸민 죽은 동물 몇 점을 먹고 싶어하면, 누군가가 어디에선가 그것을 제공한다. 텔레비전도 마찬가지다. 다큐멘터리 프로듀서들은 정체를 숨긴 오락물을 대중들에게 제공했다. 아마추어 연기자들이 사랑에 빠졌다가 그 사랑이 깨진 척하고, 나이든 여성이 운전을 배우는 척하며, 한 가족이 자신들의 증조부가 살던 시대처럼 생활하는 식의 프로그램들을 제공한 것이다. 그동안 TV는 시장에 나온 가짜 상품들을 폭로해왔지만, 이제는 렌즈의 줌(zoom)을 자기 자신에게로 돌릴 때가 되었다. 왜냐하면 '리얼리티 TV'는 새로운 현상이자 실로 새로운 개념이기 때문이다. 30년 전까지는 다큐멘터리를 가리켜 오늘날의 의미로 '사실적'이라고 말하는 사람이 없었다. 묵직한 장비가 필요하고 필름은 너무 비쌌던 탓에 모든 것이 카메라에 맞춰 준비되었기 때문이다.

....

* '플라이-온-더-월' (fly on the wall)은 영화나 TV에서 사용되는 다큐멘터리 제작 양식의 하나로, 마치 '벽에 붙은 파리'가 보는 것처럼 사건에 직접 개입하거나 방해하지 않고 사건을 있는 그대로 촬영하는 양식이다.

예를 들어 리처드 카우스튼(Richard Cawston)의 1969년 작 BBC 다큐멘터리 『로얄 패밀리』(*The Royal Family*)에서 여왕이 자연스러운 실제 생활을 드러냈을 것이라고 말하는 사람은 아무도 없었다. 그저 전보다는 덜 공식적인 '장면들'(set-ups)을 어렴풋이나마 보게 될 것이라고들 했다. 여왕이 직접 운전을 하거나 자신에게 알랑거리는 추종자들과 잡담하는 것—정말로 말을 했다—에 살짝 충격을 받았던 기억은 나지만, 그 프로그램이 주는 전반적인 인상은 평범한 사고방식을 가진 보통 여성이 비범한 삶을 살고 있다는 것이었고, 그 자체로도 무엇인가를 보여주는 내용이었다. 하지만, 사실은 프로그램 전체가 연출된 것이었다. 심지어는 여왕의 애완견마저도 카메라 앞에서 연기를 하는 것처럼 보였다. 제작자도, 왕실 사람들도 그렇지 않은 척은 하지 않았다. 30년 전에는 이것이 전형적인 다큐멘터리였고, 그것은 계급의식이 강하고 정중하며 조심스럽고 신중했다. 즉, 제 분수를 지킬 줄 아는 예술 방식이었던 것이다.

카우스튼이 『로얄 패밀리』를 마무리할 무렵, BBC 켄싱턴 사옥(Kensington House)의 복도 저편에서는 그의 또 다른 팀이 혁명을 준비하고 있었다. 폴 왓슨(Paul Watson)이 사실적 텔레비전의 성격을 바꾸게 될 완전히 새로운 개념의 프로그램을 진행시키고 있었던 것이다. 아이러니하게도, 이 프로그램의 제목도 『패밀리』(*The Family*)였다. 레딩(Reading)에 사는 윌킨스라는 이름의 초라한 가족을 다루고 있기는 했지만 말이다. 솔직한 방식의 딱딱한 전통적 다큐멘터리와, 평범한 노동 계급에 대한 도전적이고 통속적인 쇼를 병렬로 배치한 그 방식이 '리얼리티 TV'의 초석이 되었다. 물론, 당시 1970년대 초에는 아무도 그렇게 부르지 않았지만 말이다. 당시에는 아이디어가 너무나 마구잡이였기 때문에 그런 고상한 표현을 붙이기는 힘들었다. 그것은 그냥 본능적인 실험적 과정으로서 적당히 재밋거리를 보여주어 윗사람을 납득시킬 수만 있으면 그만이었다.

1973년 맨체스터 그라나다의 존 슬레이터(John Slater)는 이렇게 말했다. "훌륭한 감독은 무(無)로부터도 작품을 만들어낼 수 있어. 어디서든, 언제든, 사전 조사나 줄거리 없이도 말이야." 우리는 꽤나 긴 기차여행을 하는 중이었고, 와인을 마시더니 그는 꿈꾸는 듯한 얼굴이 되었다. "지도 위에 다트를 던지는 거야. 다트가 꽂히는 곳이 어디든 거기로 제작진을 끌고 가서 그곳의 거리에 관해 찍는 거지. 정말 멋질 거야." 당시에 슬레이터는 내 상사였는데, 확실히 좀 미친 것 같은 사람이라 나는 몸서리를 치며 몇 주 동안 그를 피해 다녔다. 하지만 복도에서 마주칠 때마다 그는 똑같은 주문을 되풀이했다. "버나드, 거리로, 어느 거리든 좋으니까 거리로 나가 작품을 찍어 와. 찍어오라고." 그래서 결국에는 낙담한 심정으로 샐퍼드(Salford)의 그라나다 스튜디오에서 가장 가까운 클라크 거리(Clark Street)를 골랐고, 어느 날 아침 카메라맨 마이크 블레이클리(Mike Blakely)와 함께 마구잡이로 촬영을 시작했다. 클라크 거리는 전형적인 『코로네이션 거리』(Coronation Street)*와 닮은 곳이었다. 100야드 정도의 거리에 양쪽으로 지상, 지하로 각각 2층씩인 집들이 수십 채나 늘어서 있으며, 화장실은 집 밖에 있고 현관 계단은 낡아 있었다. 마이크가 "어떤 이야기를 할 거야?"라고 묻길래, 나는 어깨를 으쓱하며 "그런 거 없어"라고 말했다. 음향 담당이 "비행기 사고라도 있게 해달라고 빌자"고 중얼거렸지만 아무 일도 일어나지 않았다. 비가 오기 시작했던 것만 빼고는 말이다. "내가 좀 분위기 있게 찍어볼게." 고맙게도 마이크는 그렇게 말해주었다.

그때 앞에 있던 문이 열리고 연세 많은 부인이 컵 세 개가 놓인 쟁반을

---

* 영국 그라나다 프로덕션에서 1960년부터 만들기 시작하여 현재까지 40년이 넘도록 진행되고 있는 연속극. 코로네이션 거리에서 살아가는 다양한 사람들의 삶의 이야기를 다루고 있다. 극중에서 맨체스터의 한 거리라고 설정되어 있는 가상의 코로네이션 거리는 노동계급들이 주로 사는 거주지를 본딴 것이다.

들고는 뒤뚱거리며 나오더니 우리에게 물었다. "테레비에서 왔수? 여기서 뭐하우?" 지금도 그 부인의 이름이 기억난다. 랭그리지 부인(Mrs. Langridge). "아~, 이 거리에서 일어난 사랑이며 얘깃거리 따위를 말해 드릴께." 마이크가 카메라를 켰다. "8호에 사는 여자가 있는데, 아들이 그 남편의 애가 아니야. 남편은 자기 애라고 생각하지만, 아니지, 아니라니까. 또, 19호에 사는 사람들은, 참견할 일은 아니지만, 뭐 그렇게 살 수도 있고 그렇게 살게 돼도 그만이지만……." 마이크가 촬영을 계속하면서 그녀의 얼굴 바로 앞에 마이크를 가져다대자, 랭그리지 부인은 누가 엿듣지나 않는지 확인하려고 좌우를 살핀 후 다시 말하기 시작했다. "이봐, 이건 비밀로 해야 하는데, 그 여자는 집안에 있어. 전기 계량기를 보면 알 수 있는데, 그런대로 괜찮은 모양이야." 그것이 『클라크 거리』의 시작이었고, 내게는 '리얼리티 TV'의 시작이었다.

매주 나는 아무 거리나 골랐고, 자신들과 이웃의 삶을 이야기하는 것만으로 그 거리에 사는 사람들은 콘텐츠가 되고 스타가 되었으며, 방송은 58회까지 방영되었다. 쇼는 즉각 인기를 얻었지만, 정작 우리는 왜 그런지를 이해하지 못했다. 간부 중 한 사람은 자신이 이해했다고 생각하며 이렇게 말했다. "자기들의 생활처럼 별달리 특별한 일이 일어나질 않잖아. 또 사실적이고." 내가 보기에는 두 설명이 모두 틀렸다.

절 대 심 심 하 지 않 은 시 간

샐퍼드에 있는 그 거리에는 30가구에 연금으로 살아가는 40명 등, 160명이 살고 있었다. 통계적으로 보면, 매년 그 거리에서는 2.4명이 죽고 비슷한 수가 태어나며, 두 쌍보다 약간 적게 결혼을 하고 한 쌍이 이혼을 한다.

매해 다섯 집의 주인이 완전히 바뀌는데 그에 따라 새로운 이웃에 대해 궁금해하게 되고, 고양이를 몇 마리쯤 잃어버리고 또 몇 마리의 개가 죽는다. 이런 것은 시작에 불과하다. 좀 더 깊이 들어가보면 가정폭력, 중증 질환, 삼각관계 같은 것이 있고 여학생과 도망가버린 36호의 이상한 남자가 있다. 54채의 평범한 집들이 모여 있는 이 거리에서 아무런 일도 일어나지 않는다고 말할 수 있겠는가? 랭그리지 부인이 말했던 것처럼, "이봐, 뭐든지 일어난다니까, 절대 지루하지가 않아. 23호에 사는 이베트는 축구 도박으로 19,000파운드를 따서, 크루즈에 갔다가 그 이름이 뭐라던가 하는 여자랑 만났어. 우리는 그 여자들을 '여자친구'라고 부르는데, 괜찮더라고. 좋아."

저런 것이 이야기가 될까? 당신은 그렇다는 쪽에 걸 것이다. 거리의 시청자들에게 저런 이야기는 통속 드라마처럼 평범하면서도 특별하고 대단히 재미가 있다. 프로그램이 그처럼 인기 있던 이유는 바로 여기에 있다. 가까이에서 본 숨김없고 솔직한 모습. 그렇다. 우리가 찍은 것은 현실적인, 실제 생활이었던 것이다. 랭그리지 부인이 '비밀로 해야 하는데'라고 하면서도 마이크를 염두에 두지 않았던 것은 촬영진과 나를 그녀가 매일 밤 보는 텔레비전과 연관지어 생각할 수 없었기 때문이다. 그녀에게 우리는 장비를 몇 개 들고 다니는 꾀죄죄한 트리오에 불과했다. 사실 그녀는 내가 리포터라는 것을 알고 있으면서도 텔레비전과 실제로 연결시켜 생각하지는 못했고, 자기 집 거실 구석에 있는 속임수 상자 속에 그녀 자신이 실제로 나오게 되리라는 생각도 하지 못했다. 그녀에게 텔레비전은 너무나 대단한 것이어서 그녀가 사는 평범한 거리에 어느 날 갑자기 나타날 만한 것이 아니었다. 우리가 말을 했음에도 불구하고 그녀는 여전히 진심으로 믿는 것 같지 않았고, 내가 만났던 다른 수천 명의 사람들 역시 마찬가지였다. 그들은 마음속으로 나를 평범한 질문을 던지는 평범한 녀석이라고 여겼기 때문에 마치 술집에 있는 것처럼 아주 솔직하게 대답했던 것이다. 클라크 거리에서 촬영한 다음날, 어떤 부분을 제외시켜야 할 것인가가 문제로 떠올랐다. 여기가 조작(manipulation)이 시작되는 시점이고, 프로그램이 실제가 아닌 이유이다.

속 임 수

평범한 클라크 거리에서 나는 필요한 것보다 다섯 배나 많은 필름을 찍었다(오늘날의 기준에서 본다면 매우 효율적인 비율이다). 그래서 촬영된 실제 중 4/5가 내 결정에 따라 폐기되었다. 그리고 방송국에 돌아와 작업하는 그 선택의 과정이 엄청난 역할을 한 끝에, 빡빡한 방송 시간 내에 오락거리와 빌어먹을 재미를 최대한 담아내게 된다. 이 과정이 방송을 꼭 비실제적인 것으로 만든다는 것은 아니다. 다만, 모든 편집은 방송 시간과의 타협이기 때문에 실제가 중요한 요인이 아니게 된다는 말이다. 내가 훨씬 더 중요한 요인이다. 그래, 내가 정말로 중요하다. 제작자의 자아는 사람들의 삶을 손 안에 쥐고 있는 편집의 마법사이다. 예를 한 가지 들어보자. 로치데일(Rochdale)의 한 거리 촬영에서, 사납게 생긴 어느 젊은 엄마는 몇 마디 하지도 않았는데 갑자기 표정이 굳었다. "이런, 스토브 위에 프라이팬을 올려두고 그냥 나왔네." 이렇게 말하면서 그녀는 집으로 달려갔다. 30초 가량 계속해서 카메라는 아무 일도 일어나지 않는 현관을 찍고 있었다. 잠시 후 그녀가 손을 닦으며 돌아오더니 카메라를 보고 말했다. "음……, 어디까지 말했었죠?" 컷!

　물론 이런 것은 무척 유쾌했고 시대를 앞서 있었다. 1970년대 초에는 감독들이 TV 화면을 빈 상태로 두지 않고 가차 없이 편집했었기 때문이다. 동료들은 내 등을 두드리며 "와, 실제 상황이야"라면서 나를 스타라 불렀고 나는 그 말을 곧이곧대로 받아들였다. 편집의 신이 내 편에 서 있는 것만 같았다.

실제로 무슨 일이 일어났던가? 한 여성이 대화하다 말고 프라이팬을 스토브에서 내려놓고 왔다. 그게 뭐 대단한가. 하지만 그 전까지는 편집실 바닥으로 버려지던 별 것도 아닌 이런 일들이 텔레비전에서 일어났기 때문에 그렇게나 '실제'로 보이게 되었다. 텔레비전에 나온다는 바로 그 사실이 별 것도 아닌 사건에 힘을 실어주었으며, 바로 이 점이 모든 '리얼리티' 작품의 중요한 열쇠이다. 나는 이 점을 알았기 때문에 바로 그 일상의 단조로움을 오락의 한 음조로서 거침없이 이용했다. 실제라고? 무슨 소리야! 실제란 것은 그 부인이 돌아와서 하는 말을 듣는 것일 테지만, 내가 바란 것은 시청자가 웃는 것이었다.

놀라운가? 뭐, 부디 그러지 않기를. 텔레비전이라는 것, 나는 그 점을 인정할 수 있어서 좋다. 클라크 거리는 이후 내가 보게 된 그 어떤 프로그램보다도 더 '실제적'이었지만, 전반적 경험으로 인해 나는 '리얼리티 TV'에 관해 말하는 사람들을 경계하게 되었다. 그 두 단어는 가장 근본적인 수준에서 상호 배타적이다. 텔레비전이란 카메라와 마이크로 수집한 것을 일련의 전자 장비를 통해 재조합시켜 내보내는, 스크린을 가로지르는 선들의 집합에 불과하다. 분명 그렇다고 생각하겠지만, 전체 TV 산업이, 온갖 기술과 손재주들이 그렇지 않은 척을 해서 프로듀서와 시청자들로 하여금 TV는 정련된 전기 장치에 불과하다는 점을 잊게 만든다. 그 모든 것이 거짓이라면, 어떻게 해서 그 일부분만이라도 '실제'가 될 수 있겠는가? 정답은 '그럴 수 없다'는 것이다. '실제적인 TV' 같은 것은 존재하지 않으며 다만 서로 다른 정도의 '비실제성'(un-realness)이 있을 뿐이다. 어떤 면에서 보면 이 점은 중요치 않다. 우리는 뉴스 진행자가 거실 한 구석에 있는 상자 속에 실제로 앉아 있는 것이라고는 믿지 않는다. 그것은 터무니없다. 하지만 우리는 뉴스진행자가 우리에게 직접 말하고 있다고 믿는다. 그가 그렇게 하고 있는 것처럼 여겨지기 때문이며, 그것이 바로 뉴스 진행자가 만들어내려고 하는 인상이기도 하다. 하지만 사실은 그는 차가운 스튜디오에서 금속과 플라스틱으로 싸인 유리에 대고 말하고 렌즈를 보고 미소지으며, 때때로 자연스럽게 눈을 내리깔아 보임으로써 자신이 믿을 만한 친구라도 되는 양 행동하고 있을 뿐이다. 조금만 생각해보면 그 또한 무척 어처구니없는 일이다. 매년 이십만 파운드나 되는 돈을 받는 다 큰 어른이 유리와 플라스틱 조각을 바라보며 진지하게 이야기를 한다니. 실제적이지 않다.

더욱이 그는 렌즈에 대고 말하는 것도 아니다. 그는 텔레프롬프트 위의 글을 읽어주고 있기 때문이다. 뭐라고? 그가 내 방 한 구석의 상자 속에 앉아서 나랑 이야기를 하는 것이 아니라, 다른 사람이 써준 대본을 읽는 것이라고? 물론, 어쨌든 우리는 이 점을 알고 있고 그에 개의치 않는다. 그것이 뉴스 프로그램이 돌아가는 방식이며 우리 모두는 그것이 가짜라는 것을 알고 있기 때문이다. 그렇지 않은가? 음……, 그렇기도 하고 아니기도 하다. 나는 몇 년간 뉴스를 진행한 적이 있기 때문에 그 점을 잘 알고 있으며, 그 또한 매우 지루하다는 것도 알고 있다. 하지만, 시청자들은 이에 대해 조금도 고민하지 않는다. 그들은 자신들이 보는 영상에 직접적으로 반응하며, 그에 대해 직접적으로 의혹을 제기하지 않는다. 훌륭한 뉴스 진행자는 시청자의 심리 속에서 확대된 가족의 한 명이 되고, 이를 통해 심리적으로 실제가 되는 것이다.

몇 년 동안 뉴스진행자를 로봇으로 대체하려는 실험이 몇 차례에 걸쳐 시도되었다. 어떤 것도 제대로 실현되지 못했는데, 인간적 요소가 빠져 있기 때문일 것이다. 우리는 편안하게 말해주는 사람이라는 환상을 필요로 하는 듯하다. 의식의 더 아래에서는 그것이 디지털 조각이라는 사실을 알면서도 말이다. 리얼리티 TV에 관한 최근 논쟁의 핵심에는 의식 대 무의식이라는 이 역설이 자리잡고 있다. 수십 년 전에만 해도 그런 문제는 제기되지 않았다. 우리 모두는 텔레비전이 인위적이라는 것을 알고 있었다. 그리고 그래야만 했다. 장비는 너무 무겁고 조명은 너무 밝았으며 필름은 너무 비싸서 시청자들에게 실제를 목격하고 있다는 믿음을 줄 수가 없었다. 1970년대 초반 레딩에 사는 윌킨스 가족을 다루었던 『패밀리』에는 그런 가식이 없었다. 폴 왓슨의 비상한 노력으로 촬영팀과 제작팀이 TV 속으로 들어오게 되었고, 시리즈 막판에 이르러서는 정말이지 텔레비전 그 자체가 이야기의 일부가 되었다. 그건 실제처럼 보였다. 당시까지는 텔레비전이 딱딱하게 짜여 있던 터라 출연자, 프로듀서, 시청자는 마치 정해진 대로 춤을 추는 것 같았기 때문이다. 왓슨은 바로 그 점을 바꾸었다. 그는 지도하거나 제안하는 바 없이 윌킨스 가족의 자연스러운 행동만을 찍으면서 뒷전에 머물러 있었다. 나는 왓슨 자신이 그랬을 것처럼 '자연스러운'이라는 말을 약간 망설이며 사용하고 있다. 그 가족의 누구도, 심지어 뻔뻔스러웠던 윌킨스 부인조차도 촬영 도중에 완전히 자연스러울 수는 없었기 때문이다. 카메라는 좋게 말하면 촉매이고 나쁘게 말하면 그 자체가 주된 목표가 되었다. 카메라가 존재하지 않았더라면 행동이나 논의가 그런 식으로 나오지는 않았을 테니까 말이다.

이 시리즈가 클라이맥스로 향하자 천재적인 왓슨은 이 점을 보여주고자 했다. 그래서 그는 처음 여덟 편 가량의 프로그램을 내보냄과 동시에 남은 몇 편을 찍어서 텔레비전 그 자체를 플롯의 일부로 만들었다. 시리즈가 진행되는 동안 쌓여간 미디어의 열광을 마지막 프로그램들에 집어넣음으로써 거울의 방처럼 상호 교류를 창조해냈던 것인데, 달리 이에 필적할 만한 것은 결코 없었다. 텔레비전이 소동을 만들어낸 뒤 그 소동의 결과를 필름에 담고, 그것은 다시 또 더 큰 소동을 불러일으켰다. 당연한 말이지만, 『패밀리』는 다큐멘터리 시청자의 스케일을 뛰어넘었다. 놀랍게도 『패밀리』를 따라하는 프로듀서는 거의 없었는데, 당시에는 그것이 결정판처럼 보였기 때문일 것이다.

로저 그래프(Roger Graef)가 만들었던 『언중 공간』(*The Space Between Words*)은 직장에서의 '실제'를 담아내고자 했던 좀 더 진지한 시도였다. 화이트칼라 출연자들의 자의식 때문이었는지 이 프로그램은 완전한 성공은 거두지 못했다. 나중에 그는 호평을 받았던 『폴리스』(*Police*)에서 이를 한층 더 철저하게 해냈다. 또다시 레딩에서 찍은 이 프로그램은 저널리즘적 성격이 강했기에, 특히 강간을 다룬 부분에서 그런 성격이 강하게 드러났기에 그 작품이 가진 믿겨지지 않을 정도로 뛰어난 관찰력이 제대로 주목받지 못했다. 그래프는 타협을 모르는 예술가였기 때문에 편집실에서 왓슨보다 훨씬 더 엄격했다. 그의 열광적인 추종자이자 비개입주의적 카메라맨이었던 찰스 스튜어트(Charles Stewart)와 함께, 그는 그 후 25년간 그 누구보다도 실제에 가까이 다가갔다.

계 급 문 제

『패밀리』와 『폴리스』가 모두 레딩에서 촬영되었다는 점 또한 흥미롭다. 이 지역이 런던 서부의 BBC 스튜디오에 가깝다는 점도 어느 정도는 상관이 있는 것 같지만, 또 다른 이유는, 의식적인 것은 아니었겠지만, 계급과의 관련성이었다. 1970년대 당시에는 시장 조사를 하는 사람들이 새로운 상품을 테스트하고 싶다면 레딩으로 향했다. 그 도시는 영국 전체의 축소판과도 같았다. 레딩 사람들이 특정한 냉동 완두콩의 향을 좋아한다면 전국적으로도 그랬다. 남동부의 레딩이라는 도시에는 매우 건강한 노동계급이 살고 있었으며, 카메라 앞에서 가장 자연스럽게 행동하는 사람들이 바로 이들 노동계급이었다. 근본적으로 그들은 젠체하는 중산층보다는 덜 거들먹거렸다.

노동계급이 텔레비전에서 모든 것을 드러내리라는 이 생각은 당시의 다큐멘터리 제작자들에게는 잘 알려져 있었고, 그것은 실제로 클라크 거리의 특징이기도 했다. 그라나다의 프로그램 디렉터였던 데이비드 플로우라이트(David Plowright)는 이를 이렇게 간명하게 평했다. "친근하게 느껴지기는 하지만, 너는 노동계급이 스스로를 폭로하는 프로그램을 만들고 있는 거야. 그래서 중산층들은 만족스럽게 웃을 수 있는 것이고." 맞는 말이며 이는 『코로네이션 거리』의 경우에도 마찬가지였다. 수준 높은 프로그램 제작자들에게 노동계급이 냉소적으로 이용당했다는 의미는 아니다. 하지만 촬영 때 무슨 일이 벌어지는지를 제대로 판단하지 못하는 대상들을 상대로 하여 리얼리티 장르가 경험을 쌓아왔다는 점에는 주목할 필요가 있다. 한 마디로 그들은 '카메라의 먹이'였고 그것으로 행복해했다. 하지만 시간이 지남에 따라 리얼리티를 만드는 사람들은 포착하기 힘들고 '기품 있는' 사람들, 믿음이 덜 가고 잘 속지도 않지만 번창하고 있는 중산층을 향해 렌즈를 돌리게 되었다.

특히, 채널4의 『컷팅 에지』(Cutting Edge)에서 피터 무어(Peter Moore)는 집을 가진 중산층을 대상으로 하는 일회성 다큐멘터리들로 확고한 명성을 쌓았는데, 그중 일부는 내가 만든 것이었다. 『하우징 체인』, 『가족의 반목』, 『이웃과의 불화』는 그들이 만든 대처(Thatcher) 시대의 프로그램들로서 대성공을 거두었으며 나중에 BBC1이나 ITV의 시리즈로 파생되어 나가기도 했다. 대개의 주제는 돈이었는데, 오랫동안 해왔던 빈곤에 관한 이야기가 아니라 '할 수 있는 만큼 움켜쥘 것'이라는 개인들의 슈퍼마켓 철학에 관한 것이었다. 평생직장이 머나먼 기억이 되고 광산이 영원히 문을 닫으면서 텔레비전 시청자들의 눈앞에서 영국은 변하고 있었다. 1987년 선거 기간 중에 가장 궁극의 실제를 촬영했던 일을 나는 영원히 기억할 것 같다. 3인용 의자에 앉아 있던 중년의 광부는 동커스터(Doncaster) 근처에 자기 소유의 집이 있고 바깥 차고에는 차를 세워둔 중산층이었다. "망할, 저 대처라는 여자 말이야." 그는 투덜댔다. "우리 삶을 빼앗아버렸어. 하지만 우리를 잘살게 만들어줬지. 젠장할 여자 같으니라고."

하지만, 아직도 부수어야 할 성채는 있었다. 프로그램은 이제 중산층을 넘어, 가장 매력적이고 가장 정숙한 대상을 향해 나아갔다. 프로그램은 득의양양하게 상류층을 끌어들였다. 90년대 중반에 『하우스』(The House)는 위기로 가득한 로얄 오페라 하우스의 이야기를 들려주었다. 쇳소리 노래, 항의퇴장 등을 있는 그대로 보여주었던 것이다. 실제의 삶을 보여주는 다큐드라마였다. 불공평하게도 제레미 아이작(Jeremy Isaac)*의 자살기록으로 묘사되기는 했지만, 그곳에서 내가 본 것은 닳고 닳은 미디어 종사자들마저도 인정할 수밖에 없는 매력적이고 화려한 재밋거리였다. 자신을 잘 드러내지 않던 상류층들도 잠깐 동안 사람들의 입에 오르내리는 것까지 막을 수는 없었던 것 같다. 펠멜가(Pall Mall)** 클럽의 문화예술광들은 혀를 찼지만 말이다.

거기에 영국의 속물적인 진실이 있다. 기성 엘리트들이 텔레비전 대중 앞에 완전히 노출되거나 무엇이 되었든지 간에 드러내 보이는 것을 그냥 놔둘 것 같지 않다는 점 말이다. 『하우스』는 BBC를 위해 만들어졌는데, 나는 내 스스로의 전복적인 트릭을 시도해보았다. 그래서 BBC에 접근해

---

* 로열 오페라 하우스의 감독(director).
** 클럽이 많은 런던의 거리.

서 BBC에 대한 '플라이-온-더-월'식의 관찰 리얼리티 시리즈를 만들어 보자고 제안했다. 누구에게나 접근하는 그들이 문호를 개방하자는 이 제안을 거절한다면 이는 지독한 위선이 될 터였다. BBC 측은 잠시 고민하는 척조차도 하지 않았다. "물론 안 됩니다." 격노함이 묻어나는 목소리로 그들은 대답했다. "누구를 위해서 우리를 찍겠습니까?"

이제와 돌아보면 『하우스』는 '리얼리티' 텔레비전의 마지막 순수함이었으며 분기점에 해당되었다. 전통적인 노동계급은 그 층이 점점 얇아졌고 어떤 경우에는 그들만의 서민적인 매력을 잃어버렸으며, 중산층은 고사의 위기에 처했고 우리의 제도들은 지옥이 아닌가 하는 의심을 받게 되었다. 우리의 지도자들은, 아니 적어도 그들 중 소수이면서도 상징적인 의미를 지녔던 파벌들은 타격을 입었고, 기성의 권력 조직은 문제가 되었다. 그래서 촬영 대상에 접근을 하려면 변호사의 도움과 제재를 받아야 하며 기업 정치가들의 감독을 받아야 될 것이었다. 허가는 인색하고 조심스러워졌으며, 시청자들을 찾기는 힘들어졌다. 재능 있는 사람들은 더 손쉬운 것을 찾아 떠나기 시작했다. 적어도 다큐멘터리적인 의미에서의 '리얼리티'는 애를 쓸 가치가 없는 것이 되었다.

새 로 운   실 제

1996년 7월의 어느 화요일, 아들의 크리켓 경기를 보면서 통화를 하던 중 나는 이 점을 처음으로 이해하게 되었다. 프로그램을 방송에 내보내는 것을 돕고 싶어하는, 채널4의 훌륭한 변호사 한 명이 사랑과 미움에 관한 시리즈를 만들기 위해 받아야 할 허가들을 끈기 있게 설명하고 있었다. "오래된 군부대를 빌려서 몇 십 명의 자원자와 계약을 하고 그들에게 그런 척하라면서 돈을 주는 편이 더 쉽겠군요." 그는 즉각 대답했다. "네, 그럴 겁니다." 나는 우리가 『빅브라더』를 거의 발명해냈다는 사실을 깨닫지 못한채 다시 크리켓 경기로 관심을 돌렸다.

'리얼리티'가 노골적이고 전면적인 인위적 작품으로 바뀌어가는 과정이 진행되고 있었다. 진지한 관찰 다큐멘터리는 비용을 감당하기 힘들 정도로 쇠락의 길을 걸었지만, 특별히 고용된 '보통' 사람들은 스타가 되곤했다. 어쨌든 이것은 그렇게 새로운 출발처럼 보이지는 않았다. 왜냐하면다큐멘터리의 시초에서부터 제작자들은 찍어온 필름을 편집실에서 조작해왔기 때문이다. 하지만 그들은 이제 촬영 자체를 조작하기 시작했고, 때로는 촬영이 시작되기 전에 '출연자'를 조작하기도 했다. 그들이 선택한 '평범한' 사람들은 제작자들과 더불어 역할을 맡기로 공모하고 다양한기만의 일부를 담당하기로 했다.

1990년대 후반, 리얼리티 스토리는 이 부분에서 매우 다른 두 개의 길로 갈라지게 되었다. 하나는 상대적으로 직접적인 『빅브라더』나 (더 후반에는) 『캐스트어웨이 아일랜드』(Castaway Island)와 같은 오락쇼가 되었다. 두 번째는 다큐드라마 시리즈와 다큐멘터리인 척하는 하이브리드로서, 『아빠의 딸』(Daddy's Girl)이나 『빌더즈』(Builders)가 여기에 해당된다. 나는 『빌더즈』에 열광했는데, 이 쇼에는 모든 것이 다 포함되어 있는 듯해보였다. 불평을 늘어놓는 연속장면은 몇 분이나 되는 분량을 거의 단일 샷으로 찍었는데, 이것은 내가 본 다큐멘터리 중에서도 가장 멋진 장면 중의하나로서 움직임, 분위기, 캐릭터로 꽉 차 있었다. 유일한 문제가 있다면이것이 다큐멘터리가 아니라는 점이었다. 불평을 하는 사람은 연기를 하는 중이었다. 따라서 이것은 드라마였다. 즉, 그런 맥락에서 볼 때 그것은기만이었다. 이 점을 처음으로 알아챘을 때, 나는 거의 울고 싶을 지경이었다. 왜냐하면 내가 속고 믿고 열광했기 때문이었다. 돌이켜보면, 『빌더즈』는 관찰 리얼리티 다큐멘터리의 마지막이었다고 생각된다.

실마리는 그 장면에 있는 것이 아니었고, 불운한 제작자에게 있는 것도 아니었으며, 그렇다고 해서 그 장면을 방송계의 전설이 되게 만든, 더욱 운이 없는 그 책임 편집자에게 있는 것도 아니었다. 실마리는 그렇게 되게 한 자포자기에 있었다. 관찰 다큐멘터리는 그 자체에 대한 확신을 잃고, 평범하고 숨김없는 듣기 좋은 이야기가 되어버렸다. 왜? 이에 대해서는 몇 가지의 설명이 존재한다. 위에서 언급했듯이, 하나는 이 장르의 과거의 성공과 다큐드라마의 등장이다. 이로 인해 확실해 보이는 대상들은 다 소진되었고 관객들은 이미 모든 것을 다 봐버렸으며 귀를 기울이게 하려면 점점 더 선정적으로 만들어야만 했던 것이다. 또 다른 설명은 하청 시스템이 너무 경쟁적으로 바뀌는 바람에 '양질'의 관찰 다큐멘터리를 위한 공간이 남지 않았다는 것인데, 이는 통속적 연속극이 양질의 드라마를 몰아낸 과정과 흡사하다. 하지만 내 생각에 가장 큰 이유는 방송인들의, 그리고 이에 필연적으로 뒤따를 수밖에 없었던 다큐멘터리 제작자들의 '도덕적 붕괴'에 있었던 것 같다.

방송국은 방송시간을 컨트롤할 수 있으며 모든 돈을 움켜쥐고 있다. 프로그램 제작자들이 필름을 만들고 먹고살기 위해서는 거기에 맞춰야 한다. 그것은 닭과 달걀의 관계가 아니다. 방송국이 닭이면서 동시에 달걀이기 때문이다. 제작자들로 하여금 돈을 절약하고 더 선정적으로 만들게 하기 위해 방송사들은 '경쟁'이라는 말을 들먹이며 횡포를 부렸다. 하지만 다큐멘터리 정신이 붕괴하고 언론을 통해 몇몇 프로그램이 거짓이었던 것으로 밝혀지자 방송사들은 그것이 오락물인 척했고, 그러고 나서는 자기들만 손을 씻고 제작자들에게 그 탓을 돌리기 위해 변호사에게로 찾아갔다. 제작자들도 조금쯤은 덜 순종적이었어야 하지만, 우선은 방송사가 선정성을 요구해서는 안 되는 것이었다. 그때, 1990년대 후반쯤에 나는 방관자적 입장에서 서로가 서로에게 죄를 뒤집어씌우는 모습을 지켜보았다. 어쨌든, 리얼리티 서커스는 이제 다큐드라마와 사실적 오락물로 옮겨가고 있었다.

아이러니하게도 전통적인 오락물의 붕괴, 특히 BBC1의 시트콤의 몰락은 다큐드라마의 창궐로 이어졌고, 이어서 리얼리티 게임쇼가 만들어졌다. 『공항』(*Airport*)이나 『운전학원』(*Driving School*) 같은 다큐드라마는 인기가 좋았을 뿐만 아니라, 시트콤에 비하면 돈도 덜 들었다. 그런 형식은 카메라를 살짝 주시하면서 자연스럽게 연기할 수 있는, 유순하지만 솔직한 캐릭터만 있으면 가능했기 때문이다. 이상적이게도, 그들은 또한 인간적 약점을 가진 캐리커쳐를 결합시키기도 했고, 감독이 어떻게 연기하라고 지시하지 않더라도 감독에게서 영향을 받기도 했다. 뭐, 아마도 카메라가 아직 상자에 있는 동안에 감독이 개인적으로 힌트를 주면 그 대상이 "이렇게 할까요?"라고 제안하거나 하는 것보다는 훨씬 더 많은 영향을 받았을 것이라는 말이다.

이 하이브리드적이고 대중시장을 겨냥하는, '실제 생활의 단면'인 체하는 매일의 다큐드라마가 사실적 작품 중에서는 가장 부정직한 것으로 드러났다. 그것이 연출되었기 때문이 아니라, 그렇지 않은 척했기 때문이다. 그 장면이 네 번째에 찍힌 컷이라거나 감독의 명령에 따른 것이라면 그것은 '리얼리티'가 아니다. 하지만 이런 쇼들은 빅맥처럼 솔직하게 포장하지 않고 유기농 제품이라도 되는 양 포장했다. 하지만 누가 신경을 쓰랴? 확실히 시청자들은 신경쓰지 않는다. 먹는 데에 무엇이 들어갔는지 신경쓰는 것에 비한다면 텔레비전 프로그램에 무엇이 들어 있는가에 대해서는 그다지 신경을 쓰지 않는다. 요즘의 다큐멘터리 믹스로부터 쥐어짜낸 풍부한 영양가가 어떤 것인지를 여기서 줄줄이 늘어놓을 수도 있겠지만, 우는 소리를 하는 것은 무의미하다. 궁극적으로, 사람들은 자신이 원하는 것을 원한다. 아~~라고 할 수 있는 리얼리티를 말이다. 깊이 숨어 있는 진실은 숨겨라. 아니 어떤 진실이라도 상관없다.

어쨌든, 이번에는 공공연한 장르로서의 예능(Entertainment)이 반격을 가하면서, 『빅브라더』나 『서바이벌』, 『팝스타』와 같은 리얼리티 게임쇼가 다큐드라마보다도 더 인기를 얻게 되었다. 깔끔하게도, 참가자들이나 제작자들 중 어느 누구도 이것이 실제나 진실이라고 내세우지 않았다. 사람들의 실제 본성을 가장 정직하게 드러내주는 돈을 따기 위한 교활한 콘테스트라는 맥락을 제외한다면 말이다. 그 꼬리표가 확실히 보여주고 있는 것처럼, 이 프로그램들은 연출되고 인위적인 캐릭터가 등장하는 연출되고 인위적인 것들이며, 그 점에 자부심을 갖고 있다. 나는 이것을 (출연자들의 삶을 유흥용으로 빌리고(renting), 시청률(rating)을 중요시한다는 점에서) '렌터테인먼트'(Rentertainment)라고 부른다. 이는 게임쇼의 장르에 속하며, 그것은 텔레비전의 '리얼리티'가 앞으로 발전하게 될 장르이기도 하다. 오락물 제작자들은 할리우드의 고전인 『트루먼쇼』(Truman Show)에 보다 더 가까운 곳으로 우리를 데려가줄 강력한 형식을 찾고 싶어하기 때문에 앞으로도 계속해서 실제의 사실적 영역을 무단으로 이용할 것이다.

언젠가 모든 인생이 카메라 앞에서 펼쳐지고, 출연자가 그 일자리를 택할 지, 부부가 아이를 가질 지, 연금수령자가 위험한 투자에 동의할 지 등 인생의 갈림길에 대한 결정을 집에서 보고 있던 시청자들이 내리게 되는 날이 오지는 않을까 하는 생각을 한다. 시청자가 결정을 돕는다면 그 결과에 더 많이 관여하는 셈이 되며, 그래서 더 많이 시청하게 될 것이다. 예를 들어 "리타는 릭키와 결혼하는 편이 좋을까요? 지금 투표해주십시오"와 같은 일이 일어날 수도 있다. 이런 상황이 목전에 다쳤다는 사실을 믿기 힘들겠지만, 사실 이것은 이미 일어나고 있는 일이다. 우리는 말 그대로 롤러코스터를 가속 직전의 언덕 위로 끌어올리고 있는 상황이다. 그러니

다음 10년 동안은 아주 재미있는 롤러코스터를 타고 있게 될 것이다.

잠시 『세븐 업』(Seven Up)*과 『팝스타』가 결합된 프로그램을 상상해보자. 이제 시청자들은 분만실에 앉아서 새 생명이 탄생하는 것을 보다가 어떤 아기가 행운을 얻고 어떤 아기가 아무것도 못 얻게 될 것인지를 표결에 부친다. 우리는 그 결과를 보고 나서 그 뒤에 다시 그 아이들을 본다. 어떤 아이들은 개인 교육을 받으며 유명 디자이너의 옷을 입고 있을 것이다. 가능성에는 끝이 없고, 그 가능성들은 철저히 이용될 것이다. 이런 '리얼리티' 게임쇼는 한 가지 중요한 방식에서 『트루먼쇼』를 능가할 것이다. 즉, 집에서 쇼를 보고 있는 시청자들이 그들이 보고 있는 불운한 삶에 끊임없이 개입하고 실제로 통제하려 들 것이라는 점이다. 이런 쇼들이 보여주는 경쟁적인 문화, 아니 더 정확히는 창피주기의 문화 때문에 살인이 일어날 날도 그리 멀지만은 않다는 생각이 들기도 한다. 아무튼, 시청자의 열광은 '그들이' 참여하는 삶이 이기는 것을 보는 것에 국한되지 않는다. 그들이 졌을 때 다른 사람들이 어떻게 반응하는가 하는 것도 보고 싶어한다. 나는 높은 수임료를 받는 변호사들에게 일이 많아질 것이라 예상하지만, 제작자들은 충분히 그러고도 남을 것이다. 정해진 몇몇 회사들을 통해 그들은 오락 참가자들로부터 많은 돈을 쥐어짤 것이고, 뒤에 남은 난잡한 인간사의 처리는 다른 사람의 몫으로 남겨두면 될 테니까 말이다.

---

*마이크 앱테드(Mike Apted)가 그라나다 텔레비전에서 찍었던 7년 주기 다큐멘터리 시리즈. 사회경제적 조건이 다른 14명의 사람들을 골라, 7살 때부터 시작해서 매 7년마다 그들의 삶의 궤적을 보여준다. 1964년에 시작되었으며 지금도 진행 중이다.

결 론

이런 맥락에서 본다면, 전통적인 다큐멘터리에는 어떤 기회가 남아 있을까? 아무것도 없다. 전통적인 다큐멘터리는 예술의 한 형태가 될 것이고, 결국 저임금 제작자들과 귀족적 취미를 가진 부자들의 보조금으로 유지되는 허영에 찬 '취미'로 살아남게 될 것이다. 놀랍게도 그 점은 걱정스럽지 않다. 약간 슬프기는 하지만 표현의 형태는 변하는 법이니까 말이다. 다큐멘터리는 진정으로 작품 전체에 생기를 불어넣는 역할을 했었다. 절묘하고 때로는 적당했던 조미료는 이제 찬장 위에 놓여 먼지만 뒤집어쓰다가 특별한 날에만 바깥으로 나오게 될 것이다. 하지만 결정적으로 엄청난 아이러니가, 매스컴 산업이 때때로 만들어내는 아이러니가 있다. '리얼리티'가 인위적으로 고안된 한 장르 안에서는 지속적으로 성장할 것이라는 사실이다. 스포츠 생중계가 바로 그것이다. 이는 실제를 보여주는 유일한 텔레비전 장르로 발전해왔다. 그리스와의 경기에서 베컴이 찼던 프리킥은 승리의 순간이 될 수도 있고 재앙의 순간이 될 수도 있는, 이 밀레니엄에 가장 순수하게 실제적인, 클로즈업되는, 그리고 심장이 멈추는 순간이었다. 미디엄 레어로 익혀낸 육즙 가득한 스테이크처럼 말이다.

입장 2

결정적 장면(Money Shot)

빅토리아 메이플벡*

때로 사람들은 나한테 못됐다고 한다. 촬영이나 녹화를 위해, 사람들이 파괴되는 것을 그저 보고만 있다는 것이다. 하지만 나는 내 자신을 못됐다고 생각해본 적이 없다. 나는 그저 현실적일 뿐이다. (앤디 워홀[Andy Warhol], 마이크 렌[Mike Wrenn]의 『앤디워홀 어록』[*Andy Warhol in His Own Words*, Omnibus Press, 1991]에서)

워홀은 못되지 않았다. 그는 그저 바라보는 것에, 그리고 사람에 열광했을 뿐이다. 이 둘이 합쳐짐으로써 우리는 그의 영화를 볼 수 있게 된다.

....

* **빅토리아 메이플벡(Victoria Mapplebeck)**은 영국의 저술가이자 영화 감독이다. 『가디언』과 『옵저버』에 미디어 비평을 실어왔으며, 그녀의 작품으로는 하루 아침에 유명해진 알란 킬쇼(Alan Kilshaw)와 주디스 킬쇼(Judith Kilshaw)를 세밀하게 그려낸 『킬쇼 가족을 만납시다』(*Meet the Kilshaws*)가 있다. 채널4 최초의 다큐멘터리/웹 공동 프로젝트인 『스마트 하트』(*Smart Hearts*)를 생각해내고 감독했던 것도 그녀이다. 현대의 결혼에 대한 초상을 온라인과 시리즈물로 동시에 제작해서 내보낸 『스마트 하트』는 다큐멘터리와 뉴미디어에 대한 혁신적 접근법을 찾고자 하는 싱크탱크와 영화제에서 자주 선택되는 작품으로서, 2001년에는 뉴미디어 인디 어워드(New Media Indie Award)에 노미네이트되기도 했다.

'팩토리'(The Factory)*에서 그는 각양각색의 스타들이 자신의 내면을 드러내는 모습을 지켜보며 서 있었고, 그의 카메라는 그들이 섹스하고 싸우고 눈물짓는 것을 담아냈다. 휴식 시간에도 그는 그 자리에 그대로 서서 그의 스타들이 자고 먹고 그냥 예쁘게 앉아 있는 모습을 찍으면서 행복해했다. 할 수만 있었다면 그는 그들을 일주일 내내, 24시간 내내 찍었을 것이다.

워홀이라면 리얼리티 TV를 좋아했을 것 같다. 삶의 '구석구석을 드러내줄 수 있다'는 점에서 말이다. 멈추지 않는 TV쇼, 온라인 상으로 새로운 TV 스타들을 시시각각 볼 수 있게 해주는 TV쇼. 매시간 그들을 볼 수 있을 뿐만 아니라 그들과 상호 교류도 할 수 있다. 당신 스스로 그 쇼의 스타가 될 수도 있는 것이다. 진정한 3차원 TV이다. 그는 아마도 이런 쇼의 열렬한 팬이 되었을 것이고, 이런 쇼가 유발하기 쉬운 논쟁에도 참여했을 것이다. 워홀은 밀착 촬영을 하면 언제나 나타나게 되는 그런 과대 포장에 대해 잘 알고 있었다. "그것들을 읽지 말라. 평가하라." 그는 자신의 리뷰들에 대해 이렇게 말했다. 그런 과대 포장도 그 이벤트의 일부였던 것이다.

나도 그때 거기에 있었다. 나는 채널4의 첫 리얼리티 TV 진출작 중 하나인 『스마트 하트』(Smart Hearts)의 대본을 쓰고 연출도 맡았다. 그 시리즈는 여론의 지대한 관심을 받았는데, 그 중에는 좋은 평도 있었고 나쁜 평도 있었다. 『스마트 하트』는 내 친구 브렌든 퀵(Brendan Quick)과 클레어 드 종(Clare de Jong)을 5부작 다큐멘터리와 온라인 상으로 다룬 작품이다. 이것은 TV 최초의 다큐멘터리 컨버전스** 시리즈로서, 캐릭터와 이

---

* 앤디 워홀의 영화 스튜디오.
** 카메라를 독창적 방식으로 이용하여 찍어내거나 새로운 편집 방식을 도입하는 등 촬영기법과 편집 방식 등에 있어 기존의 다큐멘터리와는 다른 새로운 요소를 사용했다는 의미이다.

야기가 TV와 인터넷을 오가며 전개되었다. 『스마트 하트』는 출연자들에 대한 나의 촬영과, 출연자들의 집에서 『스마트 하트』의 웹사이트로 전송되는 지속적인 웹캠을 통한 접근을 결합시켰다. 『스마트 하트』는 삶에 관한 것으로, 18개월 동안의 삶에 대한 생방송이었다.

이 프로그램은 다큐멘터리의 접근성(access)과 이에 대한 동의가 급격하게 변화하고 있는 것에 대한 고민에서 시작되었다. 당신의 사생활이 공개된다면 무슨 일이 벌어질까? 이것은 그 대상의 관점에서 바라본 리얼리티 TV였다. 입체적으로 접근하려 했을 뿐만 아니라, 그로부터 발생하는 영향까지 다루고자 했다. 『스마트 하트』라는 제목은 영혼의 동반자를 발견하면 신호음을 내는 일본의 다마고치*에서 따왔다. 최초의 아이디어는 오늘날의 사람들 사이의 관계를 살펴볼 수 있는 장기적인 시리즈를 만들어보자는 것이었다. 당시는 1990년대 말이었고, TV 프로그램마다 비슷한 문제를 골몰히 고민하던 때였다. 『트리샤』(*Trisha*)나 『앨리 맥빌』(*Ally McBeal*)에서 다루어진 관계의 붕괴는 『브리짓 존스』(*Bridget Jones*)의 미성숙한 언어로 압축되었다. 모든 남자는 한 여자에게 전념하는 것을 두려워하고 모든 여자는 그것을 원한다.

나는 한 커플을 통해 데이트, 결혼, 출산 등에 대한 복잡한 가치관의 변화를 살펴보고 싶었다. 그 무렵, 연애 관계를 다룬 다큐드라마들에서는 한 커플의 연애가 위기에 봉착하면 다른 커플로 옮겨가면서 슬픈 토막 만화 같은 사례들을 다루고 있었다. 내가 만들고 싶었던 것은 그에 대한 해독제였다. 나는 더 가까이, 더 밀착하기 위해, 18개월간의 촬영 외에 새로운 기술도 이용하고 싶었다. 『스마트 하트』를 찍기 위해 온라인 다큐멘터리에 관해 공부하면서, 나는 웹캠 사이트 연구에 꽤 오랜 시간을 들였다.

---

* 휴대용 디지털 애완동물.

커플 캠, 가족 캠, 기숙사 캠 등 그 목록에는 끝이 없었다. 일간지인 『인디펜던트』(*Independent*)에서 데이비드 아로노비치(David Aaronovitch)는 웹캠이라는 매체에 대해 이렇게 말했다. "웹캠은 [……] 엄청나게 지루한 사람들이 끔찍스러울 만치 지루한 것을 즐기게 해주는 것이다."(2001년 8월 9일)

실제로 출연자는 지루할 수도 있다. 하지만 그것을 보는 사람 입장이 되면 전혀 그렇지 않다. 출연자가 아무리 멍청하더라도, 나는 몇 시간이고 앉아서 그 가족들이 밥을 먹고 TV 때문에 다투는 모습을 실시간으로 즐겁게 보고 있을 수 있다. 이런 사이트들은 모든 것이 시청자의 시선에 달려 있다. 본다는 것에 모든 초점이 맞춰진다. 듣는 것보다는 보는 데에서 위안을 얻는다. 해설자도 없고 편집도 없다. 그래서 나는 웹캠의 시선을 방송에 포함시켰다. 『스마트 하트』 출연자들의 집은 1년 동안 파일럿 프로그램으로 온라인 생중계될 예정이었다. 사람들은 그 기간 내내 출연자들이 겪는 감정의 변화를 샅샅이 볼 수 있게 될 것이다. 게다가 시청자들이 출연자들과 상호 교류를 할 수도 있을 것이다. 채널4는 그 컨셉을 마음에 들어했다. 이제 우리는 출연자를 찾기만 하면 됐다.

우리는 『타임아웃』(*Time Out*)에 광고를 냈다. "당신의 인간관계에 일어나는 변화를 다른 사람들과 공유하고 싶지 않으십니까? 전국민과 공유하는 것은 어떠십니까?" 놀랍게도 꽤 많은 사람들이 연락을 해왔다. 이것은 『빅브라더』의 전신이자 『제니캠』(*Jennicam*)의 후신이 되는 셈이었다. 웹캠 사이트들의 영향으로 그 대상들이 허용하는 접근의 정도가 달라진 것 같았다. 카메라 앞에서 자신을 노출시키고 싶어하는 사람들은 많았지만, 콘텐츠가 맞는 사람이 없었다. 광고를 보고 연락을 취해온 사람들을 보고 우리 프로듀서인 피터 데이(Peter Day)는 이렇게 결론지었다. "저 사람들은 TV에 나오고 싶어하면 안 될 만한 사람들인데."

나는 내 자신의 삶에 기대야만 했다. 나는 예술가 친구인 브렌든에게 접근했다. 그는 역시 예술가인 클레어와 결혼해서 살고 있었다. 나는 그들은 어렵지 않을까 생각했지만 결과는 좋았다. 처음에 전화를 걸었을 때는 클레어와 통화를 했다. 브렌든은 최초이자 유일했던 결혼 생활 상담을 받은 직후 집을 나간 상태였다. 그들이 갈라섰다는 이야기를 듣고 나는 계획을 처음부터 다시 세워야겠다고 생각했지만, 브렌든은 여전히 관심을 보였다. 점차 그들 두 사람은 다양한 정도의 관심을 보이며 이 일에 참여했다. 깨진 결혼의 모습을 담아내는 일은 아주 좋은 상황에서조차도 힘들고 복잡했다. 게다가 내가 계속해서 촬영을 하고 하루 24시간 동안 웹캠이 그들을 찍어 내보내야 했으므로, 관계자 모두가 자존심을 감수해야 하는 힘든 시간들이었다.

편집 전권을 보장받지 못했다면 브렌든과 클레어는 촬영에 동의하지 않았을 것이다. 다큐멘터리에서 출연자들에게 편집권을 준다는 이야기는 들어본 적이 없다. 하지만 접근의 정도를 생각해볼 때, 내게 선택권이 많아 보이지는 않았다. 그들이 허락하지 않는다면 어떤 내용도 TV나 웹캠을 통해 방송될 수 없었다. 이런 정도로 통제권을 준다는 것은 장전된 총을 그들에게 건네주고 종종 나를 향해 겨눠보게 하는 것이나 마찬가지였다.

전통적으로, 다큐멘터리 제작자들은 인질이 납치범에게 빠져드는 현상인 스톡홀름 신드롬을 출연자들이 감독들에게 갖게 되는 의사(apocryphal) 의존성을 설명하는 데 이용해왔다. 나의 경우에는 그 반대로, 내가 18개월 동안 인질이 되었다. 리얼리티 TV에는 여러 가지 뜻이 담겨 있다. 하지만 나에게 있어 그 정의는 간단하다. 형식을 전면에 부각시킨 다큐멘터리라면 무엇이든 이 안에 포함되는 것이다. 리얼리티 TV는 명백하게 인공적인 환경을 창조해내고, 그 안에 출연자를 투입하여 그 결과를 담아낸다. 업계에서는 이 장르를 '조작된 관찰 다큐멘터리'라고 부르기도 했다. 모든 다큐멘터리는 조작되는 것이기에 이 점에 있어서는 새로울 것도 아무것도 없다. 하지만 리얼리티 TV는 전통적인 다큐멘터리의 모든 책략과 의제를 공개해버린다.

『스마트 하트』는 이 장르에 상업적으로 접근하는 대신에 새로운 것을 창조해냈다. 전화 투표도, 상금도 없었다. 하지만 출연자의 거실에 설치한 웹캠은 확실히 인위적으로 존재하는 것이었다. 그런 의미에서 이 프로그램은 리얼리티 TV였다. 평론가들은 『스마트 하트』를 좋아하거나 혐오했다. 『타임아웃』은 우리 프로그램을 "급진적인 공동 작품"이라고 소개했다(2000년 8월 30일). 『가디언』(Guardian)은 우리 프로그램의 사전 시사회를 보고 "정말 중독성 있는(hypnotic) 프로그램"이라고 평했다(2000년 8월 30일). 하지만 우리가 직면했던 비판도 다양했다. 『데일리 텔레그래프』 (Daily Telegraph)는 우리 프로그램이 "리얼리티 TV에 나쁜 명성을 실어주는 데 일조하게 되기"를 바란다고 했다(2000년 8월 30일).

실제 삶의 면면을 카메라에 담게 될 때, 리얼리티 TV는 다음과 같은 질문들을 피할 수 없게 된다. 이것은 실제인가, 구경거리인가? 감시인가, 노출증인가? 새로운 출연자들은 희생자인가, 스타인가?

실 제 인 가 ,   구 경 거 리 인 가 ?

평범한 삶을 연기하는 이 반푼이들을 볼 수 있는데도 세상의 이면의 이미지를 필요로 할 사람이 누가 있겠는가? (영국 『빅브라더』에 대해, 살만 루시디, 『가디언』, 2001년 6월 9일)

다큐멘터리 제작자들은 세상의 사회적, 정치적 파노라마에 끊임없이 몰두해왔다. 살만 루시디(Salman Rushdie)는 '평범한 삶'을 넘어서는 세상의 '이면'을 우선시했다. 다큐멘터리 제작자들은 렌즈를 영화적인 도구가 아닌 저널리스틱한 도구로 너무나 자주 이용해왔다. 다큐멘터리는 사람보다 전경(前景)의 이슈를 다루었고, 우리에게 보여주기보다는 가르치려고 했다. TV 다큐멘터리는 삽화를 넣은 강연처럼 느껴지곤 했다. 다큐멘터리가 거의 정치, 주택, 보건, 치안과 같은 공공제도의 문제에만 초점을 맞추던 시절도 있었다. 토크쇼로 대변되듯이, 공적영역에서 사적영역으로 관심사가 이동해감에 따라 이제는 다큐멘터리도 공적 영역의 문제보다는 개인적인 문제들에 관심을 쏟고 있다.

다큐멘터리는 항상 바라보기에 관한 것이었지만, 렌즈를 통해 바라보는 다른 미디어와는 달리 다큐멘터리에서는 그 사실을 감추기 위해 꽤 많은 에너지를 써왔다. 온라인 다큐멘터리의 시선은 이 모든 것을 변화시켰다. 웹캠 사이트를 통한 끊임없는 클로즈업을 통해 구경거리라는 점이 전적으로 강조되었다. 이 사이트들은 다큐멘터리의 응시라는 측면을 숨기는 것이 아니라 오히려 강조하고 있는 것이다.

감 시 혹 은 노 출 증 ?

『스마트 하트』에 대해 라디오 논평을 했던 리차드 브라운(Richard Brown)은 출연자들이 제공하는 접근성에 대해 이렇게 말했다. "나는 훔쳐본다는 것에 대해 단단히 마음의 준비를 했다. [……] 그 프로그램은 훔쳐보는 것이 아니었다. 관음증이란 관찰자인 당신의 존재에 대해 알지 못하는 대상을 몰래 훔쳐보는 것이다. [……] 우리가 보는 사람들은 우리에게 보여주고 싶어하는 사람들이다. [……] 나는 내가 훔쳐보고 있다는 느낌을 전혀 받지 못했다."[1]

'관음증'은 끊임없이 정확한 정의를 피해간다. 매우 다양한 잘못들을 포괄하는 말로 사용되기도 한다. 전통적으로 관음증은 허락받지 않고 바라보는 것을 의미했지만 리얼리티 TV의 시청자들은 허락을 받고 바라본다. 리얼리티 TV의 출연자들은 그들이 응시되고 있는 것을 알고 있고, 또 그러기를 원한다. 그래도 '관음증'은 리얼리티 TV 평론가들이 계속해서 외쳐대는 말이다. 새로운 디지털 기술이 예전에는 숨겨져 있던 대중들의 삶에 광범위하고 빠르게 접근할 수 있는 발판을 마련해줌에 따라, 동의를 얻지 못한 감시와 전자 모니터링은 사생활을 침해해왔다. 출연자들의 동의 하에 이루어지는 리얼리티 TV의 접근이 바로 이렇게 동의를 얻지 못한 세계의 사생활 침해로 잘못 연결지어진 것이 아닐까 한다.

한때 정치가, 왕족, 명사들의 '개인' 스캔들에 불과했던 것들이 이제는 글로벌한 연속극처럼 다뤄지고 있다. 이것은 거의 대부분이 동의를 얻지 못한 것이다. 모니카 르윈스키는 FBI가 개인 이메일에 접근하는 일에 동의하지 않았다. 빌 클린턴은 자신의 성생활의 세밀한 부분들이 온라인상으로 밝혀지는 상황에 대해 동의하지 않았다. 미국 학자들인 제프리 로젠(Jeffrey Rosen)과 클레이 칼버트(Clay Calvert)는 명사들에 대한 폭로성 기사, 감시와 전자 모니터링이 증가하는 현실을 비판적으로 살펴보았다. 법대 교수이면서 전자 관음증의 성행에 대해 조사했던 두 사람은 이 때문에 노출되는 대상의 사생활과 시민 자유권이 침해된다는 점을 한탄했다.

『관음증 국가: 현대 문화에서의 미디어, 사생활, 엿보기』(Voyeur Nation: Media, privacy and peering in modern culture)[Westview Press, 2000]에서 클레이 칼버트는 특히나 리얼리티 TV의 등장에 대해 비판적이었다. "토론은 구경(watching)에 자리를 빼앗겼다. 실로, 나는 담론의 죽음 그 이면에 관음증의 탄생이 놓여 있다고 생각한다." 많은 평론가들이 '담론의 죽음'을 우려했다. 그들은 세상을 변화시킬 수 있는 이슈 다큐멘터리의 쇠퇴를 한탄했다. 하지만 이는 TV에 대한 지나친 우려이다. 리얼리티 TV는 세상이 변한 데서 시작된 것이다. 전통적인 다큐멘터리는 이런 변화를 전반적으로 반영하는 데 실패했을 뿐이다. 리얼리티 TV는 개인을 강조하는 것을 부끄럽게 여기지 않으며, 정치보다는 윤리를 강조한다. 이런 변화가 전통주의자들에게는 '저속화'(dumbing down)나 남 등쳐먹기, 그리고 다큐멘터리 전통의 타락으로 여겨질 수도 있겠지만 말이다.

이렇게 지나칠 정도로 관심을 보이면서도, 이 새로운 접근 방식에 대해 평론가들은 아주 분명한 점을, 즉 이것이 『트루먼쇼』가 아니라는 사실을 놓치고 있다. 여기에 나오는 출연자들은 숨겨진 카메라를 찾아낸 것이 아니라, 스스로가 적극적으로 카메라를 쫓아간다. 출연자들은 접근에 동의했다. 그들은 카메라의 시선을 알고 있으며, 조명장치의 윙윙거리는 소리를 듣고 있다. 그들은 그 시선을 알고 있으며 때로는 거기에 자기 자신을 들이대기까지 한다.

희 생 자 인 가 , 스 타 인 가 ?

망할 놈의 정신적, 육체적 붕괴, 이 모든 것이 TV에 나온다니까…… (브렌든 퀵, 『스마트 하트』의 두 번째 에피소드에서)

『스마트 하트』는 바라보기에 관한 것이고, 그런 점에서 보면 접근에 관한 것이다. 이 시리즈는 일반적인 다큐멘터리에 비해 놀라울 정도로 접근도를 높였다는 점에서 차별화된다. 하지만 이러한 접근성으로 인해 나타나는 반동도 무시할 수는 없다. 출연자들은 접근을 허용하는 만큼이나 이를 거부하기도 했다. 브렌든과 그의 새 여자친구 리사는 종종 웹캠 파업에 들어갔다. 우리 회사의 이사가 채널4의 사장에게 웹캠을 보여주고 있다고 했더라도 그들은 그랬을 것이다.

'브렌든 캠'은 입체적인 인간관계의 실험장을 생방송으로, 선정적으로 보여주는 대신에 이스트엔드의 구멍가게만을 비추기도 했다. 지겨울 때면 브렌든이 웹캠을 창밖에 걸어놓았기 때문이다. 다행히도 클레어는 웹캠을 좋아했고 하루 종일 웹캠에 모습을 비추었다. 그녀는 자신의 웹 시청자들을 팬으로 만들 수도 있었다. 시청자들은 그림을 그리고 요리를 하며 자거나 노는 그녀를 볼 수 있었다. 『폴라 X』(Pola X)의 감독인 레오 까락스(Leos Carax)가 사이버 공간에서 그녀를 발견하고는 캐스팅 감독에게 그녀의 전화번호를 찾아보라고 한 적도 있었다.

하지만 평론가들은 우려를 표명했다. 신문의 TV 평론가들은 채널4의 윤리의식 붕괴와 도덕적 타락을 보여주는 예로서 『스마트 하트』를 이용했다. 이본느 로버츠(Yvonne Roberts)는 『인디펜던트』에 쓴 글에서, 접근도가 높아지면 자동적으로 이를 이용하는 일이 많아지는 것은 당연하다고 말했다. 이 말은 이 프로그램에 대해 평론가들이 보였던 꽤나 전형적인 반응에 해당된다. "채널4의 새 시즌 방영물에는 『스마트 하트』가 포함되어 있는데, '이는 12개월이라는 기간에 걸쳐 오늘날의 결혼에 대한 시련과 고뇌를 담는 멀티미디어 실험이 될 것'이라고 한다. [……] 우와. (일부) 시청자들을 역겹게 느끼도록 만들고 출연자들의 품위를 떨어뜨리는 주제에 감정적 까발림이나 타산지석을 통한 배움의 장이 될 수 있다고?" (2000년 2월 7일)

나와 이본느, 두 사람 모두가 발표를 했던 컨퍼런스에서 둘이 만났을 때, 그녀는 『스마트 하트』를 본 적이 없음을 시인했다. 이는 오늘날의 TV

평론가들에게서 볼 수 있는 공통점이다. 그들은 프로그램을 보는 것이 아니라 보도자료만을 보고 평론을 한다. 이 시리즈를 단 한 번도 본 적이 없었던 로버츠는, 이 프로젝트가 협력을 통해 이루어진다는 점을 알지 못했고 출연자들에게 편집 전권이 주어졌다는 사실도 몰랐으며 그들이 두 번째 시리즈에 나오고 싶어한다는 점도 알지 못했다. 채팅방에서 시청자 한 명이 클레어에게 "사생활이 계속 카메라로 방송되는데 어떻게 대처할 수 있죠?"라고 묻자, 그녀는 "솔직히 말하면, 난 아직도 충분히 공개되지 않았다고 생각해요"라고 대답했다.

『스마트 하트』는 다큐드라마의 해독제로서 조제된 것이지만, 우리는 여전히 그 전통에 매여 있었다. '사실적 오락물'(factual entertainment)이 10년간 이어지면서, 언제라도 스스로를 시트콤의 웃음거리로 전락시킬 준비가 되어 있는 행복한 패배자라는 배역에 익숙해진 시청자들의 그리고 비평가들의 문화도 함께 형성되어왔다. 하지만 브렌든과 클레어는 이를 만족시키지 못했다. 특히 브렌든은 그에 대한 대가를 치러야 했다.

다큐드라마의 출연자들은 어리석거나 못됐거나 안쓰럽게 그려졌다. 온라인 채팅의 청취자들은 클레어를 안쓰러운 쪽에 세웠다. 그녀는 버림받은 아내처럼 그려졌다. 브렌든은 말 그대로 '나쁜 놈'이었는데, 술고래 난봉꾼(philanderer)으로서 판토마임의 악당에 해당되는 배역이었다. 이에 대해 브렌든이 불만을 터뜨린 적도 있다. "내가 매일 아침부터 술을 마시는 나쁜 놈으로 그려지다니 끔찍해." 그의 여자친구인 리사가 대꾸했다. "그게 영화에서 당신이 맡은 역할이야. 예쁜 여자를 꼬시는 것 외에는 특별한 재능도 없는 최악의 술주정뱅이."(에피소드 5편)

신문 평론가들조차 프로그램이 아닌 출연자들에 대해 평을 했다. 『가디언』에서 폴리 버넌(Polly Vernon)은 다큐드라마의 소위 순수성이란 것을 상기시키면서 『스마트 하트』에 대해 이렇게 말했다. "중산층은 좋은 TV

를 만들어내지 못한다. 제목에도 나와 있듯이, 브렌든과 그의 친구들은 자신들의 프로그램에 대해 지나치게 영리하게(smart) 처신하고 있다." '지나치게 영리'해서 다큐멘터리의 좋은 대상이 되지 못한다면, 멍청해야 훌륭한 대상이 된다는 말인가? 『호텔』(Hotel)이나 『공항』의 코믹하고 단순한 재미를 그리워하면서 버넌은 말을 이었다. "나는 다큐드라마를 좋아한다. 이렇게 말한다고 해서 이 발언이 나를 깎아내리지는 않는다고 생각한다. 스탠스테드(Stansted) 공항의 버거킹 주방장이 말라가(Malaga)*에서 온 불만에 가득 찬 손님의 입맛에 맞춰주어야 하는 것일까? 대단하다. 그 프로그램은 관음증을 살짝 부드럽게 표현한 것일 뿐이다."(1999년 12월 21일)

아니, 『스마트 하트』는 '관음증을 살짝 부드럽게 표현'한 것과는 다르다. 바라보기와 접근이라는 점에서, 이것은 『빅브라더』 다음가는 하드코어에 해당한다.

「빅 브 라 더」 : 만 들 어 낸 고 난

다큐드라마는 우리가 패배자를 선호한다는 점을 증명해 보였다. 『빅브라더』의 형식은 패배자를 찾고자하는 다큐멘터리적 충동을 좀 더 부풀려놓은 것일 뿐이다. 고난의 공식은 인공적으로 만들어졌다. 『빅브라더』는 노출증, 갈등, 드라마, 눈물과 같은 다큐멘터리의 전형적인 장면이 나타나기를 기다리는 것이 아니라 그것들을 공공연하게 만들어냈다. 『빅브라더』를 창조해낸 엔데몰(Endemol)이 처음에 시작했던 것은 출연자들을 신

---

* 스페인 남부에 위치한 주.

체적으로나 심리적으로 불편하게 만드는 우아한 징벌(penal chic)이라는 고압적 상황이었다. 지금 그들은 그 상황의 강도를 크게 높여가고 있다.

최근에, 네덜란드 엔데몰사는 오리지널『빅브라더』를 변형시킨『빅브라더: 배틀』(*Big Brother: The Battle*)을 들고 나왔다. 접근성 면에서는 더 나갈 길이 없었으므로, 대신 제작자는『캐스트어웨이』나『서바이버』와 같은 서바이벌 쇼에 등장하는 궁핍을 끌어들였다.『빅브라더』의 메인 하우스는 더 좋아졌다. 쇼파는 가죽으로 바뀌었고, 거주자들은 와이드 스크린 TV와 얼음에 담긴 샴페인을 대접받았다. 하지만 정원 구석에는『빅브라더』의 오두막이 서 있었다. 이곳에서 지내는 사람들은 짚 위에서 자면서 삶은 콩(baked beans)[토마토소스에 삶은 콩요리]만 먹고 살아야 했다.

이제 임무가 성공하느냐 실패하느냐에 따라 당신의 팀은 집에서 편히 지낼 수도 있고 오두막에서 3일을 더 지내야 할 수도 있다. 이것이 얼마나 중압감을 줄 것인지를 상상해보라. 임무에 실패한다면 당신네 팀은 당신을 정말로 미워할 것이다. 눈물과 갈등은 배가되었는데,『빅브라더』에서는 바로 이것이 포인트였다. 승부라는 형식이 상당히 성공적이었기 때문에, 영국판『빅브라더』의 세 번째 시리즈에는 이것을 조금 완화시킨 버전이 도입되었다. 그 시리즈는 일주일 내내, 하루 종일 인간관계를 살펴보는 실험실이 되었다. 그 시리즈가 탐구하는 것은 오늘날의 윤리이며 개인과 그룹 사이의 관계이다.

영국에서 이 윤리적 딜레마는 같은 집에 사는 사람들이 서로 어떤 식으로 관계를 맺는가 하는 문제뿐만 아니라 그들이 권력자, 즉 빅브라더 그 자체와는 어떤 식으로 관계를 맺는가 하는 문제에도 초점을 맞추었다. 호주판『빅브라더』의 한 프로듀서는 이런 형식을 두고 '출연자들이 스크립트를 쓰는 생방송 연속극'이라고 묘사하기도 했다.[2] 그러기 위해서는 그들에게 더 많은 통제권을 주어야 했다. 영국판『빅브라더』의 프로듀서인

콘라드 그린(Conrad Green)은 리얼리티 TV의 새로운 형식이 출연자와 프로듀서, 시청자 사이의 관계를 전면적으로 변화시켰다고 생각한다. "프로듀서로서 나는 어느 정도까지만 간섭할 수 있다. 집에 사는 사람들은 자신의 운명을 어느 정도까지 결정할 수 있으며 시청자들도 어느 정도까지는 결정할 수 있지만 완전히 그러지는 못한다. [……] 그 핵심에는 지배의 삼각형이라는 독특한 긴장 관계가 놓여 있다."³ 하지만, 전반적으로 봤을 때 영국 출연자들은 새로 발견한 자신들의 권력을 행사할 줄을 몰랐다. 출연자들은 자기 자리를 지키도록 만들어진 영국의 계급 시스템과 다큐드라마의 영향에 따라 여전히 평화를 지키고 있었다.

출연자가 반란을 일으켰던 최고의 순간은 닉 베이트맨(Nick Bateman)이 규칙을 깼던 순간이다. 출연자 중 유일하게 사립학교 출신이었던 그는 확실한 퇴출 후보였다. 그는 같은 집에 사는 사람들의 퇴출 후보 지명에 영향을 끼쳐보려고 했다. 그리고 들켜서 벌을 받았다. 대단히 흥미진진했던 퇴출 에피소드에서, 다른 동료들은 단체로 그를 협잡꾼으로 낙인찍었으며 TV 재판에 회부했다. 영국의 경우에는 빅브라더가 우두머리(Big Daddy)였다. 하지만 해외판에서는 출연자들이 빅브라더를 속이는 일도 간혹 있었다. 덴마크에서는 아홉 명의 출연자 전원이 반란을 일으켰다. 지붕에서 파티를 벌이고는, 이제 충분하다고 결정한 후에야 그들은 집으로 돌아갔다. 『빅브라더』는 하루종일 아무런 참견도 하지 못하도록 했고, 카메라맨은 집 안의 소파 말고는 아무것도 찍을 수 없었다. 출연자들을 찾아낸 프로듀서는 그중 세 명을 간신히 설득해서 돌아오게 할 수 있었는데, 그마저도 친구와 가족들이 매주 방문할 수 있도록 해준다는 조건 하에서였다.

남아프리카 공화국에서는 '나쁜 남자'가 현관문으로 떠나려 하는데 그 문이 잠겨 있자 뒷문의 나사를 빼려고 했다. 빅브라더는 스피커를 통해 큰 소리로 이것은 용납할 수 없는 행동이니 집으로 다시 들어가라고 말했다. 이 시점에서, 영국 출연자들이었다면 기세가 꺾여 소파로 돌아가서는 복종의 눈물이 전면 클로즈업될 수 있도록 행동했을 것이다. 하지만 이 남자는 달랐다. 그는 다이어리 룸(diary room)으로 달려가서 빅브라더를 향해 소리쳤다. "나는 당신의 인질이 아니야. 당신의 놀이친구도 아니고, 당신의 꼭두각시도 아니야. 그건 빅브라더, 당신의 규칙이지, 나의 규칙이 아니야. 이 문이나 열어. 안 그러면 부숴버릴 테니까."

다시 영국의 경우로 돌아오면, 매우 야비한 선거운동을 했기 때문에 닉에게는 후환이 뒤따랐다. "너 되게 역겨워." 닉을 만난 자리에서 대런(Darren)이 말했다. "그래, 넌 진짜 역겨워." 나머지 동료들도 이구동성으로 말했다. 모욕적인 몇 시간이 흐른 뒤에, 그는 이렇게 반응했다. "이건 게임쇼라고, 게임! 여기서는 게임에 맞춰 할 수 있는 한 최선을 다해야만 해." 닉은 침실로 들어가 울며 주저앉았다. 카메라는 그를 확대해서 잡았다. 눈물을 흘리는 닉 베이트맨의 클로즈업된 얼굴은 이제 TV의 아이콘이 되었다. 옷가방을 끌어안고 있을 때, 그는 상처입은 채 감정적으로 노출되어 있었다. 오늘날까지, 나는 다큐멘터리의 대상이 그렇게까지 감정적으로 노출된 경우를 본 적이 없다. 웹을 통해 먼저 라이브로 방송이 된 후 24시간이 채 지나지 않아서 이 사건은 영국이 목격한 최대의 웹 이벤트가 되었다.

그 다음날, TV 시청자 또한 7백만 명으로 늘어났다. 닉이 노출되었던 단 몇 초가 이 모든 결과를 끌어낸 것이다. 어떤 말도 없었고, 시청자를 즐겁게 만들 만한 것도 없었다. 그저 바닥까지 떨어져 상처입고 까발려진 남자의 모습이 전국적으로 방송된 것뿐이다. 처음에 그 장면을 보고, 몇 초 동안 그렇게 보고 있노라면 카메라의 시선에 대해 생각해보게 된다. 이 클로즈업은 시청자들을 비추는 거울과도 같다. 이 장면을 보고 어떤 느낌을 받는가? 침묵이 맴돈다. 거기서 보이는 것은 그 얼굴뿐이다. TV에 있어이 시선은 너무 길고 정적이며, 그래서 심금을 울린다. 이는 감정적 포르노그래피로, 당신도 여기 빚을 지고 있다. 왜냐하면 여기에는 시청자, 바로 당신도 연루되어 있기 때문이다. 이것은 다큐드라마에서처럼 부드럽게 집중된 위기가 아니라 3차원적인 불안이다. 명사의 해설을 붙여 가짜 동정심을 유발하려고도 하지 않았다.

나는 닉을 만나보기로 결심했다. 그는 내가 그의 몰락에 관한 에피소드로 만들고 있던 필름4의 단편 영화를 위해 『빅브라더』에 등장하는 집에서 촬영하는 일에 동의했다. 나는 그가 좋았다. 그는 대중적인 다큐멘터리의 희생자 관음증을 매우 잘 알고 있을 뿐만 아니라, 그 점에 대해 비판적이지도 당혹스러워 하지도 않았다. 7백만 시청자 앞에서 울어서 자존심이 상하지는 않았는지 묻자 그는 쾌활하게 이렇게 답변했다. "편집자들은 프로그램을 재밌게 만들어야 하니까요. 누군가가 전국 방송에서 울고 있다면, 그렇게 감정적으로 가장 연약한 순간에 놓인 사람을 대중들에게 대접하는 것 이상으로 좋은 접대가 뭐가 있겠어요? 우리 모두가 웃는 걸 보여주는 것만으로는 효과가 없겠지요. [……] 마찰, 불화를 보여주어야만 해요. 사람들이 당황스러워 할 때, 『빅브라더』가 재미있는 것은 바로 그 때지요. 사람들을 있는 그대로 보여주니까요."

닉 베이트맨은 리얼리티 TV의 공식과 전형을 프로그램 제작자들만큼이나 잘 이해하고 있는 신세대 시청자이자 잠재적인 출연자를 표상한다. 출연자들은 의무적으로 겪어야만 하는 위기의 순간과 캐리커처를 위해 기꺼이 결탁하려 한다. 『옵저버』(Oberver)의 캐서린 플렛(Kathyrn Flett)이 그의 눈물을 봤을 때, 거기에는 자기 반성 이상의 무엇인가가 존재했다. "이것은 고통일까, 기쁨일까? [……] 나는 『빅브라더』를 처음으로 보는 사람과 함께 금요일 밤의 방영분을 보고 있었다. '끔찍해, 끔찍해. 이거

싫다.' 하지만 우리는 계속 붙어 있었다. 그 쇼가 우리에게 자동차 충돌 사고를 엿보는 듯한 느낌을 갖게 했기 때문이다."(2000년 8월 20일) 의무적으로 강제된 자동차 충돌 사고.

아직 그 집에 있었을 때, 닉은 자동차 사고로 죽은 여자친구에 대한 눈물겨운 이야기를 꾸며내어 동정표를 받으려고 한 적이 있었다. 『옵저버』의 앤드류 안토니(Andrew Antony)는 그 이야기에 대해 이렇게 말했다. "진실은 아니었지만, 그의 이야기는 고백의 시대를 살아가는 우리의 거짓된 감성, 다른 출연자들이 과도할 정도로 눈에 띄게 보여준 그 감성을 훌륭하게 풍자하는 것이었다."(2000년 8월 13일) 리얼리티 TV는 바깥 세상으로부터 정보를 얻고 또 거기에 영향을 미치기도 한다. 『빅브라더』는 '고백의 시대의 감성'을 토대로 만들어지고, 토크쇼로 대변되는 1인칭 시점 미디어의 붐 위에 세워졌다.

이같은 위기와 고해의 광경은 10여 년 전부터 있어왔다. 닉의 눈물을 클로즈업한 것에서 예전과 다른 점이 있다면, 그가 남자라는 사실이다. 고통스러워하고 망가지는 장면은 전통적으로 여성들의 몫이었다. 토크쇼든 다큐멘터리든 드라마든 뉴스든 시사든 간에 우리는 여성의 고통을 보는 데 집착해왔다. 우리는 찰스 왕세자나 빌 클린턴이 공개적으로 우는 모습은 보지 못했지만, 그들의 부인이나 정부의 눈물은 눈부신 클로즈업을 통해 보아왔다. 다이애나는 BBC에서 울었고 모니카 르윈스키는 HBO를 위해 울었다. 그들은 울었고, 그래서 우리는 그들을 사랑했다. 2년 동안 침묵하고 있던 모니카가 최근에 클린턴 스캔들에 대한 자신의 입장을 자세히 밝혔을 때 그녀는 몇 차례에 걸쳐 울음을 터뜨렸다. 그녀가 감정이 격해져 말을 잇지 못하자 방청석의 한 여성이 이렇게 외쳤다. "우리는 당신 편이에요, 모니카." 방청객들은 응원의 함성을 보냈다. 나중에 한 남자가 일어나서 그녀에게 말했다. "이것은 이기적이고 자기만족적인, 쓸데

없는 이야기로군요. 당신은 당신과 당신의 고통에 대해서는 이야기하지만, 이 일이 일어나도록 만든 당신 자신의 행위에 대해서는 아무 것도 말하지 않았습니다." 방청객의 대부분은 그에게 앉으라고 이야기했다. 그들은 그녀의 고통을 보기 위해 상당한 돈을 지불한 사람들이었던 것이다.

이런 고백의 모임이 시작된 미국에서는 여성이 겪은 고난과 그에 대한 고백이 여전히 상당한 집단적 동정심을 얻어내곤 한다. 하지만 영국에서는 접근을 허락한 잘못에 대한 비난이 동정심을 능가한다. 우리가 원했던 것도 이런 결정적 장면이었지만, 영국에서는 그런 결정적 장면과 함께 접근을 허락한 사람들에 대한 경멸이 뒤섞여 나오는 것이다.

명 성 의 부 끄 러 움

명성은 땅콩을 먹는 것과 비슷하다. 일단 시작하면 멈출 수가 없다. (앤디 워홀, 마이크 렌의 『앤디 워홀 어록』[1991]에서)

『원하지 않는 응시: 미국 사생활의 파괴』(*Unwanted Gaze: The Destruction of Privacy in America*)[Random House, 2000]에서 제프리 로젠 (Jeffrey Rosen)은 15분짜리 명성이라도 얻고 싶어하는 미국인들의 태도에 대해 이렇게 논했다. "TV에 나오는 것을 훌륭한 시민이 되는 것만큼이나 중요하게 여기고 있다. [······] 빌 클린턴이 보여주었던 것처럼, 노출의 문화 속에서는 철면피가 되는 것도 자기 방어가 될 수 있고 TV에 나오는 동안에는 아무리 나쁜 행동일지라도 부끄럽지 않을 수 있다." 그러나 여기는 영국이다. 대서양의 이쪽 편에서는 당신의 명성은 또한 당신의 부끄러움이 될 수도 있다.

『빅브라더』의 작은 스타들은 계속해서 이런 이중적 기준의 공격 대상이 되었다. 쇼가 종방된 지 몇 주가 지난 후에, 『선』(*Sun*)은 이렇게 요구했다. "우리의 삶에서 즉시 떠나달라. 당신의 15분짜리 명성은 이제 끝났다. 당신은 명사가 아니다. 당신은 그저 이제는 끝나버린 TV의 기묘한 구경거리였을 뿐이다. 당신이 『빅브라더』의 기억을 망쳐놓고 있다. 당신의 일로 돌아가라. 우리는 더 이상 당신에게 관심이 없다."[4] 영국의 명사들은 거부하는 듯해 보이면서 동시에 접근을 허용해주어야 한다. 희생자 역할을 하는 데 실패한다면 그들은 대가를 치르게 된다. 단지 당신의 명성만을 써먹어보겠다고 하는 것은 영국적인 것이 아니다. 당신을 써먹기 위해 명성이 존재한다는 것이 영국적인 것이다. 그리고 그 역할은 결코 뒤집힐 수 없다.

『명사 빅브라더』(*Celebrity Big Brother*)의 바네사 펠츠(Vanessa Feltz)와 앤시아 터너(*Anthea Turner*)의 뒤에서 문이 닫혔을 때는 이 점이 특히 분명하게 드러났다. 채 몇 분도 지나기 전, 밤 시간대에 눈물 바람이 펼쳐졌다. 확실히 프로듀서들은 만족스러워하면서 두 손을 비볐을 것이다. 『빅브라더』는 별다른 준비 없이도 결정적 장면을 얻을 수 있었던 것이다. 그것은 정말이지 재빠르게도 등장한 몰락의 장면이었다. 『빅브라더』에서 그런 눈물 장면은 이제 뻔한 공식처럼 자리를 잡았기 때문에 이 장면이 공들인 모큐멘터리(mock documentary, mockumentary)*의 패러디가 아닐까 하고 의심하지 않을 수 없었을 것이다. 바네사는 동정을 받지 못했지만 여러 개의 칼럼을 장식할 수는 있었다. 『선』은 그녀를 "완전히 미쳤다"고 평가했다(2001년 3월 25일). 『데일리 메일』은 "부루퉁하게 툴툴대는 바람

---

* 사실적 다큐멘터리인 것처럼 보이지만 실제로는 픽션을 찍은 작품을 일컫는 말. 패러디나 풍자용인 경우가 많다.

빠진 풍선 같은 B급 유명인사"라고 평했다(2001년 3월 25일). 『옵저버』의 바바라 엘렌(Barbara Ellen)은 다음과 같은 말로 글을 끝맺었다. "펠츠와 터너의 과장된 호들갑 덕분에 리얼리티 TV가 아니라 프라이어리 TV(Priory TV)를 보는 기분이었다."(2001년 3월 18일) 바네사가 법정의 바깥에서 또는 심리치료실을 나서면서 울었더라면 아마 괜찮았을 것이다. 하지만 『빅브라더』의 집에서 당신이 허용했던 접근은 너무나 이기적이고 부끄러운 일이어서 눈물조차도 면죄부를 줄 수는 없는 것처럼 여겨진다. 리얼리티 TV, 고백의 문화, 타블로이드의 과대 선전은 서로 연결된 고리 위에 놓여 있다. 순환적인 교환을 통해 하나가 다른 하나를 먹여 살리며 또 그 반대로도 먹여 살리는 것이다.

2001년 1월, 앨런 킬쇼(Alan Kilshaw)와 주디스 킬쇼(Judith Kilshaw)는 전지구적인 연속극이라도 되는 양 진행되는 입양 스캔들의 한가운데에 자신들이 놓여 있음을 깨달았다. 나는 채널4의 다큐멘터리로 내보내기 위해 그 후 6개월 동안 그들을 촬영했다. 나는 그들의 이야기에 끌렸다. 타블로이드의 화법과 리얼리티 TV의 과대선전이 뉴스와 시사에까지 침투한 것은 확실했다. 이제, 기삿거리가 된 인물들은 시청자의 전화 투표라도 거친 것 같은 평가를 받았다. 『옵저버』에서 팀 앨런(Tim Allen)은 이렇게 말했다. "킬쇼나 모니카 르윈스키의 경우에서처럼, 타블로이드의 주요한 화법에서는 [……] 우리로 하여금 그들을 동정하면서 동시에 비난하게 만든다. 모든 이야기들에서 그러하듯이, 그들은 기승전결을 필요로 한다. [……] 현실의 복잡한 삶을 거기에 맞게 끼워 맞추고 있는 것이다."(2002년 1월 27일)

언론은 킬쇼 부부를 영국 최악의 부모라고 불렀다. 『선』은 "주디스는 실내용 화초를 키우는 일에도 적합하지 않다"고 주장했고(2001년 1월), 토니 블레어는 그들의 행동에 대해 '비탄스럽다'는 평을 했다. 킬쇼 부부는 인터넷으로 아기를 입양했다는 이유로 부당한 비난을 받고 있었다. 사실 그들은 인터넷으로 해외 입양에 관한 정보를 얻었을 뿐이다. 하지만 그 이야기가 선정적으로 과대 포장되면서, 킬쇼 부부는 마치 온라인으로 신용 카드 정보를 입력하고서는 페덱스로 아기를 받은 사람들인 듯 여겨지게 되었다. 토니 블레어는 타블로이드 신문의 구경꾼 역할을 맡아 의회에서 격앙된 어조로 말했다. "비탄할 만한 인터넷 아기 거래는 중단되어야만 합니다."(2001년 1월)

인터넷 아기 거래 따위는 처음부터 존재하지도 않았다. 주디스 킬쇼에게 잘못이 있다면 그녀가 노동계급에 속한다는 것과 목소리가 크다는 점 뿐이었다. 킬쇼 부부는 아주 쉽게 '오프라 윈프리 쇼'에 나갈 수 있었다. 미국에서는 킬쇼 부부가 희생자가 되었다. 악당은 타락한 개인 입양 시스템으로서, 규제가 필요한 것은 이 시스템이라는 것이었다. 영국에서는 킬쇼 부부가 오해를 풀려고 하면 할수록 상황이 더욱 악화되었다. 주디스는 언론의 인터뷰 요청에 계속해서 시달렸고, 인터뷰를 하면 이번에는 인터뷰를 한다는 이유로 공격을 받았다.

이제 우리는 뉴스를 통속적인 연속극 같은 시각에서 보게 되었다. 우리는 뉴스의 대상을 호감도로 판단한다. 만약 이것이 초고속으로 유명해진 사람들의 『빅브라더』였다면, 킬쇼 부부는 첫 번째 날에 부끄러움의 다리로 나와야 했을 것이다. 제프리 로젠은 유명인에 대한 뒷이야기들에 나타나는 '끼워맞추기'의 위험성에 대해 다음과 같은 결론을 맺었다. "우리의 사생활에 대한 정보가 점점 더 많이 기록되고 보존되며 지우기는 어려워짐에 따라, 정체성을 구성하는 일부분과 정체성 전체를 혼동할 위험 또한 점점 더 커져가고 있다. [……] 우리는 정보와 지식을 혼동하고 있는 것이다."[5]

『킬쇼 가족을 만납시다』(*Meet the Kilshaws*)는 아이러니하게도 『서바이버』의 마지막회와 같은 시각에 방영되었지만 그런대로 괜찮은 시청률을 기록했다. 나의 목표는 타블로이드식 인물 묘사에 대한 해독제로서 킬쇼 가족의 모습을 보여주는 것이었다. 그리고 그것은 제대로 작용했다. 평론가들은 더 이상 '웹의 사악한 마녀'라는 말을 늘어놓지 않았다. 『타임즈』는 주디스를 '대단한 인물'(2001년 7월 26일)이라고 평했고, 『메일』(*Mail*)은 '스타 기질을 갖춘 타고난 배우……광적인 용기를 갖춘 삶 그 이상'이라고 평했다(2001년 8월 1일). 당신의 사생활에 대한 입체적 접근이 낳는 부작용을 처리하기 위해서는 '광적인 용기'가 필요한 것이다.

결 론

2001년 9월 11일 이후에는 오늘날의 미디어에서 볼 수 있는 마키아벨리적 형식이 인기를 잃게 될 것이라고 많은 사람들은 전망했다. 또 선함에 대해서도 흥미를 잃게 될 것이라고 했다. 하지만 어느 쪽도 정답이 아니었다. 시청자들이 택한 것은 『초원의 집』(*Little House on the Prairie*)이나 『프렌즈』(*Friends*)의 수많은 복제품들이었다. 슬픔, 갈등, 위기는 우리의 정체성과 경험의 일부이다. 이런 감정들은 멜로드라마의 소재이기도 하다. 멜로드라마는 좋을 수도 있고 나쁠 수도 있다. 그것은 아침드라마처럼 최악인 것에서부터 더글라스 서크(Douglas Sirk)의 작품처럼 최고인 것에 이르기까지 매우 다양하다. 새로운 것이 있다면 다큐멘터리, 뉴스, 리얼리티 TV의 카메라가 점점 더 멜로드라마에서 다루는 갈등과 위기를 쫓고 있다는 점이다.

　중요한 것은 이러한 감정적 클라이맥스를 어떻게 표현할 것인가 하는 점이다. 『스마트 하트』의 중점은 보는 데 있었고, 어떤 방식으로 볼 것인지에 대한 문제 제기에 있었다. 다큐멘터리에서 밀착 촬영을 할 때 왜 전면에서 찍지 못하고 뒤쪽으로 찍는가에 대해 도전하고자 했다. 예상대로, 대부분의 평론가들은 『스마트 하트』의 접근도에 충격을 받았다. 평론들은 이런 근접성이 갖게 되는 강렬한 재미를 인정하면서도 변함없이 부정적인 수식어를 갖다 붙였다. 한 평론가는 '강박적으로 끌어당긴다' (compusively compelling)고 말했고 다른 평론가는 '병적으로(morbidly) 열광케 한다'고 말했다. 몇몇 평론에는 '자동차 충돌 TV'(Car crash TV)라는 말이 적혀 있었다. 나는 언제나 이런 말들이 좀 과장되었다고, 소위 신문체의 명백한 예를 보여준다고 생각했다.

리얼리티 TV에서 시청자들은 죽음이나 폭력 같은 것을 보는 것이 아니다. 그들은 그저 사람들이 닫혀진 문 뒤에서는 어떻게 행동하는 지를 보고 있을 뿐이다. 포르노에서는 결정적 장면이 촌철살인 같은 장면들의 마지막을 장식한다. 워홀은 이런 감정적 클라이맥스를 잡아내기는 했지만, 그것이 그의 결정적 장면이었던 것은 아니다. 워홀의 영화에서 감정의 기복은 더 큰 그림의 일부에 지나지 않았다. 가장 혁신적인 다큐멘터리에서는 촌철살인 같은 장면 대신에 멜로드라마적인 순간들을 시작점으로 삼는다. 리얼리티 TV의 높은 접근성과 볼거리는 다큐멘터리를 21세기로 끌어가고 있다. 출연자들과 시청자들은 그 공식의 일부가 되었다. 그것이 그들을 깨어나게 한 것이다.

리얼리티 TV의 잠재력과 그것이 빠질 수 있는 함정에 관해서라면 브렌든에게 최후 논평을 맡기는 편이 좋을 것 같다. 『스마트 하트』의 생방송 채팅 중에, 브렌든에게 『크루즈』(Cruise)에 나오는 여자들처럼 소소한 다큐드라마 유명인사가 되고 싶지는 않으냐는 질문이 들어온 적이 있다. 그는 이렇게 대답했다. "나는 내가 어떤 사람인지 아는데 말이에요, 그런 망할 유명인 명단에 오를 이유가 없는 사람이랍니다." 그는 이렇게 말하면서 채팅방에서 나갔다. "이 프로그램을 당신이 좋아하는 출연자에 대한 프로그램으로 변질시키지 말아 주십시오. [……] 다큐멘터리적 요소들이 넘쳐 나도록, 편집을 통해 극적인 순간들이 나올 수 있도록 놔두십시오. TV가 어떤 것인지를 이야기하도록 그냥 두십시오. 내가 그렇게 할 수는 없으니까요."[6]

새롭지도, 재치 있지도 않다

크리스토퍼 던클리*

'리얼리티 TV'에 대한 대부분의 주장들은 상당히 미심쩍거나, 아니면 완전히 틀렸다. 그 시작으로, 유명한 리얼리티 TV 프로그램에 대해 그것을 만든 사람들이 여러 번 되풀이했던, 텔레비전의 상당히 새로운 시도라는 주장에 대해 살펴보자. 영국에서 가장 심하게 과대선전을 했던 프로그램 중 하나로 BBC의 『캐스트어웨이 2000』(*Castaway 2000*)을 들 수 있다. 이 프로그램은 35명의 지원자들이 헤브리디스 제도(Outer Hebrides)의 태런세이(Taransay)라는 스코틀랜드의 외딴 섬에서 12개월 동안 지내면서 『스위스인 로빈슨씨 가족』(*Swiss Family Robinson*)[영화제목]처럼 고군분투하는 이야기를 담았다. 카메라는 생존을 위한 그들의 노력을 보여주고, 어떤 종류의 사회 구조가 생겨날 지를 보여주려 했다. 난파당한 사람들이 신속하게 민주주의와 지방의회를 재창조해낼 것인지, 아니면 『파리대왕』

---

* **크리스토퍼 던클리(Christopher Dunkley)**는 저널리스트이자 방송인이며, 1973년부터 2002년까지 『파이낸셜 타임즈』(*Financial Times*)에 텔레비전 비평을 실었다. 1963년 『슬라우 옵저버』(*Slough Observer*)에서 저널리스트로서의 발을 내딛었고, 『영국 프레스 가제트』(*UK Press Gazette*)와 『타임즈』에서도 활동하면서 방송 관련 이슈에 대해 광범위하게 글을 써왔다. 1986년부터 1998년까지는 BBC 라디오 4의 『피드백』(*Feedback*)을 제작했다.

(Lord of the Flies)의 아이들처럼 사악한 적개심으로 타락하게 될 것인지를 말이다. 이 프로그램을 두고 '독특한 사회적 실험'이라고 하는 말들이 들려왔다.

하지만, 기억력 좋은 시청자라면 22년 전 존 퍼시벌(John Percival)이 제작했던 BBC의『과거 속 생활』(Living in the Past)을 떠올리면서『캐스트어웨이』가 얼마나 독특한가 하는 부분에 대해 수상쩍어 할 것 같다.『과거 속 생활』은 한 무리의 지원자들을 12개월 동안 철기시대 사람으로 살게 해놓고 거기서 나타나는 그들의 생존 노력과 사회 계층의 형성을 카메라에 담은 프로그램이었다. 퍼시벌은 이 프로그램에 대한 아이디어를 그보다 더 오래된 프로그램에서 얻은 것으로 보이는데, 그 프로그램은 엑스무어(Exmoor)* 한가운데에 내버려진 사람들이 주변에 있는 자원만으로 생존하는 모습을 담아냈다. 하지만 이 또한 1950년대의 방송초창기에, 외딴 섬에 남겨진 한 무리 지원자들의 생존 모습을 기록했던 BBC의 실험적 역사물에서 그 선례를 찾을 수 있다. 그들이 남겨졌던 곳은 어디였을까? 아마도 스코틀랜드의 외딴 섬이었던 듯하다.

『캐스트어웨이 2000』이 방영된 지 꼭 1년 후인 2001년 봄, BBC는 리얼리티 TV의 대단히 '새로운' 아이디어를 내놓았다. 거기서 제시된 것은 광고를 내서 철기시대 사람으로 살아볼 지원자를 찾고 그들의 생존 노력과 그들이 만들어내는 사회 구조를 카메라에 담아내는『철기시대 살아남기』(Surviving The Iron Age)라는 시리즈였다.『캐스트어웨이 2000』이 태런세이의 난방과 화장실 상태를 불평하며 본토의 슈퍼마켓과 호텔의 안락함으로 달아나버린 까다로운 지원자들 덕분에 우스갯거리로 전락하고 말았던 것처럼, 이 진부하고 낡은 '새로운' 아이디어 역시 곧 대실패로 끝나고

---

* 잉글랜드 남서쪽 브리스톨 해협에 위치한 국립공원.

말았다. 오늘날의 무능하고 나약한 사람들은 가장 기본적인 임무조차도 수행할 수 없었다. 치킨 스튜 요리로 식중독에 걸리기도 하고, 노천변소에서 가까이에 자라던 나뭇잎으로 엉덩이를 닦았다가 그 풀이 쐐기풀이라는 것을 뒤늦게 알아채기도 했다.

21세기의 우리들에게는 우리 선조들이 갖췄던 가장 기본적인 능력조차 결여되어 있다는 것을 보여주는 이런 것들이야말로 좋은 리얼리티 프로그램이 보여줘야 할 그런 결과라고 주장할 지도 모르겠다. 하지만 더욱 설득력 있는 주장은, 교활하고 비꼬기 잘하는 저널리즘이 오락을 위해 무지를 이용했을 뿐이라는 것이다. 실제의 철기시대 사람들처럼 원시적인 조건에서 자라지도 않았고 프로그램 제작자들로부터 필수적인 생존 기술조차도 배우지 못한 그런 사람들이 철기시대에 내던져진 순간 곤경에 처하게 되리라는 것은 뻔하다. 『철기시대 살아남기』가 생생하게 보여준 것은 리얼리티 TV가 진지한 저널리즘이나 사회적 통찰을 얻으려는 진지한 노력보다는 오락, 창피주기, 점수 쟁탈전과 더 관련이 깊다는 사실이다.

대 충 뻔 한 프 로 그 램 ?

『캐스트어웨이 2000』은 2000년 봄에 시작되었다. 하지만, 최근 나온 프로그램 중에서 그런 도전적 환경에서의 생존을 다룬 것은 이것이 처음이 아니었다. 1999년 가을에 채널4는 『1900년 저택』(*The 1900 House*)을 방영했는데, 일부의 관심밖에는 끌 수 없을 것 같았던 이 시리즈의 성공에 방송사는 놀라면서도 즐거워했다. 그렇게 해서, 채널4의 기준으로 볼 때는 꽤나 많은 수의 시청자들이 빅토리아풍 테라스 저택에서 일어나는 '실제의', '평범한' 바울러 가족의 생존 노력을 보기 위해 채널을 고정시켰다. 빅토리아 시대의 환경 속에서 석탄으로 불을 피운 화덕을 쓰고, 촛불 아래서 책을 읽고 집에서 만든 샴푸로 머리를 감는 바울러 가족의 모습을 보기 위해서였다. 이 시리즈의 인기 덕분에 이런 식의 프로그램은 리얼리티 TV의 한 장르로서 자리를 잡았다. 곧이어 채널4는 똑같은 공식을 적용하여 2차 세계대전 당시처럼 배급과 필수품만으로 살아가는 가족의 모습을 방영했고, 2002년에는 BBC가 1차 세계대전 때와 완전히 똑같은 참호 속으로 지원자들을 보냈다.

극한 상황 속에서 살아남기와 비슷한 시기에 발전된 또 다른 종류의 '리얼리티' 프로그램을 보면, 완전히 새로운 방송을 보고 있다는 주장이 거의 틀렸다는 것을 알 수 있다. 2001년 1월 ITV에서 시작한 『팝스타』의 의도는 '영국 전역을 강타할 팝밴드를 발굴해서 키워내는 것'이었다. 어디선가 들어본 이야기 같지 않은가? 『몽키즈』(Monkees)를 기억할 정도의 나이 또래인 사람들에게는 그럴 것이다. 1966년에 방송사는 그 그룹을 발굴, 육성해서 히트 팝 밴드로 키워냈다. 차이가 있다면, 미국 NBC에서 했다는 점과 영국 젊은이였던 데이비드 존스(David Jones)를 제외한다면 나머지 멤버들은 대부분이 미국인이었다는 점이다. 몽키즈가 ITV의 2001년 그룹—이 그룹은 히어세이(Hear'Say)로 불리게 된다—과 달랐던 또 한 가지는 그들 중 누구도 노래나 악기 다루는 법을 배우지 않았다는 점인데, 이것은 매우 결정적인 차이 같지만 나중에 드러났던 것처럼, 흥미로울 정도로 전혀 중요하지 않은 차이였다.

또 다른 중요한 차이점이 있다. 미국 시리즈는 400명의 희망자들 중에서 오디션을 거쳐 최종 4명을 뽑아 완전한 그룹을 결성한 후 스크린에 내보내면서 방송을 시작했던 반면, 35년 후의 영국에서는 오디션 과정 자체가 그 프로그램의 관전 포인트가 되었고 그룹의 결성으로 끝이 났다는 점이다. 『팝스타』는 그 시즌 ITV 최고의 시청률을 기록한 프로그램 중 하나로서 그 인기를 입증했고, 이런 종류의 프로그램을 '리얼리티'라는 광고 문구 아래 두어야 할 주된 이유를 제공해주었다. 방송에서 사용하는 그런 특별한 의미로, 연예인 지망자들은 '실제'가 되었다. 그들 중에는 소위 중하층이나 노동계급 출신들(또는 광고계에서 말하는 사회경제적 범주 C2, D, E에 속하는 사람들)이 압도적으로 많았다. 수백만 명의 시청자가 지켜보는 앞에서 심사위원들이 실력 없는 출연자의 면전에 대고 그 사람이 얼마나 끔찍했는지를 직접 말해준다는 점에서 우리가 보는 것은 '실제'였다. 처음에 기획했던 대로 히어세이는 승자로 호명된 직후부터 가요차트 수위에 오르면서 2류 유명인의 길에 순조롭게 들어서기는 했지만, 그 프로그램이 방송되는 동안 진짜로 유명해진 사람들은 심사위원들이었다.

『몽키즈』가 그룹 형성에서 시작되었던 반면 『팝스타』에서는 그것으로 끝이 난다는 두 프로그램의 차이점이, 리얼리티 TV라고 불리는 부류에는 새로울 것이 없다는 주장에 대한 반대 증거라고 주장할 수도 있다. 하지만, ITV가 잘 검증된 공식에 의존했던 부분은 방송을 통한 팝스타 양성이라는 측면만이 아니었다. 오디션 과정을 주된 요소로 이용함으로써, 『팝스타』는 굳건히 자리잡고 있던 연예인 선발대회의 전통을 따랐다. 1950년대의 『기회를 잡아라』(*Opportunity Knocks*)에서부터 오늘날의 『그들 눈에 비친 스타』(*Stars in Their Eyes*)에 이르기까지, 영국 텔레비전에서는 연예인 선발대회가 빠졌던 적이 거의 없었다. 그 중에서도 가장 유명한 것은 ITV의 『뉴페이스』(*New Faces*)로서, 1973년부터 1988년까지 하다 말다를 반복했다. 이 프로그램은 제대로 해내지 못한 참가자가 수백만 명 앞에서 얼마나 형편없었는지를 들어야 한다는 이유 때문에 유명해졌다. 1970년대에 잔인할 정도로 솔직했던 레코드 프로듀서와 『뉴페이스』의 심사위원 미키 모스트(Mickie Most)가 했던 일을 2001년에는 잔인할 정도로 솔직한 팝 프로듀서와 『팝스타』의 심사위원 나이젤 리트고(Nigel Lythgoe)가 맡았다. 그는 심사위원들 중에서도 가장 노골적인 평가를 내려 사랑받기도 했지만 미움을 사기도 했다.

리얼리티 TV 프로그램의 세 번째 종류로는 개인이나 팀이 정해진 시간 안에 야외를 돌아다니면서 기획자가 내린 정교한 임무를 수행하는, 보이스카우트의 와이드 게임(wide game)의 세련된 현대판을 들 수 있다. 분명 그 기원은 보물찾기나 토끼사냥 놀이*에 있다. 이런 프로그램의 전형적인 예에 해당하는 『스파이』(The Mole)는 2001년 1월 ITV가 『팝스타』를 시작했던 바로 그 주에 채널5에서 시작되었다. 이 시리즈의 발상은 신문 광고를 보고 신청한 수천 명 중 10명을 뽑아 낯선 무인도에 모아놓고 정신적, 육체적 도전을 수행하도록 한다는 것인데, 도전에 성공하면 몇 만 파운드나 되는 돈이 적립된다. 매주 도전자 한 명씩이 차례로 탈락하고, 마지막까지 살아남으면 돈을 모두 갖게 된다. 참가자들에게는 그들 중 한 명이 제작진의 '스파이'이며 다른 사람들을 방해하고 그들의 도전을 힘들게 만들 것이라고 말해준다. 하지만 그 스파이가 누구인지는 알 수 없다. 그래서 이런 제목이 붙었던 것이다.

이런 발상은 얼마나 새로운 것일까? 팀별로 경쟁하는 프로그램의 선례는, 『스파이』보다 조금 일찍 채널5에서 방영되었으며 팀 단위로 도전하는 『탈옥』(Jailbreak)이나 『보야드 요새』(Fort Boyard) 같은 프로그램은 제쳐두더라도, 스튜디오 촬영이지만 분위기나 접근법이 『스파이』와 유사했던 『수정 미로』(The Crystal Maze)부터 신비한 장소로 출연자들이 날아가서 경쟁을 벌이는 『패스포트』(Passport)를 거쳐, 출연자 한 명이 다른 출연자들을 방해하는 임무를 맡는 1980년대의 시리즈 『인터셉터』(Interceptor)까지 거슬러 올라갈 수 있다. 무엇보다도 '헬리콥터를 타고 가는 어드벤처

---

* 토끼에 해당하는 아이가 종잇조각을 뿌리며 도망치면 사냥개를 맡은 아이들이 뒤쫓는 놀이.

게임'이었던 『보물찾기』(*Treasure Hunt*)를 떠올릴 수 있겠다. 1980년대 내내 방영되었던 이 프로그램에서는 방청객들이 있는 스튜디오에서 케네스 켄달(Kenneth Kendall)이 무전기를 통해 아네카 라이스(Anneka Rice)에게 지시를 내리고, 라이스는 쾌속정, 랜드로버, 헬리콥터를 타고 수수께끼 같은 (때로는 그렇게까지는 어렵지 않은) 단서를 갖고 보물을 찾아 종횡무진 질주하곤 했다. 『스파이』에서는 무전기 대신에 핸드폰을 사용했지만, 그 방식은 너무나 흡사했다. 쾌속정, 랜드로버, 헬리콥터, 그렇게까지 어렵지는 않은 단서들, 그리고 일들.

서바이벌 프로그램, 연예인 선발대회, 보물찾기는 진부한 것이었을지 모르지만, 리얼리티 TV 중에서 가장 악명높은 『빅브라더』를 창조해낸 제작자들은 이 프로그램만큼은 진짜로 새롭다고 주장했던 이전의 프로그램들과는 완전히 다르다고 말할지도 모르겠다. 전구와 축음기를 최초로 발명한 것이 아니라 정교하게 개량만 시켰으면서도 에디슨이 그 발명가로 명성을 얻었던 것처럼 말이다. 하지만 솔직히 말하자면, 그들은 그렇게 말할 수 없을 것이다. 『빅브라더』는 열 명의 젊은이들이 9주 동안 한 집에서 같이 살아간다는 발상에서 시작되는데, 이 집에는 24개의 카메라와 그보다 더 많은 마이크가 설치되어 있어서 그들의 일거수일투족을 담는다. 또, 이 집에는 무인 카메라가 설치된 방이 하나 있어서 다른 사람들로부터 떨어져 나와 '빅브라더'라는 이름의 정체를 알 수 없는 제작자에게 불평이나 고백을 할 수 있다. 하지만 이 방을 제외하면 집의 어디에서나, 심지어는 샤워실과 화장실에서조차 그들을 지켜볼 수 있다.

영국의 거의 모든 리얼리티 프로그램들과 마찬가지로 이 공식 또한 이미 여러 나라에서 시도되어 성공을 거둔 바 있었다. 『팝스타』는 호주 프로그램의 형식으로서, 영국판이 만들어지기 전에 이미 뉴질랜드에서 높은 시청률을 기록했다. 『스파이』도 영국 프로덕션이 그 형식을 사기 전에 이미 여러 나라에서 성공을 거둔 바 있었다. 그리고 『빅브라더』 역시 영국판이 만들어지기 전에 네덜란드, 독일, 스페인, 미국에서 큰 성공을 거두었다. 하지만 영국판 『빅브라더』의 참신성 주장이 힘을 잃는 것은 이런 이유에서만이 아니다. 그보다 7년 전인 1993년 가을에 BBC는 폴 왓슨(Paul Watson)——1974년 레딩에 사는 윌킨스 가족의 가정사를 밀착 촬영한 플라이-온-더-월 작품인 『패밀리』와 시드니 교외에 사는 노엘린 베이커(Noelene Baker)와 그녀의 형제자매들을 가까이에서 담아낸 최근작 『실바니아 워터스』(*Sylvania Waters*)를 만들었다——의 작품들을 바탕으로 새로운 작품을 만들 때가 되었다고 결정한 적이 있었다.

이런 명작들로부터 BBC가 내놓았던 것은 여섯 명의 맨체스터 학생들의 일상을 세밀하게 찍어낸다는 기획안이었는데, 이 학생들의 공동 거처에는 수많은 카메라와 마이크를 설치하고, 그 집의 한 방에 무인 카메라를 설치해서 그곳 생활에 대해 제작자에게 각자 불만을 토로하거나 고백을 할 수 있도록 만들었다. BBC가 이 집에 사는 젊은이들을 시청자 투표로 줄여나갔던 것은 아니지만 노출 생활의 끔찍함을 학생들이 알게 되면서 그 수는 점차 줄어들게 되었다. 그래서 BBC는 신속하게 수많은 지원자 중에서 누구를 대신 들여보낼 것인지를 결정할 전화 투표를 조직해야만 했다. 다시 말하면, 『생방송 연속극』(*The Living Soap*)이라는 제목의 이 시리즈는 사실상 『빅브라더』의 주요 요소들을 모두 갖추고 있었던 것이다.

K O 시 키 기

『생방송 연속극』에서는 시도되지 않았지만 『빅브라더』에는 있었던 몇몇 요소를 매우 중요하게 언급할 수도 있다. 승자에게 엄청난 상금을 준다는 점과 다른 경쟁자들이 탈락될 때마다 등장하는 창피주기가 바로 그것이다. 앞의 BBC 프로그램에서는 어떤 학생은 스트레스로 무너진 반면 다른 학생은 살아남으면서, 콘테스트를 의도하지 않았음에도 불구하고 결국에는 경쟁이 나타나게 되었다. 경쟁을 이 프로그램의 아주 중요한 요소로 표현한 적은 한 번도 없었지만 말이다. 하지만 다른 모든 것이 비슷하더라도 리얼리티 TV를 이전의 텔레비전 프로그램과 구별되게 만드는 점이 있다면, 바로 창피주기가 갖는 중요성일 것이다. 따라서 리얼리티 TV에 대한 잘못된 주장 그 두 번째는 리얼리티 TV가 다큐멘터리, 역사물, 여행물에서 유래한 진지한 작품으로서 사회적 통찰이 가장 중요한 구성요소라는 주장이다. 방송사들은 이런 프로그램들이 진지한 교양 프로그램의 전통에 속하는 것처럼 이야기하지만, 그와는 달리 이것들은 게임쇼, 그 중에서도 특히 1950년대의 콘테스트 『톱다운』(*Top Down*)의 전통을 이어받아 1966년부터 1982년까지 방송되었던 BBC의 『K. O.』(*It's a Knockout*)와 같은 게임쇼와 훨씬 비슷하며 더 긴밀하게 연결되어 있다.

게임쇼를 만드는 사람들은 참가자를 선택하고 룰을 만들며, 우스꽝스러운 임무를 고안해내고 점수를 주고 승자를 결정하고 상을 나누어주곤 한다. 이는 프로그램 제작자의 필요에 맞춰 재단되는 과정이며, 전통적인 관찰 다큐멘터리와는 완전히 다르다. 오랫동안 방영된 『K. O.』부터 『캐스트어웨이 2000』, 『스파이』, 심지어 『빅브라더』까지, 그 후속물들을 일렬로 연결하는 것은 그리 어렵지 않다. 다큐멘터리 제작자들은 출연자들과 함께 몇날 몇 주, 몇 달, 심지어 몇 년간을 함께 지낸다(『십 년간의 파괴』[*Decade of Destruction*]를 만드는 동안 남미 우림에서 지냈던 에이드리언 코웰(Adrian Cowell)을 생각해보라). 진정성을 가지려면, 하이젠베르크의 불확정성의 원리—그러니까 어쨌든, 관찰의 행위가 관찰 대상을 왜곡한다는, 그 원리의 대중적 버전—가 갖는 효과를 피하기 위해 상당히 긴 시간을 보내야 할 것이다. 올바른 다큐멘터리 제작자의 주요 관심사 중 하나는 그들의 참여가 그들이 찍는 대상에 가능한 영향을 미치지 않아야 한다는 것이다. 이는 텔레비전에 오염되지 않은 진짜 리얼리티를 보여주겠다는 의도이기도 하다.

반면에, 리얼리티 TV의 제작자들은 처음부터 끝까지 공개적으로 간섭하면서 모든 것을 자신들의 목적에 맞게 맞춘다. 게임쇼처럼, 그들은 실제로 필요한 인원보다 더 많은 사람을 오디션으로 뽑아 적합한 참가자들을 확보하고자 한다. 프로그램의 묘미를 더하기 위해 오락에 맞는 유형, 재미있는 유형, 과시욕이 강한 유형, 약간 과격하고 괴팍한 유형의 사람도 뽑아둔다. 우리가 봤던 것처럼『팝스타』에서는 이 오디션 과정이 시리즈의 몸체에 해당되지만,『캐스트어웨이 2000』은 오디션 과정을 처음 몇 회에서만 이용했다. 시청자들은 수십 명의 지원자들을 팀으로 나누어 역량을 시험하는 그 몇 회 동안에 협동적인 사람은 누구인지, 누가 리드를 하고 누가 따라오는지, 살아 있는 닭의 목을 비틀기에는 너무 약한 것이 아닌지, 누가 가장 유머 감각이 있는지 찾아내는 과정을 볼 수 있었다.

열대의 섬으로 간 두 팀이 와이드 게임을 벌이며 기지를 발휘해 살아남는『서바이버』와 같은 프로그램을 만들 때 이런 점을 신경쓰지 않는다면, ITV가 이런 프로그램의 수를 반으로 줄이고 황금시간대에서 빼버리는 정도의 상대적인 실패로 끝나는 것이 아니라, 완전한 재앙이 되고 말았을 것이다.『서바이버』는 허세를 부렸기 때문에 꽤 많은 비웃음을 샀다. 다음번에 쫓아낼 사람을 결정하는 코코넛 껍질 투표 직전에, 제작진은 전직 저널리스트를 데려다가 참가자들을 부족 모임에 불러 놓고는 갖가지 종류의 뉴에이지적인 심리학 용어들로 불에 관해 읊어대게 함으로써 섬 생활을 상징적으로 나타내도록 했다. 그들에게 주어진 경쟁적인 임무에는 짓궂은 면이 많았다. 그 임무들은 살아 있는 커다란 흰 구더기 먹기, 늪에 세워 놓은 통나무 끝에서 몸이 뻣뻣해지거나 지겨워하지 않으면서 오래 버티기(내 기억에는 18시간까지 버텼던 것 같다) 등 창피스럽고 바보스러운 짓들 이었기 때문에 진지한 사회적 의미를 지니고 있다는 주장을 무색하게 만든다. 시청률이라는 측면에서 보자면, 이 시리즈는 적어도 적절한 캐스팅을 통해 시샘, 섹시미 경쟁—절대로, 절대로 그렇게 명백하게 드러나지는 않았다. 이것이 영국 텔레비전에 대한 것이라는 점을 잊지 말자—, 그리고 연속극을 시청률의 상위에 항상 올려놓곤 하는 수많은 갈등을 보장했던 덕분에 살아남을 수 있었다.

이처럼 리얼리티 TV 프로그램의 구조에 새로울 것이 전혀 없다면—상호성이라고? 전화기 버튼 대신 채널 변경 버튼을 이용한 투표로 『빅브라더』의 집에서 '역겨운 닉'(Nasty Nick)을 쫓아낸 것을 그리 혁명적인 변화라고 보기는 힘들겠다—, 그리고 이 프로그램들이 텔레비전 저널리즘에 의미 있는 기여를 한 것이 아니라 TV 산업의 오락 부문에 속하는 것이 분명하다면, 이 프로그램들에는 주목할 만한 가치가 전혀 없는 것은 아닐까? 이 프로그램들에 대한 그렇게나 높은 인지도는 순수한 독창성이나 진정한 가치에서가 아니라, 선정적인 신문에 잘 맞는 그런 기삿거리들을 제공해준다는 점에서 나온 것이 아닐까? 거기에 일말의 진실이 있을 것이다.

선정적 기사와 이 프로그램들 사이에 생겨난 공생 관계는 굉장히 강력하다. 신문은 이 프로그램들에 등장하는 연애질, 적개심, 시샘 등의 실없는 일들을 잡아내서는 날마다 1면 장식 기사로 부풀려낸다. 특히, TV에서 성관계에 대한 낌새라도 있을라치면 제아무리 작은 것이라도 (야한 사진을 갖춰서) 신문의 '추적보도'(investigation) 란의 전면을 장식하게 되는데, 이는 그 프로그램에서는 상상하지도 않았고 상상할 수도 없는 그런 일이다. 그렇게 됨으로써, 프로그램은 타블로이드 신문에 기사거리를 제공하고 타블로이드는 이 프로그램을 대대적으로 홍보하는 관계, 즉 각 매체가 어처구니없을 정도로 엄청나게 상대방을 띄워주는 선순환 관계가 만들어지는 것이다.

결 론 : 창 피 주 는 T V , 최 악 의 것 은 아 직 남 아 있 다

리얼리티 TV에도 주목할 만한 혁신이 하나 있기는 하다. 이 프로그램이
꽤나 짓궂은데다가 일반인을 우스갯거리로 내세운다는 점이다. 리얼리
티 TV만 그런 것은 아니다. 『약한 고리』(*The Weakest Link*)나, 이를 모방했
지만 실패로 끝나버린 미국인 제리 스프링거(Jerry Springer)가 제작한 채
널 5의『탐욕』(*Greed*), 로버트 킬로이-실크(Robert Kiloy-Silk)가 제작했던
BBC의『속임수』(*Shafted*) 등의 퀴즈쇼들도 모두 참가자들에 대한 비웃음
과 경멸을 마케팅 포인트로 이용했었다. 하지만 참가자들에 대한 조롱과
창피주기를 중요한 뼈대로 삼음으로써 문제를 일으킨 것은 바로 리얼리
티 쇼이다. 대부분의 쇼에는 어느 정도의 경쟁이 포함되어 있어 반드시 승
자가 나오게 마련이지만, 리얼리티 쇼에서는 거의 줄곧 패자에 더 많은 관
심을 쏟는다.

　과대 선전이 심했던『빅브라더』의 상호성은 퇴출의 수모를 겪어야 할
참가자를 시청자의 전화투표로 뽑는다는 점에 있었다. 물론 참가자들끼
리 먼저 투표를 하기는 하고 난 후에 말이다. 그런 식으로 시청자들은 매
주 한 명씩의 희생자를 보장받는다. 처음에는 참가자들 사이에서 가장 인
기 없는 사람을 보고, 이어서 시청자들 사이에서 가장 인기 없는 사람을
보게 된다. 거기서 끝나는 것이 아니다. 집에서 나온 희생자들은 스튜디
오로 가서 실패의 이유를 심문당해야만 한다. 일반인『빅브라더』를 좇아
유명인 버전이 만들어졌을 때, 이런 희생자 만들기가 바네사 펠츠
(Vanessa Feltz)나 앤시아 터너(Anthea Turner) 같은 사람들에게는 분명히

상당한 악영향을 끼쳤다. 방송계의 3류 유명인이었던 두 사람은 탈락자 후보에 올랐다는 이유만으로도 자제심을 잃어버렸다. 그들은 아마도 원래 버전에 나왔던 일반인들보다 훨씬 더 많은 것을 잃었다고 느꼈던 것 같다. 이유가 무엇이었든지 어쨌든 그들은 분명히 '일반' 참가자들보다는 탈락에 대해 훨씬 당혹스러워했다.

『서바이버』 제작자들이 참가자들에게 왜 그런 일을 시키는지 그 의도를 오해할 일은 거의 없을 것이다. 내게는 그 일들이 1960년대의 만찬에서 하곤 했던 끔찍한 게임을 떠오르게 한다. 귓불이나 새끼손가락 같은 신체 일부를 잘라내야 한다고 할 때 얼마를 요구할 것인지를 정하는 그 게임 말이다. 마찬가지로 『서바이버』에서는 몇 만 파운드를 얻기 위해서 참가자들이 창피함을 얼마나 참아낼 수 있는지를 보는 것 같았다. 물로 둘러싸인 기둥 위에 밤새도록 서 있기? 좋다. 통통하게 살이 오른 꿈틀거리는 구더기 머리 베어먹기? 음, 괜찮다……. 가장 생생한 예는 『팝스타』와 『팝아이돌』(Pop Idol)에서 등장했다. 거기서 일부 심사위원들은 형편없는 연예인 지망자를 조롱하면서 즐거워하는 것처럼 보였다. "내가 제일 좋아하는 노래 중 하나였는데, 더 이상은 아니네요." 한 참가자에게 사이먼 코웰(Simon Cowell)이 말했다. 또 다른 참가자에게는 이렇게 말했다. "노래 교습을 받은 적이 있어요? 그럼 그 교습소 고소하세요."

이 모든 것이 시대의 징후라고들 이야기한다. 이상적인 정치사회의 애처로운 마지막 한 조각까지 파괴해버리고는 소위 자유시장이라 불리는 인정사정없는 경쟁만을 남겨놓은 최근의 역사적 조류 속에 모든 종류의 개인적 신념들, 즉, 종교적, 정치적, 사회적 신념이 휩쓸려 가버린 냉소적인 시대의 피할 수 없는 부분이라고 말이다. 이는 곰곯리기*나 차꼬, 공개

* 쇠사슬로 묶인 곰에게 개를 덤비게 하는 놀이.

교수형 같은 구경거리를 모두 갖춘 텔레비전 프로그램의 인기를 손쉽게 설명해준다. 텔레비전에서 나타난 이런 거대한 변화를 통해 판단해볼 때, 지금 리얼리티 TV—더 정확히 말한다면 창피주기 TV—의 최악의 측면을 보고 있다고 생각한다면 그 생각을 바꿔야만 할 날이 분명 올 것이다.

디렉트 시네마에서 자동차사고 비디오까지:
리얼리티 TV와 콘텐츠의 위기

그레이엄 반필드*

오늘날 리얼리티 TV는 텔레비전 방영표의 주류를 차지하고 있다. 한 평론가가 말했듯이 "리얼리티 장르의 번성 탓에 이제는 리얼리티 쇼 스타의 이야기가 빠진 채로는 게임에 몰두한다든지 팔리리키(Faliriki)**로 휴가를 떠나 하룻밤을 즐긴다든지 선술집에서 논쟁을 벌인다든지 하는 것이 불가능할 것 같다."[7] 높은 시청률과 인지도가 합쳐지면서 리얼리티 쇼는 방송사나 제작자들에게는 돈벌이가 되어주고 있지만, 그 반면에 비판적 논쟁 또한 활발하게 이끌어내고 있기도 하다.

　최근 리얼리티 TV에 대해 몇몇 익숙한 주제들을 중심으로 뚜렷한 반응이 나오고 있다. 한편에서는 그 장르가 진부함과 감정적 포르노그래피를 뒤섞어 제공함으로써 '저속화'를 초래한다고 생각한다. 다른 한편에서는

---

* **그레이엄 반필드(Graham Barnfield)**는 유니버시티 칼리지의 서리 예술 및 디자인 연구소(Surrey Institute of Art and Design University College)에서 강의한 경험이 있는 저술가이다. 박사논문으로 루즈벨트 뉴딜 시대의 다큐멘터리와 문화정책을 연구했다. 그는 『문화가 핵심이다』(*Culture Matters*)[Sheffield Hallam University Press]의 편집장을 맡은 바 있고 다양한 출판물에 기고했으며 오디오—비주얼 작품 제작에도 참여해왔다.
** 그리스 휴양지.

이 장르를 옹호하는 사람들이 이 프로그램을 통해 주변부 사람들이 유례가 없을 정도로 방송에 접근할 수 있게 되었다는 점을 지적하면서 리얼리티 TV의 대중적이고 민주적인 특징을 부각시키려 한다. 리얼리티 TV에 대한 이런 반응들은 여러 평론가들의 견해와 선입견에 의해 걸러져 나오는 것으로 생각된다. 이와 같은 각양각색의 입장들은 웹캠이나 CCTV 같은 다양한 기술로 인해 더욱 더 복잡해졌다. 기술적인 측면에서 볼 때, 리얼리티 장르는 이것의 창조를 가능하게 해준 이런저런 기계들 덕분에 공개적인 동시에 침입적인 성격을 갖게 되었다(일반적으로, 우선은 사람들이 이런 기계의 설치에 동의를 해야 하기는 하지만 말이다). 이런 취향, 기술, 그리고 사생활의 감소가 골치 아프게 섞이면서 논쟁은 더욱 혼란스러워진다.

리얼리티 TV에 대해 불만을 터뜨리는 많은 사람들이 마치 완전히 새로운 현상을 다루는 것처럼 행동하기도 한다. 영국에서는 『빅브라더』의 투표수와 정치 선거 투표수 사이의 통계적 격차를 두고 리얼리티 TV의 승리를 보여주는 신호처럼 받아들이기도 한다(정치의 쇠퇴는 말할 바도 없고 말이다). 『팝아이돌』 시청자들이 전화 투표에 몰두하는 최근의 모습도 이런 인상을 강화시켜주었다. 프로그램 제작자들은 새로운 시청률 제조기를 면밀하게 검토해서 새 프로그램에 집어넣을 중요한 특징들을 찾아내고자 한다. 영국 방송사들이 『빅브라더』의 시청률이 『서바이버』에 대해 승리를 거둔 것을 고민하는 반면에 미국 방송사들은 그 반대를 고민하는 모습에서 우리는 방송사들이 잠재적 시청자의 수에 신경쓰는 모습을 볼 수 있다. 방송사의 불확실성은 이 새로운 형식을 어떻게 하면 가장 잘 이용할 수 있을 것인가에 대한 관심을 반영한다. 마찬가지로, 그런 프로그램의 인기에 압도당해버린 비평가들은 종종 리얼리티 TV의 붐을 완전히 새로운 것처럼 다룬다. 하지만 이는 이전의 논픽션 방송과의 연속성을 무시하는 것이다.

타 블 로 이 드 T V

10년도 훨씬 더 전에, '타블로이드 텔레비전'의 전신이라 할 만할 것이 미국에서 혹평을 받았던 적이 있다. 레이건 행정부의 방송 규제 완화안에 반대했던 사람들은 그렇지 않아도 상업적 성격이 강했던 방송시스템 안으로 시장의 힘이 점점 더 강력하게 밀고 들어오는 것과 논픽션의 양적이고 질적인 저하 사이에 확실한 상관관계가 있다는 사실을 알아챘다. 더글라스 켈너(Douglas Kellner)는 이 과정을 개략적으로 이렇게 설명했다.

> 1960년대에 각 방송사들이 매해 20편 가량의 다큐멘터리를 방송했던 반면, 1985년에는 세 방송사를 모두 합쳐 겨우 14시간만을 할애했다. 대신, ABC의 『20/20』이나 CBS의 『웨스트 57번가』 같은 뉴스 매거진 프로그램이, 악마숭배나 마약단속 현장을 생방송으로 보여주었던 제랄도 리베라(Geraldo Rivera)의 『폭로』(*Exposés*)와 같은 (뉴욕 『데일리 뉴스』[*Daily News*]나 『포스트』[*Post*]에서 볼 수 있는 종류의 센세이셔널한 타블로이드 저널리즘적 성격의) '리얼리티 방송'과 함께 등장했다. 이런 식으로, 정치적 저널리즘은 타블로이드 스타일의 저널리즘으로 돌아서고 분석과 비판으로부터는 멀어졌다.[8]

켈너가 독자들에게 리얼리티 쇼를 설명하기 위해 예를 필요로 했다는 사실은 놀랍다. 오늘날에는 그런 예가 필요하지 않기 때문이다. 또한 그의 비판이 쓰레기 같은 결정을 내렸던 공화당 정책 입안자들과 로비스트들을 향해 있다는 점도 주목할 만하다. 그는 타블로이드 저널리즘이 진지한 다큐멘터리와 함께 할 수는 없다는 사실을 액면 그대로 받아들였으며, 방영 시간의 증가를 지적함으로써 방송 네트워크의 현 상태를 비판하고자 했다. 1990년대 초반 미디어에 대해 불만을 품었던 사람들에게, 이같은 경향은 걸프전 같은 사건들에 대한 편향적이고 무비판적인 보도를 설명해주는 배경에 해당되었다. '리얼리티 방송'이나 '타블로이드 TV'는 너무나 명백하게 수준 이하였으므로, 그에 대해서는 더 이상 논평할 필요도 없었던 것이다.

오늘날에는 인용부호가 사라져버렸다. 이 이름을 달기만 하면 그것이 무엇을 의미하는지를 사람들이 즉시 알 수 있게 되었기 때문이다. 그리고 이런 느슨한 용어 사용 덕분에 이 에세이는 용어의 문제에 직면했다. 지난 10년간 꽤 다양한 프로그램들이 '리얼리티 TV'로 분류되었던 터라, 그 용어가 너무 넓게 사용되어서 별 도움이 되지 못하는 것은 아닐까 의심스러울 수도 있다. '리얼리티'라는 제목은 새된 목소리로 이야기하면서 눈물을 흘리는 게스트가 나오는 『제리 스프링거』(Jerry Springer)부터 캠코더 화면의 『우리 착한 애완동물이 나빠졌어요』(When Good Pets Turn Bad)에까지 폭넓게 사용되고 있다. '리얼리티'는 잠복 취재 리포터의 장기간에 걸친 취재에서부터 (『팝아이돌』을 포함하여) 싼값으로 찍은 사고 비디오 모음에 이르기까지, 실로 폭넓게 걸쳐 있는 것이다. 한 마디로, 그 이름은 그런 프로그램들을 시사나 방송국의 다양한 (명시적인) 픽션 작품으로부터 구분짓는 약칭으로서 기능하게 되었다. 그런 점에서 볼 때 그 자체를 하나의 장르로 취급하는 것이 혼란스럽기는 하지만, 그렇다고 해서 '리얼리티 TV'가 존재하지 않는다는 말은 아니다.

픽션과 논픽션 작품 사이의 구별이 가능하다고 생각해보자. 당연히, 둘 사이의 차이를 지적한다는 것은 어쨌거나 '리얼리티' 쇼에 다른 방영 프로그램과 중복되거나 겹치는 면이 있는 것이 아닌가 하는 독자들의 의심을 가중시킬 수도 있다(어디에나 있는 소형 카메라 때문에 수많은 드라마와 시트콤이 다큐멘터리처럼 보이기도 해서 특히나 그렇다). 카메라 앞에서 개인들이 과장된 연기를 하는 정도가 심해짐에 따라, 새로운 쇼가 나올 때마다 우리는 조금씩 의심스러운 눈으로 바라보게 되며 또한 마땅히 그래야만 하기도 하다. 동시에, 그 프로그램들은 시청자들로 하여금 '나라면 저 상황에서 어땠을까?' 하고 묻게 만드는 거짓 보편주의(cod universalism)를 가르치기도 한다. 저매인 그리어(Germaine Greer)가 말했듯이, "리얼리티 TV는 우리가 아는 문화의 막장이 아니다. 그것이 우리가 아는 바로 그 문화인 것이다."[9] 의도적인 것이 아니라 우연적인 것이기는 했지만, 그녀의 발언에는 분명 일리가 있다.

그리어는 여기에 본질적인 문제가 걸려 있다고 생각하는 적대적인 평론가들에게 답하고 있는 것으로 볼 수 있다. 대학 미디어학과의 테두리 바깥에서 오락 프로그램이 그렇게까지 강한 견해를 불러일으켰던 적이 있었던가? 폭넓은 대상을 다루는 것을 환영하는 사람들에게 있어, 『우리 같은 사람들』(People Like Us)에 나오는 것과 같은 화면에 나오는 보통 사람들은 특권적인 사람들, 정치가들, 배우들이 전파를 독차지하는 것을 막는다. 하지만, 회의적인 사람들에게는 리얼리티 TV가 다른 대중 오락물들처럼 짜여지고 연습되고 세련되게 마무리된 것으로, 훔쳐보기의 즐거움을 제공해주는 것처럼 보였다. 입장에 따라 환영하기도 하고 비난하기도 했지만, 양쪽 진영 모두가 지적하는 것은 공공서비스라는 옛 정신이 희생되었다는 점이다. 하지만 논쟁이 가열될수록 핵심을 놓치고 있는 듯하다. 논쟁을 방송계의 문제로 제한시킨 탓에 '실제 세계'(리얼리티) 자체가 변화했는가의 문제는 거의 거론되지 못했던 것이다. 그러한 변화의 증거는 무엇보다도 사생활, 겸손함, 자기존중에 대한 공공의/시청자의 가치가 변화된 것에서 찾을 수 있으며, 바로 이러한 가치의 변화가 리얼리티 TV의 시작을 가져왔다.

실 제 세 계 의 변 화

리얼리티 쇼는 모든 견해에 가치가 있다고 여겨질 때 번성한다. 리얼리티
쇼를 옹호하는 사람들은 이 점을 칭송하면서, 『빅브라더』의 헬렌(Helen)
이나 크레이그(Craig) 같은 보통 사람, 게이, 레즈비언이 거둔 성공을 개방
적인 사회적 가치의 지표라고 지적한다. 이런 태평한 상대주의를 텔레비
전의 공공서비스 정신의 쇠퇴로 연결 지을 수 있을까? 확실히 리얼리티
쇼가 번성하기 시작한 것은 '공공'(대중)이란 무엇인가에 대한 합의가 쇠
퇴할 무렵이었다. BBC 설립자 존 리스 경(Sir John Reith)처럼 대중에게 유
익한 것이 무엇인가를 분명하게 안다는 것이 현실적으로 더 이상 가능해
보이지 않는 것이다. 구시대적인 온정주의(paternalism)의 중요한 주제 중
하나는 자기개선이었다. 원칙상으로나마 BBC는 시청자들에게 그들이
처해 있는 현 상태에서 벗어나게 해주겠다고 약속했었다. 오늘날 그런 정
서는 BBC 4 디지털 채널의 판촉 문구에나 들어 있는 듯하다. 분명 어느
누구도 올바른 자세와 실내 환기에 대한 내용으로 시작하는 방송으로 돌
아가고 싶지는 않을 테니까 말이다. 그런 것은 머큐리 영화사의 『화성 침
공』*이나 라디오에 복화술사가 나오던 시절에나 통했던 것들이다. 그럼
에도 불구하고, 그들 인생의 '최고의 도전'은 『빅브라더』의 하우스메이트
들과 2주 동안 잘 지내는 일이었다고, 당신 내부에 있는 자기과시적인 자
아가 말하는 것을 지켜보는 것은 적어도 자기반성적으로 보일 수는 있을
것이다. 하지만 이 프로그램이 얼마나 많은 민족적 다양성을 포괄하고 있
는지를 칭송한다 할지라도, 진정한 자기 개발 가능성을 빼고 나면 남는 것
은 오락뿐이다.

---

* 오손 웰즈가 설립한 머큐리 영화사에서 만든 라디오 시리즈의 하나로, H. G. 웰즈의 『우주전
  쟁』을 각색한 작품.

기술적인 용어를 사용해서 빅브라더로의 변화를 사회에 대한 비유로 설명하고자 하는 사람들도 있다. 다양한 가전제품들을 통한 디지털, 다채널의 환경 속에서, 어떻게 시청 선호 패턴이 결정될 수 있는 것일까? 국민적인 방송을 조용히 포기하고 대신에 '한정방송'(narrowcasting) 전략, 예를 들면 10대만을 대상으로 하는 그런 방송을 내보내는 전략이 황금시간대 이외에는 널리 채택되고 있다. 하지만, 그와 동시에 방송사들은 전날 밤의 TV가 다음날 직장 내 수다의 주제가 되는, 소위 '커피 타임 소재'(water cooler moments)를 만들고 싶어한다. 이렇게 일시적 숭배물에서 성배로 옮겨가는 관심의 이동은 공통된 대중적 경험에 대한 갈망을 드러내 주는 것이다.

커피 타임에서의 수다를 통해 굴절되어짐으로써, 시청자들이 (또는 적어도 BARB*에서 시청률을 집계하는 가정들이) 의제를 선정하고 있다. 총체적으로, 방송사는 공통된 경험을 갈구한다. 하지만 이는 한때 리스 같은 인물로 체화되어 있던 권위를 포기한다는 놀라운 의미를 지닌다. 그 잘못이 무엇이든 간에, 공공서비스 모델은 직관적으로 시청자 대부분의 공통의 이익처럼 보이는 것에 그 성과를 끼워맞추려고 했다. 오늘날 거기에 대응되는 것, 즉 커피 타임 소재 만들기는 대중 시청자가 좋아하는 것 이상의 것을 목표로 삼으려 들지 않는다. 게다가 최근작 『유혹의 섬』(Temptation Island)**의 기괴한 짓거리들이 TV 속으로 들어왔을 때 이제 방송사의 윗사람들은 시청자들을 탓했다. "우리는 그들이 원하는 것을 줄 뿐입니다." 거기에 『팝아이돌』이 포함된다면, 그럴 수도 있는 것이다. 현대사회의 중심에 놓인 무차별적 상대주의 덕분에 그런 소재들도 방송시

---

* 영국의 시청률 조사 기관(Broadcasters' Audience Research Board Ltd.).
** 2001년 미국 폭스 TV에서 방영되었던 리얼리티 TV. 몇 쌍의 커플들이 한 무리의 남녀 싱글들과 함께 살면서 커플의 애정도를 테스트받는다.

간표를 차지할 수 있게 되었다. 훌륭한 예외도 존재하기는 하지만, 사실적 프로그램의 지향점에 대한 합의가 무너졌다는 것은 분명해 보인다. 이는 많은 쇼나 프로그램의 구조에 매우 잘 나타나 있다. 도식적으로 말하자면, 『전쟁 중인 세계』(*The World at War*)에 나타난 것 같은 1970년대의 위에서 아래로 가르치는 방식에서, 1980년대의 화자나 구술사 방식을 거쳐, 리얼리티 TV의 출연자들에게 역사적인 일이라고는 아무 것도 일어나지 않는 오늘날의 방송으로까지 변화해온 것이다(몇몇 채널에서는 계속해서 나치에 대해 열광하고 있지만, 그것까지 다루기에는 지면이 충분치 않다. 『히틀러의 추종자들』[*Hitler's Henchmen*]이 많으면 얼마나 많겠는가?). 『철기시대 가족』(*Iron Age Family*))이나 『참호』(*The Trench*), 『1900년 저택』처럼 출연자들을 통해 역사를 돋보이게 하려는 쇼를 보면, 이렇게 고안된 상황에서조차도 (마치 집에서 벌어지는 것과 같은) 사소한 다툼들이 쏟아져 나온다는 것을 알 수 있다. 또, 집안일이나 개인의 음식 섭취가 지금보다 그때는 더 좋지 못했다는 사실도 알 수 있다. 심오하기도 해라! 의심의 여지없이, 리얼리티가 폭발적으로 증가했던 때에 나온, 거의 매주 우리의 스크린을 수놓았던 훌륭한 다큐멘터리의 제목들을 열거하면서 독자들이 이에 대해 반대할 수도 있을 것이다. 하지만 이런 예외들은 규칙을 다시 한 번 확인시켜줄 뿐이다. 우리는 이미 다큐멘터리와 오락을 한꺼번에 논의하고 있기 때문이다. 오늘날의 지적 조류에서는 한때 자명해보였던 구분이 이제는 유지할 필요가 있으면서도 동시에 인기 없는 것이 되어버렸다.

객관적 진실이라는 생각은 체계적으로 부서지면서 다큐멘터리에 어마어마한 결과를 가져왔다. 이런 정서는 학계에서 가장 첨예하게 표현되었는데, 빌 니콜스(Bill Nichols)는 "우리를 넘어, '저기 바깥에' 존재하는 실제의 특권적 접근이라는 생각은 이데올로기적 영향이다. 이 모든 것을 더 빨리 깨달을수록, 더 좋아질 것"이라고 주장했다.[10] 학계에서는 종종 관객들이 보이곤 하는 아주 약한 회의주의마저도 확대시킨다. 객관적 실제라는 개념의 쇠퇴로 인해 다큐멘터리의 존재 이유는 다소 약화되었다. 이런 상황에서는 다른 형식의 프로그램이 실제의 어떤 부분을 표상한다면서 그 권위를 주장할 수도 있다. 작가는 죽었다는 믿음과 연관지음으로써, 텔레비주얼 '텍스트'의 관객이나 '독자'는 어떤 소재가 주어지든지 그 소재로 그/그녀 스스로의 리얼리티를 자유로이 만들어낼 수 있다. 아래에서 주장하다시피, 지각 있는 관객이 매우 중요하기는 하지만, 그렇다고 해서 모든 '사실적 프로그램'이 우리 주위의 세계를 전유하고 모방하는 데 사용될 수 있다는 의미는 아니다.

　다큐드라마의 화법은 지어낸 것처럼 보인다. 왜냐하면 그 화법들은 만들어지는 경우가 많기 때문이다. 하지만 쇼에 나타나는 비일관성을 보면, 다큐드라마의 화법이 미리 정해진 대로만 진행된다는 의심은 조금 누그러뜨려야 할 것 같다. 목적이 있는 논픽션 프로그램과는 반대로, 분절된 상은 일상을 단순하게 관찰하는 데에서 비롯되곤 한다. 누군가 삶이란 다 그렇다고 주장할 수도 있을 것이다. 하지만, 표면적으로 드러난 모습만 다룰 경우에는 세밀한 분석이 나오기 힘들다. 리얼리티 프로그램을 다른 사실적 작품들과 함께 다룬다는 것은 TV의 저널리즘 스타일처럼 답변은 기대도 안한 채로 '왜'라는 질문만 던지는 것을 의미한다. 그저 즐기고 싶거나 혼란 상태를 보는 것만이 주요 목적이라면 이는 문제가 되지 않는다. 하지만 지금 다루는 주제를 새롭게 조망하는 데에는 그것이 방해가 된다.

　이제 와서는 포스트모던적 미덕이라며 칭송받고 있지만, 단편적 화법이 텔레비전 저널리즘의 큰 실패로 간주되던 때도 있었다. 나중에 BBC 회장이 된 마머듀크 허시(Marmaduke Hussey)와 공저자였던 피터 제이(Peter Jay)는 1975년에 이미 대부분의 TV 저널리즘에 일고 있던 '이해에 역행하는 경향'(bias against understanding)을 비판한 바 있었다. 방송 뉴스와 시사가 너무나 자주 맥락을 무시한 채 그저 세세한 디테일만을 다루고 있다고 비판했던 허시의 주장이 그의 출세를 방해하지는 않았지만, 그렇다고 해서 상황을 바로잡은 것도 아니었다.[11] 20세기가 끝나가던 무렵, 이제 '기타 뉴스', 즉 뉴스 보도의 끝에 나오는 경제, 정치, 스포츠를 제외한 뉴스들 전체적으로 사실적 프로그램을 따라갈 위험에 직면해 있다.[12]

다 큐 멘 터 리   전 통

리얼리티 TV를 오락 산업 쪽으로 놓기 위해, 다큐멘터리를 리얼리티 TV에서 구분해낼 만한 방법이 있을까? 한 가지 방법은 다큐멘터리 전통의 역사적 배경에 기대어 리얼리티 TV를 분석해보는 것이다. 1960년대의 다큐멘터리 제작자들에 의해 촉발되었던 다큐멘터리 윤리와 방법에 관한 일부 논쟁들에 대해 재검토함으로써 우리는 리얼리티 TV를 나름의 역사적 맥락에 위치시킬 수 있을 것이다. 세계에 대한 '실제적'(real) 설명을 제공해준다는 다큐멘터리의 주장은 장르 그 자체의 진화와 연결되어 있다. 동시에, 그 주장은 다큐멘터리에 화를 자초하기도 했다. 예를 들어 영화적 관습, 관객의 기대에 부응하기 위한 재구성, 인터뷰 대상에게 지시 내리기, 극적인 사건 희석시키기 등은 무엇이 되었든지 간에 난처한 일들로서, 로버트 플래허티(Robert Flaherty)에서 에롤 모리스(Errol Morris)에 이르는 수많은 제작자들을 곤란스럽게 만든 질타거리였다. 다큐멘터리의 진실 주장은 관객의 회의주의에 따라 그 평판을 좋게 만들 수도 있었고, 반대로 그에 대한 면밀한 검증을 불러일으킬 수도 있었다. 이런 비유를 생각해보자. 뮤지컬에는 거의 적용되지도 않는 원칙을 이용해서 스릴러는 비현실적이라는 비난을 받는 경우가 흔하다. 논픽션 영화나 비디오의 경우도 마찬가지이다. 진실을 말한다고 주장할 경우에는 다른 곳에서 찾아보기 힘들 정도의 면밀한 검증을 불러일으킬 수도 있다. 『가장』(Faking It)*에서와는 반대로, 속인다는 오명을 쓰게 된 사람들에게 방송사 윗사람들로부터 주어지는 벌은, 그리고 시청자(그리고 광고주와 해외 바이어)의 신뢰를 잃게 된다는 상황은 무척이나 가혹할 수도 있다.

객관적 진실에 대한 최근의 회의주의가 다큐멘터리 제작자들에게도 영향을 미쳤다는 것에는 의심의 여지가 없다. 1960년대 이래로, 우연이든 혹은 계획이든 간에 자기 확신은 쇠퇴했다. 오늘날의 시청자들에게 미국 방송 네트워크 다큐멘터리의 '황금시대'는 냉전의 선전물 이상의 의미를 지니지 않는다. 공식적 승인이 오늘날에는 불신을 초래하기 때문이다.13 이제 다큐멘터리 제작자들은 위험을 무릅쓰고 덜 순진한 관객들을 무시하게 된 것이다.

오늘날의 이러한 용기 상실은 부분적이기는 하지만 내부적 이유에서 촉진되었다. 1960년대로 돌아가보면, 대부분의 혁신적인 다큐멘터리 작품들은 그 형식에 있어 텔레비전에 만연해 있던 완벽한 '전문가'적 분위기를 의도적으로 피하고 싶어했고, 진실에 대한 특권적 접근이라는 주장에서 벗어나려 했다. 어느 뛰어난 영화 역사가는 "권위적인 '나레이션에 대한 시네마-베리테(ciné-vérité)의 거리두기'가 '어떤 주장도 절대적인 권위를 갖지 못하고 [……] 진실은 확고한 권위를 지닌 내레이터에 의해 단언되는 것이 아니라, 드러나는 것'임을 보여준 영화들에서 연유했다"라고 쓰고 있다.14 이 말에 따르면 1960년대의 가장 혁신적인 작품들에서도

---

* 영국의 채널4에서 방영된 리얼리티 프로그램으로 버나드 쇼의 『피그말리온』 혹은 그것을 영화로 만든 『마이 페어 레이디』의 컨셉을 이용했다. 예를 들어, 두 번째 에피소드에서는 『마이 페어 레이디』에서처럼 노동계급 여성을 한 명 데려와 상류사회의 말과 행동 방식을 가르쳐 상류사회 여성인 양 다른 사람들을 속이도록 했다.

상대주의적인 경향은 나타나고 있었지만, 그럼에도 불구하고 그 작품들은 조사하고, 그럼으로써 정보를 드러내고 그것을 관객에게 보여주고 싶어하는 욕망으로 채워져 있었다. 제작자의 평가가 담겨 있지 않은 형태로 무척이나 공들여 만들어졌다는 이유에서 고전적 다큐멘터리를 신뢰할 수 있는 것으로 간주했던 것은 제작진들의 그러한 노력에 대한 관객들의 보답처럼 생각할 수도 있다. 관객들이 1960년대의 다큐멘터리를 믿었는가 아닌가 하는 문제는 지금 다루는 문제와는 거의 무관하다. 관객들은 다른 장르와 논픽션 필름을 구분했다. 그들은 진실을 추구하는 것처럼 보이는 논픽션 필름과 방영표에 있는 오락물은 다른 것이라고 생각했다. 그리고 이를 지식으로서의 권리 주장을 꺼리는 오늘날의 시나리오와 대비시켜보면, 리얼리티 TV의 옹호자들은 설 자리를 잃게 된다.

1963년에 처음으로 출판되었던 다큐멘터리의 교본 같은 오래된 책들을 보아도 마음가짐의 차이는 확연히 드러난다.[15] 다큐멘터리 관련 종사자의 증가를 언급하면서, 저자는 '사실적 영화 또는 다큐멘터리 영화'(수많은 일자리들에 이용될 수 있는 도구)에 대해 이렇게 충고하고 있다. "우리는 다큐멘터리가 우리에게 수많은 얼굴을 보여주고, 6개 대륙에 퍼져 있는 사람들을 보여주고, 무생물과 생물로 가득 찬 자연과 그 분위기 전체를 보여주기를 원한다." 글을 끝맺으면서, 저자는 광범위한 기술적 조언을 중단하고 "다큐멘터리 개척자들의 이상주의"를 칭송한다. "다큐멘터리 개척자들의 이상주의는 세속적인 대상들이 스스로 말하도록 만들었다. 하지만, 그들은 그것을 생생하게 전달했다. 그들은 일상의 중요성을 깨달았고 그 안에서 드라마를 보았으며, 그것을 영화로 엮어내어 관객들에게 새로운 인식을 심어주는 데 성공했다." 그리고 그러한 다큐멘터리 개척자 중 한 명인 폴 로타(Paul Rotha)는 열광적인 서문을 통해 배들리(Baddeley)의 책을 지지했다.

신참 다큐멘터리 제작자들은 기술적인 능숙함과 도덕적인 임무를 결합하라는 충고를 받았지만, 그 일의 가장 꼭대기에 있는 사람들은 이런 접근법을 포기했다. 이는 미국의 디렉트 시네마를 만든 사람들과 프랑스의 시네마-베리테를 만든 사람들 사이의 차이에서 가장 잘 드러난다. 이 두 '양식'은 외적으로 부과되는 화법의 해석이나 해설자라는 관습을 거부함으로써, 그들의 특별한 대상이 갖는 진실을 드러내려고 한다. 상대방에게 수치심을 주지 않는 인류학적 방법을 통해, 카메라에 찍힌 사람들을 개인으로서, 그리고 인격이 없는 사회적 힘에 사로잡힌 사람으로서 보다 깊이 이해하는 것이 가능해지는 것이다.

이 두 양식에는 확실히 차이가 있다. 미국의 펜베이커(D. A. Pennebaker)나 프레데릭 와이즈만(Frederick Wiseman) 같은 사람들은 중립적이고 비개입주의적인 입장을 택했고 주인공들과 함께 섞여 지냄으로써 그 주인공들이 자신들을 편하게 여겨 '실제' 페르소나(persona)를 드러낼 때까지 기다렸다. 반대로 장 루쉬(Jean Rouch) 같은 프랑스 제작자들은 전시회 같은 투명성에 더 큰 가치를 두었으며, 자신과 스탭들, 그리고 그 장비들을 전부 눈에 띄게 해두고서는 이따금씩은 출연자들에게 개입하거나 더 많은 정보를 요구하기도 했다. 미국의 비개입주의 관찰자들은 '벽에 붙은 파리'[플라이-온-더-월]처럼 행동했던 반면, 파리에 있던 그 상대편은 스프에 빠진 파리처럼 행동했던 것이다. 그래서 그들은 특별한 방법을 사용했다. 관습적인 방식을 따르고 있던 제작자들을 놀라게 만들 만큼 많은 장면을 찍거나, 편집하지 않은 필름을 대상에게 보여주고 그들의 반응을 담은 후 이것을 최종 작품에 집어넣기도 했던 것이다. 촬영 중에 대상에 대해 저자세를 취해야 할 것인가, 아니면 카메라를 통해 '이것은 영화'라고 솔직히 인정하는 편이 좋은가를 두고 논쟁이 벌어졌다. 적어도 표면상의 문제는 어떤 접근법이 실제를 좀 더 잘 잡아낼 수 있는가 하는 것이었다. 목표는 결국 엄청난 양의 필름과 때로는 연출된 장면, 그리고 모든 것을 전지적 내레이션에 의존하는 관습적인 인류학적 필름보다도 더 '진실'에 가까이 다가간다는 것이었다.

오늘날 이 논쟁은 역사적 흥밋거리 이상의 의미를 지니지는 못한다. 그 영화들은 살아남았고, 『어느 여름의 연대기』(*Chronicle of a Summer*)[1960], 『프라이머리』(*Primary*)[1960], 『뒤돌아보지 마라』(*Don't Look Back*)[1966], 『고등학교』(*High School*)[1968]는 과거의 꼬리표나 논쟁과는 무관하게 이 장르의 고전으로 여겨지고 있다. 오늘날에는 관객들 중에서도 논픽션 영화가 만들어지는 방식을 잘 아는 사람이 꽤 많다. 재구성과 같은 테크닉이 점점 많이 알려짐에 따라 관객들의 회의주의도 커져가고 있다.[16] 학부생을 대상으로 하는 미디어학 교과서들에는 "초기 다큐멘터리 제작자들은 진실을 보여주지 않고 기만했다는 이유로 [······] 엄청난 비판을 받았다"고 적혀 있다.[17] 그러한 비판은 두 다큐멘터리 양식과 관련된 테크닉이 실험적인 것에서 주류로 옮겨갔던 방식과 일치하지만, 이는 결국 무심한 관찰자로 하여금 두 양식 사이의 첨예한 방법적 차이가 무엇인지를 의아해 하게 만들고 말았다. 대서양 양편의 라이벌 관계라는 점을 제쳐둔다면, 구식 카테고리에 매달리는 것에는 별 의미가 없어 보인다. 한 평론가가 말했듯이, "시네마-베리테와 디렉트 시네마 사이의 구별은 분명하지 않다."[18] 그럼에도 불구하고, 그런 구분이 유의미했던 때를 되돌아보면 오늘날의 리얼리티 TV 논쟁에서는 빠져 있는 진지한 무엇인가가 당시에는 분명히 문제가 되었던 것 같다.

그런 변화를 기술과 관련지어 설명할 수 있을까? 배들리의 책이 기술적 능력에 주목했으며, 오늘날의 기술적 변화들이 다큐멘터리에 많은 새로운 기회를 제공해주고 있는 것도 사실이다. 1960년대에도 이와 유사한 상황이 펼쳐졌다. 이동식 동시녹음 장비가 많아지고 무게가 가벼운 에클레어(Eclair) 카메라가 나오면서 영화 제작자들이 더 많은 이동의 자유를 누릴 수 있게 되었던 것이다. 어깨에 들고 다니거나 손으로 들 수 있는 카메라가 없었다면, 존 F. 케네디의 선거유세를 쫓아다니며 찍을 수는 없었을 것이다(몇 년 후에는 영화 장비의 저렴한 대안으로 비디오가 등장함으로써 어마어마한 영향을 미쳤다). 적합한 장비가 없었다면, 논픽션 영화는 1940년대에 머물러 있었을 것이다(흥미롭게도, 영국 다큐멘터리 운동에서는 아마추어리즘과 연결되어 있다는 생각에서 16mm 영화를 경멸했지만 말이다. 브라이언 윈스턴(Brian Winston)의 『시각의 기술: 사진, 영화, 텔레비전』(*Technologies of Seeing: Photography, Cinematography and Television*)[BFI Publishing, 1996]을 보라). 에롤 모리스(Errol Morris)의 '인터로트론'(interrotron)* 스타일에서 나타나는 것처럼, 다큐멘터리 미학은 기술적인 변화의 산물일 수도 있다. 하지만, 그렇다고 해서 오늘날의 조류를 기술적으로만 설명할 수 있다는 의미는 아니다.

무엇보다도 비디오와 특히나 디지털 비디오(DV) 덕분에 더 저렴하고 더 작은 장비들이 가능해지면서 에클레어 카메라처럼 소형화된 편리한 장비들이 등장했고, 덤으로 은밀한 감시 작업도 가능하게 되었다. 또, 디지털 비디오의 옹호자들은 그 선명함과 투명도를 가리켜 영화 필름에도 비길 만하고 방송의 질에 가깝다는 찬양을 보냈다. 이 형식에 비판적인 사람들은 두 설명의 어느쪽에도 동의하지 않는다. 하지만, 새로운 기술의 등장이 비용을 대폭 절감시킴으로써 누구든 영화를 만들 수 있다는 믿음

---

* 에롤 모리스가 다큐멘터리 촬영에 사용했던 장치. 다큐멘터리의 주인공과 감독이 각자의 카메라 렌즈를 쳐다보면, 상대편의 카메라에 상대방의 이미지가 투영된다. 이를 통해 다큐멘터리의 주인공은 빈 카메라 렌즈 대신 렌즈에 투영된 감독 얼굴을 쳐다보며 인터뷰를 할 수 있다. 에롤 모리스는 독백의 형식을 유지하면서도 동시에 다큐멘터리 주인공이 카메라에 스스로를 더 편하게 드러낼 수 있도록 이 장치를 고안했다.

을 강화시켰음은 분명하다. 작품 생산에 확실히 도움이 되는 것은 생산 이후에도 확실한 도움이 된다. 이전에는 스틴벡(steenbeck)*으로, 그 이후에는 아비드(Avid) 같은 비싼 장비를 이용하여 편집을 해야 했던 반면, 새로운 데스크탑 장비들은 새로운 다큐멘터리의 온라인 판 제작비용을 감소시켜주었다. 그리고 이것들이 합쳐지면서, 디지털 비디오와 비선형[non-linear] 편집은 다큐멘터리 제작에 드는 예상 비용을 상당 수준까지 감소시킬 수 있었다(도그마 95 선언[Dogme 95 Manifesto]**의 악명 높은 평판과 그 호소 내용에서 알 수 있듯이, 이런 경향은 논픽션 제작에 한정된 것이 아니다. 슈팅 피플[Shooting People]***의 리스트서브[listserv]에 이름이 올라 있는 16,000명 각각은 지금도 매일처럼 예산도 없는 디지털 비디오물 제작이라는 무임 노동에 직면해 있는 상태이다). 말할 필요도 없겠지만, 이런 비용 절감 기술들이 반드시 질 좋은 프로그램을 낳는 것은 아니다. 작품의 가치에 맞는 선에서 필요한 돈이 산출될 것이다.

사실, 기술에 주목하는 리얼리티 TV 평론가들은 싸구려 저질 프로그램이 만들어지는 원인으로 저렴하면서도 질 좋은 비디오 테이프를 지목했다. 얄팍한 제작비로 인해 보통 할리우드 바깥에 있는 사람들은 '편집 촬영'(edit-in-camera)을 하거나 찍고 사용하는 샷의 수를 엄선해야만 하는 반면, 상대적으로 저렴한 비디오는 충분한 샷을 확보하기만 하면 편집할

---

* 영화를 아날로그적인 방식으로 편집하는 편집기. 원래 이 이름은 편집기를 만들던 독일의 유명 회사의 이름이었으나, 오늘날에는 그 회사에서 생산한 것과 같은 아날로그 편집기를 통칭하는 이름으로 사용된다.
** 1995년 라스 폰 트리에, 토마스 빈테베르크 등이 타성에 젖은 기존 영화 방식을 비판하며 새로운 영화 제작 방식을 주창하고 나선 운동. 이들은 거대한 제작비, 특수효과, 촬영 후 수정 등으로 특징지어지는 할리우드식 영화제작 방식을 거부하고 사실적 촬영, 배우의 연기에 대한 강조, 핸드헬드 카메라 촬영, 동시녹음 같은 방식을 채택함으로써 영화를 순수하게 제작하자고 주장했다.
*** 국제적인 독립영화제작자들의 네트워크 조직.

때에 좋은 장면을 얻을 수 있을 것이라는 믿음 하에 촬영을 계속하는 것을 가능하게 해준다(쉽게 접할 수 있는 리얼리티 TV 중 하나인 비디오 클립 쇼에서는, 개인이나 당국 또는 [『경찰관』(Cops) 같은 경우] 경찰의 도움으로 영상을 구할 수 있다. 그래서 미방영물 대(對) 방영물의 비율은 그리 중요한 문제가 아니다). 무제한적으로 많은 양의 필름을 찍을 수 있게 되면서 리얼리티 프로그램의 제작자들은 예산이라는 잠재적 규제로부터 자유로워지게 되었다. 날마다 찍은 것을 현상하려고 뛰어다니는 대신에 하루를 마무리할 때 테이프만 챙길 수 있다면, 이비사를 들춰내는 작업(uncover Ibiza)*은 더욱 저렴해지는 것이다.

역사적 관점에서 보면, 리얼리티 프로그램의 결핍을 순전히 기술적인 이유로만 설명하는 것은 틀린 것 같다. 1960년대의 다큐멘터리를 보면, 놀랄 정도로 높은 샷 비율(촬영한 샷: 영화에 사용된 샷의 비율. 때로는 20:1에 이르기도 했다.)이 당시의 규범이었다. 몇 마일이나 되는 필름을 모아 편집실에서 몇 달을 보내고 나면, 가치 있는 작품이 나왔던 것이다. 와이즈만 같은 사람들에게 단시간 동안에 경비를 최대한 줄여 짧은 필름 속에 영화를 담아내야 한다는 것은 매우 끔찍스런 일이었다(그리고 그런 방법으로는 투자자가 손을 떼버리곤 했기 때문에, 적지 않은 사비를 들여야 하기도 했다). 대신에, 대상 본연의 가치에 대한 신념과 그것을 찾아내는 미디어의 능력에 대한 신념이 눈부신 작품들로 나아가는 길을 놓았다. 콘텐츠가 이끄는 대로 나아갔던 시네마-베리테와 디렉트 시네마는 비디오로 영화를 만드는 오늘날의 제작자들이 직면하는 것보다는 훨씬 큰 기술적 어려움들 속에

---

* 이비사는 한때 술과 섹스로 유명했던 지중해에 있는 스페인 휴양지이다. 『이비사섬 들춰내기』(Uncovered Ibiza)는 이비사 휴양지로 놀러 간 18~30세까지의 영국 젊은이들의 과도한 섹스와 음주 파티를 담은 리얼리티 TV이다. 이 프로그램은 카메라에 담은 장면들을 갖다 붙이는 것 같은 편집 방식을 사용했다.

서 작업을 해야 했다. 40년 전에 디지털 비디오가 있었다면 어떤 작품이 나왔을지가 궁금할 정도로 말이다.

오늘날의 게으름과 진부함을 소형 디지털 비디오의 탓으로 돌리는 것에는 러다이트 운동과 비슷한 측면이 있다. 그 형식으로 찍어보기도 하고 가르쳐보기도 했던 나는 비선형(non-linear) 편집을 가능하게 해 주는 플러그인과 영상효과에도 불구하고 소형 디지털 비디오는 여전히 필름을 따라잡으려고 애쓰는 중이라는 점을 받아들였을 것 같다. 통제와 '편집 촬영'의 황금시대를 애도하는 사람들은 이 모든 것, 그리고 그 이상의 것이 새로운 비디오 기술로 가능해졌다는 사실을 떠올려보는 것이 좋을 것이다. 사실, 최고의 젊은 감독들이 촬영 계획과 영화 제작 준비 작업에 대해 얼마나 진지한지를 알고 싶다면, 소더버그(Soderberg)나 아로노프스키(Aronovsky)의 DVD에서 여분의 '메이킹 필름'을 살펴보기만 해도 될 것이다. (필름이었다면 전적으로 불가능했을) 『빅브라더』의 라이브 웹캠 등의 급송장치 같은 새로운 기술들은 작품에 차이를 만들어냈지만, 콘텐츠는 무척이나 지루한 경우가 꽤 많았다. 기술 숭배에 대한 즉각적 반론으로, 우리는 콘텐츠가 왕이라는 점을 떠올리면 된다. 결국 어떤 방송사도, '방송의 질'이라는 이유로 로드니 킹 폭행 테이프*나 재프루더(Zapruder) 필름**을 거부하지는 못할 것이다.

지금까지 살펴본 역사적 경로는 진실에 더 가까이 가기 위해 영화제작자들이 감동적인 케이스를 만들어내고 자신들의 방법에 대해 강한 자신감을 내보이던 그 때를 떠올리게 해준다. 현재와 대비시켜 보면 그런 고집

---

* 로드니 킹(Rodney King)이 1992년 LA에서 과속으로 잡혔을 때 4명의 경찰에게 무자비한 폭행을 당하는 모습을 촬영한 테이프.
** 1963년 11월 22일 달라스에서 케네디가 저격당했을 때 당시 현장을 담은 필름으로, 아브라함 재프루더라는 평범한 사람이 찍은 8mm 무성 컬러필름이다.

스런 시대에서 우리가 얼마나 멀리까지 왔는지를 알 수 있다. 윤리적인 우려와 기술적인 경탄을 제외한다면, 리얼리티 TV의 방법은 실질적인 논쟁을 거의 불러일으키지 못했다. 이것이 진보로 여겨질 수도 있을 것이다. 전후 다큐멘터리의 눈부신 스타들이 형식에 집착했던 반면에, 비디오테이프와 대중적인 터치가 결합한 덕분에 오늘날의 시청자들은 리얼리티 프로그램의 한가운데에 곧장 가 닿을 수 있게 되었으니까 말이다. 하지만, 사실은 그 반대로 생각하는 편이 더 정확할 것이다. 중요한 것은 콘텐츠이기 때문에 프랑스와 미국의 다큐멘터리 감독들이 자신들의 방법에 대해 심각하게 고민했던 것이라고 말이다. 다큐멘터리 제작 그 자체가 루쉬나 펜베이커 같은 사람에게서 특별한 흥미를 끌어냈던 것은 아니다. 그들이 중요시했던 것은 대상을 잘 표현해내기 위해 그 대상의 마음 밑바닥까지 가 닿는 것이었다. 그리고 이런 철저함은 보답을 받았다.『티티컷 풍자극』(*Titicut Follies*)이나『고등학교』는 개별 기관들을 필름에 담아내는 데에서 끝나는 것이 아니라 모든 정신병원과 모든 교육제도에 대한 통찰을 가능하게 해주었다. 각각의 영화에 담아낸 깊이 있는 탐구를 통해 다큐멘터리가 그 대상의 전형적인 특징을 포착해낸 것이다.

감동적인 다큐멘터리를 만드는 일은 과거에도 그리고 지금도 심각하고 진지한 작업이다. 몇 시간에 걸친 필름은 편집을 통해 90분이나 두 시간짜리 최종본으로 탄생하게 된다. 오늘날의 미디어에 정통한 관객이라면 최종 작품이 만들어지는 과정에서 편집이 하는 역할과 그러한 편집이 관객에게 미치는 영향을 지적할 수도 있을 것이다. 하지만, 1960년대의 다큐멘터리 감독들은 자신들이 선호하는 방식으로 사건을 읽어내고 엮어내기 전에, 그 대상들을 충분히 필름에 담아냄으로써 철저한 공정성을 유지하고자 했다. 기술적 조건을 제쳐두고 본다면, 무엇인가를 기록하고 표현하기 위해 쏟아 부은 의지와 끈기는 그것이 노력을 기울일 가치가 있는 토픽이라는 인상을 준다. 따라서 불공정함이나 제도적 과실을 폭로하는 다큐멘터리에 대한 공식적인 반응은 불편함으로 나타난다. 다시 말하자면, 가장 영향력 있는 다큐멘터리들이 보여주는 인간의 감정들은 정책이나 제도에까지 영향을 미쳐, 실제 그 자체를 변화시킬 수도 있다는 것이다. 디렉트 시네마나 시네마-베리테는 모두 '진실'을 찾아내고 그것을 가장 설득력 있는 방식으로 스크린에 재구성해내려 했다. 콘텐츠에 대한 이러한 관심은 오늘날의 리얼리티 TV보다는 논픽션 영화 전통에 속하는 두 가지 양식에 뿌리를 두고 있다. 그 전의 것들보다 '더 실제적'이라는 이유에서 리얼리티 TV에 대한 지지는 굳건해지는 반면에 객관성이나 객관적 실제라는 생각 자체는 쇠퇴하고 있다는 것, 이것이 바로 오늘날의 역설일 것이다.

리 얼 리 티 로 의   회 귀

리얼리티 프로그램이나 타블로이드 TV가 많은 방송사들의 논픽션 장르에서 핵심적인 부분을 차지하지 않았더라면, 이 프로그램들의 성장 역시 그리 문제가 되지는 않았을 것이다. 이 에세이에서 여러 번 주장했던 것처럼, '리얼리티로의 회귀'를 잘 하기 위해서는 리얼리티 프로그램과 다큐멘터리를 구분해야만 한다. 클립쇼(clip show), 다큐드라마나 '사회적 실험'을 오락물로 취급하고, 거기서 만족하도록 하자. 다행히도 일부 방송국들은 이런 방향으로 나가고 있는데, 예를 들어 채널4의 디지털 방송인 E4는 『생방송 빅브라더』(*Big Brother Live*)를 『만세』(*Banzai*)나 『소프라노』(*Sopranos*)와 함께 판매하고 있다. 이제 리얼리티 쇼를 '비사실적'(non-factual) 프로그램으로 재정의하고 있는 것에 대해 살펴보도록 하자.

이것은 리얼리티 프로그램이 오락물일 때 더 가치 있는 것이 아닌가 하는 점을 고려해야 한다는 말이다. 대부분의 다른 오락물들과 마찬가지로, 리얼리티 프로그램은 우리에게 이야깃거리를 줄 수 있다. 앨버타 대학(University of Alberta)의 아니코 보드로코지(Aniko Bodroghkozy) 교수의 설명처럼, 리얼리티 쇼는 사람들이 모여 다른 사람을 공격하지 않으면서도 잡담을 나눌 수 있는 환경을 조성해줌으로써 과거의 연속극이 수행했던 기능을 해낸다. "성공적인 텔레비전 프로그램이 다 그렇듯이 『서바이버』 역시 주제가 다양한 텍스트이기 때문에 서로 다른 독해를 가능케 만든다. 21세기의 인간관계, 직장, 자본주의에 관해 생각하고 토론할 수 있는 출발점으로서 사람들은 그 쇼를 이용할 수 있다."[19] 우리의 평범한 잡담들도 직장에서의 인간관계에 대한 불안감으로 인해 조심스러워지는 것 같다. 하지만 방송사와 시청률 조사 기관의 손에서는 그러한 잡담마저도 커피 타임 수다거리로 바뀌게 된다.

긴장감 넘치는 『누가 백만장자가 되기를 원하는가?』(*Who wants to be a Millionaire?*)에서, 왜 (의무적으로 랩댄서와 함께 있는) 평범해 보이는 개인들과 평범해 보이는 상황들이 '리얼리티'는 그리 개의치 않는 다른 게임쇼와 연속극을 밀어내고 오락물 방영 시간표에서 중요한 자리를 꿰차게 되었는지에 대해 한참을 고민할 수도 있다. 몇몇 평론가들의 지적처럼, 그런 프로그램들을 보고 싶어하는 우리의 집단적 의사는 공사 구분의 파괴, 친밀함의 쇠퇴, 시청률을 얻고자 개인의 불운을 이용하려드는 오락 산업 등을 시사한다. 슬로베니아의 철학자인 슬라보예 지젝(Slavoj Žižek)은 이것들이 이끌어 낼 모든 것들에 대해 불편한 심경을 드러낸 바 있는데, 그 자신의 퇴폐적인 취향에도 불구하고 화장실 웹캠에서는 충격을 받았다는 점을 인정했다.[20] 한편, 다니엘 미나핸(Daniel Minahan)의 뛰어난 풍자 영화 『시리즈 7: 적수들』(*Series 7: The Contenders*)[2001]에서는 『경찰』, 『빅브라더』, 『글래디에이터』(*Gladiators*)를 결합하여 경쟁자들이 서로 싸워서 상대방을 쓰러뜨리는 가상의 게임쇼를 보여주었다. 영화 속 "규칙"은 너무나 철저해서, 어쩌다가 그 사회가 제비로 뽑힌 이방인에게 총을 쥐어 주고서 나머지 사람들의 유흥을 위해 살인을 하라는 지경에 이르렀는지에 대해 사람들은 문제를 거의 제기하지 않는다. 픽션이지만, 용기를 잃은 삶을 닮았다.

『시리즈7』에 대한 이야기는 리얼리티 TV의 성행이 가짜 다큐멘터리를 픽션 내러티브의 한 형태로서 자리잡게 하는 도미노 효과를 낳았음을 상기시켜준다. 영국에서 루게로 데오다토(Ruggero Deodato)의 섬뜩한 『카니발 홀로코스트』(*Cannibal Holocaust*)[1979]는 거의 20년 동안 상영금지되었는데, 그 이유 중 하나는 이 영화를 마치 '잃어버린 필름'인 것처럼 속였다는 점이었다. 존 맥노튼(John McNaughton)의 『헨리: 연쇄 살인범의 초상』(*Henry: Portrait of a Serial Killer*)[1986]은 캠코더로 찍은 듯해 보이는 장면이 관객을 오티스(Otis)와 헨리의 범죄에 연루시킨다는 점에서 검열에 걸려 재삭제되었다. 그 장면의 독립적이며 다큐멘터리적인 느낌이 『양들의 침묵』(*Silence of the Lambs*)[1990]과 같은 주류 괴기 호러물보다도 더 처참함을 느끼게 만든다는 것이 그 이유였다. 근래에는 『블레어 위치 프로젝트』(*The Blair Witch Project*)[1999]가 흥행에서 크게 성공했는데, 그 영화가 진짜 다큐멘터리라는 루머의 덕을 보기도 했다. '실제를 나타낸다'는 주장에 대해서 오늘날에는 회의적임에도 불구하고, 다큐멘터리적인 시선(과 다큐멘터리 드라마 장르 자체)가 계속해서 어필할 수 있는 것은 '실화에 바탕했다'는 말이 갖는 연상적 힘 때문일 것이다. 우리는 필름이나 테이프에 실제를 담아내는 것에 대해 회의적이면서도 리얼리티를 열망하는 것이다.

결론 : 시청자를 탓할 것인가?

이 '우리'란 누구를 말하는 것일까? 타블로이드 TV에 대한 오늘날의 비판들과 이 글에서 취하는 입장은 한 가지 측면에서 차이를 보인다. 시청자들을 취향과 지각이 없다고 손쉽게 비난하려 하느냐 아니냐 하는 차이 말이다. 리얼리티 TV의 반대자들에게는 그것을 옹호하는 사람들과 흡사한 면이 있다. 어떤 사람들은 리얼리티 TV가 훨씬 더 많은 사람들을 포괄하며 민주적이라는 이유에서 이 장르를 옹호하는 반면에 다른 사람들은 '가장 저속한 공통분모를 이용한다'는 이유에서 불만을 터뜨리는데, 이는 비꼬는 사람이나 TV 비평가들이나 할 것 없이 비슷하게 말하는 부분이다. 시청률 때문에 우리가 얼빠진 콘텐츠를 참고 봐야만 하는 경우가 흔한 것이야 틀림없기는 하지만, 이것은 사람들이 정말로 원하는 것이 무엇일지를 방송국이 추측해서 만든 콘텐츠들이다. 꽤나 그럴듯했던 영국판 『서바이버』가 보여준 극적 실패가 이에 대한 증거라 할 수 있다.

더욱 심각한 것은, 그러한 주장은 시청자들이 스스로 생각하고 마음먹은 대로 해내는 능력을 심각할 정도로 과소평가하고 있다는 것이다. 전문가들은 형식적으로는 미디어에 불만을 표시하면서도 글을 맺을 때는 미디어의 소비자, 특히 노동자 계급에 대해 울분을 터뜨리곤 한다.[21] 1990년대 말의 『제리 스프링거』를 생각해보자. 별난 구경거리가 되어줄 만한 게스트를 찾는 조사원들의 노력이 적어질수록 이 프로그램의 시청률은 더 높아지는 것 같았다. 사기와, 나중에는 살인까지 등장하면서 이에 대한 반발은 심해졌고 여기에 시청률 부진까지 합쳐지면서 이 쇼는 결국 그 수위를 낮춰야만 했다. 알려졌다시피, 그런 압력은 스프링거의 백인 나부랭이 시청자들에게서 나온 속물근성에 불과했지만, 아무튼 방송국이 무엇을 주든 간에 덥석 받아먹어버리는 아둔하고 고분고분한 시청자라는 신화를 깬 것도 분명하다.

사실적 프로그램의 경우에, 실제(리얼리티)는, 포스트모던한 '독자반응 비평' 같은 방식은 아니라 할지라도, 보는 사람의 시각에 달려 있다. 우리는, 단지 이론적으로만, 자유롭게 떠다니는 TV 텍스트의 기표(signifiant)로부터 우리가 좋아하는 의미를 자유롭게 조합해낼 수 있다. 하지만 실제로는 우리에게 주어진 재료를 가지고 만들어내야만 한다. 고전적인 플라이-온-더-월 다큐멘터리는 이 점을 인식하고 있었다. 엄청난 양의 필름을 영리하게 선택하고 편집하기는 했지만, 제작자들은 공개적으로 사건을 넣기를 거부하고 우리로 하여금 스스로 결론을 이끌어내도록 했다. 이런 전통은 오늘날까지 전해지고 있다. 그래서 프레데릭 와이즈만(Frederick Wiseman)의 후속작 『가정폭력』(Domestic Violence)[2001]은 '희생자 문화'와 『스프링거』 식의 플로리다 환경으로 우리를 이끌었으면서도, 그 실제적인 의미에 있어서는 해석의 여지를 남겨두고 있다. 폭력 남편, 경찰, 여성들의 쉼터를 보여주는 세 시간에 걸쳐 우리는 의심의 여지없이 폭력적인 배우자에 대한 적대감을 갖게 된다. 하지만 폭력 혐의자들에 대해 '무죄 추정 원칙'을 지키지 않고 있다는 점과 요양소에서 희생자들에게 세뇌 치료(theurapeutic indoctrination)를 한다는 점에 대해서도 우리가 주목하고 있는가? 어떻게 이것이 제도에 대한 비판을 이끌어낼 수 있다는 말인가?

지각 있는 시청자로서, 우리는 사물을 철저히 조사하며 적합하다고 생각하는 방식대로 그것을 이해한다. 그리고 이 능력만이 '리얼리티 프로그램'이 다큐멘터리나 조사 보도(investigative journalism)를 제치고 만연해가는 것을 막을 수 있을 것이다.

정리와 토론거리

돌란 커밍스*

'진실이란 무엇인가?' 본시오 빌라도는 예수에게 물었다. 예수는 대답하지 않았다. 어찌되었든 무척 어려운 문제다. 하지만 그 문제에 대해 생각하느라 시간을 보내본 적이 있는 사람이라면 진실과 실제가 다르다는 것정도는 깨우쳤을 것이다. 실제가 사물의 존재 방식에 관한 것이라면, 진실은 그에 대한 우리의 이해 방식에 관한 것이다. 우리의 사고 속에서 실제를 상상으로 재구성함으로써 우리는 현실을 이해한다. 말과 글에 힘입어 세계에 관한 우리의 생각을 전달할 수 있듯이, 정확하든 부정확하든 간에 텔레비전을 통해서도 그럴 수 있는 것이다.

이 장의 기고자들이 보여주었듯이, 텔레비전을 통해 실제를 재현하는일은 그리 녹록치 않다. 그레이엄 반필드와 버나드 클라크가 설명했듯이 다큐멘터리의 전통은 상황과 사건을 일관되고 이해 가능한 방식으로

* 돌란 커밍스(**Dolan Cummings**)는 영국사상연구소(Institute of Ideas)에서 활동하고 있으며 『논쟁』 예술, 미디어 분야의 책임 편집자이다. 『세사미 스트리트를 찾아서』(*In Search of Sesame Street: Policing Civility for the 21st Century*)[Sheffield Hallam University Press, 1999]의 저자이며, www. spiked-online. com에 매주 텔레비전 칼럼을 쓰고 있다.

재구성하기 위해 씨름해왔다. 진실을 이야기하려는 어떤 시도에서나 그렇듯이 여기에도 주관적인 요소가 있다. 작가들과 마찬가지로 다큐멘터리 제작자들도 다른 사람에게 진실을 전달하기 전에 그 진실을 스스로 이해해야 한다. 일부 다큐멘터리 제작자들의 수사학에도 불구하고, 다큐멘터리가 단순히 카메라를 들이대는 것만은 아닐 것이다. 그렇다고 해서 다큐멘터리가 꾸며낸 이야기라는 것은 아니다. 다큐멘터리도 불완전할 수 있다는 말일 뿐이다. 리얼리티 TV는 '진실'인 체 하지 않고, 대신 오락에 치중한다.

이 장에 실린 글을 읽으면서 다큐멘터리보다 리얼리티 TV에 '저속한 요소'(dumbed down)가 더 많은지 아니면 그 반대인지는 분명해졌을 것이다. 다큐멘터리든 오락이든 간에 모든 리얼리티 프로그램들은 구식의 위계질서를 거부하고 시청자와 직접 대면하고자 하는 신념을 공유한다. 리얼리티 TV는 오락을 추구하기는 하지만, 텔레비전뿐만 아니라 더 광범위하게는 창조적이고 학문적인 작업에까지 영향을 미치고 있는 트렌드를 반영하는 것이기도 하다.

특히, 다수의 리얼리티 TV 프로그램들은 '실제'가 무엇을 의미하는지를 공유하고 있는 듯해 보인다. 기관이나 제도보다는 주로 개인에게 초점을 맞추고, 개인의 삶을 설명하려 하기보다는 그들의 심리 상태를 이해하려고 한다. 빅토리아 메이플벡의 글에 나온 것처럼, "토크쇼로 대변되듯이, 공적영역에서 사적영역으로 관심사가 이동해감에 따라 이제는 다큐멘터리도 공적 영역의 문제보다는 개인적인 문제들에 관심을 쏟고 있다." 다큐멘터리를 표방하지 않는 프로그램의 경우에는 더욱 그렇다. 이를 위해 리얼리티 TV 프로그램의 참가자들은 자신의 집, 가족, 직장과 같은 평범한 환경을 떠나 인위적인 상황에 놓이게 된다. 문명, 책임, 사회적 기대와 같은 거추장스러운 것들을 벗어던졌을 때 리얼한 인물로 남게 된다는 생각에서 그러는 것 같다.

이런 생각은 원시시대 풍인 『서바이버』에서 분명하게 드러난다. 『빅브라더』는 배경이 꽤 평범하기 때문에 개인들의 성격에 훨씬 더 많이 초점을 맞추고 있다. 이 프로그램은 같은 집에 모여서 별다른 할 일 없이 빈둥거리며 지내는 하우스메이트들끼리 오랫동안 꽤나 유치하게 두서없이 나누는 대화를 찍는다. 리얼리티 TV의 이런 측면에는 '내적 동심'(inner child)이라는 심리적 특성과 공통되는 면이 있는 듯하다. 확실히, 리얼리티 TV를 통해 표현되는 실제에 대한 여러 특정한 시각은 자아에 대한 정신치료에 더욱 더 많은 관심을 나타내고 있는 광범위한 사회적 변화의 일부라고 할 수 있으며, 이는 포커스 그룹(focus group)이나 더 일반적으로는 주정주의(emotionalism)의 성장을 통해서도 나타나고 있다.

이미 이런 프로그램들이 TV에서 어느 정도의 성공을 거두었지만, 프로듀서들은 더욱 대단한 프로그램을 만들고 싶어서 열심이다. 버나드 클라크와 크리스토퍼 던클리가 지적한 것처럼, 리얼리티 TV는 점점 더 역겨워지고 있다. 미국 시청자들은 출연자들을 부드럽게 고문하는 『체어』(*The Chair*)나 『챔버』(*The Chamber*)와 같은 프로그램에서 충격을 받았지만, 조만간 영국 TV에서도 그와 비슷한 것이 방영되리라는 추측이 나오고 있다. 스카이 원(*Sky One*)에서는 출연자들이 상금을 받기 위해 최악의 공포(뱀, 쥐, 높은 곳)에 직면하는 『공포물』(*Fear Factor*)을 이미 방송한 바 있다. 『빅 브라더』도 더욱 극단적인 보상과 벌칙을 제공함으로써 출연자들에게 요구되는 임무를 가중시키고 있다. 그렇다면 리얼리티 TV는 쇠퇴하고 있는 것일까?

리얼리티 TV는 지금 잠깐 뜬 것일 뿐이며 거기에는 미래가 없다고 주장하는 사람도 있다. 크리스토퍼 던클리가 "창피주기 TV"라고 했던 것을 빼더라도, 그런 현상들의 존재를 가리키는 징후들은 여러 가지로 발견되고 있다. 지금 이 글을 쓰고 있는 시점에도 수많은 새로운 리얼리티 TV 프로그램들이 사람들의 입에 오르내리고 있다. BBC의『다이너스』(Diners)에서는 다양한 게스트(일부는 유명인이고, 일부는 평범한 사람들)들이 특별히 마련된 식당에서 만찬을 드는 모습을 촬영하는데, 카메라는 이 테이블에서 저 테이블로 옮겨다니면서 가장 흥미로운 (또는 견딜 수 없을 정도로 진부한) 대화가 이루어지는 곳을 찍을 것이다. 한편,『빅브라더』를 만들었던 엔데몰은『사람들의 클럽』(People's Club)을 제작하고 있는데, 여기서는 시청자들이 리그 풋볼 클럽의 운영 결정을 내릴 수 있다. 출연자 겸 상호작용하는 시청자로서의 '보통 사람들'에 대한 관심은 어느 다른 형식보다도 더 오래 지속되고 있다.

이런 전개는 다양하게 해석될 수 있다. 이것은 '민주화'로 여겨질 수도 있다. '유명한' 사람과 '중대한' 주제에 대한 프로그램을 만들던 권위적인 방송국에서 '평범한 김씨'에 관한 프로그램에 시청자들을 참여시키는 쌍방향식 텔레비전 회사로의 변화는 확실히 중요한 변화이다. 한편으로, 이는 오래된 편견과 엘리트주의의 붕괴를 반영하고 있다. 다른 한편으로는 이를 규범의 위기, 혹은 방송국의 용기 상실로 볼 수도 있다. 이는 '저속화'(dumbing down)에 대한 논쟁과 밀접하게 연결되어 있다. 이 논쟁에 대해 당신이 어떻게 느끼느냐 하는 문제는 리얼리티 TV의 가치에 대한 당신의 생각에도 영향을 미칠 것이다. 그러나『빅브라더』를 즐기는 동시에 진지한 프로그램의 쇠퇴를 애도하는 것은 불가능한 일이 아니다.

여전히 고상한 프로그램들은 많지만, 그중 많은 프로그램들이 리얼리티 TV의 전제를 공유하고 있는 듯하다. 즉, 시청자에게 좀 더 직접적으로 다가갈 필요성을 공유하고 있다는 뜻이다. 현재의 시사 프로그램이나 드라마의 경우도 비슷한 변화를 겪고 있는 것일까? '평범한 사람들'에 관한 텔레비전이 우리 자신에 대해 무엇인가를 말해주고 있을까? 아니면 그저 오락거리로서의 일회용 유명인만을 양산할 뿐인가? 개인들에게 초점을 맞춘다는 것은 텔레비전이 더 큰 상을 보여주는 능력을 잃었거나 사건을 맥락에 자리 잡게 만드는 능력을 잃었다는 것을 의미하는 것일까? 마지막으로, 과거의 위계질서와 엘리트주의를 인정하지 않으면서 동시에 이런 식의 발전 방향에도 반대하는 것은 가능할까? 이에 대해 이 장의 논자들은 자신들의 생각을 펼쳐 보여주었다. 그리고 이제 그런 생각들이 얼마나 진실하고, 얼마나 사실적인지를 결정하는 것은 독자들에게 달려 있다.

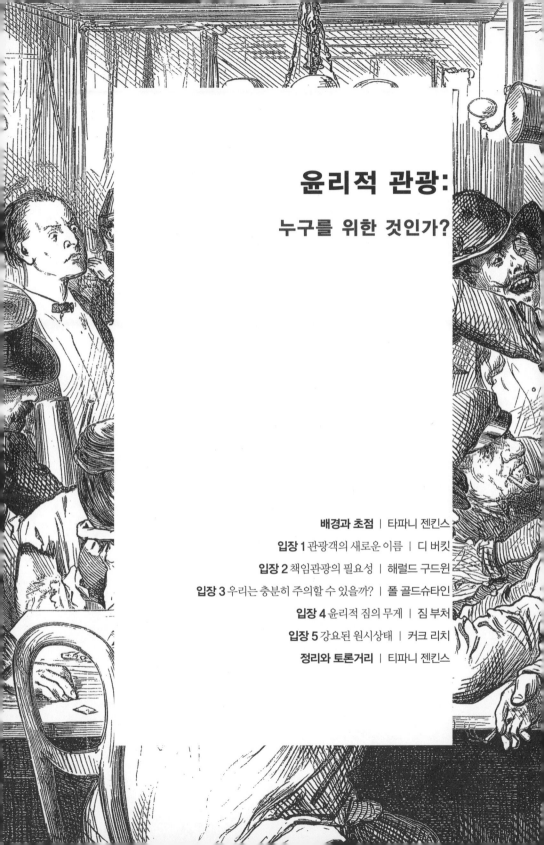

윤리적 관광:

누구를 위한 것인가?

배경과 초점

티파니 젠킨스*

어디로 휴가를 갈 것인지와 거기에 가서 무엇을 할 것인지는 뜨거운 논쟁거리이다. 이제 여행은 조언, 규제, 규칙, 행동수칙의 대상이 되었다. 미얀마 여행을 보이콧하자는 주장이든 현지 사진을 찍을 때 허락을 받자는 제안이든 간에, 휴가객에게 '책임 있는' 혹은 '윤리적인' 자세를 가질 것을 요구하는 많은 주장이 있으며, 이러한 주장은 1년 동안 여행하는 배낭 여행객에서부터 1주일 동안 나들이를 가는 패키지 관광객에 이르는 모든 휴가객을 겨냥하고 있다.

책임관광에 대한 주장은 현재 많은 이들에 의해 주도되고 있으며, 이들은 세계 각국 정부, 여행사, 비정부기구, 운동 단체, 저명인, 언론인에 이르기까지 다양하다. 두 권의 베스트셀러—알렉스 갈랜드(Alex Garland)의 『해변』(*The Beach*)[Penguin, 1997]과 윌리엄 서트클리프(William Sutcliffe)의 『당신은 체험당하고 있는가?』(*Are You Experienced?*)[Penguin, 1998]—는 '이기적인' 또는 '제멋대로인' 여행객에 대한 대중적이고 광범위한 비판적 분위기를 잡아

---

* 티파니 젠킨스(**Tiffany Jenkins**)는 영국사상연구소의 예술 프로그램 국장이다. 그녀는 이 책 시리즈의 사회 분야 위탁 편집자이다.

냈고, 당신이 어디로 갈 것인지와 거기에 가서 무엇을 할 것인지에 대해 보다 주의해야 한다는 생각을 퍼뜨렸다. 윤리적 관광은 상당한 지지를 받고 있지만, 그것이 무엇이며 그것을 위한 최선의 실천 방식이 무엇인지에 대해서는 일치된 의견이 없다. 윤리적 관광이 낳을 결과에 대한 우려도 있으며, 윤리적인 여행객이 되라는 요구의 이면에 숨어 있는 동기에 대해 깊은 의심을 표명하는 이들도 존재한다.

누 가 윤 리 적 관 광 을 주 장 하 는 가 ?

관광 산업을 개혁하겠다는 세계 각국 정부의 다짐은 1992년 리우(Rio)에서 열린 유엔 지구정상회담(Earth Summit)의 결의 문서로 공식화되었다. 이 회의에서 182개국 정부는 의제 21(Agenda 21)을 채택했다. 이런 종류로서는 처음으로 국제 합의를 달성한 문서인 의제 21은, 여행과 관광이 자연과 문화와의 조화를 꾀하면서 사람들의 건강하고 생산적인 삶을 지원해야 한다는 주장을 담고 있다. 이 문서는 다음을 선언했다. 여행과 관광은 "지구 생태계의 보존, 보호, 복구에 기여해야 한다." "환경 보호가 관광 개발 과정의 핵심적인 부분으로 포함되어야 한다." "관광 개발은 토착민의 정체성, 문화, 이익을 인식하고 지원해야 한다." 의제 21의 효력은 의문시되지만 그 권고사항들은 광범위한 지지를 받고 있다.

현재 정책 의제가 되고 있는 것으로는 유럽연합(EU)에서 항공사에 부과하려 하는 '녹색' 항공세 제안을 들 수 있는데, 이를 통해 기후 변화에 제동을 걸고 사람들의 비행기 이용을 줄이겠다는 계획이다. 유럽연합과 같은 강력한 집단이 이런 종류의 대책을 제안한다는 사실은 관광 산업이 매우 중대한 사회 문제로 여겨지고 있다는 것을 시사한다. 여기에는 옹호자들이 있는데, 예를 들어 환경운동가이자 기자인 조지 몽비오(George Monbiot)는 "인간의 행복에 대한 영향을 생각했을 때 대서양을 비행기로 건너는 일은 아동 학대만큼이나 허용할 수 없는 일이다"라고 주장한다(『가디언』[Guardian], 1999년 7월 29일). 반면 영국의 항공 이용자, 기업, 노동조합, 공항, 항공사의 동맹인 자유비행연합(Freedom to Fly coalition)에서는 억제는 답이 아니라며 이 계획의 효과에 대해 의심을 표명했다. 2002년 4월 그들은 나에게 다음과 같이 말했다.

> 책임관광을 촉진하기 위한 모든 조치는 환경 영향의 개선이나 지역 경제의 이익 등의 목적을 달성하는 데 그것이 얼마나 효과적인지를 증명해 보여야 하며, 지역 경제의 관광 수입 감소와 같은 부작용이 너무 커서도 안 된다. [……] 항공으로 인한 환경 문제의 가장 효과적인 해결책은 기술적 발전에서 나올 것이다. 특별한 자연 지역의 보존과 지역 경제의 관광 수익 보장과 같은 질문들에 답하기 위해서는 개별 지역마다의 구체적인 반응을 살필 필요가 있다. (편집자와의 인터뷰)

세계관광기구(WTO)와 유엔 환경프로그램(UNEP)은 2002년을 생태관광의 해로 발표했다. 유엔 본부의 생태관광의 해 출범 기념식에는 몇몇 정부의 장관들과 정부간 기구, 주요 산업협회, 비정부단체의 대표들이 참석했다. 영국 국제개발부(DFID)는 개발도상국에서의 '가난 지원'(Pro Poor) 관광을 선도했다. 심지어는 윌리엄(William) 왕자도 페루에서의 통나무집 건설을 지원하는 프로젝트에 참여하는 등 책임 있는 모습을 보이기 위해 자신의 본분을 다했다.

윤리적 관광은 기업 차원에서도 이루어지고 있다. 톰슨사(Thompson's)나 영국항공(British Airways)과 같은 많은 대형 여행사들은 '책임관광 담당'을 임명하고 있다. 보다 윤리적인 휴가를 제공하는 소규모 회사들은 극적인 성장세를 보이고 있다. 소규모 전문 여행사들을 대표하는 독립관광업자협회(AITO)는 1989년부터 환경 문제에 대한 관심을 모아왔으며, 꾸준히 회원들에게 비슷한 관심을 꾸준히 북돋운 결과 2001년에는 처음으로 책임관광 지침을 발표했다. 소규모 여행사들은 여행객의 책임을 강조하는 데 주저하지 않으며, 때로는 여행이 이러한 방향으로 보다 더 충실해져야 한다고 주장한다. 세계야생동물기금(WWF), 오두본협회(Audubon Society), 국제보존협회(Conservation International)와 같은 많은 비정부기구들 역시 윤리적 관광을 촉진하는 데 관여하고 있다. 감비아 체험(Gambia Experience)이나 고아 구하기 운동(Save Goa campaign)과 같이 보다 구체적인 프로젝트도 있고 소규모의 특정한 의제를 다루는 프로젝트도 많이 있다.

윤리적 휴가는 분명 대중적으로 알려져 있으며 미디어를 통해서도 촉진되고 있다. 대중적인 텔레비전 관광 프로그램들에서 여행객에게 자신이 방문지에 미칠 영향에 대해 검토하고 신중하게 고민할 것을 강조하는 일도 잦다.

세계관광기구의 수치에 따르면, 2000년에는 세계 관광이 7.4% 증가한 것으로 추정되었다. 2001년 8월 세계관광기구의 자료에 따르면, 국제 입국자의 총수는 2000년에 6억 9900만 명에 이르렀다. 관광에 대한 비판가들은 이러한 여행 증가 수치가 환경적으로 책임 있는 여행의 절박한 필요성을 보여주는 것이라고 지적하며, 특히 항공 연료가 지구 온난화를 가속화시킨다고 강조한다. 국제 관광객의 증가가 매우 긍정적인 현상이라고 주장하는 이들도 있다. 이지젯(Easyjet)이나 고(Go)와 같은 저가 항공사의 등장은, 부유하지 않은 사람들이나 젊은 사람들이 더 많은 여행 기회를 가지게 됨으로써 그들의 정신과 경험의 폭을 넓힐 수 있게 되었다는 것을 의미한다. 예컨대 여행업자 피트 스미스(Pete Smith)는 런던 스탠포드 서점에서 열린 토론에서, 젊은 시절에 여행 한 번도 못 해본 아버지의 경험(여행을 그냥 가지 않은 것이기도 했지만 금전적으로 실행 가능한 것도 아니었다)과 오늘날의 기회를 비교하면서 여행 확대의 긍정적 측면을 강조하기도 했다. 스미스는 현재 대부분의 젊은 사람들에게 주어진 여행의 자유를 열렬히 옹호하면서, 여행이란 모두가 즐기고 환영해야 할 훌륭한 기회라고 주장한다.

생태관광: 옹호 및 반대 논변

유엔은 2002년을 국제 생태관광의 해로 지정했다. 국제생태관광협회(ICTS)는 생태관광을 "환경을 보존하고 현지 사람들의 행복을 지키는, 자연 지역으로의 책임 있는 여행"으로 정의한다. 미국의 자연보호위원회(Nature Conservancy)에 따르면, 생태관광에는 다음과 같은 요소들이 포함된다.

- 양심적이고 영향을 덜 주는 방문객의 행동
- 현지 문화와 생물다양성에 대한 예민한 감수성과 그에 대한 존중
- 현지 보존 노력에 대한 지원
- 현지 사회의 지속가능한 이익
- 의사결정에 대한 현지 참여
- 여행객과 현지 사회 모두를 위한 교육적 요소 (미국 자연보호위원회, 2002년 4월)

유엔 환경프로그램의 사무국장인 클라우스 토퍼(Klaus Toepfer)는 『가디언』(*Guardian*)의 지면을 이용해 다음과 같이 말했다.

[생태관광은] 관광 산업의 부정적 영향을 최소화하고 지구 특유의 생물다양성을 보존하는 데 적극적으로 공헌하는 방식의 관광개발 기회를 제공해야 한다. 적절히 조정되기만 한다면, 생태관광은 생태적으로 민감한 지역을 보호하고 그 지역의 안팎에 살고 있는 사람들의 사회경제적 발전을 재정적으로 지원하는 유익한 방법이 될 것이다. (『가디언』, 2002년 3월 9일)

또한 그는, 생태관광은 '비주류 활동에서 벗어'났으며 '일시적 유행이나 교묘한 상술, 심지어는 보조적인 틈새시장으로' 간주되어서는 안 되고 '오히려 미래 관광 산업을 위한 비장의 카드'로 여겨져야 한다고 덧붙였다.

생태관광에는 많은 비판도 존재한다. 어떤 이들은 그것이 현지인들의 바람은 무시한 채 그들에게 강요되고 있는 서구적 의제일 뿐이라고 주장한다. 예컨대, 삭스(Sachs)는 생태관광이 서구인들의 머릿속에나 존재할 법한 '진정한' 경험을 원주민에 부과하고는 그들을 위해 연기를 하도록 강요한다고 주장한다. 그에 따르면, 이는 강압적일 뿐만 아니라 원주민과 서구 생태관광객 사이의 오해를 지속시키는 역할을 한다.[1] 똑같이 비판적이지만, 매우 다른 관점으로 접근하는 사람들도 있다. 재키 앨런 줄리아노(Jackie Alan Giuliano)는 환경 뉴스 서비스(Environmental News Service)에 올린 글을 통해, 생태관광이라는 시도가 일차적으로는 관광지 파괴에 책임이 있는 다국적 기업의 이해에 봉사할 뿐일 수도 있다고 경고한다. 자신의 행동을 진정으로 바꾸지 않는 회사라 할지라도 생태관광이라는 이름만으로 윤리적인 것처럼 보이게 될 수 있다는 것이다.

정 치 적   책 임

윤리적 관광 운동 중 가장 이목을 끌었던 것은 영국 정부가 주도했던 미얀마 보이콧이다. 1998년 9월, 당시의 외무부장관 데렉 파체트(Derek Fatchett)는 영국여행사협회(ABTA), 독립관광업자협회(AITO), 관광업자연합(FTO)에 미얀마 관광에 대한 정부의 입장을 이렇게 전달했다.

정부는 현재로서는 미얀마를 관광하러 방문하는 것이 부적절하다는 아웅산 수치(Aung San Suu Kyi)를 비롯한 미얀마 민주화 운동 지도자들의 입장에 주의를 기울여주기를 바라고 있습니다. 이 지도자들은 미얀마를 방문하는 외국 관광객들이 미얀마의 민주화나 인권 발전에 도움을 주지 못한다고 믿고 있습니다. (영국여행사협회 회장 케이트 베선[Keith Bethon]에게 보내는 편지, 1998년 9월 7일. 출처: 외무부)

미얀마 관광을 중단하자는 운동은 2000년 6월에 정점에 달했는데, 당시 투어리즘컨선(Tourism Concern)과 영국 미얀마 캠페인(Burma Campaign UK)은 대중적인 여행안내서 『론리플래닛』(*Lonely Planet*)을 출간하는 출판사에 미얀마 편을 수거해줄 것을 요청했다. 출판사는 이 요청을 거부하면서, 관광객이 스스로 사실을 읽고 판단할 수 있으리라고 주장했다. 그 안내서는 그 지역 여행의 장단점을 소개하면서 다음과 같은 결론을 내렸다. "관광은 일반 민중들에게 허용된 몇 안 되는 산업 중 하나로 남아 있다. 관광의 감소는 어쨌든 자동적으로 지역의 수익 기회 감소를 의미하게 된다. 그 이유만으로도, 우리는 미얀마 여행의 긍정적 측면이 부정적 측면보다 크다고 계속 믿고 있다."(『론리플래닛』 미얀마 편). 미얀마 여행에 대한 이러한 논쟁에서 알 수 있듯이, 일부 윤리적 관광 옹호자들에게는 한 나라의 정치적 상황에 대한 고려가 군부 독재나 분쟁 지역에 있는 방문객의 안전 문제를 넘어, 인권을 유린하거나 비민주적인 정부를 가진 나라를 방문해서는 안 된다는 여행객의 의무로까지 확장된다.

윤리적 관광에 관한 논의는 지난 20년 동안 상당한 추진력을 얻었다. 앞에서 간단히 제시된 배경 위에서, 각 에세이의 논자들은 윤리적 관광의 근거와 귀결 및 그 영향에 대해 상반된 주장을 펼칠 것이다.

처음 두 개의 에세이는 여행이 어떻게 변해왔는지를 다루고 있는데, 논자들은 그 변화가 긍정적인지 부정적인지에 대해 자신의 주장을 피력하고 있다. 토론의 첫 포문을 여는 여행작가 겸 언론인 디 버킷(Dea Birkett)은 지난 40년 동안 관광이 변화해온 방식을 문화적으로 검토하면서, 상당한 발전이 이루어지기는 했지만 이 변화들이 가져오리라고 이야기되었던 장점들은 매우 의심스럽다고 이야기한다. 한때는 관광이 의심의 여지없이 좋은 것이라고 부추겨지기도 했던 만큼, 버킷은 관광이 현재는 어떻게 공격받고 있는지를 보여준다. 그녀는 관광에 대한 태도의 변화가 얼마나 전면적이었는지를 보여주면서도 이러한 공격이 주로 해낸 일은 고작 관광의—책임 있고 윤리적으로 보이기 위한— '새로운 이름짓기'였을 뿐이라고 주장한다. 버킷에 따르면 새로운 이름짓기는 기껏해야 겉보기에 불과할 뿐이며 선진국과 개발도상국 사이의 차이에 대한 일련의 의문스러운 가정들을 수반하고 있다.

그리니치 대학에 있는 국제책임관광센터(International Centre for Responsible Tourism)의 소장 해럴드 구드윈(Harold Goodwin) 또한 관광에서의 변화를 강조한다. 그러나 이 변화들로부터 구드윈은 버킷과는 다른 결론을 이끌어낸다. 구드윈은 책임관광의 정당성을 강하게 주장한다. 그는 오랫동안 관광이 심각한 문제들을 만들어왔다고 보면서, 우리가 이에 즉각 대처해야 한다고 주장한다. 그는 책임관광이 단순한 새로운 이름

짓기가 아니라 진정한 진전이라고 설명한다. 그에 따르면, 관광이 책임 있게 수행된다면 여행이 몰고 온 문제들은 완화될 수 있으며 여행지와 여행객 모두가 이익을 얻을 수 있다.

이후 세 개의 에세이는 책임관광이 누구를 위한 것인지에 대한 문제를 직접 다루고 있다. 모험여행 전문업체 엑소더스(Exodus)의 세일즈 매니저인 폴 골드슈타인(Paul Goldstein)은 윤리적 관광이 필요하고 유익하다는 구드윈의 주장에 동의한다. 골드슈타인은 비윤리적 관광객과 비윤리적 회사를 비난하면서, 지속가능하고 윤리적인 관광은 개발도상국의 미래를 위해 꼭 필요한 것이라고 주장한다. 관광객과 관광지 국가 모두가 이익을 얻을 수 있으며 또 얻어야 한다는 주장이다. 관광객은 휴가에서 더 많은 것을 얻게 될 것이며, 그들의 지속가능하고 윤리적인 행동을 통해, 관광지 국가—환경과 국민 모두—도 눈에 띄는 긍정적 변화를 보게 될 것이다. 골드슈타인은 특히, 대기업을 비롯한 여행 산업의 주요 행위자들이 여행을 변화시키는 데 현재보다 훨씬 더 많은 책임을 짊어져야 하며, 그들을 그렇게 하도록 압박하는 것 또한 급박한 임무라고 주장한다. 골드슈타인은 희망이 있다고 믿지만, 그 희망을 위해서는 훨씬 더 많은 실천이 필요하다고 생각한다.

마지막 두 개의 에세이는 윤리적 관광에 대한 이러한 지지와 옹호에 반대하고 있다. 둘 모두가 윤리적 여행의 가정과 결과를 비판적으로 바라본다. 학계에 있는 짐 부처(Jim Butcher)는 관광객에 미친 영향의 측면에서 관광의 변화를 바라보는데, 윤리적 관광 옹호자들에 의한 여행의 도덕화 방식에 대해 우려를 내비친다. 부처는 윤리적 관광의 정신에 강한 '반(反)인간'적 태도가 있다고 주장하는데, 이러한 태도는 사람들이 즐기고 기분전환을 하려고 가는 휴가를 비하하면서 젠 체나 하는 관점에 지나지 않는다는 것이다. 부처는 이러한 태도가 많은 사람들의 여행 경험을 침식시킨다고 주장한다. 이 태도가 그들의 경험에 훼방을 놓고, 모험심을 박탈하며, 현지인과 여행객 사이에 장벽을 만들기 때문이다. 그에 따르면 결국 관광객은 윤리적 관광으로부터 아무런 이익도 얻지 못한다. 커크 리치(Kirk Leech)는 개발도상국에서 수행했던 수년 동안의 연구에 기초하여, 윤리적 관광의 이익에 대해 관광지 입장에서 마찬가지로 부정적인 관점을 제시한다. 두 가지의 사례 연구를 사용하면서, 그는 윤리적 관광이 관광지 국가에 어떻게 해로운 변화를 강요하고 있는지를—그는 이를 '강요된 원시상태'라고 부른다— 설득력 있게 보여주는데, 그에 따르면 이는 원주민과 자연에 대해 산업화된 세계의 사람들이 품고 있는 낭만적인 관념을 채우기 위해 강요된 것일 뿐이다. 리치는 관광지 국가들이 이익을 얻지 못한다고 강하게 주장한다. 오히려 윤리적 관광은 대체로 그들의 진보와 발전을 가로막는 짐이 되고 있다. 리치의 주장에 따르면, 윤리적 관광으로 인해 관광지 국가의 사람들은 자신들이 어떻게 살아갈 것인지 선택할 수 있는 자율성과 능력을 잃게 되었다.

이 책의 에세이들은 대립적이지만 열정적인 각 관점들을 보여주고 있다. 우리는 독자들이 이 에세이들을 즐겁게 읽고 관광의 역할과 책임에 대해, 그리고 윤리적 관광으로부터 누가 또는 누구라도 이익을 얻는지에 대해 나름의 결론을 내리는 데에 유용하게 사용하길 바랄 뿐이다.

관광객의 새로운 이름

디 버킷*

언젠가 관광객은 사라질 것이다. '모험가', (자원 단체 그린포스
[Greenforce]와 함께 하는) '현지 조사원', (여행사 익스플로어월드와이드
[Explore Worldwide]의 고객인) '탐험가', (환경단체 지구감시연대
[Earthwatch] 또는 사기업 i-to-i와 함께 하는) '자원 활동가'는 살아남을 것
이다. 물론 '여행가'(앱솔루트 아프리카[Absolute Africa]의 중저가 모험 캠핑
사파리 브로셔 2000-1을 보면 "앱솔루트 아프리카는 관광객보다는 여행가를 모
집합니다"라고 적혀 있다)도 남을 것이다. 그러나 '관광객'이라는 단어는 사
라질 것이다. 순전히 놀기 위해서만 조용히 외국으로 떠나는 이들은 여전
히 존재하겠지만, 그것은 몰래 해야 할, 눈살이 찌푸려지는 일이 될 것이

---

* 디 버킷(Dea Birkett)은 작가이자 방송인이다. 그는 『천국의 뱀』(*Serpent in
Paradise*)[Picador, 1998]과 『젤라, 라고스에서 리버풀까지』(*Jella, From Lagos to
Liverpool*)[Gollancz, 1992]의 저자이다. 『천국의 뱀』은 피트케언(Pitcairn) 섬으로의 여행을
다룬 책으로서, 토머스 쿡(Thomas Cook) 여행서적상의 최종 후보에까지 오른 바 있으며,
『젤라, 라고스에서 리버풀까지』는 서머셋 몸(Somerset Maugham) 상을 받았다. 윈스턴 처
칠(Winston Churchill) 여행 장학금(Travel Fellowship)을 받아 이탈리아 서커스에 참가했
을 때는 코끼리 아가씨로 일하기도 했다. 현재는 『가디언』(*Guardian*)에 아이들과 함께 여행
가는 방법에 관한 칼럼을 매주 연재하고 있다.

다. 아무도 자신이 '그들 중 하나'라고 순순히 인정하고 싶지는 않을 것이다. 심지어 그것은 불법이 되어버릴 수도 있다.

이미 일각에서는 세계의 일부 지역으로 놀러가는 사람들을 처벌해야 한다는 목소리가 들려온다. 투어리즘컨선(Tourism Concern)을 비롯한 많은 단체에서는 미얀마 관광 보이콧을 주장한다. 영국 미얀마 캠페인(Burma Campaign UK)은 자신들이 내세우는 전면 보이콧 주장이 실패할 경우에는 영국 여권 소지자들의 미얀마 여행을 금지시킬 것을 영국 정부에 요구할 계획이다. 미국 여권 소지자가 쿠바를 여행하면 기소당할 것을 각오해야 하는 것처럼 말이다. 그러나 보이콧을 주장하는 그룹들 사이에서조차 금지 지역에 대한 합의는 거의 이루어지지 않고 있으며 그 목록도 계속 바뀌고 있다. 2000년, 여행작가조합(Travel Writers Guild)은 동티모르에 대한 인도네시아의 개입을 이유로 회원들에게 발리에 대한 판촉용 취재여행(press trip) 청탁이나 원고 청탁을 받지 말아달라고 요청했다. 그러나 (미얀마 보이콧을 주장하는) 투어리즘컨선은 최근의 회보『투어리즘 인 포커스』(Tourism In Focus) 2001/2년 겨울호에 '관광객에게 맡기기'라는 제목의 기사를 실었는데, '환경주의자이자 발리 관광지의 약초상'이라는 사람이 쓴 이 기사에서는 2001년 9월 11일부터 인도네시아를 비롯한 이슬람 국가의 관광객이 급격히 감소하고 있다는 사실을 한탄하고 있다.

발리와 미얀마는 특정 지역에 대한 관광을 금지하자는 흐름의 극단적인 사례일 뿐이다. 지금도 새로운 나라들이 가지 말아야 할 지역 목록에 추가되고 있다. 투어리즘컨선은 관광 때문에 피해를 입은 나라로 중국, 보츠와나, 벨리즈, 잔지바르, 동아프리카, 페루, 태국을 지목한다. 그곳에서 관광객은 말썽을 일으킬 뿐이다. 관광객은 자연 환경을 파괴할 뿐이다. 관광객은 현지 문화를 거세할 뿐이다. 관광객은 돈 빼고는 갖다 주는 것이 없는 이들이다. 어떤 대가를 치루더라도 우리는 그들을 멈춰 세워야 한다. 하지만 어떻게?

관 광 의   새 로 운   국 면

40년 전만 해도, 관광은 문제될 것이 없는 좋은 것으로 장려되었다. 패키지 휴가와 전세 비행기가 등장하면서 드디어 관광은 대중적인 놀거리가 되었다. 유엔은 1967년을 국제 관광의 해로 선언했다. 관광이 "모든 사람과 모든 정부로부터 찬사와 격려를 받을 만한 매우 바람직한 인간의 기본 활동"으로 인정받은 것이다. 1980년대에 들어서면서 관광은 세계에서 가장 크고 가장 빨리 성장하는 산업이 되었다. 1980년대 말에는 2천만 명에 달하는 영국 국민이 해외로 휴가를 떠났다.

　이렇게 덩치 큰, 그리고 계속 그 덩치가 커져가는 무리를 없애는 일은 쉽지 않을 것이다. 오늘날 매해 '관광객 입국 횟수'는 7억이 넘는다. 세계관광기구(World Tourism Organization)는 2020년이 되면 15억 6천만 명의 관광객이 항시적으로 동시에 여행을 하고 있을 것으로 예상한다. 911 세계무역센터 테러처럼 관광 산업에 피해만을 줄 것 같은 사건조차도 이러한 증가 추세에 장기적인 충격은 주지 못했다. 그 사건으로 관광객이 영향을 받은 것은 어디로 여행을 갈 것인가 하는 것뿐이었다. 이제 아프리카는 상대적으로 안전한 관광지로 인식되고 있는 반면, 미국과의 교역과 미국 항공에 의존하는 카리브 해는 급격한 관광객 감소로 고생하고 있다. 그러나 상황은 금방 달라질 수도 있다. 이동의 양상이 바뀔 뿐, 전체적인 수는 바뀌지 않고 있기 때문이다. 세계관광기구는 연 성장률을 5% 정도로 내다보고 있다. 이러한 상황에서, 10억 명에 달하는 관광객들을 상대로 그들이 가고 싶어하는 곳에 가지 못하도록 강제로 막겠다는 포부는 무지막지한 일이다. 사실 너무나 무지막지해서 불가능에 가깝다. 경제적 능력이 있는 그 많은 사람들이 정말로 하고 싶어하는 무엇인가를 하지 못하도록 당신이 막을 수는 없는 노릇이다. 그 일이 세계의 번영에 지나친 피해를 입히는 일이라서 진짜 악의적이고 정말 이기적이며 완전히 무책임한 사람을 제외한다면 그것을 해볼까 고민조차도 하지 않을 그런 일이라는 것을 당신이 설득력 있게 보여주지 못한다면 말이다. 그리고 이는 분명 터무니없는 일이다. 관광 때문에 이익이 증가하든 또는 그렇지 않든 간에, 뭐라 말하는 사람들도 있을지는 모르겠지만 그것은 본질적인 악이 아니기 때문이다. 그것이 피해를 줄 수는 있다. 그러나 도덕적으로는 중립적일 수 있다. 그리고 가끔은 그것이 대단히 좋은 일의 동력이 될 수도 있다.

따라서 관광객은 전면전보다는 미묘한 방법으로 공격을 받는다. 임시로 콘사이니아(Consignia)로 이름을 바꾸었던 체신청처럼, 예전의 못마땅한 존재로 인식되지 않았으면 하는 바람에서 관광객은 새로운 이름으로 단장 중이다. '관광객'이라는 말은 휴가 광고지를 비롯해 휴가라는 단어가 붙어 있던 모든 곳에서 사라져가고 있다. 그 결과 관광객은 점점 줄어들고 있는 반면에 모험가, 현지 조사원, 탐험가, 자원 활동가, 여행가가 점점 늘고 있다. 이 사람들은 뭔가 다르다고, 즉 관광객이 하던 것과는 뭔가 다른 일을 한다고 생각될 수도 있겠지만, 사실 그들은 거의 똑같은 일을 하는 똑같은 사람들이다.

관광객에 대한 이러한 새 이름 짓기에는 끝이 없다. 관광객을 둘러싸는 것이면 무엇에든 새 이름의 붓질이 더해진다. (체신청의 실수는 그 구성 요소들의 이름은 하나도 바꾸지 않은 채 자기 이름만 통째로 바꾸었다는 데 있다. 그래서 우체부는 이제 체신청이 아닌 콘사이니아에서 일하지만, 그 '우체부'는 게임의 비밀을 누설한다. 일관되기 위해, 그리고 자신의 과거를 완전히 지우기 위해,

콘사이니아는 자기네 일꾼들의 이름도 바꾸었어야 했다.) 즉 관광객의 이름이 바뀌면, 곧이어 '휴가'도 바뀌어야 하는 것이다. 모험가, 현지 조사원, 탐험가, 자원 활동가, 여행가는 휴가를 가지 않는다. 휴가란 1년에 2주 정도 일상에서 벗어나 그저 놀고만 싶어하는 사람들이나 하는 일이다. 비-관광객(이제부터는 그들을 이렇게 부르겠다)은 '문화적 체험', '탐험'("이것은 탐험이지 휴가가 아니다!" 라고 한 산호초 보호탐험 비행가는 주장한다), '프로젝트', '작은 모험', 가장 명시적으로는 '미션'(산호초 보호 자원 활동가의 미션은 생계유지를 돕고 가난을 덜어주는 것이다)이라 불리는 것들을 수행하러 간다.

새 로 운   전 도 사 ?

미션이란 말은 정말 꼭 들어맞는 말이다. 이 새로운 이름은 여행에 대한 진보적이고 현대적인 접근을 제시하는 것처럼 간주되지만, 사실은 빅토리아 시대의 경험에 그 근간을 두고 있다(흥미롭게도, 비-관광 문헌에서 흔히 발견되는 다른 말로 '발견'이라는 단어가 있는데, 이 단어 역시 빅토리아 시대 여행가들의 언어를 떠올리게 만든다. 19세기 탐험가와는 달리 비-관광객은 더 이상 아프리카나 아시아를 발견하지 않는다. 아프리카인들과 아시아인들은 그 누구보다도 오래 전부터 그곳에 있었다). 빅토리아 시대의 여행가들처럼, 현대의 비-관광객은 자신들의 모험의 주된 동기는 다른 이들을 돕는 것이라고 주장한다(빅토리아 시대의 많은 탐험가들은 전도사였으며, 많은 전도사들은 탐험가였다. 대표적으로 데이비드 리빙스턴[David Livingstone]을 들 수 있다). 대중 관광객은 반윤리적이기 때문에 방문하는 지역과 으르렁대는 관계인 반면, 비-관광객의 정신은 그들이 다니는 지역의 필요와 천부적으로 잘 어울린다. 지구감시연대는 그들이 "당신과 환경의 삶을 바꾸는 기회"를 제공할 것이라면서 "세계를 체험하고 세상에 미래를 선물하자"고 주장한다. 여행사 에코-리조트(Eco-resorts)는 "함께, 우리는 세계를 바꿀 수 있습니다, 한 번에 여행 한 번"을 외친다. 이들 현대의 전도사들 중 그 어느 누구도, 에콰도르에서 보낼 2주를 위해 1,500파운드짜리 수표를 끊으면서도 그것이 그저 놀기 위한 것일 수 있다는 생각은 거의 하지 않는다.

관광을 의미 있고 자기희생적인 여행으로 재포장하는 일은 관광에 가해진 구속을 풀어준다. 이는 통상적인 관광객에게는 윤리적으로 금지될 만한 모든 종류의 지역에 갈 수 있게 만들어준다. 즉, 비-관광객은 정치적으로, 환경적으로, 문화적으로 취약하거나 민감한 지역을 '미션'을 가장하여 자유로이 여행할 수 있는 것이다. 지구감시연대의 '유카탄(Yucatan) 반도의 선인장과 난초'라는 생물다양성 프로그램은 자원 활동가 지망자들에게 이렇게 설명한다.

유카탄 반도의 건조한 북부 해안에 서식하는 희귀한 가시 식물군은 멕시코에서도 가장 심각한 위험에 처해 있는 생태계 중 하나입니다. 그들은 멸종 위기에 처해 있는데, 이는 [……] 가축 목장과 코코넛 농장을 짓느라, 또는 **관광 리조트를 마구잡이로 개발하느라**, 해안사구의 식물들이 모두 불태워지거나 제거되고 있기 때문입니다. 전체 생태계가 붕괴하는 것은 이제 시간문제입니다. 당신은 [……] 이러한 잘못된 흐름을 되돌리는 데 보탬이 되는 [……] 일을 하게 될 것입니다. (강조는 논자)

다음과 같은 말도 들려온다.

[그린포스의 '아마존 탐험'은] 세계에서 생물학적으로 가장 다양하지만 심각한 위험에 처해 있는 지역에서 일할 수 있는 드문 기회를 제공합니다. 매년 2백만 헥타르의 비율로 사라져가는 이 아마존 우림이 지구 생태계에서는 매우 중요한 역할을 담당하고 있습니다. 페루 남동부에서 진행되는 우리 프로젝트에서는 우림을 보존하고 우림의 무한한 비밀을 한층 벗겨내기 위한 활동을 합니다.

사실, 더욱 큰 위험에 처한 지역일수록 비–관광객에게는 더욱 더 그곳에 가야 할 의무가 있는 셈이다. 그곳을 구하라는 미션을 수행하기 위해서 말이다.

역설적으로, 이들 비–관광객은 많은 경우에 관광객에게라면 금지되었을 장소에 가고 있다. 실제로, 이러한 비–관광은 배타성에 의존하고 있는데, 이 모든 것은 당신이 당신 자신의 여행을 정당화시키기 위해 다른 사람의 여행을 막는 것과 관련되어 있다. 대중 관광객들은 정의상 이 새로운 종류의 비–관광에서 자동적으로 배제되며 패키지 관광객 또한 마찬가지이다. 그러나 이러한 배제는 특히나 자기기만적이다. 사파리든, 연구 프로그램이든, 문화 교류든 간에 이 새로운 비–관광 여행의 거의 대부분은 패키지로 예약되기 때문이다. 당신이 거기에 도착해서 할 일의 상당수는 거의 완전히 정해져 있으며, 이는 그 어떤 대규모 패키지 여행사가 감행할 수 있는 관광 계획보다도 훨씬 심각한 수준이다.

당신이 실제로 하고 있는 것—즉, 휴가 가기—을 하지 않는 체하는 것이 바로 비–관광객의 핵심 전략이다. 체험의 모든 측면들은 포장되어야 한다. 그 결과 광택나는 휴가 브로셔들, 그러니까 주로 각 호텔의 전면 사진들로 채워져 있으면서 그 하단에는 항공편과 방 가격이 꼭 적혀 있는 그런 진지한 정보지들이 사라진다. 대신에 생태 혹은 문화적 문제를 다루는 잡지와 무척이나 흡사한 출판물을 통해 탐험, 프로젝트, 모험에 대한 광고가 이루어진다. 이러한 것들이 휴가를 광고하고 있다는 점이 당장은 분명하게 보이지 않을 수도 있다. 터무니없이 비싼 값에도 불구하고, 그 가격은 보통 잘 숨겨져 있다. 그 돈이 어디로 가든 그리고 그 돈이 어떻게 분배되든 간에 이것이 본질적으로는 상업적 거래라고 하는 점을 인정하기가 꺼려지는 모양이다. 좋은 일을 하는데 돈을 써야 한다는 것에는 꺼림칙한 무엇인가가 있는 법이다. 내가 '디너 데이팅', 즉 주선자 역할을 하는 여자와 함께 작은 그룹을 지어 저녁 파티를 즐기는 일종의 데이트 대행업에 관한 신문 기사를 쓸 때의 기억이 떠오른다. 그때 그곳에 모인 손님들 사이에서는 일시적인 대량의 기만행위가 벌어졌다. 그들 전원은 자신이 짝을 찾으러 75파운드짜리 입장권을 사서 들어온 것이 아니라 통상적인 저녁 파티에 온 것처럼 행세했다. 한 손님은 나에게 그 데이트 대행 주선자인 힐리를 어떻게 아느냐고 묻기까지 했다. 물론 내가 그녀를 처음으로 알게된 것은 잡지 『타임 아웃』(Time Out)에 그녀가 낸 싱글들을 위한 디너 데이팅 대행 광고에서였다. 그러나 그것이 정답이 아니라는 것쯤은 나도 눈치챌 수 있었다. '친구의 친구'라며 나는 우물쭈물 말했고, 자기기만은 완성되었다. 그리고 우리는 모두 긴장을 풀었다.

비-관광 산업이 배포하는 다양한 소책자, 프로그램, 브로셔들은 자선단체가 주최하는 트레킹이나 자전거 마라톤과 같은 기금 마련 행사의 광고를 모범으로 삼고 있다(전부는 아니지만, 사실 비-관광 체험을 제공하는 몇몇 회사들은 '비영리' 기관으로 설립되어 있다). 미션 활동과 휴가 여행 사이의 혼동은 여기서 완성된다. 2002년 영국 적십자의 에티오피아 트레킹 브로셔는 비-관광 체험으로 간주될 수도 있는데, 아마 그렇게 봐야 마땅할 것이다. 잡지 『글로벌 어드벤처』(Global Adventure)는 기금 마련 행사(예컨대, 장애 생명 재단의 케냐 산행이나 결장암 재단의 베트남 트레킹)와 상업적 휴가 여행(엑소더스 여행[Exodus Travel]의 '태국 인도 중국 탐험대'와 컨티키 휴가[Contiki Holiday]의 '4륜구동 오지 모험')을 뒤섞어서 매년 '최고의 모험 99선 안내'를 펴낸다. 그들 사이에 아무런 차이도 없는 것처럼 말이다. 지구감시연대는 사실 자선단체이다. 환경보호 자선단체인 BTCV[British Trust for Conservation Volunteers]는 현재 "휴가를 떠나라. 그리고 세계를 구하라"는 기치 아래 프로젝트를 진행하고 있다.

비 - 관 광 의   모 순 된   이 데 올 로 기

비-관광이 자신의 배타적 지위를 유지하는 데 이용하는 가장 핵심적이고 간단한 방법은 참여자의 수를 제한하는 것이다. 거의 모든 패키지는 작은 그룹으로 꾸려지며, 12명을 넘기는 경우는 흔치 않다. 모든 비-관광객 브로셔에서는 탐험, 사파리, 또는 프로젝트의 규모가 엄격히 제한될 것을 약속한다. 이는 그곳의 환경과 문화에 주는 충격을 최소화한다는 이유로 정당화된다. 12명의 인원이라면 버스를 가득 채운 단체 여행객 전체가 줄 피해는 입히지 않을 것이라 주장하는 것이다. 그러나 예컨대 물과 같은 자원이 제한되어 있는 곳의 경우, 한 명이라도 더해지면 그것이 정당화될 수 없는 불필요한 부담을 주게 되는 것은 분명하지 않은가? 또 문화적 접촉이 위험하다고 한다면, 몇 번이건 간에 그것은 위험한 일인 것이다. 1명이 가서 아마존 인디언에게 콜라 캔을 건넬 것 같다면, 이는 2명이든 20명이든 200명이든 마찬가지인 것이다. 나쁜 영향을 주는 일을 조금 적게 한다고 해서 그것이 좋은 영향을 줄 것이라고 말하는 것은 앞뒤가 맞지 않는 이야기이다. 그저 나쁜 영향을 조금 적게 줄 뿐이다. 비-관광객은 대중 관광객보다 인간과 자연 환경에 피해를 덜 준다는 이유만으로 자신들이 도덕적으로 우월하다고 주장할 수는 없다. 그들 자신의 논거에 따르면 그들은 미션을 수행하며 좋은 일을 해야만 한다. 비-관광객은 높은 도덕 수준을 가진 것처럼 보이기 위해 상당한 신경을 쓴다. 연상 작용에 의해 (명예가) 더럽혀질 것을 걱정하여, 호텔처럼 쉽게 알아볼 수 있는 관광객 시설은 기피한다. (카나리아 제도에서 비-관광객이 된다는 것은 불가능하지는 않더라도 어려운 일이다. 비-관광객은 개발도상국을 주된 목적지로 삼는다. 그와 동시에, 역설적이게도 비-관광 산업에서는 환경오염이라는 이유로 항공 여행을 비난한다. 그렇다면 도대체 어떻게 에콰도르나 감비아에 갈 수 있다는 말인가?) 그들은 천막, 오두막, '현지 스타일의 집'(유르트[몽골식 이동주택], 초가집 등) 또는 전형적인 예로 '전통 말레이식 오두막'에 머물기를 선호한다('전통'이란 복잡하지 않고 쉽게 파악 가능하며 원래부터 긍정적인 특성으로 전제된다). 그리고 이러한 것들이 '현지 문화'라 부르는 무엇인가를 보존하는 데 어떻게든 보탬이 될 것이라고 믿는다. '현지 문화'가 비-관광객에게는 매우 중요한 반면, 대중 관광객은 그것을 외면하는 동시에 파괴하는 것으로 여겨진다.

하지만 현지 문화라는 것은 지역에 따라 달리 적용되곤 한다. 이 말은 거의 항상 개발도상국의 문화에만 적용될 뿐 선진국에는 거의 적용되지 않는다. 개발도상국의 경우에는 현지인들과의 교류를 장려한다. 케냐의 생태 리조트 '우먼 인 퍼스펙티브 사파리'(Women in Perspective Safari)의 참가자들은 니에리(Nyeri) 마을의 여성 자조 그룹을 만나도록 되어 있다. i-to-i '프로젝트'에는 인도에서 "다양한 미디어를 이용해 여성 및 장애인의 권익을 위해 싸우는 풀뿌리 조직"을 지원하는 활동이 포함되어 있다. 쿠미카 탐험(Kumika Expeditions)은 "현지 생활 방식을 직접 체험하고자 하는 모험적인 여행가들"의 요구를 들어준다. 익스플로어월드와이드는 자신들이 제공하는 휴가를 "소규모 그룹을 꾸려 세계에서 가장 특이한

200개 지역의 사람과 문화에 더욱 더 가까이 다가가는, 발견의 대서사시"로 묘사한다. 태국 북부 지방의 고산족, 필리핀의 '문신을 새기는 이푸구아족'(tattoed Ifugua), 모로코의 '고대 베르베르족'(ancient Berbers)을 만나는 여행은 널리 알려져 있다. 그러나 선진국을 여행할 경우, '현지인'은 그리 관심을 끌지 못하며 우리는 그들과의 만남을 삼가라는 주의를 받는다. 뉴욕에 방문하면서, 브롱크스의 사회주택 프로젝트를 이용하라고 요청받는 일은 거의 없다. 그런 상황에서, '문화적 접촉'은 가게 점원, 호텔 심부름꾼, 웨이터, 티켓 판매원과의 상거래 정도로 제한된다. 이에 대해 크게 걱정하는 사람은 아무도 없다. 그러나 개발도상국에서는 더욱 더 의미 있는 접촉을 찾아내야만 하는 것이다.

이런 의미 있는 접촉의 일환으로, 우리는 '현지 문화와 관습을 존중'할 것을 요구 받는다. 이는 정확히 무슨 뜻일까? 다시 한번, 당신이 얘기하는 곳이 세계의 어느 지역이냐에 따라 이 내용은 달라진다. 선진국의 '현지 문화'에 대한 태도와 개발도상국의 '현지 문화'에 대한 태도는 전혀 다르다. 영국인이 즐기는 행동들 중에는, 완전히 무례한 행동은 아니라 할지라도 프랑스나 미국, 스페인에서는 용납되기 어려운 것들이 꽤 있다. 그러나 우리는 그들의 나라에 휴가를 가면서 우리의 활동이나 태도를 억제해야한다는 어떠한 의무감에도 사로잡히지 않는다. 우리는 그들이, 우리가 외국인이고 그들과는 다르며 그쪽 나라에서 어떻게 일이 처리되는지 모른다는 것을 이해할 것이라고 믿는다. 우리는 그들을 우리와 동등하게 생각한다. 그래서 너그럽게 대할지 깐깐하게 대할지는 상대하는 사람 개인에 따라 달라진다. 우리는 그들의 사회가 그들과 다른 행동이나 옷차림 또는 언어 능력이나 방식을 용인하지 못할 것이라고 생각하지 않는다. 우리는 그들의 비위를 맞추려고도 하지 않고, 그들이 우리를 용인하지 못할 것이라 생각하지도 않는다. 상호 존중을 기대하는 것이다.

개발도상국에서 우리는 매우 다른 태도를 취한다. 여기서 '현지 문화에 대한 존중'이란, 그 문화에는 그들 자신과 다른 생활 방식이 있다는 사실을 이해할 능력이 원천적으로 없다는 가정 위에서 이야기된다. 그들은 사실상 우리가 주는 새로움에 혼란을 겪는 것으로 여겨진다. 한편으로는 개발도상국의 문화가 억압적인 것으로 제시되기도 한다. 특히 현지인들이 그 족쇄로부터 벗어날 수 있도록 그들을 도와주겠다면서 선봉에 서서 과거처럼 '미션'을 수행하고 있는 비-관광객에게는 말이다. 그리고 셋째로, 제3세계의 현지 문화는 한 줌에 불과한 서구 관광객(우리 그룹의 크기가 결코 12명을 넘어가지 않는다는 점을 기억하라)의 출현으로도 엄청난 위협을 받을 정도로 매우 약하고 상처받기 쉬운 것으로 제시된다. 이 문화들 중 상당수가 그 어떤 선진국의 문화보다도 뿌리 깊고, 오랫동안 생존해왔다는 사실에도 불구하고 말이다. 사실, 그 문화들은 문화라는 것이 얼마나 튼튼할 수 있는지를 보여주는 본보기에 해당된다. 가장 큰 문제는, 이곳의 문화들이 위의 세 가지 특징을 한꺼번에 가진 것처럼 그려진다는 점이다. 즉 그들에게는 차이를 이해할 능력이 없고(그래서 우리는 그들을 놀래키면 안 되고), 억압적이며(대개의 경우에는 여성을 다루는 방식에서), 연약하다(그래서 우리는 그들에게 피해를 주지 않도록 조심해야 한다)고 말이다. 우리는 이를 깨닫지 못한 채 모순적인 특징들을 한꺼번에 불러내고 있다. 즉 연약한 동시에 억압적이고, 비관용적이지만 매우 관용적으로 보인다는 식으로 말이다. 실제 현실에서, 비-관광객에게 있어 '현지 문화와 관습에 대한 존중'이란 현지인들의 믿음이 무엇이든 간에 (심지어 그 믿음이 억압적인 것일지라도) 그들을 배려하여 자신의 원칙과 믿음을 일시적으로 (아마도 2주가 넘지 않는 기간 동안) 포기하는 것을 의미할 뿐이다.

개발도상국에서의 관광은 최악의 경우에는 절대악으로 간주되고 제아무리 좋게 봐준다 해도 여전히 문제가 있는 것으로 간주되는 반면에, 선진국에서의 관광은 어느 정도 좋은 일로 간주되곤 한다. 개발도상국와 선진국에 대한 이러한 태도의 차이는 2001년 9.11 사건 이후의 미국 관광에서 극명하게 드러나게 되었다. 세계무역센터의 파괴 이후, 세계 일주를 하는 관광객에게 그 도시는 빠뜨리지 말아야 할 곳으로 자리잡았다. 그라운드 제로(Ground Zero), 그곳 자체가 시민들의 묵인 속에서 관광 명소가 된 것이다. 여기에는 아무런 논쟁도 없었다. 관광은 산산이 부서진 도시를 재건하는 데 기여하는 무엇인가로서 본질적으로 긍정적인 활동으로 간주되었다. 관광이 사회에 미칠 수 있는 부정적인 측면을 지적하는 비−관광 옹호자들의 비판의 목소리는 하나도 들려오지 않았다. 관광객의 유입이 맨해튼을 어떻게 '파괴'할 수 있는지에 관한 토론도 없었다. 환경적 영향도 언급되지 않았다. 현지 사회에서 관광객은 확실히 좋은 것으로, 즉 관광이 되살아나면 현지 사회가 이득을 얻고 침체하게 되면 손해를 입을 것으로 여겨졌다. 그러나 왜? 미국 문화가 다른 문화에 비해 어쨌든 견고하거나 외부의 영향에 덜 취약하기 때문에? 제국주의적인 의도에도 불구하고, 그 자신의 경계 내에서 미국은 외부로부터의 영향에 대해 극단적이라 할 만큼 열려 있는 나라이다. 미국의 문화는 항상 변화하며 매우 유동적이다. 이민 세대들은 미국인의 의미를 거듭 재정의해왔다. 그렇다면 왜 뉴욕의 관광객에 대해서는, 관광객들이 자신의 다른 문화적 영향과 요구를 가지고서 다른 문화를 손상시키는 것과 마찬가지 방식으로, 뉴욕 시의 본질을─즉 뉴욕의 '현지 문화와 관습'을─ 손상시킨다고 보지 않는 것일까? 이 질문에 답하려 하다보면, 이러한 비일관성이 부각시키는 것이 문화들 사이의 차이가 아니라 그들에 대한 우리의 태도 차이라는 것이 금세 명백해질 것이다.

결 론

이 어떤 문제도 그리 심각한 것은 아니다. 지출액으로 따졌을 때, 비-관광의 규모는 전체 관광 산업의 4%에도 미치지 못한다. 실제 비-관광객의 수는 그보다도 더 적다. 왜냐하면 비-관광객의 1인당 지출은 통상적인 관광객보다 크기 때문이다. 그러나 그들은 자신들의 새로운 이름을 꽤나 성공적으로 안착시켰고, 그 결과 좋은 관광객이 된다는 것이 무슨 의미인지를, 즉 정중한 관광객이나 생태적 관광객, 또는 책임관광객 따위로 정의하게 되었다. 그렇다면 나머지 96%의 관광객은? 그들은 어떻게 해야 하는가? 그들도 비-관광객이 되어야 하는가? 아니면 매년 2주 동안은 스페인 남부에서 술독에 빠진 채 지내는 그들을 그냥 내버려두어야 하는가? 그들은 구원의 대상이 아닌가? 아니면 그들 역시 부끄러움을 느끼고 새 이름으로 바뀌게 될까? 우리가 이 문제를 심각하게 걱정하는 것 같지는 않다. 우리 노력의 거의 대부분은 휴가 시장의 상층부에 극도로 집중되고 있기 때문이다. 그래도 유럽에서는 세계의 다른 지역들에서보다는 훨씬 더 오래 관광객이 살아남을 수 있을 것이다. 여행가, 현지 조사원, 자원 활동가, 탐험가, 모험가는 아프리카와 아시아로 갈 것이고, 관광객은 이탈리아나 유럽의 다른 곳으로 가게 될 테니까 말이다. 전세계에 적용될 수 있었던 관광이라는 말은 고아(Goa)나 타이의 해안 리조트 같은 몇몇 통속적인 장소를 제외하면 지리적으로 제한된 지역에서의 여행만을 뜻하게 될 것이다. 요컨대, 관광은 더 이상 이국적인 의미를 갖지 않게 될 것이다.

　관광 산업의 극히 일부에서 규범을 세우고 따르는 것은 쉬운 일이다. 그러나 독립관광업자협회(AITO)가 실감하고 있듯이, '책임관광'과 '대규모 시장'을 조화시킨다는 것은 쉬운 일이 아니다. 흔히 간과되는 사실이지만 '휴가객들이 지역 사람들과 만나 그 공동체의 일원으로 살면서 그들의 돈이 지역 경제에 보탬이 되는' 프랑스 교외의 휴양소처럼 유럽의 많은 휴가들은 원래 '환경 친화적'이라는 점을 지적하면서 독립관광업자협회는 "표준적인 패키지 휴가가 환경 친화적이라는 자격을 얻기 위해서는 훨씬 더 과감한 결단을 필요로 함"을 인정한다.

그러나 실제로, 관광의 해로운 부작용을 억제하는 데 가장 중요하면서도 간단한 대책이 취해지는 곳은 대중 관광의 영역이다. 많은 호텔 체인들은 물 소비를 줄이기 위해 상당한 노력을 기울여왔다. 이러한 조치는 600개의 침실이 딸린 콘크리트 구조물 자체에 환경 친화적이라는 딱지를 붙일 수 있게 해주는 장점을 가지면서도 관광객에게 자신의 고유한 속성까지 바꾸라고 요구하지는 않는다. 당신은 여전히 휴가를 가고 좋은 시간을 보내면서 당신을 받아준 나라에 성의를 보이기만 하면 되는 것이다. 휴가객에게 부과된 유일한 미션은 선탠이나 하는 것이다.

모든 관광은 환경 자원과 인간 자원에 대해 책임 있는 자세를 갖는 동시에 그들을 소중히 대해야만 한다. 어떤 관광 개발이나 관광객은 그렇지 않기도 했으며 따라서 그들은 비난을 받아 마땅하다. 그러나 지금 진행되고 있는 구분은 값비싼 돈을 지불하는 소수의 특권적 관광객과 대중 관광객 사이에서 일어나고 있다. 그들은 다른 것을 하고 있는 양 포장되었을 뿐 완전히 똑같은 일을 하고 있다. 독립관광업자협회가 정확히 지적하고 있듯이, 우리가 관심을 가져야 하는 것은 이러한 소수의 사람들이 아니라 여행객 대다수인 것이다.

그렇다면 우리는 무엇 때문에 논쟁을 하는가? 이 논쟁에 참가한 우리는 비–관광객의 좋은 먹잇감이다. 우리는 대다수 영국인들의 해외 여가 시간을 줄이는 데에는 별 관심이 없다. 우리의 관심은 우리 자신의 기분을 만족시키는 데 있다. 바로 이것이 우리가 자신의 즐거움에 새로운 이름을 붙이는 데 굴복하고, 불명예스러워 보이는 말을 붙이기 거부한 이유이다.

지금까지 당신은 몇 번이나 기꺼이 관광객임을 시인했는가? 당신은 자신을 묘사하는 데 몇 번이나 다른 이름을 사용하고 싶어했는가?

그러나 우리가 정말로 휴가를 가기보다는 '자원 활동가'가 되고 싶은 것일까? 당신은 정말로 새로운 전도 운동에 가담하고 싶은가? 이제는 새 이름 붙이기에 일격을 날릴 시점이 된 것이 아닐까? 다음번에 오악사카(Oaxaca)의 방 두 개짜리 현지 호텔에 묵을 때는, 정말 당신이 하는 일에 맞는 이름을 이용하라. 혹시라도 어떤 모험가나 현지 조사원, 탐험가, 자원 활동가가 "팔렝케(Palenque)에서는 여행가들이 어디에 묵나요?" 하고 묻는다면, 당신은 고전적인 비난을 거꾸로 뒤집어 이렇게 대답하라. "나는 여행가가 아닙니다. 나는 관광객입니다."

책임관광의 필요성

해럴드 구드윈*

빅토리아 시대에 영국의 토머스 쿡(Thomas Cook)이 패키지 휴가라는 것을 만들어낸 이래, 태양과 모래, 바다, 섹스를 위한 해변 리조트로의 연례 여행에 참가하는 사람은 매년 증가해왔다. 블랙풀(Blackpool)로 갈지, 미노르카(Minorca)가 나을지, 감비아(Gambia)가 좋을지, 휴가객은 태양 아래서 2주간 향락적인 여가를 보낼 곳을 찾아 헤맨다. 연례 휴가 혹은 휴가들—1년에 한 번 이상의 휴가를 즐기는 영국인이 늘고 있다—은 과시적 소비의 기회이며 탐닉과 무절제의 기간이다. 안젤라 램버트(Angela Lambert)의 주장에 따르면, "사람들은 자신의 은행 잔고를 꺼내 보여주기 위해 친구나 동료 여행객과의 휴가를 예약한다."[1] 과중한 일이나 그밖의 책임으로부터 벗어나고 싶을 때, 우리는 **집어치우고** 떠난다. 휴가란 책임을 뒤로

---

* **해럴드 구드윈(Harold Goodwin)**은 국제책임관광센터(International Centre for Responsible Tourism)의 소장이자 리스판서블트래블닷컴(Responsible Travel.com)과 책임관광연맹(Responsible Tourism Partnership)의 공동 설립자이다. 그는 독립관광업자협회(Association of Independent Tour Operators)가 책임관광 지침을 제정할 때 조언을 주기도 했다. 2002년에 그는 영국 국제개발부의 지원을 받아 남아프리카 공화국 환경관광부와 함께 남아프리카공화국 책임관광 지침 제정 프로젝트에서 활동했다.

한 채 오직 좋은 시간만을 보내는 것이다. 그렇지 않은가?

관 광 의   경 제 적   중 요 성

플로리다에는 엄청난 수의 국내외 방문객이 몰려든다. 데이비드 벨라미
(David Bellamy)는 20세기의 지나친 농경으로 망가졌던, 그러나 지금은 3
분의 2가 자연보호구역인 이 지역에 "디즈니(Disney)의 마법이 수백만 명
의 관광객을 불러들였고 그 수요를 충족시키기 위해 45,000개의 보수 좋
은 일자리가 창출되었다"고 주장했다.[2] 벨라미는 책임관광의 좋은 실천
사례로 플로리다의 월트 디즈니 월드(Walt Disney World)를 이야기한다.
분명 자연보호는 잘 이루어지고 있고 경제적 이익 또한 상당하다. 국립공
원을 설립하고, 새 박물관과 유적지를 만들고, 세계유산목록(World
Heritage List)에 유적을 등록하는 데 관광은 유용한 역할을 하고 있다. 런
던과 케이프타운(Cape Town)과 키프로스(Cyprus)에서는 세계에서 두 번
째로 큰 이 산업에 엄청난 수의 사람들이 고용되어 있다. 관광은 플로리
다, 몰타(Malta), 스페인을 비롯한 여러 지역의 번영에도 기여했다. 관광은
모든 지역은 아닐지라도 많은 관광지에 투자와 일자리를 비롯하여 다양
한 경제적 이익을 가져다주었다. 물론 시장 상황에 의해 어떤 관광지에서
는 호텔업의 수익률이 재투자를 거의 할 수 없을 정도까지 떨어질 수도 있
고, 시즌이 너무 단축되는 바람에 경제의 활기를 잃게 될 수도 있으며, 그
곳의 (또는 몇 천 마일 떨어진 곳에서의) 정치적 사건에 의해 관광 산업과 지
역 사람들의 생활이 무너질 수도 있을 것이다. 관광은 발전을 위한 유일한
길도 아니고 그 길이 반드시 최선인 것도 아니다. 하지만 많은 개발도상국
과 선진국의 일부 탈–산업 지역에서 관광은 실행 가능한 선택지이며, 때

로는 유일하게 실행 가능한 선택지가 되기도 한다.

　유엔 무역발전회의에서는 관광이 최저개발국(least developed counties)에 외화, 세입, 투자, 일자리를 가져다줄 수 있다는 것을 깨달았다. 카나리아 제도 선언(Canary Islands Declaration)[2001년 3월]의 대담한 주장에 따르면, 국제 관광은 '세계 경제에서 최저개발국의 참가가 용케 증가하고 있는 몇 안 되는 경제 부문 중 하나이다. 관광은 일자리 창출, 빈곤 완화, 성불평등 감소, 자연문화유산 보존을 위한 도구가 될 수 있다'. 회의에 참석한 최저개발국들의 대표자들 또한 대부분의 최저개발국들이 '관광으로 특화하기 좋은 상당한 비교 우위'를 갖는다는 점을 인정했다.

관 광 의　문 제 들

'우리의 휴가, 그들의 고장' 캠페인을 벌이고 있는 투어리즘컨선(Tourism Concern)에서는 휴가를 떠나서는 평소보다 나은 행동을 해야만 한다고 꾸준히 주장해왔다. 관광을 한다는 것은 다른 사람들의 장소에서 그들의 사회적, 경제적, 자연적 환경을 사용한다는 것이다. 1994년에 마셜 경(Lord Marshall)이 영국항공의 내일을 위한 관광 시상식(British Airways Tourism for Tomorrow Awards)에서 말했듯이, 관광과 여행 산업은 "해안이든 도시든 산악 지대든 우림이든 간에 다른 사람들의 환경을 단기간 동안 빌리는 것일 수밖에 없다. 이 '상품'은 먼 미래만이 아니라 바로 당장의 내일을 위해서라도 더럽혀지지 않은 원상태 그대로 보존되어야만 한다." 마셜 경의 이 발언은, 이 산업[관광]을 지속하기 위해서라도 그 상품을 더럽히지 않고 보존하는 것은 필수적이라는 계몽된 이기심을 옹호하기 위해 광범위하게 인용되곤 한다. 다른 사람들의 환경을 단기간 대여한다는 생각에는 더욱 급진적인 생각이 내포되어 있다. 누가 대여해준다는 것인지, 그리고 그 대여는 공정한 것인지 또는 지속가능한 것인지와 같은 문제를 제기해주기 때문이다.

브라이언 휠러(Brian Wheeler)는 관광 개발은 부정적 영향을 동반할 수밖에 없으며 대중 관광으로의 흐름은 막을 수 없다고 일관되게 주장해왔다. 휠러의 주장에 따르면, "섬세한 여행가는 [관광을] 전세계적으로 확산시킨 장본인으로, 패키지 관광의 첨병이다."³ 현지 사회의 경제적 이익을 위해서는 관광에도 어느 수준 이상의 규모가 요구되며, 지속가능한 관광이란 실제로 "양립 불가능한 목표, 즉 경제적 발전 가능성과 상당한 수입 및 고용 효과와 더불어 섬세한 감수성과 제한된 인원을 성취해야 한다는 목표의 늪에 빠져 있다"는 그의 결론은 분명 옳은 이야기이다. 휠러는 진보적인 관광을 조사한 결과 '무책임한 관광'이 더 정확한 표현일 것이라고 지적하면서, 그 사전적 정의에 '가혹함과 그 정도가 꾸준히 심해지고 있다'는 말이 포함되어야 한다고 비웃었다.⁴ 아르웰 존스(Arwel Jones) 역시 그 적은 수에도 불구하고 독립 여행가들의 사회문화적 영향이 상당히 크다고 주장한다. 그에 따르면 "그들의 가치와 행동이 서구 자본주의에 대한 철저한 거부감을 반영하기는 하지만, 그렇다고 해서 인도, 발리, 티베트와 같은 나라의 현지인과 사회 구조, 전통에 대한 존중을 반영하는 것도 아니다." 그는 '보다 현실적이고 지속가능한 산업'을 성취하기 위해서는 관광의 전체 스펙트럼에 적용될 수 있는 대안적 관광 경영 및 마케팅 접근이 필요하다고 이야기한다.⁵

대중 관광에 대한 설명

관광으로 인해 생겨난 문제에는 즉효약이 없다. 생태주의자들은 비행기와 자동차를 삼가고, 걷거나 자전거를 타야 한다고 주장할지도 모르겠다. 그러나 이 주장이 대다수의 사람들에게는 그리 매력적이지 못할 것이 분명하며, 설사 많은 이들을 끌어당길 수 있게 된다 할지라도 상대적으로 깨지기 쉬운 자연 문화 환경에 수많은 사람들이 일으켜놓은 문제는 조금밖에 완화되지 못할 것이다. 관광은 소비의 한 형태이며 개발과 운송 혁명의 산물이다. 이는 대량 소비 산업의 하나로, 지난 2세기 동안 대부분의 세계에 이익을 안겨준 인구 증가와 물질적 생활 수준 향상의 직접적인 결과이다. 브라질, 중국, 인도, 남아프리카 공화국에서는 국내 관광도 급속하게 증가하고 있다. 그러나 늘어나는 인구와 물질적 부는 불공평하게 분배되고 있다. 관광은 그러한 [불평등한] 분배를 반영할 뿐이며 그것의 주된 원인이 아니다. 관광객은 그 장소를 손상시키기 때문에 그들이 그곳에 가서는 안 된다고 주장할 때, 그 의미는 다른 사람들이 그곳에 가서는 안 된다는 것이다. 그곳을 파괴하는 것, 그것이 바로 관광객이다. 우리 여행가는 그들과는 다르다. 사업가, 과학자, 패키지 휴가객, 조류 관찰자, 자전거 여행객은 모두 관광객이다. 하지만 우리는 모두 같은 시설을 이용하며 여행과 관광 산업에 기여한다. 오늘의 모험가가 내일의 관광버스를 위한 길잡이 노릇을 하고 있는 것도 사실이기는 하다.

관광은 일종의 경험이며, 긴장을 풀고 실컷 욕구를 만족시키거나 몸을 시험해볼 수 있는 기회이다. 우리 각각에게 그것은 독특한 경험이며 발견의 여행이고 자기계발의 기회이며 무절제의 기회이다. 우리들 대부분에게 관광은 주요한 지출 항목을 차지하며, 우리는 그날을 위해 일하고 투자하며 그날을 기다린다. 관광은 그 해의 대형 지출품목에 해당되며, 나머지 일하는 기간 동안 우리는 그날의 경험을 고대하며 살아간다. 우리는 태양 아래 혹은 스키 슬로프 위에서의 매혹적인 1주일 또는 2주일에 많은 기대를 건다. 또한 관광은 일종의 산업으로서, 1999년에는 세계 노동 인구의 8%에게 2억 개의 일자리를 제공했으며 21세기의 첫 10년 동안은 매해 550만 개의 새로운 일자리를 창출하게 될 것이다.[6] 세계에서 가장 큰 산업은 아닐지라도 여행 및 관광 산업이 세계 인구의 상당 부분에게 중요한 생계 원천이 되고 있다는 것만은 분명한 사실이며, 국내 혹은 국제 휴가를 떠나는 인구의 수는 선진국과 개발도상국 모두에서 해마다 증가하고 있다. 즉 수많은 나라에서 관광은 여가의 경험인 동시에 주요 산업인 것이다.

지난 수십 년 동안 논쟁의 초점은 주로 국제 관광에 맞추어져 있었지만, 이제는 국내 관광의 중요성에 대한 인식도 날로 커져가고 있다. 기미르(Ghimire)가 지적했듯이, 국내 관광이 1992년에서 1996년 사이에 멕시코에서는 13%, 남아프리카 공화국에서는 23%, 태국에서는 30%, 중국에서는 31%, 인도에서는 38%, 브라질에서는 39.5% 증가했다.[7] 이는 개발도상국들의 꽤 많은 사람들에게서 삶과 경험의 물질적 수준이 상당한 정도로 향상되었음을 말해준다. 이러한 평등의 확대를 보면서 우리가 기뻐해서는 안 된다는 말인가?

책 임 관 광 이 란 무 엇 인 가 ?

향후에도 수십 년 동안은 국내 및 국제 관광의 빠른 증가 추세가 계속되리라는 증거는 압도적이며, 만약 이러한 경향이 영원히 지속되지는 않는다 할지라도 관광을 더욱 책임 있는 것으로 만드는 방법을 모색하지 않는 것은 무책임한 일일 것이다. '사진만 찍고 발자국만 남기자'는 식의 관광 행태를 장려하던 순진한 낙관주의는 지나갔으며, 이는 1994년 마셜 경의 이야기에서처럼 다른 사람의 환경을 사용하는 것에 대한 대여료를 지불해야 한다는 생각에 의해 이미 문제시되었었다. 관광은 1992년 리우 지구정상회담(Earth Summit)[1992년 리우 데 자네이로에서 열렸던 유엔 환경 개발 회의의 속칭]에서 결의한 세 가지 핵심적인 목적, 즉 경제적, 사회적, 환경적 목적이 실현될 수 있도록 관리되어야 한다. 리우 이후 5년 동안은 환경에 초점을 맞추었지만, 이제는 보다 넓은 개념인 책임관광으로 그 초점이 옮겨가는 추세이다. 관광 산업에 대해 지속가능한 개발이라는 사회경제적 의제를 진지하게 검토할 것을 요구하는 목소리는 점점 거세지고 있다.

요스트 크리펜도르프(Jost Krippendorf)는 우리의 삶에서 관광이 차지하는 역할에 대해 실질적인 평가를 내릴 것을 주문하면서, 우리가 대중적인 현상으로서의 관광과 더불어 살아가는 데 성공할 때에만 결정적인 한 걸음을 내딛을 수 있다고 말한다. "결국 개개의 관광객은 여행하는 동안 누구나 인류의 가치를 세우거나 파괴한다." 크리펜도르프는 "전지구적으로 생각하고, 지역적으로 행동하라"라는 원칙을 좇아 다음과 같이 주장했다. "우리는 일단 다르게 해보려고 노력해야 한다. [……] 제안은 가능한 확산되기 쉬운 것이어야 한다. 명령이나 금지령은 소용이 없을 것이다. 왜냐하면 진보를 이루기 위해 필요한 것은 죄의식보다는 긍정적 경험이며, 강박감보다는 책임감이기 때문이다." 크리펜도르프의 주장에 따르면, 관광을 바로 잡기 위한 우리의 노력은 '통제와 조종을 위한 규칙으로 전락해서는 안 되며' 오히려 '자유의 경험'을 가능하게 만드는 것이어야 한다.[8]

전복적인 관광객과 전복적인 현지인
크리펜도르프는 공정한 거래와 동등한 협력을, 상호성에 기초한 관계를,

평등과 연대를 원한다. 그는 '더 높은 수입, 더 만족스러운 일자리, 더 많은 사회 문화 시설, 더 나은 주거' 등으로 측정되는 '국민총행복'(gross national happiness)에 기여하는 능력에 의해 평가받아야 할 새로운 형태의 덜 착취적인 관광을 추구한다. 또한 "균형 잡힌 관광 개발은 현지인과 여행객 모두의 이해관계를 만족시켜야만 한다." 그는 현지 문화와 전통적인 건축, 예술, 음식, 음료에 푹 빠져들 것을 열정적으로 주장한다. 그는 세계가 '전복적인 관광객과 전복적인 현지인'을 필요로 한다고 느낀다.

　책임관광은 일종의 운동이다. 소비자, 사업가, 현지인들이 경험과 산업을 잘 제어하여 더 나은 형태의 관광을 만들기 위해 노력하는 운동인 것이다. 각 집단은 서로 다른 책임과 서로 다른 목적을 가지고 다양한 방식으로 자신의 책임을 수행해갈 것이다. 다양성은 인간 존재의 중대한 본질일 뿐만 아니라 관광에서도 본질적인 요소이다. 책임이라는 개념은 다양성을 포용한다. 다양한 소비자, 회사, 현지 사회는 더 나은 형태의 관광에 대한 저마다의 개념을 깨닫고서 그것을 달성하기 위한 책임을 질 수 있을 것이다.

책임관광은 다양성을 환영한다

책임관광은 다양한 형태를 갖지만, 적어도 다음의 특징을 갖춘 여행이나 관광이라고 말할 수 있다.

- 부정적인 환경적, 사회적, 문화적 영향을 최소화한다.
- 현지인들에게 더 많은 경제적 이익을 주고, 이 산업의 노동조건과 접근성을 개선하여 현지 사회의 행복을 증진시킨다.
- 현지인들의 삶에 영향을 주는 결정에는 그들을 참여시킨다.
- 자연 문화유산을 보호하고 세계의 다양성을 유지하는 데 기여한다.

- 현지인들과의 더 의미 있는 관계를 통해, 그리고 현지의 문화적, 환경적 문제에 대한 더 많은 이해를 통해 관광객에게 보다 즐거운 경험을 제공한다.
- 문화적으로 섬세하며 관광객과 현지인 사이의 존중을 이끌어낸다.

(www.theinternationalcentreforresponsibletourism.org)

관광 산업의 매우 중요한 특징 중 하나는, 그 산업의 산물[휴가]이 공장[관광지]에서 소비된다는 것이다. 즉 소비자(관광객)들이 자신이 구입한 휴가를 맛보기 위해서는 선택해둔 관광지로 가야만 한다는 것이다. 흔히 관찰되는 관광의, 잠재적으로는 긍정적일 수도 있지만 부정적인 환경적 영향은—관광의 (부정적인 또는 긍정적인) 사회적 영향과 경제적 기회까지도— 이로 인해 발생하게 된다. 또한 관광객은 관광지에 새로운 시장을 가져다준다. 그들은 돈을 가지고 와서 관람, 과일, 고기, 술, 수예품, 기념품을 비롯한 다양한 상품과 서비스를 구입하며, 잠재적으로 이는 현지 경제에 상당한 기여를 할 수 있다. 또한 그들은 자신의 휴가를 마련해준 사람들의 노동조건에 대한 목격자이며, 이들의 목격에는 잠재적으로 긍정적인 영향력이 있다.

해리슨(Harrison)과 허스번즈(Husbands)에 따르면, 책임관광이란 '생태관광의 모호함과 잘 알려진 대중 관광의 부정적 외양 사이에서 현명한 행동방식을 제시하는 개념적 틀과 일련의 실천들'을 의미한다. 그들의 주장에 따르면, 대중 관광은 '그것의 명백한 피해를 완화하거나 미연에 방지하는 방식으로 수행'될 수 있다.⁹ 점점 많은 수의 업체에서 책임관광이라는 개념을 이용하여 그 피해를 방지하고 휴가의 질을 높이기 위해 노력하고 있다. 해리슨과 허스번즈는 책임관광이 '관광 브랜드나 유형이라기보다는 관광 계획, 정책, 개발의 방식'이라고 주장한다. 그러나 세기가 바꾸면서 점점 많은 수의 업체들이 자신의 상품을 이 범주에 포함시키게 되었고 리스판서블트래블닷컴(www.responsibletravel.com)과 같은 새로운 시장이 대중적으로 부상하고 또 성장하고 있다. 책임관광 개념의 핵심에는 모든 형태의 관광은 보다 책임 있는 방식으로 수행되고 조직될 수 있다는 가정이 깔려 있다. 책임관광은 대중을 대상으로 하는 관광업체와 특수여행 전문업체 모두에 적용될 수 있는 폭넓은 개념이며, 업체뿐만 아니라 관광객에게도 적용될 수 있다. 그러나 책임관광은 획일적인 원리가 아니다. 즉 관광객마다 관광업체마다 수행하는 책임은 더 클 수도 적을 수도 있다. 이는 오히려 다양한 방식으로, 다양한 새로운 시장에서, 세계의 다양한 관광지에서 실현될 수 있는 일종의 염원에 가까운 것이다.

크리펜도르프는 『휴가객』(*The Holiday Makers*)에서 '관광지 충성: 같은 장소로 더 자주, 심지어는 정기적으로 가는 여행'이 높은 가치를 인정받아야 한다고 주장했다. 오직 관광지를 다시 방문함으로써만 '우리는 그 나라와 국민들과의 진정한 관계를 발전'시킬 수 있기 때문이다. 관광지─충성스런 관광객은 '자신들이 휴양지를 보호하고 꾸밀 필요성을 훨씬 더 많이 느끼는 것 같다.' 냉소적인 사람이라면 이를 이상적인 접근이라고 생각할지도 모르겠다. 하지만 어느 정도의 이상주의는 목표를 설정하고 사회를 변화시키는 데 필요한 것이다. 감비아(Gambia)는 사람들이 다시 찾기로 유명한 관광지 중 하나이다. 물론 컬트라 할 만한 지위에 오른 관광지 토스카나(Tuscany)나 프로방스(Provence)처럼 여론 주도층들이 자주 찾는 지배적인 중산 계급의 관광지는 아니지만 말이다. 예를 들어 세네감비아 호텔(Senegambia Hotel) 안의 '버스비 길'(Busby Way)은 저 유명한 매트 버스비 경(Sir Matt Busby)을 따라 붙여진 이름이 아니다. 그것은 다른 많은 부부들과 마찬가지로 거기에서 25일 가량의 휴가를 보내곤 하는 버스비 부부의 이름을 딴 것이다. 감비아는 해마다 그곳으로 돌아오는 많은 유럽 관광객에게 특별한 곳이다.

책임관광에 아킬레스건이 있다면 그것은 비행기 이용일 것이다. 지중해 패키지 관광의 환경적 영향에 관한 세계야생동물기금(WWF)의 보고서는 그 영향의 70%는 관광지를 오가는 비행기가 배출하는 배기가스에 의한 것이라고 결론지었다. 최근 '푸드 마일'(food miles)—음식과 음료가 우리 앞에 놓이기까지 거쳐오는 수천 마일의 길—을 둘러싼 운동은 이 문제가 관광 산업에만 국한된 것이 아니라는 사실을 보여준다. 퓨처포레스트(Future Forests)와 클라이미트케어(Climate Care)는 비행기 승객이 의외로 저렴한 비용으로 비행에 의한 탄소 효과(carbon effect)를 상쇄할 수 있는 방법을 제안하고 있다. 개인 관광객, 관광업체, 공항, (업무용 여행) 사업가 모두가 탄소-상쇄안의 사용과 보급에 책임 있게 임할 수 있다. 우리가 변화를 선택한다면, 우리는 변화를 만들어낼 수 있는 것이다.

변화를 만들어내는 것은 누구의 책임인가?

관광은 산업이며 자기 집의 바깥에서 이루어지는 일련의 경험이다. 관광은 자기 집 바깥에서 최소한 하룻밤을 보내는 것으로 간주된다. 관광을 하려면 집에서 목적지까지의 여정이 꼭 필요하며, 국내 관광이든 국제 관광이든 간에 휴가는 다른 누군가의 고장에서 이루어진다. 개인 소비자와 관광업자, 그리고 여행객의 선택을 돕고 그들의 상품을 제공하는 광고업자와 대행사 모두는 이러저러한 책임 있는 선택을 할 수 있다. 소비자로서 우리는 우리에게 정보를 알려주는 미디어들—여행 저널리스트, 작가, 안내책자 작가와 출판사, 광고주와 프로그램 제작자—을 비판적으로 보면서 스스로에게 이렇게 되물어야 한다. 그들은 누구를 위해 봉사하는가? 그들은 문제인가 해결책인가? 생태관광이 실패한 이유는 그 질이 저급해지면서 녹색-세탁(green-wash) 이상의 것이 될 수 없었기 때문이다. 책임 있는 관광을 위해서 우리 모두, 즉 휴가객, 관광업체, 개발업체, 호텔업체, 대행업체, 관광지, 공항, 안내원, 관광버스업체, 자동차 렌트업체 등은 환경을 위해, 현지 사회를 위해 그리고 휴가객을 위해 보다 나은 관광을 만드는 과정에서 실제로 어떤 책임을 질 것인지를 선언해야 할 것이다.

책임관광 운동

1987년 『휴가객』을 집필하면서, 크리펜도르프는 '깨어 있는 관광객들이 여행을 떠나면서 상업 정책의 방향 전환을 있는 그대로 요구할 때' 전환의 계기가 마련될 것이라고 생각했다. 그는 관광객들에게 비판적 소비자, 즉 '착취 대신 책임'을 지는 성숙한 관광객이 될 것을 촉구하는 운동을 시작했다. 투어리즘컨선(Tourism Concern)은 여러 해에 걸쳐 '우리의 휴가, 그들의 고장'을 슬로건으로 운동을 벌였다. 한 스웨덴 단체는 슬로베니아에서 '당신의 일상은 그들의 모험'이라는 슬로건을 내걸고 운동을 벌였다. 1994년 마셜 경(Lord Marshall)이 주장했듯이, 모든 여행과 관광은 다른 이들의 환경을 단기간 동안 빌리는 일과 관련된다.

소비자로서 우리는 그 임대지에 어떻게 들어갈지를 선택한다. 우리는 관광지, 즉 다른 사람들의 고장에서 어떻게 행동할 것인지도 선택한다. 1990년대 말 VSO가 조직했던 월드와이즈(WorldWise) 운동은 관광객들에게 현지인들을 만나볼 것인지를 물어보면서 휴가 기간 동안에 더 많이 외출할 것을 촉구했고, 또 수영복만 입고서 실내에 있는 수퍼마켓에서 물건을 살 것인지를 물어보면서는 엄청나게 먼 데까지 여행을 온 수많은 사람들이 호텔 밖에서는 전혀 먹지도 마시지도 사지도 않는다는 점을 지적했다. 그들이 조언하기를, '당신이 찾으려고만 한다면 아마도 바로 길 아래에 시장이 있을 것이다. 당신은 장인으로부터 직접 물건을 살 수 있으며, 살아 있는 현지의 전통을 볼 수도 있다. 당신에게는 경험이 되고, 현지인에게는 생계가 된다. 그저 물어보기만 하면 된다.'

월드와이즈 운동은 '휴가에서 보다 많은 것을 얻는 법'이라는 표어를 통해, 보다 낫고 보다 즐거운 휴가를 장려하는 일에 집중했다. 책임관광은 진정한 관광이다. 리스판서블트래블닷컴의 저스틴 프랜시스(Justin Francis)가 주장하듯이, 유기농 식품이 그랬던 것처럼 책임관광 또한 시간이 지날수록 일반 소비자들의 인기 상품이 될 것이며, 이는 소비자를 위해서도, 지구를 위해서도, 현지인들을 위해서도 더 나은 일이 될 것이다. 공정 무역(Fair Trade) 커피와 차는 소비자 성공의 사례가 되었으며, 맛이 다른 것은 아니지만 소비자들은 그것을 소비하면서 기분이 좋아지는 것을 경험한다. 즉 책임관광은 보다 나은 경험인 것이다.

책임관광 운동은 그 속도를 더해가고 있다. 우리는 관광을 주인과 손님 모두에게 더 나은 경험으로 만들 수 있다. 베일린 스미스(Valene Smith)가 바라는 주인과 손님의 언어 용법[10]은 관광에 대해 보다 평등주의적이며 보다 인도적인 사고방식을 제공함과 동시에 대부분의 패키지 관광객, 독립 여행객, 배낭 여행객이 느끼는 피상적인 여행 체험에서 탈피하는 방법도 함께 제공하고 있다. 방문객에게 진기한 체험이라고 하는 것이 관광 산업 종사자나 관광지 주민에게는 단조롭고 틀에 박힌, 때로는 짜증스러운 경험이다. 우리 대부분은 더 나은 휴가를 원한다. 그렇다면 우리는 그 열망을 성취시켜줄 선택을 할 필요가 있는 것이다.

소비자의 흐름

보다 책임 있는 형태의 여행이나 관광이 일반 소비자의 기호에도 영향을 마치기 시작하고 있다는 증거는 점점 늘어나고 있다. 여전히 갈 길은 멀지만, 진전이 이루어지고 있는 것이다. 영국여행사협회(ABTA)는 해마다 여행에 관한 소비자여론 조사를 수행한다. 2000년 9월의 조사에 따르면, 휴가객의 29%는 환경 문제에 관한 관광회사의 평판을 매우 중요하게 여겼으며, 41%는 중요하게 여긴다고 답했다. 33%는 관광업체 브로셔에서 제공되는 사회적 환경적 정보가 자신들에게 매우 중요했다고 답했으며, 꽤 중요하다고 간주한 사람까지 포함하면 그 수는 78%에 달했다. 응답자의 85%는 자신의 휴가가 환경을 손상시키지 않는 것을 매우 또는 꽤 중요시했으며, 77%는 휴가에서 현지 문화와 음식을 체험하는 것을 (매우 또는 꽤) 중요하다고 답했다. 71%의 휴가객은 자신의 휴가가 관광지의 사람들에게 이익을 주는 것, 예컨대 고용과 사업 기회를 주는 것을 매우 또는 꽤 중요시했다.

같은 조사에서, 만약 그 돈이 현지 환경을 보호하고 관광의 부정적 결과를 되돌리는 데 쓰인다면 휴가에 추가비용을 지불할 준비가 되어 있다고 답한 휴가객은 45%였다. 흥미롭게도, 이는 같은 조사에서 집에서 정기적으로 유리제품을 재활용한다고 답했던 사람과 같은 비율이다. 53%는 만약 관광지의 노동자들이 좋은 임금과 노동조건을 보장받을 수 있다면 휴가에 추가비용을 지불하겠다고 답했다. 영국여행사협회의 조사응답자 중 77%가 500파운드짜리 휴가에 추가로 10파운드 또는 그 이상을 지불할 준비가 되어 있다고 응답했다. 이러한 '도움'을 위해 소비자들이 추가비용을 정말로 지불할 것인가 하는 문제는 논점이 아니다. 중요한 것은 그들에게 그럴 마음이 있다는 것이다. 여행객은 자신이 원하는 목적지와 활동을 제공하는 여행을 찾은 후, 그 다음 고려 사항으로 가격과 이용가능성을 따진다. 그러나 관광업체들 사이의 경쟁에는 상품을 구성하는 데 들어가는 책임관광의 요소도 포함되며, 주류 상품의 경우 책임관광의 요소들은 경쟁적 제공 사항의 일부를 구성하고 있다. 영국여행사협회의 여론조사 수치는, 장소나 활동, 가격, 이용가능성이라는 조건이 충족될 경우 위의 요소들도 소비자의 선택에 영향을 줄 것이라는 결과를 보여준다.

영국의 지도적인 기독교 자선단체이자 개발기관인 티어펀드(Tearfund)는 1999년과 2001년에 윤리적 관광 또는 책임관광에 대한 소비자의 태도를 조사했다. 2001년 가을, 52%의 소비자들이 좋은 노동조건을 보장하고, 환경을 보호하며, 관광지에 원조를 한다는 명문화된 규정을 갖추고 있는 회사에서 휴가를 예약할 생각이 더 크다고 답했는데, 이는 2년 만에 7%가 증가한 수치였다.[11] 65%의 소비자는 휴가를 가서 보다 책임 있게 행동하기 위해, 그들이 어떻게 하면 현지 경제를 지원할 수 있고 환경을 보호할 수 있는지 더 많이 알고 싶어했고, 현지 풍습, 정치, 종교적 믿음에 관해 더 많은 정보를 얻고 싶어했다. 이는 2년 전보다 2% 증가한 결과였다. 20%의 응답자는 윤리적으로 책임 있는 관광을 위한 열 가지 팁이 담긴 안내문을 받고 싶다고 대답했다.

진정한 휴가

티어펀드는 관광객들이 최고의 휴가를 만들 수 있도록 하기 위해 다음과 같은 수칙을 보급하고 있다.

최고의 휴가 만들기

1. 당신의 목적지에 대해 알아볼 것: 출발하기 전에 당신이 방문하려는 장소와 그곳 사람의 문화적, 사회적, 정치적 배경에 대해 공부하는 시간을 가져라.
2. 현지 언어의 기초적인 단어와 문장을 알고 갈 것: 이는 당신에게 그곳에 사는 사람을 만날 기회를 열어줄 수 있다.

---

3. 가능하다면 현지에서 만들어진 상품을 사고 현지에서 제공되는 서비스를 사용할 것: 당신의 지원이 현지 사람들에게는 대단히 중요할 수 있다.

4. 당신이 사는 상품과 서비스에 대해 공정한 가격을 지불할 것: 당신이 최저가로 사기 위해 옥신각신한다면, 당신의 거래는 다른 누군가의 희생을 수반할 수도 있다.

5. 현지 문화에 세심할 것: 현지의 믿음과 관습을 존중하는 방식으로 옷을 입거나 행동하라. 특히 종교적 장소에서는.

6. 현지 사람이나 그들의 집을 사진으로 찍기 전에 허락을 구할 것: 그리고 그 대가를 지불해야 할 수도 있다는 점을 명심하라.

7. 부를 과시하지 말 것: 이는 빈부격차를 드러내어 당신이 체험하려고 하는 문화로부터 당신을 멀어지게 할 수 있다.

8. 현지 사람들에게 지킬 수 없는 약속을 하지 말 것: 당신이 집에 돌아와서 할 일에 대해 현실적으로 생각하라.

9. 환경적 영향을 최소화할 것: 보도나 표시된 길로 다니고, 어떤 자연환경도 손상시키지 말며, 가지고 다니는 짐을 최소화하라.

10. 느긋하게 차이를 즐길 것: 당신은 상당히 금방 익숙해져서 돌아올 것이다.

[……] 그리고 다른 사람들에게도 이를 권장할 것.

(출처: www.tearfund.org)

많은 다른 단체들과 관광업체들에서도 관광객과 여행객을 위해 비슷한 수칙을 개발하고 있다. 이러한 소비자 중심주의의 시대에, 소비자는 실질적인 힘을 갖는다. 그리고 소비자의 압력을 통해 경쟁은 책임을 유도

할 수 있다. 공정 무역, 비동물실험 화장품, 유기농 식품, 그리고 책임관광은 모두 사회적 관심이 능동적으로 개입한 시장 주도적 사회변화의 사례들이다.

책임관광 업자

VSO의 월드와이즈 운동은 관광업자들이 소비자에게 제공하는 조언을 조사한 끝에, 그 소비자들은 암흑 속에서 여행하고 있다는 결론을 내렸다. 관광객들이 보다 나은 휴가를 가서 부정적 영향은 최소화하고 긍정적 영향은 극대화하는 방식으로 자신이 미치는 영향을 조절하기 위해서는, 더 많은 정보를 알고 있어야 했다. 1999년에는 이러한 요구가 꽤나 급진적인 것으로 보였지만, 그 이후로 다소의 진전이 이루어져서 지금은 그때에 비해 보다 철저하고 책임 있는 조언이 이루어지고 있다.[12] 이러한 운동은 상당수의 관광업체들과 독립관광업자협회에 영향을 미쳤고, 현재 독립관광업자협회는 책임관광의 실천을 명시적으로 약속하고 있다. 업체들은 자신들이 책임 있는 실천으로 간주하는 것에 대해 분명한 약속을 내걸고 있다. 그러한 수행 성취도는 고객과 미디어가 평가하게 될 것이다. 업체들은 다양한 이유에서 책임 있는 실천을 채택한다. 개인적 다짐이나 회사의 사회적 책임의 중요성에 대한 인식은 그 중요한 동기가 되며, 당연히 상업적 이익도 그에 포함된다. 어떤 업체는 책임의 윤리를 단골고객 확보를 위한 핵심적 전략으로 삼기도 한다. 리스판서블트래블닷컴의 회원업체들은 그 시장에 가입하기 전에 최소한의 요건을 명확하게 충족시켜야만 한다. 그러나 진정으로 소비자의 관심을 유발하고 최선의 실천을 유도하는 것은, 특정한 여행을 위해 각각의 업체들이 만든 구체적인 주장들이다. 저스틴 프랜시스(Justin Francis)가 주장하듯이 공정거래 차와 커피는 맛이 다르지 않지만, 책임 있는 휴가는 달라야 한다. 즉 보다 즐거운 휴가, 보다 나은, 보다 만족스러운 경험을 제공해야 하는 것이다. 업체의 책임관광 실천이 일반적인 소비자 선택에서 가장 중요한 요인은 아니지만—일반적으로는 활동이나 목적지, 이용가능성, 가격이 훨씬 더 중요하다— 책임관광을 둘러싼 업체들 사이의 비가격 경쟁은 시장을 변모시키고 있다.

생태관광이라는 개념이 시장을 형성하는 데 실패한 경험은 각 나라에 많은 교훈을 남겼다. 생태관광은 언제나 자그마한 틈새시장만을 형성했던 반면, 책임관광은 이 산업의 주류에도 적용될 수 있다. 모든 회사와 개인은 자신들이 미치게 될 영향에 대해 어느 정도는 책임 있는 자세를 가질 수 있다. 시간이 흐르면 모든 사람이 보다 책임 있는 자세를 갖게 될 수도 있다. 특히 경쟁이 그 방향으로 이루어진다면 말이다. 생태관광은 금방 녹색-세탁으로 변질되었다. 책임관광은 사람들에게 자신의 주장에 구체적일 것을 요구한다. 그러면 이 주장들은 도전받을 수도 있고, 잘못된 주장은 거래기준법에 저촉될 수도 있을 것이다. 생태관광은 금방 시장지배력을 잃었고, 상품들 사이에 별다른 차이나 다양성이 없었지만, 책임관광은 그와 다르다. 이용가능한 책임관광의 상품이 얼마나 풍부한지 확인하고 싶다면 리스판서블트래블닷컴(www.responsibletravel.com)에 들어가 보라. 책임관광의 접근법은 다양성을 환영한다. 우리가 책임 있는 자세를 갖고 긍정적인 영향을 만들어가고자 할 때, 우리가 선택할 수 있는 방법은 무척 다양하기 때문이다. 그래서 책임관광은 최소한의 공통분모를 찾아 이름을 붙이는 방식을 거부하는 것이다.

관광지에서의 책임관광

책임관광은 만병통치약이 아니다. 책임관광을 위한 계획이 개별 영역들에 한정될 수는 없다. 검토되어야 하는 것은 그것들이 모인 전체인 것이다. 관광지들은 관광의 영향을 조절하기 위해, 즉 긍정적 영향을 극대화하고 부정적 영향은 최소화하기 위해 노력하기 시작했다. 입국자의 수나 외화벌이와 같은 숫자에 맞추어져 있던 관심은 구체적인 개별 관광지들에 대한 지속가능한 관리로 옮겨가고 있으며, 특히 환경적 영향을 최소화하고 현지 사회의 경제적 이익을 최대화하는 일에 집중되고 있다. 관광과 빈곤 해소 사이의 관계는 구호 기관(유엔 무역개발 위원회와 영국 정부의 국제개발부[www.propoortourism.org.uk])과 세계관광기구(WTO), 세계여행관광위원회(WTTC) 등에서 강조해온 내용이다. 남아프리카 공화국은 책임관광을 위한 국가적 지침을 채택했고, 관광 산업의 각 영역들은 이제 자신들의 접근법을 분명하게 표명하고 있다.

결론: 우리는 모두 변화를 만들어낼 수 있다

브라이언 휠러(Brian Wheeler)는 책임관광이 '거의 모든 이들을 행복하게 해준다'는, 이른바 해결책'으로서 이야기되고는 있지만, 그것이 실제로 하는 일이란 똑똑한 관광객의 죄의식을 경감시켜주면서 그들/우리가 바라는 휴가를 제공하는 것일 뿐이라고 주장한다. 그는 책임관광이란 "국제적인 파괴 행각에 대한 그들/우리의 파괴적인 영향을 인정할 수 없거나 혹은 그러고 싶지 않은" 이들을 위한 '임시방편적이고 부적절한 도피처'라고 주장한다.[13] 회의론이 나오는 것은 타당한 일이며, 업체들의 주장은 면밀하게 검토될 필요가 있다. 그러나 지속가능성을 쉽사리 얻을 수 없는 이런 상황에서, 총체적이고 완전한 해법이 아니라고 해서 '윈-윈'(win-win) 시나리오마저 거부한다는 것은 무책임한 자세이다.

어떤 이들은 세계관광기구의 예측이 틀려서 2020년까지 국제 관광 입국자의 수가 16억 명에 이르지 않기를 바랄 수도 있다. 그러나 여행을 떠날 수 있을 정도의 수입과 여가를 더욱 더 많은 사람들이 얻게 됨에 따라, 국제 및 국내 관광이 엄청나게 성장할 것이라고 예측하는 것은 합리적인 일이라 생각한다. 우리는 그것을 관리할 방법을 배울 필요가 있다. 관광 산업의 부정적 영향을 줄이고 긍정적 영향을 극대화하기 위해서는 아무것도 안 하는 것보다는 눈에 보이는 구체적인 무엇인가를 하는 편이 더 낫다. 아시아의 격언처럼, "관광은 불과 같다. 당신은 그것으로 저녁을 지을 수도 있지만, 집 전체를 태워먹을 수도 있다."

개개인이 미치는 영향에 대한 소비자의 불안에도 불구하고 관광객의 수는 별로 줄어들지 않는 듯하다. 우리는 관광객의 영향에 대해 걱정하면서도, 우리—여행객과 관광객—가 문제의 일부라는 사실은 쉽사리 인정하지 못한다. 만약 우리가 그 부정적 영향을 최소화하고 긍정적 영향을 극대화하는 방식으로 휴가와 여행을 소비한다면 우리는 해결책의 일부가 될 수 있을 것이다. 말만 앞세우는 사람들처럼 관광의 유해성을 비난할 수는 있지만, 그것이 더 나은 세계를 만들어주는 것은 아니다. 진보적인 대안은 소비자로서 혹은 회사로서 안고 있는 저마다의 책임을 실천하는 것이며, 관광의 관리 권한을 관광지 현지 당국에 위임하는 것이다. 우리는 '그들의 땅에서 우리의 휴가'를 보내며, 그 주인들을 존중하고 그들에게 권한을 위임해야 한다. 그리고 그들은 오직 집단적으로만 권한을 부여받을 수 있다. 우리가 책임관광의 실천을 방기한다면 우리의 손은 깨끗해질 수도 있겠지만, 세계를 더 나은 곳으로 만들 수는 없을 것이다. 우리는 책임을 져야 하며 변화를 만들기 시작해야 한다. 우리는 충분히 빨리 변화하지 않는 사람들을 건설적으로 비판해야 하지만, 그와 동시에 진전을 이루는 사람들을 보상하고 격려해야만 한다. 비판적인 소비자가 되어라, 그러면 진정한 휴가를 보낼 수 있을 것이다.

입장 3

우리는 충분히 주의할 수 있을까?

폴 골드슈타인*

> 관광 산업의 원료는 사람과 문화의 살과 피다. (말레이시아 인권 활동가, 세실 라젠드라[Cecil Rajendra])

마요르카(Mallorca), 6월, 안젤로의 바: 영국 신사 차림의 백인 휴가객이 "Paco, dos cervesa por favor"(파코, 맥주 두 잔 줘요!)를 주문하더니 능글맞게 웃으면서 같이 술을 마시는 친구를 향해 고개를 돌린다. "이 스페인 말투, 정말 쉽지 않냐?"

----

* 폴 골드슈타인(**Paul Goldstein**)은 여행사 콜센터에서 하급 전신 기사로서 관광에 관련된 일을 시작했다. 이후 9년은 두 군데의 주류 대기업에서 보냈다. 이후에는 런던 서부의 아프리카 전문 여행사에서 세일즈 및 마케팅 매니저가 되었다가, 최근 6년 동안은 모험여행 전문업체 엑소더스(Exodus)에서 보냈다. 여행 분야에 종사하는 동안 그는 스페인, 프랑스, 미국, 아프리카 전역에서 활동했다. 70개국이 넘는 나라를 여행했으며, 야생동물 전문 사진가로서 상을 받은 적도 있다. 특히 사하라 사막 이남의 아프리카 지역을 50회가 넘게 여행했다. 그는 매우 활동적인 여행가이지만, 정말 그의 마음을 빼앗은 것은 사실 야생동물과 야생지대이다. 그는 케냐에 작은 천막 야영장을 소유하고 있는데, 그곳에서 그는 14명의 지역 사람들을 고용하며 큰 기쁨을 누리고 있다. 최근 그는 사랑하는 아프리카를 떠나 지난달에는 위험에 처한 인도의 호랑이와 보르네오의 오랑우탄을 사진으로 찍고 있었다.

탄자니아 세렝게티(Serengeti), 1월, 이주 기간: 사람들이 8대의 소형 버스 사이에 암컷 치타 한 마리를 가둔 채 사냥을 방해한다. 이 40마리의 두 발 달린 포식자들은 이미 점심식사로 배를 채웠으며 저녁도 준비되어 있다. 그러나 치타는 아니다. 암컷 치타와 그 새끼는 이제 그들의 먹을거리를 찾아 다른 곳으로 가봐야 할 것이다. 아니면 굶거나.

인도 뭄바이(Mumbai), 3월, 빈민가 거리: 울고 있는 아이가 음식을 구걸하며 손을 내미는 장면을 잘 차려입은 행인이 스쳐지나갈 때를 포착해 사진으로 찍는다. 아이의 비참함은 행인의 미끈한 옷과 함께 완벽하게 포착된다.

볼리비아 라파스(La Paz), 5월: 1980년대의 티셔츠를 너무나 갖고 싶었던 한 관광객이 한 시간에 걸친 흥정 끝에 결국 알파카 스웨터 한 벌을 15달러에 사는 데 성공한다.

잔지바르 눙위(Nungwi): 일광욕을 하는 이탈리아 여성 관광객이 자신의 벗은 가슴에 암갈색 선탠 오일을 바르고 있다.

카리브 해 도미니카공화국: 집으로 돌아가는 항공편을 타러 가기 전에 남는 시간을 때우기 위해, 한 관광객이 묵고 있는 비치 호텔의 선물 가게에서 20달러를 쓰고 있다.

런던 플리트가(Fleet Street): 한 언론인이 북부 스리랑카에서 발생한 타밀 호랑이(Tamil Tiger) 습격 사건에 관한 짧은 기사의 교정을 마무리하고 있다.

티베트 라사(Lhasa): 한 여행객이 포탈라 궁전(Potala Palace)에 들어가기 앞서 관광 그룹에 합류하기 위해 서두르고 있다.

이 사례들은 모두 흔히 벌어지는 일이며 또한 모두가 부주의한 행동들이다. 이 모두는 사람들이 현지의 의무와 감수성을 전혀 존중하지 않았거나 아예 인식조차 하지 못했음을, 간단히 말하자면 윤리적 파탄을 보여주고 있다. 이런 종류의 수많은 일들은 어떻게 해서든 억제되어야 하며, 그렇지 않으면 국제 관광의 타고난 권리 따위는 완전히 땅에 떨어지게 될 것이다. 핵심적인 질문은 매우 단순하다. '우리는 우리가 여행하는 나라에 대해 주의하고 있는가?' 만약 이에 '별로 그렇지 않다'라고 답한다면, 국제 관광의 앞날은 암담할 것이다. '바다, 모래, 섹스, 술, 값싼 쇼핑'의 풍조는 사려 깊고 안목 있는 여행가를 위해 남겨진 소중한 소수 민족 집단의 멀쩡한 정신까지 삼켜 버릴 것이며, 아직 개발되지 않은 지역까지도 파멸과 타락으로 몰고 갈 것이다.

문제는 명백하다. 그러나 해법은 어렵고 복잡하며, 많은 경우에 오랜 시간이 걸린다. 또한 관련된 모든 이들—관광객, 여행사, 관광업자, 호텔 그룹, 항공, 국가의 관광협회—이 너무 늦어버리기 전에 끈기를 갖고 행동에 임해야만 한다. 다음은 아주 중대한 질문이다. 쉬운 말로 해보자. 관광객은 무엇을 가지고 오는가, 그들은 무엇을 남기는가, 그들은 무엇을 가지고 가는가?

책 임 관 광 의   탄 생

1970년대에 접어들 무렵, 최초로 자동차들이, 보통은 옛 군용 트럭들이 유럽을 가로질러 아프가니스탄, 네팔, 인도와 같은 전통적인 보루들을 넘어서기 시작했다. 많은 경우, 이는 몇 안 되는 주류 여행사들이 건드리지 않고 내버려둔 땅을 발견하기 위한 값싸고 모험적인 방법이었다. 이것이 바로 그 방식의 매력이었으며, 비록 그 시장은 해가 갈수록 줄어들고 있지만 여전히 많은 사람들의 마음속에서는 이런 스타일로 여행하고 싶다는 열망이 끓어오르고 있다. 이들 초창기 탐험대는 길을 내지 않았고 미래의 여행가들을 위한다는 이유로 지역을 오염시키지도 않았다. 이는 신선한 여행 방식이었고, 여행가와 여행지 양쪽 모두에게 똑같이 만족스러운 것이었다. 개발도상국은 이런 스타일의 여행이 주는 기회로 개발도상국은 돈을 벌었고, 관광객의 수가 증가함에 따라 현지인들의 이익도 증가했다. 하지만 안타깝게도 이러한 훈훈한 옛날 이야기는 미래의 모델이 되지 못한다. 새로이 공급된 수많은 비행기와 더불어 더 값싸고 더 자주 다니는 항공편이 등장하면서, 욕구는 많지만 교육은 받지 못한 대중이라고 하는 잠재적 재앙이 등장하게 되었고, 아직 여행의 유아기에 있던 세계는 그 대중에 의해 위태로운 상태에 놓이게 되었다.

관광에서 양심의 목소리가 성장하면서, 매우 드물기는 했지만 그것이 공론화되기 시작한 것은 1990년대 초의 일이었다. 불행히도, 대기업, 단체, 주류 여행사들은 아무런 경계심도 갖지 않았던 토착 인구에 수백만 명의 여행객을 쏟아 넣었고, 이는 관광 시장을 성장시키는 동시에 수많은 나라의 힘을 약화시키는 결과를 낳았다. 많은 경우, 그들은 '이익'을 얻을 준비가 되어 있지 않았던 지역들에 무자비한 상업적 '가치'를 부여했으며, 그 영향은 해로운 것이었다. 다른 경우에도 이익이라고 하는 것은 극미했다. 그중에서도 특히 짜증나는 일은 부족한 정보와 무지 때문에, 다수의 관광객들은 어떻게 하면 현지인들에게 이익을 줄 수 있을지를 생각할 겨를도 없이 휴가를 마치게 된다는 점이었다. 거기에는 아무런 나쁜 의도도 없었다. 다만 부주의와 무관심이 있을 뿐이었다.

다수의 관광객은 무엇을 가지고 왔는가? 꼴불견인 옷, 햇빛 차단제인 앙브르 솔레르(Ambre Solaire), 면세점에서 사온 술. 그들은 무엇을 남겨 주었는가? 거의 없다. 그들의 돈은 보통 국제 체인점이나 오늘날 관광의 최대 거머리인 일체포괄형(all-inclusive) 호텔에 사전 지불되었기 때문이다. 그들은 무엇을 가지고 가는가? 선탠으로 벗겨진 피부, 흐릿한 행복의 순간들, 콧물과 배탈(runny tummy), 방문지에 관한 유해한 지식.

혐오스런 가죽 거래가 매력을 잃어가던 무렵, 일군의 전직-여행가들이 여행사를 차리더니 주류 여행사의 근시안적인 시각에 대항해 외국에 대한 보다 폭넓고 동정적인 시각을 제공하기 시작했다. 이 여행사들은 분명 여행하러 가는 지역에 대해 진심으로 걱정하고 있지만, 안타깝게도 개발도상국으로의 여행에 진정으로 영향을 미치기에 충분한 매출을 내고 있는 곳은 그 중 극소수에 불과하다. 또 자신을 '생태'(eco) 회사로 묘사하는 경우가 흔하면서도, 그들이 높은 도덕적 기초에 바탕한 항구적 입장을 갖고 있는 것은 아니다. 그들 대부분은 취미 조직으로, 부유한 애호가 임원들의 방랑 욕구를 충족시켜주거나 혹은 사회적 양심을 위한 재빠른 해법을 제공함으로써 돈을 버는 일을 하고 있다. 물론 그들은 중요하다. 물론 그들이 차이를 만들어낼 수도 있다. 그러나 일반적으로 그들은 책임관광에 정통해 있는 사람의 요구를 만족시킬 뿐, 아직까지 젖을 떼지 못한 수준인 대중의 요구는 만족시키지 못하고 있다.

'생태'는 주요한 작명 어구로서, 이 동정적인 말은 무엇인가 더욱 암울한 결과에 두루뭉수리한 이름만 제공해줄 뿐이다. 1990년대 초반, 여행 업계에는 두 종류의 '생태' 문구가 신물이 날 정도로 널리 보급되었다.

> 관광객이 아닌 여행가가 되자
> 사진만 찍고 발자국만 남기자

이 두 가지는 모두 달콤한 말장난의 고전적인 사례이다. 이 문구들은 사회적 여행의 정체성은 만족시키지만, 실제로는 생색내기용 문구에 불과한 것으로서 오히려 해로운 영향을 미치고 있다. 우리가 자신을 무엇이라고, 예를 들어 본인이 좋아하는 별명이든 보호용 이름이든 간에 무엇인가를 골라 무엇이라고 부를 수는 있겠지만, 장기 비자를 받지 않은 채 자신의 주거지를 떠나 있다면 우리는 모두 관광객으로 정의된다. 이것이 '해외'를 여행 중인 우리들 대부분에 대한 정확하고도 정직한 표현이다.

사진과 발자국이라는 두 번째 슬로건은 교묘하고 사악하다. 이 매끈한 문장은 좋은 의도를 표명하고 있기는 하지만 진짜 의미를 따져보면 별다른 알맹이가 없다. 무언가를 남기고 싶다면 돈을, 특히 경화(hard currency)[달러처럼 국제적으로 교환 가능한 통화]를 남겨라. 많은 돈은 다른 그 무엇보다도 현지인들의 삶에 근본적인 변화를 낳을 수 있을 것이다. 우리는 그들 지역에서 관광이 갖는 중요성과 가치를 그들이 인식할 수 있도록 도와야 하며, 그 가장 좋은 방식은 보상이다. 방문객과 업체를 명백하게 환영하지 않는 경우라면 이것도 존중되어야 한다. 가장 나쁜 것은 관광이 원주민 사회를 '보호'한다는 이데올로기적인 미션을 취하면서 실제로는 그들의 진보를 방해하는 경우이다. 가난한 사람과 야생동물을 돕는 자선단체 모두를 비난하는 것은 아니지만, 개인적인 방문과 기부가 훨씬 더 진지한 방법이 될 수도 있다. 많은 경우에 관료제와 부패로 점철된 개발도상국에서 국민들에게까지 파급될 수 있는 기부나 보상을 하는 데에는 걸림돌이 있기 마련이지만, 이것이 핑계로 이용되어서는 안 될 것이다.

'생태관광'이라는 말을 거부하고자 할 때 중요한 것은 그러한 비판의 근거이다. 이 공허한 구절은 개발도상국에 침입한 죄에 대한 무조건반사에 불과할 뿐, 거기에는 아무런 결과물도 없다. **지속가능한, 윤리적인, 책임 있는 관광**이 영역의 유익한 미래를 여는 열쇠가 될 수 있으며, 이 복잡하고 감성적인 장기(long-term) 방정식에서 다양한 배역의 참가자들은 중요한 역할을 맡게 될 것이다. 아래에서는 각각이 맡을 역할을 제시해보도록 하겠다.

관광객

국제 관광은 조금도 간편해지지 않았다. 10년 전이나 지금이나 여행 예약은 아주 오래 걸리는 일이다. 많은 닷컴 기업들—온통 과대 선전에 실체가 없기 일쑤였던—이 최근 문을 닫고 있음에도 불구하고 많은 사람들은 컴퓨터 통신을 통해 직접 휴가를 예약하고 있다. 하지만 그들의 대부분은 자신들이 정확히 어디로 가게 될 것인지, 또는 현지의 생활 방식으로부터 정확히 무엇을 기대할 수 있을지에 대해 거의 알지 못한다. 이러한 상황은 그들의 목적지에서 뭔가 문제가 생길 수 있다는 점을 예고하는 것이다. 개발도상국으로 가는 여행객은 크게 세 가지로 구분될 수 있다. ① 주류 여행객 ② 배낭 여행객(오퍼레이션 롤리[Operation Raleigh]와 같은 단체를 포함해서) ③ 소그룹 여행객.

주류 여행객

매년 홀로 영국을 떠나 개발도상국을 방문하는 수백만 명의 여행객들과는 진짜로 차이가 날 수 있는 범주이다. 현재 인기 있는 여행지는 도미니카 공화국, 브라질, 케냐, 탄자니아, 스리랑카, 감비아 등이며 이곳에서는 흔히 전세 버스가 제공된다. 이 때 현지인들은 해변 행상을 하거나, 술집 혹은 음식점을 차리거나, 택시나 보트를 운전하거나, 사찰 관리인을 하거나, 보호구역 관리인을 하면서 돈을 벌 수 있다. 가장 큰 문제는 대다수의 여행객들이 호텔에서 사육된다고 해도 좋을 정도로 그 주변을 거의 벗어나지 않는다는 점이다. 그중에는 가난한 어부를 몰래 사진찍고자 '용감하게' 외출을 감행하는 사람도 있을 수 있겠지만, 그 행동이 침해라거나 결례일 수 있다는 생각은 하지 못한다.

다른 문제도 있다. 관광객은 현지 환경에 지울 수 없는 얼룩을 남기곤

하는데, 이것이 부도덕한 국제업체들에 의해 감추어진다는 점이다. 바디 샵(Body Shop)의 창시자인 아니타 로딕(Anita Roddick)이 적개심 가득한 목소리로 말하길, "여행을 하면 할수록, 당신은 관광의 어두운 면을 더 많이 보게 될 것이다. 나는 쓰레기 청소에 헌신적인 관광업자를 본 적이 없다. 문화는 침략당하고 음식, 언어, 산호초, 토지는 사라져간다."

관광객과 관광업자는 단단히 얽혀 있다. 양쪽 모두의 성실한 노력이 없다면, 특히 교육이 없다면 별다른 변화도 없을 것이다.

배낭 여행객

배낭 여행객은 현지 사회에 많은 것을 가져다줄 수 있다. 하지만 안타깝게도 항상 그런 것은 아니다. 배낭 여행객은 대부분 통상적인 관광객보다는 더 긴 시간을 보내지만 지갑 사정은 일반적으로 넉넉하지 못하기 때문이다. 윌리엄 서트클리프(William Sutcliffe)의 『당신은 체험당하고 있는가?』(*Are You Experienced?*)라는 히스테리컬한 책은 인도를 돌아다니는 극히 질나쁜 배낭 여행객들의 유형을 속속들이 해부하고 있다. 게다가 그가 그려낸 광경은 결코 허구가 아니다. 책에 묘사된 유형의 젊은 여행객은 매우 오만하고 무례하다. 하지만 실제로는 뒷주머니에 가이드북 『론리플래닛』(*Lonely Planet*)을 꽂고서는 돼지우리 같은 여인숙을 뒤지고 다닌다. 아무리 가난해도 낯선 이들을 반갑게 받아주는 사람들의 호의— '현지인들은 **매우** 친절하다'—를 등쳐먹고 다니면서, 그들은 자신이 현지 문화에 푹 빠져 있다는 착각을 하고 있다. 배낭 여행객 무리에게 어떤 문도 열어주지 않기 위해 상당한 노력을 기울이고 있는 나라마저 존재할 정도이다. 예를 들어 부탄(Bhutan)에서는 현지 정서에 부합하는 방식의 관광 환경을 조성하기 위해 조심스러운 제한 정책을 수행하고 있는데, 이제 그 나라에 들어가기 위해서는 무거운 세금을 감당할 능력이 있어야만 한다. 원컨대 그 세금이 부적절한 결과로 이어지는 일은 없기를(이것과는 전혀 다른 얘기가 되겠지만 말이다)! 그래서 이제 배낭 여행객은 대신 네팔에 가고, 그곳에서도 조직적인 것이라면 모두 멀리 하면서 어떤 것이든 싸게 구하려고 애쓰고 있다. 머리 한편에서는 자신이 도덕적 우위를 점하고 있다고 믿으면서 말이다.

보다 거슬리는 대표적인 사례로는, 인도에서 발이 묶인 두 소녀의 이야기를 들 수 있다. 그들은 히치하이크를 시도했는데 트럭 운전사가 10루피(각각 15펜스[약 280원] 가량)를 요구했다. 내릴 때쯤 둘 중 한 명이 가이드북을 훑어보더니 요금이 5루피여야 하는데 운전사가 바가지를 씌우고 있다며 **빽빽**거렸다 한다. 런던의 택시 운전사한테 그런 행동을 한번쯤 시도해보길 바란다. 원색적인 욕을 들어보고 싶다면 말이다.

인기가 높아진 여행지는 다양한 가이드북에 수록되는데, 유감스럽게도 이 가이드북이 앞으로 몇 년 동안 돌이킬 수 없는 영향을 줄 수도 있다. 그 책들은 사람들에 관해서는 거의 얘기하지 않은 채 거기에 어떻게 가는지, 어디서 먹고 묵을 수 있는지, 관광 명소가 어디에 있는지만 가르쳐준다. 그러면 관광객들은 불평을 늘어놓게 마련이다. 왜냐하면 거기에 수록된 가격들은 시간이 흐르고 세상이 변한다는 사실을 계산에 넣지 않았기 때문이다. 그래서 가격 문제로 가게 주인이나 호텔업자와 빈번히 싸우게 된다. 이러한 밉살스러운 하위문화는, 사람을 만나고 문화를 마주하겠다는 의도보다는 누가 가장 적은 돈으로 가장 많은 장소를 여행할 수 있는지를 놓고 벌이는 동료 여행객과의 경쟁심에서 비롯된 것으로서, 남들을 신경쓰지 않는 만큼이나 진저리나는 일종의 스포츠 경주와도 같은 것이다.

진정한 스키광—오로지 스키를 타기 위해 아무 일이라도 해치우는 사람들—처럼, 마음씨 넓은 배낭 여행객들도 상당히 많다. 그들은 인정도 많고 씀씀이도 후하다. 꼭 돈을 이야기하는 것이 아니라 시간과 동정심 그리고 현지인들과의 교류를 가리키는 것이다. 그들은 현지의 게스트 하우스, 술집, 음식점에 자주 가고 현지 사회의 수입원이 되는 대중교통을 이용한다. 가이드북은 묵지 **말아야** 할 곳을 찾는 일에만 사용된다. 이 사람들은 거의 기본적으로 책임관광의 짐을 짊어지고 있다. 많은 동시대인들이 더럽혀놓은 서구인에 대한 인상을 지우기 위해 그들은 친선 대사처럼 행동한다.

소그룹 여행객

결코 성인(saint)의 수준은 아니지만, 다른 여행객들에 비한다면 희망적이다. 그들의 대다수는 '나홀로 여행'을 두려워하기 때문에 안심과 친교를 위해 그룹에 참여한다. 가이드는 대체로 현지인이며, 일행은 8명에서 16명 규모의 그룹을 이끈다. 에어컨 나오는 전세버스에 앉은 40~59명의 응석받이를 대하는 것이 아니다. 이들에게 여행의 최대 즐거움은 교통이나 숙박을 별다른 개성도 없는 국제 호텔에서 허비하지 않는다는 데 있다. 롱하우스(long house)[북미 인디언들의 전용주택]나 론더벨(rondavel)[아프리카식 원형주택]이나 유르트(yurt)[몽골식 이동주택]에서의 숙박이 소중한 일이되고, 휴가의 성공도가 인력거, 카누, 3류침대차 여행 등에 의해 측정된다. 그다지 단정한 옷차림이 아니더라도 그들은 파티에 자주 참석하며 주인에게도 환영을 받는다.

1990년대에 남부 아프리카 지역의 지상 경치가 절정에 이르렀을 때, 수많은 대규모 현지 여인숙들과 남아프리카 공화국의 여행객들은 이 부류의 여행객들을 매우 공개적으로 비판했다. 그로부터 1년쯤이 지난 후, 현지 관광당국은 방 8개짜리 여인숙에서 하룻밤을 묵으면서 500달러를 쓰는 소수의 멋쟁이 신사들보다 18명의 여행객으로 꽉 채워진 트럭 한 대가 실제로 자신들에게 이익이 된다는 결론을 내렸다. '경멸당했던' 이 여행객들은 경화(hard currency)[달러처럼 국제적으로 교환 가능한 통화]로 비용을 지불했고, 그 돈은 그것을 가장 필요로 하는 사람의 손으로 흘러갔기 때문이다.

여 행 업 자

많은 경우에, 악덕 여행업자들은 수년간 윤리적 관광을 정체시킨 주범이다. 여행업자로서의 그들이 지속가능성의 견지에서 볼 때 현지 경제에 상당히 많은 것을 제공할 수 있음에도 불구하고 여전히 여행지 국가에 제공해야 할 만큼을 주지 않고 있다는 사실은 달갑지 않은 아이러니이다. 이런 범주에 속하는 조직은 소매업체, 주류 도매업체, 그룹 여행 조직 등으로 나눌 수 있다.

소매업체

20년 전부터 많은 소매업체들은 도매업체와 위계적으로 통합되면서 전혀 다른 중요성을 갖게 되었고, 2001년 9.11 테러 이후에는 거대한 합병이 일어났다. 10년 전에도 그들이 냉혹한 비즈니스에서 주로 고려했던 것은 회계사와 주주의 만족이었다. 이것이 '시장 점유율'을 위한 경주와 얽혀들면서 윤리적 파국으로 가는 완벽한 조리법을 탄생시키게 된 것이다. 온라인 예약자의 증가와 더불어 무자비한 경쟁 및 소매 대리점 과잉으로 인해, 구두 서비스는 비공식적으로 사라지게 되었다. 지금 소매상들이 변함없이 팔고 있는 것은 할인 상품이다. 즉 적어도 15%가 할인된 가격으로 대량 판매되는 400파운드짜리 휴가 상품으로서, 이런 상품들은 여행객 한 사람 당 몇 파운드에 불과한 차익을 남긴다. 이런 상황을 바로잡기에 너무 늦은 것은 아니다. 그러나 서비스가 회복될 때까지는 거대 비즈니스의 이념이 여행객과 작은 개인 소매업체 모두를 인질로 삼은 채 돈을 뜯어낼 것이다. 소매업체들의 직원은 초라한 임금을 받으며 고객 서비스는 예전에 미치지 못한다. 그러나 영국 대중이 자신의 휴가를 희생하는 일은 절대 없을 것이다. 그래서 이대로 가는 것은 재앙일 뿐이라는 불길한 예고에도 불구하고, 그들의 대다수는 여전히 향후 10년 동안은 전적으로 여행 대행사를 통해 예약을 할 것이다.

전문적인 회사들은 살아남을 수 있을 것이다. 아직 할인과 서비스라는 이름의 루비콘 강을 건너지 않은 작은 회사들도 꽤 있으니까 말이다. 몇몇 복합회사(multiple)들 역시 살아남을 것이다(나머지는 가치를 잃고 점차 잊혀져갈 테지만). 그러나 작은 체인이나 독립업자들은 점점 어려운 문제에 직면하게 될 것이다. 그리고 점점 인색해져가고 있는 항공 수수료도 상황을 더 어렵게 만들 것이다.

윤리적 관광에 대해 더 많이 공부할수록, 소매업체들이 고객 기반에 대해 더 나은 정보를 알게 될 것은 분명하다. 최근 티어펀드(Tearfund)의 조사에 따르면, 65%의 여행객이 휴가를 갈 때 여행 대행사나 여행업자로부터 현지 경제에 기여하고 환경을 보존하며 책임 있게 행동하는 방법을 알고 싶어하는 것으로 나타났다. 또 절반 이상은 좋은 노동 조건을 보장하고 환경을 보호한다는 명문화된 규약을 가진 회사에서 휴가를 예약하고 싶다고 대답했다. 하지만 이러한 고무적인 통계는 여전히 묵살당하고 있다.

주류 도매업체

전부는 아니지만 대부분의 도매업체들은 순전히 이윤에 따라 움직인다. 자신들이 환경을 돌본다는 거짓말을 적어넣은 몇 해 전의 300쪽짜리 브로셔는 그들의 양심을 살짝 엿볼 수 있게 해준다. 그 브로셔는 다양한 환경 단체에서 쓰던 녹색 상징을 멋대로 갖다 쓰면서 가난한 사람들을 위해 각 여행객으로부터 일정액을 적립해 기부한다고 떠들어댔다. 그러나 이는 빈말에 불과하다. 그 액수는 한 사람 당 1파운드 정도에 불과했으며, 의무가 아니기 때문에 기록도 거의 남지 않았다. 주주들에게 보고를 하게 될 정도로 회사가 크게 성장하면 이러한 작은 양보 조치들마저도 중단되고, 그 회사에는 그런 조치들이 없다는 사실만이 분명해지게 된다. 이는 그들의 대략적인 관점을 상징적으로 보여주고 있다.

식당 주인, 생태-환경주의자, 소형 호텔업자, 해변 노점상에 이르기까지, 분노에 찬 사람들은 다양하지만 그들이 행사할 수 있는 힘은 현재의 상태를 바꾸기에는 너무 약하다. 과거에 도미니카 공화국은 카리브 해의 작고 가난한 섬이었다. 도미니카 공화국은 지금도 여전히 작고 가난한 섬이다. 이제는 747 제트기가 다닐 수 있게 되었다는 것만 제외한다면 말이다. 비행기는 날아다니면서 세계에서 가장 고요한 바다를 순항하는 커다란 수상 호텔에 승객들을 쏟아붓는다. 수상쩍게도 이 수상 호텔은 호텔이 아닌 배로 분류되어 있다. 승객들은 각 섬을 방문하면서 미리 정해진 얼마간의 시간을 보내게 되며, 그들의 잠자리는 선내에 정갈하게 마련되어 있다.

카리브 해의 다른 많은 호텔들처럼, 현재 도미니카 공화국에 있는 대다수의 호텔은 일체포괄형(all-inclusive)—그 안에 모든 것이 갖추어진— 고립지역이다. 여행객을 실어 나르는 것은 호텔 버스이다. 그들은 호텔로 단체 소풍을 온 것이고 혼자서는 절대로 호텔 밖으로 나가지 않는다. 거기 있는 동안에는 경화가 되었든 연화가 되었든 간에 단 한 푼도 현금을 쓸 필요가 없다. 요금은 일체포괄 방식으로 선불로 지불되고, 일체포괄의 개념은 그저 편리한 패키지라는 이름으로 판매된다. 그 함의는 거의 고려하지 않은 채 말이다. 슈퍼클럽(Superclubs)[초대형 리조트 회사의 하나]이나 샌달(Sandals)과 같은 국제 체인들은 엄청난 수익을 올리지만, 현지인에게 돌아가는 것은 보잘 것 없는 파이 조각뿐이다. 이는 어떻게 보아도 괘씸한 일이다.

이러한 이기적인, 자기중심적인 일체포괄형 숙박시설에는 많은 잠재적인 문제 사례들이 있다.

- 세인트루시아(St Lucia)의 고통받던 현지 상인, 식당, 술집, 가게들은 수지를 맞추기 위해 모든 일체포괄형 여행객에게 2%의 세금을 도입해달라고 정부에 촉구했다. 정부는 그 제안에 호의적이었지만, 강력한 일체포괄형 회사들의 압력에 굴복해 결국 거부하게 되었다.

- 감비아의 외국계 관광업자들은 정부의 일체포괄형 리조트 금지령을 반대했다. 그러나 관광과 관련이 있는 감비아 국민들 중 99%가 금지령에 호의적이었으며, 실제로 선윙(Sunwing) 호텔은 이 금지령 때문에 문을 닫기도 했다. 이는 마치 주민의 승리처럼 보인다. 하지만 꼭 그렇지는 않다. 이 금지령은 해제될 참이기 때문이다.

- 1989년 멕시코 정부는 개발을 이유로 칸쿤 반도(Cancun Peninsula)의 와툴코(Huatulco) 주민들을 이주시켰다. 가게 주인이었던 마리나 가르시아(Marina Garcia)는 이렇게 증언한다. "해변에 위치해 있던 우리 마을에는 500가구가 살고 있었다. 그러나 그 마을은 이제 더 이상 존재하지 않는다. 지금 우리는 기념품 가게나 노점을 운영하고 있는데, 어떤 달엔 벌이가 괜찮지만 어떤 달엔 벌이가 신통치 않아서 월세 80파운드도 지불하지 못할 정도이다."

주민들이 '공공' 해변에 접근하지 못하는 경우도 많은데, 자메이카에서는 해안에서 주민들이 노는 것이 불법이다. 할인, 시장 점유율, 일용품 판매, 대안 결여, 이 모든 것들이 해로운 하위문화를 더해가고 있는데, 이는 매년 현지인들과 환경으로부터 희망을 앗아가고 있다. 이들 중 가장 큰 범죄는 여행객들이 보다 윤리적인 휴가를 위해 추가적인 돈을 지불하지는 않으리라고 생각하는 것이다. 그들은 추가적인 돈을 지불할 것이다. 그러나 불행하게도 어떤 대형업자들도 그러한 혁명적 변화를 자신이 이끌 수 있을 것이라고는 생각하지 않고 있다. 그렇다면 현지 주민과 윤리적 관광 단체 외에 그들에 대한 **실제적인** 압력이 조금이라도 있는가? 없다. 있을 것 같지도 않다.

그룹 여행 조직

이들이 나아가고 있는 방향은 올바르다. 그러나 걱정스러운 점이 있다면, 경쟁적인 항공요금 하에서는 이익을 남기기에 충분한 수의 항공편을 띄우지 못해 이들 중 많은 수가 살아남지 못할 것이라는 예측이다. '시장 점유율', '다양성', '고객 관리'와 같은 마케팅 교리뿐만 아니라 이 관광 분야의 성장 과정에 주입되고 있는 논란 많은 '신규' 자본 때문에, 그들의 미래는 이중으로 불확실하다. 만약 그들이 시장에서 사장된다면 이는 전체 산업에 손실을 미치게 될 것이다. 그들이 잘 하는 것은 동정적인 눈과 현지 지불용 경화를 준비시켜 여행객 그룹을 세계 구석구석의 개발도상국으로 데려가는 일이다. 많은 배낭 여행객들처럼 그들 역시 현지 가이드를 채용하고 낙후지역의 관광명소를 찾아 간다.

이 회사들은 자금이 풍부하지 않고, 그들 모두는 점점 회계사의 요구, 손익 재무제표의 횡포 그리고 '벤처 자본'이라는 이름의 트로이 목마의 주입에 의해 끌려가고 있다. 특히 벤처 자본은 회사의 영혼을 거세한다. 훌륭하고 철저했던 원칙들은 종종 타협의 대상이 되고 곧 소진된다. 전부가 암울한 것은 아니다. 아직은 여행에 대해 책임 있는 태도를 고수하는, 윤리적으로 건전한 작은 회사들이 많이 있기 때문이다. 그러나 위에서 언급된 것들을 막아내기에 이것만으로 충분한 것일까? 그들은 현지 직원들과 함께 일하고, 지속가능한 원칙을 사용하며, 고객이 방문하는 많은 나라에 대해 진지하게 걱정한다. 많은 보상을 주면서 적은 영향을 주는 관광, 이는 주류 업체들의 그것과는 완전히 상반되는 원칙이다.

돈이 덜 드는 저가 휴가는 관광 달력의 일부가 되었지만 이는 누구에게도 이익이 되지 않는다. 수준과 질이 떨어지는 휴가를 종종 맛보게 되는 소비자의 경우에는 특히 그럴 것이다. 근거리 관광 시장의 경우, 지리적으로 선진국이라 하더라도, 저가 관광의 질주는 붙잡아 세우기에 너무 멀리 가버렸다. 그러나 저가 관광의 윤리적, 금전적 문제에 대해 가능한 해법은 다음과 같은 형태를 띨 수 있을 것이다.

1. 개발도상국으로의 저가 관광 상품을 모두 중단한다.
2. 이 중단 선언을 널리 공표한다.
3. 그동안 저가 상품을 내놓느라 손해 본 만큼의 돈을 개발도상국의 지속가능한 관광 자선단체에 내놓는다.

이 지역으로의 여행은 전체 여행 목적지의 작은 부분밖에 차지하지 않으리라 생각된다. 그러나 공표의 효과는 아주 클 것이다. 여행객은 이 윤리적 운동을 '구매'할 것이고, 회사는 아무런 금전적 손해를 보지 않을 것이다. 왜냐하면 그것은 원래 저가 할인으로 인해 빠져나갔던 돈이었기 때문이다.

현지 업체

윤리적 관광에 대해 이야기하는 한, 현지 매니저가 갖는 도덕적 임무는 국제적인 주류 도매업체만큼이나 크다. 그들은 어느 호텔에서 묵을지, 무슨 버스업체를 이용할지 등등을 말 그대로 '현지에서' 결정한다. 비용 삭감이나 엉터리 서비스를 초래할 수도 있을 압력을 업체로부터 받기도 하지만, 그들이 수행하는 역할은 무척이나 중요하다. 몇몇 나라의 경우, 그들은 정부로부터 엄중한 통제를 받는다.

티베트

중국은 티베트의 현지 관광 가이드를 중국인 직원으로 교체하고 있다. 티베트 사람인 가이드가 티베트의 정치적 상황을 서구 관광객에게 이야기하는 것을 중국은 허용할 수 없기 때문이다. 이는 중국이 점령 권력으로서 통상적으로 자행하는 윤리적 유린이나 부도덕한 행동의 일부 사례일 뿐이다. 자기 나라로의 입국을 금지당한 달라이 라마는 여행객들에게 계속 티베트를 방문해줄 것을 간청하면서, 특히 티베트인들의 관광 시설을 사용하기 위해 노력해달라고 부탁하고 있다. 현재 세계적인 국제업체들 중에서는 단 두 곳만이 중국/티베트에서 독자적인 차량을 운행하면서 중국 정부가 정해준 것이 아닌 여행객이 원하는 것을 보여주고 있다.

쿠바

관광업체들이 그려낸 쿠바의 이미지는 푸른 바다, 향기 나는 담배 연기, 삼바와 살사의 쾌활한 리듬들이다. 이것은 사실이다. 거의 대부분의 관광객들은 바라데로(Varadero)의 엄격히 통제된 거처에서 이를 경험하게 되니까 말이다. 지역 화폐로 보통의 시민은 기초적인 생필품만을 구입할 수 있으며, 그래서 100달러를 벌기 위해 쿠바의 춤 강사는 일주일 내내 관광객 학생들을 모아서 가르쳐야 한다. 그러나 33살의 춤 강사인 다미안 디아즈(Damian Diaz)에 따르면 이것도 쉽지 않다고 한다. "만약 춤을 배우는 학생들과 함께 내가 공공장소에 있으면, 경찰은 나를 멈춰 세우고 신분증을 보여 달라고 요구할 거예요. 내가 마약 밀매를 하지는 않을까 의심하기 때문이지요. 관광지에서 뭔가를 먹고 싶거나 관광지 해변에 가고 싶어도, 나는 그럴 수 없어요. 쿠바인들은 그곳에 가는 것이 금지되어 있으니까요." 이는 단지 호텔의 문제가 아니며, 정부와도 관련된 문제이다. 이는 잠시 후에 논의할 것이다. 쿠바 내국인에 대한 이런 제한 조치들 중 일부는 카스트로가 만든 것이다.

항공사

그들이 도울 수 있을까? 그렇다. 그것도 아주 쉽게. 개발도상국으로의 새로운 항로를 하나 개척하고 나면, 그들은 곧 그 나라와 국민에 대해 엄청난 권력을 얻게 된다. 자신이 실어 나른 관광객들이 항공사만이 아니라 현지 사람들에게도 이익을 가져다줄 수 있다는 사실을 보증하기 위해서, 그들은 그곳 정부와 관광 부서와, 그리고 더 중요하게는 현지 국민들과 가깝게 일해야 한다. 가난한 세계로의 여행에 대한 여행객들의 걱정은 개발도상국에서의 관광과 관련된 문제들에 대해 높아진 인식을 항공사가 보여줌으로써 완화될 수 있다. 영국 항공(British Airways)의 호소문 '좋은 일을 위한 거스름돈'은 승객들의 잔돈이나 거스름돈을 모아 현지 자선 사업에 기부하는 사업으로서, 하나의 시작이라 할 수 있다. 그러나 회사의 윤리 정책은 임원에서부터 직원에 이르기까지 모두에게 완전히 받아들여져야 하며 또 소화되어야 한다. 항공사의 엄청난 영향은 그런 후에야 적절하게 제어될 수 있을 것이다.

관광협회 / 정부

개발도상국에서는 이 둘이 긴밀하게 얽혀 있다. 관광협회는 정부로부터 전액 또는 일부의 재정 지원을 받아 운영되며, 시장에 좋은 인상을 남기기 위한 협회의 활동은 이 돈에 전적으로 의존하고 있기 때문이다.

국가의 이미지는 워낙 중요하기 때문에 공개적인 선전을 통해 이미지를 높이는 것은 좋은 관광협회가 되기 위한 필수 조건이다. 재난과 같은 사건으로부터 입게 되는 피해를 최소화하는 능력 또한 핵심적이다. 홍콩, 뉴질랜드, 태국, 오스트레일리아, 남아프리카 공화국, 유럽 국가들의 경우를 제외하면, 현재 영국에서 활동하고 있는 관광협회들은 대부분이 제대로 된 역할을 하지 못하고 있다. 나머지 관광협회들은 직원도 부족하고 재정도 너무나 부족하다. 그들의 정부가 저지르는 잘못이 여기에 있다. 관광객의 달러는 간절히 원하면서도 문제가 생기면 우는 소리만 한다는 것이다. 정부가 긁어모으는 돈은 어마어마하지만 현지 경제와 실제 여행객이 얻는 이익은 보잘 것이 없다.

케냐

관광으로 엄청난 수입을 벌어들이면서도 동아프리카의 이 나라에 놓인 도로는 왜 최악인 것일까? 본국을 떠나기 전에 각 관광객이 내는 50달러의 비자 비용은 어떻게 된 것일까? '돈과 현재'만을 생각하는 태도는 엄청난 해악을 끼치고, 전망의 결여는 실제적인 개발을 방해하고 있다. 리처드 리키(Richard Leakey)처럼 부패와는 거리가 먼 정치가가 관여할 때 외국의 원조도 급증하고 관광에서도 그 이익이 현지 주민과 야생 동물 모두에게 돌아가게 될 것이다.

우간다

지역적인 문제는 도덕적 의무 또한 포함하고 있다. HIV/에이즈 초창기에 무세베니(Museveni) 대통령은 전국적인 교육 프로그램을 시행하면서 그것을 세계에 알렸다. 지금 그 나라는 아프리카에서 질병율이, 여전히 높기는 하지만, 감소하고 있는 유일한 나라가 되었다.

남아프리카 공화국

음베키(Mbeki) 대통령은 모든 의학적 소견을 무시한 채 HIV의 기원에 관해 얼토당토 않은 말들을 퍼뜨림으로써 언론과 의학 종사자들 모두로부터 광범위한 비난을 받았을 뿐만 아니라, 포스트-만델라시대의 남아프리카 공화국에 대한 신뢰도를 추락시키고 말았다. 세상 최고의 관광협회를 가졌다 할지라도, 만약 당신의 정부가 추락하고 있다면 모든 활동은 무위가 될 것이다.

브라질

몇 해 전까지 브라질 관광협회에는 영국 지부가 없었다. 그래서 브라질을 생각할 때 사람들은 축구, 암살단, 강도, 파벨라(favellas)[브라질의 빈민촌], 우범 지대와 같은 것들만을 떠올렸다. 이 모두는 타블로이드판 신문에서 접한 내용들이었다. 현재 이러한 시각은 바뀌었다.

모리셔스(*Mauritius*)

가끔은 압력이 효과를 가질 때가 있다. 최근에 환경부는 블루 베이(Blue Bay) 해양 국립공원에 호텔을 신축하겠다는 건설 신청을 기각시켰다. 생태계를 망가뜨리기 쉽고 해양 오염의 위험이 너무 크다는 것이 그 이유였다. 이러한 성공은 보기 드문 일이다. 왜냐하면 그러한 우려는 너무나 자주 무시되기 때문이다.

잔지바르

영국 단체 투어리즘컨선(Tourism Concern)의 엄청난 압력이 없었더라면, 현재 섬의 북부 끝자락에서는 골프장, 공항, 호화로운 호텔을 짓는 40억 달러짜리 건설 공사가 한창 진행 중이었을 것이다. 원래의 계획에서는 반도에 거주하는 2만 명의 주민들을 전혀 고려하지 않았다. 주민들은 결정과정에 아무런 목소리도 내지 못했으며, 칸쿤(Cancun)의 멕시코 주민들과 마찬가지로 자신이 살던 집에서 쫓겨날 참이었다. 정부는 이들을 돕기 위해서는 손가락 하나도 까딱하지 않았으며, 세계에서 가장 아름다운 해안선 중 하나에 거대한 얼룩을 남기면서도 이에 대해 어떠한 보상도 하고 싶지 않은 듯했다. 인권은 말할 것도 없고, 게스트하우스나 작은 호텔, 어부와 농부의 생계까지도 위협을 받았고 섬세한 산호초들 역시 위험에 처했었다.

이는 관광 개발의 어두운 측면들로서, 외부인을 상대로 한 홍보 방송들은 이런 내용을 보여주고 싶어하지 않는다. 빈번히 원칙을 무시하는 정부와 결탁한 이들은 인권 침해에 대한 어떠한 목소리도 손쉽게 짓밟아버린다. 호의적인 정부의 지원을 받아 풍부한 재정으로 정직하게 운영되면서 정확한 정보를 제공하는 관광사무소, 이는 개발도상국에서 장기적인 관광 산업이 지속가능한 성공을 거두는 데 결정적인 역할을 담당한다.

미디어

신문, 텔레비전, 라디오는 절대적으로 중요한 역할을 한다. 이들에게는 격한 표제나 과장된 보도를 통해 한 나라 관광의 성장 잠재력을 꺾어버리는 능력이 있다. 편집자와 광고주에게는 나쁜 소식이 좋은 소식이다. 한 나라를 칭찬하는 것보다는 비난하는 것이 훨씬 쉽다. 몇 분 사이에 입은 피해를 복구하는 데에는 몇 년이 걸린다. 과도한 일반화에 빠지지 않고 정확하게 보도하는 것은 도덕적 의무인 것이다.

'터키에서의 지진'은 흑해 지역 전체를 위험한 곳으로 몰아넣는다. 한 소녀가 말라위(Malawi)에서 살해당하면, 아프리카 동남부 전체가 그런 곳이 되어버린다. 지금의 남아프리카 공화국은 15년 전보다 명백하게 더 위험한 곳이 되었지만, 어떤 잔학 행위에 관해서도 정치적으로 올바른 보도는 이루어지지 않고 있다. 여행 책자들 또한 그다지 나을 것이 없는데, 이들은 윤리적 관광에 대해 얄팍한 립 서비스만으로 일관하고 있다. 감비아에 동정적인 척하는 최신 책자를 보면, '신선한 것, 식상한 것'(What's hot and what's not)이라는 소제목 아래에 다음과 같은 의심스러운 조언이 붙어 있다. "호텔 밖으로 나서는 관광객은 가난한 사람들로부터 위협받게 될지 모른다."

민주적 권리를 외쳐대는 정치가들 역시 별 도움은 주지 않는다. 짐바브웨는 정의를 위해 울부짖고 있었지만 이웃 나라들은 발뺌하기에 바빴고, 영연방 회원국들은 제명 문제를 두고 말을 흐렸다. 토니 블레어 총리는 중대한 3월 선거를 한 달 앞둔 시점에서 이 분쟁에 큰 무게를 싣고 싶어하지 않았다. 그는 분쟁 지역으로부터 가능한 멀리 떨어진 **서부** 아프리카를 방문했고, 거기서 그가 무기를 판 것은 물론이고 다이아몬드와 기름을 획득하게 되었다는 사실은 그의 상투적인 립 서비스들을 더욱더 부정직해 보이게 만들었다.

근래의 휴가 관련 방송 프로그램은 구독률이나 시청률 수치에 따라 좌우되기 때문에, 주류 미디어는 평범한 프로그램을 제공한다. 마이클 펄린(Michael Palin)의 프로그램은 따라 하기에는 너무 어려워서 그가 방문한 나라들에 아무런 도움도 되지 않기 때문에 안락의자에 앉아서 보고 즐기는 프로그램 이상이 될 수는 없다. 주류 프로그램들은 지루하고, 예측가능하며, 생색내기에 가깝다. 작거나 가난한 나라에는 별 도움도 주지 않으면서 대형업체만 좋은 일을 해주고 있다. 보다 야심찬 텔레비전 프로가 나올 때까지는, 시청자들은 또 다른 주디스, 줄리엣, 존 혹은 샹카(Shanka)가 또 하나의 아이스크림을 전부 다 먹을 때까지 그 모습만을 지켜보거나,

또 하나의 뜨거워진 수영장 옆에 또 하나의 일광욕실이 들어앉는 광경을 가만히 보고 있을 수밖에 없을 것이다. 모 프로그램에서처럼 B급 유명인들이 개발도상국에 낙하산을 타고 떨어지는 경악스러운 행위는 그들의 미래에 별 도움이 되지 않는다. 『서바이버』(*Survivor*) 시리즈는 영락없는 주류 프로로서, 현지인들에게는 보잘 것 없는 보상만을 해주고 있고, 촬영으로 인한 자연 훼손은 촬영 기간보다 더 오래 지속되고 있다.

사람들이 휴가를 계획하는 과정에서 자신의 휴가지에 대해 광범위한 연구를 수행할 것을 기대한다는 것은 비현실적인 이야기이다. 그렇기에 그들은 '전문가'의 조언에 의존하기 쉽다. 영국 정부를 대변하는 외무부 웹사이트는 사람들에게 시리아, 이란, 스리랑카, 수단, 에티오피아, 우간다는 무조건 피해야 할 나라라는 믿음을 심어주었다. 사실 이 나라들에는 아마도 지구상에서 가장 호의적이고 친절하다고 할 수 있을 사람들이 살고 있으며, 그들은 다른 나라와의 정상적인 접촉을 간절히 바라고 있다.

관광과 관련된 보다 기초적인 환경 문제들도 있다.

1. 등산 활동의 증가는 배수 및 하수 처리 문제, 산길 침식, 동식물 생활 침해 등을 일으킬 수 있다.
2. 장기 순항 여객선은, 제대로 관리되고 확실히 자급자족하지 않는 경우에는 오염을 일으켜 현지인들의 건강을 위협할 수 있으며, 오수를 방류함으로써 수생 식물들을 파괴할 수도 있다.
3. 호텔과 골프 리조트는 식물과 야생동물의 서식지를 없애버릴 뿐만 아니라, 해변과 절벽을 침식시키고 지리적 특성을 파괴할 수 있다. 또한 이들은 물을 낭비한다.
4. 모든 관광 개발에서의 물 수요 증가는 흔히 관광객이 몰리는 시즌의 물 부족을 의미하며, 일반적으로 고통 받는 것은 현지 사회이다.

이들은 단순하고 명백한 사례들이지만, 관광 개발 업체에서 거의 염두에 두지 않고 있는 것들이기도 하다.

결 론

도입부의 사례들을 재검토해볼 시간이다.

마요르카(Mallorca), 6월, 안젤로의 바: 윤리적 관광은 개발도상국에서만의 이야기가 아니다. 몇몇 기초적인 말을 흉내 내는 걸 갖고 현지 말투를 완전히 이해하는 척하는 것은 무식하고 무례한 일이다. 제대로 배우는 수고를 하라, 그러고 나서 당신의 진정한 노력에 대해 사람들이 얼마나 긍정적으로 반응하는지 보라.

탄자니아 세렝게티(Serengeti), 1월, 이주 기간: 집을 떠나기 전에 그 지역과 야생동물에 대해 숙지하라. 일단 가이드와 운전사의 조언을 잘 듣고, '가까이 가달라'며 돈을 건네지 마라. 당신이 들어서게 된 땅이 사람의 것이든 짐승의 것이든 존중하라.

인도 뭄바이(Mumbai), 3월, 빈민가 거리: 가난한 사람의 궁핍에 그림처럼 아름다운 면모 따위는 없다. 그래서 그 사진으로 그 굶주린 아이를 얼마나 돕겠다는 말인가? 꼭 찍어야 한다면 찍어도 좋다. 하지만 가능하다면 사진을 보내줄 이름과 주소를 물어보라. 그리고 무엇보다도 바로 그 사람에게 반드시 보상하라.

볼리비아 라파스(La Paz), 5월: 개발도상국이라는 이유만으로 통화의 가치가 갑자기 떨어지는 것은 아니다. 옷값을 깎으려고 조르는 그 손님에게 15달러라는 돈이 크면 얼마나 크겠는가? 무척 적은 돈이겠지만, 그 옷을 팔아 생계비를 벌어야 하는 노점상에게는 간절한 돈일 것이다. 그러니 공정한 가격을 지불하라.

잔지바르 능위(Nungwi): 이슬람 국가에 가면 그곳의 관습과 전통을 존중하라. 그러기 싫다면 그런 노출이 별 문제를 일으키지 않는 곳으로 여행하라. 약간의 교육과 배려는 개발도상국에 큰 도움이 된다.

카리브 해 도미니카공화국: 최소한 현지 가게나 시장에서 물건을 사려고 노력하라. 현지 상인들에게 조금이나마 이익을 가져다주게 될 것이다.

런던 플리트가(Fleet Street): 뉴스는 뉴스다. 그러나 그 짧은 기사가 그 나라의 관광에는 치명적일 수 있다. 대부분 사람들의 지리학적 지식은 몹시 엉성하기 때문에 잠재적 관광객들은 쉽게 불안해하기 마련이다. 그러므로 관계되어 있는 좁은 지역을 정확하게 명기하고 무서운 얘기를 과장하지 말라.

티베트 라사(Lhasa): 당신의 여행사를 조심스럽게 선택하라. 대부분은 비민주적인 독재 정부의 암묵적인 후원자일 테니까 말이다.

희망은 있다. 그러나 그 희망은 보살핌을 필요로 한다. 현재처럼 **모든** 관광에서 보다 윤리적인 접근이 철저히 무시된다면 그 희망은 소진될 것이며, 윤리적 임계 질량(critical mass)은 파탄날 것이다. 이 산업의 주요 참가자들은 윤리적 관광을 위해 지금 하고 있는 것보다 훨씬 더 많은 책임을 짊어져야 하며, 대의를 실천하라며 작은 회사들의 등만 떠밀어서는 안 된다. 반대로 작은 회사들은 정부만 믿고 긴장을 풀면 안 된다. 리우(2001)와 남아프리카 공화국(2002)에서 큰 대가를 치른 지구정상회담이 열렸지만, 신문의 한 귀퉁이를 얻어낸 것을 빼면 별 소용이 없었다. 직접행동이 그 뒤를, 재빨리 뒤따라야만 한다.

관광은 사업이다. 그러나 초대형 개발을 통해 국제적인 재벌 그룹, 사장, 주주의 호주머니로는 사자와 같은 동물들의 몫마저도 흘러 들어가는 반면 현지 국가에 돌아가는 몫은 거의 없는, 그런 식의 재산 분배와 이윤 분배가 이루어져서는 안 된다. 우리가 새로이 가게 될 여행지 또한 지구상에서 가장 가난한 나라 중 하나일 수 있다. 인도, 네팔, 페루, 멕시코는 백만 명이 넘는 인구가 하루에 1파운드도 안 되는 돈으로 살아가고 있는 나라들이다. 그들은 관광에 크게 의존하고 있으며, 관광은 많은 이들에게 이익을 가져다준다. 하지만 안타깝게도 관광은 너무 잦은 부작용을 동반하며, 또 그 이익은 현지 주민들을 빼놓고 분배되기 일쑤이다.

정부, 관광협회, 미디어뿐만 아니라 여행사와 항공사들 역시 장기적인 이익을 보장하기 위해서는 반드시 현지 국가들과 협력해야 하고, 그들의 관심사를 경청해야 한다. 새로운 사업의 금전적 결과만을 고려할 것이 아니라, 그로 인해 영향을 받을 현지의 요구에도 민감해야 한다는 깨달음을 꼭 얻어야 한다. 이것이 윤리적으로 수행되기만 한다면, 양쪽 모두 이익을 얻을 수 있을 것이다.

윤리적 짐의 무게

짐 부처*

관광은 전통적으로 느긋한 휴식, 모험, 쾌락 등과 결합되어 있었다. 지난 몇 세대 동안, 휴가는 과중한 업무로부터의 탈출뿐만 아니라 어쩌면 가족과 사회가 정한 도덕적 규제로부터의 탈출 기회도 제공해주었을 것이다. 그러나 커져가는 윤리적 관광의 압력에 의해 오늘날에는 휴가가 비판적 검토의 대상이 되고 있으며, 이때 주로 거론되는 것은 우리의 여행 욕구를 가로막는 자연적, 문화적 장벽들이다.

　전통적인 패키지 관광 대신에, 윤리적 관광의 옹호자들은 몇 가지의 대안을 제안한다. 굳이 이름을 붙이자면 생태관광, 공동체 관광, 문화적 관광, 녹색 관광 등이 될 텐데, 이들 모두는 자연을 무척 권장하는 반면에 군중, 리조트, 경솔한 언행, 재미를 금지한다. 그들이 옹호하는 새로운 종류의 관광이 권장하는 바에 따르면, 우리는 현지 환경을 훼손하고 현지 문화

---

* **짐 부처(Jim Butcher)**는 캔터베리 크라이스트 처치 대학(Canterbury Christ Church University College)의 지리관광학과 교수로서, 관광과 레저의 사회학을 가르친다. 『관광의 도덕화』(*The Moralisation of Tourism*)[Routledge, 2002]를 비롯해 현대 관광에 관한 다수의 글을 집필했다. 짐은 부인과 두 아이와 함께 켄트(Kent) 주에서 살고 있으며, 일을 하지 않을 때면 몰타(Malta)와 프랑스에서 죄책감 없는 휴가를 즐기곤 한다.

를 희석시키는 역할을 하고 있는 우리 자신에 대해 반성해야 한다. 한때 결백했던 휴가는 이제 유죄 상태가 되었다. 그것이 윤리적인 것으로 입증되기 전까지는 말이다.

나는 윤리적 관광이란 '비윤리적인' 패키지 휴가객에 대한 비판이라기보다는 비난이라고 주장하려 한다. 그것은 평균적인 관광객에 대한 공격일 뿐이다. 과도한 윤리적 조언은 휴가를 휴가이게 하는 것들을 위축시킨다. 윤리적 관광의 옹호자들에 의해, 재미는 눈살 찌푸려지는 일이 되고 모험심은 통제받게 된다. 그렇게까지 나쁜 것은 아닐지 모르지만 그들의 조언은 관광객과 현지인이 어울릴 수 없을 것이라 는 가정을 전제하고 있음이 분명하다. 이는 결국 차이를 벌리고 오해를 만들어낸다.

윤 리 v s 대 중

관광은 엄청나게 성장해서, 1950년대에 5천만 명이었던 국제 휴가 여행객은 오늘날 8억 명이 되었다(이 수치가 세계 인구의 15% 정도에 불과하다는 점도 유념해야 할 것이다). 관광이 성장함에 따라 순전히 여가만을 목적으로 햇볕 쨍쨍한 모래사장, 눈 덮인 산, 세계적인 도시로 여행할 수 있는 기회도 더 많아졌다. 어쨌든 이는 축하할 일이다. 그렇지 않은가?

윤리적 관광의 옹호자들에게는 그렇지 않을 것이다. 그들에게 패키지 관광 혁명은 환경 파괴와 문화 충돌로 가득한 것으로 묘사된다. 수백만 명에게 여가 여행의 기회를 안겨준 산업은 종종 암울한 색으로 칠해지거나 '콘크리트 정글', '술꾼', 문화적 평준화의 전조로 희화화된다. 위에서 언급한 수치는 축하할 만한 일이 아니라 관광이 너무 멀리 또 너무 빨리 가고 있다는 증거로서 인용된다. 대중 관광의 성장에 따른 문제의 예상 규모는 묵시록적 제목이 달린 조나단 크롤(Jonathan Croall)의 책 『보존이냐 파괴냐: 관광과 환경』(*Preserve or Destroy: Tourism and the Environment*) [1995]에 정리되어 있다.

지난 30여 년 동안, 대중 관광은 경치를 훼손하고, 공동체를 파괴하고, 부족한 자원을 다른 곳으로 빼돌리고, 공기와 물을 오염시키고, 문화를 평준화하고, 획일성을 양산하고, 우리 행성의 수명을 단축시키는 결과를 초래했다.

따라서 윤리적 관광은 대중 관광에 대항하는 것으로 정의되며, 대중관광은 비윤리적이고 무책임한 것으로 희화화되어 그려진다. 그러나 이러한 윤리적 관광의 옹호자들에게, 대중 관광이란 관광객의 숫자만을 언급하는 것이 아니다. 그것은 또한, 그리고 더 결정적으로, 관광객의 유형에 대해 언급하고 있다. '대중'이라는 말은 용법상 경멸적인 함의를 갖는 경향이 있다. 예컨대 지각없고 무지하며 단순히 군중을 따라다니는 사람이라는 의미로서 말이다. 내 사전에서 찾아낸 정의, 즉 '대중: 개성이 없는 집단'은 이에 딱 들어맞는다. 이런 점에서 슈퍼마켓과 값싼 음식과 더불어 대중 관광은 현대 산업 대중 사회에서 나타나는 끔찍한 대중 소비의 전형적인 사례로 꼽히며, 윤리적 운동가들에게 이는 파괴적인 것으로 간주되고 있다.

윤리적 관광의 옹호자이자 관광 컨설턴트인 알루왈리아 푼(Ahluwalia Poon)은 논쟁의 상태를 다음과 같이 요약한다.

관광 산업은 위기에 처해 있다. [……] 이는 사회적, 문화적, 경제적, 환경적 파괴를 불러온 대중 관광의 위기로서, 새로운 세상을 맞이하기 위해 뿌리째 바꾸어야 하는 것은 대중 관광이라는 행위이다.

이러한 과장된 주장에 힘입어, 윤리적 관광은 별다른 노력 없이도 대중 패키지 관광에 비해 높은 도덕적 지위를 획득할 수 있었다. 이러한 분위기에서, 유럽연합으로부터 후원을 받은 테네리페(Tenerife)섬의 지속가능한 관광 프로젝트는 '위협받는 전통 공동체'를 지원한다는 협정을 체결했는데, 여기서도 대중 관광 개발 집단은 '오래된 문화를 멸종의 벼랑 끝으로' 몰아넣은 죄를 선고받았다.[14] 이러한 주장들은 패키지 관광과 관광 리조트를 표적으로 삼으면서, 근본적으로 보호주의적인 견해—윤리적 관광의 핵심에 있는 견해—를 피력하고 있다. 이 프로젝트의 후원자들은 해변 가득한 리조트들을 경멸적인 (그러나 아마도 가끔씩은 부러워하는) 눈으로 깔보면서, 느긋한 목동(goat herders)의 신화 연구를 돕고 거기에 거름을 주고 있다.

　　윤리적 관광은 특정한 성격의 대중 관광과 대중 관광객에 대한 치사한 반대 운동이다. 일례로, 3S(sun, sea, sand: 태양, 바다, 모래)를 제공하는 여타의 여행사와는 달리 독자적인 길을 간다고 주장하는 '3T'(travelling, trekking, trucking: 여행, 도보 여행, 트럭 여행) 회사들을 생각해보자. 그런 여행사들 중 하나인 익스플로어(Explore)는 자신들이 제공하는 휴가를 "휴가에서 싸구려 와인이나 선탠 이상의 것을 원하는 사람들을 위한" 것이라고 광고한다. 공동체 관광 가이드(Community Tourist Guide)는 재빠르게도 자신의 휴가를 '개성 없는 외양의 주류 관광'이나 '피곤하고 따분한 관광'과 차별화시킨다. 몇몇 윤리적 운동가들은 휴가를 즐기는 대중이란 개성 없이 균질적이고 생각 없는 군중이라고 확신하고 있다. 휴가를 개인적인 도덕적 미션의 일부로 보지 않고 뻔뻔하게 즐기려고만 드는 우리들은 너무나 천박하고 명랑한, 즉 버릇없고 단순한 인간으로 경멸당하게 된다.

반(反)재미와 반(反)인간

걱정을 잊고 재미있게 노는 것이 내가 생각하는 휴가의 전부이다. 그러나 윤리적 관광의 옹호자들은 그렇지 않다고 한다. 재미는 우려스러운 것으로 간주된다. 영국의 윤리적 관광 운동 단체 투어리즘컨선(Tourism Concern)의 앨리슨 스탠드클리프(Alison Standcliffe)에 따르면, 걱정을 잊는다는 것은 '당신이 평상시 주의하던 것들에 눈을 감는 것'을 의미할 수 있다.[15] 환경운동가 조지 몽비오(George Monbiot)는 주류 관광의 음침한 관점을 요약하면서, '관광이란 대체로 비윤리적인 활동으로서, 다른 모든 사람들의 희생을 대가로 재미있게 놀도록 우리를 내버려두는 것'이라고 주장한다.[16] 이렇게 암울한, 흥을 깨는 견해가 오늘날의 윤리적 관광 옹호자들에게 그다지 특이한 것이 아니다. 또 다른 저자는 '많은 사람들의 쾌락지상주의 철학'을 윤리적, 지속가능한 관광과 대립되는 것으로 지목한다. 한때 휴가는 순결과 재미와 결합되어 있었다. 그러나 오늘날에는 윤리적 관광이라는 것이 우리의 죄를 들추어내려 하고 있다.

데이비드 로지(David Lodge)의 소설 『천국의 소식』(*Paradise News*)의 등장인물인 인류학자 루퍼트 셸드레이크(Rupert Sheldrake)는 흥을 깨는 윤리적 옹호자들이 갖는 전형적인 시각을 보여준다. 셸드레이크는 하와이를 여행하면서 이렇게 말한다. "마르크스가 자본주의에, 프로이드가 가족에 했던 일을 나는 관광에 하고 있다. 즉 그것을 해체하고 있는 것이다." 셸드레이크는 홀로 여행한다. 그의 예민한 약혼녀는 약혼을 파기해버렸다. "그녀는 내가 시종일관 휴가를 분석하느라고 그녀의 휴가를 망쳤다고 말했다." 윤리적 관광은 우리 모두에게 우리의 경험을 해체할 것을, 우리의 행동을 숙고할 것을, 우리의 문화적 환경적 영향을 의식적으로 검토할 것을 요구한다. 그리고 그러지 않는 사람들을 비판적으로 바라보라고 요구한다.

그러나 윤리적 관광의 옹호자들은 윤리적 관광이 재미를 좇는 사람들의 목을 옥죄는 부담이 된다는 사실을 부인한다. 오히려 그들은 그것이 전체적인 경험을 향상시켜주는 '부가 장치'로서 기능한다고 본다. 예컨대, 최근에 발간된 윤리적 관광 잡지 『거기에 있기』(*Being There*)는 '휴가로 방문하는 여행지와 그곳 사회에 무엇인가를 보답하고자 하는 펑키하고 모험심 강하며 재미있고 호기심 많은 여성'을 대상으로 하고 있다. 윤리적 소비의 선구자이자 위 잡지의 공동 설립자인 아니타 로딕(Anita Roddick)은 당신이 방문하는 곳이 "휴가를 누리던 곳에서 당신이 나누고, 배우고, 성장하는 곳으로 말 그대로 움직이게 된다"고 덧붙인다.[17]

여기에는 순진한 패키지 관광객이 놓치고 있는 놀라운 세계가 존재한다는 메시지가 함축되어 있다. 그러나 휴가에서 원하는 것을 사람들이 결정하도록 내버려두지 않는 이유는 무엇인가? 왜 윤리적 여행에 대한 설교를 하는 것인가? 윤리적 브랜드는 관광객에게 더 즐겁고 더 만족스러운 것으로서 제시된다. 그러나 무엇이 좋은 휴가를 만드는지에 대한 판단은 왜 관광객에게 맡기지 않는가? 소비자들이 지금까지 해온 일들이 모두 옳았던 것도 아닌데?

욕구를 채우기 위한 인간지향형 휴가와 달리, 생태관광과 같은 윤리적 브랜드는 '사람'에 대한 독특한 환멸감을 반영하는 것일 수도 있다. 결국 그것은 자연의 고상함을 찾아 경솔한 행동과 군중, 도시, 그리고 자기 자신의 사회를 멀리하자는 것이 아닌가? 생태관광은, 덜 현대적인 존재들을 경험하는 것에 초점을 맞추는 여타의 관광 형태들과 마찬가지로(대부분의 윤리적 관광은 이런 부류에 속한다), 확실히 자기내성적이고 자기중심적인 듯하다. 흔히 이러한 관광은 자기 자신의 사회가 아닌 보다 자연에 가까워 보이는 문화에서의 고독한 명상을 통해 자아가 발견될 것이라는 낭만적인 생각을 전제하고 있다. 그러나 윤리적 관광객이 소중히 여기는 원시적인 환경과 다양한 문화는 사실 그들 자신의 탈근대적인 공포와 명백히 반근대적인 공포에서 벗어나기 위한 배경에 불과하다. 반면 대중 관광은 잔치와 군중을, 또 당연히 사람을 즐긴다. 그렇다면 관광의 두 가지 유형 중에서 정말로 '사람중심'이라고 불릴 만한 것은 무엇일까?

주목할 만한 것은, 휴가에서의 윤리적 행동에 관한 관심이 클럽 18-30(club 18-30)[토머스 쿡의 여행사]류의 '술꾼들'에 한정되는 것이 아니라 패키지 관광객에까지 뻗어가고 있다는 점이다. 사실, 윤리적 관광의 옹호자들이 제기했던 논쟁은 아이러니하게도 한 바퀴를 돌아 자기 자신에게 되돌아왔다. 원래는 환경적 의식이 있던 관광객과 관광업자와 비정부단체들이 자신들이 생각하는 대중 관광 산업의 파괴 행위를 비판하고 생태관광, 대안적 관광, 녹색 관광, 공동체 관광 등 보다 진보적인 형태의 '새로운' 관광을 제안했던 것이지만, 이렇게 제안되었던 해법 중 일부가 지금은 스스로에게 재검토를 받고 있는 것이다. 과거의 주장은 대중 관광이 현지 환경과 전통 문화에 대해 전혀 고려하지 않은 채 흉측한 콘크리트 구조물을 만들어낸다는 것이었다. 그러나 보다 최근에는, 생태관광과 같은 '윤리적' 대안들 또한 관광 산업을 위한 트로이 목마일 뿐이라고 내부적으로 비판받고 있다. 즉 생태관광객이 밟은 곳은 곧이어 덜 모험적인 관광객이 뒤따를 수 있다는 것이다. 냉소적인 주장이지만, 관광객들을 '관리할' 수 있고 '한 곳에 함께 모아둘' 수 있는 장소에 머물게 함으로써, 관광객의 발자국이라는 위협으로부터 야생을 해방시키는 편이 더 낫지 않겠는가? 그렇다면 블랙풀(Blackpool)과 베니도름(Benidorm)은 지속가능한, 윤리적 관광의 궁극적 목표가 아닐까?

이러한 주장에는 논리가 있다. 그러나 그것은 관광객을 통제되어야 할 문제거리로 여기는 뿌리 깊은 냉소주의를 전제로 하는 논리이다. 이러한 시각에서, 관광객은 양떼처럼 해변의 감옥에서 살아가는 자발적 죄수가 된다.

모 험 의   금 지

윤리적 관광은 무엇이 윤리적이고 무엇이 비윤리적인지에 대해 분명한 목록을 갖고 있지 않다(물론 대체적으로 보아 어떤 유형의 휴가는 좋은 것이라고 혹은 나쁜 것이라고 여겨지기는 하지만 말이다). 대신 관광객의 지나친 자유라든가 여행지의 환경적 문화적 연약함이라는 개념에는 상당히 유동적인 도덕관이 들어 있다. 이렇게 볼 때, 배낭여행객이나 소위 '대중 배낭여행객'이라는 명칭이 붙은 사람들 역시 그 틀 안에 속한다는 것은 그리 놀라운 일이 아니다.

사실, 오늘날의 젊은이들처럼 여행하는 것은 윤리적 여행 집단으로부터 노골적인 적대까지는 아니더라도 상당한 냉소를 받고 있다. 리비 퍼브스(Libby Purves)는 2001년 『더 타임즈』(*The Times*)에 쓴 글에서 젊은 여행객들에게 '분별없는 여행'을 삼가달라고 간청하면서, 영국의 외국 배낭여행객들을 "트라팔가 광장 분수대 주변의 수많은 쓰레기통처럼 널브러져 [……] 거대한 몸집으로 어슬렁거리는 쇠똥구리"라고 묘사한다. 배낭여행객은 엄청난 자유를 누리지만, 한 평론가의 말을 빌자면 그것은 '우리를 집어삼킬 위험'이 있는 자유이다. 점점 더 많은 장소와 문화가 자유분방한 여행객의 '목적지'가 되어감에 따라 더욱 그러해지고 있다. 윤리적 관광은 우리가 지구를 더럽히고 문화를 평준화하는 잠재적 공모자라는 비판적 자기인식을 통해 이 자유를 다스려야 한다고 주장한다. 한 여행자 윤리 수칙에는 다음과 같이 적혀 있다.

집을 떠나 자유를 누린다는 것, 그것은 내가 평소대로라면 결코 하지 않았을 짓을 하도록 충동질할 것이다. 그러나 나는 휴가를 떠나 있더라도 나 자신을 비판적으로 바라봄으로써 이러한 위험을 피하고, 자제하며 행동할 것이다. 나는 다른 이들을 다치게 하거나 화나게 만들지 않으면서 즐기고 싶다. (통찰력 있는 관광[Tourism With Insight] '행동 수칙')

여행객과 관광객을 위한 행동 수칙은 많이 있다. 거기에는 다음과 같은 종류의 조언이 담겨 있다. "아이들에게 돈이나 사탕을 주지 마라"(투어리즘컨선). "참고, 친절하고, 신중하라. 당신이 손님이라는 점을 명심하라"(투어리즘컨선). "관광은 세계에서 매우 큰 산업이다. 이 산업은 토착 문화의 유지에 중요한 역할을 할 수 있으며, 많은 아프리카 국가들의 소중한 외화 공급원이다. 조금만 배려한다면 당신은 미래 세대를 위해 이 진기한 지역을 보존하는 데 힘을 보탤 수 있다"(보호의 벗 Friends of Conservation). "지구의 연약함에 유의하라. 모두가 이를 보존하기 위해 함께 힘쓰지 않는다면, 미래 세대가 즐기려할 때에는 진기하고 아름다운 여행지들이 여기에 없을지 모른다는 점을 명심하라"(생태관광 십계—미국여행사협회[American Society of Travel Agency]).

이러한 수칙들의 증가는 전통적으로 독립심과 실험정신과 결합하여 추구되어온 활동에서 특히 두드러진다. 오늘날, 배낭여행객들은 어떻게 행동해야 하는지, 어디에 가고 어디에 가지 말아야 하는지, 어디서 돈을 써야 하는지에 관해 넘쳐나는 설교들로 둘러싸여 있다. 모험을 찾는 많은 젊은 배낭 여행객들에게, 윤리적 관광은 '머릿속 부모'의 역할을 한다. 즉 다닌 곳은 청소하고, 정숙하게 지내며, 인도 위로만 걸어다니라고 잔소리를 하는 것이다.

(이제는 『러프 가이드』[Rough Guides]나 비행기 탑승 비디오나 현지 관광사에

서까지도 듣게 되는) 윤리적 행동 수칙의 증가는 중요한 경향을 보여준다. 새로운 나라, 새로운 문화와의 협상은 갈수록 어려운 일로 묘사되는 추세이다. 관광객은 그들에게 해를 끼치지나 않을까 하며 항상 조심해야 한다. 그들은 현지 문화와 상호작용해야 하는 동시에 그 문화로부터 경의의 거리를 유지해야 한다. 거지에게 돈을 줄지 말지조차도 수칙에 포함된다. 인간의 기본 활동에서 윤리적 문제로의 이러한 전환은 때때로 충격적이어서, 우리는 우리가 휴가처럼 평범한 일에 관해 얘기하고 있었다는 점을 까먹기 쉽다.

윤리적 수칙의 제작자는 젊은 여행객을 스스로 생각하고 행동할 수 없는 어린아이라도 되는 것처럼 취급한다. 사람들이 스스로 문제에 직면하여 그것을 해결할 기회를 봉쇄해버린다는 면에서 볼 때 이러한 가정은 여행의 긍정적 기능을 떨어뜨린다. 이는 문화적 위험을 감수하는 것을 회피함으로써, 결국 우리 자신이 실수로부터 배울 수 있는 가능성을 빼앗아간다. 그것은 억제하는 분위기를 조성함으로써 자유로운 사고를 제한한다. 결국 윤리적 수칙은 우리가 문제에 직면하기도 전에 무엇이 답이어야 하는지를 우리에게 말해주고 있다. 여행은 우리를 다른 장소, 다른 문화로 데려가지만, 윤리적 관광은 우리에게서 위험을 꺼리고 조심스러워 하는 정신이 함께한다는 보장을 얻고 싶어한다. 우리가 그것을 잊고 멋대로 진짜 모험을 시작하지 못하도록 말이다.

1902년에 작품 『어둠의 심장』(*The Heart of Darkness*)에서 여행에 대한 갈증이 어디에서 시작되었는지 그 기원을 묘사했던 조셉 콘래드(Joseph Conrad)는 여행에 대해 무척이나 남다른 관점을 보여준다.

어린 시절 나는 지도에 열광했었다. 나는 남아메리카나 아프리카 또는 오스트레일리아에서의 시간을 꿈꾸었고, 영광스러운 탐험에 마음을 빼앗겼다. 그 당시의 지구상에는 공백이 많이 있었고, 지도상에서 유난히도 나를 초대하는 것처럼 보이는 곳을 볼 때면(사실 모든 곳이 그렇게 보이기는 했지만), 나는 그곳을 손가락으로 짚으면서 "어른이 되면 여기에 갈 거야"라고 말하곤 했다.

이 구절의 정신은 많은 사람들을 고무시켜왔고, 비록 현재의 지구상에는 '공백'이 거의 남아 있지 않지만, 단지 모험과 호기심이라는 의미에서 여행을 하고 싶어하는 욕구는 상당한 것이다. 그러나 여행과 관련된 윤리적 짐은 여행객의 모험 정신에 수갑을 채울 위험이 있다. 오늘날의 여행객들은 사람과 장소에 미칠 영향에 유의하고 조심할 것과 '무언가를 돌려줄 것'을 권고받는다. 그러나 만약 여행이 정말 삶을 확장해주는 활동이나 특별한 경험이기 위해서는, 무모하든 신중하든 충동적이든 준비성 있든 간에 그들을 믿고 맡겨야만 한다. 윤리 수칙을 정식화하려는 시도는 모험과 발견의 정신보다는 신중의 정신만을 키울 뿐이다.

사실, 휴가에서의 개인 행동을 위한 지침을 제시하려는 시도는 오도된 것이다. 제시된 조언은 보통 개발보다는 자연을 우선시하자는 특정한 윤리적 관점에서 도출되었음에도 불구하고 마치 모두에게 적용되는 보편적인 규칙인 것처럼 제시된다. 개발도상국으로 가는 관광객이 호텔보다 현지 사회에서 휴가비를 쓰려고 노력할 수는 있다. 이는 시골에 일정한 이익을 산출할 수도 있겠지만, 이로써 도시 내 서비스 산업의 이익은 줄어들 수도 있는 것이다. 산호 목걸이를 사지 않으면 산호 보호에는 기여할 수 있을지 모르지만, 그 결과 상인은 조금 더 가난해질 수도 있다. 골프장의 과도한 물 사용 때문에 골프장 건설에 반대하는 운동을 한다면, 우리는 물은 보호할 수 있지만 고액을 지불하는 골프 관광객으로부터 사람들이 수입을 얻어 인프라를 개선할 가능성은 부정하는 셈이 된다. 결국 일반적으로 적용되는 규칙이나 수칙은 있을 수 없는 것이다. 이러한 수칙들은 여행지 국가를 돕는 것보다는 관광객을 규제하는 일에 신경을 쓰고 있다. 개인들은 다른 상황에서 다양한 이유로 다른 결정을 내릴 수 있는 존재이다. 이는 심사숙고하고 논쟁해야 할 문제이다. 윤리적 지침을 제정함으로써 이러한 결정을 규제하려는 노력은 바보짓이다. 그것은 대리 부모를 연상시킬 뿐이다. 젊은 여행객들이 집에 두고 왔다고 생각하고 있을 그 사람들 말이다. 더욱더 바보스러운 것은 보호를 그 출발점으로 채택하고 있다는 점이다. 사실 그 수칙이 빈번히 적용되는 개발도상국들이 절박하게 요구하는 것은 보호라는 강요된 관념이 아니라 개발이기 때문이다.

오 해 의 야 기

윤리적 관광의 옹호자들은 사람들이 마음대로 휴가를 가고 싶어하는 자유에 대해서는 매우 조심스러운 태도를 보이는 반면에, 특정한 유형의 자유, 즉 관광객(혹은 적어도 나쁜 관광객)**으로부터의** 자유에 대해서는 간절히 기원한다. 사회, 특히 시골 사회는 관광으로 인해 위험에 직면한 것으로 간주되며, 자칭 그 사회의 대변인들은 자신들이 전통 사회의 정수로 여기는 것을 보호하기 위해 노력한다.

이런 분위기에서 프로엑토 암비엔탈 테레리페(Proyecto Ambiental Tenerife)[테네리페 환경 계획]의 지속가능한 관광 프로젝트에서는 자신의 목적을 다음과 같이 규정하고 있다. "지구상에 존재하는 인류의 삶의 풍부한 다양성을 지속시키는 데 기여한다." 이 프로젝트는 그 목적을 위해, 자원 활동가들에게 보호여행을 가서 전통기법의 농사와 수제품 판매를 돕고 오라고 독려한다. 대중 관광과 같은 외부 영향은 '획일성의 단조로운 바다'를 만들어낼 위험이 있다고 이야기된다. 윤리적 선봉대는 자신의 역할을 이러한 문화적 공습에 직면해 있는 시골 문화를 유지하는 것이라고 생각하고 있다. 다음의 미션 진술에는 그 역할이 솔직하게 담겨 있다. "현지 문화를 존중하라. [……] 이는 절대적이다."

현지 문화에 대한 이러한 경외감은 현지인과 관광객이 차이에 의해 정의된다는 관점에 기초해 있다. 이는 윤리적 관광 옹호자들에게는 핵심적인 관점이다. 하지만 문화적 **차이**는 출발점으로 가정되는 반면에 현지인과 관광객이 **공통**으로 공유하는 소망과 욕구는 거의 고려되지 않는다. 이로부터 문화적 접촉을 강조하는 동시에 조심스러워 하는 접근법이 등장하게 된다. 데이비드 로지(David Lodge)의 인류학자 루퍼트 셸드레이크(Rupert Sheldrake)의 방식처럼, 관광객과 현지인 사이의 접촉은 항구적인 문화적 딜레마로 간주되는 경향이 있다. 윤리적 수칙의 증가는, 관광객과 현지인은 너무 달라서 우리를 안내해줄 한 벌의 윤리적 규칙 없이는 함께 어울릴 수 없다는 관점을 드러내주는 한 사례라고 할 수 있다.

그러나 진실은 보다 단순하다. 내가 아는 한 지인이 세인트루시아(St Lucia)에서 보낸 휴가 얘기를 내게 해준 적이 있다. 그는 여종업원에게 어떻게 사는지를 진지하게 물었는데, 이는 당연히 윤리적 관광객이 해야 하는 종류의 생각이기 때문이다. 그 여종업원은 손님의 기대에 맞추어 전통 의상을 입고서, 본토에서의 삶의 방식을 어설프게 읊어댔다. 하지만 그러한 역할 연기(role playing)의 맥락에서는 공감이나 공통점을 발견하기 어렵다. 나의 지인은 대학에서 연구를 하는 사람이었고, 그 젊은 여성은 여행을 위해, 잘 되면 외국에서의 유학을 위해 열심히 저축을 하고 있는 사람이었다. 술을 좀 더 마시고 문화적 규범이 느슨해지고 나서야, 그들은 자신들의 공통된 소망을 털어놓게 되었다. 그들을 갈라놓은 장벽은 물질적 불평등이었지 물신화된 '문화'가 아니었던 것이다. 여행의 짜릿함은 장벽이 제거되고 서로가 진짜 친구가 될 수 있다는 점에 있다. 윤리적 관광은 문화적 차이를 강조하면서 그들을 '존중'하는 '조심스러운' 관광객이 되어야 한다고 역설한다. 그러나 이른바 문화적 차이에 대한 과도한 조심스러움이라고 하는 것은 공통의 인간성을 보는 우리의 눈을 가리고, 서로 배우고 친구가 될 수 있는 기회를 빼앗는다.

문화를 통해 현지인과 관광객을 보는 것은 관광에 대한 윤리적 비판의 특징이다. 윤리적 관광은 현지인과 관광객을 문화적으로 나누어진 두 개의 분리된 세계에 사는 것으로 그린다. 인류학자들은 이러한 흐름에서 관광에 대한 연구를 시작했는데, 그들은 관광을 일종의 문화 변용(acculturation), 즉 "둘 또는 그 이상의 **문화적 시스템**이 결합하면서 발생하는 문화적 변화"라고 간주했다.[18] 분명, 우리가 서로 다른 '문화적 시스템'에서 출발하게 된다면 현지인과 관광객이 공통으로 가진 것은 간과되기 쉬울 것이다. 현지인의 문화에 위협을 가하는 관광객의 문화를 강조하는 것은 동정심(sympathy)을 유발하기는 하지만, 공감(empathy)에 대해서는 장벽을 만들 뿐이다.

예컨대, 지구감시연대(Earthwatch) 아마존 전통 문화 휴가의 자원 활동가들은 피라바스(Pirabas) 사람들의 풍부한 구전 전통을 기록하고 있는데, 그 전통은 '현대 문화, 즉 텔레비전의 공세에 의해 위협받고 있다'(지구감시연대의 공공 유인물). 우리 문화로부터 현지 문화를 보호하겠다는 바람은 그들에게 텔레비전을 허용하지 않으려는 바람으로 확장되는 것처럼 보인다. 종종 윤리적 관광객은 현지인들에게 무엇이 적합하고 무엇이 적합하지 않은지를 결정하는 사람이 된다. 이런 식으로 현지의 규정된 문화를 도덕적으로 격상시키는 작업은 크리스핀 티켈 경(Sir Crispin Tickell)의 언급에서 드러나는 것과 같은 생각으로 귀결된다. 그는 경제적으로 덜 발달한 지역에서의 관광을 언급하면서, 인간본성은 "어떤 회색의 중도적 기준에 우리를 가두기보다는 우리의 차이를 찬양"할 것이라고 이야기한다.[19] 이러한 주장들에서 평등에 대한 침해가 시작되는데, 윤리적 관광객은 관광지 국가가 가난하더라도 보존되는 것을 오히려 더 좋아하는 것처럼 보인다.

BBC의 『고아의 사람』(*Our Man in Goa*) 역시 비슷한 전략을 취하고 있는데, 클리브 앤더슨(Clive Anderson)은 "[관광객은 고아와 같은 곳이 아닌] 다른 갈 곳을 찾아야만 한다. 유로 디즈니처럼 [……] 별로 연약하지 않은 문화를 가지고 있으며 실제로 손상될 만한 가치도 거의 없는 그런 곳으로 말이다"(BBC TV, 1995)라고 주장한다. 여기에서 고아의 문화는 근본적으로 다를 뿐만 아니라, 관광객의 문화보다 연약하면서 가치 있는 것으로 간주되고 있다. 현지 문화에 대한 낭만적인 감수성이 낳는 이러한 차이는 사람들 사이에 새로운 장벽을 쌓을 뿐이다. 실제로, 많은 고아 사람들은 관광에 긍정적이다. 특히 관광은 경제적 이익을 가져다주기 때문이다. 물질적 이익과 더 나은 평등에 대한 열망은 윤리적 옹호자들이 자주 간과하는 부분이다. 문화에 주목하다보면 **사람**을, 즉 우리와 비슷한 욕망을 가진 사람을 놓치기 쉽다.

문화적 차이의 **우선성**에 대한 가정은 많은 윤리적 관광 옹호자들의 쓸모없는 교의가 되었다. 현지인 문화 대 관광객 문화라는 틀에 박힌 **문화적 대립 구도**는, 윤리적 관광의 옹호자들이 **공통점**이라는 시각에서는 거의 문제에 접근하지 않고 있다는 사실을 보여준다. 현지인과 관광객이 공통의 요구, 바람, 열망을 공유할 수 있다는 점은 고려되지 않는다. 크게 늘고는 있지만 아직은 여전히 극히 제한된 부류에만 허용되어 있는 국제 관광의 대열에 합류하고 싶다는 열망도 그에 포함될 것이다. 그러나 그 열망은 오직 경제 성장과 문화적 변화의 맥락에서만 달성될 수 있는 것이다. 문화적 감수성을 장려하던 중 어딘가에서, 이해와 평등에 대한 열망은 사라져버린 듯하다.

관광은 다른 지역과 문화에서 온 사람들 사이의 접촉과 관련된다. 어떤 이들은 문화적 제국주의라는 말에서 그 위험성을 느끼지만, 차이에 대한 통념은 무너질 수도 있다. 문화적 역충격—엄청난 차이를 예상했지만, 매우 다른 상황에 있음에도 우리와 같은 것을 바라고 비슷한 질문과 문제를 고민하는 사람들을 발견하게 되는 그것—을 경험하는 것은 그리 이례적인 일이 아니다. 여행의 짜릿함에는 우리 사회나 문화 바깥의 사람과 만나서 관계를 맺는 일이 포함된다. 그러나 여행지를 문화적 상징으로, 즉 현대적인 삶에 의해 더럽혀지지 않은 사회의 대표로 보는 것은 현지인과 관광객 모두에게서 관광을 통해 얻을 수 있는 경험의 잠재성을 위축시키는 것이다. 다름에 대한 지나친 조심성은 공통의 인간성을 바라보는 우리의 눈을 가리고 만다.

결론: 집에 있는 게 더 낫다?

윤리적 비판에 얹혀 있는 불안의 논리에 따르면, 관광은 무엇인가, 즐거움이나 기분 전환이 아닌 무엇인가를 위한 것이 되어야 한다. 이러한 흐름에서, 한 생태관광의 옹호자는 이렇게 주장한다. '관광은 수천 여행객의 수동적인 사치로 남아 있다. 이는 반드시 바뀌어야 한다.'

사치의 장소에서, 윤리적 관광의 신조는 관광이란 특정한 도덕적 의제—그 기초에 문화를 위치시키고 천한 관광객을 주요한 위협으로 지적하는—의 일부가 되어야 한다는 것이다. 다른 사람들과 장소를 존중하는 것처럼 보이는 그런 형태의 관광(윤리적 관광)은 좋지만, 순전히 즐거움만을 추구하는 것은 해로운 것으로서 암묵적인 비난을 받는다. 이러한 분위기에서, 여행 경험이 많은 녹색 옹호자 조지 몽비오(George Monbiot)는 여행은

'여행으로 인해 마음이 넓어지는 극히 소수에게'만 유익하다고 주장하면서, "그들은 백만 명 중 십여 명 정도에 불과하지만, 그 소수의 계몽은 분명 관광이 그 기괴함에도 불구하고 비난받을 수 없다는 것을 의미한다"[20]고 이야기한다. 성인군자 행세를 하는 휴가 비판가들에게 있어, 관광은 다양한 문화의 가치에 대한 그들의 특별한 관점을 따르는 도덕적 의제의 일부일 때에만 정당화될 수 있다. 윤리적 관광이라는 이름으로, 이는 의식 있는 사람이라면 누구나 따라야 할 보편적인 기준으로서 제시된다.

만약 이 의제를 따르지 않는다면 우리는 비윤리적 관광객이며, 조지 몽비오의 판단에 따르면 자연 세계의 기형물이 된다. 어쩌면 우리는 집에 있는 편이 더 나을 수도 있다. 사실, 이는 녹색당(Green Party)의 제니 존스(Jenny Jones)가 내렸던 결론과 완전히 동일하다. 존스는 뉴버리(Newbury) 우회로 문제와 관련하여 아래와 같은 주장을 펼쳤다.

> 얼마나 많은 뉴버리 사람들이 거기에 가보았겠는가. 만약 더 많은 사람들이 그들이 잃게 될 것을 깨닫는다면, 우회로에 대한 지역적인 반대는 꺾을 수 없는 거대한 산이 될 것이다. 과연 그들이 도로 건설을 허가하고, 결국 그 길을 이용해 유럽으로 드라이브를 가서는, 자기 집 현관 앞에 버려져 있는 장소와 별반 다를 것도 없을 시골 어딘가에서 휴가를 보내려 하겠는가? (「관광은 친환경적일 수 있는가?」[Can Tourism Be Green], *Green World*, 1996년 3월)

이러한 입장은 관광객을 순진하거나 부주의한 사람으로 그리고 있을 뿐만 아니라, 그녀의 이러한 자제 요구에는 모종의 위선이 존재한다. 아이러니하게도 존스는 그녀의 글 말미에 그녀의 여행 목록을 나열했는데, 그녀는 세이셸(Seychelles)과 레소토 왕국(Lesotho)에서 살았을 뿐만 아니라 요르단, 시리아, 이스라엘, 터키, 크레타, 에티오피아, 키프로스, 이집트, 아부다비에서 일과 여행을 했다. 이것을 과연 지행일치라고 볼 수 있을까?

이제 관광은 도덕적 금지와 비판적 자기인식의 무대로 변모하고 있다. 자유분방한 여행은 더 이상 좋은 일이 아니게 되었다. 관광에는 우리의 행동을 제약하는 경고와 윤리적이 되라는 경고가 항상 따라다닌다. 환경단체 아크(Arc)의 소책자 '태양, 모래사장, 그리고 세계 구하기'에서부터 꼭 여행할 필요가 있느냐며 문제를 제기하는 지구의 벗(Friends of the Earth)의 조언에 이르기까지, 관광은 이제 윤리 수칙의 영역이 되었고 꼬치꼬치 죄를 캐묻는 곳이 되었다. 유럽을 횡단하겠다거나 조금 더 먼 지역으로 나가보고 싶다는 충동적이고 무모한 욕망은 이제 더 이상 그리 좋은 이유가 되지 못한다. 모험을 좇는 여행가는 제약을 받는다. 태양 숭배자는 눈총을 받는다. 재미 애호가는 '파괴적 산업'의 공범으로 기록된다. 그러나 휴가 여행이 윤리적 관광에 의해 그러한 도덕적 금지의 대상이 된 적은 없으므로 우리는 그에 구애받지 않고 우리의 휴가를 더욱더 즐기면서 서로를 더 많이 알아가고자 한다.

강요된 원시상태

커크 리치*

유엔은 2002년을 국제 생태관광의 해로 지정했다. 그리고 유엔 지속가능한 개발 위원회와의 공동 작업을 통해, 유엔 환경프로그램(UNEP)과 국제 관광기구(WTO)에 생태관광을 촉진하는 국제적인 활동을 수행하도록 위임했다. 생태관광은 사회적으로 책임 있는 진보적인 여행이라고 이야기되며, 이는 환경에 대한 인간의 영향에 주의하고 토착 공동체의 문화를 존중할 것을 강조한다. 생태관광의 옹호자들은 이를 통해 보호와 개발이라는 대립적인 요구를 해결하는 동시에 야생지역과 보호구역—개발이 규제되는 지역—에 대해 점증해가는 요구도 만족시킬 수 있을 것으로 보고 있다. 공원이나 보호구역과 같이 사람이 없는 야생지역을 여행하는 기회는 생태관광 체험에서 빠뜨릴 수 없는 미적 요소 중 하나이다. 이는 환경에 해를 입히거나 토착민의 삶을 '파괴'하지 않으면서 우리에게 진짜 경험,

---

* 커크 리치(Kirk Leech)는 교사이자 프리랜서 언론인이며 방송인이다. 그는 오랫동안 영국의 혁명적 정치 활동에 열정적으로 헌신했다. 최근 그의 관심은 개발도상국의 문제로 확장되었다. 국제교육단체인 월드라이트(WORLDwrite)와 함께 일하면서 브라질, 가나, 인도에서 여행 및 연구를 수행했던 그는 현재 인도 구자라트(Gujarat) 보호구역 건립이 지역 사람들에게 미친 결과에 관한 논문 및 영화 작업을 하고 있다.

진정한 경험, 섬세한 경험을 제공해준다고 이야기된다. 오늘날의 국제 여행객들에게는 이것이 '진짜', '자연의', '지속가능한 경험'으로 간주된다.

생태관광은 그것이 가진 보호주의적 측면 덕분에 세계보호연합(World Conservation Union)과 세계야생동물기금(World Wildlife Fund)과 같은 국제 환경단체의 지지를 받았다. 이러한 환경단체의 지지자들은 생태적으로 파괴적인 인류의 영향 때문에 지구에는 보호구역과 야생지역이 필요하다고 주장한다. 그들의 주장에 따르면, 생태계는 인간이 저지르는 불법 행위의 무고한 희생자로서 지구상의 많은 지역에서 인간을 추방하거나 인간의 활동을 규제하는 것에서 그 해법을 찾을 수 있다고 한다. 따라서 그들은 생태적으로 온화하고 경제적으로도 유익한 저영향 생태관광 활동의 강력한 지지자들이다.

개발과 관련하여, 생태관광은 겉보기에는 정말로 현지 사회에 이익을 주는 방법인 듯해 보인다. 세계은행(World Bank)은 생태관광이 상당한 장점을 가진 틈새시장이 될 것이라고 믿고 있다. 방문객은 더 많은 돈을 쓰고 더 오래 머묾으로써 현지인들에게 더 많은 수익을 가져다줄 것이다. 영국 국제개발부(DFID)는 '가난-지원 관광'(pro-poor tourism)이라고 이름 붙인 계획을 추진하고 있으며, 미국 정부로부터 지원받는 미국 국제개발처(USAID) 역시 동일한 안을 추진하고 있다. 그들은 생태관광을 대상 국가의 유용한 수입원 이상의 것으로 보고 있는데, 그들이 보기에 생태관광은 대상 국가들의 경제와 기반 시설을 개발하는 데에도 중요한 역할을 수행한다. '가난-지원 관광'은 다양한 수입원을 제공하는 것으로 간주된다. 방문객과 수입원을 유인하기 위해 생태관광은 아름다운 자연에 의존한다. 여행객들이 원하는 것은 '원시의 아름다움'이고 그곳을 방문하기 위해서라면 기꺼이 막대한 액수를 지불하려 하기 때문에, 그 수입은 그곳의 보존과 현지 주민들의 이익을 위해 사용될 수 있다. 그곳에 사는 사람들은 환경 보호의 주 수혜자가 될 것이므로, '이해관계자'의 입장에서 환경 보호에 핵심적인 역할을 해줄 것으로 이야기된다.

이러한 프로젝트에 참여하는 방문객의 수는 부정확하기로 악명이 높다. 관광의 몇 퍼센트가 생태관광의 '원리'에 기초하고 있는지에 관한 제대로 된 연구가 수행된 적도 없다. 그래도 몇몇 연구들이 확실히 보여주는 바에 따르면, 자연을 찾는 관광객의 50%는 방문 기간 동안에 자연공원이나 야생지역을 방문하려고 한다. 개별적으로 또는 소그룹을 지어 상대적으로 때 묻지 않은 자연 지역을 여행하면서 자연 환경을 체험하고 현지 사람들을 직접 만나는 일은 지난 20년 사이에 빠르게 증가해왔으며, 이는 사람들의 선호가 북부와 남부 유럽의 대중적인 관광지에서 자연 관광지로 바뀌고 있음을 보여준다. 보호구역의 수가 증가하고 있는 것은 논쟁의 여지가 없는 분명한 사실이다. 이제는 전세계에 걸쳐 3억 헥타르가 넘는 지역이 세계보호연합에 의해 야생지역으로 지정되었으며, 세계적으로는 야생지역, 공원, 성소를 포함해 5,000개가 넘는 보호구역이 있다. 세계은행 등의 재정적 지원에 힘입어, 더 많은 땅이 야생지역이나 보호구역으로 지정되고 있다.

이 글에서 나는, 보호 프로젝트를 위해 수많은 지역을 보호구역으로 지정하는 일이 사실 오늘날 생태관광객들의 주요 목적지가 되고 있는 국가의 국민들에게는 그다지 이익이 되지 않음을 주장할 것이다. 보호의 욕구, 그리고 생태관광의 욕구에는 자연과 인간의 관계에 대한 뿌리 깊은 냉소뿐만 아니라 계몽된 사람만이 즐길 수 있는 배타적 장소라고 하는 19세기의 식민주의적 관념이 팽배해 있다. 생태관광 활동은 현지 사회에 장기적인 이익이 되지 못한다. 현지 사람들은 자기 땅에서 축출되거나 삶을 규제받고 있으며, 이들에게 남아 있는 것은 소규모 자연 중심 개발안에 기초한 미래뿐이다. 이 모두는 보호주의적 꿈과 정신적 행복을 향한 서구의 낭만주의적 추구만을 만족시켜줄 뿐이다.

성 소 ,   성 소

성소(sanctuaries)는 우리가 그곳으로 도망치거나 그곳에 숨어서 자신을 회복시키기 위한 장소이다. 그리고 이는 너무 빨리 흘러가는 것처럼 보이는 우리의 삶에 대한 정확히 21세기적인 반응이다. 세계의 야생지역들은 성소로 간주되며, 이 지역은 특권적인 서구 방문객들에게 길들여지지 않은 야생의 자연을 체험하도록 해준다.

생태관광 회사의 여행 브로셔는 보통 '통상적인' 휴가에 대해서는 "당신은 그 체험을 통해 변화를 느끼지 못한다. 당신은 떠나기 전과 같은 사람으로 돌아온다"면서 모욕하는 반면, 삶을 변화시키는 생태관광 체험에 대해서는 격찬을 아끼지 않는다. "붐비지 않는, 잘 보존된 해안선이나 우림을 방문해서 당신 앞에 펼쳐진 자연의 경이를 설명할 준비가 되어 있는 현지인으로부터 가이드를 받는 모습을 상상해보라." "별빛이 쏟아지는 해변에서 전통 춤에 참여해보라. 현지 가이드는 기꺼이 통역과 해석을 해줄 것이다." '그들의 집에서 현지인들을 만날' 기회도 덧붙여진다. 우리는 '진짜 보르네오 체험'을 할 수 있다. 아니면 '잉카인들이 밟았던 고대의 돌 위를 걷고 산길을 가로지를 수 있으며, 격동의 시대를 관통하여 영혼에 울림을 주는 고대 의식의 장소에서 휴식을 취할 수 있다.' 그것도 아니면 "손상되지 않은 밀림을 찾고 있는 당신이 4일간의 패키지에서 그 순수한 형태의 자연을 체험하고 싶다면, 열대 우림 모험은 당신의 것"이 될 수도 있다.

많은 사람들이 현대적인 세계를 떠날 수 있는 성소를 갈구하지만, 사람으로부터 벗어나 자연을 맛볼 수 있는 야생지역이라는 관념은 서구의 낭만주의적 환상일 뿐이다. 게다가 분명한 것은, 이 지역의 보호가 현지 사회의 엄청난 희생에 기초하고 있다는 점이다. 그들은 생태관광의 요구를 충족시키기 위해 땅에서 쫓겨나거나, 삶을 규제받거나, 혹은 테마공원의 엑스트라 역할을 강요받고 있다.

야생지역에서 사람을 없애기 위한 싸움은 이미 오래 전에 시작된 일이다. 19세기의 미국에서는, 야생을 현대의 성소—인간 영혼의 갱생과 부활을 위해 비워져야 할, 사람이 없는 장소—로 보려는 운동과 분위기가 형성되었다. 존 뮤어(John Muir), 앨도 레오폴드(Aldo Leopold), 랄프 왈도 에머슨(Ralph Waldo Emerson) 등의 미국 낭만주의자들이 주도했던 이런 형태의 낭만주의는 산업화에 대한 반발의 일종이었다. 그들은 요세미티(Yosemite), 세쿼이아(Sequoia), 그랜드캐니언(Grand Canyon)과 같은 야생지역에서 사람을 없애기 위해, 1872년 세계 최초의 보호구역인 옐로스톤 공원(Yellowstone Park)을 만들었다. 그 과정에서, 쇼쇼니(Shoshone) 인디언들이 쫓겨났고 미국 군대에 의해 300명에 달하는 사람들이 살해당한 것으로 알려져 있다. 뮤어와 그의 동료들은 자연 보호와 보존이 인간의 정신적, 신체적 행복에 유익할 것이라고 생각했지만, 쇼쇼니 인디언들은 그 고려 대상의 바깥에 있었던 것이 분명해 보인다.

이러한 추방이라는 전망이 미국의 국립공원 개발의 관점이 되었고, 이후에는 전지구적 보호의 관점으로 채택되었다. 야생지역이라는 발상과 현지 공동체의 추방이라는 발상은 19세기의 식민주의적 관념, 특히 영국의 관념과 매우 쉽게 통합된다. 뮤어의 입장은 사실상 전지구적 보호를 외치는 진영의 본보기가 되었다.

야 생 보 호 구 역 이 현 지 사 회 에 미 치 는 실 제 영 향

보호구역은 현재 5,000여 개 정도로서 지구상에서 3% 정도의 땅을 차지하고 있다. 이러한 공원, 야생보호구역, 성소들의 대다수는 원래부터 사람들이 살고 있었던 곳에 만들어진다. 남아메리카의 경우, 85%의 보호구역에 원래 사람이 살고 있었던 것으로 추정된다. 인도의 경우에는 3백만 명이 넘는 사람들이 500개의 국립공원과 성소 안에서 살고 있다. 오늘날 많은 보호구역들의 역사는 현지 사회 추방의 역사이자 점증하는 규제의 역사이다. 동부 아프리카에서 활동하면서 세렝게티 초원(Serengeti Plains)을 세계에서 가장 유명한 보호구역으로 만들어낸 보호주의자 베른하르트 그르지멕(Bernhard Grzimek)은 1960년대에 마사이 원주민을 그들의 땅에서 추방해야 한다고 강력하게 주장했다. 그르지멕은 국립공원이 효과를 보기 위해서는 원시적인 야생지역으로 고수되어야 하며 원주민을 포함해 어떤 사람도 그 안에서 살면 안 된다고 믿었다. 탄자니아의 은고롱고로(Ngorongoro) 분화구에서 유목 생활을 하던 마사이족은 야생동물 보호구역 개발을 위해 그 지역을 떠나라는 압력과 권유를 받았다. 이후 그들은 적절한 삶의 방식을 모색하는 데 실패했고, 그들을 벼랑 끝으로 몰아넣은 추방 조치는 결국 광범위한 비판을 받게 되었다.

공원 설립의 표준 모형이 만들어짐으로써, 국립공원에서 사람을 추방하는 것은 흔한 일이 되었고 이주는 공원 설립의 합법적인 요구 조건이 되었다. 이 사람들이 계속 있다고 해도 서구 보호주의자들의 감수성 외에는 아무것도 위협하지 않는데도 말이다. 적어도 이들의 존재가 생물학적 다양성에 위협이 된 것이 아니었다는 사실만큼은 분명하다.

카메룬(Cameroon)은 국토의 5분의 1이 넘는 땅이 공원에 바쳐진 상태이거나 그럴 준비 중에 있으며, 그 상당부분이 생태관광에 사용되고 있다. 코럽(Korup) 국립공원은 원래는 1,000명이 넘는 사람이 살아가던 126,000헥타르의 숲으로서, 이 공원의 설립은 국제야생동물기금으로부터 경제적 개발과 보호를 통합한 모범적인 계획이라는 찬사를 받았다. 공원의 설립은 현지 사회의 이주를 뜻했고, 그 이주는 국제야생동물기금으로부터 지원을 받았다. 그러자 이주당할 처지에 놓인 사람들이 공원의 공공연한 목적을 위협하지는 않을 것 같다는 조사결과들이 쏟아져나왔다. 프레드 피어스(Fred Pearce)의 1999년 책 『녹색 첨병』(*The Green Warriors*)[Bodley Head]에 등장하는 한 목동은 이렇게 이야기한다.

이 공원은 백인을 위해 만들어졌다. 그들은 공원 안에서 여전히 사냥을 할 수 있으며, 그들이 원하는 것이라면 무엇이든지 할 수 있다. 당국에서 우리 마을 사람들을 사냥이라는 죄목으로 갑자기 감옥에 보내기 전까지 우리는 공원의 존재도 알지 못했다. 그제야 우리는 우리 가축을 죽이는 야생 동물을 사냥할 수 없다는 사실을 깨닫게 되었다. 왜 아무도 우리의 생각을 묻지 않는 것인가?

현지 공동체가 그대로 남아 있는 것이 허용될 경우, 그들의 삶은 심각한 규제를 받는다. 세계야생동물기금은 사하라 사막 주변에 자연보호지역을 설립하는 일에 관여했다. 그중 눈에 띄는 프로젝트로는 니제르(Niger)의 사막 지역 근처 아이르 마시프(Air Massif)[아이르 대산괴]에 걸쳐 있는 아이르 테네레(Air and Tenere) 국립 자연보호구역이 있다. 세계야생동물기금과 니제르 정부는 3,000명에 달하는 그 지역 유목민들——대부분은 투아레그족(Tuareg)에 속하는 목동들——을 스위스 두 배 크기의 구역에 계속 살도록 놔두기로 결정했다. 그러나 그것은 사냥이나 가축 보호와 같은 활동의 통제를 전제로 하는 것이었다. 이 프로젝트에서 '개발'이라는 것은 이제는 '엄격한 자연'이 되어 상실된 10,000km²의 땅에 대한 일종의 보상이었다. 보호구역 내에서는 모든 사냥이 금지되었고 자칼 등의 육식동물로부터 가축을 보호하는 것도 금지되었다. 목축을 주업으로 삼는 사람들에게 이는 실질적인 희생이었다. 개발이라고 할 때, 그 주요 계획은 이 지역에 관광을 도입한다는 것이었다. 그러나 당시의 세계야생동물기금의 한 대변인도 막상 투아레그족은 거의 돈을 벌지 못할 것이라는 사실을 알고 있었다.

1994년 세계야생동물기금은 다음과 같은 슬로건을 채택했다. "그는 그의 우림을 파괴하고 있습니다. 그를 멈추게 하기 위해 당신은 군대를 보내겠습니까, 아니면 [기금을 모으기 위해] 인류학자를 보내겠습니까?" 환경보호주의 비판가 톤 디에츠(Ton Dietz)는 이것을 새로운 환경 규범에 따라 행동하지 않는 현지 사회를 곤궁에 빠뜨리고 범죄자로 만들어버리는 '생태전체주의적 접근'이라고 비판한다.[21]

카메룬의 [보존 및 관광] 프로그램은 뮤어식 보존 및 추방 프로그램이 갖는 윤리성을 재검토하게 해주었다. 인간의 이익보다 환경이 우선시됨에 따라 현지 사회가 점점 곤궁에 처하게 되었다는 증거는 계속 쌓여가고 있었다. 이런 상황에서 개발 진영에서는 보호의 필요성과 현지 사람들의 개발 요구를 화해시킬 수 있는 방법을 모색하기 시작했다. 이제는 이 프로젝트와 그 귀결을 검토해보겠다.

생태관광의 문제

생태관광과 공동체 관광의 언어는 단순한 보호와 보존을 넘어서 현지 이해 당사자, 권한 이양, 개발, 공동체 참여까지를 포괄하고 있다. 즉 이는 현지 사람들의 이익을 짓밟지 말아야 한다는 요구까지를 고려하는 접근법인 듯해 보인다. 그러나 많은 증거에 의하면, 현지 사람들과 비정부기구(NGO) 사이에 진정한 협력이 존재한다는 생각은 한참 잘못된 것이라고 생각된다.

예컨대, 유엔 사회개발연구소의 프로젝트 책임자인 크리슈나 기미르(Krishna Ghimire)의 주장에 따르면, 잘 입증된 사례들에서 그러한 계획의 현지인 참여는 "현지 사람들에게 지속가능한 생계 대안을 제공하기보다는 주로 공원과의 갈등을 줄이기 위해 고안되었다."[22] 올레 카무아로(Ole Kamuaro) 역시 "현지 사람들은 생태관광 사업의 계획과 수행 과정에 거의 참여하지 못했다"고 지적한다.[23] 비판자들이 보기에, 생태관광은 야생 지역과 그곳에 사는 사람들 양자 모두에 대한 이상화된 관념을 반영하고 있다. 카무아로에 따르면, 생태관광 사업의 목적은 진정한 자연, 손때 묻지 않은 자연에 대한 관광객의 향수어린 욕망을 자극하는 것으로서, 현지의 사람들은 이러한 목적 하에서 관광객에게 발견될 수 있도록 제공된다. 토착민들이 생태관광 옹호자들의 환경적 관심을 공유하지 않거나 새로운 보호 테마공원의 배우가 되고 싶어하지 않을 수 있다는 가능성은 거의 논의되지도 않는다.

생태관광의 옹호자들 역시 현지의 적대감을 인식하고 있는데, 그들은 그 해답이 공동체 교육에 있다고 믿는다. 그러나 많은 현지 사회가 야생 보호라는 서구 보호론자들의 견해를 공유하지 않고 있으며 생태관광 디즈니랜드의 배우가 되고 싶어하지 않는다는 사실은 점점 분명해지고 있다. 은라카파무크스 공원(Nlaka'pamux)의 현지인인 루비 더스탠(Ruby Dustan)은 자신이 수십 년 동안 살아온 땅인 캐나다 앨버타(Alberta)의 스테인 밸리(Stein Valley)에 대해 그러한 견해를 보여준다. "나는 스테인 밸리를 야생이라고 생각한 적이 없다"고 그녀는 말했다. "아빠는 '거기는 우리의 식품 저장실이야'라고 말했었다. [……] 일부 백인 환경보호주의자들은 어딘가가 야생지역으로 공표되기만 하면, 그곳은 연약하기 때문에 아무도 그 안에 들어가면 안 된다고 생각하는 모양인데, 사람들 머릿속의 낭만적 관념을 이루고 있는 그것이 우리의 머릿속에서는 그저 음식일 뿐이다."[24] 학자 엘리자베스 켐프(Elizabeth Kempf)가 수행한 연구에서도 현지의 관점과 보호론자들의 관점 사이에 존재하는 유사한 차이가 발견되었다. 그녀가 인터뷰한 카메룬 파리(Fari) 국립공원의 한 목동은 "이 공원은 백인을 위해 만들어졌다. 그들은 공원 안에서 여전히 사냥을 할 수 있으며, 그들이 원하는 것이라면 무엇이든지 할 수 있다. 당국에서 우리 마을 사람들을 사냥이라는 죄목으로 갑자기 감옥에 보내기 전까지 우리는 공원의 존재도 알지 못했다"고 설명한다.[25]

세계야생동물기금에서도 '권한 이양'이나 '현지인 참여'에 관한 자신들의 주장이 과장되었음을 깨닫게 되었다. 아프리카에서 국립공원을 장려하는 운동을 벌인지 25년이 지난 시점에서, 세계야생동물기금은 현지 사회가 그들의 사업을 어떻게 생각하는지에 대한 조사를 수행했다. 프랑스 세계야생동물기금의 살리 잘레브스키(Sally Zalewski)는 서부 아프리카에서 현지 사람들에게 질문을 하면서 2년을 보냈다. 그녀의 연구가 밝혀낸 내용은 아직까지 출판되지 않았지만 그 결과가 세계야생동물기금에 충격을 안겨주었다는 것은 분명하다. 그 조사에 따르면, 현지 사람들은 수많은 국립공원의 존재를 아예 모르고 있었다. 그중에서도 '모른다'는 응답률이 가장 높았던(74%) 사람들은 바로 동부 세네갈의 니콜라 코바(Nikola Koba) 국립공원 가까이에서 살고 있는 사람들이었다. 이러한 발견은 세계야생동물기금을 이중으로 난처하게 만들고 말았다. 이동 교육 시설 중 하나가 수년 동안이나 탐바카운다(Tambacounda)에 있는 그 공원 근처에 있었기 때문이다. 선진국에는 잘 알려져 있는 세계야생동물기금의 상징, 판다(panda) 역시 현지 주민들에게는 별 의미가 없었다. 잘레브

스키에 따르면, 대부분의 주민들은 그 동물에 대해 궁금해하면서, 그것은 어디에 사는지, 자기네 나라에서 사는 동물인지, 또 먹을 수는 있는 것인지를 도리어 질문했다고 한다.

그러나 현지 사회가 생태관광객이 기대하는 대로 살고 싶지 않다고 결정하는 경우, 이 결정은 갈등을 불러올 수 있다. 로버트 고든(Robert Gordon)의 연구에 따르면, 남아프리카 공화국의 칼라하리 겜스복(Kalahari Gemsbok) 국립공원에서 살고 있는 산족(San)[부시맨]이 약간의 현대적 설비와 용품—더 나은 집과 새로운 옷—을 요청했을 때, 공원 관리인은 '구경거리로서의 가치에 심각한 금이라도 가는 것처럼' 화를 냈다고 한다.[26] 정확히 말하면, 그들은 연기할 것을 주문받고 있다. 같은 공원을 조사하던 수 암스트롱(Sue Armstrong) 기자의 지적에 따르면, 평범한 옷을 입고 있는 사람을 생태관광객들이 봤을 때 '언제나 그들의 첫 질문은 부시맨은 어디에 있냐는 것이다.'[27]

서바이벌 인터내셔널(Survival International)도 그들이 정말 '연기'를 하고 있다는 사실을 알아차렸다. 분명히 어떤 부시맨은 생태관광만 아니었으면 하지 않았을 연기를 하고 있다. 그들은 관광객이 통상적으로 기대하는 역할을 연기한다. "보츠와나(Botswana)에서 조금 떨어진 부시맨의 캠프에서 일어난 일이다. 멀리서 몰려오는 먼지 구름이 (관광객) 차량의 도착을 알려준다. 하던 일이 무엇이든 간에 사람들은 모든 일을 멈추더니 재빨리 티셔츠와 바지와 무명 원피스를 벗고 춤을 추기 시작한다."[28] 부시맨을 구경거리로 사용하는 것을 학계의 모우포스(Mowforth)와 먼트(Munt)는 '동물원화'(zooification)라고 부르고 있다.

현지 사람들은 사실 생태관광의 장점에 대해 (그리고 그 장점을 취하기 위해서는 결국 '진짜 원주민처럼' 행동해야 한다는 요구에 대해서도) 잘 알고 있는 듯해 보인다. 즉 생태관광이 그들에게 돈을 가져다준다는 사실 말이다.

그러나 그들이 그에 따른 대가에 적대적이라는 것 또한 그만큼이나 분명해 보인다. 케냐의 마사이족은 케냐 야생동물국장이 추진한 이주 계획에 반대했다. 이주를 하면 그들은 목축에는 덜 의존하게 되겠지만 관광에는 더 의존하게 될 것이었다. 1999년 그들은 조지 몽비오 기자에게 다음과 같은 의견을 피력했다. "관광으로부터 돈이 생길 것이라는 사실은 우리도 알고 있다. 우리는 이미 관광객들이 우리 땅에서 천막을 치고 묵도록 해주었다. 그렇다. 그들은 우리에게 수입을 가져다준다. 하지만 우리가 케냐 야생동물국으로부터 듣고 싶은 말은 그것이 아니다. 당신이 리키 박사(Dr Leaky)에게 이렇게 전해줬으면 한다. 우리는 이 관광객들에게 의존하면서 살고 싶지 않다. 우리는 마사이족이며 우리가 원하는 것은 목축이다."[29] 세계에서 가장 아름다운 아프리카의 공원들과 보호구역들 중 일부는 현지 사회의 엄청난 희생에 기초해 있었음이 밝혀졌다. 케냐의 야생동물 컨설턴트인 디나이 버거(Dhynai Berger)는 마사이족이 생존을 위해 방물장수로 전락하고 있다고 지적한다. 보호구역에 대한 수 암스트롱 기자의 보고에 따르면, 자기 자신이 중요한 구경거리인 부시맨에게는 사냥이 허용된다. 단, 활과 화살만으로. "사자는 밤이면 어김없이 그들의 당나귀와 염소를 잡아가지만 [……] 부시맨은 그들을 사냥할 수 없다."[30]

케이프타운(Cape Town) 북부의 카가 캄마(Kagga Kamma) 동물 보호구역에서, 관광객은 부시맨 그룹이 전통 의식을 수행하는 모습을 돈을 주고 볼 수 있다. 관광 외에는 거의 대부분의 경제적 기회를 박탈당한 부시맨들과 그 사춘기 아이들은 돈을 위해 맨살을 드러내는 옷을 입고 춤을 춘다. 그러나 한 숙소의 주인은 그 그룹에 퇴짜를 놓았다. 그들이 진품[진짜 원주민]처럼 보이지 않는다는 이유에서 말이다![31] 어떤 이들은 부시맨의 진품 여부에 개의치 않았다. 모잠비크 생태관광 프로젝트의 총지배인은 칼라하리 부시맨을 몇 명 정도 모잠비크로 수입하고 싶다고 말했다. 그는 에디

코흐(Eddie Koch)에게 이렇게 이야기한다.

> 내 식대로 해도 된다면, 나는 여기서 몇몇 작은 애들을 데리고 갈 것이다. 증기기관차에 탄 관광객이 창문 밖으로 코끼리와 코뿔소를 보는 장면을 상상할 수 있는가? 그리고 나면 그들은 다른 창문을 통해 허리에만 간단한 옷을 걸친 작은 흑인 아이들이 독화살을 들고 뛰어다니는 장면을 보게 될 것이다. 코뿔소를 여기로 데려옴으로써 멸종에서 구해내듯이 멸종해가고 있는 작은 아이들을 데려오는 것이 안 될 이유는 무엇인가?[32]

어떤 사람들은 더욱 운이 나쁘다. 지금은 태국에서 살고 있는 '긴 목으로 유명한' 미얀마 출신 카레니 부족의 난민 여성들은 '인간 동물원의 구경거리가 되어' 사실상 노예로서 살아가고 있다.[33] 긴 목의 여성을 방문하는 일정은 코끼리를 타는 일이나 오래된 아편굴을 답사하는 일 등과 함께 패키지 관광의 일부이다. 그 여성들을 모두 수도 랑군으로 이주시켜 관광 명물로 살게 하려다 실패한 계획도 있었다. 세계은행은 1986년에서 1996년 사이에 3백만 명이 넘는 사람들이 자기 땅에서 쫓겨난 것으로 추정하고 있다.

이 것 은 개 발 이 아 니 다

비정부기구와 정부의 생태관광과 공동체 관광 옹호자들은 자신들이 개발을 촉진하고 토착민들을 지켜주고 있다고 생각한다. 문화적 다양성, 지속가능성, 적정기술이라는 말을 늘어놓음으로써 그들은 이 소규모 프로그램들이 개발도상국을 위한 최선이라고 주장한다. 이는 개발도상국에서의 개발에 대한 새로운 정의로서, 그 정의에서 소규모 관광은 개발의 결핍을 극복하는 방법으로 간주된다. 그러나 이 프로젝트들에 전망이 없다는 것은 명백하며, 그 현실은 놀라울 정도로 터무니없다. 사실 많은 관광지 국가들에는 기초 기반 시설이나 실질적인 산업이 없고, 천연 자원을 이용하는 것 외에는 아무런 선택지도 없는 상태이다. 게다가 대규모의 근본적인 경제 발전을 옹호하던 사람들은 이미 사라진지 오래다.

생태관광은 현지 사회와 자연의 관계를 고정시키며, 개발과 진보를 자연이나 농사에 의존하는 데서 벗어나게 해주기보다는 오히려 자연 자본에 더 의존하게 만든다. 이는 현지인들의 행복을 환경적 관심과 직결시킨다. 관광을 국가의 수입원으로 보는 점이나 사람들이 이런 유형의 휴가와 활동을 즐기는 것에 본질적으로 잘못이 있는 것은 아니지만, 그것을 실질적인 개발의 방법으로 보는 것은 개발이 무엇인지에 대한 퇴화된 의미를 드러낼 뿐이다.

실질적인 영향력을 가지기 위해, 개발은 인간과 자연의 관계를 변화시켜야만 한다. 그런데 생태관광 프로젝트들은 자연에 대한 인간의 복종을 다짐한다. 그러한 정책은 당신을 당신의 땅에서 추방하거나 당신의 경제 활동을 규제함으로써 그다지 크지도 않던 수입마저 빼앗은 일에 대한 변명이 되지 못한다. 추방에 대한 보상으로 소규모 개발이 이루어진다는 것은 불편한 현실이다. 이러한 접근은 사람과 자연의 관계를 사실상 동결시키는 것이며, 이는 이 사회가 환경 관리인이 되는 것 말고는 절대로 변화할 수 없을 것이라는 생각을 강화하는 것이다. 지리학자이면서 생태관광에 대해 비판적인 짐 부처(Jim Butcher)에 따르면, "공동체 관광은 그들이 환경만 생각한다는 비난에 직면한 보호주의자들에게는 답을 제공해주지만, 개발 자체에 대한 질문에는 별다른 해답을 주지 않는다."[34]

(아래에서 상술할) 남아프리카 공화국의 흘루흘루웨-움폴로지

(Hluhluwe-Umfolozi) 국립공원과 벨리즈(Belize)의 사례에서도 드러나겠지만, 새로운 개발 방식을 제공한다고 주장하는 생태관광 프로그램들이 관광지 국가들에 자유롭고 독립적인 선택권을 준다고 생각한다면 그것은 오산이다. 선진국와 개발도상국 사이의 관계는 정치와 경제 영역에서 불공평하게 기울어져 있다. 개발도상국이 선진국의 경제적 압력과 국제 비정부기구의 정치적 압력을 견뎌낼 수 있다는 생각은 바보 같은 발상일 뿐이다.

남아프리카 공화국의 흘루흘루웨-움폴로지 국립공원

흘루흘루웨-움폴로지 국립공원의 관광객 브로셔에는 이 공원이 '다양한 동물과 새, 다양한 사진거리, 엄청나게 다양한 나무와 식물로 유명'하다고 되어 있지만, 남아프리카 공화국에서 가장 유명한 그 공원에 대한 존 비달(John Vidal)의 조사에 따르면 생태관광지로서의 공원 설립은 현지 사회에 무척이나 비참한 결과를 초래했다.[35]

25,000헥타르의 사바나 지대는 원주민들의 전통적인 사냥터였으며, 그 전에는 줄루족(Zulu) 왕의 사냥터였다. 오늘날, 서구 관광객들은 화려한 호텔이나 덤불로 지어진 오두막에서 잘 수 있으며, '야생'을 관광하고, 서구의 많은 사람들이 숭배하는 매력적인 동물들—사자, 표범, 코끼리, 코뿔소, 기린—을 (랜드로버 차량 안에서 안전하게) 관찰할 수 있다.

그 지역은 보호구역으로 지정되어 있으며 개발은 불법이다. 이곳에는 길도, 건물도, 전화도, 전선도, 우물도, 펌프도, 파이프도, 경작도, 개발도 없다. 이곳에서는 아무도 살 수 없으며 법적으로는 차도 들어올 수 없다. 이 '원시' 지역에 입장할 때, 당신은 엄격한 격식에 따른 에티켓을 지켜야만 한다. 백인 가이드는 당신에게 쓰레기를 버리지 말라고 가르치고 의례적인 몇 마디를 시킨 후에 그 지역으로의 입장을 허가한다. 그리고는 비달

이 지적하듯이, 인간의 모든 흔적을 지우기 위해 당신은 '당신의 똥을 땅에 묻어달라'는 요구를 받는다.

그러나 그 땅은 문화적 창조물이다. 이는 '거짓말 같지만 사실'이다. 그 땅은 길들여지지 않은 야생의 땅과는 거리가 멀고, 그보다는 오히려 데번(Devon)의 에덴 센터(Eden Centre)만큼이나 인공적으로 통제되고 있다. 매력적인 동물들은 다른 많은 야생동물 보호구역들과 마찬가지로 다른 지역에서 수입되었고 일부는 돈을 위해 선발된 것으로서, 손때가 묻지 않은 동물과는 거리가 멀다. 사람은 땅을 조각했고, 특정 종의 동물들이 번성할 수 있도록 풀을 불태웠으며, 현지인들이 돌아오는 것을 막기 위해 모든 지역에 울타리를 쳤다.

움폴로지 야생지역의 방문객이 찾고 싶어하는 것은 분명하다. 유명한 골프선수 게리 플레이어(Gary Player)의 동생 이언(Ian)의 말에 따르면 "야생이란 신성한 원형을 간직한 장소이다." "이 지역은 현대의 사원이다. 사람들은 야생지역에서 살 수 없으며 다만 오고 갈 수 있을 뿐이다."[36] 이들은 단순한 야생동물 애호가가 아니라, 이빨과 발톱이 달린 포악한 자연과 가까이 조우함으로써 삶을 향상시키는 경험을 구하는 사람들이다. 그리고 야생의 장소가 인간 의식에 미치는 정신적 영향은 공원이 마케팅 과정에서 가장 크게 내세우는 지점이다.

위와 같은 목가적 신화를 성취하고 서구의 소비를 위한 '순수한' 아프리카 경치를 보존하기 위해서는, 그 땅을 인간의 일상 활동으로부터 분리시키고 사람들을 국립공원 밖으로 이주시켜 그 공원에는 휴가 때에만 입장할 수 있게 하는 작업이 필수적이었다. 다른 정책들과 마찬가지로, 야생동물 보호는 언제나 폭력과 군사작전에 준하는 수준의 작전, (법적) 제제를 동반해서 시행되었다.

군사적인 밀렵반대 운동에는 환경단체들이 관여했다. 1989년, 세계야생동물기금은 상아 밀렵꾼을 단속하기 위한 돈을 케냐 정부에 공급했다. 그 돈은 차보(Tsavo) 국립공원에서 밀렵 단속 작전에 사용되는 다섯 대의 비행기를 가동하는 데 사용되었다. 이후 기자들의 보도에 따르면, 밀렵꾼에 대한 '강경한' 금지 캠페인은 정찰 비행기, '무장 헬리콥터', 현지 밀렵 감시인을 끌어들임으로써 "사살 명령에 따르는 준군사적인 전투병을 양성했다." 30명이 넘는 밀렵꾼이 사살되었다. 한 기자의 말에 따르면, "이는 그린피스(Green Peace)라기보다는 그린베레(Green Beret)[미군 소속의 특전부대]에 가까웠다."[37]

벨리즈(Belize)

『벨리즈 만들기: 주변부에서의 세계화』(*The Making of Belize: Globalization in the Margins*)[Bergin & Garvey, 1998]에서 앤 서덜랜드(Anne Sutherland)는, 벨리즈가 제조 산업 기반의 경제를 전혀 발전시키지 않았으며 결국 근대성의 결여로 인해 산업 사회의 고객을 위한 생태관광지가 될 것이라고 주장한다. 즉 그 나라의 관광이 번성하게 된 것은 명백하게도 그 나라가 발전하지 않았기 때문이라고 말하는 것이다. 지금 벨리즈는 생태관광에 의해 좌우되는 나라가 되었으며, 이 생태관광은 현지인들에 이익을 주기보다는 외국 관광객의 요동치는 변덕에 의존하는 제한된 형태의 경제 개발에 그들을 묶어두고 있다.

　세계 최고의 야생 보호구역 중 하나라는 벨리즈의 명성은 1980년대에 형성되었다. 1981년 벨리즈가 독립하자, 국제 환경단체들이 그 나라에 입성했다. 새롭게 건립된 이 나라는 제한된 경제적 기반만을 가진 채 사실상 전혀 개발되지 않은 상태였는데, 이것이 '새로운 환경 전도사들'에게는 탐스러우면서도 만만한 선택지를 제공했던 것이다. 그들은 정부에 로비를 벌이거나 재정적 동기를 제공하면서 정부를 회유했고, 그들의 방식을 정부부서에 밀어넣는 데에 성공함으로써 환경법안의 작성 권한뿐만 아니라 공원과 보호구역의 운영 권한까지 확보하고 말았다. 재정적으로나 정치적으로나 취약했던 이 신생국가는 환경보호주의자와 생태관광업자들의 유혹을 거부하기 힘들었다.

엄청나게 짧은 기간 동안에, 벨리즈의 방대한 지역이 보호구역으로 전환되고 현지인들의 접근은 제한되었다. 1993년까지 6,000km²가 넘는 땅이 보호구역으로 전환되었는데, 이는 전국토의 3분의 1이 넘는 면적이다. 그러나 이것으로는 부족하다고 생각하는 이들도 있었다. 벨모판(Belmopan) 자연사박물관의 존 호웰(John Howell)은 국토의 50%를 보호구역으로 바꾸고 싶어했다. 이 모든 개발의 결과, 벨리즈의 상당부분은 보호구역과 그 주변의 생태관광 지역으로 이루어지게 되었다. 이는 벨리즈를 이상적인 생태관광지로 만들었고 이곳에서 올바른 생태적 기준을 만족시키지 못하는 관광은 금지되었다.

1990년대 초에는, 『론리플래닛』(Lonely Planet), 『러프 가이드』(Rough Guide)와 같은 관광 가이드북이나 잡지 『시에라 클럽』(Sierra Club) 등의 책자들에 벨리즈가 실리기 시작했다. 윤리적 생태관광을 위한 비밀스런 장소에서 가장 선호되는 관광지로 전환되는 것은 순식간의 일이었다. 이제 벨리즈에는 매년 벨리즈 인구보다 더 많은 방문객이 입국하고 있다. 1993년의 방문객수는 260,056명으로 추정되는데, 이는 벨리즈 인구보다 55,000명이 많은 수이다. 2000년의 추정치에 따르면, 벨리즈 경제에서는 '서비스' 분야가 차지하는 비율이 GDP의 58%나 되었으며 이 '서비스' 분야의 상당 부분은 관광 산업이다.[38] 벨리즈에서 관광이 차지하는 중요성은 벨리즈가 세계에서 유일하게 관광부 장관이 곧 환경부 장관인 나라라는 사실에서도 드러난다. 관광과 환경의 연결고리를 벨리즈는 영구히 고착시킨 셈이다.

벨리즈는 윤리적 관광의 낙원을 창조했다는 극찬을 받았고, 『카리브 해와 세계』(Caribbean and World)라는 잡지에서는 벨리즈를 1995년의 생태관광지로 선정했다. 여행사, 관광객, 개발업자들은 벨리즈를 자신들이 선택한 모습으로 창조하고 또 재창조하는 데 공을 들였다. 공원, 보호구역, 관광 리조트가 벨리즈의 땅과 경제를 형성했다. 그러나 이러한 개발이 벨리즈인들에게 미친 영향은 무엇일까?

외국 자금의 유입으로 이익을 얻은 이들도 있었다. 이제 벨리즈 경제에서 관광이 차지하는 중요성은 농업에 버금간다. 그러나 벨리즈를 생태관광지로 만드는 일은 방대한 지역을 보호구역으로 지정하고 그곳에서 현지 공동체를 쫓아내거나 그들의 활동을 통제함으로써 이루어질 수 있었다. 보호주의자인 앨런 라비노비츠(Alan Rabinowitz)는 『재규어: 벨리즈 정글에서의 투쟁과 승리』(Jaguar: Struggle and Triumph in the Jungles of Belize)[Arbor House, 1986]에서, 세계 최초의 재규어 보호구역인 콕스코움(Cockscomb) 보호구역에서 2년 동안 재규어를 구하는 활동을 하는 과정에서 현지 마야 사람들이 도움을 주었다고 칭찬하고 있다. 그러나 많은 오만한 보호주의자들과 마찬가지로, 그는 재규어의 미래를 보호하기 위해 자연보호구역을 건립하려면 현지의 마야인들이 그들의 땅에서 추방되어야 한다고 믿고 있다.

많은 환경주의자들은 벨리즈에서 인디언 집단을 추방하고 생태관광으로 전환하는 이 프로젝트를 환영했다. 미국의 주요 환경단체 중 하나인 지구감시 연구소(Earthwatch Institute)는 그 프로젝트가 매우 성공적이었다면서, 이를 통해 '삶을 영위하는 파괴적인 방식'이 생태관광으로 대체되었다고 주장했다. 또한 그들은 "현지인들도 처음에는 적대적이었지만, 현지 학교의 교사를 보호구역 관리인으로 고용한 이후 점차 생태관광의 경제적 이익을 보기 시작했다"고 주장했다.[39] 자기 땅을 빼앗긴 인디언들은 이제 자신들이 쫓겨난 땅을 방문하고 있는 관광객들을 보호구역 밖에서 기다리고 있다가, 벨리즈 원산물로 보일 법한 것들을 아무거나 만들어서 팔고 있다. 만약 그 프로젝트로부터 무엇인가 실질적인 경제적 이익이 있었더라면, 원주민들이 (원래 살던 곳을 떠나) 마야까지 흘러 내려가지는 않았을 것이다.

벨리즈 태생의 작가인 서덜랜드(Sutherland)는 서구 환경단체들—그녀는 그들을 '새로운 전도사'라고 지칭한다—을 소름끼쳐 했다. 그들이 기독교 분파가 전도하던 복음 대신에 환경적 열정을 전도하고 다닌다면서 말이다. 그들은 현재 벨리즈 토지의 40%를 소유하고서, 자연을 관찰하거나 고고학 유적지를 방문하러 오는 생태관광객과 윤리적 관광객들을 위해 그 땅을 보호하고 있다. 아프리카에서 그랬던 것처럼, 자신들이 생계를 위해 하던 전통적인 활동들이 이제는 범죄가 되었다는 사실을 벨리즈 현지 사회가 알아차리는 데에는 그리 오랜 시간이 걸리지 않았다.

1993년 유엔 계발계획(UNDP)은 37%가 넘는 벨리즈 인구가 생계를 위해 해안지역에 의존하고 있다는 보고를 인정했다. 그럼에도 불구하고 그들은 해안지역의 보호를 주장하면서 그것이 생태관광 모험의 기회를 제공해줄 것이라고 했다. 아프리카의 야생동물 공원에서 그랬던 것처럼, 벨리즈에서도 개발을 억제하고 현지인들을 그들의 땅에서 쫓아내는 데에는 군사적 방법이 동원되었다. 1997년 2월 21일, 벨리즈 군대는 과테말라 국경 인근의 마을을 에워싸고 현지인들의 작물을 파괴했다. 보호구역에서 농사를 지었다는 이유에서였다.

현지인 애들버트 터커(Adalbert Turker)가 쓴 아래의 시는 궁지에 몰린 사람들의 상황을 묘사하고 있다.

재규어의 이름으로,

제발 내게 약간의 땅을 남겨주세요.

나비의 은총으로

내게도 1에이커(acre)만 남겨주세요

내 친구 히카티 거북(hiccatee)에게도요.

어째서 내가 문제가 된 걸까요

최근

환경을 말하면서

인간을 잊었나 봐요

재규어의 이름으로

그리고 비비 원숭이의 이름으로

보호구역에서 약간의 땅을

벨리즈의 남자와 여자에게 남겨주세요

그리고 벨리즈의 어린이에게도요.

우리는 보호구역 바깥의 비비와 같아요.

가장자리의 가장자리, 그 끝에 있으니까요. (서덜랜드[A. Sutherland], 『벨리즈 만들기: 주변부에서의 세계화』[*The Making of Belize: Globalization in the Margins*][Bergin & Westport, 1998]에서)

서덜랜드가 물었듯이, '벨리즈의 이 모든 보호구역들은 누구를 위한 것인가?'

결 론

생태관광의 옹호자들은 생태관광을 보존과 개발이라는 상충하는 요구와 압력을 극복하기 위한 방법으로 생각한다 생태관광은 보호구역에 대해 제한된 접근만을 허용하면서, 동시에 현지 사회에는 관광 산업에 참여하고 환경 관리인이 될 수 있도록 해줌으로써 보상을 한다는 것이다. 언뜻 보기에는 생물학적 다양성을 보호하기 위해 현지 사람들을 그들의 땅에서 쫓아내려고만 하는 과거의 생각보다 진일보한 듯해 보이지만, 실제로는 두 개념 모두 현지 사회를 자연환경에만 의존하도록 만드는 동시에 지속가능성을 위한 제한된 개발의 전망 아래 묶어둘 뿐이다. 이러한 부분적이고 퇴화된 의미의 개발 개념은 현지 사회에 장기적인 이익이 되어주지 못한다. 외국인 방문객에 의해 생기는 수입으로 현지 사회가 이익을 얻는 것에는 본질적으로 아무런 문제도 없다. 그러나 이를 현지 사회의 (유일한) 개발 방식으로 보면서 그들의 실제 사회적 처지를 변화시킬 수 있는 모든 시도를 제한하는 것은 원시상태를 강요하는 것과 다를 바가 없다.

정리와 토론거리

티파니 젠킨스*

　이 장의 에세이들은 휴가와 여행이 무엇을 위한 것인지, 또 이러한 활동이 어떻게 수행되어야 하는지에 대해 논쟁하고 있는데, 이는 적어도 여행이 얼마나 많이 변하고 있는지를 확실하게 보여주고 있다. 휴가를 가는 것은 더 이상 말썽의 소지가 없는 활동이 아니게 되었으며, 우리의 여행 방식을 정하고 변화시키기 위한 프로그램과 정책들이 많이 고안되어왔다. '책임관광'(또는 윤리적 관광)이라는 개념은 이러한 변화의 핵심에 놓여 있다. 그러나 책임관광은 누구에게 이익인 것일까? 여행을 하는 사람에게 이익이 있는 것인지 아니면 그들이 여행하는 나라에 이익이 있다는 것인지에 대해 이 장의 논자들은 서로 다른 의견을 보이고 있다.

---

* **티파니 젠킨스**(**Tiffany Jenkins**)는 영국사상연구소의 예술 프로그램 국장이다. 그녀는 이 책 시리즈의 사회 분야 위탁 편집자이다.

여 행 객

'책임관광'은 여행객에게 큰 이익이다

책임관광의 옹호자들은 여행객과 관광객이 이익을 얻는다고 주장한다. 이러한 접근 덕분에 휴가나 여행의 질이 훨씬 향상된다고 보기 때문이다. 여행지 국가와 그곳 사람들에 대해 더 많은 것을 알기 위해 노력한다면, 여행객은 그곳에 대해 더 많은 것을 이해하게 되고 그곳으로부터 더 많은 것을 얻을 수 있을 것이다. 그래서 이러한 여행은 그렇지 않은 여행에 비해 보다 매력적이고 보다 풍요로운 경험을 관광객에게 제공할 수 있는데, 이는 현지인들과의 의미 있는 만남과 그들 문화와 환경에 대한 올바른 이해를 통해 주어진다. 일부 책임관광 옹호자들은 이러한 접근을 채택했을 때, 즉 현지 문화에 대해 보다 잘 이해하게 됨에 따라, 그렇지 않았을 때에 비해 그 나라에서 보낸 시간이 보다 '진정'하고 '진짜' 같은 경험이 된다고 설명한다. 다른 나라에 가는 것은 휴가라기보다는 경험이며, 책임관광의 옹호자들이 주장하는 바에 따르면 이는 더욱 더 많은 사람들이 원하는 것이다.

그러나 이러한 종류의 관광에 대한 지지자들의 일부는 여행지에 대한 사전 지식이 충분하다고 믿는 여행객들에게 주의를 준다. 그들은 여행객이 다른 나라에서 하는 행동이 자기들에게만 영향을 줄 것이라고 믿으면서 여행에 수반되는 스스로의 책임을 생각하지 않는 것은 위험하다고 주장한다. 이러한 우려를 하는 사람들은 여행객의 지식이 충분치 않다고 이야기하면서 여행객은 여행지에서 능동적으로 윤리적이 되어야 한다고 주장한다.

책임관광은 휴가객을 제한하며 부모행세를 하고 있다

윤리적 관광의 정신을 비판하는 사람들은 반대로 그것이 여행의 경험을 몹시 제한하며 파괴하기까지 한다고 주장한다. 이러한 관점의 지지자들은 윤리적인 관광객을 만들기 위한 수칙과 지침이 필요하다거나 효과적이라는 가정을 문제시한다. 많은 경우에 그러한 수칙들은 상황이 명료하지 않은 포괄적 규정이기 때문에 실제로는 어디에도 적용되지 않는다는 것이다. 어떤 경우에는 그 수칙들이 틀리거나 부적절하기까지 할 수 있다. 그러므로 특정한 상황에서 효과적으로 판단할 수 있는 사람은 정말로 여행객뿐이며, 우리는 여행객을 신뢰해야 한다는 것이다.

이에 덧붙여 어떤 비판자들은 그러한 수칙들이 도움도 되지 않을 뿐더러 겉으로 보이는 모습과도 다르다고 말한다. 그 수칙들은 관광지의 이익보다는 관광객의 규제에 더 큰 목적을 두고 있다. 이들이 보기에, 여행객의 행동에 대한 그러한 걱정은 성가신 일이다. 여행객이 어떻게 행동하는지에 대해 감독과 조언이 필요하다고 보는 이러한 태도가 개인에게는 자유와 실험과 탐험을 장려하는 모험 정신에 족쇄를 채우는 일이기 때문이다. 행동 수칙을 통해, 윤리적 관광을 장려하는 이들은 어린 아이의 부모와도 같은 위치에 놓이게 된다. 하지만 그러한 수칙은 다 큰 어른에게 필요치 않을 뿐더러, 이는 부모행세인데다 해롭기까지 하다.

어떤 비판자들은, 더 나아가 윤리적 관광에는 평균적인 사람을 깔보며 젠 체하는 마음이 포함되어 있다고 주장한다. 이들이 보기에, 윤리적 관광의 옹호자들은 휴가를 가는 행동을 도덕적 활동으로 바꾸었다. 여행을 도덕화시킴으로써, 그들은 많은 사람들이 원하는 재미, 자유, 쾌락을 '나쁜 행동'으로 문제시한다. 윤리적 관광 옹호자들의 메시지에 따르면, '윤리적' 마음가짐 없이 여행하는 사람들은 저속하고 싸구려인 데다가 통속적이다. 그리고 이것은 대다수의 사람들에 대한 전형적인 환멸감을 반영하는 태도이다. 윤리적 관광이 빅토리아 시대의 설교자나 전도사의 것과 유사한 메시지를 담고 있다고 말하는 이들도 있다. 윤리적 관광이 윤리와 책임의 언어를 갖고 있을지는 모르지만, 사실 그것은 대중들의 여행은 제한하면서도 극소수 '도덕적' 특권계층의 여행은 방치하고 있으며, 이는 윤리적이지 않은 사람들에게는 정말로 여행조차 허용하지 않겠다는 의도를 함축하고 있다.

또한 윤리적 관광의 일부 반대자들은 수칙과 지침이 서로 다른 나라의 사람들 사이의 관계를 보다 악화시킨다고 주장한다. 그들에 따르면, 윤리적 관광 산업은 사람들이 서로의 차이에 의해 정의되고 서로가 서로를 이해할 수는 없다는 생각을 영속시킨다. 이런 종류의 비판자들은, 윤리적 관광객이 장려하는 '문화'라고 하는 고상한 개념은 맹목적으로 숭배되고 있는 강요된 개념일 뿐이며, 이것이 여행객과 현지인의 차이를 과장할 뿐만 아니라 현지인들을 이상화하면서 강등시키고 있다고 주장한다. 이러한 비난에 따르면, 윤리적 관광은 현지인과 관광객이 서로를 알고 이해하는 데 오히려 방해가 된다. 현지인이 다른 나라에서 온 사람들과 얼마나 다른지에 대한 설명들이나 너무나 많은 행동 수칙들은 사람들이 서로 어울리는 일을 더 어렵게 만들기 때문이다. 만약 사람들을 자기 식대로 여행하도록 그냥 놔둔다면, 그들은 자연발생적이면서 덜 통제된 방식으로 관계를 맺고 대화를 나누면서, 결국 다른 사람들과 더 많이 소통하고 그들을 더 많이 이해하게 될 것이다. 적어도 더 적지는 않을 것이다.

현 지 인 들 과   그 들 의   나 라

책임관광은 현지인들과 그들의 나라에 이익이다

윤리적 관광을 옹호하는 사람들은 그것으로 현지인의 삶을 개선할 수 있다고 믿는다. '평범한' 휴가객과는 달리, 윤리적 관광객은 현명하게 행동하며 이익을 가져다준다. 예컨대, 방문객은 거대 호텔이 아닌 마을에서 돈을 쓸 것이기 때문에, 돈은 거대회사로 가기보다는 보다 절실한 현지인들에게 돌아갈 것이다. 윤리적 관광객은 또한 가난에 주의를 기울일 텐데, 자신에게는 몇 푼의 차이가 크게 중요하지 않지만 시장에서 물건을 파는 현지 상인에게는 그 차이가 꽤 클 수도 있는 상황에서 그들은 돈을 깎기 위해 조르지 않을 것이다. 이러한 접근에 따르면, 관광객의 작은 행동 변화만으로도 관광지 국가는 커다란 이익을 얻을 수 있는 것이다.

그러나 윤리적 관광객이 된다는 것에는 더 중요한 부분이 있다고 윤리적 관광의 지지자들은 말한다. 여행객은 자연 환경의 보호에 매우 중요한 기여를 할 수 있다. 야생동물 공원을 지원하고 지나치게 개발된 지역을 여행지역에서 배제함으로써, 책임관광을 하는 사람들은 아름다운 자연과 보호구역이 파괴되지 않도록 지킬 수 있다는 것이다. 동물의 왕국과 자연의 다양성을 존중함으로써, 책임관광객은 그 지역이 파괴되지 않도록 지키는 데 주의할 수 있다. 따라서 관광 덕분에, 산업과 개발이 없는 지역이 파괴되지 않을 수 있게 된다.

또한 관광지의 문화를 존중하는 윤리적 관광객은 문화적 유산을 보존하는 데 기여할 수 있다고 이야기된다. 우리는 그 사람들의 차이와 삶의 방식을 존중하고 그것을 지속시키는 데 도움을 주어야 한다. 문화적으로 민감한 감수성을 가진 윤리적 관광객은, 현지 사람들이 어떻게 사는지를 전혀 모르는 관광객과는 달리 관광객과 현지인 사이의 존중을 불러온다.

윤리적 관광은 새로운 제국주의다

이와는 반대로, 윤리적 관광의 반대자들은 관광지 국가에 좋은 것이 무엇인지가 윤리적 관광의 옹호자들에 의해 강요되고 있으며 이는 현지인들의 선택과 결정을 무시하고 있다고 주장한다. 즉 관광지 국가에 무엇이 옳은지를 사실상 윤리적 관광객들이 결정하고 있는 상황이며, 이러한 상황은 심각한 문제라는 것이다. 그들은 윤리적 관광의 지지자들이 특정한 관점을 갖고 있다고 주장한다. 그들이 가진 특정한 관점이란, 개발보다 자연을 우선시하고 관광지 국가가 생각하는 최선의 이익은 생각지 않은 채 문화에 대한 낭만적인 관념만을 고수하는 관점을 말한다. 윤리적 관광객에게는 자연과 환경이 너무 중요한 것으로 생각되기 때문에, 현지인들은 뒷전으로 밀려나 야생동물이나 야생지역만도 못한 취급을 받는다. 윤리적 관광객은 현지인들이 진짜로 무엇을 원하고 무엇을 필요로 하는지에 대해 무관심하다. 보존을 최우선시하게 되면, 관광지 국가가 무엇을 하고 어떻게 행동할지는 낭만적인 성소를 찾는 서구 관광객의 입장에 기초하여 정해지게 된다. 결국 현지 사람들은 자기 땅에서 쫓겨나고, 그들의 삶은 점점 더 심하게 통제받는다.

윤리적 여행의 비판자들은 윤리적 관광객이 그들의 머릿속에만 존재하는 현지 문화를 찾고 있으며, 이것이 실제의 현지 문화와 현지인들의 이익을 짓밟고 있다고 주장한다. 예컨대 이상화된 원주민을 너무나 찾고 싶어한 나머지, 윤리적 관광객은 자신이 품고 있는 환상을 창조하고 지속시키는 상황을 강요하고 있다. '경험'을 갈구하는 관광객들처럼, 그들 역시 자신의 필요에 딱 들어맞는 행복한 원시상태만을 지원할 뿐이다. 이는 강압적이며 퇴행적이다. 결국 관광지 국가와 사람들은 윤리적 관광으로부터 아무런 이익도 얻지 못한다.

윤리적 관광의 이익과 문제점에 대한 토론과 논쟁은 앞으로도 계속 이루어질 것이다. 우리는 이 장에 실린 에세이들이 그 논쟁을 둘러싼 다양한 믿음과 긴장을 보여주었기를, 그리하여 어느 정도는 "윤리적 관광은 누구를 위한 것인가?" 라는 질문의 답변들 뒤에 놓인 여러 가지 가정들이나 생각들을 설명하는 데 도움이 되었기를 바란다.

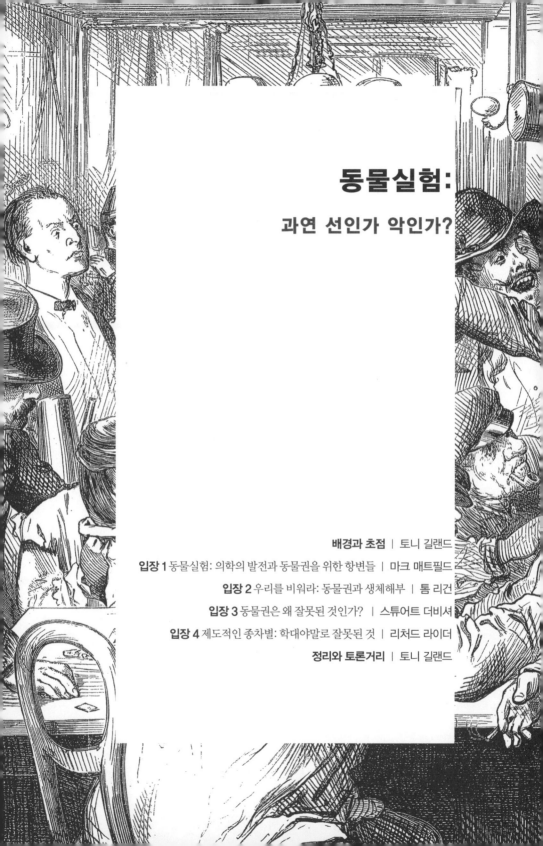

동물실험:

과연 선인가 악인가?

토니 길랜드*

언제나 논쟁의 대상이었던 '동물실험'이라는 주제가 최근에는 더욱 주목
받고 있다. 동물권 보호론자들의 적극적인 활동 때문이다. 신약이나 여러
상품 제조의 법적 필수과정인 안전도 검사를 동물에게 시행하는 영국 기
업 헌팅던 생명과학연구소(Huntingdon Life Sciences)에 대해 들어본 사람
도 많을 것이다. 헌팅던 생명과학연구소는 영국에서 동물실험 설비를 제
공하는 가장 큰 회사이다. 영국과 미국의 헌팅던 생명과학연구소 실험실
에서 벌어지는 비전문적 행위 및 부적절한 동물 취급을 담은 영상이 양국
의 방송국을 통해 상영된 것이 1997년의 일이었는데, 이후 격렬한 비난이
쏟아지면서 규제 당국은 헌팅던 생명과학연구소에 벌금을 부과했고 동물

* **토니 길랜드(Tony Giland)**는 영국사상연구소의 과학 및 사회 분야의 연출자이다. 영국사
상연구소와 뉴스쿨 대학교가 2001년 뉴욕에서 공동개최한 학회 '과학, 지식 그리고 인간본
성'(Science, Knowledge and Humanity)과, 영국사상연구소와 왕립 연구소(Royal
Institution)가 2000년에 런던에서 공동개최한 학회 '예방원칙을 묻는다'(Interrogating the
Precautionary Principle)를 공동 연출하기도 했다. 또한 영국사상연구소의 좌담을 책으로
옮긴 『인간이 된다는 것은 무엇인가?: 과학이 우리에게 말해줄 수 있는 것과 말해줄 수 없는
것』(*What is it to be Human?: What Science Can and Cannot Tell Us*)[2001]의 편집자이
기도 하다. 옥스퍼드 대학교에서 철학, 정치 그리고 경제학을 전공했다.

처리에 대해 엄밀한 조사를 진행하게 되었다. 그 후 헌팅던 생명과학연구소 및 이 회사의 재정 후원자들이 동물보호 운동가들의 공격 대상이 되면서 직접적인 위협을 받거나 실제 폭행을 당하기도 했고, 그 때문에 이 회사의 이름은 계속 신문의 표제에 등장했다. 헌팅던 생명과학연구소 사건에 대한 논쟁은 지나치게 과열되었고, 결국 이 회사는 논쟁에 연루되기 싫어하거나 직접적인 위협과 모욕에 대응할 생각이 없었던 은행 및 여러 금융기관들의 지원을 받을 수 없게 되었다. 헌팅던 생명과학연구소가 더 이상 다른 금융기관으로부터는 재정적 지원을 얻을 수 없었기 때문에, 2001년 7월 영국 정부는 중앙은행인 잉글랜드 은행을 통해 헌팅던 생명과학연구소에 재정 지원을 한다는, 사상 초유의 조치를 취했다.

동물실험이라는 주제에 대중의 관심이 다시금 쏠리게 된 것은, 이에 연루된 과학자들이나 회사들의 업무를 방해하는 데 성공한 동물보호 운동가들의 활동 때문만이 아니었다. 과학적 발전들, 특히 유전학과 이종 이식(의학적인 목적에서 동물의 세포와 조직, 기관을 인간에게 이식하는 것) 분야에서의 발전은 인간의 건강을 증진시키기 위한 과학적 연구에 동물을 이용한다는 것에 대해 도덕적인 의문들을 갖게 만들었다. 예를 들어 오늘날에는 쥐가 손실유전자(missing genes) 혹은 추가유전자(additional genes)를 갖게끔 유전학적으로 조작할 수 있다. 이 방법을 통해, 그리고 인간과 쥐의 유전적 구성이 어느 정도 유사하다는 이유 때문에, 쥐에게 암이나 낭포성섬유증 같은 인간의 질환을 인위적으로 유발시킬 수 있게 되었고, 이는 과학자들이 인간의 질병을 이해하고 치료법을 개발하는 데 도움을 주고 있다. 하지만 과학적으로 혹은 잠재적으로 인간에게 이득을 제공하는 매력이 있다 하더라도, 그런 의학적 발달은 동물실험이 점점 더 많이 행해지게 된다는 논쟁적인 문제를 낳았다. 이종 이식 분야의 발달 과정에서도 이런 문제는 비슷하게 등장했다.

일반적으로 현대의 사육 행위에 대한 논쟁, 살아 있는 동물 수출에 대한 반대 운동 및 여우 사냥에 대한 의회에서의 토론들로 인해, 동물복지(animal welfare)라는 문제는 아주 중요한 정치적 의제로 거론되어왔다. 이런 논쟁들 중에서도 많은 사람들이 동물복지에 점점 더 많은 중요성을 부여하는 것은 분명 괄목할 만한 일이다. 가령 동물을 좁은 공간에 가두어두고 기르는 현대의 사육 방식은 언제나 관심과 비판의 대상이었다. 오늘날에는 수많은 상점들이 자신들은 축산물 공급자들의 동물복지 행위를 중요하게 여기고 있다고 강조한다. 동물에 대한 잔혹행위 금지를 위한 왕립협회(Royal Society for the Prevention of Cruelty to Animals, RSPCA)는 최근 '프리덤 푸드'(Freedom Food)라는 자체적인 캠페인을 시작했는데, 이는 축산동물들이 '공포와 고통, 굶주림이나 갈증, 불안, 상처나 질병으로부터 자유로운 환경'에서 '정상적인 행동을 할 수 있는 자유'를 갖는지 여부를 점검하고 표시하는 캠페인이다. 수많은 유명 인사들과 정치가들이 이 캠페인에 동참했다. 여우 사냥은 여전히 정치적인 쟁점으로 남아 있는데, 하원은 사냥을 금지하거나 제한하기 위해 노력하는 반면 상원이 하원에 반대하고 있는 상황이다. 스코틀랜드 의회는 2002년에 이미 여우 사냥을 금지했다. 이런 맥락에서 볼 때 최근의 경향은 과학적 탐구에 동물을 이용함에 있어서도 동물복지를 더욱 강조하는 쪽으로 나아가고 있다.

이 장의 논자 마크 매트필드, 톰 리건, 스튜어트 더비셔 및 리처드 라이더는 동물실험으로부터 촉발된 도덕적·정치적 문제와 관련해서 항상 거론되는 몇 가지 주제들에 대해 다양한 의견과 경험을 가진 이들이다. 그리고 이들 모두는 공통적으로 네 가지의 중요한 질문을 던진다.

- 동물실험으로부터 어떤 이익을 얻을 수 있으며, 이런 이익들 때문에 동물에게 위해를 가하는 것은 정당화될 수 있는가?

- 인간과 동물의 관계가 지니는 특징은 무엇인가?

- 동물은 고통을 느끼는가?

- 동물에게는 권리가 있는가?

필요악인가, 인간을 위한 선인가 아니면 단순한 부도덕함인가?

마크 매트필드와 스튜어트 더비셔는 수혈에서부터 신장투석, 당뇨병에 대한 인슐린 치료, 각종 장기의 이식과 소아마비백신의 접종에 이르기까지, 동물실험에 의존한 과학적 연구 덕택이라고 할 수 있을 몇 가지 의학적 발전을 조명한다. 그러나 소위 동물 애호국가로 알려져 있는 영국은, 매트필드가 지적한 것처럼, 과학적 연구에서의 동물사용에 대해 독특한 전통을 유지해왔다. 매트필드에 따르면, 1860년대 후반에 전신마취가 도입되기 전까지 중류층의 일반인들과 상당수의 과학자들은 동물실험에 대해 혐오감을 품고 있었다. 하지만 전신마취법이 도입됨에 따라, 영국에서 시행된 동물실험의 횟수는 1881년의 250회에서 1910년의 95,000회로 폭증했다.

오늘날 진행되고 있는 동물실험의 횟수는 엄청난 수준이어서, 2000년 한 해에만 270만 회를 넘어섰을 정도이다(비록 1970년대 내내 진행된 동물실험 횟수에 비한다면 이것도 절반가량에 불과하지만 말이다). 20세기에 들어선 이후 특히 두드러졌던 이런 증가 추세는 현대 사회에서 진행되고 있는 과학적 연구 및 그 생산품, 그 중에서도 특히 예를 들자면 합법적으로 판매되기 전에 동물을 대상으로 한 검사를 꼭 거쳐야만 하는 의약품이나 식품 첨가물의 엄청난 양을 반영하고 있다.

일반적으로 사회에서는 동물실험의 필요성을 인정하는 듯해 보이지만, 동물실험을 '필요악'으로 여기는 사람들도 많다. 의학적 연구를 발전시키고 인간의 고통을 완화시키는 데에는 필요하지만, 가능하면 최소한의 수준으로 진행되어야 한다는 것이다. 부츠(Boots), 에이본(Avon), 맥스팩터(Max Factor), 림멜(Rimmel), 레블론(Revlon), 야들리(Yardley), 에스티로더(Estee Lauder)와 같은 거대 화장품 회사들이 그 상품을 동물에게 실험하지 못하게 만들어낸 생체해부 반대론자들의 성공적인 활동 또한 이 문제에 대한 대중들의 감수성을 보여주는 것이다.

1986년에 입안된 (과학적 연구에서의) 동물법처럼, 영국의 규제 법안은 실험에 사용되는 동물의 복지를 강조하면서 검사 횟수를 최소화할 것을 규정하고 있다. 법률안에 따르면 동물과 관련된 어떤 연구 계획이 실행되고 추진되기 전에 미리 비용편익 평가(동물이 받을 수 있는 고통의 잠재적 비용과 연구의 잠재적 편익을 비교)를 진행해야만 한다. 더군다나 검사가 진행되는 연구소나 회사, 관련 연구자들 및 특정 프로젝트는 모두 사전에 정부의 허가를 받아야 한다. 영국의 법률안은 1959년에 러셀(Russell)과 버치(Burch)가 정의한 '세 가지 R 원칙', 즉 대체(replace), 축소(reduce), 순화(refine)의 원칙을 반영한다. 세 가지 R 원칙이란, 가능한 한 동물실험은 비동물실험으로 대체해야 하고, 한 실험에서 사용되는 동물의 수는 가능하면 줄여야 하며, 가능하면 동물에게 가해지는 고통이나 위해가 적도록 실험을 순화해야 한다는 것이다. 이는 매트필드가 자신의 글에서 강력하게 주장했으며, 실험을 진행하던 많은 이들이 옹호했던 원칙이다. 그렇지만 완전히 정반대인 이유로 리건과 더비셔는 이 원칙들에 반대한다. 설령 동물실험이 인간에게 이득이 된다고 할지라도(실제로 그와 라이더는 동물실험이 통상 이야기되는 것만큼 이롭기나 한 것인지를 두고 논쟁을 벌이기도 했다) 인간을 위한 동물실험은 단순히 말해 도덕적으로 잘못된 것이라고 리건은 주장한다. 그의 말을 빌리자면, "생체해부에 대한 유일하고도 적합한 대답은 더 큰 우리(cage)를 제공하는 것이 아니라 우리를 비우는 것이다." 반면에 선한 과학적 행위보다 동물복지에 초점을 맞추는 더비셔는, 세 가지 R 원칙이야말로 동물실험을 완전히 중단해서는 안 된다고 말하는 사람들이 갖는 인간과 동물에 대한 잘못된 생각에 찬성하는 것이라고 주장한다. 그는 세 가지 R 원칙과 같은 관점을 "동물연구자들의 천박한 의견을 보강하고 동물실험에 문제가 있다는 개념을 조장한다"는 이유에서 반대한다.

인 간   그 리 고   동 물

우리가 스스로를 인간이라고 간주하는 방식은 철학적 수준에서 동물과 인간의 관계를 바라보는 데에 매우 중요한 영향을 미친다. 그 방식은 나아가 동물실험이라는 문제에 대한 우리의 정치적, 실용적 접근방법 및 동물복지라는 일반적 주제에 대해서도 영향을 미친다.

인간과 동물의 관계를 사고하는 데 영향을 미치게 된 한 가지 중요한 진전은, 인간 행동의 생물학적 뿌리에 대한 관심의 부활이었다. 유전학, 신경과학, 진화생물학, 심리학 및 인공지능 연구에서의 엄청난 발전은 인간 본성에 대한 논쟁을 부활시켰다. 예를 들어 일부 다윈주의자들은 '이기적 유전자' 이론이 인간 행동을 설명하는 데 도움을 줄 수 있으리라고 믿는다. 더 넓게 보면 진화적, 생물학적 기원으로 인한 인간 행동의 한계를 이해해야만 한다고 강조하는 진화심리학은, 리처드 도킨스(Richard Dawkins), 스티븐 핑커(Steven Pinker) 혹은 매트 리들리(Matt Ridley) 같은 베스트셀러 작가들의 저술을 통해 유행했다. 미국의 저명한 생물학자이자 과학저술가인 윌슨(E. O. Wilson)은 사회과학 및 여타 인문학이 '생물학의 마지막 분과'로 이해될 수 있다고까지 주장했는데, 그의 주장에 동조하는 사람들의 수는 1975년에 처음으로 이런 주장을 했을 때보다 오늘날에 더 많아졌을 정도이다.

이렇듯 인간 행동에 대한 생물학적 설명에 초점을 맞추는 경향은 여러 수준에서 동물실험 논쟁에 영향을 미친다. 인간이 궁극적으로는 그 고유한 생물학적 구성일 뿐이라고 단순화되면 될수록 인간이란 그저 정교한 동물일 뿐이라는 개념은 더욱 큰 설득력을 얻게 된다. 인간과 동물을 구분할 수 있을 것인가에 대한 의심은 동물을 열등한 존재로 다루는 인간의 방식이 정당한가에 대한 의문을 낳으며, 이는 나아가 동물 역시 인간처럼 고통을 경험한다는 주장에 더욱 힘을 실어준다. 더군다나 인간이 스스로 그렇게 한다고 여기는 것보다 실제로는 얼마나 더 의식적인 선택을 하는지에 대해 문제를 제기함으로써, 이런 접근법은 인간을 얼마나 주관적인 존재로 간주하여 사고할 것인지에 대한 중요한 함의를 던져주고 있다. 반대로 이는 동물의 권리란 무엇이며, 실제로 그런 권리를 갖기는 하는지에 대한 논쟁에도 영향을 미친다.

리건과 라이더의 주장들은, 인간과 동물을 합리적으로 구분할 수 있을지를 이해하는 데 있어 이런 논쟁이 매우 중요하다는 것을 보여준다. 두 명 모두가 다윈의 진화연구를 인용하면서, 복지 문제와 관련해서만큼은 인간과 동물이 도덕적으로 동등하다고 주장한다. 라이더는, "다윈 덕분에, 동물과 인간 사이에 존재한다고 거론되던 수많은 차이들은 그저 잘못된 망상일 뿐이라는 사실이 드러났다"고 주장했다. 리건 역시 저명한 철학자 피터 싱어(Peter Singer)와 비슷한 입장을 취했다. 만약 동물이 중추신경계를 갖고 있다면 그들 역시 우리와 같은 방식으로 고통과 쾌락을 경험한다고 생각할 수 있으며, 따라서 그들의 기쁨이나 고통은 우리와 동등한 것으로 간주되어야 한다고 리건은 주장했다.

반대로 매트필드는 인간과 동물의 고통을 구분한다. 그는 선한 과학적 행위는 실험에 이용되는 동물의 복지를 염려하는 인간의 관심과 일치해야 하며 실제로도 그렇다고 강조하면서도, 그 실험이 '고도의 윤리적 기준'에 따라 수행된다면 '전적으로 정당하다'고 주장한다. 영국의 일류 과학자들을 대변하는 왕립협회 역시 비슷한 입장을 취하고 있다. 이들의 입장에 따르면 실험에 사용되는 동물의 복지에 대한 관심은, 고통이라는 측면에서 인간과 동물을 동등하게 다루는 것이 아니라 이들 동물에 대해 자비로운(humane) 태도를 가지는 것을 의미한다.

고 통   그 리 고   동 물

고통과 괴로움을 어떻게 이해하느냐 하는 것은 동물실험이라는 문제에 있어 매우 중요하다. 매트필드에 따르면 동물에게 가해지는 실험의 80% 정도는 '가벼운'(mild) 고통이라는 기준에 해당되는데, 이는 단순히 주사를 놓을 때 느끼는 고통과 비슷하다. 그러나 만약 동물이 인간과 똑같이 고통을 느낀다면 동물실험, 특히 '상당한'(substantial) 고통이라는 기준에 포함되는 동물실험은 고문에 비견될 수 있다는 동물권 보호론자들의 주장은 더욱 더 힘을 얻게 될 것이다.

그렇다면 동물은 정말로 사람과 비슷한 방식으로 고통을 느끼는가? 리건에 따르면 포유동물은 인간과 비슷한 인지능력을 갖는다. 가령 지난 경험으로부터 학습하거나 과거를 기억하고 미래를 예측하는 능력이 바로 그것이다. 이들 포유동물에게는 "어떤 일은 즐겁지만 다른 일은 고통스러울 수 있다는 점을 이해하는 능력"이 있는 것이 분명하다. 만일 그렇지 않다면 이들이 유쾌한 결과를 추구하고 기분 나쁜 것들을 피하기 위해 이런

저런 방식으로 행동하지는 않을 것이기 때문이다. 이런 논의에 근거하여 리건은, 비록 포유동물이 "읽고 쓰고 도덕적 선택을 하는 능력은 결여되어 있지만", 그들이 경험하는 것 혹은 빼앗기는 것들이 "그들에게는 매우 중요한 문제"라고 주장한다.

1970년대 초 종에 의한 동물 차별, 즉 종차별(speciesism)이라는 용어를 만들었던 라이더는 이런 관점에 동의하면서, "신체적 외양이 상이하다는 단순한 이유로 동물들을 차별하는 것은 매우 우둔한 일이며 이런 차별은 성차별주의나 인종주의만큼이나 비이성적인 것"이라고 주장한다. 그리고 생물학에서의 과학적 발전을 언급하면서, 동물도 고통을 느낀다고 이야기한다. 최근의 생화학 연구에 따르면 모든 포유동물, 파충류, 조류, 어류의 신경계에는, 인간과 똑같이 고통을 전달하고 억제하는 데 관여하는 화학물질이 존재하기 때문이다.

여러 자극에 노출된 동물들에게서 볼 수 있는 다양한 생리적 특징을 고통의 증거로 해석할 수 있을 것인가에 대한 과학적 논의는 매우 논쟁적으로 진행되고 있다. 더비셔는 인간의 고통이 생리학 용어로 단순하게 이해될 수는 없다고 주장하면서, 인간이란 스스로의 느낌을 동물에 투사하는 경향을 갖는다고 강조한다. 더비셔에 따르면, "동물에게 유해한 손상을 가했을 때 관찰되는 행동들은 우리를 혼란스럽게 만든다. 왜냐하면 우리는 통찰력을 갖고 있고 우리 인간의 감각에서의 기대치를 동물에게 투사하기 때문이다." 그는 인간은 자의식을 갖지만 동물은 그렇지 않다는 사실에 근거하여 인간과 동물을 구분한다. 또한 그는 고통이란 오직 인간의 사회적 세계라는 맥락에서만 의미를 지니는 것일 뿐 결코 순수한 생리학적 현상이 아니라고 주장한다. 가령 "인간 세계의 구성물들은 다른 사람들에게 어떤 의미가 있을 때에만 우리에게도 의미를 갖는다. [······] 만약 고통이 완전히 개인적인 문제라면, 어떤 단어로도 그것을 표현할 수 없을 것이다. 왜냐하면 외부의 어떠한 기준들도 감각에 필적할 만하지 않으며 따라서 그 감각을 표현하는 데 적합하지 않기 때문이다." 반대로 그는 동물이 '기계적이며' 혹은 '자연의 명령에 의해 조종된다'고 생각한다. 이런 주장에 따르면, 불쾌한 경험들을 피하려는 동물의 행동은 기계적인 것 그리고 순전히 생리적인 과정으로 해석될 수 있다. 인간에 대해서와 똑같은 의미를 동물의 경험에 부여할 수는 없다. 따라서 동물들이 '고통'을 느낀다고 말할 수는 없는 것이다.

복지와 권리

인간의 위해로부터 도덕적 보호를 받을 권리를 동물이 가지는가 하는 것은 매우 혼란스러운 문제이다. 여기서 핵심적인 것은 동물들이 그런 권리를 지니기 위해 이를 행사할 수 있는지 여부일 것이다.

이에 대한 입장 중 한 가지는, 권리라는 것을 부단한 투쟁을 통해 획득하고 방어해야 할 자유(freedom)로 이해하고, 권리를 가진다는 것과 복지를 집행하는 것을 구분한다. 이 관점에 따르면 언론의 자유, 결사의 자유, 법 앞에서 동등할 자유는 다양한 사회 구성원들이 서로 투쟁하여 획득한, 그런 종류의 권리이다. 다시 말해, 사회 내에 존재하는 권리들은 종교나 도덕 철학, 자연에 근거한 선험적 토대를 갖는 것이라기보다는 오히려 정치적 과정의 결과인 것이다.

더비셔는 이런 관점을 받아들여, 복지와 권리를 분명히 구분한다. 그는 동물에게는 권리를 주장하거나 다툴 능력뿐 아니라 이를 행사할 능력도 없으며 따라서 동물이 권리를 가질 수는 없다고 주장한다. 더비셔에 따르면, 대중적으로 '동물권'이라고 논쟁되는 것은 실제로는 동물 보호를 위해 인간이 골라잡은 것으로서, 이런 선택은 동물과의 관계에 대한 우리의 생각이나 감정을 반영한다는 것이다.

반대로 리건과 라이더는 권리와 복지를 구분하지 않으며, 동물권의 문제는 도덕적인 것이라고 주장한다. 이들에 따르면, 인간과 마찬가지로 동물은 신체 보전과 생명을 위한 근본적인 도덕적 권리를 갖는다. 이 관점에 따르면, 신체 보전과 생명을 위한 인간의 기본적 권리를 옹호하면서 동물의 권리를 부정하는 것은 논리적으로 모순이 된다. 게다가 라이더는 철학적인 측면에서 고통과 괴로움을 회피하는 것이 우리 시대의 가장 중요한 도덕적 문제라고 강조한다. 그는 "정의, 평등, 자유와 같은 조건들은 고통의 절감에 비한다면 모두 부차적인 것"이라고 주장하면서, 이런 조건들이 중요한 것은 고통과 괴로움을 완화시키는 데 도움이 된다는 점이라고 역설하고 있다.

여러 다른 관점들을 담고 있지만 이 장에 실린 에세이들은 동물실험이라는 주제에 대한 중요한 통찰력과 여러 논의들을 제공한다. 또한 이 에세이들은 '인간이라는 사실은 무엇을 의미하는가'라는 근본적인 질문에 대한 흥미로운 생각들도 담고 있다. 부디 마음껏 즐기시길!

동물실험:
의학의 발전과 동물권을 위한 항변들

마크 매트필드*

동물실험은 인간 및 동물의 생물학적 지식을 발전시키는 데 중요한 역할을 해왔다. 이 실험들은 인간과 동물의 질병에 대한 치료법 개발 및 일련의 의학 발달에 있어 특히 결정적이었다. 그러나 그런 만큼 동물복지라는 주제는 언제나 과학자와 대중 모두의 관심사이기도 했다. 영국의 경우, 실험실에서 사용되는 동물의 복지를 염려하는 오랜 전통과 함께 동물연구와 동물 검사의 모든 측면을 감독하는 강력한 규제 사항들 또한 존재한다. 대중들은 실험실 동물의 복지에 대해 항상 염려하면서 꼭 필요한 경우에만 자비로운 방식으로 실험이 진행되어야 한다고 생각하는 반면에, 동물실험이 진행되어야 할 필요성 역시 지지하는 입장을 취한다. 이 글에서 나는 동물실험 및 이와 연관된 여러 성과들의 역사를 개괄하려 하는데, 여기에는 어떻게 해서 실험실 동물에 대한 관심이 생겨나게 되었는지도 포

---

* 마크 매트필드 박사(Dr Mark Matfield)는 영국 대학교들의 연구기금을 감독하는 의료연구위원회에서 근무하기 전에는 영국과 미국 등지에서 의료연구 과학자로서 일했다. 1988년에는 의학적 연구에의 동물 이용을 공개적으로 논의하고자 하는 과학자들을 대표하는 주요 조직인 연구보호협회(Research Defence Society)의 위원장으로 임명되었다. 그는 지난 10여년 동안 이 문제에 관해 많은 글을 쓰고 강연을 벌여왔다.

함되어 있다. 그리고 동물실험이 향후 인간의 웰빙에 있어 결정적이라는 점과, 그 실험이 고도의 윤리적 기준에 따라 진행되기만 한다면 전적으로 정당화될 수 있다는 점을 주장하고자 한다.

동 물 실 험 의   역 사

동물실험은 고대 그리스 시대부터 의학적 과학에서 사용되어왔다. 기원 전 500년경에 크로톤(Croton)의 알크마이온(Alcmaeon)은 살아 있는 동물의 시신경을 자르면 시력이 상실된다는 사실을 보여줌으로써 시신경의 기능을 설명한 바 있다. 알렉산드리아의 헤로필로스(Herophilus)는 기원 전 330~250년에 동물을 연구했으며, 여러 신경과 힘줄의 기능을 설명했다.[1]

고대에 이런 기초적인 실험들에 동물이 사용되었던 과학적·윤리적 이유는 오늘날과 본질적으로 동일하다. 무엇보다도 당시의 의사들은 신체에 대해서 충분히 알지 못했기 때문에 신체가 병들면 왜 제대로 동작하지 않는지 이해하기가 힘들었는데, 인간과 동물이 생물학적으로 매우 유사하기 때문에 한쪽의 육체에서 발견된 것들이라면 다른 쪽에도 충분히 적용할 수 있으리라고 생각했다. 게다가 그리스인들은 지식의 추구 그 자체를 높게 평가했다. 두 번째 이유로, 당시에는 인간의 괴로움이 보편적인 일이었고 인간의 생명은 경시되었지만, 그럼에도 불구하고 다른 동물의 생명보다는 훨씬 더 중요한 것으로 간주되었다는 점을 생각할 수 있다. 그러나 고대와 오늘날 사이에는 중요한 차이가 한 가지 있다. 고대에는 실험의 잔인함이나 고통의 정도가 오늘날의 기준에 따르면 용납될 수 없을 만큼 심했을 것이라는 점이다. 고대의 실험들은 완전히 의식이 있는 동물들을 대상으로 진행되었기 때문이다.

인체를 이해하기 위해 동물을 연구하던 그리스의 전통은 로마시대 및 아랍 의학학교에 이르기까지 계속되었지만, 중세 암흑기를 맞이하면서 쇠퇴하게 되었다. 이런 전통은 16세기가 되어서야 이탈리아 의학학교에서 다시 살아났고, 인체 각 조직의 기능을 연구하기 위해 살아 있는 동물을 사용하는 실험의 유용성이 명확해지면서부터는 유럽 전역으로 확산되었다. 생물학의 가장 기본적인 발견들 중 많은 것이 동물연구로부터 나왔는데, 1628년 윌리엄 하비(William Harvey)의 혈액 순환 설명, 1667년 로버트 후크(Robert Hooke)의 폐 기능 발견, 그리고 1733년 스티븐 헤일즈(Stephen Hales)의 혈압측정이 그 대표적인 사례이다.[2]

그러나 유럽 전역의 의학학교에서 동물연구가 증가하고 실험들이 점차 복잡해지면서 침략적인 성격을 지니게 됨에 따라, 영국의 의사와 과학자들은 과학이라는 이름으로 동물에게 고통을 가하는 것을 조금씩 주저하기 시작했다. 이들은 당시 영국의 유력한 도시중간계급들 사이에 만연해 있던 동물복지에 대한 감성을 공유했던 듯하다. 1863년에 영국의 유력 의학저널 『란셋』(Lancet)의 한 사설에서는 동물실험에 대해, "런던의 과학자들 중 아마도 두셋, 기껏해야 여섯 명 정도가 자신들의 탐구를 위해 살아 있는 동물을 종종 이용할 필요가 있는 연구를 수행한다고 알려져 있다"고 말했다. 그 결과 당시 의학 연구의 주류였던 실험생리학이 유럽의 여타 지역과 비교해 본다면 영국에서 훨씬 덜 발달하게 되었다.

1860년대에 전신마취가 도입되면서부터 영국의 상황은 변하기 시작했고, 젊은 의학도들은 에테르(ether)나 클로로포름을 이용해 의식불명상태에 빠뜨린 동물을 대상으로 연구를 진행하기 시작했다. 정부의 통계에 따르면 영국에서 진행된 동물실험의 수는, 기록이 시작된 첫 해인 1881년에는 250회였던 것이 1910년이 되었을 때는 95,000회로 증가했다.

동물연구의 장밋빛 약속은 20세기에 들어서면서 실현되기 시작했다. 이 시기에는 생물학 및 의학에 대한 막대한 투자로 인해 의학적 성과들이 만들어지기 시작했는데, 이들 모두는 기본적으로 상당 부분이 동물실험에 의거한 것이었다. 청년당뇨는 1922년 이전에는 어떠한 치료법도 없고 스무 살을 넘긴 생존자도 없는, 신체의 영양이 결핍되면서 일어나는 점진적이고 고통스런 죽음을 의미할 뿐이었다. 개와 토끼 연구를 통해 개발된 인슐린은 진정 기적과도 같이 다가왔다. 치명적이었던 숱한 질병들이 사상 처음으로 간단한 정기주사를 통해 치료될 수 있었다. 이 발견으로 인해 전세계에서 3천만 명에 가까운 사람들이 생명을 보존할 수 있었다고 전해진다. 그러므로 이 분야를 연구한 프레더릭 밴팅(Frederick Banting)과 존 매클라우드(John MacLeod)가 1923년에 노벨의학상을 받은 것은 그리 놀랄 만한 사건이 아니었다.

알렉산더 플레밍(Alexander Fleming)이 페니실린을 발견한 이야기는 많은 이들에게 잘 알려져 있다. 그는 한천배양기에서 자라는 어떤 곰팡이가 주변 박테리아의 성장을 어느 정도 억제한다는 사실을 발견했다. 1929년 그는 푸른곰팡이에서 해당 물질을 추출해냈고, 이것에 박테리아의 성장을 억제할 능력이 있음을 증명했다. 그러나 항생제의 작용을 결정적으로 증명해줄 동물 검사를 하기 전에는 플레밍이 이 연구를 깊이 있게 수행하지 않았다는 사실은 그리 잘 알려져 있지 않다. 표백제나 초산을 비롯하여 다른 많은 물질들도 박테리아를 죽일 수 있다. 항생제와 관련된 가장 중요한 사실은, 이 항생제라는 것은 박테리아 세포만 죽일 뿐 [정상적인] 동물 세포에는 영향을 미치지 않는다는 점이다. 플레밍은 이 사실을 증명할 만한 결정적인 실험에 성공하지 못했다. 페니실린의 완전한 잠재력이 발견된 것은 에른스트 체인(Ernst Chain)과 하워드 플로리(Howard Florey)가, 유독성 박테리아 치사량을 주입받은 쥐가 페니실린을 주사하면 죽지 않는다는 사실을 밝혀냈던 1940년의 일이었다. 이 발견은 1945년 플레밍과 체인, 플로리가 공동으로 노벨상을 수상하면서 인정받게 되었다.

소아마비 백신의 개발 역시 동물실험에 크게 의존했다. 소아마비는 고대에도 알려진 병이었지만, 유일하게 소아마비에 걸리는 동물인 원숭이를 연구하던 과학자들이 이 질병은 박테리아보다 더 작은 입자에 의해 전달된다는 사실을 밝혀낸 1909년에 이르러서야 비로소 우리는 소아마비가 어떻게 일어나는지를 이해할 수 있게 되었다. 이때부터 존 엔더스(John Enders)와 토머스 웰러(Thomas Weller)가 조직 배양으로 바이러스를 증식시킬 수 있게 되었던 1949년까지는 바이러스를 추적하는 유일한 방법이 동물을 감염시키는 것뿐이었으며, 처음에는 원숭이가, 나중에는 쥐가 이용되었다. 1950년대 초 앨버트 세이빈(Albert Sabin) 교수는 쥐, 시궁쥐, 원숭이 그리고 조직 배양을 통해 바이러스를 증식시킴으로써 소아마비 백신을 개발했다. 1947년 영국의 소아마비 환자는 그 수가 거의 8천 명에 다다랐는데, 이들은 대부분 사망하거나 평생토록 신체의 일부가 마비된 채로 살았다. 예방접종 프로그램은 1958년에 시작되었고 환자의 수는 6년 내에 100명 이하로 감소했다. 1990년 이래로 10여 년 동안 영국에서 발생한 소아마비 환자는 한 명뿐이었고, 그마저도 외국 여행 동안 질병에 걸린 경우였다.

동물연구에 의존한 의학적 발전의 목록은 의학사의 한 주제이다(표 1 참조). 이 목록에는 본질적으로 20세기의 아주 중요한 의학적 발전들이 포함되어 있다. 얼마나 많은 생명이 구제되었는지 그리고 그 고통은 얼마나 경감되었는지를 계산한다는 것은 불가능하다. 동물연구에 의존한 발달들이 없었더라면, 우리의 의학 체계는 후기 빅토리아 시대와 거의 다를 바가 없을 것이다. 이런 의학적 발전의 시대에 그런 업적을 낳은 연구에 있어 동물 이용은 필수적이었다. 연구에 필요한 동물의 수를 현저히 줄인 과

표 1 동물실험을 통해 얻은 의학적 업적들

연대	의학적 업적	실험 대상 동물
1910년대	수혈	개
	신장투석	토끼, 개
1920년대	인슐린을 이용한 당뇨병 치료	토끼, 개
1930년대	마취제를 이용한 외과수술	쥐, 토끼, 개, 원숭이
	디프테리아 백신	기니피그(Guinea pigs)[모르모트]
1940년대	광역 항생제	쥐, 시궁쥐, 햄스터, 토끼, 개
	백일해 백신	쥐, 토끼
	인공심폐기를 이용한 개심술	개, 돼지
1950년대	신장 이식	쥐, 고양이, 개
	심장박동 조절장치	개
	소아마비 백신	쥐, 원숭이, 토끼
	고혈압 치료 의학	쥐, 시궁쥐, 토끼, 고양이, 개
	관절대체수술	토끼
1960년대	정신병 치료 의학	시궁쥐, 토끼
	심장판막 대체 수술	기니피그, 쥐
	관상동맥 우회술	돼지, 개
	심장 이식	돼지, 개
1970년대	궤양 치료제	시궁쥐, 개
	봉합사 및 외과수술 재료	토끼, 시궁쥐,
	천식 치료제	기니피그, 시궁쥐, 토끼
1980년대	장기이식을 위한 면역억제제	쥐, 토끼, 개
	진단을 위한 CAT 촬영	돼지
	조산아 생명유지 장치	원숭이
	바이러스 질병 의학	쥐
1990년대	수막염 백신	쥐, 토끼
	낭포성 섬유증 치료	쥐
	난청 치료를 위한 장치 이식	흰족제비(Ferret)

학기술들도 있기는 하지만, 동물을 이용하지 않고 이런 실험들이 얼마나 진행될 수 있을지를 예측하기는 매우 어렵다.

실 험 실   동 물 복 지 의   등 장

실험에 사용되는 동물의 복지를 보호하자는 최초의 제안이 나온 것은 영국의 동물실험가로부터였다. 1831년에 마셜 홀(Marshall Hall)은 다섯 가지의 원칙을 만들었는데, 그 내용은 다른 방법으로도 얻어질 수 있는 결과를 위해 동물을 사용하지 말 것, 적합한 실험 설계를 할 것, 불필요한 동물실험을 반복하지 말 것, 동물에게 가해지는 고통을 최소화할 것, 마지막으로는 반복할 필요를 없애기 위해 결과를 적절히 기록해둘 것 등이었다.[3] 홀이 애타심만으로 이런 원칙을 만든 것 같지는 않다. 막상 그는 전신마취가 도입되기 이전에 런던에서 동물을 대상으로 실험을 진행하고 있었는데, 이 때문에 의료 전문가나 과학자 집단 내부로부터 그리고 런던 학회의 여타 사람들로부터 심한 비판을 받았던 인물이기도 하다.

영국은 실험에서의 동물사용을 규제하는 법률을 처음으로 제정한 나라였다. 그러나 불행히도 그런 법안이 제정될 때까지는 숱한 논쟁들이 존재했고 종종 불화가 일기도 했다. 제한조건이 매우 많았던 원안의 주요 조항들은 생체해부를 반대하는 단체들이 내놓은 제안들에 바탕을 둔 것이었다. 의사 및 과학자 공동체에서는, 1876년에 그 법안이 잔혹행위 금지법(Prevent of Cruelty Act)이라는 이름으로 통과되기 전까지 지속적인 로비활동을 펼쳤고 결국 상당한 부분에서 법안수정을 얻어낼 수 있었다.[4]

이 논쟁이 낳은 불행한 결과 중 하나는, 자신들이 규제받는다는 사실에 대해 과학자들이 분개하면서 동물복지를 동물연구의 장애물로 간주하게 되었다는 점이다. 그러나 시간이 지날수록 이런 태도는 변화해갔다. 1986년에는 동물실험을 규제하는 효과적인 새 법안이 동물법과 함께 도입되었고, 오늘날에는 동물연구자들 사이에 바람직한 동물과학과 바람직한 동물복지가 함께 간다는 생각이 널리 퍼져 있다. 실험실의 동물복지가 열악하다는 것은 도덕적으로 잘못된 일로 여겨질 뿐만 아니라 과학으로서도 나쁜 것으로 간주된다.

실험실 동물복지의 창시자는 영국의 과학자 빌 러셀(Bill Russell)과 렉스 버치(Rex Burch)이다. 1958년에 동물복지 대학연합(The Universities Federation for Animal Welfare)은 이 둘에게 동물실험의 윤리적 측면을 연구할 수 있도록 비용을 제공했다. 그들은 독창적인 책 『인도적인 실험기법 원칙들』(*The Principles of Humane Experimental Technique*)에서 인도적인 동물연구 실험절차의 지침으로서 세 가지 R 원칙(대체, 축소, 순화)을 정의했다. 오늘날 이 세 가지 R 원칙은 전세계 실험실동물 연구와 복지를 위한 윤리적 지침이 되었다.

동물실험을 가능한 한 비동물 기법으로 대체하는 일은, 윤리적인 이유에서뿐만 아니라 과학적인 측면에서도 중요하다. 수많은 비동물 기법들은 동물을 이용한 기법보다 훨씬 빠르고 저렴하며, 유용한 데이터를 더욱 쉽게 제공해준다. 사실 의학 연구의 대부분, 아마 80~90% 가량은 비동물 기법을 이용하여 수행되고 있다. 그러나 이런 기법들이 동물실험의 대안이라는 것은 아니다. 암세포가 정상세포와 얼마나 다른지를 발견하려면 세포를 분리해서 연구해야 한다. 똑같은 정보를 동물실험을 이용해서는 얻을 수 없다. 일반적으로 비동물 기법은 그 고유한 방법을 통해서만 발견될 수 있는 정보를 제공하기 때문에 실험에서 종종 이용된다. 따라서 비동물 기법은 동물을 이용한 실험기법들을 대체한다기보다는 보완하는 경향이 있다. 새로운 정보를 발견하기 위해 새로운 기법들이 개발된다. 새로운 비동물 기법이 아주 적절한 정보를 제공하기 때문에 더 이상은 동물실험을 할 필요가 없어지는 경우도 종종 있다. 이처럼 그 자체로 유용하다는 이유만으로 개발된 비동물 기법이 동물실험을 대체할 수는 있다. 그러나 현존하는 동물 기법들을 대체할 새로운 기법들을 일부러 개발한다는 것은 아주 어려운 일로 판명되었다.

개별 실험에서 사용되는 동물의 수를 유의미한 결과를 내는 데 필요한 최소한도로 줄인다는 것이 세 가지 R 원칙의 두 번째이다. 이 원칙은 종종 동물실험의 전체 횟수를 줄이는 것으로 잘못 설명되곤 한다. 동물실험의 전체 횟수를 줄이는 것은 진행 중인 연구 전체의 수와 같은 다른 요인들에 의해 결정될 문제이다. 그러나 통계적인 계산을 통해 하나의 실험에서 신뢰성 있는 결과를 도출하는 데 필요한 동물 수의 최소치를 정할 수는 있다. 필요한 동물의 수를 최소한으로 유지하기 위해서는 적정한 실험설계를 이용해야 하고, 결과에 영향을 미칠 수 있는 다른 요인들을 제거해야 한다. 많은 연구에서 특정병원체부재(Specific Pathogen Free) 동물이 이용되는데, 이들은 일반적인 병원체 등에 감염되지 않았으며 살균된 환경에서 사육된 동물이다. 실험결과에 영향을 줄 수 있는 감염의 위험을 과거부터 현재까지 제거함으로써, 신뢰할 만한 결과를 얻기 위해 더 적은 동물을 이용하는 것이 가능해지는 것이다.

세 번째 R 원칙인 실험의 순화라 함은, 동물에서 가해질 고통이나 피로감, 상처를 최소화하는 방향으로 실험을 설계하고 진행하는 것을 가리킨다. 여러 이유 때문에 실험의 순화는 세 가지 R 원칙 중 가장 중요하다. 실험의 순화를 가장 단순하게 적용하는 방법은 동물의 고통을 줄이기 위해 마취제나 진통제를 투여하는 것이다. 이 원칙을 더욱 철저히 적용하면, 해당 동물의 일생을 고려하는 것이 포함된다. 거의 모든 실험동물들은 특별하게 사육되기 때문에, 삶의 대부분을 실험상태가 아닌 실험실 축사에서 보내게 된다. 이 동물들은 적막한 우리 속에서 살거나 아니면 야생에서 겪을 법한 복잡한 환경을 모방한 거대한 울타리 속에서 무리지어 살아갈 뿐이다. 동물복지에 대한 연구들을 살펴보면, 자극(특히 사회적 자극)이 결여된 동물들은 심각한 스트레스를 경험하면서 비정상적 행동들을 보인다. 지난 20년간 실험실 동물을 위해 주변 환경을 향상시키려는 꾸준한 움직임이 있어왔다. 이는 때로는 놀랄 정도로 간단한 내용일 수도 있다. 수년 동안 원숭이는 한 방에 놓인 20여 개의 개별 우리 안에서 사육되었다. 오늘날 어떤 곳에서는 원숭이들을 같은 공간, 같은 우리 속에서 그렇지만 우리의 문을 열어놓은 상태로 사육한다. 각 동물들은 격리된 채로 사육당하는 대신, 이제 여기저기 뛰어다니거나 숨거나 기어오르기에 충분한 구조의 넓은 공간에서 사회적으로 무리지어 살아간다. 몇 가닥의 로프나 나뭇가지만으로도 동물들의 환경을 훨씬 풍부하게 만들 수 있는 것이다.

실험의 순화에 있어 중요한 점은 최대한 인도적인 종착점을 계획하고 이에 맞게 동물을 이용하는 것이다. 예를 들어 어떤 물질이 암을 유발하는지 여부를 알기 위한 실험기법은 해당 물질을 투여하여 얼마나 많은 동물들이 수개월 후 암으로 사망하는지를 계산하는 방법이었다. 그러나 실험의 종착점으로 반드시 동물의 죽음을 이용할 필요는 없다. 대신에 모든 동물들은 진행된 암세포를 갖기 전에 고통없이 도살 처분되며, 동물당 암세포의 수는 부검을 통해 측정된다. 그 목적은 초기 진단될 수 있을 정도의 크기 이상으로 암세포가 자라지 않도록 하는 것이다. 이 과정은 여전히 암을 유발할 가능성이 있는 물질에 대한 신뢰할 만한 수치를 제공해주지만, 동물이 암세포로 고통받거나 사망하는 것과는 상관이 없다.

동물실험에 대한 영국의 규제 체계는 이 세 가지 R 원칙에 상당한 비중을 두고 있다. 모든 동물실험은 법규에 의해 통제되며, 정부가 공표하는 통계에 포함된다. 동물을 이용하는 모든 실험절차는 정부 조사관에게 설명되어야 하며 그 정당성을 인정받아야 한다. 각각의 절차는 그것이 야기할 수 있는 고통의 최대치에 의거하여 분류된다. 가벼운(mild) 정도라 함은 간단한 주사를 맞을 때의 아픔 이상의 고통을 유발하지 않는 실험절차를 의미한다. 고통이 상당한(substantial) 절차는, 심각한 고통을 유발할 가능성이 있는 외과적 시술이나 이와 유사한 기법들을 의미한다. 보통의 (moderate) 절차는 이 두 가지 사이에 있는 광범위한 범주를 말한다.

연구 프로젝트 각각에서 그 고통의 정도가 다양한 실험절차 횟수가 기록되고, 그 프로젝트는 '가벼운', '보통의', '상당한' 정도라는 전체 등급을 부여받게 된다. 고통이 거의 없는 실험절차는 따로 분류되지 않는데, 동물이 실험 내내 마취상태에 있다가 의식이 없는 상태에서 도살 처분되는 경우가 여기에 해당된다. 각각의 범주에 포함된 프로젝트의 수는 통계처리되어 공표된다. 2000년의 경우 전체 프로젝트의 40%가 가벼운 절차, 55%가 보통의 절차, 그리고 2%가 상당한 고통을 낳는 절차였다.[5] 만일 개별 절차의 4분의 1 혹은 3분의 1이 상당한 고통에 해당되는 범주에 포함된다면, 전체 프로젝트도 해당 범주로 분류된다. 나머지는 가벼운, 혹은 보통의 범주에 포함될 것이다.

해당 범주에 포함되는 절차들의 횟수, 즉 개별 실험의 숫자는 기록되지 않는다. 그러나 전문가들은 영국에서 진행되는 모든 절차의 80%가 이제는 간단한 주사 정도의 고통도 유발하지 않는 가벼운 범주에 속한다고 평가한다.

동물실험에 대한 대중들의 태도

일반 대중들은 동물실험을 반대하지만 그 이상 깊이 생각하지는 않는다고 짐작하기 쉽다. 그러나 이런 어림짐작은 옳지 않다. 최근 영국에서는 이 주제에 대해 구체적이고 꼼꼼한 여론조사가 있었는데, 여기서는 대중들이 갖는 아주 복잡한 태도를 볼 수 있었다.[6]

이 두 번의 여론조사에 따르면, 상당수의 대중들은 의학연구에서의 동물사용이 원칙적으로는 필요하다는 점을 인정했다. 그러나 이런 용인은 수많은 조건에 따라 유동적이었다. 그 조건들이란 다음과 같다. 아주 심각한 질환을 치료하는 데 이용될 수 있는 연구인가? 어떤 동물이 사용되는가? 사람들은 특히 원숭이보다는 쥐를 이용하는 것을 쉽게 받아들였다. 실험으로 인한 고통이나 괴로움은 어떠한가? 일반적으로 대중들은 이런 고통이 최소화되거나 아니면 아예 제거되기를 희망했다. 사실 이 세 가지 조건은 영국 동물연구 규제 체계의 주요 조항들 중 일부이기도 하다.

두 여론조사 중 하나에서는 동물실험을 규제하는 체계에 무엇이 포함되었으면 하는지를 대중들에게 질문함으로써 이러한 분석을 좀 더 확장해보았다. 그리고 대중들은 자발적인 대답을 통해 영국이 현재 취하고 있는 규제 체계의 핵심 원칙들을 모두 제시했다. 이를 통해 알 수 있는 것은, 만약 대중들이 현존 규제 체계에 대해 더 잘 알게 된다면 영국에서 동물들이 연구용으로 이용되는 방식을 더 많이 지지하게 될 것이라는 점이다. 그러나 동물실험에 관한 대중들의 논쟁은 그 상당수가 동물을 연구용으로 이용할 필요가 있는지 여부에 집중되어왔다. 이런 논쟁은 동물복지 혹은 규제 체계가 어떠해야 하는가 등의 문제를 모호하게 만드는 경향이 있으며, 그래서 미디어에서도 훨씬 소홀하게 다루어지게 되는 듯하다.

확실히 동물실험에 대한 대중들의 태도는 일반적으로는 과학자들에 대한 신뢰의 부재, 구체적으로는 이 주제에 대한 과학자 공동체의 솔직하지 못한 태도에서 비롯된 것이다. 과학자에 대한 대중의 불신은 최근의 영국에서는 커져가고 있으며, 많은 비평가들은 이런 불신의 원인으로 소해

면상뇌증(BSE)[광우병], 유전자 조작 곡물, 지구 온난화와 같은 사례들을 든다. 하지만 이런 사건들 때문에 과학자 공동체를 비난한다는 것은 정부나 영리회사들이 져야 할 훨씬 더 큰 책임을 간과한다는 점에서 그리 공평하지는 않다는 점을 지적해둘 필요가 있겠다.

지난 30여 년 동안 영국에서 동물실험에 대한 공개적인 논의가 없었던 것은 사실이다. 그러나 그럴만한 이유가 있었다. 극단적인 동물권 보호론자들의 공격목표가 되는 것을 동물연구자들이 매우 걱정했기 때문이다. 동물해방전선(Animal Liberation Front)은 동물연구를 옹호한다고 공공연히 입장을 밝힌 소수의 과학자들을 공격하거나 위협했다. 의학 연구에서의 동물사용에 대해 거리낌없이 말하지 못하도록 다른 과학자들을 겁주는 것이 이들의 의도였다고 생각할 수도 있다. 그리고 만약 이것이 그들의 전략이었다면 꽤나 성공한 셈이기도 하다.

동물권: 캠페인에서 극단주의까지

동물실험 반대 운동은 거의 150여 년 전에 영국에서 시작되었다. 동물실험의 전면 금지라는 그 목적은 분명했고 그 방법 또한 합법적이었다. 동물실험 반대론자들은 주로 강연, 논쟁, 소책자, 포스터, 여러 출판물들을 통해 대중들과 정치적 여론에 영향을 주고자 노력했다.

1970년대에 새로운 운동이 등장했는데, 이는 곧바로 동물실험 반대 단체 모두를 압도하게 되었다. 동물권은 행동주의의 철학이자 그만큼이나 독특한 표현이었다. 피터 싱어가 처음으로 정의한 행동주의 철학은, 인간이 아닌 동물도 인간과 동등한 혹은 유사한 권리를 가지고 있으며 따라서 인간은 식용이나 의복, 연구를 위해 나아가 애완용으로도 동물을 이용할 권리가 없다고 주장했다. 동물권 행동주의는 사냥 방해활동가들과 함께 시작되었는데, 이들은 여우나 수달 사냥을 중단시키기 위해 자칭 직접행동이라고 부르는 방법을 사용했다. 그러나 사냥꾼과 사냥감 중간에서 활동하는 완고한 행동주의자들과 함께 시작되었던 이 운동은 곧 도시의 테러주의와 흡사한 형태로 발전해갔다.

1972년 사냥방해활동가협회(the Hunt Saboteurs Association) 루턴 지부의 몇몇 회원들은 다른 수준의 직접행동을 하기로 결정했다. 그들의 행동은 그 지역의 사냥에 사용되는 운송수단을 파괴하는 것에서 시작되어, 제약회사의 새로운 연구실험실들을 방화하는 공격 형태로 이어졌다. 이들의 초기 방화공격은 그리 정교하지 못했다. 오래지 않아 로니 리(Ronnie Lee)와 클리프 굿맨(Cliff Goodman)이 2차 방화를 시도하고자 최초의 범죄현장으로 이동하던 도중에 체포되었다. 그들은 짧은 징역형을 살았고, 석방되고 난 후 로니 리는 행동주의자 집단을 재조직하여 동물해방전선(ALF)을 만들었다.

초기에 ALF는 동물을 '해방'시키는 일에 자신들의 역량을 상당히 집중시켰는데, 그것은 주로 실험실이나 사육사들 그리고 농장에서 동물을 훔쳐내는 활동이었다. 그러나 그 행위의 대부분은, 실험실을 무차별 파괴하거나 차량을 부수고 사무실 건물에 방화를 하는 등 형사상으로 죄가 되는 피해를 입히는 방식을 동반했다. 머지 않아 동물 해방을 위한 행동들은 포기된 채 공격 방식은 더욱 과격해졌고 그 중에서도 동물연구는 주요 공격대상이 되었다. 1982년 ALF의 작전이 새로운 전환을 맞이하면서, 그들은 다우닝 가(Downing Street)의 공무원들을 공격할 요량으로 4개 주요 정당의 지도자들에게 우편물 폭탄을 보내기 시작했다.[7]

점점 격렬해지던 이런 추세가 1985년에는 의학 연구자들의 집에 화염병을 던지는 것으로 이어졌다. 같은 해에는 최초로 ALF 자동차용 폭탄이 사용되었다. 이 자동차 폭탄은 서리(Surrey) 주의 실험연구소에서 근무하던 두 과학자의 주차된 자동차 밑에 놓여 있었다. 타이머로 작동하게끔 설계된 이 조잡한 수제 폭발물의 위치는 자동차 바로 밑이었는데, 운전자를 해치기보다는 차량 자체를 파괴하는 것이 의도였으리라고 추측된다. 그러나 이 공격이 자신들의 행위라고 주장한 '동물권시민군'(Animal Rights Militia) 소속 익명의 대변인은 지방 신문에서 "이들 동물 학대자의 흉악한 행위를 멈추게 하기 위해서라면 우리는 그 어떤 짓도 서슴지 않을 것이다. 이것이 어떤 사람을 죽이는 결과를 의미한다고 해도 우리는 물러서지 않을 것이다"라고 말했다.

이후 10년은 극단적인 동물권 옹호론자들의 전성기였다. 다양한 명칭들(동물권시민군, 동물해방전선, 동물방위연맹, 동물해방연맹)에서도 드러나듯이 그들의 전술은 제품(마르스 바[사탕 및 초콜릿 과자류 제조회사인 마르스(Mars) 사에서 만드는 초콜릿 바의 이름. 대표상품으로 마르스 바와 엠엔엠(M&M)이 있다], 루코제이드[영국의 기능성 스포츠 음료. 헌팅던 생명과학연구소에서 동물실험 단계를 거친 것으로 알려져 있다], 냉동치킨 및 다양한 화장품) 훼손에서부터 다양한 연구시설에 대규모로 침입하여 파괴하고 가게를 방화하는 것(백화점 전체가 소실된 경우도 있었다), 그리고 점심시간에 폭발하도록 패스트푸드 가게에 폭탄을 설치하는 것 등을 들 수 있다.

가장 과격한 공격은 브리스틀과 솔즈베리에서 일어났다. 1989년 2월 어느 날 아침, 『데일리 미러』(Daily Mirror)는 정오에 브리스틀 대학의 이 사회 건물에서 폭탄이 터질 것이라는 전화를 학대받는 동물협회(the Animal Abused Society) 대변인으로부터 받았다. 이 건물의 모든 사람들이 대피하고 폭탄을 찾았지만 아무것도 발견되지 않았다. 정오에 폭탄이 터지지도 않았다. 그러나 자정이 되었을 때 5파운드[약 2.3kg]짜리 플라스틱 폭발물 장치가 건물의 모든 층을 날려버렸다. 이 사건을 조사한 경찰은,

이 장치가 경찰의 초기 수색이 끝난 후 사람들이 다시 건물로 들어갈 수 있게 되었을 때 설치된 것이라고 생각했다.

1990년 6월에는 똑같은 폭발물 PE4가 과학자들을 향한 두 번의 자동차용 폭탄에서 사용되었다. 수은 틸트식 스위치와 0.5 파운드의 고성능 폭발물로 정교하게 만들어진 이 장치는 마가렛 바스커빌(Margaret Baskerville) 박사와 막스 헤들리(Max Headley) 박사의 자동차 바닥에 붙어 있었다. 이 두 개의 폭발물은 운전 도중에 폭발했다. 이 폭발로 바스커빌 박사의 지프차 틀이 뒤틀리면서 차문이 찌그러지고 앞뒤의 유리창은 날아가버렸다. 다행히도 그녀는 차가 화염에 휩싸이기 전에 간신히 앞유리를 통해 기어 나올 수 있었고 상처 역시 경상으로 끝났다. 헤들리 박사의 자동차에 설치된 장치는 한참 동안이나 폭발하지 않았다. 만약 그 장치가 같은 시각에 설치되었다고 한다면, 헤들리 박사는 그 폭발물을 붙인 채 거의 나흘이나 운전을 했던 셈이다. 이 장치는 그가 브리스틀을 지날 때 폭발하면서 차 바닥에 구멍을 만들었다. 기적적으로 그 역시 중상은 피할 수 있었다. 그러나 두 폭발물이 모두 살상을 의도했다는 점만큼은 분명해 보인다. 그도 그럴 것이, 브리스틀 폭발 현장에서 20 피트[약 6m]나 떨어져 있던 젖먹이 남자아이가 파편에 맞아 중상을 입었기 때문이다.

1990년대 중반까지도 우편 폭탄을 이용해 동물권을 옹호하는 운동들은 많이 있었지만, 영국에서는 브리스틀과 솔즈베리에서의 자동차 폭탄이 극단적인 동물권 옹호 운동의 정점이었던 것으로 생각된다. 1990년대 중반부터는 새로운 형태의 극단적인 동물권 옹호 운동이 등장했는데, 그것은 헌팅던 생명과학연구소와 같은 회사들에 대한 반대 운동이었다. 케임브리지셔 주에 있는 이 회사는 다른 회사들을 대신하여 의약품, 식품첨가제, 기타 화학물질의 안전도 검사를 수행하는 곳이다. 이런 검사의 대부분은 법률에 의해 규정되어 있으며, 상당수가 동물을 이용하는 것이었다. 1999년, 동물권을 옹호하는 과격한 행동파들은 이 사업에서 손을 떼라며 회사에 압력을 가하는 운동을 시작했다. 처음부터 아주 공격적이었던 이 운동은 회사 직원들을 괴롭히고 직장뿐 아니라 집에까지 찾아와 협박을 일삼았다. 그리고 이런 괴롭힘은 회사의 주주들, 은행, 증권 중개인, 고객들에게로도 이어졌다. 또한 이는 몇몇 직원들의 집 바깥쪽에 주차된 자동차에 소이탄을 던지는 등의 격렬한 행동으로 발전해갔다. 2001년 어느 저녁에는 이 회사의 전무이사가 야구방망이를 휘두르는 세 명의 복면 괴한들에게 귀가 도중에 공격받아 중상을 입기도 했다.

극단적인 동물권 옹호론은 심각한 문제가 되었고, 2001년 초 정부는 이 문제를 처리하기 위해 일련의 법률을 도입하고 전담 경찰팀을 편성했다. 결국 이 운동의 주모자들은 범죄행위를 선동하고 모의했다는 죄로 유죄 판결을 받아 수감되었다. 그리고 소수 행동파들이 사용했던 극단적인 행동 전술은 동물연구를 옹호하는 대중적, 정치적 여론을 자극하는 결과로 이어졌다.

결론: 동물실험에 대한 논쟁의 미래

예언을 한다는 것, 특히 지면상에서 예언을 한다는 것은 항상 위험한 일이다. 그러나 동물실험에 대한 대중적, 정치적 논쟁에 어떤 뚜렷한 추세가 있는 것만큼은 분명해 보이며, 이런 추세들을 자세히 들여다보면서 계속 진행될지 어떨지, 그리고 어떤 방향으로 흘러가게 될 것인지를 질문하는 것은 현명한 일일 것이다.

첫 번째로 고려할 문제는 헌팅던 생명과학연구소에 대한 현재의 반대 운동이다. 이 글을 쓰고 있는 2002년 초, 이 운동은 분명 활력을 잃은 듯

보이며 이 해가 끝나기 전에 희미해져버릴지도 모르겠다. 사실 영국에서의 극단적인 동물권 옹호론의 전술에는 괄목할 만한 주기가 있다. 5년에서 7년 정도의 주기로 특정한 전술들, 가령 방화, 우편물 폭탄, 집중적인 괴롭힘 운동들이 등장하고 진행되다가 사라지는 것이다. 그리고 일 년 가량의 공백기를 가진 후에 새로운 전술이 등장한다. 헌팅던 생명과학연구소에 대한 반대 운동에서 사용된 전술들은 1996년 후반에 등장했던 것들이다. 정상적인 주기를 따라간다면 한동안은 소수의 극단적인 동물권 옹호론자들이 나타날 것이며, 이후에는 새로운 전술로 다양한 표적들을 겨냥하는 새로운 운동이 등장하게 될 것이다.

지난 10년 동안의 추세로서 주목할 만한 것을 한 가지 들자면, 의학연구를 위해 그리고 더욱 효과적인 치료법을 개발하기 위해 어쩔 수 없이 동물을 사용해야 한다는 사실을 점점 더 많은 대중들이 받아들이게 된 것 같다는 점이다. 이런 상황은 앞으로도 계속될 것이며, 생체해부를 반대하는 주장에 대한 대중들의 지지는 줄어들 것이다. 동물실험이 무익하고 불필요하다는 것을 사람들에게 알리기 위한 활동을 효과적으로 전개하고 있는 생체해부 반대 단체들의 수가 이제는 거의 없다는 점도 눈에 띈다. 대신 그들이 집중하는 부분은 실험과정이 공개되지 않는 문제 혹은 영장류나 특히 개처럼 감정을 지니는 동물의 이용이 정당한지와 같은 부차적인 문제이다. 이런 추세는 계속 이어지는 반면, 생체해부를 반대하는 완고한 주장은 점점 사라져가지 않을까 싶다.

마지막으로, 과학자 공동체는 동물실험을 더욱 더 공개해야만 할 것이다. 극단적인 동물권 옹호론자들로부터 공격받을 것을 두려워했기 때문에, 동물연구자 대부분은 이 문제에 대한 대중적인 논쟁에 참여하기를 꺼려왔고 실험과정 또한 공개하지 않으려 했다. 그러나 실험실에서의 동물복지 수준에 대해 사람들에게 알리는 가장 효과적인 방법은, 손수 실험실에 들어와 그 과정을 볼 수 있게 해주는 것이다. 동물들을 직접 지켜보게 된다면 동물을 돌보는 사람들이나 실험실 동물복지에 대해 계속 염려했던 사람들은 깊은 인상을 받을 수 있을 것이다. 특히나 동물이 고통받는 불쾌한 장면을 볼까 염려하는 방문자들에게는 더욱 그러하다. 극단적인 동물실험 반대 행동에도 불구하고 최근에는 점점 더 많은 의학 연구자들이 자신들 연구에서의 동물사용을 대중들에게 거리낌없이 이야기하고자 노력해왔다. 더욱 더 많은 공개적인 이야기들이 나와서, 실험실에서 동물복지가 얼마나 잘 보호받는지를 사람들이 알게 되었으면 하는 바람이다.

우리를 비워라!:
동물권과 생체해부

톰 리건*

실험실에서 동물은 크게 세 가지 목적으로 사용되는데, 교육, 제품 안전
도 검사 그리고 (특히 의학 연구에서의) 실험이 그것이다. 이외의 다른 목적
이 없다고 가정하고서, 이 글에서는 유해할 뿐만 아니라 치료할 수도 없는
의학 연구에서의 동물 이용, 간단하게는 종종 생체해부라고 거론되는 주
제만을 다루려 한다. 이런 종류의 실험은 치료법이 있는 실험, 즉 실험대
상에게 이로움을 제공하기 위한 실험과는 다르다. 이와 반대로, 유해하면
서 치료할 수도 없는 실험을 당하면서 실험대상은 자신들을 위해 마련된
이익이라고는 하나도 없는 상태에서 손상을 입게 된다. 오히려 이런 실험
의 의도는 궁극적으로는 남에게 이익이 될 만한 정보를 얻기 위함이다.

동물뿐 아니라 인간 역시 유해하면서 치료할 수 없는 실험에 사용된 적

---

* 톰 리건(Tom Regan)은 미국 노스캐롤라이나 주립대학교 철학과의 명예교수이며 문화와
동물 재단(The Culture & Animals Foundation)의 의장이다. 그는 동물권 운동의 철학적 지
도자로서 널리 알려져 있다. 기념비적인 저작 『동물권을 위한 사례』(*The Case for Animal
Rights*)[1983]를 포함하여 그의 이름이 올라 있는 저서가 20권이 넘는 리건은 비-인간 동물
에 대한 착취를 개선할 것이 아니라 전폐해야 한다고 주장하면서 인간본성의 모든 측면에 도
전해왔다.

이 있다. 사실 의학 연구의 역사를 살펴보면 인간의 생체를 해부한 숱한 사례들을 찾아볼 수 있는데, 동물 생체해부의 윤리를 인간 생체해부 윤리와 완전히 별개인 것으로 판단해도 될 것인지는 의문스럽다. 그러나 다른 대안이 없다면, 생체해부라는 용어의 사용 및 이에 대한 현재의 논의는 동물을 이용한 유해하면서도 치료할 수 없는 실험에 한정시키고자 한다.

이 익 논 증

생체해부를 도덕적으로 옹호하는 주장 중에서 한 가지는 심각하게 고려해볼 만한데, 이 주장은 다음과 같은 논리를 따르고 있다. 인간은 생체해부 때문에 잘 지낼 수 있다. 아니, 사실은 이 때문에 훨씬 더 잘 지낼 수 있다는 것이다. 인간의 건강과 수명연장을 가져왔던 아주 중요한 발전들의 대부분은, 전적으로까지는 아니더라도 어쨌든 생체해부 덕분이다. 그런 의학적 발전들에 포함되는 것으로는 심장절개 수술, 소아마비나 천연두 백신, 백내장이나 고관절 치환수술, 척수손상 환자나 뇌졸중 환자의 회복수술 등이 있다. 이익논증을 옹호하는 사람들은, 생체해부 덕분에 얻은 이런 수많은 발전들이 없었더라면 인간의 여러 질병들이나 영구장애, 조기 사망이 오늘날보다 훨씬, 말 그대로 훨씬 더 심했을 것이라고 주장한다.

이익논증을 옹호하는 사람들이라고 해서 동물이 어떤 대우를 받는지에 대해 무관심한 것은 아니다. 그들 역시 생체해부에 이용되는 동물들이 연구 과정에서 혹은 실험실의 구속된 환경 때문에 종종 고통받는다는 점에는 동의한다. 실험실 연구가 동물에게 유해할 수 있다는 사실을 이성적인 사람이라면 누구도 부정하지 않을 것이다. 실험 과정에는 동물을 물에 빠뜨리거나 질식시키는 것, 굶기거나 불에 태우는 것도 포함된다. 동물의 눈을 멀게 만들거나 청각 기능을 없애기도 한다. 뇌를 손상시키거나 사지를 절단하고 여러 장기를 으깨는 경우도 있다. 동물은 심장을 다칠 수도 있고, 궤양을 가지거나 마비되거나 졸도할 수도 있다. 게다가 동물은 억지로 담배연기를 마시거나 알코올을 들이켜야만 하며, 헤로인이나 코카인 같은 수많은 약품을 투여받기도 한다.

생체해부 옹호론자들 역시 이런 유해성에 대해서는 유감스럽게 생각하면서, 동물의 고통을 최소화할 수 있는 모든 수단이 강구되어야 할 것이라고 말한다. 예를 들어 더 큰 우리 속에서 동물을 사육함으로써 혼잡하게 지내는 것을 막아야 한다는 식이다. 그러나 그들은 동물이 감당하는 고통보다 훨씬 큰 이익, 바로 인간의 건강이라는 어마어마한 이익을 생체해부가 아닌 다른 방법으로는 얻을 수가 없다고도 주장한다.

이익논증에서 생략된 것

이로움과 해로움을 비교하는 논의에서 이익만을 정교하게 주장하는 것은 곤란하다. 다시 말해 이로움뿐 아니라 그와 관련된 해로움에 대해서도 똑같이 언급해야 한다는 말이다. 이익논증을 옹호하는 사람들은 두 가지를 계산하는 과정에서 실수를 저지른다. 이런 실수는, 동물에게 가해지는 해로움을 최소화하는 데 별 관심을 가지지 않거나 동물이 아닌 대체물에 대해서 아예 생각도 하지 않는 것과는 무관하다. 그저 그들은 생체해부로부터 얻을 수 있는 인간의 이익을 과대평가하며, 생체해부가 남긴 본질적 유산이라고 할 만한 인간의 엄청난 피해는 거의 무시할 뿐이다. 더욱 근본적인 문제는, 한결같이도 이들이 생물종 사이의 이로움과 해로움을 비교할 수 있을 만한 지적인 방법론을 제공하지 못한다는 점이다. 이 세 가지 한

계를 차례대로 살펴보자.[8]

이익에 대한 과대평가

이익논증을 옹호하는 사람들은, 생체해부가 없었더라면 인간의 건강을 증진시켜온 중요한 업적들이 달성되지 못했을 것이라고 말한다. 그러나 사실을 보면 이야기가 달라진다. 공중보건 학자들은 동물실험이 공중보건에 기여한 정도는 기껏해야 고만고만한 수준이라고 지적한다. 이와는 반대로 건강 증진에 기여한 중요한 업적들의 대부분은, 예를 들어 위생시설 같은 생활조건의 개선이나 개인위생과 생활양식의 변화에 힘입은 것이며, 이들 중 어느 것도 동물실험과는 관련되지 않는다는 것이다.[9]

인간의 엄청난 피해를 주목하지 못하는 문제

이익논증 옹호자들은 실험실 연구 중 '동물 모델'에 의존하기 때문에 발생하는 수많은 죽음들, 미지의 질병과 장애들을 멋대로 무시한다. 이런 피해들은 생체해부에 의존하기 때문에 발생하는 경우도 있고, 생체해부로 인해 할 수 없게 되는 것들 때문에 일어나는 경우도 있다. 처방약을 동물에게 시험할 때 나타나는 유해한 결과가 전자의 사례라고 하겠다.

처방약은 소비자가 이용하기에 앞서 우선 광범위하게 동물들에게 투여, 검사된다. 잘 알려진 바와 같이, 동물에 대한 연구결과를 인간에게 그대로 적용하는 데에는 여러 문제점들이 있다. 특히 검사받는 동물에게는 유독하지 않은 수많은 의약품들이 인간에게는 엄청나게 위험할 수 있다는 사실은 이미 입증되었다. 얼마나 위험한지 궁금한가? 처방약의 유해한 효과 때문에 매년 십만 명의 미국인들이 사망하고 이백만 명이 병원치료를 받는다는 통계자료가 있다. 처방약으로 인한 피해는 심장병, 암, 뇌졸중에 이어 미국에서의 네 번째 사망 원인이 된다. 하지만 예외라 할 것도 없이 이익논증 옹호자들은 누구도 이 사실을 말하지 않는다.

　동물이 입는 막대한 피해는 또한 생체해부로 인해 하지 못하게 된 일들 때문에 발생한다. 흡연이 암 발생에 미치는 영향이 바로 그런 사례일 것이다. 인체역학 연구를 보면, 흡연과 폐암 사이의 인과관계가 보고되기 시작한 것은 1950년의 일이었다. 그럼에도 불구하고 지난 50여 년의 시간 동안, 담배와 관련된 암을 동물에게서 유도하려는 수많은 노력들은 실패로 돌아갔다. 공중보건 옹호자들의 경종에도 불구하고 전세계의 정부당국자들은, 흡연자들이 안고 있는 예사롭지 않은 위험을 경고하는 교육운동을 시작하려 들지 않았다. 오늘날 미국에서는 다섯 명 중 한 명이 흡연 때문에 사망하며, 건강관리에 사용되는 직접 경비 중 60%가 담배와 관련된 질병을 치료하는 데 사용되고 있다.

　생체해부의 결과에 정부의 보건정책이 이끌려다니지 않았더라면 (혹은 잘못 이끌려다니지 않았더라면) 이런 엄청난 피해를 얼마나 예방할 수 있었을까? '꽤 예방할 수 있었을 것이다. 우리가 알 수 있는 것 이상으로'라는 말 외에 어떤 대답을 할 수 있을지는 불분명하다. 그러나 우리가 알고 있는 것도 한 가지는 있다. 생체해부를 옹호할 때 이런 피해들까지를 고려하지 않는다면 이익논증 옹호자들의 논리는 모순에 빠진다는 점이다.

생물종 사이의 이로움과 해로움

마지막으로 언급해야 할 점은, 생체해부 옹호자의 대부분이 생물종 사이의 이로움과 해로움을 어떻게 평가해야 하는지에 대해 설명하지 못한다는 사실이다. 생체해부가 인간에게 제공하는 이로움이 그 해로움보다 얼마나 많은가를 판단하려면, 우선 타당한 비교방법을 제시할 필요가 있다. 예를 들면, 동물에게 시험된 의약품으로 인간이 얻게 될 이로움과 비교하여 동물은 어느 만큼의 고통을 받는가? 이익논증의 대표적인 옹호자인 미국 철학자 칼 코헨(Carl Cohen)의 "인간이라는 종의 고통이 다른 생물종의 고통보다 훨씬 중요하다"[10]는 주장을 되풀이하는 것으로는 충분하지 않다. 이런 말로는 인간의 고통이 얼마나 더 중요하다는 것인지를 설명할 수 없을뿐더러, 그렇게 생각해야 할 이유도 제시하지 못하기 때문이다.

쉽게 말해서, 이익논증 옹호자들이 생물종 사이의 이로움과 해로움을 비교할 수 있는 명확한 방법론을 제공할 때까지는, 생체해부로부터 얻을 인간의 이로움이 동물에게 가해지는 피해를 뛰어넘는다는 주장은 증명된 사실이라기보다는 입증되지 않은 이데올로기에 더 가까운 것이다(덧붙이자면, 이 책에서 이익논증을 이용하는 논자라면 그 누구라도 이런 반박에 직면하지 않을 수 없다. 그러므로 꼭 필요한 방법을 제시하지 못한다면, 신중한 독자들은 그들의 주장을 믿어주지 않을 것이다).

인 간 에 대 한 생 체 해 부 와 인 간 의 권 리

이익논증에는 더 심각한 근본적인 결점이 존재한다. 얼핏 정반대인 것처럼 보이지만 이 논증에서 회피하고 있는 아주 중요한 질문, 즉 이익논증은 유해하면서 치료할 수도 없는 동물연구를 평가할 때 도덕적 권리가 어떤 역할을 하는지 설명하지 못한다는 점이 바로 그것이다. 이런 결점을 이해하는 최고의 방법은, 인간에 대한 생체해부와 인간의 권리라는 측면에 비추어 이 논증을 살펴보는 것이다.

지난 수천 년 동안 인간은 유해하면서 치료할 수 없는 실험들에 이용되어왔다. 놀랄 것도 없이, '실험재료'로 이용된 사람은 부유하거나 교육받은 이들이 아니었다. 지배계급의 인종도 아니었고, 자신의 권리를 주장하고 이를 실현시킬 만한 힘을 지닌 이들도 아니었다. 그렇다. 생체해부에 이용된 희생자들은, 예를 들자면 고아를 비롯한 어린 아이, 노인, 발달장애를 심하게 겪는 사람, 정신병자, 가난한 이, 문맹자, '열등한' 인종의 사람, 동성애자, 병사, 전쟁 범죄자, 수감자 들이었다. 이들 중 한 가지 사례를 살펴보자.

인간 생체해부 뒤에 숨겨진 과학적 이유를 설명할 필요는 없을 것이다. 연구에서 인간을 이용하면 다른 생물종에 대한 연구결과를 인간에게 그대로 적용할 때의 어려움을 극복할 수 있다. 만약 동물 생체해부가 갖는 도덕적 이유가 '인간을 위한 이로움'이라면, 인간에 대한 생체해부에도 찬성할 수 있을까? 무엇보다도 인간이라는 생물종을 이용한 연구는 훨씬 어마어마하게 큰 이로움을 제공해줄 수 있을 텐데 말이다.

진정으로 인간의 권리를 옹호하는 사람이라면 (그리고 나 역시 그런 사람들 중 한 명이다) 이런 연구를 지지할 수 없다. 이런 판단은 변덕스럽거나 독단적인 의견이 아니다. 이는 완전한 신체와 생명에 대한 권리를 포함하여 기본적인 도덕적 권리를 주장하는 논리의 필연적인 결론이다. 이 논리에는 두 가지의 핵심 요소가 포함된다.[11]

우선 이런 권리들을 가짐으로써 인간은 고유한 도덕적 위상을 부여받게 된다는 것이다. 이런 권리를 지닌 사람들은 일종의 도덕적 보호막을, 다시 말해 다른 사람이 자신의 신체를 손상시키거나 목숨을 빼앗거나 죽음 등의 심각한 위해를 가하지 못하도록 막아주는, 눈에 보이지 않는 '출입금지' 표지판을 갖게 된다. 타인이 우리의 권리를 침해하거나 혹은 "우리의 도덕적 자산을 침범하는 것"이, 우리에게 직접 나쁜 짓을 하는 것과 마찬가지인 셈이다.

이런 주장은 곧 누군가를 해치거나 목숨을 빼앗는 일은 분명히 모두 잘못된 것이라는 점을 의미하는 것이 아니다. 테러리스트들이 우리의 권리를 침범함으로써 자신들의 권리를 더 얻으려 할 때 그들에게 심각한 피해를 입히는 방식으로 대응한다면, 이는 우리의 권리 내에서 행동하는 것이된다. 그렇다고 해서 누군가가 우리의 권리를 침범하려드는 것에 자유롭게 대응하는 행위를, 정당한 이유 없이 그들의 권리를 유린할 수 있는 자유로 해석해서는 안 된다.

두 번째 핵심 요소의 내용은, 타인의 완전한 신체 및 생명에 대한 권리를 존중할 의무는 타인을 이롭게 해야 한다는 의무보다 우선한다는 점이다. 소수의 권리가 침해됨으로써 사회 전체가 이익을 얻게 된다 할지라도인간의 권리를 진지하게 옹호하는 사람들이라면 이런 권리 침해를 도덕적으로 받아들일 수 없을 것이다. 전체 사회의 복지를 향상시킨다는 미명아래에서 개인의 권리가 희생될 수는 없다. 우리의 권리를 확인한다는 말은 바로 이런 의미이다. 또한 이것이, 개개인인 우리의 기본적인 도덕적권리가 대단한 중요성을 띠는 이유이기도 하다.

이익논증은 왜 문제를 회피하는가

앞서 말한 도덕적 권리의 논리에 따라 타인을 이롭게 할 의무보다 개인의권리를 존중하는 것이 더 중요하다는 이유를 이해하게 되면, 이익논증이동물의 생체해부를 정당화시킬 수 없는 이유를 알 수 있다. 이익논증이 확실히 설명할 수 있는 것이라고는, 동물에 대한 생체해부가 인간을 이롭게한다는 점뿐이다. 그러나 이 논증으로는, 그런 목적의 동물 생체해부가도덕적으로 정당화될 수 있는지를 설명할 수 없다. 생체해부를 통해 인간이 얻게 되는 이익이 동물권이라는 문제와는 무관하다는 점에서 더욱 그러하다. 예를 들어 동물의 생명을 빼앗는 실험을 통해 이익을 얻기 때문에동물은 생명권을 가지지 않는다는 식으로 말할 수는 없는 것이다.

이익논증 옹호자들이 생체해부 외에는 인간에게 그만큼의 이로움을 제공할 만한 '대안이 없다'고 주장하는 것은 충분하지 않다. 이런 응수는 상당히 모순된 주장이기도 하다. 왜냐하면 과학적으로 근거가 확실한 새로운 대안을 찾아내거나 이미 존재하는 대안을 이용하는 것이 어렵다는 주장은, 생체해부 이데올로기가 의학 연구자들이나 자금 지원자들에게 영향을 미쳐온 생각이기 때문이다. 게다가 이런 대답으로는 실질적인 도덕적 문제를 설명하지도 못한다. 동물이 권리를 '갖는가 갖지 않는가' 하는 것은, 생체해부가 인간에게 얼마나 이익인가를 말한다고 해서 대답될 수 있는 질문이 아니기 때문이다. 인간이 얻을 수 있는 이득이 제아무리 크다 할지라도, 생체해부로 인해 동물이 권리를 유린당한다면 그것은 도덕적으로 잘못된 행위이다. 그러나 정말로 동물이 권리를 갖는 것일까? 이 질문에 대한 대답을 찾는 최고의 방법은 살아 있는 사람을 해부했던 사례를 살펴보는 것이다.

윌 로 우 브 룩 의 아 이 들

윌로우브룩 주립병원은 뉴욕 도시독립구 중 하나인 스테이튼 섬에 위치해 있던 정신병원이었다. 1956년부터 1971년까지의 15년 동안, 뉴욕대학의 저명한 교수 사울 크루그먼(Saul Krugman)의 지도에 따라, 병원 의료진은 입원해 있던 지적발달장애아동 수천 명을 대상으로 (거기에는 세살배기 아이도 섞여 있었다) 바이러스성 간염에 대한 실험을 진행했다. 의료진의 연구주제 중에는, "혈청에서 추출해낸 복합단백질 감마글로불린을 투여하면 간염 바이러스에 대해 장기간 면역성을 가질 수 있을 것인가?" 라는 질문도 포함되어 있었다.

크루그먼 박사는, 해답을 찾는 최선의 방법이 실험대상 어린이들을 두 그룹으로 나누는 것이라고 생각했다. 한 그룹의 아이들에게는 살아 있는 간염 바이러스를 투여하고 감마글로불린을 주사했는데, 크루그먼 박사는 이를 통해 면역성이 생길 것이라고 믿고 있었다. 다른 그룹의 아이들에게는 바이러스만 투여하고 감마글로불린을 주사하지 않았다. 두 집단에게 투여된 바이러스는 간염으로 고통받던 윌로우브룩 지방 아이들의 배설물에서 얻은 것이었다. 부모들은 자기 아이가 이 새로운 예방약의 이익을 받을 수 있도록 보장해주는 각서에 서명했다. 실험의 결과는 매우 유용해서, 크루그먼 박사는 감염이 하나의 바이러스로 전염되는 단순한 질병이 아니라는 결론을 내릴 수 있었다. 그는 이 질병을 전염시키는 적어도 두 가지의 바이러스가 있다고 확인했으며, 그것이 오늘날에는 A형 간염과 B형 간염이라고 알려져 있다.

크루그먼 박사의 연구로 밝혀진 지식과 치료법 덕분에 수많은 이들이 혜택을 받았다는 사실에는 누구나 동의할 것이다. 이 연구의 불가피성에 의문을 제기하면서, 실험실의 어떤 아이들도 끔찍한 고통으로 내몰지 않은 채 혈액 항원을 분석해냈던 바루크 블룸버그(Baruch Blumberg)의 필적할 만한 발견을 언급하는 이들도 있다. 그러나 이해력이 부족한 어린이들을 대상으로 실험하지 않았으면 크루그먼 박사의 업적은 이루어지지 못했을 것이라고 가정하더라도, 그의 행위는 분명히 잘못된 것이었다.

무엇보다 크루그먼 박사의 연구 목적은 어린이들 각각을 이롭게 만드는 것이 아니었다. 만약 그것이 목적이었다면 크루그먼 박사는 나머지 절반의 어린이들에게도 감마글로불린을 투여했을 것이다. 그 아이들은 분명 수혜 예정자들 속에 포함될 수 없었다(따라서 부모들이 서명한 각서에 대해서는 잘못 오해하기 쉽다. 즉 모든 아이들이 '이 새로운 예방약의 이익을 받을 수 있는 것은' 아니라는 것이다). 이 실험의 목적은 (감마글로불린 주사를 맞은)

일부의 어린이에게만 혜택을 주는 것이었으며, 추후에 다른 사람들을 이롭게 할 정보를 얻는 것이었다.

인간의 권리를 진정으로 옹호하는 사람들이라면 그 누구라도 크루그먼 박사의 행위가 도덕적으로 타당하다고 수긍할 수 없을 것이다. 실험에 이용된 모든 어린이들을 고의적으로 감염시킴으로써, 그는 어린이들을 심각한 위험상황으로 내몰았다. 그리고 이 질병을 예방할 법한 조치를 절반의 아이들에게 제공하지 않음으로써 (부모의 권리를 말할 것도 없이) 두 번씩이나 그 어린이들의 권리를 유린했다. 처음에는 그들의 신체에 일부러 위해를 가함으로써, 그 다음에는 그들의 생명 자체를 위험하게 만듦으로써 말이다. 다른 사람들이 혜택을 얻을 수 있게 된다는 말로 이 통탄할 만한 윤리 침해를 정당화시킬 수는 없다. 소수의 도덕적 권리를 침해하는 것이 다수에게 혜택을 준다는 사실로 정당화될 수는 없기 때문이다.

인 권 의 근 거

동물도 권리를 갖는다는 점을 부정하는 사람들은 인간의 유일무이한 독특함을 강조하곤 한다. 우리 인간은 시를 쓰고 교향곡을 작곡하며 역사를 읽고 수학 문제를 푼다. 또한 자신의 고유한 도덕성을 알고 있으며 도덕적 선택을 한다. 다른 동물들은 이 중 그 무엇도 하지 않는다. 이것이 바로 우리 인간은 권리를 갖지만 동물은 그렇지 못한 이유이다. 이런 사고방식에서 간과하고 있는 점은 많은 사람들이 역사를 읽지 못하고 수학문제를 풀지 못하며 그들 고유의 도덕성을 이해하거나 도덕적 선택을 하지도 않는다는 사실이다. 크루그먼 박사가 자신의 실험에서 이용했던, 심각한 결함을 지닌 아이들이 바로 그 사례일 것이다. 가령 완전한 신체와 생명에 대한 도덕적 권리를 갖는다는 것이 개인의 도덕성을 이해하고 도덕적 선택을 한다는 사실 때문이라면, 이 아이들에게는 도덕적 권리가 없었던 셈이다. 그렇다면 그들에게는 어떠한 보호막도 없을 것이고, 다른 사람들이 그들에게 손쉽게 행하는 그 무엇을 막을 만한 눈에 보이지 않는 '출입금지' 표지판도 없을 것이다. 도덕적 권리가 부여하는 보호 장치가 없다면, 크루그먼 박사가 위해를 가하고 목숨을 빼앗거나 심각한 위험상황에 내모는 것을 막아줄 만한 도덕적 지위 같은 것이 그 아이들에게는 없었던 셈이다. 이런 보호 장치가 없다면, 크루그먼 박사는 아이들에게 나쁜 일을 하지 않은 셈이 되며 실제로 할 수도 없었던 셈이 된다. 다시 말하지만 이런 식의 논리는 인간의 권리를 진정으로 옹호하는 사람들이 받아들일 수 있는 종류의 것이 아니다.

그렇지만 우리 자신의 권리와 똑같은 것을 이 아이들이 얼마나 가지고 있는지를 이해하는 데 도움이 될 만한, 현재의 우리와 그 아이들에 대한 설명이 있기는 한 것일까? 모든 인간이 도덕적으로 동등하다는 생각의 근거를 어디에서 찾을 수 있다는 말인가? 시를 쓰고 도덕적 선택을 하는 등의 능력에서 찾을 수는 없다. 인간이 공유하고 있는 유전적 구성을 설명하는 생물학에서 찾을 수도 없다. 모든 인간은 생물학적으로 (어떤 의미에서는) 동일하지만, 생물학적 사실들이 도덕적 진리와는 무관하기 때문이다. 누가 어떤 유전자를 가지고 있는가 하는 것은 누가 어떤 권리를 지니는가 하는 문제와는 아무런 상관이 없다. 그 무엇에 대해 의심하고 망설인다고 할지라도 이것만은 우리가 분명히 알고 있는 사실이다.

상당히 발전한 인식 능력이나 유전적 유사함에서 찾을 수 없다면, 도대체 어디에서 인간이 평등하다는 근거를 찾을 수 있는 것일까? 어떤 대답이든 설득력을 갖기 위해서는 항상 분명한 사실에서 출발해야 하는데, 이 경우에는 윌로우브룩의 아이들과 지금 이 이야기를 읽는 사람들 사이의 차이가 수없이 많고 다양하다는 사실에서 시작해야 할 것 같다. 그들의 삶에는 결여되어 있었던 중요함을 우리가 갖고 있다고 말한다고 해서 이 아이들을 모욕하겠다는 생각은 아니다. 그저 우리들 중 그들의 삶과 우리의 삶을 맞바꾸려 할 사람은 거의 없으리라는 이야기일 뿐이다.

그래도 이런 차이점들만큼이나 중요한 것은, 우리 인간이 갖는 유사성을 그들이 흐리지 않는다는 점이다. 왜냐하면 우리들처럼 그 아이들도 경험적으로 좋든 나쁘든 간에 자신들 삶의 주체이기 때문이다. 우리들처럼 그 아이들 각각은 유일무이한 어엿한 사람이며, 다른 것으로 대체할 수 있는 그 무엇이 아니다. 솔직히 말해서 그 아이들에게는 글을 읽거나 도덕적 선택을 할 수 있는 능력이 없었다. 그럼에도 불구하고 우리가 언제 위험에 처할지 혹은 어떤 일이 생길지가 우리에게 중요한 문제인 것처럼, 개인으로서의 그 아이들이 어떤 일을 경험하고 어떤 것을 빼앗길지, 다시 말해 그들에게 어떤 일이 일어날지가 그들에게는 중요한 문제였다.

이런 측면에서 볼 때, 삶의 주체인 우리와 윌로우브룩의 아이들은 똑같으며 동등하다. 이 사례에서는 특히 인간의 동일성, 평등함이 도덕적으로 중요하다. 논리적으로 말해서, 우리가 우리에게 가해지는 어떤 위해는 도덕적으로 문제가 되지만, 이 아이들에게 가해지는 위험은 그렇지 않다고 주장할 수는 없다는 것이다. 이와 유사한 다른 사례들도 똑같이 판단해야 한다. 이는 이성적 사고의 가장 중요한 원칙 중 하나이며, 이 사례에서 바로 적용할 수 있는 원칙이다. 논리적으로 우리가 완전한 신체와 생명에 대한 우리의 권리를 주장하면서 이 아이들의 똑같은 권리를 부정할 수는 없다. 우리가 그런 권리를 갖는다면, 윌로우브룩의 아이들 역시 그 권리를 갖는 것이다.

왜 동물은 권리를 가지는가

일반적으로 우리는 이 세계를 동물, 식물 그리고 광물로 나눈다. 아메바나 짚신벌레는 식물도 광물도 아니다. 그들은 동물이다. 생체해부 논쟁에 관심 있는 사람들 중 그 누구도 이 단순한 동물을 사용한다고 해서 귀찮은 도덕적 문제가 제기되리라고는 생각하지 않는다. 이와는 반대로, 이 논쟁에 관심 있는 사람들이라면 인간이 아닌 영장류를 사용하는 문제에는 도덕적으로 평가할 필요가 있음을 인정한다. 따라서 이들은 가장 단순한 형태의 생명체와 가장 복잡한 생명체의 사이 어딘가에 "선을 그어야" 한다. 그리고 이 선은 도덕적으로 문제가 되는 동물과 그렇지 않은 동물들 사이의 경계를 표시한다. 여기서 논쟁을 피해갈 수 있는 한 가지 방법은, 찰스 다윈(Charles Darwin)의 지침을 따르는 것이다. 다윈은 "인간과 하등동물의 정신적 능력"(이는 다윈의 표현이다)을 비교할 때 그 대상을 인간과 인간이 아닌 포유동물에 국한했다.

다윈이 그렇게 했던 것은 어느 정도 신체 구조적인 고려에도 기인하고 있었다. 기본적인 측면에서 볼 때 이들 포유동물은 생리학적으로 인간과 유사하며 우리도 그들과 유사하다. 그런데 우리 인간의 경우, 완전하고도 기능적인 중추신경계는 인간의 주관적 경험능력과 연결되어 있다. 예를 들어 뇌나 척수가 손상되면, 시각이나 촉각 기능이 약해지고 고통을 느끼거나 기억하는 능력도 떨어진다. 다윈은 비유를 통해서, 우리 인간과 생리학적으로 매우 비슷한 동물들 역시 그럴 것이라고 추론하는 것도 가능하다고 이야기한다. 우리의 중추신경계는 세계를 주관적으로 인식할 물질적 토대를 제공하기 때문에 그리고 다른 포유동물의 중추신경계는 여러 가지 측면에서 우리 인간의 그것과 닮았기 때문에, 그들의 중추신경계 또한 그들의 주관적 인식의 물질적 토대를 제공할 것이라고 믿는 것은 타당해 보인다.

　물론 인간이 아닌 포유동물에게 주관적 인식이라는 속성을 부여하는 것이 진화론의 함의와 맞지 않거나 포유동물의 행동을 이해할 수 없게 만든다면, 다윈의 입장은 포기되어야 할 것이다. 그러나 사실은 그 반대이다. 다윈이 이해하기에, 이 포유동물들이 세계에 주체적으로 존재한다는 사실은 진화이론에 꼭 필요한 것이기 때문이다. 그리고 포유동물의 행동이 그들의 정신적 능력 때문이라고 이해하면, 그들의 행동을 설명하기 힘들기는커녕 그럭저럭 해명된다.

　예를 들어, 이 포유동물들은 어떤 일은 즐길 만하고 어떤 일은 고통스럽다는 것을 알고 있다. 따라서 그들이 좋아하는 일을 찾거나 고통스러운 일을 피하려 하는 것은 그리 놀랄 만한 일이 아니다. 더군다나 인간이나 다른 포유동물들은 모두 (경험을 통해 학습하고 과거를 기억하며 미래를 예상하는) 일련의 인식능력뿐 아니라 (다윈이 공포, 질투, 슬픔이라고 적은) 다양한 감정을 함께 갖고 있다. 이런 정신적 능력들이 포유동물의 행동방식에 중요한 역할을 한다는 것은 당연한 일이다. 가령 어떤 포유동물은 과거의 어느 행동이 유쾌한 결과를 낳았는지 아니면 두렵거나 슬펐는지를 기억하기 때문에 특정한 행동방식을 선택한다. 인간과 '고등동물'(다윈은 다른 포유동물을 이렇게 적었다)의 능력을 비교하면서, 다윈은 "인간과 고등동물 사이의 정신적 차이는 [……] 정도의 차이지 종류의 차이는 아니다"라고 결론지었다.[12]

　포유동물(딱히 다른 표현이 없는 이상 이후부터는 '동물'이라고 칭한다)의 심리적 복잡성은 그들의 권리를 이야기할 때 매우 중요한 문제이다. 우리 인간이 심리적 복잡성을 갖는 것과 마찬가지로 동물도 그러하다. 동물들 역시 경험적으로 더 좋을 수도 있고 나쁠 수도 있는, 자신들의 삶의 주체이다. 모든 동물은 그 나름대로 유일무이한 어엿한 존재이며, 다른 것으로 대체할 수 있는 그 무엇이 아니다. (윌로우브룩의 아이들이 그랬듯이) 사실 동물에게도 읽고 쓰고 도덕적 선택을 할 능력은 없다. 그럼에도 불구하고 윌로우브룩의 아이들에게 자신이 위험에 처했을 때 어떤 일이 생길지가 중요한 문제인 것처럼, 각각의 개체로서의 동물들에게도 어떤 일을 경험하고 어떤 것을 빼앗길지, 다시 말해 그들에게 어떤 일이 일어날지는 중요한 문제인 것이다.

이런 측면에서 볼 때, 삶의 주체로서의 동물은 우리와 동등한 존재이다. 그리고 이 경우에도 인간의 동일함과 동등함은 도덕적으로 중요하다. 논리적으로 말하자면, 우리가 우리에게 가해지는 위해는 도덕적으로 문제가 되지만 동물에게 가해지는 위해는 도덕적으로 문제될 것이 없다고 말할 수는 없다는 것이다. 앞서 언급했던 것처럼, 이것이 이성적 사고의 첫째 원칙 중 하나이며 동물의 문제에 대해서도 바로 적용될 수 있는 원칙이다. 논리적으로 우리 인간의 완전한 신체 및 생명에 대한 권리를 주장하면서 혹은 윌로우브룩 아이들의 동등한 권리를 주장하면서, 동물의 경우가 그렇지 않다고 주장할 수는 없다. 인간이 권리를 갖는다면, 분명 동물들도 그러한 것이다.

몇 가지의 반대 주장들 그리고 대답들

동물권에 반대하는 몇 가지 주장들이 있다. 각각의 주장들은 꽤나 훌륭하지만, 자세히 검토해보면 그 어느 것도 타당하지는 않다. 여기서 문제가되는 권리란 완전한 신체 및 생명에 대한 도덕적 권리라는 사실을 다시한번 기억해둘 필요가 있다. 가장 중요한 몇 가지 반대주장 및 이에 대한 대답을 살펴보자.

1

반대: 동물들은 권리가 무엇인지 이해하지 못한다. 따라서 그들은 아무
　　　권리도 갖지 않는다.

대답: 문제가 되었던 윌로우브룩의 모든 아이들은 권리가 무엇인지 알
　　　지 못했다. 그러나 그런 이유 때문에 우리가 그들의 권리를 부정
　　　하지는 않는다. 따라서 같은 이유에서 동물의 권리 또한 부정할
　　　수 없다.

2

반대: 동물은 우리의 권리를 존중하지 않는다. 예를 들어 사자는 무고
　　　한 사람을 죽일 때도 있다. 따라서 그들에게는 권리가 없다.

대답: 어린이들 역시 무고한 사람을 죽일 때도 있다. 그러나 우리가 이
　　　런 이유로 그들의 권리를 부정하지는 않는다. 따라서 같은 이유
　　　에서 동물의 권리를 부정할 수는 없다.

3

반대: 동물들은 다른 동물의 권리를 존중하지 않는다. 예를 들어 사자
　　　는 영양을 죽인다. 따라서 그들에게는 권리가 없다.

대답: 아이들이 언제나 다른 아이들의 권리를 존중하는 것은 아니다.
　　　때로는 다른 아이들을 죽이기도 한다. 그러나 우리가 이런 이유
　　　로 그들의 권리를 부정하지는 않는다. 따라서 같은 이유에서 동
　　　물의 권리를 부정할 수는 없다.

4

반대: 만약 동물이 권리를 가진다면, 예를 들어 동물들이 투표하고 결

혼하거나 이혼을 신청하고 이민갈 수 있도록 준비할 필요가 있을
것이다. 물론 이는 우스꽝스러운 일이지만 말이다. 따라서 동물
에게는 아무 권리도 없다.

대답: 분명 그런 일은 터무니없다. 그러나 윌로우브룩 아이들의 권리를
인정한다고 해서 그런 우스꽝스러운 상황이 발생하는 것은 아니
다. 따라서 그런 엉터리 같은 상황이 동물의 완전한 신체나 생명
에 대한 권리를 주장하기 때문에 발생하는 것도 아니다.

5

반대: 동물이 권리를 갖는다면, 한발 더 나아가 모기나 잉어도 권리를
가질 것이다. 그렇다면 그들을 죽이는 것은 잘못된 일이 된다. 이
역시 터무니없다. 따라서 동물은 권리를 갖지 않는다.

대답: 어떤 동물이 권리를 갖기 때문에 모든 동물이 권리를 갖는다고 말
하는 것은 아니다. 특히 모기나 잉어는 삶의 주체가 될 수 있는 생
리학적인 복잡성을 갖지 않는다. 따라서 포유동물 같은 동물들에
게는 권리를 갖는다고 믿을 만한 충분한 이유가 있는 반면, 모기
나 잉어가 권리를 가진다고 생각할 만한 이유는 충분하지 않다.

6

반대: 만약 동물이 권리를 가진다면, 어처구니없게도 식물도 마찬가지
일 것이다. 따라서 동물에게는 권리가 없다.

대답: '식물의 권리'가 동물의 권리로부터 당연히 나오는 것은 아니다.
당근이나 양배추가 삶의 주체라고 믿을 이유는 없는 반면, 이를
부정할 만한 근거들은 충분히 존재한다. 포유동물이 삶의 주체라
고 믿을 만한 이유는 풍부한 반면, 이를 부정할 만한 근거는 충분

하지 않다. 이는 도덕적으로 타당한 차이이다. 따라서 동물의 권리를 주장한다고 해서 식물의 권리를 주장하는 것이라고 말할 수는 없다.

7

반대: 동물이 인간을 닮은 것보다는 인간 서로서로가 더 많이 닮았다. 인간과 동물은 독특한 관계를 맺고 있다. 따라서 동물에게는 권리가 없다.

대답: 우리 인간은 다른 동물과는 맺지 않는 특별한 관계를 서로 맺고 있다. 우리는 다른 사람들과 맺지 않는 특별한 관계를 가족, 친구들과의 사이에서 맺는다. 그러나 이런 이유 때문에 다른 사람들에게 권리가 없다고 결론내리지는 않는다. 따라서 이런 이유에서 동물의 권리를 부정할 수는 없다.

8

반대: 오직 인간만이 권리가 무엇인지 이해되는 도덕적 공동체 속에서 살고 있다. 따라서 인간만이, 오직 인간만이 권리를 갖는다.

대답: 적어도 지구상에 존재하는 생물들 중에서는 인간만이, 권리가 무엇인지 이해되는 도덕적 공동체에서 살고 있다. 그러나 이런 이유로 인간만이 권리를 갖는다고 할 수는 없다. 지구상에 존재하는 생물들 중에서는 오직 인간만이 유전자가 무엇인지 이해되는 과학 공동체 속에서 살고 있지만, 그렇다고 해서 인간만이 유전자를 갖는다고 결론내리지는 않는다. 따라서 인간만이 권리가 무엇인지 이해되는 도덕적 공동체에서 살아간다고 해서, 인간만이 권리를 갖는다고 결론내릴 수는 없다.

반대: 동물들이 어느 정도는 완전한 신체나 생명에 대한 권리를 갖지만, 그 권리는 인간의 그것과는 다르다. 따라서 인간에 대한 생체해부는 나쁜 일이지만, 동물 생체해부는 그렇지 않다.

입장: 이런 반대는 질문을 회피하는 것이며, 대답을 내리지도 않는 것이다. 인간이 동물보다 더 중요한 권리를 갖는다고 생각할 만한 도덕적으로 타당한 이유가 존재하는가? 앞서 1~8번에서 설명된 이유들 중 그 무엇도 그 이유가 될 수 없다. 그렇다면 이제 무엇이 남았는가? 이익논증은 이에 대해 아무 말도 하지 않는다.

지금까지 살펴본 반대 주장들은 최소한의 설득력을 가지고 있어서라기보다는 그 나름대로 중요하기 때문에 계속 고찰되어왔다. 개별적으로든 전체적으로든 이 입장들이 내세우고 있는 허약한 주장, 동물권 반대 입장의 논리적 결함을 어느 정도 보여주는 것이다. 도덕성과 관련해서 볼 때, 이들의 입장에는 기하학에서와 같은 명확한 증거라는 것이 없다. 우리는 합리적 이유와 논증을 가진 원칙, 그런 가치를 찾아서 이를 간직하며 살아야 한다. 많은 사람들이 받아들이든 그렇지 않든 간에 이런 검사를 통과한 원칙들과 가치들이 우리의 삶을 이끌어가야 하는 것이다. 이런 기준에 비추어볼 때, 동물권을 옹호하는 원칙과 가치들이 우리의 삶을 이끌어야 하는 것이다.

결 론

처음에 이야기했듯이 동물들은 실험실에서 교육, 제품 안전도 검사, 그리고 (특히 유해하면서 치료할 수도 없는) 실험이라는 세 가지 목적으로 이용된다. 이 중 마지막은 특히 고려의 대상이 되었다. 그렇지만 나머지 목적들이 갖는 함의도 명백해져야 한다. 다른 사람들에게 혜택을 줄 목적으로, 혹은 소위 '기초연구'라는 이름으로, 아니면 지식 그 자체를 위해서 동물의 권리가 침해된다면 그 행위는 잘못된 것이다. 교육 목적으로, 가령 복귀훈련을 마친 동물이 다시 자연 서식처로 돌아갔을 때 어떻게 행동하는지를 관찰하는 그런 이용은 정당화될 수도 있지 않을까 싶다. 이와는 반대로 제품 검사를 위해 동물을 사용하는 것은 정당화될 수 없을 것이다. 인간을 위한 무엇인가를 입증하기 위해 동물에게 피해를 주는 것은 권력을 행사하는 일일 뿐 도덕성과는 무관한 행위이다. 이 도덕적인 세계에서 동물은 결코 우리의 맛보기용 대상이 아니다. 우리는 그들의 왕이 아닌 것이다.

생체해부에 있어 동물권의 의미는 아주 분명하며 타협의 여지도 없다. 생체해부는 도덕적으로 잘못된 일이다. 생체해부는 결코 시작되어서는 안 될 일이었고, 다른 큰 죄악들과 마찬가지로 없어져야 할 일이며 없어지는 시기는 빠르면 빠를수록 좋은 일이다. '다른 대안이 없다'고 (재차) 대답하는 것은 핵심을 비껴가는 것일 뿐만 아니라 잘못된 것이다. 이런 대답은, 실제로는 그렇지 않을 때조차도 사람이 생체해부에서 도덕적으로 혜택을 이끌어낸다고 가정하기 때문에 핵심을 비껴간다고 할 수 있다. 이미 새로운 비동물연구방법이 존재하며 점점 발전하고 있다는 사실은 별개로 치더라도, 생체해부에 대한 보다 근본적인 또 다른 대안이 존재하기 때문에 이런 대답은 잘못된 것이다. 이미 존재하고 있는 대안이란 바로 생체해부를 그만두는 것이다. 요컨대, 생체해부에 대한 유일하게 타당한 도덕적 대답은 더 커진 우리가 아니라 우리를 비우는 일이다.

동물권은 왜 잘못된 것인가?

스튜어트 더비셔*

의학에서의 동물연구에 대한 나의 입장은 분명 인간 중심적이다. 인간과 동물을 비교하려는 시도에는 근본적인 문제가 존재한다. 인간은, 동물들의 삶을 규정하고 조절하는 자연의 명령 외부의 환경에 머물면서 이를 평가하고 힘을 행사할 수 있기 때문이다. 동물의 세계는 자연을 구성하는 요소이지만, 인간의 세계는 그렇지 않다. 이런 사실들은 여러 곳에서 제시되는 동물권이라는 것을 무의미하게 만든다는 점에서 매우 중요하다. 동물들은 자신을 거스르는 어떤 명령에 대항하여 행동하거나 반응할 수 있는 그런 존재가 아니다. 미시건 대학의 철학 교수 칼 코헨(Carl Cohen)이 주장했듯이, 동물과 인간은 서로가 인정하라고 강요할 수 없는 별개의 도덕적 공간을 갖는 것이다.[13]

....

* **스튜어트 더비셔(Stuart Derbyshire)**는 미국 피츠버그 대학교 마취학과의 조교수이다. 웨스트 런던에 위치한 해머스미스 병원에서 4년에 걸쳐 양전자 방사 단층 촬영(PET)을 이용한 장기통증환자 연구를 수행한 결과, 1995년에 런던 대학교에서 의학박사학위를 수여했다. 로스앤젤레스의 캘리포니아 대학교와 자신이 지금 근무하고 있는 피츠버그 대학교에서 통증의 중심구조에 대해 계속 연구해왔으며, 통증의 정신분석학적 본성과 '태아 통증'의 정당함을 탐색하는 수많은 글들과 같이 매우 중요한 몇 개의 연구보고서를 썼다.

동물권 옹호는 동물의 능력에 대한 일종의 과대평가와 관련되어 있을 뿐만 아니라, 더 위험하게는 인간의 능력을 모욕하는 데에 바탕을 두고 있다. 자연을 이해하고 자신의 필요에 맞추어 굴복시키는 인간의 능력은 과학 프로젝트를 통해 조직화되어왔다. 과학은 인간 행위의 가능성을 높이고 이를 통해 인간의 자유라는 큰 목적을 발전시키기 때문에, 인간행위의 모든 부문에서도 독특한 영역을 차지한다. 과학이 자연의 영역을 침범했다고 비난받는 일이 생긴다면, 이 공격의 대상은 과학일 뿐만 아니라 인류이기도 한 것이다.

동물권 논쟁의 이해관계는 아주 고차원적인 것이며, 때문에 이 논쟁이 촉발시킨 흥분과 긴장감을 부분적으로나마 이해할 수 있게 된다. 동물연구에 대한 때로는 위험하고 때로는 적대적인 반응 때문에 과학자들은 수세에 몰리고 말았다. 동물실험은 점점 하이테크 보안벽의 뒤에 숨어 고립된 상태에서 진행된다. 일견 이해할 수도 있지만, 지하벙커에서 진행되는 연구는 비생산적이다. 왜냐하면 이 때문에 과학자들이 수상쩍고 위험하며 상당히 비도덕적인 행위에 참여하는 것처럼 비춰지기 때문이다. 스스로의 행동을 옹호하는 과학자들은 동물권 운동과 화해하거나 그 문제를 설명하고 타협하려 노력함으로써 점차 자신들의 주장을 변호하게 되었다. 동물권 운동의 적법성을 강화해주고 동물연구의 부조리를 암시하는 것처럼 비춰진다는 면에서 볼 때 이런 노력들 역시 비생산적이다.

세 가 지 R 원 칙 의 문 제

동물권 논쟁과 관련해서 가장 널리 알려져 있는 화해방법은 1959년 동물복지 대학연합(The Universities Federation for Animal Welfare, UFAW) 보

고서에 발표되었던 세 가지 R 원칙을 수용하는 방식이다. 세 가지 R 원칙이란 '순화', '축소' 그리고 '대체'이다. 과학자들은 고통을 최소한으로 줄이기 위해 자신들의 기법을 다듬고, 이용되는 동물의 수를 줄이며, 가능하다면 동물을 사용하지 않는 다른 기법으로 대체할 것을 약속했다.

언뜻 생색내기에는 이 세 가지 R 원칙을 수용하는 것이 그럴 듯해 보인다. 하지만 스트레스를 받는 동물은 정상적으로 행동하거나 반응하지 않기 때문에, 중요한 발견을 망치지 않기 위해서는 실험동물이 받을 스트레스의 양을 줄여야 한다는 사실을 동물실험 연구자들이라면 대부분 알고 있다(이것이 순화이다). 마찬가지로 모든 연구자들은 더 적은 자금으로 신속한 결과를 얻기 위해 자연스럽게 좀 더 적은 혹은 좀 더 저렴한 동물이나 기법들을 사용하려 할 것이다(이것이 축소, 대체이다).

생색내기든 그렇지 않든 간에, 세 가지 R 원칙은 좋은 과학적 행위라는 관점으로부터 발전해온 것이 아니었다. 이 원칙들은 동물복지라는 관점에서 출발한 것이다. 이런 이유 때문에 세 가지 R 원칙은 상당히 비참하다. 동물연구자들의 타락한 삶이라는 이미지 혹은 동물실험에 문제가 있다는 생각을 강화시켜주기 때문이다. 동물의 관점이 일단 채택되면, 모든 동물실험은 동물을 위한 것이 아니라는 식으로 모든 실험이 부정적으로 보일 수밖에 없다. 세 가지 R 원칙을 채택한다는 것은 곧 유죄를 인정한다는 것으로 생각된다. 실제로 동물이 필요할 수밖에 없는 경우에도, 실험실의 동물이 '필요악'이라는 인상을 주게 되는 것이다.

동물연구의 필연성

피츠버그 대학 장기이식 분야의 선구자인 토머스 스타즐(Thomas Starzl)

박사가 한번은 왜 연구할 때 개를 사용하느냐는 질문을 받았다고 한다.[14] 그는 초기에 자신이 시술했던 신장 이식수술 환자의 대부분이 사망했다고 설명했다. 그는 어떤 이유에서 소수의 환자들은 살아남았을까를 생각하다가 두 번째 수술법을 시도하기 시작했고 환자들의 대부분은 살아남았다. 간 이식을 받은 세 번째 환자 그룹에서는 한두 명만이 사망했다. 그리고 네 번째 환자 그룹은 모두 살아남았다. 스타즐 박사는 자신이 처음에 시도했던 세 그룹의 환자가 개였으며, 네 번째 그룹은 어린아이였다는 사실을 이해하는 것이 중요하다고 언급했다. 그가 인간에 대한 수술기법을 실험하고 정교하게 만들었다고 가정할 수 있을까? 아니면 수많은 생명을 구할 수 있었던 유망한 연구들을 포기해야만 했던 것일까? 여전히 이 질문을 진지하게 생각해봐야 할 것이다.

스타즐 박사의 연구 사례는 의학의 발전에서 동물연구가 얼마나 중요한지를 극적으로 보여주고 있다. 다른 사례들도 무수히 많다. 1950년대의 영장류 연구자들은 정신분열증 같은 정신적 결함을 치료하기 위해 클로르프로마진[정신 안정제의 하나]을 개발했다. 1960년대에는 홍역 치료나 각막 이식 수술에 사용될 수 있는 백신을 개발하는 데에 원숭이가 이용되었다. 1970년대와 1980년대의 영장류 연구는 종양 바이러스를 추적하여 화학치료법을 개발하는 데 일조했다. B형 간염 치료를 위해 오늘날 널리 사용되는 백신은 침팬지를 이용해 개발된 것이다. AIDS를 치료할 가능성이 있는 백신 역시 모두 영장류를 이용하여 만들어졌다. 연구자들은 짧은 꼬리원숭이를 이용하여 장기이식법을 공부한다. 시클로스포린처럼 장기 이식 거부반응을 방지하는 강력한 약품들은 인간이 아닌 영장류에게 처음으로 사용되었다. 심폐 동시이식 계획은 처음에 붉은털원숭이에게 시술되면서 개발된 것이다. 심장절개 외과술이나 신장 이식기법은 개를 이용해 얻은 성과였다. 인슐린을 얻을 수 있었던 결정적인 당뇨병 연구는 개를 통해 진행되었다. 양을 이용하면서 탄저균 억제책이 등장했고 암소를 이용해 천연두가 근절되었다.

소아마비 근절이나 RH 부적합성 치료처럼 동물실험을 통해 부분적으로 혹은 전체적으로 거대한 업적을 이룬 사례들도 무수히 많다.[15] 동물연구의 가치를 완전히 부정하는 주장들도 있으며[16] 페니실린이나 탈리도마이드 부작용과 같은 유명한 사건들에 대해 심각하게 논의하는 주장들도 있다. 동물연구의 역사를 공정하게 평가해본다면, 다른 과학적 업적과 마찬가지로 동물연구에서도 절망적인 실험 실패나 끔찍한 불행도 있었지만 동시에 인간이 가진 지식의 획기적인 약진을 가능하게 해주었다고 하겠다.

과학연구와 여러 분야에서의 동물 이용을 반대하는 사람들은 인간이 동물을 이용하여 이익을 얻었다는 사실을 말하지 않는다. 이 문제를 논의하기는 까다롭기 때문이다. 대신 그들은 동물에게는 특정한 능력이 있기 때문에 어떤 수단으로써 동물을 사용한다는 것은 비도덕적이라고 말한다. 이런 입장을 옹호하는 사람 중 한 명이 노스캐롤라이나 주립대학의 철학 교수 톰 리건(Tom Regan)이다. 그는, 동물이 인간처럼 고통을 느끼고 감정을 가지며 생각하는 능력을 갖고 있다면 그들이 인간과 흡사한 권리를 가진다는 것은 논리적으로 정당하다고 주장한다. 이 외의 다른 입장으로는 '종차별주의자'(speciest)를 들 수 있겠다.[17] 리건은 차별철폐주의자이다. 그는 인간을 위해 동물이 사용되는 모든 형태를 금지하고자 한다. 이런 극단적인 주장이 여전히 유효하다는 것은, 리건에게는 부분적으로나마 아주 매력적인 논의를 구성하는 능력이 있음을 보여준다. 이런 이유에서, 리건이 대답해야 할 질문들을 잠시 살펴보는 것도 의미가 있을 것이다. 차별철폐주의자들의 주장이 영향력을 갖고 있다는 사실은 오늘날 우리 사회가 과학과 지식의 발달에 대해 품고 있는 뿌리 깊은 이중성을 보여주는 것이기도 하다. 하지만 '동물을 옹호하는' 사람이 된다는 것은, 인간 진보라는 프로젝트를 모호한 입장으로 바라보는 '반인간주의'에 자연스럽게 종속되는 일일 뿐이다.

직관주의적 입장과 동물권에 대한 옹호

리건은, 동물이 인간에 필적할 만한 인식력을 지니고 있으며 따라서 '고유한 가치'를 지닌 존재로 다루어져야 한다는 원칙에 의거하여 자신의 주장을 펼친다. 동물연구의 성공이나 실패는 요점에서 벗어나는 말이며, 동물의 생명이 지니는 가치 자체가 대단하기 때문에 어떤 목적을 위한 수단으로 사용되어서는 안 된다. 우리는 아무리 정신적 능력이 부족한 사람들이라 할지라도 그런 사람들을 수단으로 사용해서는 안 된다. 따라서 직관적으로 생각해보면 다양한 정신적 능력을 가진 사람들과 동등한 능력을 동물이 지니고 있다면 사람의 가치만큼이나 동물의 가치에도 옹호받을 만한 충분한 이유가 존재한다. 이것이 리건의 주장이다. 나는 리건의 주장에 직격탄을 날린 적이 있는데, 여기서 그의 말을 직접 인용해보자.

대략적으로 나의 입장은 이렇게 정리할 수 있다. 동물은 이 세계에서 그 나름대로 유일무이한 생리학적 존재라는 점에서 정상적인 인간과 유사하다. 우리 인간과 마찬가지로 동물도 감각적이며 인식적인, 그리고 능동적이며 의욕적인 능력을 다양하게 갖고 있다. 그들은 보고 듣고 믿거나 어떤 바람을 가지기도 하고 기억할 줄도 알며 무언가를 예상하고 계획하여 실제로 실행해보기도 한다. 더군다나 우리 인간의 경우와 마찬가지로, 그들에게 일어나는 일들이 그들에게는 중요한 문제이다. 우리 인간과 마찬가지로 동물은 신체적 즐거움과 고통, 이런 것들을 갖고 있다. 그러면서 두려움과 만족감, 분노와 외로움, 좌절과 성취감, 교활함이나 경솔함도 지니고 있다. 이런 능력뿐 아니라 다른 심리학적 성향들이 모두, (나의 표현을 빌리면) '삶의 주체'인 인간과 동물의 정신적 삶 및 상대적인 행복감을 나타내기에 충분하다.[18]

라이더 역시 동물권을 옹호하기 위한 강력한 근거로, 고통을 경험할 수 있는 동물의 정신적 능력을 거론한다. 그는 어떤 종류의 고통이나 괴로움을 참을 수 있는 정도를 묘사하기 위해 '페이니언스'(painience)라는 용어를 만들고 권리의 조건을 설명하기 위한 근거로 이를 사용하고 있다.[19] 코헨은 동물이 고통을 느낀다는 점에는 동의하면서도 이 때문에 동물이 권리를 갖는다고는 생각하지 않으며, 대신 인간에게는 동물을 잔인하게 다루어서는 안 될 의무가 있다고 바라본다.[20]

나의 생각으로는, 리건과 라이더 그리고 코헨은 모두 동물의 능력을 과장하는 우를 범하고 있다. 그들은 불공평할 뿐만 아니라 도덕적으로도 큰 하자가 있는 추상적인 대조를 통해 인간과 동물의 능력을 등치시키는 오류를 범한다. 또한 그들은 인간의 능력을 최소화시키는 잘못을 범했다. 특히 라이더가 그러한데, 그는 인간의 행위를 자동인형처럼 고통을 회피하는 것 정도로 격하시켜 이해하고 있다.

대 두 되 는 질 문 , " 과 연 그 들 은 고 통 을 느 끼 는 가 ? "

동물의 권익을 옹호하는 사람들은 철학자 제레미 벤담의 유명한 발언 "문제가 되는 것은 그들이 추론할 수 있는가 혹은 그들이 말할 수 있는가가 아니라 그들이 고통을 느낄 수 있는가이다"를 인용하면서, 마지막 질문에 대해 긍정적인 답이 존재하리라 생각한다. 그러나 이는 성급한 생각이다.

동물이 고통을 느끼고 괴로워하는 것이 얼마나 미미한지, 특히 우리 인간의 감각에 비한다면 얼마나 작은 것인지를 보여주는 좋은 증거가 있다. 동물이 느낀다고 생각되는 고통은, 동물의 세계에 투사한 우리 인간의 경험에 근거해서 내려진 일종의 해석이다. '고통'이라는 단어를 면밀히 검토해보면 알 수 있듯이, 이런 투사는 이해할 만한 것이기는 하지만 잘못된 것이다.[21]

고통이라는 단어의 동어반복적 사용을 피하기 위해서는 고통이 무엇인지 몇 가지 정의를 내릴 필요가 있다. 이런 정의가 없다면 고통이란 '고통스러운 행동'이나 '고통스러운 자극'이 있을 때 생기는 것으로 여겨지게 된다. 간단히 말하면, 고통이 있으면 고통이 존재한다는 식이다. 이렇게 돌고 도는 현상은 유해한 손상 때문에 발생하는 행동유형에 대한 묘사와 고통을 느낀다는 심리학적 묘사가 서로 다른 차원의 문제이기 때문에 일어난다. 이 두 가지 차원의 묘사가 지니는 관계는, 동물의 고통 혹은 동물의 다른 경험을 이해하는 데 핵심적인 문제이다.[22] 그러나 이 연관관계는 거의 연구되지도 않았을 뿐더러 알려지지도 않은 것이므로 간단히 이렇게 생각해보자.

고통이란 고통스러운 자극의 결과라고 묘사하는 동어반복을 피하기 위해, 고통은 '생물심리사회학적인' 모델에서 흔히 규정하는 것처럼 일반적으로 인지, 감각, 감정의 혼합물의 일종이라고 정의된다.[23] 고통은 이제 더 이상은 유해한 자극이나 질병에 대한 신체적 감각으로 간주되지 않으며, 정신적, 감정적, 감각적 메커니즘을 포함하는 지각 경험으로 이해된다. 한동안 고통은 다차원적인 현상으로 묘사되어왔고, 이런 이해는 오늘날 국제통증연구협회(International Association for the Study of Pain, IASP)가 고통에 대해 '신체조직의 실질적, 잠재적 손상과 연관되었거나 혹은 그렇게 묘사된 불쾌한 감각적, 정서적 경험'이라고 정의내린 것과도 맥락을 같이 한다.[24] 흠결이 없다고는 할 수 없지만 IASP의 정의는 고통의 주관성이라는 문제의 핵심을 분명 잘 잡아내고 있으며, 나 역시도 예전에 이 정의를 계속 사용해야 한다고 주장한 바 있다.

고통을 손상에 의해 즉시 우발적으로 일어나는 저차원적 현상으로 바라보는 일반적인 관점이, 이런 정의에 따르면 잘못된 것이다. 실제로 고통은 지각력이 없으면 결코 느낄 수 없는 고차원적인 과정이다. 고통은 주관성을 느낄 수 있는 정신의 손상을 수반하는 것이며, 이런 기준은 동물에게까지 확장된다. 그리고 동물에게는 숙고의 능력이 없으며 (따라서 주관적인 세계를 갖지 않는다) 추론하거나 고통에 괴로워하는 능력이 없다는 근거들은 충분히 존재한다.

『정신의 종류』(1996)라는 책에서 데닛(Dennett)은, 말하는 사자가 가지고 있을 법한 사고의 종류에 대해 이렇게 쓰고 있다.

> 만일 사자가 말을 할 수 있다면, 우리는 (다른 언어를 번역하는 데 필요한 정도의 노력만으로) 아주 미묘한 수준까지 사자를 이해할 수 있을 것이다. 그러나 언어를 갖춘 사자의 정신이 (그렇지 않은 사자와는) 아주 다를 것이기 때문에, 대화를 한다고 해서 평범한 사자의 정신을 알 수는 없을 것이다. 사자의 '정신'에 언어를 추가한다는 것은 그 사자에게 처음으로 정신을 **부여하는 일**일지도 모른다! 물론 그렇지 않을 수도 있다. 어느 경우가 되었든 우리는 그 가능성을 철저히 조사해야 하며, 전통적으로 그래왔던 것처럼 말하지 못하는 동물의 정신이 우리 인간의 정신과 정말로 동일할 것이라고 가정해서는 안 된다.[25]

데닛이 제시하는 것은 현재의 논의에 적절한 여러 문제들이다. 사자의 특징과 관련해서라면, 과연 어떤 종류의 '정신'을 지니고 있을 법한가? 만일 언어나 다른 인식 체계를 더해주면 그 정신을 얼마나 변화시키게 될까? 데닛은 동물의 '정신'이라는 문제를 개념화한다는 것은 어쩌면 설명되어야 할 문제를 그냥 추정해버리는 동어반복이 될 수 있다고 경고한다. 어떤 존재가 생각을 한다는 것은 그 존재가 특정한 사고를 생각한다는 것이다. 그러나 특정한 사고는 특정한 개념으로 구성되어 있다. '아야!'라는 것은 반사적인 반응일 뿐만 아니라, 어떤 감각 및 그와 연관된 인식과 감성을 포함하는 정신적 상태이기도 하다. 사자나 다른 동물이 느낄 것이라 거론되는 고통(또는 '아야')의 '경험'을 우리가 어떤 형태로든 얼마나 정확하게 표현할 수 있을까?

　이 질문에 대한 대답을 찾기 위해서는 우리 인간이 얼마나 주관성을 지니고 있는지를 생각해보면 좋을 듯하다. 인간의 내면세계를 채우고 있는 내용은 그것이 타자에게 의미 있는 것일 때, 또한 그런 의미를 개인적으로 타고난 그리고 사회적인 발달과정을 통해 깨달을 수 있을 때에만 우리에게도 의미 있는 것이다. 고통이 그 좋은 예인데, 고통이란 극히 주관적인 것이며 자기 자신만의 현상이지 강철대문 뒤에 숨겨진 것이 아니다. 고통이 전적으로 개인적인 문제라면, 그 어떤 단어로도 고통을 표현할 수 없을 것이다. 왜냐하면 외면적인 언급들은 그 어떤 것도 서로 비교될 수 없으며 감각을 표현하는 데 적합하지도 않기 때문이다. 그러나 고통은 그렇지 않다. 분명히 인간만은 자신의 고통스런 경험을 표현하기 때문이며, 그러한 표현들을 통해 고통을 진단, 치료하고 소멸시킬 수 있기 때문이다. 인간이 생각하고 느끼고 말하는 존재들의 공동체 속에서 살아가는 한 경험의 사적영역은 깨어지고 그 경험은 더 나은 분석을 위해 외면화된다. 인간은 스스로의 내면세계를 외면화할 수 있기 때문에 그 세계를 반영할 수 있으며 자각하거나 자의식을 가질 수 있는 것이다. 지각이란 곧 자각이며, 반영하고 있는 이가 나 스스로라는 사실을 알지 못한다면 인간은 세계를 반영할 수 없다. 우리가 지각 있는 존재라는 사실을 지각하지 못한다면 우리는 지각을 지각하지 않는 상태가 될 뿐이라는 말은 부조리인 것이다.

동물 세계에 이런 종류의 자의식이 있다는 근거들은 얼마 되지 않는데다가 논란의 소지가 많다.[26] 비상 신호를 보내거나 눈속임을 이용하는 행동을 보면 숙고적인 지각이 잠재적으로 존재한다는 증거들도 있다. 이런 관점을 관대하게 받아들여 그 행동들이 동물 내부의 인식을 보여주는 것이라고 가정하더라도, 혹시라도 존재할지도 모를 동물의 경험은 극히 제한적이며 그 이상으로 일반화될 수는 없다는 충분한 이유가 있다. 어떤 식으로 정의하고 이해하더라도, 동물의 자의식이 다른 동물들의 행동을 변화시킬 만한 영향을 준다는 증거가 없다는 점이다. 오늘날의 침팬지는 10만 년 전의 침팬지와 똑같은 방식으로 행동한다. 먹이를 찾아 이리저리 헤맬 때 침팬지는 왜 그렇게 하는지를 자문하지 않으며 더 좋은 다른 대안을 생각하지도 않는다. 이것은 비버가 댐을 만들 때 더 좋은 방식을 생각해보지 않는 것과 같다. 겨울철에 남쪽으로 날아가는 제비 역시 왜 아프리카가 더 따뜻한지, 더 남쪽으로 가면 무슨 일이 일어날지, 북쪽에서 온기를 찾으면 수고로움을 덜 수 있지나 않을지 등에 대해 자문하지 않는다. 하지만 인간은 이런 종류의 질문을 하고 실제로 환경을 바꾸기 위해 노력한다. 우리 인간은 단순히 개인적이고 유아론적인 세계관 속에 묶여 있는 것이 아니다. 우리는 통찰력을 갖고 있는 것이다.

이런 주장이 동물에게는 고통이나 괴로움이 없다는 것을 의미하는 것일까? 일련의 증거들을 솔직하게 평가해보면 대체로 '그렇다'라는 대답을 제시할 수 있으리라 생각한다. 동물에게 유해한 손상을 가했을 때 관찰되는 행동들은 우리를 혼란스럽게 만든다. 왜냐하면 우리는 통찰력을 갖고 있고 우리 인간의 감각에서의 기대치를 동물에게 투사하기 때문이다. 오해를 불러일으키기 쉬운 행위들도 있다. 예를 들어 어떤 경험을 해석하는 데 꼭 필요한 고차원의 뇌피질 중추(이 부위는 추론이나 언어능력, 행동을 주관하는 뇌 부위로 알려져 있다)가 없더라도, 피부 상처나 다른 유해한 손상에 대한 반사적인 행동은 일어날 수 있는 식이다. 이런 반사적인 행동은, 우리가 볼 때는 고통에 대한 내면의 감정과는 맞지 않는 행동처럼 비춰질수 있다. 인간은 과도하게 일반화시키기를 좋아하는 복잡한 주관성을 가지고 있다. 그러나 우리와는 달리, 동물은 기계적이고 자연의 명령에 이끌리게 행동하며, 인간이 당연시하는 반영적인 지각의 과정도 없다. 동물의 행동은 그 고유한 과정을 인지하지 못하는 음울하고 잠잠한 생활이며, **아무리 잘 봐줘도** 인간과는 비교될 수 없는 어둡고 침침한 경험일 뿐이다.

동 물 권 과 학 대

동물의 능력을 과장하다 보면, 유비를 통해 동물권을 주장하는 것도 가능해지곤 한다. 만일 동물과 인간을 서로 비슷해지게 만들 수 있다면, 우리가 당연하게 여기는 인간의 권리를 설명하는 방식으로 동물권이 옹호될수도 있다. 비슷한 전술로, 동물권을 주장하기 위해 특정 능력이 결여된불행한 인간의 상황을 이용하는 방법이 있다. 우리 인간 중에서도 정신적능력이 떨어진 채 태어나는 사람이 있고 알츠하이머병이나 비슷한 불행으로 인해 특정 능력을 상실해버린 사람도 분명 있기 때문이다. 이 불행한사람들이 인간의 도덕적 세계에 들어올 수 있다는 사실을 우리는 부인하지 않는다. 그러면서 왜 동물은 배제하느냐고?

리건과 프린스턴 대학의 철학교수 피터 싱어(Peter Singer)는, 라이더가간단한 말로 표현한 '종차별주의'라는 단어를 이용함으로써 우리가 도덕적 세계로부터 동물을 배척하는 것을 설명해냈다. 싱어는, 자기의 이익을위해 자기 자신의 인종이나 젠더를 중요시했던 인종주의자 혹은 성차별주의자와 똑같은 방식으로 종차별주의자들은 인간이라는 종을 더욱 강조할 뿐이라고 주장했다. 싱어와 리건에 따르면, 인종주의자나 성차별주의와 친분을 맺지 않는 것처럼 우리는 종차별주의자들과도 친분을 맺어서는 안 된다. 그리고 코헨은 이런 주장에 대해 섬뜩함을 내비쳤다.

> 이런 주장은 불합리하다기보다는 그보다 한층 나쁜 것이다. 게다가 흉악하다. 이 주장은 일부러 만들어 놓은 그럴 듯한 대구법을 통해 도덕에 대한 비열한 결론을 이끌어내고 있다.**27**

여기서의 비열함은, 인간의 도덕적 영역에 동물이 포함될 수 있다거나 포함되어야 한다고 단순히 제안할 때 생겨나는 것보다 훨씬 대단한 것이다. 동물권 옹호 운동이 함축적으로 보면 억압에 저항하는 흑인이나 여타 그룹들의 투쟁과 비슷해 보일 수도 있겠지만, 이는 그들의 투쟁을 하찮게 보고 있다는 점에서 일종의 모욕이다. 동물은 그런 권리에 대해 조금도 상관하지 않으며 스스로 싸우지도 않는다. 여기서의 문제는 정신적으로 결함이 있는 사람들이 잘해봐야 동물과 동급으로 취급되거나 아예 그런 권리에 무관심하다는 점이다. 코헨은 제대로 핵심을 짚어 분노를 표현한 셈인데, 여성이나 유색인종이 억압에 저항하는 것과 동물권리의 옹호를 동일선상에 놓는 것은 명예손상이며 모욕이다. 그러나 그의 분노는 무능력한 사람들의 문제에까지는 나아가지 못한다. 여기에는 분명 뭔가 잘못된 것이 있는데, 권리가 무엇인지를 좀 더 이해하면 그 해결책을 찾을 수 있을 것이다.

여 러 가 지 권 리 들

다양한 그룹들이 인류의 역사 내내 자신의 권리와 평등을 위해 싸워야 했다. 권력을 지닌 자들의 사리사욕에 맞서는 싸움뿐 아니라 당대의 사회조건에 대항하는 싸움도 있었다. 현대의 우리에게는 권리가 '자명한' 것처럼 보이지만 사실 이 권리들은 상당한 수준의 생산량에 의존하고 있다. 솔직히 말해서, 식량이 부족할 때는 폭정과 노예제가 불가피했다. 모든 사람들을 위한 자유와 독립은 오직 사회가 그만큼의 잉여 생산물을 만들 수 있게 되었을 때에만 가능한 것이다.

오늘날에는 잉여 생산물이 충분하기 때문에 더 이상 어떤 그룹의 자유도 합법적으로 부정될 수 없다. 오늘날에도 억압은 어느 정도 존재하지만, 기득권의 사욕이 사라지면 그런 억압 역시 제거될 것이다. 사회가 이제 충분히 발전했기 때문에 권리는 인간이 아닌 생물종으로까지 확대될 수 있고 그래야 한다는 주장이 제기되고 있으며, 리건의 생각 역시 같은 방향이라고 볼 수 있다. 그러나 최대한 좋게 생각해서 동물이 어떤 정신적 능력을 갖고 있다고 하더라도, 동물에게는 자신들이 처한 역사적 기회를 인식하고 이용할 수 있는 능력이 없다. 동물의 입장에서 보면 아무런 기회도 없는 것이다. 그런 기회는 전혀 존재하지 않는다. 이런 이유 때문에 코헨은 동물이 도덕적 공동체의 일원이 아니며 그럴 수도 없다고 주장했다. 코헨은 동물을 도덕적 내용이 전혀 없는 고립된 세계의 존재로 바라본다. 동물에게는 도덕관념이 전혀 없으며, 도덕성도 없고 심지어 그렇기에 어떠한 잘못된 일도 하지 않는다. 그들의 세계에는 아무런 권리도 없다. 동물은 개별적인 책임을 질 능력이 없고 자신의 행동에 대한 이유를 설명할 수도 없기 때문에, 인간의 도덕세계로 들어오는 것은 허용되지 않는다. 반면 인간은 자신의 행동에 책임을 지며 따라서 도덕적인 행위자이다. 이런 권리를 동물로 확장시키는 것이 가능해 보일지도 모르지만, 사실 그것은 불가능한 일이며 그렇게 보이는 것은 그저 환상일 뿐이다.

국가나 다른 사람으로부터 방해를 받지 않고 자유롭게 생각하고 행동할 권리는 동물에게로 확대되지 않는다. 이런 권리들을 동물은 의미 있는 방식으로 행사할 수 없기 때문이다. 같은 이유에서 이런 '소극적인' 권리는 어린이나 어느 정도의 정신적 결함을 지닌 사람들에게도 인정되지 않는다. 정신적 결함을 지닌 사람이나 어린이는 자유롭게 사고하거나 독립적으로 행동할 자격이 없는 것으로 간주된다. 이런 관점에서 보면, 아이를 보호하거나 결함 있는 사람들을 돌보는 행위와 권리의 개념을 혼동하는 것은 자유의 개념을 타락시키는 일이다. 실제로 정신적 능력은 소극적인 권리를 지닐 수 있는 사람과 그렇지 못한 사람을 구분하는 칸막이와도 같은 것으로 작용한다. 꼭 필요한 능력이 정확히 무엇인지는 아주 논쟁적인 문제이지만, 자유를 위한 기회가 있다는 사실을 인식하지 못하거나 관심이 없는 사람들, 혹은 그렇게 주어진 자유 위에서 살아갈 능력이 없는 사람들을 배제하는 것이 경험적으로 볼 때는 그다지 불합리해 보이지 않는다. 동물은 전자의 기준을 통과하지 못할 것이 분명하며, 아이나 정신적으로 결함 있는 사람들은 후자의 기준 또는 두 기준 모두를 통과하지 못할 것이다.

리건은, 상처받지 않을 권리와 같은 어떤 권리들을 보장해주는 눈에 보이지 않는 '출입금지' 표지판을 동물이 들고 있는 것으로 이해해야 한다고 주장한다. 그런 '적극적인' 권리들은 실제로는 자유의 형태보다는 보호의 형태를 취한다. 오늘날 담배연기나 큰 소음, 교통량 등에 불편해하지 않을 권리를 요구하는 것은, 권리 요구라는 가면을 쓰고 있지만 사실은 보호를 요구하는 사례들이다. 소극적인 권리와는 달리 이런 적극적인 권리는 보편화되기 힘들다. 가령 이차 흡연을 하지 않을 권리는 다른 사람의 흡연권과 충돌하는 식이기 때문이다. 이런 이유 때문에 적극적인 권리는 실제로는 권리가 아니며 보호 혹은 특권으로 더 쉽게 이해된다. 어느 집단의 이해관계가 다른 사람들보다 더 커 보이고 따라서 다른 사람들에 비해 상대적으로 특별한 특권을 부여받는 것이다. 우리는 아이들이 자립할 때까지 그들에게 일정한 보호책을 제공한다. 우리는 정신적으로 결함 있는 사람들에게 그들이 스스로를 돌보기 힘든 만큼의 보호책을 제공한다. 외부의 방해로부터 개인을 자유롭게 만드는 소극적인 권리와 달리, 이러한 보호는 가족이나 요양소, 공원 관리이나 법정 혹은 국가의 여러 기구 등 외부 집단에 의존한다. 그런 보호로부터 얻는 '자유'는 중요하기는 하지만, 정확히 말하자면 자유라고 부를 수는 없다. 왜냐하면 그것은 다른 사람들의 선의에 의존하고 있기 때문이다.

이런 보호 장치들은 어린이나 정신적 결함이 있는 사람들 혹은 동물에게 제공되는 복지의 연장이며, 국가가 개입하는 경우에는 국가 권위의 연장이 된다. 이렇게 이해하고 보면, 동물의 권리를 요구하는 리건의 주장을 극단적인 복지론자의 주장과 구별하기 힘들어진다. 양쪽 모두가 인간을 위한 목적으로 사육되거나 이용당하는 것으로부터 동물이 보호받아야 한다고 주장하고 있기 때문이다.

동 물 복 지 의   문 제

우리는 이런 보호책과 복지를 동물에까지 연장할 수 있으며 실제로 그렇게 하고 있기도 하지만, 그 방식은 때로는 임의적이다. 리건은 일관성을 요구한다. 다시 말하지만 이 점에 있어서 리건은 정신적 결함이 있는 사람들의 권리 및 그들의 복지에 대한 보호라는 비법을 제시하고 있으며 나도 그렇게 생각한다. 리건은, 아무리 정신적 능력이 떨어진다고 하더라도 그 사람들을 실험에 이용하지는 않을 것이라고 주장한다. 동물이 처한 생존 수준이 어떠하더라도 우리는 비슷한 상태에 처한 사람을 상상할 수 있으며, 그에게 실험을 하지는 않을 것이라는 주장인 것이다. 따라서 우리가 일관적이지 못하다는 것은, 직관적으로 볼 때 틀린 것 같아 보인다. 그렇지만 예를 들어 어떻게 해서 학술적인 측면에서는 죽은 상태지만 오직 호흡기의 작용으로 숨만 쉬고 있는 인간의 도덕적 가치가 침팬지의 도덕적 가치보다도 훨씬 크다고 판단할 수 있는 것일까?

앞서 말한 그런 상태의 사람이 동물보다 더 큰 가치를 갖게 만들어주는 큰 차이점은, 그를 돌보는 사회 혹은 가족의 관심이다. 어떤 사람이 죽으면 그 손실은 사회적인 수준에서 감지된다. 그 사람이 지닌 생산적인 능력과 통찰력, 그리고 사회에 기여할 가능성은 죽음과 함께 사라지며 우리는 그런 상실을 한탄하게 된다. 물론 사망자와 직접적인 관계를 맺었거나 그의 잠재력에 희망을 품고 동경했던 가족이나 친구들에게는 이런 상실이 훨씬 모질 것이다. 만약 그 사람을, 심지어 그의 죽음까지를 도구적으로 다룬다면 그것은 그 사람이 지니거나 지닐 수 있었던 가치를 우리가 해치는 일이 된다.

반대로 동물은 자신들의 조상이나 직계 친족보다 더 대단한 잠재력을 갖지는 않는다. 동물이 제각각 독립적이라고는 할 수 없는데, 그것은 나름의 독특한 특성을 지닌다 할지라도 그들에게는 스스로를 개발하거나 경험을 변화시킬 능력이 없기 때문이다. 그렇다고 해서 동물이 사회적인 것도 아니다. 비록 집단 내에서 살아간다고는 하지만 그들에게는 그 집단의 행동을 변화시킬 능력이 없으며 그 내에서 전체적인 의사결정을 할 수도 없기 때문이다. 이런 의미에서 볼 때 동물의 가치는 고정되어 있는 것이며, 따라서 지금 살아 있거나 이미 죽은 동물 아니면 미래의 후손과 항상 비교

가능하다. 애완동물처럼 특별한 관계를 맺지 않은 이상, 동물이 죽었을 때 우리는 그 죽음을 애도하지 않는다. 그것은 우리에게 슬퍼할 만한 무엇인가가 없기 때문이다. 사람과의 관계를 통해 어떤 가치를 부여받지 않는 한, 동물은 사망한 인간이 가졌을 법한 가치조차도 지니지 못하는 것이다.

동물이 지니는 가치는 우리가 그들에게 부여하는 관계로부터 나온다. 애완동물은 특별한 범주를 차지하기에 그 범주 내에서 보호를 받는다. 그러나 동물의 실제 혹은 잠재적인 삶과 관련해서 우리가 포괄적으로 보호를 제공해야 한다고 요구할 만한 이유는 하나도 없다. 우리의 결정은 인간 중심적이고 독단적이며 우리가 동물을 통해 얻으려는 용도와 일치한다. 리건이 그렇게나 주장하는 '내재적인 가치'가 동물에게는 없는 것이다.

이런 주장이, 곧 우리 인간이 동물에 관해 아무런 목적도 없이 파괴적이어도 좋다거나 보호나 관심없이 동물들을 다루어야 한다는 것을 뜻하지는 않는다. 모든 종류의 무분별한 파괴는 분명 반사회적인 것이며 동물에 대해서도 역시 그러하다. 더군다나 어떤 경험을 지니든 그렇지 않든 간에 (동물실험에서) 동물은 힘든 상황에 처해 있는 것처럼 행동하며, 아무런 이유도 없이 고의적으로 그런 행동을 연장시킨다는 것은 경멸받을 짓이다. 그러나 어떤 목적이 있다면, 동물에 대한 처우는 인간의 더 나은 삶과 지식 그리고 깨달음을 기준으로 진행되어야 한다.

동 물 실 험 에 서 의   복 지

인간의 목적의식적인 연구라는 관점에서 볼 때, 동물을 다룸에 있어 동물복지를 요구하는 것은 바보스러운 일이며 고결한 과학적 연구를 위협하는 일이다. 연구자들이 동물복지를 용인하는 것은 전혀 사리에 맞지 않으며, 어찌되었든 모든 과학자들은 가능한 한 최고의 실험을 위해 노력해야 된다는 점에서 볼 때 불필요하기도 하다. 최고의 실험을 하기 위해서는, 훌륭한 실험대상으로 동물을 사육하는 일이 필연적이다. 동물연구자들이, 그 행동이 실험에 유익하도록 실험재료로서 동물을 잘 사육하고 훈련시키는 일 이상으로 동물복지에 관한 논쟁에 개입한다는 것은 이해할 수 없다. 우리가 동물복지에 보다 관심을 가져야 하며 실제로 그럴 수도 있다는 생각은 연구자의 진실성을 왜곡하는 일이다.

AIDS나 다른 질병을 동물에게 유발시키고 외과시술 실험을 하거나 검증되지 않은 약품을 주입하는 일은 동물복지를 보호할 목적을 갖는 실험과정과는 완전히 별개의 것으로 생각된다. 동물을 학대하는 것은 실험을 망치기 때문에 용인할 수 없다. 그러나 동물복지에 더 큰 관심을 쏟는 것은 핵심을 비껴가는 것이다. 실험실 동물의 복지에 대한 전문가들의 관심은, 수없이 많은 동물의 고통과 죽음을 낳는 실험실의 현실과는 모순될 뿐이다.

결 론

권리가 동물에까지 확대되어야 한다는 제안은, 인간과 동물의 경험을 잘못 등치시키고 권리를 혼란스럽게 해석한 두 가지 오해에서 비롯된다. 행동이 어떤 경험을 그대로 반영하는 것은 아니며, 보호는 특권일 뿐 권리가 아니다. 이 두 가지 오해의 결과는 아무리 축소시켜 이야기하더라도 불행할 따름이다. 상당히 많은 규제들이 동물연구 하나하나를 미세하게 규제하고 있고, 다른 과학 분야에서는 상상할 수 없는 방식으로 그 연구의 방향을 제한하고 있다. 예를 들어 영국의 경우, 연구자들은 세 가지 R 원칙을 따르는 실험과정에 대해 내무성으로부터 인가를 받아야 한다. 동물에게 고통을 유발할 수 있는 모든 과정을 승인받기 위해서는 수많은 절차를 따라야 하고, 더적은 동물 혹은 계통발생적으로 하위에 분포하는 동물을 사용해야 한다는 (예를 들어 영장류보다는 쥐를 사용해야 한다는 식) 수많은 압력이 끊임없이 가해질 것이다. 하지만 미국의 경우에는 모든 대학들이 동물보호 및 사용에 관한 공공위원회(Institutional Animal Care and Use Committees, IACUCs)를 설치하는데, 이 위원회에서는 제출된 계획을 세 가지 R 원칙에 입각해서 자유롭게 평가하고, 해당 연구가 동물복지에 우호적이라는 점을 재정 지원당국에 보증해준다. 미국 농무부가 과학적 연구에 사용되는 생쥐와 설치류, 조류를 규제할 수 있도록 의회가 승인함에 따라 앞으로는 더 많은 규제들이 생겨날 것이다. 오늘날 미국 의과대학 연합(Association of American Medical Colleges, AAMC), 국립 생의학연구소 연합(National Association for Biomedical Research, NABR), 미국 실험생물학 협회연맹(Federation of American Societies for Experimental Biology, FASEB)은 모두 더 많은 규제의 필요성을 놓고 논쟁을 벌이는 중이다. 이 책이 출판될 즈음에 어느 편이 긴 줄다리기에서 우세를 점하게 될 것인지는 불투명하다.

분명 AAMC, NABR 그리고 FASEB는 힘든 싸움에 직면해 있다. 우리는 '신처럼 행동하거나', '자연에 개입하거나' 파괴를 양산한다고 애도받는 과학자들과 함께, 인간의 진보에 대한 뿌리 깊은 모순이 존재하는 시대를 살아가고 있다. 20세기에 있었던 전쟁, 핵붕괴, 대학살과 여러 파괴 그리고 재난들 때문에 사람들은 과학에 대한 신뢰를 잃었고 진보에 대한 희망은 멍들었다. 인간을 보다 잔인한 존재로 생각하거나 동물을 인간적인 존재로 여기게 된 상황은 이해할 만하지만, 근본적으로 볼 때 이는 잘못된 일이며 매우 심각한 일이다. 그런 반(反)인간적인 선입견은 인간의 거대한 계획에 대한 확신을 좀먹어갈 뿐이며 향후 더 짙은 암흑과 미신 속으로 우리를 내몰게 되는 것이다.

제도적인 종차별:
학대야말로 잘못된 것

리처드 라이더*

그 외계인은 말했다. "물론 너는 실험대상이 되어야 해. 나는 너보다 훨씬 뛰어난 지능을 갖고 있으며, 따라서 너한테 고통을 줄 수 있어. 더군다나 너는 나와는 다른 종이야."

깜짝 놀란 소녀는 그녀 주위를 맴도는 괴물을 올려다 보고는 간청했다. "그렇지만 나의 권리는?"

"어허" 외계인은 대답했다. "우리와 비교할 때 사고력, 자율성, 자의식에서 형편없기 때문에 인간은 아무런 권리도 갖지 못해." 그의 세 눈은 거

---

* **리처드 라이더 박사(Dr Richard D. Ryder)**는 평화적인 방법만을 이용하는 동물보호 운동가가 되기 전에는 영국과 미국의 동물실험실에서 과학자로서 일했다. 그의 책 『과학의 희생양들: 연구에서의 동물 이용』(*Victims of Science: The Use of Animals in Research*)[1975]은 유럽연합과 영국에서의 새로운 법제화 과정을 위한 성공적 캠페인에서 중점적 역할을 해냈다. 라이더의 종차별주의(speciesism)라는 개념은 철학적 테두리 안에서 광범위하게 논의되었으며 현재는 대부분의 사전들에도 등재되어 있다. 그는 20년 동안 병원의 심리상담사였고, 동물에 대한 잔혹행위 금지를 위한 왕립협회(Royal Society for the Prevention of Cruelty to Animals, RSPCA)의 전임 의장으로서 그 기구에서는 '가장 현대적인 인물'이라고 알려져 있다. 최근 저작으로는 『동물 혁명: 종차별주의에 대한 태도의 변화』(*Animal Revolution: Changing Attitudes Towards Speciesism*)[2000]와 『페이니즘: 현대적 도덕』(*Painism: A Modern Morality*)[2001]이 있다.

만한 듯 번득였다. "대신 우리는 너를 대상으로 삼아 과학의 이름으로 실험할 필요가 있지. [……] 그리고 과학은 신성한 것이야."

몇 년 전 캘리포니아에 있는 어느 심리학 실험실을 방문했던 때가 기억난다. 한 명의 과학자 동료가 이곳저곳을 구경시켜주었다. 우리 속에는 평범한 쥐들이 있었고, 뇌에 전극을 꽂은 원숭이들도 있었다. 그리고 우리는 아주 끔찍한 광경을 목도하게 되었다. 수레바퀴 모양의 우리가 전기 모터에 의해 천천히 회전하고 있었고, 그 속에서는 난도질당한 흰 고양이가 퍼덕거리며 신음하고 있었던 것이다. 그 고양이의 눈은 앞을 볼 수 없었고 꼬리는 잘려 있었다. "도대체 무슨 일이죠?" 나는 물었다. 그 교수는 "이 수레바퀴는 일주일 정도 밤낮으로 계속 회전하고 있습니다. 이것은 수면을 없애는 실험이거든요."

내가 보고 있는 동안, 두 명의 학생이 그 회전을 멈추고 담요로 고양이를 꽉 쥐더니 두개골 아래까지 바늘을 찔러 넣었다. 고양이의 신음소리는 비명이 되었다. 교수는 무관심한 듯 말했다. "저 학생들은 모두 2학년인데요, 그들은 수면을 방해하고 눈을 멀게 만들면 중추신경계의 분비액에서 그 징후가 나타날 것이라는, 다소 무모한 생각을 갖고 있죠. 그들은 매일 몇 시간씩 실험동물을 가지고 실험하고 있답니다." 과학적 회의주의에 대한 나의 혐오감을 오해했는지 그는 "뭐, 적어도 이런 실험이 그들에게 동물을 다루는 경험 정도는 제공해주겠지요"라고 말했다.

이 경험은 나에게 일종의 전환점이 되었다. 이미 케임브리지와 에딘버러 그리고 뉴욕의 여러 심리학 실험실에서 봤던 것들 때문에 아주 혼란스러워져 있던 나에게 이 경험은 참을 수 없는 것이었다. 처음에는 나 자신에게 무슨 잘못이 있지나 않은지를 생각했다. 내가 비정상적으로 민감한 것인지, 도덕적으로 뒤틀린 것인지 아니면 '남성성'이 부족해서 '끔찍한 것을 혐오하는 것인지' 등. 다른 누구도 내가 보았던 고문의 현장에서 무엇인가 잘못된 것이 있다고 생각하지는 않는 듯해 보였다. 그리고 5년 후인 1969년, 옥스퍼드의 병원에서 일할 때 나는 용기를 내어 신문에 편지를 써서 내 의견을 말했다. 실험실의 행위를 비판하는 나의 책『과학의 희생양들』은 1975년에 출판되었고 운 좋게도 언론과 의회의 많은 관심을 받았다. 나의 평화스런 운동은 1986년이 되어서야 조금 쉬워졌는데, 그 해에 영국에서는 동물법이 통과되었고 유럽연합에도 관련 법안이 도입되었다.

종에 의한 동물의 차별(speciesism)

동물에게 고통을 주며 괴롭히는 실험에 대한 나의 반대란 무엇인가? 우선 무엇보다도 나의 반대는 도덕적인 것이다. 왜 우리 인간이라는 종이 그런 잔인한 방식으로 다른 종을 다룰 권리를 갖는다고 생각해야 하는 걸까? 최악의 적에게도 가하지 않는 그런 방식으로 다른 동물을 다룰 수 있는 권리를 가질 만큼 우리 인간이라는 종에게는 특별한 무엇인가가 있는 것일까? 과연 그런 종차별을 정당화시켜주는 것은 무엇일까? 외계에서 온 가상의 외계인과도 마찬가지로 우리는 스스로에게 터무니없는 변명을 제공하려 든다. 우리 인간이 다른 동물들보다 지능이 뛰어나다는 것은 틀림없지만 (일부 예외도 있다) 어떻게 이것으로 우리의 포악한 행동을 정당화될 수 있다는 말일까? 이는 곧 지능이 떨어지는 사람들(심리학자로서 내가 직업상 마주했던, 영장류나 개, 고양이보다도 지능이 떨어지는 사람들)은 지능이 뛰어난 사람들보다 더 적은 권리를 갖는다는 것을 의미하는 것일까? 도덕적인 지위를 갖는다는 것과 지능에 무슨 상관이 있다는 말일까? 답은, 여기에는 아무런 논리적 연관이 없다는 것이다.

생체해부학자들은 자신들의 동물학대와 착취를 정당화하기 위해 다른 변명을 거론해왔다. 인간이 아닌 동물은 언어도, 기술도, 자의식도 없다고들 이야기된다. 그렇지만 이런 특징들은 분명히 도덕적으로는 무관한 것들이다. 게다가 원숭이처럼 인간의 수화를 배울 수 있는 동물들도 있다. 우리는 그들의 언어를 배울 정도로 총명하지 못하지만, 그들은 우리의 언어를 충분히 배울 수 있는 것이다. 어떤 영장류는 음식에 접근할 수 있는 도구를 만들어 사용하기도 한다. 또한 거울 속 자신의 이미지를 인식할 수 있다는 점에서 그들은 자의식의 존재를 보여준다. 그렇지만 그들이 이런 일들 중에서 단 한 가지도 하지 못한다 할지라도 도덕적인 의미에서는 그리 중요하지 않다. 중요한 것은 분명 다른 종들이 우리 인간처럼 고통과 두려움 그리고 괴로움을 느낄 수 있다는 사실이다. 단순히 외양이 다르다는 이유만으로 다른 종을 차별하는 것은 아주 우둔한 짓이다. 그런 종차별은 인종주의나 성차별주의처럼 비합리적인 것이다.

페이니즘(painism)

동물과 인간을 동등한 도덕적 범주에 넣는 것은, 다른 동물과 공통으로 느끼는 인간의 평범한 고통경험 때문이다. 고통이나 괴로움을 느끼는 것은 도덕적인 문제이다. 게다가 누가 고통을 느끼는가 하는 것은 큰 문제가 아니다. 이런 주장은 이미 18세기에 제시된 바 있어서, 1776년에 성직자 험프리 프리맷(the Reverend Humphrey Primatt)는 "인간에게 주어지든 동물에게 주어지든 고통은 고통일 뿐이다"라고 말했다. 철학자 제레미 벤담(Jeremy Bentham) 또한 1789년에 비슷한 주장을 했는데, 동물의 도덕적 지위를 이야기하면서 그는 "문제가 되는 것은 그들이 추론할 수 있느냐 혹은 말할 수 있느냐가 아니라 그들이 고통을 느낄 수 있는가이다"라고 썼다.

고통이나 괴로움을 느끼는 것이 오늘날의 윤리학에서는 중요한 문제가 되었다. 그리고 가령 존엄, 이성, 덕목 같은 다른 개념들이 정확한 관점으로 제시되는 데에는 오랜 시간이 걸렸으며, 정의, 평등, 자유 같은 조건 등이 도덕적으로 볼 때 고통을 줄이는 문제에 비하면 부차적일 뿐임을 철학자들이 깨닫게 되는 데에도 상당한 시간이 걸렸다. 사실 정의, 평등 그리고 자유는 진통 효과를 갖기 때문에 심리학적으로나 윤리학적으로나 아주 중요하다. 이런 윤리적 입장을 나는 『페이니즘: 현대적 도덕』(*Painism: A Modern Morality*)[Opengate Press, 2001]에서 페이니즘이라는 단어로 설명한 바 있다. 개략적으로 말하자면 나의 결론은, 생물종, 인종, 성[gender] 그리고 종교나 민족에 상관없이 타자의 고통을 누그러뜨리는 것이 우리의 도덕적 의무이며, 심각하게 고통받고 있는 이들 각각의 고통에 대해 이런 의무를 최우선으로 이행해야 한다는 것이다.

도덕이론으로서의 페이니즘은 물론 인간뿐 아니라 비인간 동물에게도 적용된다. 이는 공리주의와 같은 여타 도덕이론과는 다른데, 도덕적 판단을 함에 있어 몇몇 개체들의 고통과 쾌락을 합계하는 행위를 반대한다는 점에서 그렇다. 나는 상이한 개체들의 고통과 쾌락을 계산하는 것은 불가능하다고 믿는다. 각각의 개체는 자기 나름의 경험적인 우주이다. 다른 개체가 느끼는 것과 똑같은 고통을 내가 그대로 느낄 수는 없다. 자각의 경계는 개체의 경계들인 것이다.

공리주의와 관련된 한 가지 큰 문제는, 그 이론은 일부 소수의 총 이익이 희생양들의 고통보다 더 가치 있다고 천박하게 정당화시키고 있다는 점이다. 따라서 공리주의에 따르면, 강간범이 얻는 쾌락이나 이익의 총량이 희생자의 고통보다 더 크다면, 가령 윤간의 피해자나 실험실 동물의 고통은 정당화될 수 있다. 이런 주장은 결단코 엉터리이다.

그렇지만 나는, 악당이 희생자를 공격하지 못하도록 하는 것처럼 어느 한쪽 개체의 더 큰 이익을 위해 가해지는 고통은 정당화될 수도 있다는 사실은 인정한다(여기서 모든 종류의 괴로움을 포괄하기 위해 '고통'이라는 단어를 사용했다).

생 체 해 부 를 옹 호 하 는 논 리 의 빈 곤 함

(사람이든 동물이든) 살아 있는 동물의 육체는 복잡한 기계와도 같다. 물론 (기계와의) 본질적인 차이는, 살아 있는 동물에게는 의식이 있으며 또한 고통을 느낄 수도 있다는 점이다. 그러나 처음으로 지구에 도착해서 자동차를 본, 다른 행성에서 온 외계인이 되었다고 상상해보라. 자동차에 대한 책들이 모두 파괴된 상태라면 그것이 작동하는 방식을 어떻게 발견할 수 있을까? 자동차를 멈추게 한 후 조각조각 분해해봄으로써 그 목적은 어느 정도 달성될 수 있을 것이다. 그러나 그런 '사후' 분석이 모든 대답을 제공해주지는 않는다. 그런 작업이 운전, 연소, 변속이나 각 부분의 상호작용 같은 모든 과정에 대한 완전한 그림을 제공하지는 못할 테니까 말이다. 이 모든 작용은 메커니즘이 원래 상태로 '살아 있을 때', 즉 작동 중에 관찰될 때 보다 쉽게 이해될 것이다.

이것이 살아 있는 동물에 대해 실험을 하는 이유이다. 항상 과대평가되어왔지만 이런 실험에는 이점도 있다. 사실 옛날 나의 전공분야였던 실험심리학의 역사를 돌이켜보면, 수십만 마리의 동물들이 지난 백년 동안 사용되면서 종종 눈이나 귀를 멀게 하거나 전기충격, 마비, 공포, 굶주림과 같은 무시무시한 잔혹행위에 노출되었다. 게다가 이런 실험들 각각이 당시의 실험자에게는 아주 중요한 것처럼 보였다. 그러나 나중에 얻을 수 있었던 것은 무엇인가? 중요하다 할 만한 것은 하나도 없다. 실험심리학은 의학적 주제가 아니다. 사실 1900년경 이래로 진행되어왔던 동물행동 연구의 모든 기획이 1970년대 이후로는 폐지되기 시작했다. 수많은 동물들이 무모하게 희생된 이후, 광신적인 동물행동학자들조차도 아무것도 얻을 것이 없다는 사실을 인정했다. 그 결과 실험심리학 분야는 거의 포기되었다. 그토록 많은 고통이 있었지만 얻어낼 수 있었던 중요한 이익은 하나도 없었던 것이다.

케임브리지의 심리학도로서 내가 배운 것은 동물을 대상으로 한 실험 연구에서 얻은 결과 중에서는 그 어느 것도 인간에게 적용될 수 없다는 점이었다. 한 생물종으로부터 얻은 결과를 다른 생물종에 적용하는 것이 과학적인 의미에서는 거의 범죄로 간주되었다. 따라서 동물실험을 반대하는 운동이 시작된 지 거의 10년이 지난 이후, 과학자 공동체에서 이런 주장들을 뒤엎었다는 말을 듣는 것은 우스운 일이었다. 동물을 이용하여 실험하는 과학자들이, 자신들의 실험이 모든 인간의 이익을 위해 당연히 필수적이라는 사실을 갑작스레 대중들에게 말하기 시작했던 것이다.

종 교 로 서 의   과 학

과학은 종교의 특성을 여러 가지 갖고 있다. 그 숭배자들은 열렬하게 (때로는 거들먹거리면서) 자신들의 진리를 신봉한다. 그들은 그 진리를 믿지 않는 사람들을 경멸하는 경향이 있다. 그들은 특정한 의례적인 (실험적) 방법들을 채택한다. 그들은 특정한 (노벨상을 수상한) 성인들을 공경한다. 그들은 자신들의 경전을 공부한다. 그들은 과학이 자신들에게 가져다준 중요성과 권력을 음미한다. 그들은 실험실과 대학이라고 불리는 수도원 같은 공동체에서 일하고 생활하며 대제사장이 연설하는 것을 들을 수 있는 학회와 같은 예배에 정기적으로 참여한다. 마지막으로는, 다른 원시종교와 마찬가지로 (그렇지만 성숙한 종교와는 달리) 그들은 동물을 희생시키는 타락한 행위를 자행한다. 자신의 앞에 있는 미신에 사로잡힌 수많은 신참자들과 마찬가지로 그들 역시 그렇게 제물을 바치는 행위가 필수불가결하다고 확신하면서 그 효과를 과장한다.

나는 과학에 반대하는 것이 아니다. 사실 나는 과학의 신봉자이다. 심리학자인 나는 그저 과학과 종교 사이에 심리학적 유사성이 많다는 점을 지적하는 것뿐이다. 종교는 세 가지의 거대한 심리학적 기능을 수행한다. 즉 의미(우주에 대한 설명), 마술(기도와 숭배를 통해 미래의 사건에 영향을 미칠 수 있다고 추정되는 힘) 그리고 도덕성(옳고 그른 행동에 대한 지침)을 제공하는 것이다. 과학은 우주에 대한 전례 없는 이해와 우주를 통제할 수 있는 인상적인 기술을 제공하면서, 앞서 이야기한 의미와 마술이라는 측면에서 훨씬 더 뛰어난 능력을 보여준다. 그러나 과학이 갖지 못한 것은 고유한 도덕성이다. 예를 들어, 오늘날 우리가 이토록 위험한 세계에서 살고 있는 이유는 냉담하고 분노한 개인과 집단들이 과학기술의 군사적 산물에 접근할 수 있기 때문이다.

과 학 의   위 험 요 소 들

군사무기들은 공격성향을 억제하려는 인간의 진화적 내면을 우회해가는 경향이 있다. 군사무기가 더 길게 정렬될수록, 적들에 대한 동정심이나 적들의 대응에 대한 두려움을 피하는 것은 더욱 쉬워진다. 이런 감정적인 억제가 없으면 우리는 훨씬 더 공격적인 성향을 갖게 된다. 광신도나 반역자들은 언제나 존재해왔지만, 타인의 삶을 파괴하는 그들의 힘이 군사무기의 한계를 벗어날 수는 없었다. 과거의 테러리스트들은 그들이 가진 활이나 구식소총의 위력만큼만 사람들에게 영향을 미칠 수 있었다. 그러나 오늘날에는 핵무기나 생물학적 무기로 무장한 어떤 사람들이 도시를 파괴할 수도 있다. 과학과 그 산물들이 확고한 도덕적 통제 아래 놓여야 한다는 것은 분명하다. 이러한 통제가 없다면 과학이 우리를 파괴하게 될 것이다. 과학은 기적을 가져다주었지만 모든 생명체를 파괴할 잠재력 또한 제공해주었다.

그리 오래지 않은 과거에 생명과학의 오만함 혹은 모든 삶의 양식에 대한 생물학의 비도덕적 태도 때문에, 냉정하고 위험한 세대가 출현했다. 생체해부 행위에 너무나 익숙해져버린 탓에, 그들의 동정심이나 감성 같은 인간 고유의 감정 대부분이 하얗게 희석되고 말았다. 이런 사람들이 이제는 죽어서 사라져버렸다. 그러나 나는 그들 중 나이든 몇몇 사람들을 학창시절 때 본 적이 있다. (남자든 여자든) 냉정하고 사악한 그들은, 과학이야말로 무엇이든 할 수 있는 권리를 부여하는 신성한 천직이라고 믿고 있었다.

청소년기의 사람들에게 특히 관심이 많은 심리학자로서, 나는 십대들이 배우는 동물 취급 방식이 성인이 되었을 때의 그들의 인격에 있어 핵심적이라는 사실을 점점 확신하게 되었다. 그런 태도들은 생명에 대한 전반적인 시각을 형성하기 때문이다. 유년기에 가졌던 동물에 대한 가학적 태도가 이후의 삶에서 인간에 대한 가학적이고 잔혹한 태도의 표시가 된다고 하는(많은 연쇄살인범들이 심각한 동물학대 경험을 갖고 있다) 오늘날의 심리학 연구를 통해 알려진 사실들 덕택에, 나는 십대들에게 해부와 생체해부를 가르치는 것은 심리학적으로 매우 위험한 교육방식이라고 믿고 있다. 일부 특수부대에서는 훈련의 일환으로 동물을 죽이는 법을 일상적으로 가르친다. 이론에서 말하는 것처럼 그런 훈련은 그들을 단련시키며, 아무런 양심의 가책이나 동정심도 갖지 않는 살인자로 만들어간다. 우리 아이들이 그렇게 되기를 원하는가?

심리학에서 이런 현상을 연구하지 못한 것은 그 자체로 흥미롭다. 마치 자신들이 발견해낼 내용을 두려워한 나머지, 심리학자들이 고유한 감성이나 동정심을 인위적으로 제거하는 연구를 일부러 탐구하고 싶지 않았던 것처럼 보인다. 그러나 피나 상처 등에 대해 혐오스럽다는 인식을 갖는 것은, 매우 강력하면서도 소중한 느낌이다. 그런 혐오감이 너무도 강력해서 외과 수술에 참여할 때 기절하는 의학도들이 나타나기도 한다. 게다가 그런 혐오감은 아주 일상적이다. 나는 생물학을 배우겠다고 선택한 15세 소녀들 중 55% 미만의 학생들이 해부를 좋아하지 않으며 33%는 그런 해부과정이 실제로 메스껍고 불쾌한 것이라고 대답했다는 결과를 찾아냈다(이는 1977년에 옥스퍼드 대학에서 내가 행했던 연구의 결과이다). 이런 사실은 심리학자들이 단순히 무시해온 매우 강력하면서도 광범위한 행동 양태를 보여준다.

내가 말하고자 하는 지점은 바로 이것이다. 인간은 공격적이고 잔인해질 수 있는 잠재적 가능성을 안고 태어나지만 결벽증이나 동정심이 강한 성향 또한 잠재적으로 지니고 태어난다. 후자의 두 가지는 분명 도덕성과 문명 그 자체의 토대이다. 그러나 이런 성향들은 너무나도 쉽게 부모나 선생님에 의해 억압될 수 있는데, 그렇게 되는 가장 빠르고도 확실한 방법은 해부, 특히 생체해부를 가르치는 것이라고 나는 믿는다. 학교나 대학에서의 해부나 생체해부는 원시적인 의례의 성격을 지닐 수 있다. 그리고 일단 이런 의례가 시작되면 각 개인은 심리적으로 상처를 받게 된다. 우리 사회가 그런 사람들로 가득 차기를 바라는가?

스탠리 밀그램(Stanley Milgram)

물론 나는 모든 생체해부학자가 정신질환자나 마찬가지라고 말하는 것은 아니다. 오히려 정반대이다. 일반적인 사람들은 어떤 특정한 '권위' 아래에서 혹은 동료들의 압력이나 부모의 선례에 따라, 그렇게 해야 된다는 말에 속아 너무나도 쉽게 끔찍한 짓을 저지를 수 있다. 사람들은 다수의 군중을 따라 행동하고 싶어한다. 그들은 지도자나 자신들의 동료들에게 호감을 주고 싶어한다. 그 지도자나 동료들이 교양 있는 사람들이라면 이것도 아주 좋은 일이겠지만, 그들이 사악한 사람이라 해도 대부분의 사람들은 이런 사악한 흐름을 따라가려 하는 놀랄 만한 경향을 보인다. 나치 치하의 독일에서 발생했던 일을 보라. 그런 끔찍한 일을 저지를 준비가 되어 있던 사람들은 결코 적지 않았다. 비록 용감하게 이를 거부했던 사람들, 혹은 밖으로는 대중을 따르면서도 내부적으로는 그 끔찍한 죄책감에 고통받던 사람들이 있었다 할지라도 말이다.

　　예일대학의 심리학자 스탠리 밀그램(Stanley Milgram)은 1960년대에 이 현상을 실험적으로 설명했던 최초의 인물이다. 그의 요청에 따라 실험 자원자들은 자신들의 학생들이 학습과제에서 실수를 했을 경우 그들에게 점점 강도가 높아지는, 실은 치명적일 수 있는 전기충격을 가했다. 학생들의 비명이나 자비를 베풀어달라는 소리를 들었을 때 상당수의 실험자원자들은 머뭇거렸지만, 하얀 가운을 입은 과학자 감독관으로부터 계속하라는 지시를 받았고 그들 중 60％는 최고 등급에 이를 때까지 전기충격을 계속해서 가했다. 물론 그 충격을 받는 것처럼 보이던 사람들은 사실은 아무런 전기적 충격도 받지 않는 배우들이었지만 실험 자원자들은 그 사실을 알지 못했다. 이 실험의 결과는 당시의 미국인들을 큰 충격에 빠뜨렸다. 그러나 그때부터 이 연구는 다른 나라에서도 비슷한 결과를 낳았다.

밀그램은, 인간은 자신이 사악한 체계의 일부라는 사실을 발견하게 되면 아주 쉽게 잔인하면서도 흉악하게 행동할 수 있다는 결론을 내렸다.

찰스 다윈(Charles Darwin)

찰스 다윈은 인간이 동물을 다루는 방식에 대해 깊은 우려를 표했다. 그는 잔인함을 혐오했으며, 그런 잔인함은 그를 분노하게 만들었다. 그는 인간이 동물을 노예처럼 이용한다고 믿었다. 그러나 다윈주의의 도덕적 함의는 근래에 이르러서야 충분히 이해되기 시작하고 있다. 다윈은, 인간이 동물이며 진화를 통해 다른 동물과 연결되어 있다는 점을 증명했다. 다윈 덕택에 동물과 인간 사이에 존재하는 거대한, 그리고 인간 스스로가 존재한다고 말하는 차이점들의 상당수는 오만한 망상 그 이상도 이하도 아니라는 점이 드러나게 되었다.

인간과 동물이 진화를 통해 연결되어 있다면, 도덕적으로도 분명히 연결되어 있어야 한다. 이것이 다윈의 메시지인 듯하다. 그러나 이런 메시지가 아직은 충분히 받아들여지지 않았다. 대부분의 문명국에서 인간은 법률에 의해 보호받는 반면, 인간이 아닌 동물들은 그저 흔적만 남은 권리를 받았을 뿐이다. 인간이 아닌 동물은 여전히 사살되어 식용으로 쓰이고 재미삼아 사냥되며 감금당한 끔찍한 조건에서 사육되고 물론 실험대상이 된다. 그러나 과학 그 자체가, 동물들도 인간처럼 고통과 괴로움을 느낀다는 더 확실한 증거를 만들어낸다. 이 증거는 크게 세 가지이다.

먼저, 대부분의 동물들은 인간이 고통스럽다고 생각하는 상황을 회피하는 법을 배운다는 행동학적인 근거가 있다. 두 번째로 많은 생물종들은 인간과 비슷한 복잡한 신경망을 가지고 있다는 해부학적 증거가 있다. 세 번째는 생화학적 증거로서, 이에 따르면 모든 포유류, 파충류, 조류, 어류의 신경체계는 인간이 고통을 전달하고 자연적으로 통제하는 데 이용하는 것과 똑같은 유형의 화학물질을 갖고 있다. 모든 고등동물들은 '신체적' 고통뿐 아니라, 심리학에서 말하는 것과 같은 두려움과 괴로움 그리고 권태로움을 공통적으로 느낀다. 우리들 생명체는 한때 데카르트가 터무니없이 주장했던 것처럼 의식 있고 감성적인 인간과 다른 한편으로 무의식적이고 아무 느낌도 없는 동물로 대조되는 것이 아니다. 우리 생명체들의 사이에는 그런 틈이 존재하지 않는다. 그렇지 않다고 주장하는 것은 인간이 꾸며낸 오만함 아니면 맹목적인 배외주의일 뿐이며, 이는 과학적 증거와는 점점 반대 방향으로 가고 있다.

캠 페 인

이제 동물실험에 관한 현실적인 문제를 살펴보자. 대부분의 사리에 맞는 논쟁들에서는 인간과 동등한 도덕적 기준을 동물에게도 적용해야 한다고 주장한다. 고통을 받는 모든 존재는 동등하게 다루어져야 한다. 그래서 인간에게 고통스러운 실험을 강제로 행하는 것이 잘못된 것으로 간주된다면(실제로 20세기의 일부 독재정권 치하에서는 진행된 바 있다), 개나 고양이 그리고 원숭이나 쥐 등 고통을 느끼는 존재에게 그런 실험을 하는 것도 잘못된 행위로 간주되어야 한다.

그러나 이런 행위를 단숨에 없앨 수 있을까? 화장품 회사, 제약회사 그리고 과학과 관련된 여타 산업의 거대한 행렬이 일순간에 멈춰설 수 있을까? 물론 그렇지 않다. 실험에 이용되는 엄청난 수의 원숭이를 보면 이는 현실적이지 않다는 것을 알 수 있다. 그러나 이런 산업들이 동물을 학대하고 있다는 대중적 여론과 자각이 조금씩 그 효과를 나타내고 있는 것도 사실이다. 기특하게도 어떤 회사들은 자신들의 행위를 스스로 바꾸는 것에 대해 관심을 보이고 있다. 그렇게 하지 않는 회사들도 결국에는 그런 행위에 대해 부끄러워하게 될 수 있다. 30여 년 동안의 캠페인 이후, 예를 들어 유럽의 화장품 회사들은 실험실에서의 잔인하고 비과학적인 동물사용을 중지해야 한다는 압력을 소비자들로부터 받는 등 상황이 변하고 있다. 동물에게 행해지는 대부분의 실험과정은 이렇게 거대한 상업회사들의 실험실에서 진행된다. 보통은 그런 연구는 상투적인 독성검사 혹은 다른 상업적인 검사들이며 결코 진보적인 과학이 아니다. 종종 그런 연구는 일본이나 미국의 수많은 관료들 또는 OECD가 규정한 구태의연한 기준을 만족시키기 위해 수행되고 있다. 그런 불필요한 고통을 유발하는 관료들이나 정체불명의 위원회는 공개적인 석상에 나와 스스로를 해명해야 할 것이다.

대부분의 동물보호 운동가들은 폭력을 피해왔다. 폭력을 중지시키기 위해 폭력을 사용하는 것은 언제나 비도덕적이다. 그러나 정부는 동물보호 문제에 대한 여론이나 평화적인 운동가들의 요구에 대해 믿을 수 없을 정도로 더딘 반응을 보였다. 북유럽의 경우 대중의 여론이 정부보다 몇 년쯤은 앞서 있는 듯해 보인다. 정부의 입장에서 보면 이는 폭력적인 행동들을 유발할 수도 있기 때문에 한심한 일이다. 정부는 그 자체의 나태함이나 대중의 여론을 수렴하지 않는 행동들 때문에 불법적인 행동들을 조장한다는 비판을 받기도 했다. 그럼에도 불구하고, 지속적으로 실험과정의 공개를 주장하는 정치적 압력과 항의서한들, 유명인들의 행동, 소비자 불매운동, 법정 소송, 평화로운 항의운동, 그리고 과학적으로 박식한 이들의 로비활동 등이 진행된다면 정부도 결국 이에 부응하는 행동을 취할 수밖에 없을 것이다. 예를 들어 1997년의 기나긴 캠페인 이후 유럽연합과 그 회원국들이 정책을 수립함에 있어 '동물복지를 충분히 고려할 것'을 요구하는 조항이 유럽연합 조약에 삽입되었던 것처럼 말이다.

동물실험에 반대하는 점진주의적 운동가들의 목적은 다섯 가지의 주요 질문에 일관되게 집중되어왔다.

1. 고통스러운 실험은 과연 윤리적인가? 대중의 여론과 전문적인 철학자들의 논의에서 그런 연구의 타당성은 점점 부정되어왔다.

2. 인도적인 대안적 기술이 개발되어 사용될 수 있는가? 이 목적은 어느 정도 달성되고 있다. 충분한 자금을 공급받지는 못하고 있지만 대안적 방법을 확인하기 위한 유럽센터(European Centre for the Validation of Alternative Methods)는 어느 정도의 진전을 보였고, 미국에 있는 대안적 방법 확인을 위한 조정위원회(Interagency Coordinating Committee on the Validation on Alternative Methods) 또한 마찬가지이다. 지금은 배양균에서 자란 인간의 조직이 널리 사용되고 있다.

3. 비의학적인 목적으로 진행되는 실험이 완전히 중단될 수 있을까? 어쩔 수 없이 '의학적'인 목적의 구성요소란 무엇인지에 대해서는 논쟁이 있어왔다. 그러나 대중적인 여론에는 분명한 특징이 있다. 의학적 실험에 대해서는 여론이 나뉘는 반면, 북유럽 성인의 90%는 비의학적인 화장품 검사에 대해 반대한다는 사실이 밝혀진 것이다. 식품첨가제나 무기제조를 위한 물질을 무자비하게 검사하는 행위는 아마도 비슷한 수준의 비난을 초래할 수 있을 것이다.

4. 동물실험에서의 모든 고통이 제거될 수 있을까? 실험동물의 고통이나 괴로움, 권태로움을 통제하는 방법은 연구의 핵심 영역이 되었고, 무통법이나 마취, 안락사, 환경적인 보완, 동물 치료 기법들이 개발되어왔다(물론 모든 실험이 고통스러울 필요는 없다. 한때 일부 심리학자들은 텔레파시와 같은 메시지를 보내 대서양에서 고래의 이동방향을 바꿀 수 있지 않을까 하는 문제를 실험하기도 했다. 이 실험은 실패했다. 그렇지만 이 실험이 고래에게 어떠

한 고통도 유발시키지 않았다고 확신한다).

5. 하여튼 동물실험은 근거가 불분명한 결과를 낳는가? 어떤 국가의 경우에서나, 동물의 순수한 습관을 벗어나는 연구나 비과학적이고 어리석은 관료적 기준에 맞추려는 연구는 쇠퇴하고 있으며, 동물실험의 효과를 과장하는 주장들 역시 비슷한 경향을 보이고 있다. 다른 생물종의 검사결과를 인간에게 적용하면서 발생한 끔찍한 실수들도 있었다. 예를 들어 탈리도마이드나 페니실린은 과거에 일상적으로 사용되었던 실험동물들에게 상이하게 반응했고, 최근에는 쓸데없는 이종 장기이식 연구 때문에 많은 영장류들이 실질적인 고통을 겪고 있다.

축소, 순화, 대체라고 하는 소위 세 가지 R 원칙에 대해서도 많은 논의가 있었다. 이중에서 보다 중요한 것은 (고통을 축소시키는 기법이 적용되는 영역에서의) 실험 순화와 대체이다. 일반적으로 말하자면, 실험동물을 사용하는 후진국이라 할지라도 어쨌든 실험자들에게 허가를 내주거나 실험실을 등록하는 등의 체계는 도입한 바 있다. 이것이 더 나은 통제를 위한 첫걸음이다. 다음 단계는 정기적인 조사이다. 고통에 대한 어떤 확고한 제한은 기본적인 규제 조항이며, 되도록이면 점차 엄격하게 만들어가는 것이 필요하다.

관 련   실 험 자 들

도덕적인 측면에 관심이 있는 실험자들이라면 스스로 어떻게 행동해야 할까? 그 실험행위를 완전히 중단할 수 없다면, 무통법이나 마취, 안락사나 동물치료와 같이 가능한 기술들을 완전히 훈련받았다는 점을 입증하는 것 이상으로 어떤 단계를 밟을 수 있을까? 동물사용과 관련되지 않더라도 현대의 대체적인 방법을 완전히 익히는 것은 필수적이며, 불필요한 동물 학대를 피하기 위한 연구계획을 수립하는 방법을 아는 것 또한 필수적이다. 그러나 만약 자신의 연구가 정말로 환자나 다른 고통받는 이들의 치료에 이익을 준다고 깊이 확신하고 있다면, 그 실험자는 예로부터 이어져 온 윤리적 딜레마에 사로잡힐 수밖에 없을 것이다. 다른 이들의 고통을 줄이려는 목적으로 한 개인에게 고통을 가하는 것은 어떤 때에 윤리적으로 허용될 수 있는 것일까?

나의 의견으로는, 실험자는 다음과 같은 윤리적 규칙을 염두에 둘 필요가 있다.

1. 종차별주의는 언제나 잘못된 것이다. 따라서 인간과 동물의 고통을 동등하게 취급하는 것처럼 행동하라.

2. 각 개체들 사이의 고통과 쾌락의 총량을 계산하는 것에는 아무런 의미도 없다. 따라서 다수의 고통이 한 개체의 고통과 동일하다는 식으로 행동하라. 각각의 개체가 중요하기 때문이다.

3. 최우선적으로 도덕적 관심을 두어야 할 것은 최대의 고통을 받는 개체들에 대해서이다. 고통받는 개체의 수를 줄이는 것은 무의미하다. 관심을 두어야 할 올바른 초점은 각각의 개체가 감내하는 고통의 가혹함을 줄이는 것이며, 우선순위는 고통받는 이 개체들에게 주어져야 한다.

4. B의 쾌락을 늘리는 것만을 목적으로 A에게 고통을 주는 것은 언제나 잘못된 일이다. 따라서 재미삼아 혹은 사치품을 위해 가벼운 고통을 주는 행위 혹은 하찮은 목적을 위해 실험하거나 경력을 쌓기 위해 실험하는 행위는 결코 정당화될 수 없다.

5. 어떤 이익이 있다 할지라도, 심각한 혹은 지속적인 고통을 가하는 것은 언제나 잘못된 일이다. 따라서 이익 여부에 상관없이 고문은 결단코 허용되지 않는다. 더군다나 심각하게 고통을 유발하는 실험 또한 허용될 수

없다.

동물실험자의 입장에서 볼 때 도덕적인 불리함 중 하나는, 그 실험으로 얻을 수 있다고 추정되는 유익한 결과(예를 들어 의학적 결과)는 언제나 미래에 존재한다는 점이다. 따라서 그들은 아직 발생하지도 않은 가설적 이익을 지적하면서 현재의 고통을 정당화하고자 애쓴다. 하지만 이는 다시 말하자면 고통은 정해져 있지만 이익은 확실히 단언할 수 없다는 말이기도 하다. 그렇다면 알 수 없는 미래의 어느 시점에 다른 이들을 위해 이익이 될 것이라는 (결코 의심 따위는 없는) 그의 주장에 근거하여 동물을 (경우에 따라서는 인간을) 고문할 수 있다는 궤변을 인정해도 좋은 것일까? 이것이 과연 공정한 유비일까?

글쎄, 우리는 지난 200여 년 간 실험실에서 죽어간, 말 그대로 수십억 마리의 동물을 기억해야 할 것이다. 이 수많은 죽음은 과연 얼마나 중요한 혜택을 낳았을까? 돌이켜 그 혜택을 생각해본다면, 대부분의 실험은 수포로 돌아갔음을 알 수 있다. 100번의 실험 중 단 한 번 정도가 이름 있는 저널을 통해 알려지는 정도였다. 이 논문들은 평균적으로 세 명 정도의 사람들이 숙독했으며 그 중 실용적인 응용으로 이어진 것은 극소수에 불과했다! 따라서 나는 동물실험의 0.01% 정도만이 누군가에게 중요한 이익을 제공할법한 결과를 낳았으며, 게다가 이들의 대부분은 어찌되었든 인도적인 대안적 방법으로 진행되었다고 평가내리고 싶다.

얼핏 보기에도 동물실험은 잘못된 습관이다. 동물실험은 비과학적인 관료나 구태의연한 경력쌓기 때문에 지속되어왔다. 이 실험들의 상당수가 납세자나 주주들이 낸 비용으로 수행되었지만, 대부분은 굳게 닫힌 문 뒤에서 은밀히 진행되며 이를 격렬하게 비판하는 대중의 시선으로부터 숨어 있다. 이는 정당한 것일까?

대중과 동물실험가 사이에 바람직하고 그럴 듯한 타협점이 존재할까?

북유럽 국가의 대부분에서는 동물복지론자와 관련 과학자들이 최근 수십 년 동안 함께 모여보려고 노력해왔다. 유럽의 많은 과학자들은 과거의 악명 높은 학대를 그만두고 인도적인 법률 규정을 만족시킬 방법을 진심으로 찾고 싶어한다. 불행히도 WTO나 미국, 일본의 정부당국은 그런 진보한 접근방법을 채택하는 데 별 관심이 없는데, 이는 매우 유감스러운 일이다. 그리고 그 결과 과학의 모든 영역이 나쁜 이미지로 고통받게 된다. 어린이와 젊은이가 과학을 좋아하지 않는 중요한 이유 중 하나는, 실험에서 행해지는 동물에 대한 과학의 잔인함 때문이다.

결론들

이 글은 여섯 가지의 주장으로 요약될 수 있다.

- 동물에 대한 고통스럽거나 괴로운 실험을 반대하는 가장 강력한 주장의 근거는 도덕적인 것이다. 과학적 증거를 보면, 동물도 인간과 유사한 방식으로 고통과 괴로움을 느낄 수 있다. 다윈 이래로 우리는 인간이 모두 동물이라는 점을 알고 있다. 성(gender)나 인종의 차이 때문에 고통을 가하는 것이 정당화될 수 없듯이, 한 개체가 다른 생물종에 속한다는 사실만으로 그 개체에 고통을 주는 행위에는 합리적인 이유가 없다. 이런 획일적인 종차별주의는 비합리적이며 잘못된 일이다. 우리는 외계인에게도 예의바를 정도로 친절해야 한다.

- 해부나 생체해부 기법을 통해 어린이나 학생을 교육시키는 것은 심리학적으로 위험하며 도덕적으로 무책임한 일이다.

- 동물을 대상으로 하는 대부분의 실험절차는 판에 박힌 관료적 목적을 위한 것이며, 사치품이나 중요하지 않은 상품을 검사하기 위해 혹

은 동물의 피해를 주장하는 행동들로부터 회사를 보호하기 위해 진행되곤 한다. 이는 고결한 과학이 아니라 일방적인 관료정치이다. 그 대부분이 과학자가 아닌 탓에 정치인들은 이 점을 완전하게 이해하지 못한다.

- 동물을 대상으로 하는 수많은 과학적 실험들은 엄격하게 말하자면 의학적 목적을 위한 것이 아니다. 그러므로 인간 혹은 인간이 아닌 존재를 위해 중요한 이익을 창출할 가능성이 사실은 매우 낮다. 그러나 열정적인 실험자들은 종종 자금을 끌어들이기 위해 자신들 연구의 중요성을 과장하는 경향이 있다.

- 신체 조직이나 기관을 배양해서 이용하는 것처럼 살아 있는 동물을 사용하지 않는 인도적인 대안적 기술들이 최근 수십 년 동안 괄목할 만한 발전을 해왔으며, 정부는 더욱 널리 사용할 수 있도록 이런 기법을 장려해야 할 것이다. 예를 들어 MRI 기법을 이용하면 동물에게 행해지는 뇌수술 실험을 대체할 수 있다.

- 심각하게 느껴지는 사안은 투표에 부쳐질 수도 있기 때문에 민주적 정부라면 이 주제에 대한 여론에 현명하게 귀를 기울여야만 한다. 동물실험이 완전히 중단될 때까지 이에 대해 보다 강력하게 통제할 것을 요구하는 목소리가 있다. 과학은 많은 이익을 가져다주지만 또한 재앙도 몰고 온다. 은밀하게 진행되는 동물실험이 정당화될 수는 없으며, 특히 그것이 대중의 관심 속에서 대중의 비용으로 행해진다고 추정되는 연구일 때는 더욱 그러하다.

감사의 말

이 글에 필요한 기술적인 정보를 제공해준 RSPCA의 매기 제닝스(Maggie Jennings) 박사에게 감사의 말을 전한다.

정리와 토론거리

토니 길랜드*

이 장의 논자들은 동물실험을 옳은 것으로 간주할 것인지 아니면 잘못된 것으로 간주해야 할 것인지에 대해 전혀 다른 대답을 제시했다. 그들의 대답을 보면 인간–동물의 관계에 대한 여러 질문들, 즉 동물이 인간과 같은 방식으로 고통을 느끼는가, 그리고 동물의 권리는 무엇이며 어떤 의미를 지니는가에 대답하는 상이한 접근법이 있음을 알 수 있다. 각 논자는 자신의 주장에 맞게 세 가지의 서로 다른 방침들을 제시한다.

* 토니 길랜드(**Tony Giland**)는 영국사상연구소의 과학 및 사회 분야의 연출자이다. 영국사상연구소와 뉴스쿨 대학교가 2001년 뉴욕에서 공동개최한 학회 '과학, 지식 그리고 인간본성'(Science, Knowledge and Humanity)과, 영국사상연구소와 왕립 연구소(Royal Institution)가 2000년에 런던에서 공동개최한 학회 '예방원칙을 묻는다'(Interrogating the Precautionary Principle)를 공동 연출하기도 했다. 또한 영국사상연구소의 좌담을 책으로 옮긴 『인간이 된다는 것은 무엇인가?: 과학이 우리에게 말해줄 수 있는 것과 말해줄 수 없는 것』(*What is it to be Human?: What Science Can and Cannot Tell Us*)[2001]의 편집자이기도 하다. 옥스퍼드 대학교에서 철학, 정치 그리고 경제학을 전공했다.

동물실험을 금지하라

톰 리건과 리차드 라이더는 모두 동물실험에 대해 분명한 입장을 제시했다. 그들은 동물실험을 도덕적으로 잘못된 일로 간주한다. 이런 관점은, 동물이 인간과 똑같은 방식으로 고통을 느낀다는 주장에 기반을 두고 있다. 리건이 주장했다시피, 동물은 "읽고 쓰고 도덕적 선택을 하는 능력은 없지만" 그들에게 가해지는 행위, 즉 "그들이 경험하고 박탈당하는 것이 [……] 그들에게는 중요하다." 동물은 '삶의 주체'이며 따라서 완전한 신체 및 생명에 대한 권리를 인간만큼 갖는다. 이런 관점에서 본다면 우리가 동물의 권리를 부정하면서 그와 동시에 인간의 권리를 모순 없이 주장할 수는 없다.

이 입장의 논리는, 그 목적이 무엇이든지 간에 사회는 실험실 연구에서의 동물사용을 금지해야 한다는 것이다. 이 지점에 대해 리건은 보다 분명하다. 즉 "생체해부는 결코 시작되어서는 안 될 일이었고, 다른 큰 죄악들과 마찬가지로 없어져야 할 일이며 없어지는 시기는 빠르면 빠를수록 좋은 일이다." 리건은 생체해부를 어떻게 종식시킬 것인지에 대해서는 말하지 않는다. 반면 라이더는 화장품회사, 제약회사, 과학을 이용하는 다른 산업의 거대한 행렬을 즉각 중지시킬 수 있을지 여부에 대한 질문에 '물론 그렇게 할 수는 없다'고 말하면서 수많은 실용적인 제안을 내놓는다. 그 결과 라이더는 올바른 방향을 향한 디딤돌을 제공한다는 면에서 축소, 순화, 대체라는 세 가지 R 원칙을 옹호한다. 덧붙여 그는 인간의 고통을 완화하는 것과 동물에게 고통을 가하는 것 사이에서 슬퍼하는 실험 관련자들을 돕기 위해 몇 가지 '윤리적 규칙'을 제안한다. 비록 리건과 라이더가 동물실험의 도덕성을 비슷하게 분석하며 공통의 지향점을 추구하고는 있지만, 라이더의 '윤리적 규칙'은 리건의 확고한 입장과는 구별된다. 리건의 입장에서 고려해봄직한 양보안은, 교육 목적의 동물사용은 (그는 복귀훈련을 마친 동물이 자연 서식지로 돌아갔을 때의 행동을 학생들이 관찰하는 예를 제시했다) "정당화될 수도 있지 않을까 싶"은 정도이다.

동 물 복 지 를 위 한 규 제 의 마 련

마크 매트필드의 글은 동물실험의 역사 및 오랫동안 사람들의 관심대상이었던 윤리적 문제에 대해 매력적인 설명을 제시하고 있다. 그리스인들이 지식을 얻기 위해 '완전히 의식 있는 동물'을 실험하려 했던 것은, 1860년대 전신마취법이 도입되기 이전에는 동물실험에 관심 있던 영국 과학자들도 동물을 대상으로 실험하기를 꺼려하던 것과는 분명히 대조적이다. 흥미롭게도 그는 인간의 진보를 위해 동물을 사용했던 그리스인들의 전혀 다른, 그러면서도 보다 인간중심적인 태도(오늘날 과학자들의 주된 입장과는 다른 태도)를 제시하고 있는 것처럼 보인다. 세 가지 R 원칙과 실험에 대한 엄격한 규제를 옹호하는 오늘날의 관점은, 인간과 동물의 이익 사이에서 일어나는 균형을 암시하고 있으며 그리스인들에 비하면 동물의 이익에 더 큰 비중을 두고 있다. 매트필드는 "고대에는 동물실험과 관련된 잔인함과 고통이 오늘날의 기준에 의하면 용납될 수 없을 만큼 심했을 것이다. 고대의 실험은 완전히 의식 있는 동물을 대상으로 진행되었기 때문이다"라고 주장한다. 오늘날의 규제가 동물복지라는 요구에 응할 수 있게 된 더 나은 (나아가 검사 결과를 향상시킬 수도 있는) 기술적 가능성을 단순히 반영하는 것인지, 아니면 인간중심적 태도를 다소나마 누그러뜨리는 방향으로 전환한 것인지는 매우 흥미로운 질문이 될 것이다.

   매트필드는 오늘날 우리가 달성한 규제 국면에 만족하고 그것을 지지하는 것처럼 보인다. 그는 인간의 고통과 동물의 그것을 등치시키지 않으며, 이 양자는 충분히 구별될 수 있으므로 동물실험으로 인한 혜택이 그들에게 가해지는 고통을 정당화해줄 수 있다고 믿는다. 그러나 의학의 진보에 대해 자랑스럽게 기술하는 매트필드 역시 동물복지 및 세 가지 R 원칙이 제시하는 태도의 중요성은 예리하게 강조하고 있다. 그의 입장은, 동물실험은 정당화될 수 있지만(인간의 중요한 진보에 기여했기 때문이다), 관련된 동물이 경험할 고통이나 괴로움을 최소화할 수 있도록 인도적으로 수행되어야만 한다는 것이다.

왕립학회나 영국 최고과학자단체 같은 과학자 공동체 내부의 많은 사람들이 매트필드와 비슷한 입장을 취하고 있다. 일부 과학자들은 현존하는 규제가 지나치게 엄격하고 불필요한 장애물이라고 강하게 비판하기도 하지만, 과학자들 사이에서는 아마 매트필드와 같은 입장이 주류가 아닐까 한다. 또한 세 가지 R 원칙을 채택하거나 여러 규제조항들이 만들어지는 것을 보면, 인간이 동물을 취급하는 방식에 대한 여러 우려뿐만 아니라 동물실험을 비난하는 대중들에 대해서도 다소 두려워하고 있음을 보여주고 있는 듯하다. 매트필드는 "극단적인 동물권 옹호론자들의 공격대상이 되는 것을 두려워한 나머지" 동물연구자들이 어떻게 해서 "마지못해 대중적 논쟁에 참여하고", "마지못해 공개적인 장으로 나아가게 되었는지"를 기술한다. 그러나 매트필드는 과학자들의 입장에서 볼 때는 더욱 공개적인 장으로 나아가는 것이 대중들의 폭넓은 수용을 이끌어낼 것이라고 믿는다. 이런 견지에서 본다면, 동물실험을 규제하고 있는 현존 규제조항이나 정책적 틀을 바꿀 만한 특별한 이유는 없는 것이다.

좋은 과학에 우선 순위를 매길 것

반면 스튜어드 더비셔는 리건이나 라이더의 동물실험 폐지론을 격렬히 반대하고 있다. 뿐만 아니라 그는 대중 여론을 진정시키는 데 민감하거나 동물권 운동의 영향을 숙고하는 과학자나 정치인들이 만들어낸, 그는 잘 못되었다고 믿고 있는 양보안에 대해 매우 비판적이다. 더비셔는 불필요한 규제가 유용한 과학적 노력을 방해할 위험이 있다는 점뿐만이 아니라, 세 가지 R 원칙의 채택으로 인해 일반사람들이 "동물연구자들의 타락한 삶"을 상상하게 만들고 "동물실험에 문제가 있다는 인식"을 갖게 된다는 사실도 우려하고 있다. 그는 일반적으로 잘 보호받는 동물이 과학 연구에 있어서도 훌륭한 실험재료가 될 수 있다고 믿지만, 실험실에서의 행위는 동물복지가 아니라 최고의 결과를 만들어내는 목적을 위해 진행되어야 한다고 생각한다. 그의 관점에서 볼 때, 여타의 다른 주장은 본질적으로 솔직하지 못한 것이다. "AIDS나 다른 질병을 동물에게 유발시키고 외과 시술 실험을 하거나 검증되지 않은 약품을 주입하는 일은 동물복지를 보호할 목적을 갖는 실험과정과는 완전히 별개의 것으로 생각된다. 실험실 동물의 복지에 대한 전문가들의 관심은, 수없이 많은 동물의 고통과 죽음을 낳는 실험실의 현실과는 모순될 뿐이다."

더비셔의 주장은 그가 "타협할 수 없는 인간중심적인" 관점이라고 명명한 것, 그리고 인간과 동물의 차이에 대한 그의 이해에 기반을 두고 있다. 더비셔에 따르면, 오직 인간만이 의식 있는 선택을 할 능력이 있으며 오직 인간만이 진정한 주체이다. 따라서 오직 인간만이 권리를 가질 수 있다. 의심할 나위 없이 더비셔는 동물실험에 대한 수많은 규제를 철폐해야 한다고 주장하면서, 사회가 과학의 노력과 과학자의 책임에 신뢰를 보내는 모습을 보고 싶어한다. 그의 관심은 동물권에 대한 것뿐 아니라, 이 문제에 대한 현재의 관점이 인간에 대해 얼마나 부정적인 시각을 반영하고 있는가 하는 점을 걱정하는 것이기도 하다.

이 장의 에세이들은, '동물실험: 과연 선인가 악인가?'라는 질문에서 촉발된 논점들이 정책입안자들에게 실용적인 질문을 제공해야 하며 우리는 권리와 책임의 의미 및 인간 경험의 속성에 대한 도덕적 질문에 더욱 더 관심을 기울여야만 한다고 제안하고 있다.

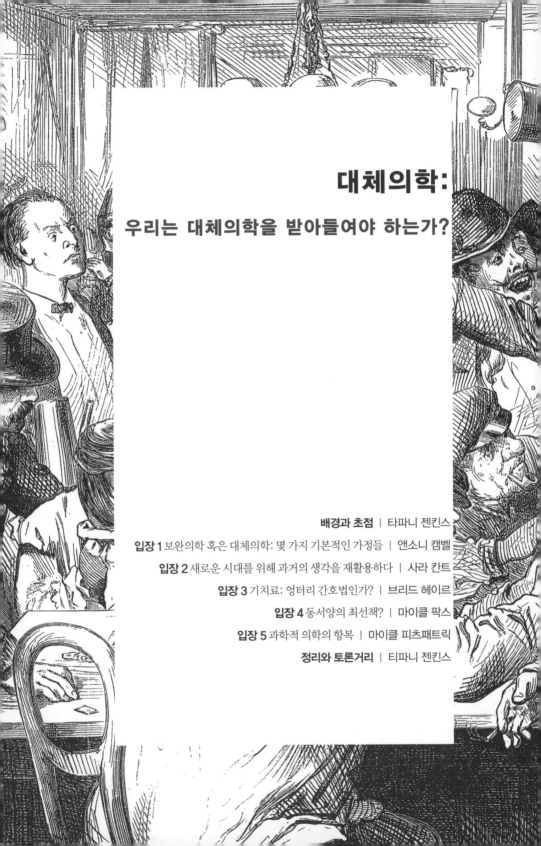

대체의학:

우리는 대체의학을 받아들여야 하는가?

배경과 초점

티파니 젠킨스*

대체의학에 대한 태도는 지난 20여 년간 급격하게 변했다. 오랫동안 방랑객이나 기인들의 전유물로 여겨졌던 동종요법(homeopathy), 침술, 약초요법을 오늘날에는 수백만 명이 아플 때의 치료법으로, 혹은 건강한 삶을 위한 방법으로 이용하고 있다. 한때 정통의학은 그런 대안적 치료법을 순진한 유행이나 위험한 엉터리 치료라고 얕보았지만, 이 치료법들이 이제는 보건의료의 주류로 편입되고 있다. 꼬리표의 변화는 태도의 변화를 나타낸다. 1980년대 초반, '대체'의학이라는 용어는 기존 의학의 외부에 존재하는 독특한 치료 전통을 지칭했다. 1990년대에 들어서면서 '대안적' 접근은 정통의학을 '보완하는 것'이라고 새롭게 불려졌다. 이제 '보완대체의학'(Complementary and Alternative Medicine, CAM)이라는 용어는 정통의학을 보호해주는 일종의 은신처를 제공하고 있다. 보완대체의학과 정통의학의 이론과 행위를 결합시키고자 하는 '통합의학'(Integrative Medicine)의 유행은, 역사상 적대적이었던 이들 의학 전통들을 화해시킨

* 티파니 젠킨스(**Tiffany Jenkins**)는 영국사상연구소의 예술 프로그램 국장이다. 그녀는 이 책 시리즈의 사회 분야 위탁 편집자이다.

다는 최근의 추세를 잘 보여준다.

1980년대에 들어서자마자 대안적 치료법뿐만 아니라 약초나 다른 형태의 치료법에 대한 정보를 제공하는 건강식품 가게가 영국 도심가에 등장하기 시작했다. 당시 이런 치료법들은 주류가 아니었으며 급진적인 대항문화 혹은 뉴에이지 신비주의와 결합되어 있었다. 그러나 1990년대 중반이 되면서는 건강에 관심이 많은 구매자들을 위한 상품을 거대 체인업체들이 공급하기 시작했고, 보완대체의학은 주요한 소매상품이 되었다. 부츠 더 케미스트사(Boots the Chemists Ltd.)는 1991년에 아스피린과 해열진통제, 매니큐어나 샴푸와 함께 아로마테라피 오일, 배치 플라워 치료제, 생약 건강식품들을 판매하면서 이런 대체 건강식품 시장에 뛰어들었다. 2000년 10월에 부츠사(社)는 비타민, 생약 건강보조제, 방향치료제, 동종요법 등 건강보조제 판매부터, 물리요법, 정골의학, 약초요법, 동종요법, 영양학, 아로마테라피, 반사요법(reflexology)에 대한 자문에까지 사업의 영역을 확장했다. 2001년 슈퍼마켓 체인업체인 테스코(Tesco)는 런던 웨스트엔드에 있던 유명한 보완의학 치료시설 헤일 클리닉(Hale Clinic)을 인수하면서 실력 있는 자문 의사와 저명한 고객들을 그대로 넘겨받았다. 헤일 클리닉의 전 소유주였던 로히트 메타(Rohit Mehta)의 책임 아래 테스코는 헤일 클리닉의 여러 상품을 전국에서 소매판매하고 있다.

수많은 연구들의 보고에 의하면 보완대체의학을 이용하는 사람들은 급속히 늘어나고 있다. 1999년 8월에 BBC 방송은 ICM리서치사(ICM Research Ltd.)에서 의뢰받은 연구 결과를 보도한 바 있는데, 이에 따르면 1998년에 영국 국민의 21%가 보완의학이나 치료법을 사용한 적이 있었으며, 이는 6년 전에 실시했던 비슷한 조사 결과의 두 배에 달했다. 영국인들이 보완의학을 이용하면서 지불한 금액은 한 달 평균 15파운드였다. 1999년, 영국 상원은 보완대체의학에 대한 보고서를 채택했다. 1999년에 보건부의 의뢰를 받아 진행된 조사 결과를 바탕으로 한 이 보고서에 따르면, 1998년에만도 500만 명에 달하는 환자들이 보완대체의학 의료인들의 진찰을 받았고, 영국의 일반 진료 중 적어도 약 40%는 보완대체의학 치료였다. 게다가 영국에는 5만 명의 보완대체의학 의사들이 있으며 1만 명 정도의 등록된 의료전문가들이 보완대체의학을 이용한 의료행위를 했다.[1] 이런 관심을 대변하듯이 주간지 『옵서버』(The Observer)의 맨발의 의사(Barefoot Doctor)처럼, 대다수 신문에는 독자들에게 건강과 라이프스타일을 자문해주는 보완대체의학 의사들이 존재한다. 많은 출판사들 역시 이런 대안적 치료의 유행을 반영할 수 있게끔 이름을 새로 짓기도 했다. 하퍼콜린스(HarperCollins)의 자회사인 소선즈(Thorsons)는 이 분야의 선두 업체라는 이미지를 새로 부각시키기 위해 회사명을 바꾸었는데, 이를 위해서 당시 영국의 출판업계로서는 거금이었던 50만 파운드를 지출했다. 보완대체의학에 대한 태도가 가장 극적으로 바뀐 것은 의학전문가들 내부에서였다. 1986년 영국의사협회(British Medical Association, BMA)는 『대안적 치료』(Alternative Therapy)라는 제목의 보고서를 출판했는데, 여기에는 대체의학에 대한 극도의 회의론이 담겨 있다. 대체의학에 대한 대중들의 관심에 대응하기 위해, 이 보고서는 '대안적 치료법의 가치를 평가할 수 있는 방법과 가능성'을 고찰하면서, 많은 대안적 치료법의 경우에 공식적인 시도가 불가능하다고 주장했다. 영국의사협회에 따르면, 대체의학 체계는 과학적 원리에 기초를 두고 있지 않기 때문에 과학적 방법이나 진단 과정이 적용될 수 없으며, 의사들이 이런 치료법을 받아들일 수도 없다는 것이다. 비록 보완대체의학에 대한 연구가 더 진행될 필요가 있다고는 언급하고 있지만, 이 보고서의 핵심은 영국의사협회가 정통의학에 전념해야 한다는 점이었다. 이는 보완대체의학을 행하는 의사들을 심판대에 올리는 것이기도 했다.

환자에 대한 우리의 장기적인 의무는, 흘러간 유행일지도 모르는 것을 옹호하는 일이 아니라 환자들을 위해 미래 의학의 혜택을 확실히 보여주는 것이다. 이런 의무에는 과학적 지식을 계속 응용하는 것도 포함된다. 더군다나 정통의학을 전공한 전문가들에게 건강관리 및 질병치료를 맡겨야만 환자들은 안전한 보호막을 얻을 수 있을 것이다. 왜냐하면 이들 전문가들은 오랜 전통 속에서 과학적, 개인적인 고결함을 지니고 있을 뿐 아니라 환자의 비밀을 보호하기 위한 엄격한 잣대를 갖추고 있기 때문이다.

그런데 10년이 채 지나지 않은 1993년, 영국의사협회의 또 다른 보고서『보완의학: 우수한 진료를 위한 새로운 접근?』(*Complementary Medicine: New Approaches to Good Practice?*)에는 약간은 타협적인 논조의 글이 실렸다. 이 보고서는 기존의 대체의학 중에서 정통의학을 대신할 만한 침술 · 지압법 · 약초요법 · 동종요법 · 정골의학 등은 어느 정도 받아들일 수 있다고 적혀 있다. 이 보고서에서는 이런 치료법들에 대한 규제방안을 고찰하면서, 등록허가 및 교육훈련과 같이 '우수한 진료'를 위한 가이드라인에 대해 검토한다. 나아가서는 대학원생이 이런 기법들을 교육받아야 한다고도 권고하고 있다.

의학전문가들의 태도 변화는『영국의학저널』(*British Medical Journal*)처럼 유력한 정기간행물의 글들에서도 분명히 나타난다. 1980년의 한 사설은 대체의학에 대한 대중들의 관심을 '과학으로부터의 이탈'이라고 규정지으면서, 의사들 사이에 팽배해 있던 적대감을 그대로 드러냈다(1980. 1. 5). 그러나 이 정기간행물이 1999년에는 '보완의학의 ABC'라는 제목으로 연속기사를 연재했고, 이 기사들의 묶음은 이후에 책으로 출판되었다. 2001년 영국왕립의과대학과 미국 국립보완대체의학센터의 공동 모임에 맞추어 기획된 특집호의 한 사설은 통합의학을 "엄격한 정통의학의 진단 및 치료방법과 함께 보완대체의학의 요소들을 포괄적인 치료 계획 속에 선택적으로 통합시키는 것"이라고 정의했다(2001. 2. 29). 또 다른 기사는 한발 더 나아가 보완대체의학을 주류의학에 통합시킴으로써 "의학에 영혼을 다시 심을" 수 있다고 제안하기도 했다. 다른 기사에서 영국왕립의과대학의 교육국장인 레슬리 리즈(Resley Rees)는 다음과 같이 주장했다. "통합의학은 사회적, 경제적 힘들이 좀먹어온 핵심 가치들을 부활시키고 있다. 통합의학은 선하고 훌륭한 의학이며, '통합적'이라는 수식어를 떼어버림으로써 그 성공이 증명될 것이다. 지금의 통합의학은 새로운 21세기의 의학이 되어야만 한다." 불과 20년 만에 보완대체의학은 정통의학의 주변부에서 중심적인 자리를 꿰차게 된 것이다.

2000년에 발표된 영국 상원 특별조사위원회 보고서『보완 · 대체의학』(*Complementary and Alternative Medicine*)과 이에 대한 정부의 반응은 보완대체의학이 수용되었음을 입증했다. 특별조사위원회의 조사는 보완대체의학에 대해 의회 차원에서 조사한 최초의 포괄적인 연구였다. 이 보고서는 보완대체의학을 쉽게 이용할 수 있는 방법 및 이를 담당하는 의사들에 대한 법규 제정을 제안했으며, 의사와 간호사들이 이 낯선 치료법의 잠재적 가능성을 인정해야만 한다고 주장했다. 이 보고서의 권고 조항에는 국민들이 보완대체의학에 쉽게 접근할 수 있도록 국가의료제도(National Health Service, NHS)가 방안을 강구해야 한다는 것과 보완대체의학의 효과 여부에 대한 정보를 제공해야 한다는 것이 포함되었다. 보고서는 여러 치료법들을 크게 세 가지로 분류했다. 첫 번째는 그 치료의 구체적인 효과를 나타내는 증거를 쉽게 볼 수 있으며 엄격한 규제를 따라야 하는 치료법이다. 두 번째는 '몸의 상태가 나아진다는 것을 느낄 수 있는' 치료법인데, 이는 정통의학을 보완하는 역할을 하며 아무런 해로움이 없어야 하고, '치료의 구체적인 효과를 나타내는 증거'가 첫 번째 치료법에서보다는 덜 중요하다. 세 번째는 잘 설계된 실험에서 치료효과의 증거가 나타날 때까지는 허용될 수 없는 치료법이다. 그 세 가지는 다음과 같다.

첫 번째: 전문적으로 체계화된 대안적 치료법

침술

척추지압요법

약초요법

동종요법

정골의학

두 번째: 보완적인 치료법

알렉산더 테크닉

아로마테라피

배치 플라워 추출물

마사지를 포함한 신체 접촉 치료법

스트레스 상담 치료

최면술

명상

반사요법

지압

치유

마하리시 아유르베다 의학

영양의학

요가

세 번째: 대안적인 분야들

오랜 시간 동안 확립된 전통적인 치료 체계:

인지 의학

아유르베다 의학

중국식 본초의학

동양의학(회교의학)

자연요법

중국 전통의학

다른 대안적인 분야들:

크리스털 요법

홍채학

운동요법

전자 심령현상 연구

특별조사위원회는 의과대학 학부생들이 "보완대체의학에 익숙해질 수 있는 수준"까지 교육받아야 한다고 촉구하면서, 의과대학은 보완대체의학을 공부할 수 있는 특별학습단위를 만드는 문제에 대해 검토하라고 권고했다. 이 위원회의 권고 사항에는 왕립대학이 의사·치과의사·수의사들에게 전문적인 계발 기회를 지속적으로 제공하여 이들이 보완대체의학에 익숙해질 수 있도록 조력해야 한다는 점도 포함되었다. 그리고 보완대체의학에 대한 진지한 연구가 지속되어야 한다거나, 국가의료제도나 의학연구자문위원회는 미국의 국립보완대체의학센터처럼 훌륭한 연구센터를 만들 수 있는 재정을 지원해야 한다는 점도 보고서에서 지적하고 있다.

보완대체의학에 대한 내용을 공급하고 유력 기관에서 이를 지원해야 한다는 요구는 신속하게 확산되었다. 그러나 놀랍게도 이런 과정에서 아무런 논쟁도 벌어지지 않았다. 몇몇 비판적 목소리가 의학전문가들 내외부에서 흘러나왔을 뿐인데, 의학아카데미의 루이스 월퍼트(Lewis Wolpert) 교수가 그 중 한 명이다. 상원 특별조사위원회의 보고서에 대해 그는 "합리적이고 과학적인 근거라고는 찾아볼 수 없는 보완대체의학이 지원받아야 한다는 것은 유감스런 일"이라고 언급했다. 저널리스트 존 다이아몬드(John Diamond)는 암으로 요절하기 얼마 전에 이 문제를 비판했다. 그는 『옵서버』에 쓴 글에서 자신이 보완대체의학보다 정통의학을 지지하는 이유에 대해 이렇게 적고 있다.

현실은 이렇다. 지난 수백 년 동안은 지금 우리가 대체의학이라고 생각하는 치료법들이 주류였다. 생약요법은 수세기 동안 존재해왔고 비교적 현대적이라고 할 만한 동종요법조차 300년 가까운 역사를 갖는다. 이 세월 동안 사람들은, 오늘날에는 치료할 수 있는 질병 때문에 사망했다. 그리고 현대적인 정통의학이 등장했다.

지금 우리가 알고 있는 것은 무엇인가? 사람들이 치료되어왔다는 점이다. 그들은 죽음을 멈추어왔다. 사람들은 더 건강해졌기 때문에 더 오래 살게 되었고 자신의 삶을 즐길 수 있게 되었다. 물론 정통의학이 모든 대답을 가지고 있는 것은 아니고 위험할 수도 있다. 그러나 정통의학은 대부분 그 효력을 발휘한다. 의학 연구에 계속 투자를 하고 싶다면, 효과도 없는 시험적인 치료법보다는 효과가 있다고 알려진 내용들이 더욱 발전할 수 있도록 투자하라. (2000. 12. 3)

보완대체의학이 갑자기 유행하고 의학전문가들이 이를 급작스레 수용하게 된 현상은 설명될 필요가 있다. 환자나 의사들, 심지어 정치가들에게 보완대체의학이 호소력을 가질 수 있었던 상황을 어떻게 이해해야 할까? 보완대체의학이 널리 확산된 결과는 무엇인가? 보완대체의학과 정통의학의 통합으로 인해 더 나은 미래가 만들어질 것이라는 생각을 많이들

하는 것 같은데, 과연 그럴까? 이 장에서 다루고 있는 것이 바로 이런 문제들이다.

왕립 런던동종요법병원의 명예교수이자 전문의였던 안소니 캠벨(Anthony Campbell) 박사는 보완대체의학을 둘러싼 중요한 전제들을 살펴본다. 그는 자연·전통·에너지의 통합이라고 주장하는 보완대체의학 옹호자들에게 질문을 던진다. 사람들이 정통의학의 합리성에 대한 환상에서 벗어나기 시작했기 때문에 보완대체의학이 대중적 인기를 얻게 되었다고 설명하는 대체의학 옹호자들의 주장에 대해, 캠벨 박사는 그것은 아무런 근거가 없기 때문에 이는 벌거벗은 임금님과 같은 경우라고 주장한다.

캔터베리 크라이스트처치대학교의 응용사회과학 선임강사인 사라 칸트(Sarah Cant)는 대안적 치료법의 '르네상스'가 주로 발견되는 곳은 진찰실이라는 점에 주목하고 있다. 대중들이 보완대체의학을 요구하기 시작한 것은 쌀쌀맞고 배타적이며 비인격적인 주류의학의 성격을 그들이 거부하면서부터라는 것이다. 진찰실에서 환자들은 보완대체의학을 통해 의사와 평등하면서도 핵심적인 지위를 갖게 된다. 그녀의 주장에 따르면, 이런 상황일 때의 환자들은 주류의학을 전공한 의사들과의 관계에서보다는 더 큰 지배력을 갖게 된다. 사라 칸트의 관점에서, 보완대체의학에 규제를 많이 가하거나 이를 주류의학에 '끼워 맞추려는' 시도는 보완대체의학이 지니는 긍정적인 가치를 위협할 수 있으며 보완대체의학의 가치 또한 절하시키는 것이다.

브리드 헤이르(Brid Hehir)는 보완대체의학이 간호전문직에서 널리 퍼지게 된 이유에 대해 간호 분야에서의 '신뢰의 위기'를 제시한다. 30여 년간 간호사로 근무한 헤이르는 미국에서 발달했고 영국의 일부 간호사들이 옹호하는 보완대체의학의 독특한 형태, 즉 '기치료'를 세밀하게 살펴본다. 그녀는 처음에 이 독특한 치료법을 환영했던 것은 간호전문직의 지도적인 인물들이었고 이후에는 간호사들과 대중들이 이를 더욱 장려해왔다고 말한다. 헤이르는 기치료의 등장을 그리 환영하지 않는다. 그녀가 보기에 기치료는 그 토대가 과학적이지 않을 뿐만 아니라 신뢰를 얻기 위해 '사이비과학의 언어'를 채택한 믿음 체계에 기대고 있다. 헤이르는 기치료를 일종의 속임수라고 매섭게 질타하면서, 아픈 사람들에게 실현 가능성이 없는 위안을 제공할 뿐이라고 주장한다.

다음 두 개의 글은 의료행위에서의 정통의학과 보완대체의학의 통합이라는 두 번째 문제를 상반된 관점에서 다루고 있다. 통합의학재단의 최고임원인 마이클 폭스(Michael Fox)는 이 통합을 매우 강력하게 옹호한다. 그의 주장에 따르면 통합의학은 대중들의 요구로 인해 지속되어온 것이며, 국가의료제도는 가능한 만큼 최대한의 선택권을 환자들에게 줘야 한다. 그는 정통의학과 대체의학의 통합을 통해 환자에게 "동서양 두 세계의 최선책"을 제공할 수 있다고 주장한다. 일반진료의(GP)인 마이클 피츠패트릭(Michael Fitzpatrix)은 통합에 대해 반대하면서, 보완대체의학의 원리와 방법은 기본적으로 과학적 의학과 양립할 수 없다고 주장한다. 나아가 그는 보완대체의학을 승인한다는 것은 인류에게 거대한 이익을 가져다주었던 과학적 의학의 원리를 정통의학이 거역하게 되는 것이라고 역설한다. 그는 보완대체의학이 등장할 수 있었던 중요한 원인이 과학적 의학의 "중추 상실"이라고 강조하고 있다. 그는 통합의학의 등장을 사회적 배경 속에서 설명하는데, 그에 따르면 그 배경은 의학이 점점 질병치료 이상의 역할을 자임하게 된 상황, 그리고 여러 넓디넓은 개인적, 사회적 불안을 의학용어로 정의하고 주제넘게도 위압적인 방식으로 개개인의 행동을 규제하려드는 상황을 일컫는다. 따라서 보완대체의학과 정통의학의 통합은 오늘날 인간의 골치 아픈 문제들을 '의료화'하면서 개인과 사회의 문제를 더욱 복잡하게 만든다는 것이다.

이 5편의 에세이들은 독자들이 21세기 의학의 진보에 문제가 되는 몇 가지 주제를 더 깊이 이해하기를 바라는 목적에서 구성되었다. 독자들이 이 글들을 읽고 과연 보완·대체의학을 받아들여야 할지 여부를 통찰력 있게 생각할 수 있게 되기를 희망한다.

보완의학 혹은 대체의학:
몇 가지 기본적인 가정들

안소니 캠벨*

이 글의 목적은 보완·대체의학(보완대체의학)을 거론하는 주장들의 저변에 깔린 기본 가정들 혹은 믿음에 대해 고찰해보는 것이다. 건강과 질병에 대해 생각하는 두 가지 방식의 차이점을 설명하기 위해 이런 가정들을 분명하게 살펴보고자 한다. 또한 그런 개념들이 비판적인 평가들을 얼마나 견딜 수 있는지, 그리고 후일 이루어질 정통의학과 보완대체의학의 대화를 위해 그런 개념들이 어떤 의미를 지니는지 평가하겠다.

보완대체의학은 정통의학과는 분명히 다른 특정한 어조와 용어들을 갖는다. 물론 성급한 일반화는 조심해야 한다. 보완대체의학이라는 표현은 그것이 포함하고 있는 수많은 다양한 치료법을 훌륭하게 대변해주는 용어이며, 그 안에는 중요한 철학적 차이점들이 존재하고 있다. 외부 비판자들이 언제나 이 부분을 제대로 평가해주지는 않았을지도 모르지만

---

* **안소니 캠벨(Anthony Campbell)**은 런던 왕립동종의학병원의 명예고문의사이자 전임 연구감독관이자 영국의학저널의 전임 명예편집위원이다. 위 병원에서는 침술학을 소개하는 과정을 책임지고 있고, 1981년부터는 건강전문가들에게 침술의료를 가르쳐왔다. 최신저작으로는 『실용적 침술의료: 경락을 넘어서』(*Acupuncture in Practice: Beyond Points and Meridians*)[2001]가 있다.

말이다. 펀햄(Furnham)이 주장했듯이, 철학적인 질문들에 영향을 받는 것은 환자들이라기보다는 보완대체의학을 행하는 의료인들이다. 보완대체의학을 원하는 환자들에게는 대개 실용적인 이유가 있기 때문이다.[2]

보완대체의학을 옹호하는 사람들 중에서도 어떤 의료인들은 비정통적인 의학을 정통의학을 보완할 수는 있지만 대체할 수는 없는 것으로 간주한다. 반면에 급진적인 옹호자들은 보완대체의학이 건강과 질병을 이해하기 위한, 아주 다른 그리고 더 나은 방법이라고 생각한다. 이 글은 주로 두 번째 입장의 집단에 대해 다루려 한다. 이 두 번째 집단을 이 글에서는 '보완'의학에 반대하는 '대체의학'의 옹호자라고 부르겠다. 물론 이런 차이는 상대적인 것이다. 이 글은 정반대되는 두 입장의 사이를 엄격히 구분하기보다는 여러 의견들의 스펙트럼이 있음을 살펴볼 것이지만, 여기에 차이가 존재하는 것은 분명하다.

'대안적인 의학'을 강조할 때 눈에 띄는 핵심적인 특징 중 하나는 정통의학 내부의 과도한 합리성에 대한 불평인데, 정통의학을 전공한 일부 의사들조차 이런 불평을 할 때가 있다. 마이클 그린우드(Michael T. Greenwood) 박사는 "우리들 중 많은 이들이 침술에 관심을 가지게 되었는데, 이는 부분적으로는 정통의학의 지나친 합리성으로부터 스스로를 구원하려는 희망 때문이다"라고 설명한 바 있다.[3] 그런 비슷한 입장을 보이는 의사들 중에 그린우드가 크게 독특한 것은 아니다. 심지어 대체의학에는 주류의학이 배워올 만한 무엇인가가 있다고 생각하기도 한다. 따라서 『드러그 앤드 테라퓨틱 불레틴』(*Drug and Therapeutics Bulletin*)의 최근호에 다음과 같은 언급이 등장하게 되는 것이다.

전통적으로 주류의학은 자신이 지닌 과학적 근거를 모두 제공하려고 애써왔다. 과학을 이용해 나쁜 건강상태와 질병을 설명하거나 질병에 대한 관리와

치료를 개선하려는 과정이 바로 그것이다. 그러나 대중들의 기대치는 변하고 있다. 그들은 자신이 수리할 필요가 있는 기계처럼 간주되는 것에 점점 거부감을 느낀다. 오히려 그들은 느낌·믿음·가치와 같은 비과학적 요소들을 지닌 개인으로 주목받고 싶어 한다. `

이런 화해의 제스처에도 불구하고, 보완대체의학의 상당수를 관통하는 핵심적인 사상은 여전히 정통의학의 사고법과는 화해하기 힘들다. 이 글에서는 보완대체의학의 핵심 사상 중 특히 중요하다고 생각되는 네 가지를 살펴볼 것인데, 특히 보완대체의학이 1) 자연적인 것이며, 2) 전통적이고, 3) 전일론적이며, 4) 생기론적이라는 주장을 고찰하려 한다.

'보완대체의학은 자연적이다'라는 생각의 개념

보완대체의학을 옹호하는 가장 대중적인 주장 중 하나는, 그 방법이 자연적이라는 것이다. '자연적'(natural)이라는 용어는 정의하기 어려운 것으로 악명이 높은데, 사실 그 용어가 사용되는 방식도 너무나 모호하기 때문에 하나의 슬로건 이상이 되지는 못한다. 자연적이라는 사실을 강조하는 것은 비교적 최근의 일이다. 19세기 초반 사무엘 하네만(Samuel Hahnemann)이 동종요법을 처음 만들었을 때에는 그것이 자연적이라는 말이 거의 없었다. 사실 하네만이 주창한 동종요법 치료제가 주로 식물에서 추출되었던 것은 사실이지만, 이는 당대 정통의학에서 널리 사용되던 방법이었다. 실제로 당시에는 사용되는 모든 의약품이 식물에서 추출된 것이었다. 20세기에 현대적인 제약회사들이 성장하고 나서는 천연 약물과 합성 의약품 사이에 구분이 생겼지만, 심지어 오늘날에도 이 구분이 절대적인 것은 아니다. 오늘날에도 일부 중요한 의약품은 식물 추출물이기 때문이다. 어쨌든 대증요법(allopathy)과 비교할 때 초기의 동종요법은 그것이 토대로 삼고 있는 철학적인 면에서는 달랐을지 몰라도 사용되는 재료라는 측면에서는 다르지 않았다.

보완대체의학이 자연적이라는 주장이, 이용되는 기법이나 재료에만 근거를 두고 있는 것은 아니다. 이 주장의 중요한 논리는, 신체(혹은 완전한 개인)는 건강한 상태로 나아가려는 자연적인 경향을 갖는다는 추측, 그리고 이런 경향을 더욱 촉진시키는 것이 보완대체의학의 기능이라는 가정으로부터 도출된다. 다시 말해, 정통의학이 파괴적이고 인위적인 다양한 방식으로 인체에 개입하는 반면에 보완대체의학은 회복을 가로막는 장애물을 제거하고 자연적인 회복 과정이 진행될 수 있도록 돕는 것으로 간주된다는 것이다.

현명한 의사들은 이런 자연적인 회복 과정의 중요성을 언제나 인정해 왔다. 폐렴 환자에게 투여된 페니실린이 감염성 유기체를 죽일 수는 있지만 이것만으로는 환자가 회복하기에 충분치 않기 때문이다. 다시 말하자면 죽은 박테리아가 제거되어야 하고 폐 또한 이전의 건강한 상태로 회복되어야 하는 것이다. 그러나 보완대체의학의 입장은 이보다 훨씬 급진적이다. 보완대체의학은 인간의 '자연적인' 상태란 건강한 상태이며 질병이란 어떤 의미에서는 자연에 반대되는 것이라고 주장한다. 즉 인간은 건강상태가 나빠져서는 안 되고 어떤 고통도 느끼지 말아야 한다. 현대의 유명한 동종요법 전문가인 비툴카스(G. Vithoulkas)는 "인간의 중요한 그리고 최종적인 목표는 아무런 조건 없는 지속적인 행복이다. 어떤 치료 체계라 할지라도 이런 목적을 향해 인간을 이끌어가야 한다"라고 말한다.[4] 동종요법에서는 이런 과장된 어조가 새로운 것이 아니다. 19세기 후반 미국의 동종요법 전문가인 헴펠(Charles Hempel)은 "동종요법은 인간의 완전한 육체적 재생을 가져올 것이며, 이런 상태는 교육이나 노동양식, 생활양식 등 인간의 여러 외부적 상황에도 큰 변화를 가져올 것"이라고 주장했다.[5] 마치『공산당 선언』과도 같은 주장이다.

자, 이 논자들이 예견했던 것처럼 보완대체의학이 사회 전체의 급진적인 변화 같은 것을 낳을 수 있을지 여부에 대한 의심들은 제쳐두자. 그렇다 해도 지속적으로 유지되는 건강이 인간의 자연적인 상태라는 이 생각이 과연 진지한 비판을 견딜 수 있을까? 나는 그렇지 않으리라고 생각한다. '자연스러움'이라는 것을 곰곰이 생각해보면, 여기에는 곧 우리 인간이 다윈이 말한 자연선택의 산물이라는 주장이 내포되어 있다. 다윈주의는 우리가 자연을 이해하는 데 있어 핵심적인 사상이지만, 건강 및 질병과 다윈주의의 관계는 정통의학에서조차 최근에 들어서야 이해되기 시작했으며[6] 보완대체의학에서는 완전히 무시되어왔다. 그러나 인간의 자연스러운 상태란 완벽하게 건강한 상태라는 확신에 찬 주장에 대해 다윈주의는 심각한 의문을 던지고 있다.[7]

더욱 불편한 사실은 바로 질병이 전적으로 자연적인 것이라는 점이다. 다윈주의적인 관점에 따르면 유기체는 생존을 위해 다른 유기체와 지속적으로 경쟁하고 있다. 이런 경쟁은 다양한 형태를 띠지만, 오늘날의 상황에서 주로 문제가 되는 것은 박테리아나 바이러스 같은 기생동물과의 경쟁이다. 이 외부 유기체는 우리를 무료급식 음식물 정도로 여기면서 계속 침투하려고 시도한다. 이런 외부 공격에 대항하기 위해 인간은 진화를 통해 면역체계와 같은 다양한 방어 메커니즘을 습득해왔는데, 이 메커니즘의 대부분은 놀랄 정도로 효과적이다. 그러나 이 메커니즘이 실패할 때도 종종 있고 잘못된 방향으로 나아가 스스로 위험을 초래하는 때도 있다. 류머티스관절염 같은 자기면역 질병이나 알레르기가 바로 면역체계가 지나치게 작동하거나 세포를 잘못 공격해서 생긴 결과이다. 찰턴(Charlton)

에 의하면 암이란 일종의 "내인성 기생상태"로 묘사될 수 있다.[8] 질병에 대한 인간의 이해를 혁명적으로 바꾼 과학의 두 지류, 면역학과 유전학은 어디까지나 다원주의적이다.

인간의 자연스러운 상태가 항상 건강한 상태라는 믿음은 기껏해야 반 토막짜리 진실이며 쉽게 감상적인 생각으로 빠질 수 있는 믿음이다. 이런 믿음의 오류는 일반적인 통계학적 추세와 개개인의 운명을 혼동한다는 점이다. 자연선택이란 통계학적인 측면에서 볼 때 유효하게 작동한다. 다시 말해 자연선택이 주어진 개개인이 실패하지 않을 만한 보증서를 제공해주지는 않는다는 것이다. 유전적인 추첨에서 질병 · 퇴화 · 불행이 당첨되는 것은 삶의 일부이다. 따라서 인간의 특정한 행위들이 그런 불운들을 빗겨가게 할 수 있다는 주장은 아주 잘못된 것이다. 내가 보기에 보완 대체의학의 가장 나쁜 특징 중 하나는, 건강에 대한 지나치게 낙관적인 기대를, 그러나 결국에는 실망하고 배신감을 느끼게 될 기대를 사람들에게 심어준다는 점이다.

전 통 으 로 서 의   보 완 대 체 의 학

로잘린드 코워드(Rosalind Coward)가 지적했던 것처럼,[9] 보완대체의학 옹호자들은 어느 누구도 그것이 완전히 새로운 것이라고 주장하지 않는다. 그렇기는커녕 생약요법이나 중국 전통의학 혹은 아유르베다 의학(Ayurvedic Medicine)처럼 의심할 나위 없이 고전적인 분야들에서는 자신들의 정당성을 뒷받침할 만한 역사적 사실들을 강조한다. 심지어 비교적 최근에 나온 동종요법 같은 체계에서도 히포크라테스나 다른 고대 현인들의 저작에 자신의 선례가 등장한다고 주장한다. 그러나 어떤 체계가 전통적이라는 말, 이 말은 곧 그것이 정적이고 변하지 않는다는 것을 의미할 뿐이다. 그런 체계를 옹호하는 사람들은, 이를 약점으로 여기기보다는 자신들 사상의 변하지 않는 성격이라면서 장점으로 여기고 불변의 원리라고 묘사한다. 그래서 해리스 쿨터(Harris Coulter)는 "동종요법 교리[원문 그대로 homeopathy doctrine]는 영속적인 것으로서, 이성주의자들의 의학이 겪었던 격변을 조금도 경험하지 않았다"고 적기도 한다.[10]

그렇지만 과학적 지식을 더욱 발전시키는 것은 바로 이러한 '격변들'이며, '교리'는 종교에나 어울리는 것이지 과학에 적합한 것은 아니다. 캡척(Captchuk)은 침술과 관련해서 이를 엄격하게 구분해내고 있다. 그에 따르면, 중국의 전통의학은 전혀 변하지 않기 때문에 전(前)과학적이다.

> 고서들은 중국 의학의 언어로 되어 있다. 용어들은 더 확장되고 풍부해질 수 있는 반면, 문법이나 구문이 고정되어 있다. 완전하고 독립적인 중국 전통의학은 그 기본적인 가정들에 도전하는 그 무엇도 받아들일 능력이 없다.[11]

이와 비슷한 비판을 보완대체의학 전부에 대해서는 아니더라도 대부분에 적용할 수 있을 것이다. 이런 측면에서 볼 때 17세기 이래로 과학에 토대를 두고 발전했으며 과학이 변할 때마다 점차 나은 방향으로 변해왔던 정통의학과 대부분의 보완대체의학은 확연히 다르다. 과학의 가장 기본적인 특성은 스스로의 가설에 끊임없이 문제를 제기함으로써 발전한다는 점이다. 하지만 보완대체의학은 자신의 기본적인 가설에 결코 의문을 제기할 수가 없다. 왜냐하면 그것은 스스로가 기대고 있는 토대를 허무는 일이기 때문이다.

전 일 론

보완대체의학이 전일론적이라는 주장은 이를 옹호하는 사람들 사이에서는 꽤나 널리 퍼져 있다.[12] '자연적인'이라는 말과 마찬가지로, '전일론적'이라는 용어도 사용하는 사람에 따라 그 의미가 달라지는 모호한 표현이지만, 언제라도 그 밑바탕에는 보완대체의학이 '환자를 완전한 개인으로 다룬다'는 생각이 깔려 있다. 그리고 보통은 진찰시간의 길이가 이를 나타내는 지표로 간주된다. 보완대체의학 의료인들은 전형적으로 45분에서 한 시간, 혹은 그보다 더 오랜 시간 동안을 환자와 함께 보낸다. 이렇게 긴 시간은 광범위한 주제에 대해 대화를 하기에 충분하며, 환자들은 항상 이를 고맙게 생각한다. 정통의학을 하는 의사들도 환자와 충분한 시간을 보내고 싶다고는 말하지만, 국가의료제도 체계의 시간 압박 및 자원 부족 때문에 이런 소망은 이루어지기 힘들거나 불가능하다. 보완대체의학 의료인들이 환자들에게 더 많은 시간을 투여할 수 있는 중요한 이유는 그들의 대부분이 개인병원에 근무하고 있기 때문이다. 국가의료제도 체계 내에서 동종요법을 행하는 의사들은 자신들이 원하는 만큼 충분한 시간을 환자에게 쏟을 수 없다는 사실에 종종 불평하기도 한다. 그러나 이런 차이를 감안한다고 해도, 보완대체의학을 행하는 의료인들 대부분이 정통의학을 전공한 의사들보다 훨씬 많은 시간을 환자와 보낸다는 사실은 분명하다.

그렇지만 여가시간은 어떻게 이용될까? 많은 경우 보완대체의학 의료인들은 자신들이 질병의 중요 원인이라고 생각하는 것을 관찰한다. 정통의학 의사들과 달리 그들은 생활방식, 식이요법, 감정적인 문제들에 많은 관심을 기울이며, 이런 문제들은 질병에 대한 '전일론적' 접근법의 중요한 요소가 된다. 오늘날 이런 관심은 많은 환자들이 바라는 바와 일치한다. 대체의학을 선호하는 환자들은 종종 '나는 내 증상을 감춰주는 약 따위는 먹고 싶지 않아요. 내가 찾고 싶은 건 그 원인이라고요'라고 말하곤 한다. 그리고 보완대체의학 의료인들은 정통의학이 질병의 피상적인 발현만을 다룰 뿐, 보완대체의학처럼 질병을 뿌리째 뽑지는 않는다고 말하기도 한다. 이런 이야기는 아주 이상하게 들린다. 왜냐하면 정통의학 전공 의사들에게 대체의학을 어떻게 생각하는지 물어보면 그들의 대부분은 대체의학이 징후적 수준에만 도움이 되는 플라시보(placebo, 즉 가짜약[僞藥])를 내보일 뿐 병의 원인을 잡아내지는 못한다고 말하기 때문이다. 따라서 우리는 양 진영의 의사들이 스스로는 병의 원인을 다룬다고 여기면서 상대방에 대해서는 단지 고육지책을 내놓을 뿐이라고 생각하는 모순적인 상황에 부딪히게 된다. 이 모순은 양 진영이 병의 원인이라고 여기는 것에 대해 서로 다른 생각을 갖고 있다는 사실로 설명된다.

19세기 중반 이래로 의학 분야에서는 신체를 아주 복잡한 기계로 생각하는 경향이 매우 강력해졌다. 오랫동안 이런 경향의 예외분야였던 정신의학에서조차도 오늘날에는 거의 완전히 기계론적이다. 오늘날 정신의학은 신경학의 한 가지이며, 정신적인 장애는 뇌질환으로 이해된다.[13] 그리고 이런 경향은 생명의 가장 기본적인 과정들 대부분을 이해할 수 있게 해주는 기계론적 설명이 존재한다는 사실을 증명해낸 유전학과 분자생물의 최신 발견들로 인해 탄력을 받게 되었다. 정통의학의 입장에서는 질병을 이해하는 핵심을 병리학에 두고 있다. 다시 말해 정통의학을 옹호하는 의사들은 세포 수준에서, 이상적으로 말하면 분자 수준에서 질병을 구체적으로 설명할 때에야 비로소 질병을 완전히 이해하게 되었다고 확신할 수 있을 것이다. 반대로 보완대체의학의 옹호자들은 상대적으로 병리학에 관심이 없으며 심지어 그것을 그다지 중요하게 여기지도 않는다. 그들은 병리학적 메커니즘이 존재할지도 모른다고 인정하면서도 그 문제에 사로잡혀 있을 필요는 없다고 생각한다. 따라서 보완대체의학 의료인들의 상당수는 환자들의 생활방식 가운데에서 건강을 악화시킬 만한 요인들을 규명하는 데에 관심을 갖는다. 예를 들어 질병의 '진정한' 원인은 음식섭취에서의 미세한 결핍들, 음식 알레르기, 뇌척수 신경계의 순환에 나타나는 '근원적인 흐름'의 장애, '지인성(地因性) 스트레스', '칸디다균'(candida), 독한 기운 등과 같이 주류 과학에서는 나타나지 않는 수많은 요인들이라고 보는 것이다. 보완대체의학의 수많은 체계들은 서로 다른 설명 방식을 갖지만 역할은 서로 비슷하다고 생각한다. 그 역할이란 환자의 증상에 대해 환자가 심리학적으로 안심할 만한 이름을 붙여주고 치료과정을 제시하는 것이며, 여기서의 치료는 당연히 해당 의료인이 적절히 제공할 수 있는 것을 가리킨다. 이런 설명 방식에서 중요한 점은 그들이 오늘날의 분자생물학처럼 복잡한 지식들에 의존하지 않는다는 것이다. 그래서 미네랄 혹은 비타민 결핍처럼, 표면적으로는 그 설명 방식이 무척 전문적인 것처럼 보이지만 약간의 과학적 지식을 가진 환자라면 그 원리를 쉽게 이해할 수 있는 것이다.

보완대체의학이 '질병이 아니라 사람을 다룬다'는 주장은 바로 이런 생각들과 함께 계속 반복된다. 특히 만성질환에 대해 '체질'에 근거한 처방을 내리는 동종요법에서 이런 생각이 많이 나타난다. 환자들은 자신들이 무서워하는 것, 좋아하거나 싫어하는 음식, 선호하는 날씨나 여러 문제들에 대해 질문을 받지만, 이런 질문들 중 그 무엇도 그들을 힘들게 만드는 증상과는 직접적으로 연결되지 않을 수 있다. 동종요법 전문가들은 똑같은 병리학적 진단을 받은 두 환자라도 서로 다른 동종요법 처방을 받을 수 있다는 사실을 강조하고 싶어 한다.

그러나 그런 방법의 '전일론적' 가치에 대해서는 논쟁의 여지가 많다. 결론이 도출된 진단들의 개념적 근거가 미약할 때도 있다. 예를 들어 동종요법의 경우, 진단할 때의 질문은 판에 박힌 것들일 때가 많고, 처방되는 치료제는 몇 가지 되지도 않는 가능한 치료제들 중에서 선택될 뿐이다. 이들의 치료약은 대략 20여 개 안팎의 '동종요법 만능약' 중 하나인 것으로 판명되는 것이 보통이다. 여기서 놀랄 만한 것은 아무것도 없다. 만능약 (polychrest)이라는 용어는 아주 광범위한 증상들에 관여하기 때문에 그렇게 불리게 되었고, 이런 이유로 사람들은 이 만능약을 의사가 말하는 치료약이라고 생각하게 되었기 때문이다.

보완대체의학을 시술하는 의료인들의 상당수는 소수의 가능한 치료법 중에서 몇 가지를 선택하여 사용한다. 예를 들어 이 분야에서 사용되는 몇 가지를 제외하면 동종요법 전문가들은 생약에 대해 거의 모른다. 침술과 정골의학이 손을 이용한 치료법이고 비슷한 방식으로 이루어진다고 해도 양쪽 분야의 전문가들이 경험을 서로 공유하지 않는 것처럼 말이다. 많은 의료인들이 한두 가지 이상의 치료법을 배웠으리라고 기대하는 것은 이상한 일일지도 모른다. 그러나 의료인들이라면 적어도 자신이 제공하는 치료법의 한계 및 현존하는 치료법을 대체할 만한 지식을 알아야 한다고 기대하는 것은 이상한 일이 아니다. 그럼에도 불구하고 현실은 그렇지 않다. 진정한 '전일론적' 치료는 가능한 모든 치료법의 범위와 한계에 대해 많은 것을 아는 데에 있다. 여기에는 정통의학도 포함되며, 의사가 제공하고 싶어 하는 치료에 관해 환자에게 설명하는 것도 포함된다. 이런 이상적인 경우가 현실에서는 이루어지기 어렵다.

사실 방금 언급한 의미의 전일론적 치료를 실현하기에는 보완대체의학을 둘러싼 현재의 여러 여건들이 힘들다고 말할 수도 있다. 보완대체의학 시술의 상당수는 민간 영역에서 이루어지고 있기 때문에, 관련 의사들은 혼자서 일할 때가 많다. 설령 다른 의사들과 기본적인 전제들을 공유하고 있다고 할지라도 정기적으로 어려운 생각들을 토론하고 지식을 비교할 만한 기회가 거의 없는 것이다. 반대로 정통의학 병원에서는 의사 · 물리치료사 · 간호사와 여러 사람들이 함께 모일 수 있는 이런 종류의 모임들이 매주 열릴 정도로 다반사이며, 감사 보고서의 일부로 규정되어 있기도 하다. 이런 모임들은 건강을 다루는 다른 전문직의 접근 방법이나 지식들에 대해 배우고, 가능할 법한 치료방법들을 탐구할 수 있는 기회를 제공해준다.[14]

생 기 론   그 리 고   미 세 에 너 지 의   개 념

'에너지'에 대해 언급하지 않고서 보완대체의학을 이해하는 것은 어렵다. 이 말은 사실 생명의 힘을 지칭하는 데 사용되는 현대적인 용어이며, 12세기부터 최근까지 일부 과학자들이 진지하게 생각한 용어이다. 그 기원은 아마 선사시대로 거슬러 올라갈 것이다. 고대에는 생명의 원인이 되는 미세한 물질 같은 것이 존재한다고 여겼다. 죽으면 숨을 쉬지 않기 때문에 이 성분은 호흡과 동일한 것으로 간주되기도 했다. 또 어떤 때는 문자 그대로의 의미로 간주되기도 했기 때문에, 마지막 숨결을 통해 영혼이 사체로부터 빠져나간다고 여겨졌다. 그리스에서 프네마(pneuma)는 호흡과 영혼을 동시에 지칭하는 말이었고, 산스크리트어의 프라나(prana)에도 같은 생각이 녹아 있다. 이에 대응하는 중국어는 기(氣)이다. 소위 침술에서의 경락이나 고대 인도 해부학에서의 차크라(Chakra) 같은 동양적인 사고에서 이 에너지는 특정한 통로를 통해 흐르는 것으로 여겨졌다.

생명력에 대한 믿음이 적어도 18세기까지는 유럽 의학에서도 지속되었으며, 특히 크게 유행했던 곳은 프랑스 남부의 몽펠리에 대학이었다. 사무엘 하네만(Samuel Hahnemann)은 비록 처음에는 이런 생각을 경멸했지만 나중에는 자신의 동종요법에 이 개념을 끌어들였고, 결국 동종요법 창시자의 핵심 교리로 추앙받게 되었다. 하네만은 생명력이라는 용어는 '활력을 북돋우는 작용'으로 설명된다면서, 자신이 개발한 방법, 즉 치료약을 만들기 위해 병 속의 물질들을 희석시키고 다시 격렬하게 흔드는 행위를 반복하는 방법[진탕법] 속에 그것이 존재한다고 이야기했다. 결국 동종요법에 사용되는 의약품이란 병 속에 존재하는 생명력이라고 생각할 수도 있을 것이다.

오늘날의 보완대체의학에서는 '생명력'이라는 단어가 자주 사용되지 않으며, '에너지'가 같은 의미로 이용된다. 전자 심령현상 연구나 수맥 찾기, 크리스털 치료와 같은 다양한 형태의 보완대체의학은 모두 에너지라는 개념에 기반을 두고 있으며, 심지어 손을 이용한 치료법들에서도 이 생각을 이용한다. 특히 침술과 같은 동양적인 체계에서는 이 개념이 핵심적이다. 침술은 종종 경락에서의 기(氣) 흐름을 조절하는 것이라고 이야기된다. 개념으로서의 '에너지'는 많은 이들에게 의미 있는 용어이다. 구어적인 표현으로 우리는 어떤 사람이 많거나 적은 에너지를 가지고 있다고 말하기도 하고, 일할 마음이 나지 않을 때는 '에너지가 없다'고 말하곤 한다. 따라서 이 개념은 심리학적인 혹은 감성적인 수준에 잘 들어맞는다. 이 개념은 일종의 비유로서 적절히 기능한다. 그러나 이 은유를 말 그대로 사용하거나, 이 에너지가 전자기적 에너지와 마찬가지로 실재하며 객관적인 것이라고 주장하게 되면 문제가 생긴다.

이 미세한 에너지의 특성과 기능에 대해 구체적으로 질문해보면, 우드가 말한 것처럼 '완전한 혼란상태'를 발견할 수 있다.[15] 이 미세한 에너지가 무엇이며 어떻게 기능하는지에 대해 합의된 내용이 없다. 사실 이 에너지의 작용을 상세히 설명하려는 진지한 시도조차 없다. 오늘날의 물리학에 의존해 이 개념을 새롭게 이해하려는 시도들은 있었지만, 이런 시도들 역시 모호한 유비(類比) 이상으로는 나아가지 못했다. 게다가 오늘날의 연구 방법으로 미세에너지의 존재를 실제로 설명할 수 있다는 주장도 있지만(키를리안 사진술이 특히 유명한 방법이다), 그 실험적 증거로는 다른 이유로 이 개념을 이미 믿고 있는 사람들을 제외하고는 누구도 설득할 수가 없다. 이 모든 것이 리처드 파인만(Richard Feynman)이 카고 컬트 과학(cargo cult science)라고 부른 것의 좋은 사례이다. 카고 컬트 과학이란 외관상으로는 과학의 모습을 갖추고 있지만 실제로는 유효하게 작동하는 데에 필수적인 것을 갖지 못한 이론과 실험을 말한다.

수많은 보완대체의학 의료인들에게는 인기 있을지 몰라도 '에너지'라는 개념 혹은 '에너지 의학'에는 객관적이고 지적인 내용이 없다는 우드의 주장에 나는 동의한다. '에너지'가 많은 의사와 환자들에게는 영향을 미칠지 모르지만, 이런 맥락에서 본다면 그것은 일종의 은유 그 이상도 이하도 아니다. 따라서 이 개념은 자기 자신의 맥락에서는 쓰임새가 있지만, 이 개념을 사용하지 않았더라면 주류과학이 될 수도 있었을 법한 보완대체의학을 더욱 고립시키고 말았다. 그러나 보완대체의학 의료인들 모두가 이런 고립을 중요한 문제로 여기는 것은 아니다. 심지어 이런 고립을 환영하는 이들도 있다. 더욱 급진적인 의료인들은 정통의학이 편협하고 잘못된 길로 인도할 뿐만 아니라 실제로도 위험한 것이라고 여기기 때문에 기존과는 다른 모델에서 주류의학을 새롭게 만드는 과정은 빨리 진행될수록 더 좋을 것이라고 생각하기도 한다.

결 론

지금까지 정통의학과 개념적으로 구분되는 보완대체의학의 여러 특징들을 살펴보았다. 실제로는 이런 개념들에 집착하는 것이야말로 보완대체의학의 더 큰 문제이며, 이는 곧 보완대체의학이 어떻게 작용할 것이라고 생각하는지를 묻는 질문이기도 하다. 연구를 통해 일부 보완대체의학(침술 · 동종요법 · 정골의학 · 척추지압요법 등)의 효력을 제한적으로나마 설명해주는 증거가 나오기도 했다고는 하지만 설득력 있는 메커니즘이 제시되지는 못했다. 의학교육을 받은 침술가들은 전통적인 형태를 과감히 포기하고 현대 해부학과 생리학을 근거로 한 새로운 모델을 구축함으로써 이 문제에 대응했다. 정골의학이나 척추지압요법 분야에서도 비슷한 흐름들이 존재해왔다. 동종요법은 아직까지도 설득력 있는 근거를 제시하지 못하고 있으며, 이런 이유를 들어 정통의학은 여전히 동종요법을 받아들이지 않는다. 다양한 보완대체의학이 정통의학과 결합되기 위해서는, 그리고 결합된 후에는 보완대체의학도 특정한 형태의 과학적 원리로 무장할 필요가 있을 것이다. 그러나 보완대체의학을 독특하게 만들어주는 수많은 특성들은 이런 무장 때문에 필연적으로 사라져갈 것이다. 쉽게 해결되지 않을 역설이 바로 여기에 있다.

새로운 시대를 위해 과거의 생각을 재활용하다

사라 칸트*

의학의 짧은 역사

'나는 귓병을 앓고 있다…….'

기원전 2000년. 여기, 이 뿌리를 먹어라.

서기 1000년. 그 뿌리를 먹는 것은 야만적인 행위이다. 자, 이 기도문을 외워라.

서기 1850년. 그런 기도문은 미신이다. 여기 이 약을 마셔라.

서기 1940년. 그 약은 가짜 약이다. 이 알약을 삼켜라.

서기 1985년. 그 알약에는 아무런 효과도 없다. 이 항생제 주사를 맞아라.

서기 2000년. 그 항생제는 인위적인 것이다. 자 여기 이 뿌리를 먹어라. (필자 미상)

---

* **사라 칸트(Sarah Cant)**는 캔터베리 크라이스트 처치 유니버시티 대학(Canterbury Christ Church University College)에서 응용사회과학 선임강사를 맡고 있다. 의료사회학과 건강정책에 관해 밀도 있는 저술을 써왔으며 대체의학에 특별한 관심을 갖고 있다. 최신저작으로는 『새로운 의료적 다원주의, 대체의학, 의사들, 환자들 그리고 국가』(*A New Medical Pluralism, Alternative Medicine, Doctors, Patients and the State*)[1999]가 있다.

전통적인 의학의 역사는 과학의 도움을 받아 돌팔이나 엉터리 의료행위를 전복한 위대한 인물의 이야기를 들려준다. 인간의 신체가 우주의 네 가지 요소에 대응하는 체액으로 구성되어 있다고 설명하는 체액설은 상당히 오랜 시간 동안 흥행에 성공했지만, 과학이 신체를 더욱 깊이 들여다보기 시작하면서 체액설은 엉터리임이 드러났다. 이는 진보를 향한 승리의 역사에서는 하나의 패러다임이 다른 하나를 대체한다는, 전복에 대한 헤겔식 해석이기도 하다. 그러나 과학과 발견 그리고 진보가 의학적 지식의 발전을 이해하는 데 핵심적인 문제라고 한다면, 도대체 무슨 이유로 대체의학이나 전통의학의 르네상스가 다시 도래하면서 과거로의 회귀가 일어나는 것일까?

생의학(Biomedicine)의 한계

의학사는 사회적, 문화적 변화를 가늠할 만한 척도를 제공해준다. 종교의 힘과 그에 연이은 쇠락의 과정은 수많은 의료행위가 발달하는 데 있어 핵심적인 것이었다. 해부학자이면서 의사이고 예술가이기도 했던 베살리우스(Vesalius, 1514~1564)가 무덤을 파헤쳐 사체를 해부하지 않았더라면, 의학이 종교로부터 벗어나는 일(의학의 세속화)은 결코 시작되지 않았을 것이다. 그러나 앞으로 살펴볼 것처럼, 건강과 질병을 이해하는 데 있어 중요한 정신이 완전히 사라진 것은 아니다. 물론 오늘날 우리가 '근대' 의학이라고 부르는 것이 발달하게 되는 과정에서 매우 중요했던 시기는 계몽시대이다. 계몽시대의 철학적 토대로 인해 데카르트는 정신과 영혼을 신체로부터 분리해낼 수 있었고, 신체는 그 자체로서 실험을 위한 중요한 장소가 될 수 있었다. 과학은 사회의 해악들을 박멸시킬 수 있는 낙관론을 펼치면서 진보를 약속했다. 이것이 이 이야기의 끝일 수도 있다. 분명 20세기에 심각한 질병을 통제할 수 있게 된 생의학의 성공으로 인해 사람들은 안정적으로 오래 살 수 있게 되었고, 전문직 중에서도 의사들은 대중의 특별하고도 절대적인 추앙을 받았다. 그들은 환자를 치료하고 질병을 예방하기 위해 이타적으로, 그리고 객관적으로 일하면서 수많은 선행을 베풀었다. 그러나 이런 이미지가 분명 더 이상은 대중적인 것이 아니다. 의사들은 실수를 하기도 하고 신뢰하기 힘든 진단과 진료를 할 때도 많으며, 수많은 만성질환이나 부상을 치료할 마법탄환을 제공하지 못할 때도 있다. 과학적 지식의 약속이 항상 이행된 것은 아니었으며, 이행되더라도 그 해결책만큼이나 큰 문제를 낳기도 했다.

생의학의 영향력이 큰 것이 반드시 지식적 토대의 성공 때문만은 아니다. 어떤 의료사회학자들은 의사들이 전문직업화할 수 있었던 능력이라는 말로 생의학의 등장을 설명하기도 한다. 의사들은 내부적으로 자신들을 조직하고, 폭넓은 훈련 프로그램과 자격증명서를 만들면서 사회적 장막을 만들었다. 의료 전문직은 아주 배타적인 형태가 되었고, 오랜 시간 동안 여성이 그 훈련 프로그램에 들어가지 못하도록 막았다. 강력한 사회적 지위와 과학적 지식의 약속으로 무장한 의료 전문직은 능수능란하게 국가의 지원을 받아냈고, 곧이어 독점적인 지위를 획득했다. 이런 전략들은 아주 중요한 유산을 남겼다.

체액설에 따르면 정신과 영혼 그리고 신체는 나쁜 건강상태를 이해하는 데 매우 중요하며, 따라서 환자들이 자신들의 징후를 어떻게 이해하고 해석하는지가 중대한 문제였다. 더군다나 의료시장에서 독점적 지위를 얻기 전에는, 의학 역시 다른 수많은 치료 전통들과 경쟁해야 했다. 환자들, 더 정확히 말해 소비자들이 자신들이 원하는 서비스를 선택하고 비용을 지불했기 때문이다. 따라서 19세기에는 침대 곁에서 의사들이 보이는 태도가 아주 중요했고, 의사와의 관계는 실제로 투약하는 의약품만큼이나 중시되었다. 하지만 생의학을 전공한 의사들은 환자와의 이런 관계를 바꾸기 위해 노력했다. 특히 의사와 환자 사이의 사회적 간극이 넓어지면서 의사는 일반인들의 생각이나 판단 위에 서는 강력한 지위를 얻었다. 생의학의 효험이 커지고 병원이 발달하면서 환자의 위치는 점차 덜 중요한 것이 되어갔다. 얼굴을 맞대는 대화보다는 과학적 검사를 통해 의학적 문제에 대한 답을 찾았고, 환자의 생각이나 감정은 뒷전으로 밀려났다. 이런 일들이 너무 두드러졌기에, 어떤 이들은 환자가 치료과정에서 다루기 쉬운 존재가 되었다고 주장할지도 모르겠다.

아주 최근까지도 영국은 여러 종류의 의료시장을 지지했다. 20세기 전반기의 사람들은 여전히 수많은 치료체계와 의사들 중에서 하나를 선택할 수 있었다. 그러나 생의학이 급격히 성공하면서 의료시장의 경쟁자들은 문제 해결의 능력을 얻었다. 간호사와 산파들은 경시되었고, 치과의사와 안경사의 행위는 제약을 받았으며, 다른 지식체계는 흡수되거나(예를 들어 동종요법 치료) 의심받고 배제되었다. 『영국의학저널』(*British Medical Journal*)은 오늘날 '대체'의학으로 불리는 것들을 비난하는 글들로 가득 찼다. 가령 동종요법을 시술하는 생의학 의사들은 공공연한 응징을 당했다. 의료서비스를 무료로 제공하는 국가의료제도가 설립될 즈음까지 살아남은 것은 겨우 동종요법뿐이었지만 그것마저도 이름뿐이었다.

생의학 의사들이 우위를 점하고 국가나 제약회사로부터 지원을 받는다는 점을 고려해본다면, 대체의학이 다시 부활한 것은 놀랄 만한 일이다. 그러나 비용적인 부담에도 불구하고(대부분의 대체의학은 [무상의료서비스가 이루어지지 않는] 민간 영역에서 이루어지고 있다), 소비자들은 새로운 의료인이나 지식체계로 점점 눈을 돌리고 있다. 지역 서점의 건강 코너를 슬쩍 훑어보거나 약사들이 이용하는 치료제의 종류 그리고 잡지나 신문에 등장하는 기사의 수를 보면, 대중들이 원하는 의료서비스의 방향이 바뀌고 있음을 알 수 있다. 엄마들은 아르니카(arnica)를 이용해 아이들의 타박상을 치료하고, 우리는 자신의 몸을 직접 해독하거나 요가 강습에 나간다. 체중을 줄이거나 담배를 끊기 위해 침을 맞고, 에이즈 증상을 다소 완화시키거나 암을 치료하기 위해 다양한 의사들을 찾아간다. 비록 연구 데이터가 완전하지는 않지만(다양한 인구집단과 여러 치료법들에 대한 조사였다), 전체 인구의 3분의 2가 대안적인 치료방법을 이용했고(여기에는 자가 투약도 포함된다) 4분의 1이 관련 의사를 찾아갔다. 남성보다는 여성이, 그리고 노동계층보다는 중산층이 더 자주 대체의학 의사들을 찾아갔다고는 하지만(여기서는 비용문제가 중요 요인임에 틀림없다), 대체의학을 이용하는 사람과 그렇지 않은 사람 사이에 중요한 인구학적 차이는 존재하지 않는다. 어떤 보고에 따르면, 대체의학을 이용하는 사람이 건강에 더 관심이 많고 더 많은 만성질환을 앓고 있으며 술·담배는 거의 하지 않는다. 그러나 대체의학을 이용하는 사람들이 우울증을 더 많이 앓고 있는 것은 아니며, [동물을 보호해야 한다면서] 플라스틱 신발을 신고 다니는 채식주의자인 것도 아니다. 대체의학을 이용하는 것은 결코 주변적인 행동이 아니며, 따라서 진지하게 살펴봐야 할 문제다.

대 체 의 학 의   르 네 상 스

생의학을 이용하지 않는 치료 방식은 단일한 범주로 이해될 수 없기 때문에, 대체의학보다는 대체의학들이라고 말하는 편이 더 정확하다. 이 치료법들은 스스로에 대해 얼마나 완벽한 치료체계라고 간주하고 있는지, 또 어느 정도의 규제를 받는지, 혹은 얼마나 강력한 증거를 토대로 삼고 있는지의 여부에 따라 다양하다. 현재 제공되고 있는 치료법은 적어도 160여 가지에 이른다. 이런 치료법들은 서양인들이 아시아로부터 다양한 방식을 통해 도입했고(예를 들어 침술), 이민자들과 함께 서양으로 들어오기도 했으며(회교의학, 아유르베다, 중국 본초학, 그리고 여러 가지 영적 치료술 등), 잠시 주춤했다가 새롭게 유행하기도 했고(동종요법·생약), 미국으로부터 유입되기도 했다(정골의학·척추지압요법·반사요법 등). 따라서 이런 치료법 대부분은 새로운 것이 아니라 치료의 역사 속에서 여러 순간에 등장했던 것들이다. 더군다나 이런 치료법들은 생의학의 바깥에만 머무르는 것이 아니다. 예를 들어 동종요법이나 침술은 오늘날 의사들이 널리 이용하고 있다. 이런 경쟁적인 사상들이 생의학에 새롭게 흡수된 것은 아니다. 그렇다면 이런 지식 형태들이 왜 그렇게 유명해진 것일까? 현대의학으로서는 이해할 수 없는 것이라고 무시당할 때에도 왜 이런 치료법들은 그렇게 유명해질 수 있었을까? 가령 동종요법은 '이열치열'의 원리에 따라 시행되지만, 그 치료약들은 대부분 희석되기 때문에 화학의 제반 법칙과는 모순되게도 추적하기가 힘들다. 사실 어떤 의료인들은 그들의 치료법이 어떻게 해서 효과를 발휘하는지 알지 못한다고 인정할 것이다. 그러므로 대체의학으로 되돌아간다는 것이 이런 지식들이 설득력 있는 토대를 가지고 있거나 과학성을 지니고 있기 때문이라고 할 수는 없다.

대체의학의 유행을 이해하려면 먼저 진찰실을 살펴보아야 한다. 대체의학에서는 환자들이 중심적인 위치를 차지하며, 다양한 기회를 통해 자신의 건강상태에 대한 정보를 제공할 수 있다. 대부분의 대체의학이 강조하는 전일론적 접근법에 따라 환자들은 자신이 살아온 이야기를 모두 늘어놓고, 아팠던 당시의 감정적, 정신적 상태를 이야기한다(물론 정골의학의 경우 모든 진찰이 그렇게 진행되지는 않으며, 동종요법에서도 모든 환자들이 의사들이 원하는 정보를 밝히는 것은 아니다). 의료에 대한 이런 접근법은 환자들과의 한층 개별적인 대화를 요구하기 때문에 환자들은 자신의 건강을 이해하는 데 있어서의 전문가 혹은 핵심적인 인물로 격상된다. 전반적으로 환자는 스스로에 대한 통제권을 더 많이 가진 상태에서 대화에 참여하게 되며 의사들을 치료사로서 뿐만 아니라 막역한 친구로 바라볼 수 있게 된다. 또한 대체의학 진찰실에서 환자들은 자신의 나쁜 건강을 문화적, 개인적, 사회적 상황들과 연결시킴으로써 스스로를 더 잘 이해할 수 있게끔 도움을 받는다. 예를 들어, 어떤 대체의학 의사는 환자의 가족들에 대해 이것저것 물어볼 수도 있고, 환자들의 생활방식이나 주변 환경에 대해 오랫동안 질문을 할 수도 있는 것이다. 그리고 이는 정통의학에서의 환원주의적 설명과는 분명히 대조된다.

환자와 서로 공유할 수 있는 관계를 만들고 병상에서 더 나은 방법으로 환자를 대하려면 시간이 필요한 것은 물론이다. 국가의료제도 체제에서 일하는 의사들은 혹사당하고 있기도 하고, 그렇기에 대체의학 의료인들이 제공하는 것처럼 장시간 진찰을 할 수가 없다. 그렇기 때문에 대중들은 대체의학에 관심을 갖게 된다. 즉, 대중들의 관심은 대체의학이 행하는 진찰의 의의나 활력 같은 것들에서 오는 것이다. 이는 정통의학이 숙고해봐야 할 문제이다.

물론 환자들이 대체의학에 매료되는 이유에는 그 효과도 중요한 역할을 한다. 대체의학 사용자들을 대상으로 한 어떤 조사를 보면, 상당수가 이에 만족했으며 또한 자신들의 상태가 호전되었다고 말한다. 환자들의 대부분은 정통의학 의사들이 치료하기 힘들었던 만성질환이나 난치성 질환 때문에 대체의학을 이용한다. 일부 정통의학 의사들은 이런 호전을 애써 플라시보 효과[위약효과]로 설명하거나 환자들의 건강상태가 저절로 나아진 것이라고 강변할지도 모르지만, 이런 주장은 정통의학에도 그대로 적용될 수 있을 것이다. 나는 대체의학의 효능이 있는지 여부를 판단할 만한 지위에 있지 않다. 사실 이에 대한 연구는 거의 없으며, 추후에 연구를 진행할 지원금도 없고 대체의학 의료인들은 무작위적인 실험을 지원할 만한 처지도 아니다(어떤 대체의학 의료인들은 생계를 유지하기도 힘들다). 이런 상황은 자신들의 행위를 평가해줄 최고의 방법이 과학적 연구라는 점을 일부 대체의학 의료인들이 인정하지 않는 사실과는 다른 문제다. 예를 들어 일반 의사와 대체의학 의료인들의 공동 작업을 평가하려 할 때는 여러 문제가 생긴다. 대체의학 의료인들은 정통의학에서는 더 이상 도움을 줄 수 없는 소위 '낙담한 환자'들만을 자신들이 맡는다고 불평하곤 한다. 대신에 어떤 환자의 병세가 호전을 보이지 않으면, 대체의학 의료인들이 치료에 실패했다는 식으로 평가받는 것이다. 동등하게 그리고 타당하게 평가받을 수만 있다면 대체의학을 판단하고 평가함에 있어서도 아무런 문제가 없을 것이다.

오늘날 우리 사회는 건강문제를 항상 고민하게 되었다. 우리는 지금 다이어트, 운동 그리고 건강증진을 위한 정보 폭탄을 맞는 중이다. 이런 '건강강박증'이라는 맥락에서 볼 때, 대체의학이 점점 더 유명해진 것은 그리 놀랄 만한 일이 아니다. 사실 이런저런 증거들을 보면 정통의학에서 완전히 탈피하여 대체의학만을 선호하는 사람들은 소수이다. 대신 정통의학과 대체의학의 치료법을 병행하는 환자들이, 또한 여러 종류의 건강관리법들이 생겨났다. 완전한 신체 혹은 완전한 건강을 위해서 우리는 체육관에서 운동을 하고, 의사를 찾아가며, 건강식품을 먹고, 또 다른 여러 의사들을 찾아간다. 건강을 위한 여러 행위들은 21세기의 가장 중요한 화두이며 그래서 거대한 소비시장이 형성되었다(왕립제약협회에 따르면 1998년에만도 9,300만 파운드가 대체의학에 지출되었다). 생의학과는 별개로 대체의학은 나쁜 건강상태를 완화시키는 것보다는 건강을 더 좋게 만드는 것과 연관된다(물론 생의학에도 그런 가능성이 있기는 하지만 말이다). 장기 이용자들(즉 정기적으로 대체의학 의료인들을 방문하는 이들)은 '좋은 건강'을 위해 대체의학을 찾기도 한다. 의료인들의 교육 효과일 수도 있지만, 대체의학 이용자들은 자신들의 건강이 호전되었으며 자기 몸에 대해 더 잘 알게 되었다고 믿는 경우도 있다. 어떤 이들은 정통의학으로는 병증이라고 정의하기 힘든 건강상태를 호전시키기 위해 대체의학을 찾는다. 예를 들어 반사요법은 긴장완화를 돕거나 행복하다는 느낌을 갖게 하는 데 이용될 수 있다.

결국, 대체의학 이용자가 늘어남에 따라 이제는 건강을 관리하기 위한 행동들이 실제로는 무엇인지를 이해하고 다시 정의할 필요가 생겨났다. 건강관리가 전통적으로는 신체에 대한 의학적 치료기법과 같은 것이었지만, 이제는 소비자가 '건강하다고 느끼는 것'과 연결될 수 있는 오락이나 좋은 취미 등도 그 안에 포괄적으로 포함시킬 필요가 있는 것이다. 이런 건강관리를 위한 진찰이나 상담이 '좋은' 건강이 무엇인지를 질적으로 평가하는 데 기여한다고 해도 국가의료제도가 이런 진찰까지 지원해줄 수는 없기 때문에 '건강관리'를 새롭게 정의한다는 것은 매우 정치적인 문제이다.

대체의학과 정통의학의 양쪽 모두가 우리의 모든 움직임을 의료화하고 통제하려 한다는 주장들도 있다. 의학적 개입을 받지 않았던 삶의 여러 측면들이 이제는 건강과 병증이라는 용어로 이해되고 있다. 아이들의 행동거지가 나쁘다고 평가하기보다는 집중력 결핍증상을 겪는다고 해석하고, 갱년기를 극복하기 위해서는 우선 여러 종류의 비타민 보조제를 섭취해야 하고 그 다음에는 호르몬 대체요법을 받아야 한다는 식이다. 그러나 소비자인 우리가 또한 이런 '의학적' 정의를 원하기도 한다. 가령 아이들이 우는 것은 정신적 외상 때문이며 두개골 정골의학자에게 진찰받을 필요가 있다는 식의 정의 말이다. 우리는 자기 자신과 생활방식에 대해 점점 높은 기대치를 갖고, 전문가를 찾아가서는 어떤 결함이 있는지 설명해달라고 요구한다. 이런 불평불만에 아무런 근거가 없다는 것은 아니지만, 그렇다고 해서 이것이 특별히 새로운 것도 아니다. 우리의 내성은 변했고, 그 결과로 여러 욕구와 가치, 기대치들이 등장했다.

일반인들이 생의학에 대한 환상에서 벗어나기 시작했다는 것도 사실이다. 과학적 의학은 인간에게 진보와 예측가능성을 약속했지만, 의학적 개입과 관련된 위험들에 대해 점차 인식하게 되면서부터 생의학을 바라보는 낙관주의는 줄어들었고 대신 더 안전하고 덜 인위적인 대체의학을 추구해야 한다는 목소리가 넘쳐나게 되었다. 비록 일부 대체의학은 더 안전한 것도 아니고 더 자연적인 것도 아니라는 증거들이 있지만, 어떤 의미에서는 그것도 '자연'으로의 회귀라고 할 수 있다. 한 연구에 따르면, 대체의학 이용자들은 의약품의 부작용에 대해 염려하며 인공적인 화합물로 만들어진 약물을 병행하는 치료에 대해 불안해했다고 한다. 대중들의 관심을 끄는 데 있어, 외견상 대체의학이 무해하다거나 천연유기물과 연관된다는 인식은 중요한 문제이다. 다시 말해 지식적인 토대보다는 그 생산품이 더 중요하다는 것이다.

정통의학에 대해 의문을 제기하는 주장이 등장하게 된 것은 정통의학이 저질렀던 실수들이 널리 알려졌기 때문이다. 또한 인터넷이나 매체를 통해 일반대중들이 훨씬 많은 지식을 접하고 비판하기 때문이기도 하다. 드라마 "Casaulty"나 "ER"은 의학전문직을 매력적으로 그리고 있지만, 반면 현대의학의 안전성과 객관성에 대해 의문을 제기하는 다큐멘터리들도 수없이 많다. 소비자들은 의학적 충고를 액면 그대로 받아들일 생각이 없으며, 대신 자신들의 건강상태가 향후 어떨지를 고민하면서 가능한 한 대안적 방법들을 찾으려고 한다. 이제는 대중의 신뢰를 얻고자 할 때 의학 전문가가 되는 것, 혹은 자격증을 따고 강력한 내부조직에 들어가는 것만으로는 충분하지 않다. 어쩌면 의학전문가들을 믿을 수 없다며 목소리를 높이는 사람들도 있을 것이다(상당수의 사람들이 처방전 그대로는 약을 먹지 않는다). 이런 연유로 생의학 및 대체의학을 더 많이 알게 되면서 우리의 회의론은 보다 뚜렷해졌다.

환자들이 점점 더 많은 것을 알게 되고 자신에 대해 보다 더 많이 생각하게 되면서, 생의학 의사들의 전문적 지식이 더 이상은 정당화될 수 없는 상황이 도래했다. 그러나 이 상황은 대체의학에도 그대로 적용된다. 의학 전문가나 정부는 말할 것도 없고 소비자들 역시 이제는 질병과 치료에 대해서뿐만 아니라 의료인들이 훈련을 받았는지, 안전한지, 책임감은 있는지까지를 알고 싶어 한다. 1970년대에 대체의학이 처음 부흥을 경험할 당시, 그 무렵의 치료사들은 대부분이 교육 프로그램을 이수하지 않았고 전문가 조직에 소속되어 있지도 않았다. 예를 들어 동종요법은 20세기 내내 소수의 의사들이 시술해왔다. 의학적인 동종요법은 복잡한 양상을 띠고 있었고 대증요법과 함께 진행되었다. 그러나 의사자격증이 없었던 두 명의 드루이드 성직자 다 몬테(Da Monte)와 모한(Maughan)이 동종요법의 원리에 관심을 갖게 되었다. 동종요법을 이용한 치료행위가 그들의 드루이드교 철학과 결합되었고, 카리스마파였던 이 두 성직자는 관심 있는 추종자들에게 이를 가르쳤다. 교육과정이나 수업 같은 것은 없었고, 이들은 여러 다른 지식들과 섞어 동종요법을 말했다. 여기에서 의학적 동종요법은 배제되었다. 영성·생명력·개인의 체질에 맞춘 동종요법 처방이 강조되었던 것이다. 반대로 의사자격증을 가진 동종요법 전문가들은 '병리학적' 처방을 즐겨 이용했는데, 이 처방전에 적힌 치료법은 환자 개인의 체질보다는 환자가 겪는 질병의 종류에 따라 결정되었다.

의사자격증이 없었던 이들이 행한 동종요법은 아주 개별적인 형태로 등장했고, 위계 없이 환자와 상호작용할 수 있는 관계를 중시했다. 이는 아주 급진적이면서도 대단한 부활이었으며, 실제로 어떤 치료사들은 자신들의 치료법이 생의학을 대체할 것이라고 주장하기도 했다. 그러나 의학전문가들과 정부 및 소비자의 요구가 없었다면, 이들의 치료행위는 유지될 수 없었을 것이다. 의사자격증이 없던 동종요법 치료사들은 많은 사람들이 책에서 대충 봤던 동종요법을 장난삼아 이용한다는 사실을 점차 걱정하게 되었다. 이에 따라 내부조직을 만들고 자신들의 지식을 문서화해서 회원들에게 전해야 한다는 생각이 등장했다. 다른 말로 하면, 이들은 스스로를 전문가로 표방하고 지식을 독점할 필요를 느꼈던 것이다. 즉 그들에게는 전문가가 될 필요가 있었다.

1980년대에 들어서면서 여러 치료 분야에서 교과과목, 자격증명서, 유능한 전문가 명부 등이 등장했다. 이제는 백여 개가 넘는 관련 대학이 있으며, 5만 명이 넘는 치료사들이 있다. 정골의학·척추지압요법·동종요법이나 본초학 등을 공부하여 학위를 받는 것도 가능하다. 관련 대학들은 핵심 교과목, 표준적인 실습과정 그리고 명료한 자격요건 조항들을 갖추고 있다. 대체의학전문가들이 추구했던 전문화 과정은 잘 진행되고 있다. 전문가들은 어떤 의사들이 적임인지를 판단하고, 공인된 핵심윤리를 위반할 경우에는 징계를 내린다. 대체의학은 개별적 맞춤치료이며 환자와의 동등한 관계에 관한 것이지만, 또한 전문적 지식의 경계짓기와도 관련을 갖게 된 것이다. 치료사들이 훈련받고 시술하는 방법은 무척 많이 변화하고 있으며 점점 생의학을 닮아가고 있다. 그러니 앞으로 얼마나 오랫동안 대체의학이 소비자의 관심을 끌 수 있을지 살펴보는 것도 흥미로울 것이다.

의학전문가들의 반응 : 반대에서 통합으로

예상할 수 있겠지만, 의학전문가들은 대체의학의 부흥에 대해, 그리고 일부 의사들이 여기에 관심을 가지는 상황에 대해 우려했다. 과학성과 안전성이 부족하다는 점을 근거로 삼아 이 대중적인 지식들을 믿을 수 없다고 치부하는 것이 최초의 반응이었다. 영국의사협회의 1986년 보고서는 대체의학을 신랄하게 공격했다. 전체 161쪽 중 처음 34쪽은 근대의학이 과학적 분야로서 발전해온 과정을 설명했고 그 뒤에서는 일부 대체의학의 효과가 과학적 근거를 갖는지를 논의했다. 결론적으로 이 보고서에서는 의사들은 대체의학을 신뢰할 수 없다고, 그리고 환자들은 과학적으로 타당하지 못하고 위험할 수도 있는 이 치료법으로부터 보호받아야만 한다고 주장했다. 그러나 이런 흠집 내기는 실패했다. 대중들의 경멸을 받았을 뿐만 아니라 기존 의사들로부터도 많은 비판을 받았기 때문이다. 1990년에는 또 다른 집단이 이번에는 다소 덜 해로운 의제를 꺼냈다. 이들의 보고서는 소비자들에게 적합한 의학적 지침을 제공하겠노라고 주장하면서, 대체의학의 과학적 토대가 아닌 실제 치료 능력에 대해 집중적으로 문제를 제기했다. 또한 다른 의사들과 함께 일하면서 대체의학을 시술하는 의사들에 대해서도 거론했다. 물론 이를 통합전략이라고 해석할 수도 있을 것이다. 더구나 의학전문가들이 대체의학에 관심을 갖는 것도 환영받을 만하지만, 치료법들의 공급 비율이 바뀔 수도 있다는 위험은 존재한다. 의사들이 침술에 대해 더 많이 배운다고 해서 침술이 더 유용하다고 할 수 있을까? 혹은 이런 침술의 형태가 서로 다르지는 않을까? 어떤 자료들에 따르면 아주 명확하고 분명하고 한정적인 질병에 대해서만 공식적인 침을 사용하는, 의학화된 형태의 침술도 존재한다고 주장할 수도 있다. 그러나 유용한 식물로부터 추출한 물질이 정제된 약으로 변할 때, 이것은 여전히 효력이 있는 것일까? 혹은 환자와 의사의 상호관계는 여전히 만족할 만한 것일까? 그리고 만약 의사가 대체의학을 시술한다면 그들의 교육 및 규제를 위해서는 어떤 조건들이 필요할까?

의학전문가들이 대체의학에 의혹을 제기하는 데에는 실패했을지 모르지만, 이런 흠집 내기로 인해 많은 대체의학 조직들이 자신들의 치료법은 급진적인 것이 아니라고 주장하게 된 것은 흥미로운 현상이다. 예를 들어 의사자격증이 없는 동종요법 치료사들은 기존의 백신 반대 입장을 철회했고, 지압전문가들은 자신들의 치료가 질병을 치료한다기보다는 고통을 줄이는 일이라고 주장했으며, 대부분의 치료사들은 자신들의 역할을 생의학의 대체가 아니라 보완이라고 말하게 되었다. 이런 화해의 손길이 공동 연구와 통합을 향한 길을 열었다. 1차 진료집단의 태도나 수입과 직결된 문제였지만, 대체의학이 국가의료제도에 도입되는 상황이 일어난 것이다. 이 계획으로 의료진들은 재정적인 수입을 제공받게 되었지만, 이로 인해 대체의학이 실행되는 방식이 변화하기 시작했다. 특히 대체의학 종사자들이 특정한 종류의 환자나 질병만을 담당하면서부터는 고유의 전일론적 접근법을 잃어버렸고 국가의료제도 내에서도 아주 협소한 자리를 차지하게 되었다. 대체의학이 점점 더 생의학처럼 변하면서 그 나름의 매력이 감소해버린 것이다.

대체의학이 변할 수밖에 없었던 또 다른 상황도 존재한다. 영국 중앙정부와 유럽연합, 이 양측 모두가 영국에서의 대체의학 성장에 관심을 가졌다. 유럽연합에게 있어 대체의학의 새로운 유행은, 특히 회원국들이 서로 다른 정책들을 표방한다는 이유 때문에 커다란 문제였다. 몇몇 유럽 국가들이 채택하고 있는 나폴레옹 법전은 대체의학 행위를 의사들만 할 수 있도록 한정한 반면, 영국의 민법은 치료사들이 스스로를 의사라고 칭하지 않는 이상 모든 의료행위를 할 수 있도록 허용하고 있다. 1990년대부터 영국 정부는 치료사들이 해당 규제조항에 따라 일해야 한다고 규정하면서, 보완의학에 대해 더욱 더 개입하기 시작했다. 정골의학과 척추지압요법은 국가의 규제를 받게 되었으며(본초학·침술·동종요법 역시 곧 이 선례를 따르게 될 것이다), 이로 인해 당사자들은 해당 시술을 할 수 있는 독점적인 권리를 가지게 되었다. 그리고 국가가 의사들의 전문지식에 대해서 환자들이 확신할 수 있도록 만들어주는 조치를 취했다(정부 규제는 해당 전문가들의 높은 교육수준과 전문가 단체에 대해 설명하는 방식을 따르고 있다). 그렇게 함으로써 특정 집단은 일정한 형태의 합법성을 부여받았고, 이로 인해 대체의학 내에는 서열이 만들어졌다. 더 '합법적인' 치료법이란 일반 의료행위와 결합될 법한 것들이었다. 다른 치료법에 종사하는 이들은 자체적인 규제를 만들거나 교육훈련을 강화하고, 치료효과를 증명할 만한 증거를 찾으려고 애썼다. 이 과정은 신뢰를 구축하는 중요한 이정표였지만 쉽게 달성되기는 힘들었다. 영성적인 치료능력이 일종의 타고난 재능이라면, 어떻게 그것을 가르칠 수 있겠는가? 소규모 단체가 연구 및 교육 프로그램을 어떻게 만들 수 있겠는가? 일부 치료법들이 의료시장의 주변부로 밀려나게 될 것은 분명해 보인다.

결 론

사람들이 대체의학을 선호하는 것은 치료의 문제이기도 하지만 그들이 의사와의 새로운 관계를 원하고 있음을 보여준다. 분명히 대체의학은 무엇인가가 다른 지식들과 치료법을 이용했고 결국 성공했지만, 우리는 치료의 결과만큼이나 과정도 중요하다는 것을 배울 수 있다. 환자들은 스스로를 진찰과정의 일부로 느끼거나 치료과정의 동등한 참여자가 될 필요가 있다. 정통의학에 종사하는 자성적인 의사들 역시 자신들의 행위를 바라보고, 과거에 환자를 다루던 방식이나 환자와의 관계에 대해 숙고하게 될 지도 모른다. 의학적 진단과 치료가 불확실하던 때에는 환자에게 그 책임의 일부를 맡기는 것도 반드시 그릇된 행위는 아니었을지 모른다고 말이다. 그러나 조금만 더 생각해보자. 만성질환을 앓는 환자의 경우, 신체적인 요구 외에도 그들은 감성적, 사회적 요구에 대한 관심을 받을 필요가 있다. 전일론적 의학이란 좋은 의학적 행위 그 이상도 이하도 아니다. 대체의학의 철학이 우리의 변화된 문화적 욕구에 조응하는 것이다. 그러나 이 욕구는 상충하는 욕구이다. 우리는 치료뿐만 아니라 치료사들과의 의미 있는 관계도 원하면서, 또한 그들이 자신들의 전문적 지식과 신용을 증명해줄 것을 원하기도 한다. 역사를 보면 의사들은 전문적 지식을 형성하면서 항상 간격을 넓혀왔다. 만일 대체의학이 국가의료제도에 더욱더 통합된다면 이런 간격은 더욱 넓어질 것이다. 대체의학에 접근할 수 있는 가능성이 커진 것은 환영할 만한 일이지만, 협소한 진찰실에 앉아서 다른 의사들이 보낸 환자들만 진찰하게 된다면, 또는 맞춤진료를 하기보다 병리학적 처방만을 내리게 된다면 대체의학은 크게 변해버릴지도 모른다. 대체의학을 추구한다는 것은, 곧 그 장점을 살리고 접근 가능성을 높이며 시술할 만한 가치가 있음을 증명하는 일이기도 하다.

기치료:
엉터리 간호법인가?

브리드 헤이르*

최근 영국에서는 보완대체의학에서의 간호법에 대한 관심이 급증하고 있으며, 보완대체의학은 이제 간호사들의 업무 목록의 하나로 받아들여지고 있다. 이런 경향은 보완대체의학에 대한 대중들의 요구와 그 궤적을 같이 한다. 마사지나 반사요법, 동종요법이나 정골의학처럼 한때는 매우 드물었던 것들이 이제는 도처에서 발견되고 심지어는 한물간 것이 되었다. 이 글에서 자세히 살펴볼 기치료(Therapeutic Touch, TT)[한국에서 말하는 단전운동이나 뇌호흡 등의 기치료와는 다르다]는 비교적 최근에 등장한 것이며, 의사와 환자 모두에게 도움이 되는 긍정적 간섭이라는 명목으로 의료노동자 및 간호사들에게 권장되고 있다. 기치료는 엄청난 임상적, 사회적 효과를 낳을 수 있는 '에너지 치료법'의 일종이다. 어떤 보고서에 따르면

---

* 브리드 헤이르(Brid Hehir)는 수많은 나라들에서 급환 및 예방 건강관리, 기아원조, 산파 및 조산술, 방문건강관리사 등의 수많은 일을 하면서 지난 30년 동안 간호사로 근무해왔다. 그녀는 런던 대학교에서 치료 마사지 학위를 받았는데, 이 학교에서 그녀는 보완대체의학의 세계를 처음 접하게 되었고 영국의 많은 건강전문가들이 대체의학을 건강관리에 무비판적으로 통합하는 상황에 대해 관심을 갖게 되었다. 현재는 런던의 캠든(Camden)과 일링턴 (Islington) 국가의료제도 신탁에서 사용자 연관 조정자로서 일하고 있다.

기치료는 긴장완화를 돕고 근심을 가라앉히며 고통을 덜 느끼게 하고 치료를 돕는다고 한다. 기치료의 토대를 닦은 들로레스 크리거(Delores Krieger)는 사망 위기에 처해 있던 어린아이를 기치료로 소생시킨 적이 있다고 주장했다.[16] 어떤 보고서에 따르면 기치료는 이스라엘인들과 이집트인들이 가자지구를 따라 함께 모여 살게 만든 사회적 힘이기도 했다. 게다가 오클라호마 도시에서 발생했던 폭탄 테러와 같은 위급 상황에서도 기치료는 사용되었다.[17] 좀더 최근의 예를 찾아본다면, 9·11테러 사고 이후 간호치료협회는 회원들에게 이렇게 권고하고 있다. 다소 거리를 두고 사람들을 치료할 것, 기치료를 행하는 사람 곁에 서서 그 장면을 볼 수 있게 할 것, 갑자기 사망할지도 모른다는 공포감에서 벗어나도록 도울 것(www.therapeutic-touch.org).

치료를 하는 동안 의료인은 신과 우주를 연결하는 것으로 생각되는 인간 에너지 장(human energy field, HEF)이 존재한다고 가정하면서 이를 증진시키고 균형을 맞추기 위해 개입을 하게 된다. 이 에너지 장은 상처나 나쁜 건강으로 인해 방출되거나 꽉 막히거나 혹은 그 균형이 흐트러져 있을 수 있다.[18] 인간 에너지 장은 육체적으로 접촉할 필요 없이 움직인다.

이 글에서 나는 합리적인 근거가 없는 이런 '치료법'이 왜 몇몇 유능한 간호사들의 상상력을 사로잡았는지를 살펴보려 한다. 이들은 21세기의 사이비종교를 행하는 사람들이 되었고, 다른 간호사들과 환자들에게 이 치료법의 이점을 보여주기 위해 애쓰고 있다. 영국에서의 기치료는 소비자들이 요구하는 것이 아니라 주로 간호사들에 의해 장려되고 있다. 따라서 나는 이 치료법이 진보를 향한 발전과는 동떨어진 것이며, 기치료를 장려하면서 의료서비스와 통합하려는 시도는 과학적 의학에 뭔가 오류가 있다는 인식을 심어줄 뿐이라고 주장하고 싶다. 이 치료법은 간호사에게도 환자에게도 그리고 의학에도 별 도움이 되지 않으며, 오히려 각각에게 해악을 미칠 뿐이다.

기 치 료 란   무 엇 인 가 ?

미국의 간호사이자 불교신자인 들로레스 크리거와 투시력 치료를 하는 도라 쿤츠(Dora Kunz)가 1975년에 간호학과 대학원생들에게 처음으로 기치료를 소개했다. 미국에 비해 영국에는 기치료가 많이 알려지지 않았는데, 문화적 차이로 인해 영국에서는 기치료의 성장이 지체되었기 때문이다. 그러나 영국에서도 기치료에 대한 관심이 증가하기 시작했다. 기치료는 의료인들이 순차적으로 배울 수 있고 아주 역동적이며 동시에 반복해서 시행할 수 있는 단계들로 짜여 있다. 그리고 기치료의 중요한 부분은 자기반성이었다. "초보자들은 자아에 집착하는 마음을 반드시 버려야 한다. 치료과정에서 스스로를 잊어버리는 법을 배워야만 한다."[19]

집중
이는 기치료가 시행되기 이전에 필요하다. 환자에게 집중하기 전, 의료인의 정신은 기민한 상태를 유지하지만 곧 호흡에 집중하거나 시각적 상상을 통해 평온해진다.

진단
기치료에서 정보수집 단계이다. 이는 환자의 에너지 장 흐름의 특성을 알아보기 위해 손의 촉각을 이용한다. 의료인은 이를 아주 미묘한 감각으로 인식하는데, 이는 매우 주관적이다. 건강한 상태일 때는 환자의 에너지 장이 부드럽고 머리에서 발끝까지 막히지 않고 흐르는 것으로 인식된다.

건강이 나쁠 때는 이 흐름이 꽉 막혀 있거나 비대칭적인 것으로 지각된다.

소거

의료인은 환자에게 손바닥이 향하도록 한 채, 환자의 몸에서 3~5cm 가량 떨어진 거리를 유지한 채로 손을 움직인다. 머리에서 발끝까지 부드럽게 큰 원을 그리며 손을 움직여 에너지의 흐름을 원활하게 한다. 균형이 깨진 신체 부위가 감지되면 그 부위의 에너지 흐름을 원활하게 만든다. 의료인이 감지하는 단서는 극도로 미세하며, 보통은 따뜻함 · 차가움 · 단단함 · 저림 · 무거움 · 허함 등으로 묘사된다.

균형 맞추기

의료인은 주변 환경에서 에너지를 끌어와 환자의 손상된 신체 부위에 주입하는 일에 집중한다. 보통의 경우에 의료인은 머리 쪽을 통하여 에너지가 환자에게 유입된다고 생각한다. 많은 의료인들은 색(colours)의 변화를 통해 환자에게 에너지를 전달한다. 이런 의식적인 에너지 흐름은 의료인의 손을 통해 환자에게 전해진다. 환자의 손상된 신체 부위가 에너지로 가득 차게 되면, 의료인은 환자 몸의 전반적인 에너지 장을 부드럽게 만듦으로써 서로 균형을 맞춘다. 손을 이용해 막혀 있던 부위의 에너지를 텅 빈 부위로 보낸다. 이 과정은 머리에서 하체 방향으로 좌우를 서로 비교하면서 신체 전반으로 이어진다.

평가

의료인은 에너지 장을 다시 진단하여 얼마나 균형이 맞추어졌는지를 판단한다. 완전한 치료는 대략 5~7분이 소요되며 필요하면 다시 반복되기도 한다.

'과학적' 근거

기치료를 지지하는 사람들은 자신의 정당성을 옹호하기 위해 과학적 언어를 사용한다. 간호학과의 전임 학장이었던 마사 로저스(Martha Rogers)는 기치료의 근거로서 "통일적인 인간을 위한 과학"이라는 논리를 개발해냈다.[20] 그녀는 양자이론을 이용하여 인간은 에너지 장을 가지고 있을 뿐만 아니라 에너지 장 그 자체이며, 자신을 둘러싼 환경과 상호작용한다고 주장했다. 인간은 우주를 구성하는 에너지의 화신으로 간주된다. 치료술을 배우고 여러 은밀한 전통 속에 머무르는 사람들은 이 에너지를 탐지할 수 있는 최적의 지위에 있는 사람들로 여겨진다. 기치료를 설명하는 근거로서 인간 에너지 장을 받아들이는 데에는 인간 에너지 장의 존재를 증명할 수 있는 근거가 없다는 사실도 큰 문제가 되지 않는다.

　비록 기치료의 기원은 종교에 있을지라도 오늘날의 의료인들이 신을 믿을 필요는 없다. 그래도 영성적인 의지에 관심이 있는 간호사들은 이 분야에서 환영을 받을 것인데, 이는 일부 사람들이 건강관리의 영성적인 측면에 중요성을 부여했기 때문이다. 오직 신만이 치료를 할 수 있다고 믿는 일부 신실한 종교인들에게는 기치료가 받아들여지기 힘들다. 서양의 신비사상이나 주술적 종교에서는 기치료와 똑같지만 "금이나 우주에너지를 이용한 치료"라고 불리는 방법들도 발견된다.[21]

기치료 이용

여러 조사에서 영국의 의료인들은 기치료가 대부분의 그리고 수많은 건강상태에 이용될 수 있다고 보고했다. 예를 들어 사소한 병을 앓고 있는 유아나 어린이들에게, 심각한 만성적 고통이나 에이즈 혹은 망막황반 부종을 앓는 사람들에게, 응급상황에서, 그리고 불안이나 좌절, 스트레스나 히스테리 등 심리적 문제를 안고 있는 사람들에게 이용될 수 있다는 것이다.[22] 이런 언급은 임상실험 결과와 일치한다. 기치료는 신체에 강제로 침입하는 것이 아니기 때문에 사용할 때의 금기사항이 알려져 있지 않다. 자석을 이용한 치료와 유사하다는 보고도 있다.

기치료를 이용하는 의료인들은 신체장기와 같은 육체적인 것보다 영성적인 것에 특권을 두며, 치료(healing)와 구제(curing)를 구분한다. "치료는 조화로운 상태, 통일된 상태, 안정된 평화로움과 상호연결"을 의미하며, "신체와 정신 그리고 영혼 사이에 올바른 관계가 만들어지는 것"을 말한다. 이는 곧 신체가 훨씬 더 완전한 상태로 되는 것이다.[23] 기치료 의료인들은 치료과정의 '산파'로 간주된다. '구제'는 보완대체의학을 지지하는 사람들이 정통적인 의료의 '질병'(dis-ease) 모델을 설명하기 위해 경멸적인 어조로 종종 사용하는 용어인데, 질병의 증상이나 징후를 없애는 과정을 가리킨다.

기치료는 치료에 종사하는 사람들의 목적에 큰 비중을 둔다. 크리거 같은 사람들은 우주에너지의 흐름(생명력에 대한 아유르베다의 개념으로서 기치료의 활동 인자)이 치료사의 의지로 조절될 수 있다고 생각한다. 진정으로 치료효과를 보여주기 위해서, 기치료는 치료받는 사람에게 최고의 혜택을 주는 방향으로 진행되어야 한다. 이런 기치료는 샤머니즘적 전통과 매우 흡사한 것처럼 보인다. 여기서 말하는 샤머니즘 전통이란 "정보를 모아 치료를 돕기 위해 시행하는 행위들의 근저에 존재하는 그런 행위들의 목적을 강조한다"는 점이다.[24]

유행

기치료는 미국에서는 간호실습의 일부분으로 자리를 잡았으며, 적어도 80개 대학의 간호학과 학생들이 배우고 있다. 미국과 캐나다에서는 5만 명에 가까운 간호사들이 기치료를 시술하고 있다. 또한 현직 간호사들의 실습훈련에도 이용되고 있으며, 북미간호진단협회에서는 '에너지 장 교란'을 치료하기 위한 기치료를 간호사가 내릴 수 있는 합법적인 진단으로 분류한다. 이 협회는 기치료를 "환자를 둘러싼 에너지의 교란으로 인해 신체와 정신, 영혼의 조화가 깨지는 현상"을 해결하기 위한 치료법으로 규정하고 있다.[25]

오스트레일리아에서도 기치료 네트워크가 성장하고 있다. 1999년 3월 애들레이드에서 열렸던 100여 명의 간호사들이 모인 제1회 대륙간 컨퍼런스의 제목은 '치료의 영혼: 신화 혹은 실재'였다. 특히 미국의 수많은 의학전문가들이 기치료를 관심 있게 지켜보고 있으며, 기치료를 아무런 근거도 없는 형이상학적 행위로 평가하려는 시도들 역시 계속되고 있다. 영국의 경우는 이런 비판이 비교적 드문 편이다.

영국의 경우에 기치료는 보완대체의학의 주류가 아니며, 이 치료법에 대한 대중의 수요 또한 많지 않다. 1987년에 미국 간호사들은 새로운 간호기법이며 아무런 부작용이 없다는 이유로 영국 간호사들에게 기치료를 권장했다. 일부 영국계 간호사들은 전문적인 간호술이라는 맥락에서 기치료를 권장하면서 사용할 만한 이유를 계속 찾으려 했고, 환자들에게 유리하다는 이유로 이를 정당화시키고자 노력한다. 기치료 지지자들은 '간호 산과학 및 가정방문 서비스를 위한 영국 국가위원회'(English National Board for Nursing Midwifery and Health Visiting, ENB)가 맨체스터 대학의 간호학/산과학과와 함께 처음으로 기치료를 인정했던 것이 1994년이었다고 선전한다. 그러나 ENB는 보고서를 통해, 자기들이 인정한 것은 아로마테라피(aromatherapy)와 반사요법뿐이라고 반박했다. 그러나 ENB가 기치료 과정을 인정했다고 주장하면서 영국에서 기치료 시술을 지지하는 활동은 2001년 8월까지도 웹사이트 광고를 통해 지속되었다(www.sacredspace.org.uk). ENB는 기치료 훈련 과정에 대한 기록을 보유하고 있지 않으며 이와 관련된 정책적 발언을 한 적도 없었다. 그러나 ENB는 보완의학의 가치를 인정한다. 영국에서 기치료 교육을 지지하는 사람들의 모임은 '성스러운 우주재단'(The Sacred Space Foundation)[이 단체는 2009년 7월 현재까지도 활동 중이며, 해당 사이트의 주소도 위와 동일하다.]인데, 이 재단의 회장과 이사는 모두 간호사이다. 1999년에는 50여 명의 의료인들이 영국 기치료협회에 가입했다. 회원가입서 질문에 대답한 23명의 의료인들은 직업란에 임상의, 교육/관리 분야의 간호 등을 적어냈다.[26]

사 이 비 과 학

기치료를 정당화하기 위해 과학적 언어가 사용되고 있기는 하지만, 그 효능을 실제로 입증할 만한 과학적 증거는 거의 없다. 이 방법을 실행하는 사람들은 인간 에너지 장의 존재를 검증할 과학적 테스트를 하려고 하지 않으며, 기치료를 지지하지 않는 사람들이 검증을 시도하는 것도 허락하지 않는다. 사실 접신론이 쇠퇴하던 1971~1973년에 기치료 지지자들이 손을 서로 부비는 행위에 대한 크리거의 연구들을 직접 실행해본 적은 있었다.[27] 또, 9세였던 에밀리 로자(Emily Rosa)라는 미국 학생이 학교 과학 프로젝트의 일환으로 기치료를 실행하기도 했다. 그녀는 통제된 실험 조건 하에서 실제 21명의 의료인들이 에너지 장을 탐지할 수 있는지 여부를 조사했다. 그녀는 참가자들에게 양손 중 어느 쪽에 자신의 손이 있는지를 알 수 있겠냐고 질문했다. 참가자들이 볼 수 없도록 그녀의 손은 스크린으로 가려져 있었다. 치료사들은 각각 10~20번 가량 테스트를 받았다. 이 테스트를 하는 동안 치료사들은 양손을 약 25~30cm 정도 떨어뜨리고 손바닥을 위로 향하도록 편 채 있었다. 에밀리는 치료사들의 손 위쪽에서 자신의 손바닥을 아래로 향한 채 이리저리 손을 움직였다. 280번의 실험 중 치료사들이 손의 위치를 가려내는 데 성공한 것이 122회(성공률 44%)였는데, 이는 무작위 실험보다도 다소 낮은 수치였다. 이 실험에 대한 보고서의 결론은, 기치료의 옹호에는 "아무런 근거가 없으며 건강 전문가들이 이를 이용하는 것은 정당하지 못하다"는 것이었다.[28] 당시 과학적 검증으로는 기치료의 효과를 설명할 수 없었던 것이다.

대체로 기치료 의료인들은 인간 에너지 장의 존재를 증명할 과학적 자료는 없지만, 유효한 가설이기 때문에 여전히 정당하다고 말한다. 스트라네바(Straneva)는 기치료 지지자들의 기회주의적이고 비과학적인 접근법을 비판하면서 다음과 같이 말한다.

인간 에너지 장에서 발견되는 패턴은 서로 협력하여 일하는 치료사들에 의해 입증되었지만, 미세에너지 신호에 대한 치료사들 각각의 인식과 설명은 아주 개별적이며 그들의 개인적인 성격에 근거를 두고 있다. 예를 들어 어떤 의료인들은 색이나 이미지를 보는 반면, 다른 이들은 기치료 과정에서 상징적인 메시지나 내면의 소리를 듣는다. 어떤 치료사들은 미묘한 움직임이나 진동, 온기, 고통을 느끼는 반면 어떤 이들은 이후 행동에 도움이 되는 일종의 섬광 같은 직관을 얻는다. 기치료를 평가할 때 염두에 두어야 할 점은 그들이 신호에 대한 이성적인 분석이나 판단을 회피한다는 사실이며, 대신 의료인들의 자연적이고 직관적인 성향에 의존한다는 사실이다.[29]

기치료를 옹호하는 사람들은 '직관'의 힘에 호소하고, '이성적 분석'을 회피한다. 이것만으로도 충분히 나쁘다. 하지만 기치료를 더욱 믿을 수 없는 것으로 만드는 요소는 바로 이것이 사이비과학의 언어로 점철되어 있다는 사실이다. 미한(Meehan)은 기치료를 이해하기 위해서는 다음의 것들이 필요하다고 말한다.

비국소성(non locality) 이론에 대한 양자물리학자들 사이의 현재 논쟁, 이런 논쟁이 지각의 성격을 이해하고 건강과 치료를 증진시키는 데 있어 어떤 의미를 지니는지에 대한 박애주의자와 전문가들 사이의 논쟁, 그리고 이 두 가지를 평가할 수 있는 능력.[30]

어쩌면 그녀는 기치료를 설명하기 위해 사용된 자유분방하면서도 딱딱한 표현을 이해할 능력도 필요하다고 덧붙일지 모르겠다.

실제 과학적 근거

기치료를 시술하는 많은 의사들은, 양자물리학에 대한 해석을 이용해 과학적인 포장을 한다. 과학자인 존 길럿(John Gillott)과 만지트 쿠마르(Manjit Kumar)에 따르면, 양자역학은 아주 영향력이 클 뿐만 아니라 호기심도 자아내는 20세기의 물리학 이론으로 묘사되어왔다. 양자역학이 없었다면 20세기 과학의 대부분은 존재하지 않았을 것이다. 그러나 그들은 과학과 신비주의를 뒤섞는 수많은 책들에서도 양자역학은 언제나 주연으로 등장한다고 이야기한다.[31]

기치료 문헌에서 물리학을 참조하는 것은 대부분 형식적이며, 이는 기치료 추종자들이 양자역학을 자세히 알지 못한다는 것을 입증해주고 있다. 이 문헌들에는 보통 심오하지만 진부한 말들이 적혀 있으며, 비상식적인 결론이 바로 그 뒤를 잇는다. 중국 전통의학센터의 의학박사 스니처(Snitcher)의 강연문을 예로 들어보자. 여기에는 양자역학(물리학)이 "모든 물질이 에너지라는 아인슈타인의 주장에 근거를 두고 있다"고 적혀 있다.

"모든 물질이 에너지"라는 일반적인 주장이 어떻게 해서 신체에 대한 특수한 이해를 뒷받침하게 되었는지는 알 수가 없다. 그 기저에 깔린 가정은, 우주의 모든 물질은 똑같은 종류의 '원료들'로 만들어져 있다는 것이다. 아인슈타인의 독창적인 공헌은 물질과 에너지에 대해 정확한 정의를 내린 것이고 그 사이에 존재하는 수학적인 관계를 밝힌 점이다. 인간 에너지 장을 주장하는 사람들은 이것이 아인슈타인이 말한 물질로 구성되어 있다고 말하면서도 구체적인 것에 대해서는 논의할 생각도 하지 않는다. 아인슈타인의 연구를 알고 있는 사람에게 이는 전혀 놀랄 만한 것이 아니다. 제아무리 화려해 보인다 해도 이런 주장이 논의의 주제와는 아무런 상관도 없기 때문이다.

기치료를 주장하는 사람들은 자신들의 생각과 설명이 아무리 허약해 보여도 어쨌든 현대과학과 일치한다고 말하면서 자신들을 향한 비판을 무력하게 만들고자 한다. 여기서 이용되는 '과학'이라는 표현은 완전한 설명을 제공하는 것이라는 의미에서보다는, 거의 알려지지 않았거나 반쯤 이해된 기치료를 위한 여지가 있다는 점을 옹호하기 위해서 사용된다. 그리고 이는 과학이 고대의 지식을 이제야 겨우 이해하기 시작했다는 생각과 그 궤적을 같이 하고 있다. 이런 측면에서 볼 때, 이 논쟁은 은연중에 과학의 한계에 대한 것이 된다. 비록 논쟁의 형태는 과학이 기치료를 설명할 수 있다고 말하는 식이지만, 사실 그들이 말하고 또 강조하고 싶은 것은 과학적 의학에는 한계가 있다는 점이다. 이렇게 본다면 물리학이 더욱 은밀해질수록 기치료 옹호자들에게는 더욱 좋은 상황이 생겨난다. 비국소성에 대한 완벽한 해석처럼 양자역학의 알기 힘든 부분을 인용하는 목적은, 과학에는 아직도 배워야 할 것이 많으며 모든 답이 있는 것도 아니라는 점을 주장하고자 함이다.

인간 에너지 장이라는 생각은 물리학과 일치하지도 않을 뿐더러 알려진 법칙들과도 모순된다. 인간 에너지 장은 중력·전기력·자기력·핵력과 같이 물리학에서 잘 알려진 역장이 아니다. 만약 그런 것이었다면 인간 에너지 장은 측정될 수 있었을 것이다. 물리학의 알려진 법칙과 인간 에너지 장이라는 생각 사이에 존재하는 모순은 분명하다. 인간 에너지 장이라는 것이 우리 눈에 명확하게 보이도록 빛과 반응할 수 있을까? 도대체 어떤 물리학적 메커니즘으로 이 장은 시술자들의 손과 반응할 수 있는 것일까? 이런 질문은 기치료의 부조리함을 보여준다. 물리학의 관점에서, 혹은 아인슈타인 이후 세대의 관점에서 볼 때 기치료는 감각기관 외부에서 감각을 인식할 수 있다거나 매개체 없는 전도라는 생각 정도의 설득력만을 갖는다.

과학적 의학이 양자역학을 잘 모른다는 주장도 역시 사실이 아니다. "아인슈타인의 개념은 대부분의 물리학자들 사이에는 수용되었지만, 그 개념들과 서구의 생의학 모델은 아직 충분히 결합되지 않았다"는 주장은 신약의 '분자구조'를 연구하는 생화학자들에게는 꽤나 놀랄 만한 것이다. 양자역학에 대한 이해 덕분에 벌써 지난 50여 년 동안 생물학적 분자들이 어떻게 상호작용하는지를 자세히 연구할 수 있게 되었기 때문이다. 이런 '환원론적' 접근은 우리 인간이 '진동하는 원자와 아원자 입자로 구성되어 있다'는 사실을 진지하게 받아들인 결과이다. '분자적 수준'에서 그 정당성을 인정받는 양자역학을 응용하는 것이 오늘날의 '서양 생의학적 모델'에서는 핵심적인 문제이다. 그리고 역설적이게도 이런 상황은 기치료 지지자들이 가장 반대하는 접근법이다.

기 치 료 는 왜 옹 호 되 는 가 ?

최근에 간호학은 믿을 것이 못되고 타당하지도 않다는 식의 평가를 받으며 위기를 경험했다. 미국의 저널리스트 사라 글레이저(Sarah Glazer)는 간호사들이 스스로를 의사와 구별하고 그 분야에서 의사와 동등한 지위를 얻을 수 있는 사회적 정체성을 추구했다고 주장한다.[32] 어떤 간호사들은 더욱 전문적인 역할을 떠맡거나 자격증을 따고 심지어는 전문의가 되는 등 이 위기에 적극적으로 대응했다. 아직까지는 소수이지만 점점 더 많은 사람들이 다른 경로를 찾기 시작했고, 기치료를 받아들이거나 '새로운' 간호학 분야에서 사회적, 직업적, 정신적인 만족을 얻으려고 노력했다. 영국 기치료협회의 의장에 따르면, "기치료는 환자 치료에 대단한 이점을 가져주었다."[33]

일반적으로 감성이 고양되는 사회에서 치료문화가 우월해지는 현상이 특히 '새로운' 간호학 분야에서는 두드러진다. 의학의 치료강박증과 반대되는 치료 해법을 제시하고 개입하는 것이 그 자체로나 환자를 위해서나 아주 이로운 것으로 여겨진다. 이런 믿음은 보완대체의학을 교육받은 수많은 간호사들을 보면 분명히 알 수 있는데, 외견상으로는 이들은 감성적, 전일론적인 서비스, 환자와 교감하며 영성적인 것을 강조하는 서비스를 제공한다. 어떤 이들에게는 기치료가 과학과 지식을 남성이 독점하는 현상에 대한 반대, 그리고 그에 대신하는 고대의 지혜 존중이라는 측면에서 환영받기도 한다. 이 때문에 발전된 의학기술보다는 비서구 지역의 치료기법을 선호하게 되고, 과학에 대해 이것저것 많은 것을 요구하지 않는 접근법을 찾으려드는 것이다. 사람들은 보완대체의학의 여러 특성들이 정통의학과 양립할 수 없다는 전제 아래에서 구제받기보다는 보살핌을 받으며 치료받기를 원한다.

랭커스터의 세인트마틴 대학 간호학 및 전일론 연구 교수인 스티브 라이트(Steve Wright)는 간호학이 제 방향을 잃은 채 정신적 공황상태에 들어섰다고 말한다.[34] 어떤 이들은 나쁜 건강상태가 감성적인 그리고 정신적인 침체 때문이라고 믿으면서 '활동적인 치료법'을 개발했다. 또 다른 사람들은 환자들이 스스로를 "해방시키고" "자기 자신을 분명히 이해하며" "의도적으로 영혼을 회복시키고 키우는 데" 시간을 투자해야 한다고 주장한다.[35] 심지어는 만일 전세계의 간호사들이 기치료의 치료효과로 무장해서 힘을 얻게 된다면, 사회 전반을 바꿀 수 있을 것이라고 주장하면서 완전히 방향을 잃어버리는 사람들마저도 있다.[36]

간호학 교수인 캐럴 콕스(Carol Cox)와 앤 헤이스(Anne Hayes) 박사는 기치료가 집중치료병동의 환자들에게 긍정적인 임상효과를 낳는다고 설명하는 것으로 동종요법에 대한 비판을 일축했다. 그러나 그들은 기치료를 사용함으로써 53명 환자의 심박동수, 혈압, 맥박, 산소 포화도 등이 상당한 변화를 보였다는 사실은 증명할 수 없었다. 그들은 기치료 덕분에 환자들이 긴장을 늦추고 쉽게 잠들 수 있었다는 보고서에 안심하면서 기치료가 결과적으로 환자에게 이익이 된다는 결론을 내렸다.[37] 물론 이런 심리학적 반응이 기치료와 관련된 것인지 아니면 플라시보 효과인지를 입증할 방법은 없다.

어떤 환경에서는 정신이 신체에 강력한 영향을 미치기도 한다는 사실은 의학에서 잘 알려진 현상이다. 대개의 경우 플라시보 효과는 오피오이드(opioid, 아편 비슷한 작용을 하는 합성 진통 · 마취제)와 같은 생리학적 매개물을 갖지만, 그렇다고 해서 오피오이드가 플라시보 효과를 야기한다는 것은 아니다. 수많은 보완대체의학 지지자들은 환자에 대한 자신들의 치료는 그 상당수가 플라시보 효과 덕분이라는 점을 인정하기도 한다. 세이텔(Satel)은 위약이라는 것이 반드시 당류의 알약 형태일 필요는 없고 기치료처럼 손을 흔드는 형태도 있다면서 이렇게 주장한다.

> 이후에 건강이 더 나아졌다고 생각하는 기치료 수혜자들은 유서 깊은 플라시보 효과를 경험하고 있는 듯해 보인다. 이 효과는 정신과 신체가 연결되는 모습을 보여주는 창문이라고 불렸지만, 결코 마술과 같은 현상은 아니다. 사실 그다지 신비롭지 않은 수많은 현상들을 통해 왜 일부 환자들은 가짜 알약을 먹고 난 후에 고통 완화를 경험하는지를 설명할 수도 있다. 어떤 경우에 이것은 자기기만과도 같이 단순한 현상이기도 하다.[38]

기치료의 효능을 검증하기 위한 실험의 보고서에 따라서(이 보고서에서 그녀는 별다른 증거를 발견하지 못했다), 미한(Meehan)은 이렇게 말했다. "플라시보 효과는 너무 강력하기 때문에, 환자의 치료와 복지를 용이하게 만들어주는 이런 인도적인 상호작용의 효과를 잘 이해하고 사용할 만한 자연스러운 기회를 간호사들에게 제공한다."[39] 이 말은 간호사가 플라시보를 사용하지 말아야 한다는 것을 의미한다. 왜냐하면 그들이 플라시보를 사용하게 된다면 실제로는 그렇지 않은 플라시보의 위상을 임상적 개입이라는 수준으로까지 끌어올리게 되기 때문이다. 그리고 적절한 의학적 치료 대신 플라시보가 제공된다면, 이는 환자들의 건강에 심각한 위험이 될 수도 있을 것이다. 만일 이것이 플라시보가 아니라면 적절한 의학적 치료법이란 기치료일까 심장소생술일까? 기치료일까 응급치료일까? 기치료일까 고통 완화일까? 가능성과 위험은 끝이 없다.

보완대체의학과 기치료를 권장하는 유력 인사들이 대중들의 유례없는 호응을 얻고 있다. 기치료가 갖는 사이비종교적인 느낌은, 삶에서 영적인 의미를 추구하기는 하면서도 이를 기존 종교에서 찾고 싶지는 않은 사람들에게 호소력을 지닌다. 생활방식과 개인 건강유지에 대한 오늘날의 강박증은 이런 것을 지지하는 사람들 덕분에 유지될 수 있는 것이다. 환자들 또한 실제로는 가능하지 않을 보완대체의학의 약속들, 예를 들어 충분한 진찰 시간, 인내, 믿음, 상호이해, 경청과 같은 것들을 원한다. 반면 그들은 자신들이 의심을 갖고 바라보거나 신뢰하지 않는 정통적인 의료전문가들, 특히 의사들에게는 이런 것들을 바라지 않는다. 그리고 이런 사태에 편승하고자 하는 간호사들이 대중의 욕구를 만족시키고 있는 것이다.

결 론 들

인간 에너지 장은 존재하지 않는다거나 기치료가 일부 간호사들의 순진한 편견이라는 이유를 들어, 이 모든 것을 형이상학적인 넌센스라고 기각하는 것은 쉽다. 그러나 문제는 실행의 문제에서도 수많은 비판들이 적용될 수 있다는 점이다.

기치료 옹호자들은, 우주가 인간 에너지 장을 통해 사람들과 연결된다는 신화적 관념을 밀어부치고 싶어 한다. 그들은 이런 인간 에너지 장을 능숙하게 다루게 되면 우리 인간이 자연과 다시 연결될 수 있고 자연을 지배하기보다는 그 속에서 조화롭게 살아갈 수 있다고 믿는다. 길럿(Gillot)과 쿠마르(Kumar)는, 기치료의 옹호자들은 자연을 조작할 자유를 인간에게서 빼앗아버렸으며 그렇기 때문에 인간의 야망에 제약을 가했다고 주장한다.[40] 이런 입장에서 본다면, 기치료는 인류에 대한 그리고 인류가 과학을 통해 달성할 수 있는 업적에 대한 비관적 관점과 깊이 연관되어 있다.

기치료는 객관적 증거와 과학에 토대를 둔 의료행위를 평가절하하고, 현대의학이 기계론적이고 환원론적이며 고립적인 접근법이라는 식의 관념을 형성한다. 또한 기치료는 현대의학이 오늘날의 의료 문제를 낳았다고 비난한다. 기치료를 장려하고 시술한다는 것은 과학적 의학에 무엇인가 문제가 있다는 식의 생각을 강화하고 그 일관성과 장점을 갉아먹는 일이다. 도널 오매튜나(Donal O'Mathúna)는 "오늘날의 세계에서는 과학적 원리를 의료의 모든 면에 적용시킬 필요가 있다"면서 타당한 주장을 펼친 바 있다.[41] 정확성과 세심함 및 결과에 대한 회의론, 이것이 바로 현대의학이 오늘날과도 같은 성공적인 이야기가 될 수 있도록 해준 과학적 의료의 핵심 요소이다.

기치료는 속임수이다. 의료인들은 자신들이 할 수 있는 최선의 의료서비스보다 못한 것을 환자들에게 제공하면서 그들을 모욕적으로 다룬다. 세이텔은 환자들에게 적합한 의학적 치료를 제공하는 대신 기치료를 이용하는 의료인들의 예를 수도 없을 만큼 늘어놓는다. 그녀는, 잠들어 있거나 혼수상태인 환자들에게서 아무런 동의도 받지 않은 채 기치료를 시술하는 일도 종종 존재한다고 주장한다. 물론 부모들은 자녀들에게 기치료가 시행되고 있음을 모를 수도 있다. 이는 자녀들을 학대하는 일이다.

기치료는 아프거나 외롭거나 두려워하는 사람들에게, 그들의 고통을 이용하여 희망을 팔아치우는 행위이다. 위안받을 수 있다는 약속은 강력할 수도 있다. 그러나 아무리 자비로운 의도를 갖고 있는 의료인이라 할지라도 사람들은 국립 기치료 연구모임의 회의론자 의장인 래리 사너(Larry Sarner)의 말을 경청해야만 할 것이다. 그는 이렇게 말한다. "의료전문가들이 제공하는 최고의 치료법은 충분한 지식을 갖고 책임감 있게 환자들을 대하는 것이다. 기치료처럼, 전문가들이 시간을 허비하면서 거짓된 희망을 갖고 환상을 뒤쫓는 일은 무자비하고 비인도적인 것으로 간주될 수 있다."[42]

간호사들 역시 환자들을 이용하여 자신들의 개인적, 직업적 위기를 극복하고 "영적인 자아를 찾으려 하고" "자아 발견의 항해를 떠나며" "스스로를 보다 잘 이해하려고 한다."[43] 이는 부정한 일이고 속임수이며, 자기 망상에 사로잡힌 행위일 뿐만 아니라 명백히 이기적인 짓이다. 로저스에 따르면, 간호학은 인간에게 봉사하는 장대한 서사시와 같은 것이다.[44] 그렇지만 간호학 내부에서 그녀[로저스]가 주장하는 '과학'의 논리를 추구하는 것은 명확하게 그 반대이다.

동서양의 최선책?

마이클 팍스*

상상해보자. 지금 당신은 새로 개업한 건강센터로 들어가고 있다. 딸의 천식 때문에 동종요법을 받을지 어떨지를 의사와 상담하기 위해 온 것이다. 오는 도중에는 아기를 데리고 나온 친구를 만났는데, 그녀는 다른 엄마들과 함께 아로마테라피 강좌를 들으러 가고 있었다. 의사에게서 이런저런 이야기를 들은 후 당신은 의사에게 남편의 등허리 통증에 대해서도 조언을 요청했다. 그는 이제 막 개업한 건강센터에서 시술하고 있는 척추통합치료(여기에는 척추지압요법과 정골의학이 포함된다)를 권했다.

문을 나서면서 당신은 『미래에는 왜 통합된 건강인가?』(*Why Integrated Health is the Future*)라는 책을 건강센터 도서관에 반납하고, 지난주에 주문해둔 『더 나은 식습관』(*Better Eating*)을 빌린다. 그러고는 우울증에 대

* **마이클 팍스(Michael Fox)**는 통합의학재단 실행위원장이다. 이 재단은 영국 왕세자의 개인적 발안으로 설립되었으며 현재 왕세자가 직접 이사장을 맡고 있다. 1998년 11월에 이 재단에 합류하기 전에는 국가의료제도를 넘나들며 광범위한 역할의 일을 해왔다. 더블린 트리니티 칼리지에서 경영학을 전공했으며, 현재는 정신건강에 장애를 가진 사람들에게 도움을 제공하는 자선단체인 런던 사이레니언스 하우징(London Cyrenians Housing)에서 의장직을 맡고 있기도 하다.

한 숙제 때문에 쌍방향 정보센터에서 세인트 존스 워트(St John's Wort)에 대해 인터넷으로 조사하고 있던 딸을 데리고 나온다. 건강센터를 나오다 보니 노인들을 대상으로 하는 태극권 강좌가 건강센터 공용실에서 진행되고 있는 것이 보인다. 이것을 보면서 당신은 도시생활에 지친 옆집 사람에게 건강센터의 주말 요가강좌 시간표를 가져다주기로 했던 사실을 떠올린다.

환 상 의   세 계 ?   아 마 도

이 모든 사례들은 국가의료제도 내에 실제로 존재하는 것이지만, 영국 전역에 분산되어 있기 때문에 어떤 곳에서는 이용하기 힘들다. 『뉴사이언티스트』(*New Scientist*)는 최근에 "보완 · 대체의학은 나팔바지처럼 순진한 유행 그 이상도 이하도 아니다"라고 조롱조로 말한 바 있지만(May 2001), 사실은 그와 다르다. 점점 더 많은 사람들이 보완대체의학을 이용하고 있기 때문이다.

1999년 BBC에서 진행한 조사에 따르면, 지난 12개월 동안에 영국 성인의 다섯 명 중 한 명은 보완대체의학을 이용한 적이 있었다. 그중에서 가장 인기 있는 것은 생약으로서, 응답자의 34%가 이를 구매한 적이 있다고 대답했다(생약의 상당수는 의사의 처방이 없어도 약국이나 건강식품가게에서 구입할 수 있는 것들이다). 생약 다음으로 인기 있는 것은 아로마테라피(21%)와 동종요법(17%)이었다. 14%에 달하는 사람들이 침술이나 지압을 이용한 적이 있었으며, 마사지와 반사요법을 이용한 사람은 각각 6%였다. 그리고 응답자의 4%는 정골의학을, 3%는 척추지압요법을 이용한 적이 있다고 했다. 또 다른 조사에 따르면, 1998년에 침술 · 척추지압요법 ·

동종요법 · 최면요법 · 생약 · 정골의학 중 한 가지를 시술받은 적이 있는 사람의 수는 무려 2,200만 명에 달했다.[45] 보완대체의학의 이용 상황과 비교하기 위해서 이 보고서는 같은 기간 동안 1,400만 명이 사고 등으로 인해 응급실을 찾았다는 내용도 함께 발표했다.

민간 영역에서는 보완대체의학에 대한 관심이 점점 늘어나고 있다. 어느 거대 약국체인점에서는 의사의 처방전이 필요 없는 약품을 판매하는 일 외에도 보완의학 치료법에 대한 자문을 시작했으며, 이런 업무는 국가 전역으로 퍼져가고 있다. 최근에 영국의 어떤 거대 슈퍼마켓 회사는 잠재적인 성장 분야의 하나로 보완 의약품 판매를 손꼽기도 했다. 헬스 & 피트니스 클럽에서도 업무 중의 하나로서 보완의학 서비스를 제공하고 있다.

스 쳐 지 나 가 는   열 정 ?

관련 자료가 그리 많지는 않지만, 앞서 말한 BBC 조사에 따르면 영국에서 처방전 없이 팔리는 의약품 구매비용과 의사 진찰비용은 연간 16억 파운드에 달한다. 토머스 등이 행한 연구에 따르면, 1998년에는 여섯 가지의 보완의학에 약 4억 5천만 파운드의 현금이 지출되었다. 이는 국가의료제도의 연간 예산인 500억 파운드와도 비교해볼 만한 지출액이다. 보완대체의학에 지출되는 비용은 유럽과 오스트레일리아 그리고 북미에서도 비슷하다. 예를 들어 미국에서 진행한 한 조사에 따르면, 지난 5년간 보완의학 의사들을 방문한 사람의 수는 4억 2천 7백만 명에서 6억 2천 9백만 명으로 늘어났고 현금 지출도 270억 달러로 47.3%나 증가했다.[46]

만일 보완대체의학에 대한 관심이 단순한 유행이나 '건강한 것에 대한 걱정'에 불과하다면 이 놀랄 만한 액수의 비용은 불필요하게 지출되고 있는 셈이다. 전체 인구의 20%가 정통적인 의료에서 벗어나고 싶다는 생각만으로 보완의학 치료를 이용한다는 식의 이상한 상상을 하지 않는다면, 사람들이 다양한 의료법들을 통합하고 있다고 해석하는 편이 타당할 것이다. 이 글의 도입부에서 밝혔듯이 사람들이 원하는 것은 통합된 의료의 공급이다. 전세계에서 골라낸 가장 최선의 것을 원하는 것이다.

사람들이 정통의학과 보완대체의학을 모두 원한다는 것이 무슨 문제가 되는가? 자신의 건강을 증진키기 위해 여러 가지 접근법과 방법들을 사용하고 싶어 하는 환자들에게 그것은 문제가 되지 않는다. 그렇다면 전문가들에게는 어떠한가? 여기서 말하는 '여러 방법을 선택하고 혼합하는 것'은 상이한 의학적 방법을 사용하거나 건강·질병·치료과정에 대해 다른 철학을 가진 정통의학 의료인들이나 보완의학 의료인들 어느 쪽에게나 심각한 도전일 것이다. 그러나 최근 영국 상원의 보완대체의학에 대한 과학기술 특별조사위원회가 작성한 보고서에서 분명히 언급되었듯이, 정통의학과 보완대체의학 양 진영이 열린 마음으로 상대방의 능력과 관점을 이해해야 한다는 입장들이 늘어나고 있다. 이런 현상을 이 위원회는 다음과 같이 요약한다. "보완대체의학 의료인들과 일반 의료인들 모두는 환자들이 통합된 의료서비스에 대해 안심할 수 있도록 해야 하며, 치료 프로그램에 대한 정보를 서로 교환해야 한다."[47]

국가의료제도의 결정적인 역할

2000년 7월 영국 정부는 국가의료제도에 대한 계획의 일환으로 '투자 및 개혁을 위한 계획'("A Plan for Investment: A Plan for Reform")을 발표했다. 이 계획에서는 치료를 받을 필요가 있는 모든 이들에게 무료로 의료서비스를 제공해야 한다는 국가의료제도의 핵심 원칙이 다시 한 번 강조되었다. 그러나 통합된 의료서비스에 접근할 수 있는 사람은, 보완대체의학 치료에 대해 개인적으로 비용을 지불할 능력이 있거나, 국가의료제도에서의 정통의학 서비스와 보완대체의학을 통합할 수 있는 사람들로 제한된다. 최근의 연구에 따르면, 보완의학의 90% 정도가 민간 영역에서 이루어지고 있다.[48] 이런 사실로 미루어본다면, 보완의학 서비스를 통한 혜택을 받을 수 있어야 할 사람들이 돈벌이가 충분하지 않거나 거주 지역에 국가의료제도 시설이 없다는 이유에서 실제로는 보완의학을 이용할 수 없게 된다. 이런 상황을 그냥 받아들일 수 있겠는가?

이런 현실이 바뀔 수 있을까? 거주 지역에 새로운 시설이 만들어질까? 이런 질문을 4년 전에 받았더라면, 아마도 국가의료제도를 통해 보완대체의학 치료를 받을 가능성은 매우 낮다고 대답했을 것이다. 그러나 시대는 변하고 있다. 점점 더 많은 사람들이 요구를 하게 됨에 따라서 국가의료제도에서도 보완대체의학을 이용할 수 있게 되었다. 1999년 통합의학재단 및 건강전문기자협회의 올해의 우수 진료소 보고서에 따르면, 국가의료제도의 보완대체의학 서비스 제공은 기대했던 것보다 훨씬 많았다고 한다. 또한 동종요법 · 정골의학 · 척추지압요법 · 침술 · 태극권 · 미술치료 · 생약 · 아로마테라피 전문가들이 병원에서뿐만 아니라 1차 진료기관에서도 정통의학 의사들과 함께 봉사한다고 기술하고 있다. 정신건강, 출산 전후 조리, 물리요법 등에는 통합된 진료진이 있으며, 암 · 에이즈 · 다발성 경화증 · 산후우울증 등을 집중 치료하는 전문 의료진도 있다.

우수한 통합 진료에 부여되는 수상 내역을 적은, 『통합적 건강관리: 우수 진료를 위한 안내』(*Integrated Healthcare: A Guide to Good Practice*)라는 책자는 환자에게 통합적 진료를 제공했을 때의 이점을 여섯 가지로 정리해놓고 있다.

정통의학만으로는 충분하지 않은 많은 질환에 대한 대체의학 진료의 임상적 효과; 환자들 사이에서의 아주 높은 만족도; 동등한 진료 기회를 부여하고 선택의 범위를 늘려줌으로써, 많은 이들이 보완의학을 이용할 가능성을 높여주는 것; 장단기 질환에 대한 건강진료 서비스의 비용 절감 효과; '전인론적' 치료 방법 및 환자의 체력 유지에 유효한 영양 환경을 제공함으로써, 환자와 진료진 모두에게 혜택을 주는 것; 진료진의 도덕성을 증진시키고 동기를 부여해 줄 뿐 아니라 통합 진료를 통해 건강 서비스의 본질에 대한 새로운 인식을 갖게 되는 것. (H. Russo, 2000)

현재 국가의료제도의 상황은 어떠할까? 1999년에 영국 위생국에서는 현재 제공되고 있는 보완대체의학 진료 중 가장 인기 있는 것이 무엇인지를 밝히기 위해, 1차 진료기관 의사들의 서비스 및 해당 지역의 건강 서비스에 관해 연구를 의뢰했다.[49] 이 연구는 당시 상황의 단편만을 보여주었지만 같은 해 진행된 영국의사협회에서 실행한 보다 광범위한 연구에서도 국가의료제도 내에서의 진료 경향에 대해 비슷한 결론을 내렸다.[50] 가장 인기 있는 보완대체의학은 침술이었으며, 그 다음이 정골의학·동종요법·척추지압요법·아로마테라피의 순서였다(표 1 참조). 흥미롭게도 전국적으로 가장 인기 있는 것으로 알려진(비록 막대한 양의 약품 판매 때문이기는 하지만) 생약 치료가 실제로 국가의료제도에서는 그리 활발히 진행되지 않았다.

좀 더 자세히 살펴보자. 향후에 더 많은 의료서비스를 책임지게 될 의료인들은 보완의학에 대해 어떻게 생각할까? 위의 연구에서 위생국은 이 점을 밝히려고 했다. 보완의학을 이용할 것이냐는 질문을 받았을 때, 소

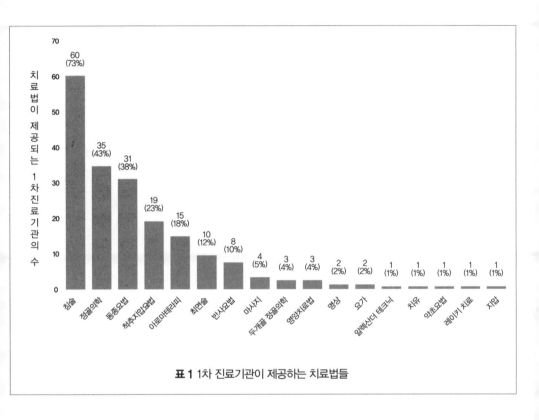

표 1 1차 진료기관이 제공하는 치료법들

수(7%)만이 선택사항의 한 가지일 뿐이라면서 보완의학을 배척했다. 44%가 이 문제에 대해 잘 모르겠다고 답했던 반면에 절반 이상의 의료인들은 국가의료제도에서 보완의학을 이용해야 한다고 대답했다. 보완의학을 이용할 것이라고 대답한 1차 진료기관 의료인들에게는 그에 따르는 재정 문제에 대해서도 질문했다. 거의 80%에 가까운 의료인들이 국가의료제도가 보완의학에 대해 전액 혹은 부분이라도 지원해야 한다고 대답했다.

보 완 의 학 을 위 해 풀 어 야 할 숙 제

혼자서는 아무것도 할 수가 없다. 영국 국가의료제도를 유지하는 데 결정적 역할을 담당하는 1차 진료기관이 정통적인 의료서비스와 함께 보완대체의학을 제공하기 위해서는, 더욱 더 그 서비스들에 대한 신뢰가 필요하다. 이 문제를 고려하지 않는다면 국가의료제도 내에서 통합 진료를 제공한다는 것 혹은 경제적 여유가 없는 이들에게 폭넓은 서비스를 공급한다는 것은 쉽지 않을 것이다.

앞서 말한 위생국의 조사에서, 1차 진료기관 의료인들은 국가의료제도가 보완의학을 지원 할지 여부를 결정하는 핵심적인 기준이 무엇이 되어야 할 것인가에 대한 질문을 받았다(표 2 참조). 이들의 대답은 매우 광범위했는데, 그 내용은 치료법들의 효과 여부, 비용 절감 가능성, 안전성, 그리고 이를 제공하는 의료인들의 유능함 등이었다.

표 2를 보면, 가장 중요한 기준은 치료법의 효능, 비용 절감의 효과이고 그 다음으로 규제 방법, 재원 문제, 환자들의 수요 등의 순서인데, 이런 순서는 물론 국가의료제도의 의사결정 과정에 대한 사람들의 선입견을 다시 한 번 보여주는 것일지도 모른다.

치료효과가 있는지를 알고 싶어 하는 사람들은 비단 의료인이나 건강보험 위원들뿐만이 아니다. 환자들 역시 이를 알고 싶어 한다. 보완대체의학을 지지하기에는 빈약한 근거들도 있다. 그러나 정통의학에 대한 보고서나 이에 대한 근거들 역시 완벽하지는 않다. 정통의학 의료인들이 가진 이점은, 어쨌든 그들은 주로 국가 체계 외부에서 일하는 보완의학 의료인들보다는 쉽게 국가의료제도 연구기금을 지원받을 수 있다는 사실이다. 물론 보여줄 만한 증거가 없다면, 보완의학을 제공할 필요성에 대해 국가의료제도 위원이나 임상의들을 납득시키기는 어려울 것이다.

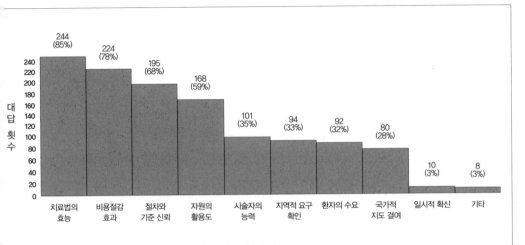

표 2 보완치료법을 제공하기로 결정한 주된 이유

이런 진퇴양난을 해결하기 위해 특별조사위원회 위원들은 수많은 시간을 쏟아 부었으며, 그 결과로 이 위원회는 정부가 이 문제에 대한 연구를 장려하기 위한 특별 자금을 지원해야 한다고 권고했다. 이 권고 사항을 보면서 우리가 기억해야 하는 것은 미국의 경우이다. 미국 국립보완대체의학센터는 관련 연구 프로그램을 시작하기 위해 탄탄한 지원(1999년에 연간 9천만 달러)을 받으며 설립되었기 때문이다.

정부가 지원을 한다는 것은 분명히 아주 중요한 문제이며, 특별조사위원회의 권고 사항에 따라 보완대체의학에 대한 지원이 필요하다는 것을 정부가 인정했다는 기록도 있다.[51] 의료서비스를 제공하는 의사나 해당 관료들만큼이나 일반대중들도 이 치료법들에 효과가 있는지를 알고 싶어하는 것은 분명하다. 비록 인터넷상에서는 보완의학에 대한 연구들이 숱한 정보들을 양산해내겠지만, 이들 중 어떤 것이 믿을 만한지를 가려낸다는 것은 어려운 일이다. 이를 위해 최근에는 정부의 의료정보서비스 기관인 국가의료제도 디렉트(Direct)가 웹을 통해 보완의학 치료법에 대한 정보를 제공하기 시작했지만, 환자들이 더 많은 정보를 얻을 수 있기 위해서는 더 많은 작업들이 이루어져야 할 것이다.

더 나은 규제 : 통합을 위해 꼭 필요한 첫걸음 ?

영국 민법에서 의료행위를 할 수 있는 자격에 대해 규정한 조항에 따르면, 전문교육을 받지 않은 사람도 환자의 동의만 있으면 치료를 할 수 있다. 유럽연합의 다른 국가, 특히 프랑스는 사정이 조금 달라서, 의사가 아닌 사람이 보완의학 치료를 하는 것은 불법이다. 자유주의적 규제 방식 덕분에 영국에서는 보완대체의학을 이용하고자 하는 사람들에게 수많은 선택권이 존재한다. 어느 일요일판 신문에서는 치료법들을 91가지나 나열하기도 했다.[52] 어떤 평가에 따르면, 현재 영국에 있는 보완의학 치료사들은 5만 명 가량이다.[53] 이렇게 보완대체의학이 유행하고 자격증이 난무하면서 발생하는 문제점은 누가 유능한지를 알기 힘들다는 점이다. 1999년에 영국 왕세자는 이렇게 말하기도 했다. "정통의학과 마찬가지로 보완의학 역시, 자격을 갖춘 우수한 의료인이 시술할 때에만 안전하며, 그렇지 못한 사람이 시술하면 위험할 수 있다."(통합의학재단 컨퍼런스에서의 연설, 14 May 1999).

따라서 보완의학 의료인을 찾아가는 것은 그리 간단한 일이 아니다. 가장 현명한 방법은 다른 사람의 추천을 받는 것이다. 최근 국가통계청은 보완의학 의료인을 찾는 사람들 중 60%가 이런 추천을 받았다고 언급한 바 있다.[54] 그러나 국가의료제도에서는 그런 접근 방법을 쉽게 채택하기 힘들다. 특히 최근 브리스틀 왕립병원에서 있었던 어린이 진료 및 쉬프먼 박사(Dr. Shipman)의 돌출적 의료행위에 대한 케네디 보고서에서 볼 수 있듯이 국가의료제도 내부 규제 시스템이 제대로 작동하지 못하는 일도 간혹 벌어지기 때문이다.

특별조사위원회로서는 이것이 핵심적인 문제였다. 현재 정부가 받아들이고 있는 이 조사위원회의 권고 사항들을 보면, 법령으로 규제를 받거나 아주 엄격한 자발적 규제 조항을 가진 보완대체의학 치료만이 국가의료제도에서 이루어져야 한다는 점을 강조하고 있다. 일부 분야에서는 착실한 발전이 이루어지고 있다. 척추지압요법이나 정골의학은 의사나 간호사만큼이나 규제를 받고 있다. 생약 · 침술 · 동종요법 · 아로마테라피 · 신체 마사지 · 반사요법 등 다른 보완의학 분야에서도 단일한 규제 체제를 만들기 위해 노력하고 있다.

결 론

환자가 뭔가 해야 할 일이 있다면, 그것은 바로 통합이다. 정통의학과 보완의학 종사자 모두가 이제는 상대방과 소통하려고 하며 함께 탱고를 추려고 한다. 그러나 그들도 알고 있듯이, 탱고는 배우기 힘든 춤이고 파트너는 상대방에 대해 편안함과 신뢰를 가지고 있어야 한다. 그래도 상황이 변하고 있는 것만은 분명하다. 『영국의학저널』의 통합의학 특별호 사설에서는 이렇게 이야기하고 있다. "지금의 통합의학은 새로운 세기의 의학이 되어야만 한다."[55]

입장 5

과학적 의학의 항복

마이클 피츠패트릭*

2001년 1월 영국 왕립의사협회는 미국 국립보완대체의학센터와 공동으로 런던에서 '통합의학'이라는 주제로 컨퍼런스를 개최했다. 양국에서 의학교육의 대가로 지칭되는 두 명의 학자는, 통합의학이 "보완의학의 단순한 동의어가 아니다"라고 설명하면서, "통합의학은 더 큰 의미와 임무를 가지고 있으며, 질병에 대한 단순한 조치보다는 치료에 초점을 맞춘다"라고 주장했다. 통합의학은 환자를 볼 때, 신체뿐만 아니라 정신과 영혼을 가진 완전한 인간으로 사고하면서 진단과 치료에 이런 관점을 녹여내는 것이다. 또한 통합의학은 음식 섭취, 운동, 휴식과 수면의 질(質), 인간관 등 환자의 생활양식에 관심을 기울이면서 건강을 유지하기 위해 환

* 마이클 피츠패트릭(Michael Fitzpatrick)은 옥스퍼드 대학교, 미들섹스 병원과 런던 지역의 여러 병원들을 거치며 수련과정을 마친 후, 지난 15년간 런던의 해크니(Hackney)에서 임상의로서 근무해왔다. 또한 AIDS, 광우병(그리고 다른 건강상의 위협들), 약물 그리고 건강관리 개혁을 포함하는 의학적이고 정치적인 광범위한 주제로 글을 써서 의학전문서적이나 주류 매체를 통해 발표해왔다. 그는 라디오와 텔레비전에도 자주 등장했으며, 1997년에는 BBC에서 '육아'에 관해 비평하는 프로그램을 만들기도 했다. 저서로는 『건강의 폭군: 의사와 라이프스타일 규제』(The Tyranny of Health: Doctors and the Regulation of Lifestyle)가 2001년에 출판되었다.

자와 의사가 함께 노력할 수 있도록 조력해야 한다.[56]

　정통적인 과학적 의학을 공부하고 그런 전통에서 의료행위를 해온 의사로서, 양국의 의사들 사이에서 통합의학이라는 개념이 광범위하게 인정받고 있다는 사실에 나는 적잖이 놀랐다. 개인적으로, 주류의학과 대안적인 치료 전통을 조화시키는 것은 가능하지도, 바람직하지도 않다고 생각한다. 더군다나 의학적 행위가 건강과 행복감을 증진시킨다는 명분 아래 질병 치료에서 벗어나 개인의 삶에 폭넓게 개입하게 되면 환자와 의사 그리고 사회 전체에 해로울 뿐이라고 본다.

치　료　전　통　들

대안적인 의료체계는 너무나도 다양해서 (정통의학이 아니라는 사실 이외에는) 그 공통점이 바로 눈에 띄지 않는다. 그러나 한 가지 단일한 점이 있다면, 환자의 신체와 정신 및 영혼에 대해 설명하는 '전일론적' 관점을 받아들인다는 사실이다. 정통의학은 인간의 신체에 대해 기계론적 관념을 가지고 있다고, 생의학적인 언어로 신체의 기능과 기능 불량을 이해하려고 한다고, 그리고 간섭적인 치료 방법을 갖는다고 해서 비판받는다. 이와는 반대로 대안적인 의학에서는 개인과 자연 그리고 우주 사이의 조화가 교란된 것이 질병이라고 이해한다. 따라서 치료는 그 자연적인 균형을 회복하려는 신체의 목적의식적인 노력을 돕는 형태로 진행된다.

　만일 대안적인 치료의 기본적인 원리가 우리에게 익숙하다면, 그 이유는 고대로부터 과학적 의학이 시작된 17세기까지 정통의학을 주름잡았던 히포크라테스적 접근과 유사하기 때문일 것이다. 그리고 이런 전통에는 임상적 행위의 지식적 근거를 제공하는 세 가지 종류의 원천이 있다.

첫 번째는 신성한 것에서든 세속적인 것에서든 몇 가지 권위적인 원천에서 추출해낸 일종의 계시이다. 예를 들어 전통적인 중국 침술 및 인도의 아유르베다 의학은 2천여 년 전에 대부분이 완성된 고전 문헌들로부터 나온 것들이다. 보다 이후의 의학체계는 몇몇 권위 있는 인물들, 즉 안톤 메스머(Anton Mesmer)의 최면술, 사무엘 하네만(Samuel Hahnemann)의 동종요법, 다니엘 팔머(Daniel Palmer)의 척추지압요법, 그리고 앤드류 스틸(Andrew Still)의 정골의학에서 그 기원을 찾을 수 있다.

두 번째는 일종의 억측이다. 이를 통해, 다양한 문화권에 머물렀던 초기 의료인들은 상호작용하는 소수의 요소들, 체액들, 에너지의 흐름, 신체를 관통하는 생명력 등이라는 언어로 인간의 건강과 질병을 이론화했다. 추상적인 이론 혹은 이런 종류의 억측은 오늘날의 대체의학 접근법에서도 공통된 것이다. 예를 들어 척추지압요법의 경우에는 척추의 '부분 이탈' 혹은 자리 이동이 질병의 핵심적인 문제이다. 그리고 동종요법에서 볼 수 있는 '유사함의 법칙'은 특정한 질병의 증상에 대해서 이와 비슷한 효능을 보였던 치료법을 선택해야 한다고 강조한다.

세 번째 원천은 경험주의이다. 수많은 환자들을 관찰했던 경험을 일반화시키고 질병의 임상적 특성들을 분류한 후 치료에 대한 환자의 반응을 연구하는 것이다. 예를 들어 여러 가지 식물을 조합한 약품을 사용하는 의료인들은 그 효과 및 부작용에 대해 상당한 지식을 축적할 수 있었다.

역사적으로 볼 때 이 세 가지의 원천 중에서는 경험주의적 접근이 가장 생산적인 것으로 입증되었다(예를 들면 수많은 식물 치료법은 현대적인 의약품 치료법으로 통합되었다). 그러나 관찰하고 분류하는 의사들의 능력은 정보 선택을 좌지우지하는 추상적인 이론들에 의해 제약을 받았다. 19세기의 위대한 미생물학자 루이 파스퇴르(Louis Pasteur)는 "이론이 없다면 행위는 그저 일상적인 습관일 뿐이다"라고 말한 바 있다.[57] 과학적 의학 또한 관찰과 분류라는 경험주의적 전통에서 비롯되었지만, 과학적 의학은 구체적인 것으로부터 일반적인 것을 추론하여 이론을 발전시킴으로써 그리고 가설을 정교화하고 이를 검증함으로써, 결정적으로는 귀납추리와 실험이라는 방법을 통해 발전해왔다.

전통적인 치료사들은 고대의 직관을 불멸의 타당성을 지닌 자연의 법칙으로 변질시켰다. 반면 과학적 의학계에서는 이전에 진리라고 여겨지던 것들도 새로운 발견을 통해 대체하고 폐지시키곤 했다. 전통적 치료사들은 항상 자연에 대해 겸손해하면서 기존의 권위에 복종했다. 반면 과학적 의학에 종사한 의료인들은 신성한 혹은 세속적인 권위에 도전함으로써 그리고 인간의 정신이란 자연을 수동적으로 반영할 뿐이라는 생각을 갖고 의문을 제기함으로써 점점 회의적이면서도 반항적인 존재가 되었다. 외과 의사였던 존 헌터(John Hunter)는 백신 연구의 선구자였던 에드워드 제너(Edward Jenner)에게 도전하면서 "왜 생각만 하는가? 왜 실험하지 않는가?"라는 유명한 말을 남기기도 했다. 과학적 의학이 이룩한 역사적인 혁신이란 바로 비판적인 평가를 통해 더 나은 방향으로 나아갈 수 있는 길을 열어놓았다는 점이다. 대체의학 체계가 완고하면서도 완전한 세계 안에 머무르고 있다면, 과학적 의학은 끊임없이 변화하는 과정 위에 존재하는 것이다.

최근 대체의학에 대한 연구들에서 등장하는 공통적인 주제에 대해서는 좀 더 살펴볼 필요가 있다. 오늘날 '증거에 토대를 둔' 의학의 '황금 기준'인 무작위 통제실험(RCTs)의 엄격한 기준에 부합되어야 한다고 말하면, 대안적인 치료 기법들은 이에 반발하기를 정통적인 의학행위 역시 가끔은 그런 과학적 정당성을 결여하고 있다는 주장을 펼치곤 한다. 비록 동일한 조건에서 상이한 치료법의 효능을 비교하는 통제실험이 유의미한 연구 방법이라고는 하지만, 이런 방법이 불필요하거나 적당하지 않거나 심지어 비윤리적인 그런 의학 영역들도 수없이 존재한다. 통제실험은 생약 처방과 같은 치료법에 대해서는 거의 아무런 정보도 제공해주지 못하는데, 특히 생약의 어떤 성분을 효과적인 수치로 나타낼 수 없거나 그 성분의 작용 방식을 이해할 수 없다면 더욱 그렇다. 동종요법처럼 그 처방약품들이 너무 희석되어서 실제로 효과 있는 성분이 여러 가지 종류의 분자일 경우에는 그 효능을 비교하기 위해 정교한 통계적 기법을 적용한다는 것이 터무니없는 짓이다.

의학적 과학은 1950년대에 통제실험이 등장하기 훨씬 전부터 과학적인 성격을 갖고 있었다. 17세기 과학혁명이 도래한 시기부터 효과적인 치료법이 등장한 20세기 내내, 과학적 의학은 그 역동적이고 개방적인 특성으로 인해 지식인들뿐만 아니라 대중들의 지지를 받아왔다. 20세기 초 수십 년 동안에는 외과수술법·마취법·항생제·예방접종 등과 같은 수많은 의학적 발전이 이루어졌고, 이는 과학적 의학이 고대의 의학이나 현대의 다른 경쟁자들을 제치고 주도권을 잡았음을 보여주는 것이었다.

20세기 후반에 볼 수 있었던 의학의 일반적인 경향은 미신과 경험주의에서 벗어나 합리성과 명확성을 추구하는 것이다. 그리고 20세기가 끝나갈 즈음에 등장한 불길한 추세는, 대체의학의 유행에서 알 수 있는 것처럼, 전(前)과학적인 개념과 오래전에 포기된 치료 전통의 귀환이었다. 대체의학의 유행을 돌이켜 생각해보면, 그런 시술들에 대한 의학계 내부에서의 관대한 태도를 두고 과학적 의학이 진일보했다고, 심지어 그것을 급진적인 접근법이라고까지 간주하는 것은 매우 놀랄 만한 일이다. 지난 수세기 동안 사회의 발전에 기여해온 과학적 의학의 원리를 불쑥 포기하는 것처럼 보이는, 이 대체의학에 대한 의문은 왜 그렇게 적었던 것일까? 이 문제에 대답하기 위해서는 근대의학의 잃어버린 중추를 생각해볼 필요가 있다.

확 신 의   위 기

20세기의 마지막 30여 년 동안 여러 이유에 의해 과학적 의학에 대한 신뢰
는 위기를 맞이했다. 의학계 내부의 문제들도 있었고, 사회에서의 권위
추락도 있었으며, 대중들이 과학적 전문가들에 대해 품고 있던 미몽에서
깨어난 것도 사실이었다.

제2차 세계대전 이후 꾸준히 진행되어오던 열광적인 의학적 발전은
1970년대에 접어들면서부터 비틀거리기 시작했다. 그동안 감염성 질병
은 항생제와 예방접종을 통해 대부분 정복되었다(깨끗한 식수와 더 나은 음
식도 여기에서 한몫을 담당했다). 그러나 나이를 먹은 사람들은 심장질환이
나 암과 같은 '현대의 유행병' 및 관절염이나 당뇨 같은 만성적인 퇴행질
환에 시달렸고, 의학적 과학은 이에 효과적으로 대처하지 못했다. 신약들
(가장 악명 높은 것으로는 탈리도마이드)에는 득보다는 부작용이 많은 것처
럼 보였고, 심장이식 같은 새로운 외과수술 기법들도 첨단기술에 의존해
서 환자들의 죽음을 잠시 유예하는 기술로 보일 뿐이었다. 그렇게 의학계
내부에서 터져 나온 비판들을 점차 외부 인사들도 받아들이기 시작했고,
의학적 권위에 의문을 갖는 여론이 형성되었다.

1989년 독일의 베를린 장벽이 무너지고 이어서 소련의 철의 장막이 붕
괴되면서, 제2차 세계대전 이후 확립되었던 세계질서는 막을 내렸다. 동
양/서양, 좌파/우파 사이에 존재하던 오랜 시간의 구분이 그 설득력을 잃
게 되었다. 과거의 여러 대립들이 붕괴하면서, 익숙했던 집단의식(계급·
조합·정치정당·교회)은 쇠락하고 이데올로기도 사라졌다. 1990년대에
는 세계화된 경제적 폭력이 갖는 사회적, 환경적 위험에 대한 관심이 지
배적이었다. 더 낮은 곳으로 시선을 돌리거나 전문가에 대한 기대치를 낮
추게 되면서, 기존 모든 형태의 전문적 지식들에 대한 회의론이 널리 퍼

져갔다.

1970년대 후반 아론 빌다프스키(Aaron Wildavsky)가 현대 의학의 위기에 대한 심포지엄의 제목으로 붙인 「나아진 상황 많아진 불평들」("Doing Better and Feeling Worse")은 의미심장한 것이었다.[58] 이 제목은 역설적인 상황을 가리키고 있었다. 수명이나 유아 사망률과 같은 객관적인 기준으로 볼 때 사람들은 역대의 그 어느 시기보다도 더 오래 살고 더 나은 삶을 영위하지만, 자신이 아프다면서 의사에게 불평을 늘어놓는 사람도 점점 더 많아진다는 것이다. 의학적 과학이 현대의 유행병에 직면하여 신뢰를 잃어가던 바로 그때, 많은 사람들은 피로, 막연한 불안감, 고통 등등 그 원인을 발견하기 힘든 경우가 잦은 육체적 증상에 대해 불평하고 있었다.

이후 20여 년 동안, 특히 1990년대가 되면서 의학의 객관적인 발전과 사람들의 주관적인 불편한 고통 사이의 거리는 점점 멀어졌다. 사망률은 계속 하락했지만 건강에 대한 불안감은 점점 확산되었다. 의학전문가들 및 언론과 함께 정부는 건강한 생활방식을 장려하고 질병에 대한 정보를 더 많이 제공하고자 애썼다. 이런 노력은 1980년대 후반의 에이즈 대책에서 시작되었으며, 1990년대에는 심장질환이나 다양한 암질환과 관련되어 진행되었다. 건강에 대한 이런 관심은 끊임없이 등장하는 건강에 대한 위협(뇌수막염 · 유아돌연사[cot death] · 홍역-볼거리-풍진 · 피부암 · 광우병 · 휴대폰/전자기계 등의 전자파 · 약물형 혈전증 · 장거리 비행에 의한 혈전증 등)으로 더욱 확대되었다.

주변 환경의 위험에 대해 개인이 취약하다는 사회적, 정치적 불안이 점증하면서, 대중들의 불안은 건강이라는 문제로 집중되었다. '건강염려증'(the worried well)이라는 것이 환자를 구분하는 익숙한 범주로 등장한 것처럼, 건강한 삶을 만들겠다는 목표는 종종 사람들 스스로가 아프다는 느낌을 갖게 만드는 효과를 낳았다.

자신이 건강하지 못하다고 느끼자마자 사람들은 의사들에게 달려갔다. 이는 지난 수십 년 동안 의학전문가들이 과학적 의학의 성과를 이용해서 획득한 높은 권위 덕분이기도 했다. 또한 이런 경향은, 걸출한 의료계 대표자들이 제안하고 언론을 통해 부풀려진, '개인적인 문제가 있을 때는 제일 먼저 의사를 찾아가야 한다'는 적극적인 운동의 결과이기도 했다. 교회나 지역 공동체, 가족과 같이 위안을 얻을 만한 대안적인 결속 모임들이 점점 쇠퇴해간 것도 또 다른 요인이었다. 불행히도, 높은 기대를 품고 의사에게 진찰을 받은 환자들은 실망하는 일도 많았다. 매우 심한 고통을 느끼지만 쉽게 추측하기 힘든 증상들을 이야기하면서 환자들은 많은 의사들이 무신경하고 매정하다는 점을 알아채고 말았다. 그들은 종종 적절하지 않은 진찰을 받거나 효과도 없는 치료를 받았고, 이로 인해 분노까지는 아니더라도 크게 실망하게 되었다.

정통의학을 전공한 의사들에 대한 환상에서 깨어나자마자 이번에는 대안적인 것을 찾는 목소리가 커졌다. 과학적 의학에 대한 확신이 깨어질 위험에 처하자, 의사들은 점차 대체의학에 대해 회유적인 접근법을 채택하게 되었다. 이는 많은 환자들이 의사들의 진찰을 받는 대신, 혹은 의사들의 진찰을 받는 동시에 대체의학 의료인들을 찾아가는 현실에 대응하기 위한 실용적인 방법이기도 했다. 또한 이는 주류 의사들 내에 다양한 대체의학 치료법에 대해 호감을 갖는 사람들이 많아지고 있음을 반영하는 것이기도 했다. 이제는 많은 의사들이 환자들에게 대안적인 치료법에 대해 기꺼이 이야기한다. 어떤 이는 같은 건물에서 일하고 싶어한다. 어떤 의사들은 침술과 동종요법 교육을 받기도 하며, 일부 의학 학교에서는 보완의학 강좌를 열기도 한다.

보완의학과 화해하려는 태도는 곧 정통의학의 중추가 상실되고 있음을 보여준다. 보다 중요한 것은 사회에서 큰 영향력을 얻은 치료 풍조와 협력함으로써 주류의학이 스스로를 변화시키고 있다는 사실이다.

아 프 면 병 이 된 다

사회의 여러 문제들을 감성적인, 심리학적인 언어로 해석하려는 경향은
제2차 세계대전 이후, 특히 지난 수십 년 동안 점점 강해져왔다.[59] 이런 경
향이 처음으로 등장했던 것은 의학계의 외부였지만, 점차로 그 내부에서
도 영향력이 커져갔다. 예를 들어 십대 임신, 약물 남용이나 범죄 같은 문
제들을 반항적인 젊은이들이 스스로를 학대하는 것이라고 이야기하는 일
이 이제는 너무 흔하다. 교육현장에서의 학력 성취도 저하, 노동현장의
갈등, 심지어 벨파스트나 볼턴, 브래드포드에서 있었던 민족 갈등에 대한
해결책으로 감성적인 교양을 쌓을 것을 권고하기도 한다. 이런 치료문화
는 연약하고 상처입기 쉬운 개인을 전제로 하고 있는데, 이런 개인이 안정
적인 생활을 하기 위해서는 다른 사람의 인정과 긍정적인 태도가 필요하
다. 공적 영역(국가제도, 정치정당, 사회운동, 자원봉사기구 등)의 위상이 격
하되면서, 사람들은 개인적인 자아나 친밀한 사적인 관계에 몰입하게 되
었다. 그러나 아동학대나 가정폭력 같은 문제를 둘러싼 논쟁들을 보면,
사적인 영역 역시 심각한 정신적 상처를 받을 수 있는 장소인 동시에 억압
적이고 역기능을 하는 공간일 수 있다. 개인적인 삶에 대한 정신병리학적
해석이 강조되면서, 전문가들은 치료나 상담이라는 명목으로 이 문제에
개입하게 된다. 카운슬러는 학교나 대학에서부터 공장이나 법정에 이르
는 여러 기관들에 항상 배치되어 있으며, 전통적으로는 사목인의 직분을
유지했던 교구목사나 랍비 같은 전문가들도 이제는 상담기법을 배우려
한다. 의사의 진찰실에는 이제 자체적인 카운슬러가 있으며, 수많은 의사

들은 어느 정도의 상담기법을 익히고 있다. 이런 식으로 치료문화는 짧은 기간 동안에 사회에서 상당한 영향력을 가지게 되었다.

중독의 문제는 치료문화와 의료계의 상호 침투과정을 잘 보여준다.[60] 개인이 주변 환경의 위험에 취약하다는 인식이 커지면서, 사람들은 자신의 행동에 대한 책임을 다른 사람 혹은 다른 무언가에 전가하게 되었다. 어떤 물질이 개인의 자기통제를 넘어 행동하도록 강요한다는, 중독이라는 개념이 이런 분위기에서는 커다란 반향을 일으켰다. 알코올 중독은 강박감에 사로잡힌 듯 어떤 짓도 서슴없이 하도록 만드는 통제할 수 없는 행동이라고 정의되는 질병모델을 제공한다. 비록 도덕적인 결함으로 정의되던 과도한 음주행위가 '알코올 의존증후군'이라는 이름을 얻기까지에는 한 세기 가까운 시간이 걸렸지만, 화학물 의존성이라는 생각은 헤로인으로 그리고 최근에는 니코틴으로까지 급속히 확장되었다. 이런 행동을 의학화하는 일은 알코올 해독, 메타돈 및 니코틴 대체 등과 같은 의학적 치료의 발달로 더욱 용이해졌고, 이런 치료의 상당수는 주변의 진찰실에서 받을 수 있다. 이런 치료문화의 조류를 타고, 공식적인 치료지침에서는 이 모든 치료들이 상담과 함께 진행되어야 한다고 강조하고 있다. 이 '물질 남용'을 치료하기 위해 침술이나 최면 같은 수많은 대안적 치료법의 시장이 만들어졌다는 것 또한 놀랄 만한 일이다.

나쁜 건강상태를 질병으로 재규정하게 만드는 것은 설명하기 힘든 육체적 증상에 대해 의료계가 주로 대처하는 방식이다. 항상 피곤하다고 느끼는 사람들은 근육통성 뇌척수염(myalgic myeloencephalitis, ME), 질환 후 피로증후군 혹은 만성피로 증후군을 앓고 있다는 이야기를 듣는다. 그 원인이 밝혀지지 않은 여타의 증상을 호소하는 사람들은 과민성대장증후군, 반복 사용 긴장성 손상증후군, 섬유조직염, 음식 알레르기 혹은 심지어 화학물질 과민증과 같은 병명을 얻기도 한다. 비록 그 원인과 치료법은 알려지지 않았지만 결핵이나 궤양결장염처럼 익숙한 이름의 질병에 대해서도 해부학적, 생리학적, 생화학적 비정상을 지칭하는 독특한 이름들이 부여될 수 있다. 하지만 이와는 반대로 그 어떤 독자적 병리학으로도 이 새로운 병명들을 확증해낼 수는 없다. 물론 이런 병명들로 괴로워하는 사람들을 후원하는 단체들은 환자의 증상 밑에 깔려 있는 유기적 교란의 성격을 과학적 의학이 규명해야 한다고 믿고 있다. 이렇게 새로운 아픔들이 등장하는 것을 역사적, 사회학적 관점에서 이해하려는 사람들이 볼 때에는 이런 환자들의 존재론적인 고통의 기원이 분명해 보이기 때문이다.[61] 이 환자들의 비극은 새로운 병명이 부여되는 이 과정을 볼 수 있을 만한 직관력이 없다는 것이다. 사이비의학과도 같은 병명을 받음으로써 환자의 비극은 더욱 심화된다.

새로운 진단명은 뭔가를 설명한다기보다는 묘사하는 방식이다. 근육통성 뇌척수염과 같은 병명은 매우 혼란스러운데, 이 이름은 수많은 사례들을 통해서도 확증될 수 없는 병리학적 과정이 있다는 것을 암시하고 있기 때문이다. 이런 새로운 진단명은, 치료의 가능성을 열어주기는커녕 환자의 절망을 확인해줄 뿐이다. 결국 병명이란 무력함을 의학적 용어로 정당화시키고 합법화시킨 표현인 것이다.

정신의학에서 진단의 범주들이 이처럼 늘어난 것은, 더 광범위한 사회적 행동에 질병의 이름을 적용시키는 경향을 반영한다. 1952년 미국의 정신분석학자들은 비정상적 행동에 대해 60개의 범주를 정했고, 이 범주가 1994년에는 384개로 늘어났다('아직 규명되지 않은 특성' 28개도 여기에 추가되어 있었다)[American Psychiatric Association, 1994]. 어떤 정신분석학자는 '아직 역치에 이르지 못한 증후군들'을 광범위하게 정의했으며, 불안, 분노, 강박적인 혼란, 자폐증처럼 가벼운 형태의 '그림자 증후군'으로 고통 받는 사람들을 분류하기도 했다. 새로운 정신질환(계절 정동장애 · 월경

전 불쾌장애·주의력결핍 과잉행동장애)이 발명된 것은 정신분석학의 영역이 넓어짐과 동시에 정상과 비정상의 구분이 점점 흐려지고 있음을 보여준다. 옛날에는 건강상태의 몇 가지 특성들이 진단을 통해 규명되었다면, 오늘날에는 질병의 이름 속에 그 질병이 야기하는 무제한적이고 무질서한 숱한 증상 및 지속기간의 의미가 포함되어 있다. 예를 들어, 외상 후 스트레스장애(Post-traumatic stress disorder)나 되찾은 기억증후군(Recovered memory syndrome)은 해당 사건이 발생한지 한참이 지난 후에도 일어날 법한 다양한 증상들을 표현하는 데 이용될 수 있다.

개인의 특성을 고려하지 않는 전통적인 진단법에서는 환자들이 자신의 건강상태를 '외딴곳의' 무엇인가로 객관화할 수 있었다. 이와는 반대로 '만성적 피로증후군' 같은 진단은 그 특성상 어쩔 수 없이 개인적이다. 모든 환자들이 상이한 증상들을 보이며, 환자의 증상을 객관적으로 추적하고 확인할 수 있는 방법은 존재하지 않는다. 이렇게 정신분석학적인 진단법의 범위가 엄청나게 넓어진 결과, 환자들은 힘을 얻는 것이 아니라 그런 이름들 속에서 무력감을 느끼게 되었다. 진단명이 늘어나고 이를 수많은 사람들에게 적용하는 것은 사회의 심각한 타락을, 그리고 주관성의 심각한 위기를 보여준다.

치 료 로 서 의 의 학

치료문화가 주류의학에 영향을 미친 결과, 나쁜 건강상태를 경험하는 환자들 개개인에게 대처하는 것이 의학적 행위의 중요한 특징으로 부각되었다. 대안적 치료 전통을 옹호하는 사람들의 편견과는 반대로, 나쁜 건강상태의 심리학적, 주관적 측면과 관련해서 과학적 의학은 그동안 상당한 성과를 거두어왔다. 여기에는 직업병 연구나 전쟁에서 입은 부상에 대한 연구에서 비롯된 '심신증'(psychosomatic) 같은 개념들이 포함된다. 그리고 말기 증상을 보이는 환자의 고통을 덜어주는 '호스피스 운동'이 성장한 것이나, 약효 연구에 통계적 기법을 응용하여 '플라시보 효과'[위약반응]를 더 잘 이해하게 된 것도 이에 포함된다. 그러나 한때 소수 전문가의 전공이었던, 주관적인 측면에 초점을 맞추는 의료가 의학 영역에 더 넓게 퍼진 것은 훨씬 최근의 일이다.

따라서 예를 들어 스트레스(사업장이나 외상 경험, 불행한 사건들로부터 비롯된)라는 개념이 널리 쓰이면서, '심신증'이라는 용어는 거의 사용되지 않게 되었으며 대신에 '장기간 무능력'이라는 용어를 사용한다. 환자의 고통을 완화시키는 치료는 전문적인 통증클리닉 시설로 확장되었고, 이제는 해명되지 않은 다양한 통증(두통 · 안면통증 · 비정형 가슴통증 · 온몸통증 등)을 다루고 있다. 비록 이런 클리닉들은 여러 통증으로 고통 받는 환자들이 많아지면서 정통적인 전문 분야에서 모두 감당하기 힘든 상황에 대처하기 위해 만들어진 것이지만, 그런 클리닉이 있다는 사실만으로 사람들은 점차 그 서비스를 이용하게 된다. 이 클리닉들은 점차 더 많은 진단명을 제공하면서도, 동시에 항우울제와 인지요법을 겸비한 치료법 및 상담을 제공하고 있다(놀랄 것도 없이 이들 클리닉은 수많은 대안적 치료법을 제공한다). 효과적인 치료법이 없었던 과거에는 의사들의 환영을 받았지만, 그 약효에 대한 연구를 힘들게 한다고 해서 과학적 의학의 조롱을 받기도 했던 플라시보 효과는 오늘날 그 자체로서 정당한 치료법이라면서 또다시 (대체의학 의료인들에게만이 아닌 많은 이들에게서) 환영받고 있다.

의학적 행위는 점점 질병 치료에서 벗어나 아무런 질병도 진행되지 않는 사람들의 나쁜 건강상태를 완화시키는 쪽으로 이동해왔고, 이로 인해 엄청난 결과들이 등장했다. 첫 번째는 건강에 대해 환자와 정보를 나누고 그에게 감정이입하는 의사들의 기법과 관련된 문제인데, 지난 십 년간 그 경향은 한쪽 극단에서 반대편 극단으로 이동했다. 과학적 의학의 범위가 효과적인 치료의 제공이라는 측면에 국한되어 있던 20세기 중반까지는 환자를 불쌍히 여기고 그 감정을 이입하는 것이 치료를 하는 의사의 핵심적인 역할이었다. 그런데 의학적 발전(장기이식·관절대체·심장절개 수술 등)의 최전선에 있던 첨단기술 외과 전문분야에서는 전통적인 병상 기법이나 기본적인 예의가 종종 무시되고 있다는 사실을 사람들이 인식하게 되었다. 섬세한 영상과 다양한 진단기법에 의존하고 복잡한 조제약을 처방하는 병원 의사들 내에서는 환자의 과거를 추적하고 신체를 직접 조사하는 유서 깊은 '의사다운' 기법이 점차 무시되어왔던 것이다. 항생제나 항우울제 같은 강력한 약품을 처방할 자격이 중시되면서, 1차 진료기관의 의사들 내에서도 환자의 이야기를 경청하고 확신을 주는 과거의 목가적인 기법은 사라지고 있다.

제거할 장기만 바라보고 마춰된 시간 동안에만 환자를 대하는 우스꽝스러운 외과의 대신, 이제 우리에게는 병상에서 환자를 대하는 기법을 체계적으로 배운 의사들이 있다. '지식과 기술'의 발달만큼이나 중요한, 환자에 대한 올바른 '태도'를 함양하기 위해 의과대학의 커리큘럼은 새로 작성되었다. 환자와 소통하는 기법을 가르치는 정식 교육이 의학교육의 중요한 일부가 되었다. 그 소기의 목적을 달성하는 데 효과적인지 하는 점과는 상관없이(어떤 이는 이 부분에 의문을 제기할 수도 있겠지만) 이런 교육의 중요성은 점점 부각되었고, 이로 인해 과학적 의학의 원리를 가르치면서도 기본적인 임상적 기법이 무시되고 있다는 우려는 더욱 증폭되었다. 서로 교감하는 기법을 훈련하는 것이 예의 없거나 말없는 의사를 만난 환자들에게는 환영받을 만한 일일지 모르지만, 이를 의학교육과 의료행위에 있어서 긍정적인 발전으로 간주할 수는 없다. 이는 질병의 도전에 맞서

왔던 의학의 발전 과정에서, 그리고 오늘날 만연한 치료문화에 의사들이 적응하는 과정에서, 의료전문직에 대한 확신이 사라졌음을 의미한다.

의학이 주관성이라는 측면을 점점 강조하면서 나타나게 된 또 다른 결과가 있다면, 그것은 바로 의학이 개인의 삶과 사회의 더 넓은 영역으로 확장되는 것을 정당화한다는 점이다. 통합의학을 옹호하는 사람들은 의사들이 '생활양식의 여러 요소들' 및 '인간관계의 성격'에 개입하는 것을 환영한다. 이 영역에 대해 의사들이 어느 정도의 자격을 갖추고 있는지 모호한데도 말이다. 그런데도 이제 의사들은 가정폭력, 아동보호, 불완전한 육아, 십대 임신, 알코올 및 약물 남용 등과 같은 문제들에 개입하라는 이야기를 듣는다. 그 결과 자신들이 전문적 지식을 갖고 있는 분야인 의학 영역으로부터 의사들은 점점 더 멀어져간다. 의술을 행하는 대신 그들은 사회복지사 · 교사 · 경찰의 역할을 담당하게 되었고, 의사—환자 관계에는 유해할 뿐인 위압적인 역할을 떠맡고 있다.

결 론

'생의학'을 비판하고 대안적 접근을 주장하는 사람들은, 17세기 프랑스 철학자 데카르트(René Descartes)가 주장한 정신과 물질의 엄격한 분리라는 속박에 생의학이 여전히 머무르고 있다고 반복적으로 비판한다. 인간의 형이상학적인 정신과 기계와 같은 신체를 구분하는 데카르트식 이원론은 신체에 기계론적으로 접근하고 개인의 다른 요소들을 무시하는 과학적 의학의 방식이라고 비판받아왔다.

이런 비판에 대해, 비록 한계는 있었지만 신체를 기계로 바라보는 개념이 놀랄 만큼 생산적이었다는 사실은 강조해둘 필요가 있겠다. 해부학 ·

생리학 및 병리학과 생화학을 장려했다는 사실은 차치하고서라도, 이 개념은 처음 공표된 이후 거의 300년 동안 장기이식 및 인공장기 이식법이 등장할 수 있는 상상적 틀을 제공해주었다. 19세기 중반에 이미 의학적 과학 내부에서 데카르트식 이원론은 그 능력 이상의 힘을 발휘하고 있었는데, 이는 외부 환경과 역학적인 평형을 유지하는 '내부 환경'을 가진 '살아 있는 기계'로 인체를 바라보았던 클로드 베르나르(Claude Bernard)의 개념을 통해서였다. 월터 캐논(Walter Cannon), 한스 셀리에(Hans Selye), 맥팔레인 버넷(Macfarlane Burnet) 및 여러 사람들의 연구를 통해, '항상성'이라는 개념은 내분비학 및 면역학이라는 전문분야가 등장하는 데에 기여했다. 내부 과정을 조절하고 환경과 상호작용하는 신체의 메커니즘에 대한 연구를 통해, 가장 복잡한 기계를 능가하는 '반성하는 신체'라는 개념도 등장했다. 이러한 이론적인 발전들은 갑상선 장애에 대한 치료에서부터 감염성 질환에 대한 항생제 사용에 이르는 치료법의 발전과 동반된 것이었다.

그러나 미국의 신경과학자 안토니오 다마시오(Antonio Damasio)가 지적했듯이, 데카르트식 이원론이 우세해지면서 몇 가지의 부정적인 결과들도 함께 나타났다.[62] 정신에 대한 과학적 탐구를 등한시하고 오로지 신체에만 집중함으로써, 데카르트식 이원론은 정신에 대한 생물학적 연구를 지체시키는 결과를 낳았던 것이다. 프로이트와 여타 학자들에 의해 20세기 초에 시작되었음에도 불구하고 정신분석학이라는 학문이 과학적 의학과 완전히 통합되지 못한 것은 정신에 대한 과학적 연구의 진보가 더뎠음을 말해준다. 억측(정신분석학), 경험주의(행동심리학) 그리고 신비주의(대안적인 정신치료)는 여전히 이 분야에 영향력을 행사하고 있다. 그러나 다마시오가 주장하듯이, 이는 "과학적 의학 내에서 과학적으로 수정되어야 할" 서구 의학 전통의 "취약한 분야"일 뿐이다. 뇌에서의 감정 지각 및 추론 과정 사이의 연관성을 분석하는 다마시오의 연구는, 이 취약한 분야가 향후 나아가야 할 방향을 보여주고 있다(동시에 다마시오는 신경적, 정신적 질병에서 나타나는 통증을 제거하기 위해 "적법하게 생의학적으로 개입하는 것"과 "의학적 영역 외부에서 개인적, 사회적 갈등으로 야기되는 고통을 치료하려는 시도"를 구분한다. 그는 후자를 "완전히 상이하고 해결하기 힘든 문제"라고 간주한다).

영국에서 대체의학을 주장하는 이들 중에서 가장 영향력 있는 인물인 찰스 왕세자는 다음과 같이 말한다. "만일 전통적인 치료법이 보완의학의 영역으로까지 넘어와야 한다면, 그래서 정통의학이 질병의 기술적인 관리만 하게 된다면, 이는 끔찍한 손실일 것이다."[63] 여기서 왕세자는 대략 75년 전 미국에서 과학적 의학에 기반을 둔 의학 교과과정을 장려했던 아브라함 플렉스너(Abraham Flexner)가 '흔히 등장하는' "이상한 오해"라고 말한 것을 언급한다[*Flexner Report*, 1910]. 그 오해는 "과학적 의학의 방법이 환자를 대하는 의사의 특성인 인간애와 충돌한다"는 견해를 말한다. 그러나 플렉스너가 주장했듯이, 과학과 인간애 사이에는 어떤 모순도 없으며, 오히려 '그 반대이다.'

호기심을 자극받았던 때와 마찬가지로 인간은 심장이 터질 듯 아프기 때문에 의학적 연구 및 의료행위에 헌신한다. 그리고 아무리 그 행위의 논리를 학생들에게 깨우칠 의도였다고 해도 교사들은 교훈과 실천을 통해 예민한 감각과 좋은 느낌의 중요성을 되풀이하여 가르치는 것을 잊어서는 안 된다. 따라서 훌륭한 행동은 과학적 방법의 실행과 모순되는 것이 아니다.

만일 대체의학의 등장으로 인해 과학적 의학 종사자들이 그들 고유한 전통의 기본 교리를 다시 상기하게 된다면 이는 유용한 목적에 기여하는 것이다. 그렇지 못하다면, 대체의학의 영향력이 커진다는 것은 그것이 현대의학의 지체 상태를 보여준다는 것, 그리고 현대사회에, 특히 의학전문가 내에 널리 퍼져 있는 과학에 대한 신뢰의 상실을 보여준다는 것을 의미할 뿐이다. 의학적 과학이 한 세기나 전에 뛰어넘은 이론들로 회귀하는 것보다도 근대의학의 타락을 더 잘 보여줄 수 있는 것이 달리 있겠는가?

정리와 토론거리

티파니 젠킨스*

지금까지의 여러 글들은 보완대체의학의 유행 및 이것이 정통 의료행위와 통합되면서 생긴 결과들에 대해 다양한 설명들을 보여주었다. 이 주제들에 대한 여러 의견들은 다음과 같이 요약될 수 있다.

보완대체의학의 유행에 대한 여러 설명들

보완대체의학은 전일론적이다

보완대체의학의 유행에 대한 한 가지 설명은 그것이 인간 전체를 다룬다는 점이다. 이런 주장을 펼치는 사람들은, 보완대체의학 의료인들이 오랜 동안에 걸쳐 환자들의 경험을 충분히 진단하는 방식이야말로 보완대체의학이 유행하게 된 근본적인 이유라고 믿고 있다. 환자들은 자신의 상황을 설명할 충분한 시간을 가지며, 그들 삶의 다양한 영역들을 고찰하게 된

---

* **티파니 젠킨스(Tiffany Jenkins)**는 영국사상연구소의 예술 프로그램 국장이다. 그녀는 이 책 시리즈의 사회 분야 위탁 편집자이다.

다. 이는 정통의학에서보다는 훨씬 더 인간적인 모습을 띤다. 환자들 신체의 건강뿐만 아니라 감성적이며 정신적인 건강까지 고려되기 때문에 그들이 '수리중인' 기계처럼 취급받는 일은 없다. 따라서 보완대체의학의 유행은 소비자의 요구로서 설명할 수 있다고 이들은 주장한다.

보완대체의학에서는 건강을 진단하고 해법을 찾아가는 진찰 과정에서 환자들이 중요한 역할을 하기 때문에 환자와 의사의 관계가 평등하다. 이는 곧 보완대체의학이 환자에게 활력을 불어넣어준다는 의미이다. 이와는 반대로 정통의학에서는 의사들이 환자와 거리를 둔 전문가처럼 행동할 뿐이며, 환자들은 이런 모습에 대해 냉정하며 별 도움이 되지 않는다고 생각하게 된다. 보완대체의학을 지지하는 많은 사람들은 현대의 정통의학이 과거처럼 신뢰를 얻을 수는 없다고 지적한다. 이들은 대중들이 정통의학을 불안하고 인위적인 것으로 생각한다고 주장한다. 반대로 보완대체의학은 더 안전해 보이는 전통적, 자연적인 방법과 재료들을 이용한다.

치료로서의 의학
또 다른 입장으로는, 보완대체의학의 유행에 대한 여러 가지 사회적 설명 방식이 있다는 것이다. 과거의 확실성이 붕괴하면서 사회에서는 폭넓은 불안감이 등장했고, 이를 보여주는 한 가지 현상으로서 사람들은 자신들의 건강에 강박적으로 사로잡히게 되었다. '건강염려증'이라는 것은 일상적인 불쾌감을 의학적 문제로 간주하는 경향을 말한다. 보완대체의학은 건강에 대한 이런 편견을 키우고 강화하며, 구제하기보다는 안심시키는 방식의 치료를 제공한다. 이는 곧, 감성적인 문제를 다루는 치료법에 대한 수요는 늘었지만 실제로 육체적 질병에 대해서는 구체적인 해법을 제시하지 못하는 현상을 설명해준다.

보완대체의학의 유행을 이런 식으로 설명하는 사람들은 그 결과에 대해 관심을 갖는다. 이들은 보완대체의학에서 추구하는 위안이 이런 문제를 만들어낸다고 주장한다. 보완대체의학은 사회적, 개인적 문제를 의학화한다. 보완대체의학은 인내할 수 있는 치료법이나 해결책이 있다는 거짓 믿음을 환자들에게 제공할 수도 있다. 하지만 만일 사람들이 행복하지 않다면, 정면으로 부딪쳐 그 문제를 해결해야만 할 것이다. 이런 문제를 다양한 방법으로 치료할 수 있다거나 반(半)의학적인 문제로 이해하는 것은 문제를 신비화시킬 뿐이며 문제의 해결에는 결코 도움이 되지 않는다.

게다가 의사가 환자들에게 비의학적인 문제를 자문하는 것에도 여러 가지 문제들이 있다. 개인적 삶이나 생활방식을 자문하는 것은, 그럴 자격이 없는 의사들이 환자의 개인적 삶에 간섭하도록 부추길 수 있다. 이 경우에는 의사들이 사회복지사 · 목사 · 교사 심지어 경찰처럼 행동하는 것일 수도 있다. 이런 종류의 자문은 의사들의 전문적 영역이 아니다. 이는 의사들에게 환자들의 비의학적 삶에까지 개입할 수 있는 지나친 권력을 부여하는 것이다. 보완대체의학을 비판하는 이런 입장에서 볼 때, 의학은 의학적 해법을 지니는 문제를 다루는 것에 집중해야 하며 그 외의 영역으로 확장되어서는 안 된다.

정통의학의 중추를 상실하다

보완대체의학이 대중적으로 유행하게 된 현상에 대한 또 다른 설명은, 정통의학의 '중추 상실'이라는 것이다. 이 설명에 따르면, 지난 30여 년 동안 수많은 이유들 때문에 과학적 의학에 대한 신뢰는 위기를 맞이했다. 여기에는 의학계 내부의 문제, 사회 내에서 권위의 위기, 과학 전문가에 대한 대중들의 환상이 깨진 것 등이 포함된다. 과학적 방법 및 치료라는 생각은 비난을 받았고 심지어 일부 과학자들도 이런 생각에 동조하기 시작했다.

이런 견해를 가진 사람들은, 보완대체의학을 환영하면서 정통의학에 회의적인 의사나 간호사들이 환자나 의학에 대해 무책임하다고 주장한다. 정통의학은 질병을 다루는 치료법을 고수해야 하며, 위험에 맞서 흔들려서는 안 될 의무를 갖고 있다. 이들의 주장에 따르면, 정통의학이 붕괴된 것은 보완대체의학이 일종의 대안처럼 혹은 정통의학을 구할 구세주처럼 등장한 데서 그 원인을 찾을 수 있다. 비록 소비자의 요구가 있었다고는 하지만, 보완대체의학이 등장하고 받아들여지면서 그토록 큰 변화가 일어나게 된 원인을 설명할 수 있는 것은 바로 정통의학의 중추가 실패했기 때문인 것이다.

정 통 의 학 과 보 완 대 체 의 학 이 통 합 된 결 과

통합은 동서양의 최선책을 제공해준다

통합을 주장하는 사람들은, 이것이 동서양 양쪽 세계의 최선책을 환자에게 제공하는 것이라고 말한다. 환자들은 자신의 의학적 문제를 치료하기 위해 다양한 선택을 할 수 있으며, 건강을 향상시켜줄 더 많은 충고를 접할 수 있을 것이다. 그들은 의학적으로 치료할 수 있는 질병에 대해서는 정통의학을 선택할 수 있으며, 원한다면 보완대체의학을 결합시킬 수도 있을 것이다. 이런 견해를 가진 사람들은, 통합을 통해 보완대체의학이 전문직으로서 규제를 받을 수 있을 것이며 나아가 보완대체의학을 발달시키게 될 것이라고 주장한다. 이는 곧 환자들이 보완대체의학의 안전함 및 그 치료효과에 대해 확신을 가질 수 있다는 것을 의미한다. 통합을 주장하는 세 번째 이유로는, 통합으로 인해 정통의학이 얻을 수 있는 이점을 든다. 통합으로 인해 정통의학 의료진은 도덕성에 대해 더 많이 생각할 기회와 새로운 자극을 제공받을 것이며, 의료서비스의 본질에 대해서도 새로운 관점을 얻을 수 있을 것이다.

통합은 보완대체의학을 구속하거나 약화시킬 수 있다

통합을 반대하는 사람들은, 통합으로 인해 보완대체의학이 피해를 입게 될 것이라고 주장한다. 규제라는 말은 곧, 만일 보완대체의학 치료가 과학적 근거에 바탕을 둔 것이 아니라면 [정통의학과] 일관된 기준을 따라야 하기 때문에 믿지 못할 것으로 치부되거나 채택되지 않을 수도 있음을 의미하기 때문이다. 국가의료제도의 기준에 따라야 한다는 것은 보완대체의학 의료인들의 진찰시간이 줄어든다는 것을 의미할 수도 있다. 이로 인해 환자들은 자신의 경험에 대해 받아야 할 개인적이고 깊이 있는 진찰 시간을 빼앗길 수도 있다. 그리고 보완대체의학 의료인들을 인정하는 것은 그들을 전문가의 지위로 격상시키는 일이라는 우려도 있다. 이 주장에 따르면, 보완대체의학 의료인들이 전문가로 격상되면 보완대체의학의 독특한 특징인 의료인과 환자의 동등한 관계가 사라질 것이다. 이는 애초에 보완대체의학의 유행을 설명해주던, 정통의학에서 의사와 환자 관계가 멀어진 현상을 재현하게 될 수 있다. 통합을 우려하는 마지막 걱정은, 통합으로 인해 보완대체의학의 '대안적 특성'이 사라질 것이라는 점이다. 보완대체의학의 한 가지 매력은 그것이 주류의학과는 다르다는 사실이었다. 만일 정통의학과 아무런 차이가 없게 된다면, 소비자들은 보완대체의학에 대해 계속 관심을 갖지 않을지도 모른다.

통합은 정통의학의 중요한 원리를 잠식하거나 파괴할 수 있다

통합을 반대하는 사람들은, 통합으로 인해 정통의학의 주요한 원리가 사라질 것이라고 주장하기도 한다. 통합은 의학적 과학이 100년 이상 유지해왔던 이론들을 전복할 수도 있다. 이런 생각을 갖는 통합 반대자들은, 정통의학이 관찰과 분류라는 경험주의적 전통으로부터 나왔다고 설명한다. 정통의학은 추론과 실험이라는 방법을 통해, 구체적인 것으로부터 일반적인 것을 이론화하는 과정을 통해, 그리고 가설을 세우고 이를 검증하는 방식을 통해 발전해왔다. 과학적 의학은 이전에는 진리라고 여겨지던 것들을 새로운 발견으로 대체시킴으로써 발전해왔다. 그러나 보완대체의학은 자연의 법칙에 대해 의문을 제기하지 않으며, 기존의 권위에 복종한다. 보완대체의학 의료인들은 고대의 직관을 자연법칙의 영원한 진리로 변질시킨다. 보완대체의학의 이런 원리를 정통의학과 통합시킨다는 것은 정통의학의 성과를 파괴할 뿐이다. 왜냐하면 정통의학은 원래 회의적이고 반항적인 특성을 지니고 있으며, 세속적이거나 신성한 권위에 도전하면서 인간의 감각적 증거와 수동적인 사고에 의문을 제기해왔기 때문이다. 따라서 정통의학과 보완대체의학을 통합하는 것은 정통의학의 후퇴를 의미할 뿐이다.

다양한 글을 모은 이 장은 보완대체의학의 등장에 대한 해석 및 정통의학과의 통합이 낳을 결과에 대해 여러 가지 상반된 입장을 담고 있다. 지난 20여 년 동안에는 이 주제에 대한 논쟁이 거의 없었지만, 여기에 묶인 글들로 인해 의학의 미래에 대해 의미 있는 토론이 시작되었으면 한다. 그리고 독자들이 이 장을 통해 토론을 시작할 수 있는 중요한 함의를 찾길 바란다.

맞춤아기(Designer Babies):

경계선을 어디쯤에 그어야 할 것인가?

배경과 초점

엘리 리*

'맞춤아기'라는 말은 이제 일상적인 용어가 되었다. 그런데 '맞춤아기'란 무엇을 의미하는 것일까? 아담 내쉬(Adam Nash)는 세계 최초로 태어난 맞춤아기라는 꼬리표를 달고 있다. 아담이 될 수정란은 착상전 유전자 검사를 통해 유전적으로 선택되었으며, 이를 통해 누나 몰리(Molly)가 앓고 있는 심각한 그리고 때로는 치명적이기까지 한 판코니 빈혈(Fanconi's anaemia)을 유발하는 유전적 결함이 없다는 것이 미리 확인되었다(이 기술에 대해서는 뒤쪽에서 더 자세히 설명하고 있다). 2000년 8월, 판코니 빈혈 없이 태어난 아담은 누나를 위한 기증자가 되었다. 그가 제공한 혈액 덕분에 누나의 생존 가능성은 두 배로 높아졌다.

많은 논평자들에 따르면, 이 아이를 '맞춤' 아이라고 부를 수 있는 이유는 이 아이가 중요한 선례를 제시했기 때문이다. 아담의 사례는 과학을 이용하여 부모가 자식의 유전자 구성을 선택할 수 있다는 가능성을 현실로

---

* 엘리 리(Ellie Lee)는 사우스햄프턴 대학에서 사회학과 사회정책을 가르치며, 정신건강과 생식기술 규제 분야에서의 사회 문제 및 정책 개발 사회학을 연구하고 있다. 그녀는 『논쟁』 시리즈 법 분야의 책임 편집자를 맡고 있다.

보여주었던 것이다. 그리고 논평자들은 이를 위험한 진전으로 간주했다. 부모가 아이의 다양한 유전형질을 디자인한다는, 바람직하지 않은 상황으로 이어질 수도 있기 때문이다.

2002년 2월, 인간수정 및 배아 연구관리청(Human Fertilisation and Embryology Authority, HFEA)이 리즈(Leeds)에 사는 한 부부에게 착상전 유전자 검사를 받아도 좋다고 허가함으로써 영국에서도 최초로 '맞춤아기'가 창조될 가능성이 예고되었다. 착상전 유전자 검사에 대한 HFEA의 규정은 뒤에서 더 자세히 논의하겠지만, 많은 사람들이 HFEA의 이 결정을 '획기적'이라고 평가했다.

샤하나 하시미(Shahana Hashmi)와 라즈 하시미(Raj Hashmi) 부부는 혈액병의 일종인 탈라세미아(thalassemia)[지중해빈혈]를 유발하는 유전자 결함이 없는 배아를 선택하기 위해 이 기술을 사용할 수 있다는 허가를 받았다. 그렇게 태어난 아기는 그의 오빠/형의 골수 이식자가 될 예정이었다. 하시미 부부에게는 이미 탈라세미아를 앓고 있는 아이가 한 명 있었는데, 부부는 그 아이의 생명을 구할 수 있는 적합한 골수 이식자를 찾을 수 없었기 때문에 착상전 유전자 검사를 신청했던 것이다. 이 허가가 내려진 직후, 비슷한 목적으로 착상전 유전자 검사를 신청하고 싶어하는 사람이 여섯 커플에 이른다는 소식이 전해졌다. 내쉬의 경우에 그랬던 것처럼, 하시미의 경우에도 착상전 유전자 검사가 야기할 수 있는 '윤리적 문제'와 잠재적 난점들을 논하는 글에서는 '맞춤아기'라는 용어가 등장했다.

이 장을 여는 첫 글에서 베로니카 잉글리쉬와 앤 솜머빌이 논하고 있듯이, '맞춤아기'란 착상전 유전자 검사와 같은 생식기술을 사용해서 태어난 아이를 묘사하기 위한 중립적 용어가 아니다. 오히려 이는 의도적인 경멸조의 표현으로서, 그 기술의 사용이 위험하거나 문제가 있다는, 혹은 그럴 가능성이 있다는 생각을 담고 있다. '맞춤아기'에 관한 거의 대부분의 논의에는 생식기술의 사용과 그 발전에 제약을 가할 필요가 있다는 주장이 수반된다. 이런 점에서 '맞춤아기'라는 개념은 '경계짓기'에 대한 요구를 동반하고 있다. 즉, 예비부모들이 자신의 아이를 '디자인하는' 관행이 생기는 것을 방지하거나 혹은 적어도 제약하기 위해서 법을 제정하고 엄격한 정책을 만들어야 한다는 것이다.

여기 실린 글들의 목적은 착상전 유전자 검사 및 관련 기술들에 관한 그러한 우려들 속에서 무엇을 취할 것인가에 대해 토론하는 것이다. 우려할 만한 이유는 충분한가? 굳이 경계를 지을 필요는 있는가? 이런 관점을 받아들이는 쪽과 이를 고려조차 하지 않는 쪽, 그 어느 쪽에나 사람들은 있다. 우리는 그들이 자신들의 글을 통해 생식기술의 사용에 찬성하거나 반대하는 입장을, 그리고 그 사용과 발전에 규제를 해야 하는지 말아야 하는지에 대해 확실하고 납득할 만한 입장을 세워주기를 바란다. 그리고 그들의 주장에 근거해서 독자들 또한 경계를 그어야 할 것인지, 한다면 어디쯤에 그어야 할 것인지를 스스로 결정할 수 있게 될 것이다. 도입의 나머지 부분에서는 뒤에 나올 글들에 대한 배경지식을 제공한다는 목표에서, 다음 장들에서 논의될 기술들의 절차(modus operandi) 및 현재 그 사용을 규제하고 있는 법률 체제를 요약하도록 하겠다.

기 술

착상전 유전자 검사(PGD, Preimplantation Genetic Diagnosis)

이 기술은 이 책의 기고자 모두가 논하고 있는 것으로서, '맞춤아기' 논쟁의 핵심에 놓여 있는 기술이다. 1980년대 말부터 사용되기 시작한 이 기술은 유전적 결함 여부에 따라 완전한 임신이 되기 전에 배아를 선택하거나 버릴 수 있는 가능성을 최초로 열어주었다. 이 기술에는 시험관 시술과 유전자 검사라는, 두 종류의 기술이 결합되어 있다. 시험관 시술에서는 여성의 몸 밖에서 수정이 이루어진다. 즉, 실험실에서 정자와 난자를 한 곳에 모아 배아를 만드는 것이다. 시험관 시술은 처음에는 불임을 치료할 목적으로 개발되었으며, 성관계만으로는 임신이 되지 않는 커플의 임신을 돕는 기술이었다. 그런데 착상전 유전자 검사에서는 이 기술이 다르게 사용된다. 임신을 위해 배아를 예비엄마의 자궁으로 바로 옮기는 대신에, 배아가 잘못된 유전자를 가지고 있는지를 먼저 검사하는 것이다.

착상전 유전자 검사를 사용하는 커플에게는 전형적인 시험관 시술에서 사용하는 것과 유사한 방식의 개입이 이루어진다. 여성은 난소를 자극하는 호르몬 주사를 맞는다. 그러면, 하나의 난자만 성숙해지면서 배란이 일어나게 되는 전형적인 월경과는 달리, 여러 개의 난자가 한꺼번에 성숙해지면서 각각이 인공적으로 수정 가능한 상태가 된다. 난자가 적당한 크기가 되면 시험관 시술에서 하는 것처럼 초음파의 도움을 받아 난자를 수집한다. 이와 동시에 여성의 파트너로부터는 정액을 얻는다(만일 불임의 원인이 정자의 질과 관련되어 있을 경우, 일반적인 시험관 시술에서는 이 단계에서 기증된 정자를 사용한다). 난자를 인큐베이터에 놓고 거기에 정자를 더하면 수정이 시작된다. 난자를 수집한 후 4~6시간 사이에 수정이 일어나면 수정란을 2~3일 정도 실험실에서 키운다. 이것이 끝날 무렵, 배아는 8세포기에 이르고 1/10mm 정도의 크기가 된다. 일반적인 시험관 시술에서라면 이 단계에 이르렀을 때 난자를 3개 정도까지 자궁으로 옮겨놓는다. 하지만, 착상전 유전자 검사에서는 먼저 유전자 검사를 실시해서 특정 유전자가 없는 배아만을 자궁으로 옮겨놓는다.

현재 착상전 유전자 검사는 주로 단 한 개의 유전자 변형 때문에 발생하는 몇몇 질병과 관련해서만 사용되고 있다. 이런 경우에는 배아세포 한 개를 검사해서 질병을 유발하는 유전자 결함이 존재하는 지를 확인한다. 지금까지 조사된 이와 같은 질병들로는 낭포성섬유증, 겸형 적혈구 빈혈증, 헌팅턴 무도병, 베타 탈라세미아[베타 글로빈에 이상이 생겨 나타나는 지중해성 빈혈], 가족성 선종성 용종증(장암의 일종)이 있다. 착상전 유전자 검사는 이런 질병의 가족력을 가진 사람들이 이 병에 걸린 아이가 태어나는 것을 막기 위해 사용되어왔다. 연구를 통해 단일 유전자 질병에 관련된 특정한 유전자 결함이 꾸준히 밝혀지고 있기 때문에 이 질병 목록은 앞으로 더욱 길어져갈 것이다.

성별과 관련된 질병들, 즉, 여성에 의해 유전되는 일부 유전질환들도 검사가 가능하다. 이런 질환들에 대해서 X염색체가 두 개인 여성은 건강한 보균자로 지낼 수 있다. 그러나 X염색체를 하나만 (그리고 Y염색체 하나를) 갖고 있는 남성은 X염색체 상의 결함 때문에 태어날 때부터 질병 증상을 보이게 된다. 따라서 이런 질병에 대해서는 배아를 검사해서 여성 배아만을 옮겨놓는다. 이론상 X염색체와 관련된 질병이라면 무엇이나 이런 방식으로 검사할 수 있다. 현재 흔히 검사되는 X염색체 관련 질병들로는 뒤셴 근이영양증, 혈우병 A, 중증 합병형 면역 결핍, 취약X증후군이 있다.

그러나 심장병, 당뇨병, 알츠하이머와 같이 흔하게 걸리는 질병의 원인은 아직까지 잘 알려져 있지 않다. 이 질병들은 수많은 유전자와 환경 요소의 복합적인 관계에 의해 유발되는데, 아직까지는 그 관계가 제대로 밝혀지지 않았기 때문이다. 흔하게 걸리는 질병들처럼, 키나 몸무게와 같은 형질들도 매우 복합적으로 결정되는 것이기 때문에, 미래에는 가능해질지도 모르겠지만 현재로서는 검사가 불가능하다. 그 특성들이 유전자의 영향을 받는지, 받는다면 어떤 식으로 영향을 받는지도 아직까지는 밝혀지지 않았다. 따라서 이 책에서 논의될 유전적 향상(genetic enhancement)과 관련된 문제는 현재 일어나고 있는 문제라기보다는 미래의 발전 가능성에 관한 우려라고 할 수 있다.

착상전 유전자 검사를 통해 유전 결함이 없는 것으로 확인된 배아는 자궁으로 옮겨져 임신이 되기를 기다린다. 이때 최대 3개까지 사용된다. 유전적 결함이 발견된 배아들은 허가받은 연구에 사용되거나, 몇 시간 동안 방치하여 죽게 내버려둔다.

산전 검사

이 책에서 논의되는 또 다른 기술로는 산전 검사를 들 수 있는데, 사실 이 검사는 여러 개의 검사들로 구성되어 있으며 이미 임신한 여성에게 행해지는 것이다. 다양한 검사가 이루어지는데, 그 중에는 태아가 특별한 질병에 걸렸는가가 아니라 그 질병을 가질 가능성이 있는가를 추정해보는 검사도 포함되어 있다. 어떤 검사에서는 특정 태아가 특정 질병에 실제로 걸려 있는지 여부를 진단하기도 한다. 일부는 수년 간 이루어져왔고 일부는 최신 기술이며, 또 일부 검사는 오늘날 정규절차와도 같은 것이 되어버렸기 때문에 임산부가 하지 말아달라고 요청하지 않는 한 보통은 검사를 받게 된다. 그 반면, 일부 검사는 '고위험군'에게만 사용된다. 산전 검사를 통해 태아의 장애를 알게 되었을 때 임신중절을 할 것인가, 말 것인가를 결정하는 문제는 이 책에서 의견이 분분한 문제 중의 하나이기도 하다.

초음파 검사

임신 중인 여성은 진단을 목적으로, 때로는 다른 이유에서 초음파 검사를 받을 것이다. 임신 초기(대략 임신 12주 무렵)에는 임신이 건강하게 진행되고 있는지를 확인하고 태아의 나이를 정확하게 결정하며 쌍둥이 여부를 확인할 목적에서 일상적으로 초음파 검사를 한다. 그러나 아주 심각한 정도가 아니라면 이 단계에서 결함이나 이상 여부를 초음파로 확인하기는 힘들다. 18~20주 사이에 추가적으로 초음파 검사가 이루어지는데, 이는 태아의 신체에 발생학적 문제가 있는지를 체크하기 위한 것이다. 이 검사를 통해 척수나 두뇌, 심장 등에서의 문제를 확인할 수 있다.

목둘레 투명체 검사

이 검사는 임신 10~14주에 이루어진다. 하지만 국가의료제도(NHS, National Health Service)의 적용 대상이 아니므로 필요하다면 개인적으로 해야만 한다. 이 검사는 고화질의 세밀한 초음파를 이용해 다운증후군을 의미하는 표시를 조사하는데, 태아 목 주변의 유동체 층이 두꺼워지는 것도 이런 표시에 속한다. 연구 결과에 따르면, 이 검사는 다운증후군의 위험을 예측하는 데 있어 꽤 정확한 편이라고 한다.

산모 혈액 검사

산모의 혈액으로 하는 이 검사는 임신 15~18주의 산모에게 흔히 행해진다. 이 검사에서는 산모의 혈액 샘플 속에 포함된, 태아가 만들어낸 물질의 양을 측정한다. 이러한 물질의 양과 여성의 나이, 체중, 임신 기간을 종합적으로 고려하여 태아가 특정한 질환을 앓고 있을 가능성을, 예를 들면 300대 1, 즉 300명의 아기가 태어나면 그 중 한 명이 특정 질환을 앓고 있다는 식으로 그 가능성을 계산한다. AFP(Alpha fetoprotein, 알파 태아성 단백)라는 화학물질의 농도가 높게 나타나면 태아에 척추이분증과 같은 척수 결함이 있을 가능성이 있다. '트리플 테스트'로는 다운증후군을 조사한다. 이는 AFP가 저농도인지, hCG라 부르는 호르몬과 에스트리올 호르몬의 농도가 정상보다 높은지를 측정하는 검사이다. 하지만 이 검사는 그리 정확하지 않기 때문에, 혈액검사를 통해 위험이 높은 것으로 나타났다고 해서 태아에 장애가 있는 것으로 진단되는 것은 아니다. 위험도가 높은 것으로 나타나면 양수검사 같은 검사를 추가로 받기도 한다.

양수검사

이 검사는 보통 35세 이상의 산모나 혈액검사를 통해 위험도가 높은 것으로 나타난 산모들에게 이루어진다. 다운증후군 진단에 사용되며(거의 100% 정확하다), 테이-삭스(흑내장가족성백치)와 같은 질병의 진단에도 이용된다. 검사 과정은 초음파의 도움을 받아 복벽으로 주사바늘을 찔러넣어 태아를 둘러싼 주머니에서 액체를 뽑아낸다. 그런 뒤, 이 액체에 포함되어 있는 태아의 세포를 검사한다. 이 검사는 임신 15~16주가 되기 전에는 시행하지 않으며, 1/100 정도의 유산 위험이 있다.

융모막 검사

융모막 검사도 태아의 세포를 검사하는 것인데, 임신 9~11주 사이에 이루어지며 양수검사보다는 유산을 유발할 위험성이 조금 더 높다. 이 검사에서는 아주 작은 태반 조직을 분석한다. 태아와 태반이 처음에 동일한 세포에서 분화되었으므로 태반에는 태아의 세포가 포함되어 있기 때문이다. 자궁경부를 통해 들어간 작은 관이나 복벽을 통해 넣은 주사바늘을 통해 태아의 세포를 모은다. 때로는 불확실한 진단이 내려지기도 하므로 확실한 결과를 얻기 위해 양수검사를 더 하기도 한다.

제대혈 검사

이는 초음파를 따라 주사바늘을 탯줄로 찔러넣어 태아의 혈액 세포를 뽑아내는 검사이다. 융모막 검사와 비슷하지만, 태아의 혈액 세포를 모으기 때문에 결과를 더 빨리 얻을 수 있다. 임신 18주부터 검사할 수 있다.

법 률

착상전 유전자 검사와 관련법

착상전 유전자 검사에 관한 직접적인 규제 법률은 존재하지 않는다. 다만 이는 1990년 제정된 인간수정 및 배아 연구법(Human Fertilisation and Embryology Act, 1990)에 따라 규제되고 있다. 이는 인체의 밖에 존재하는 인간 배아와 관련된 모든 활동들, 즉 시험관 시술이나 연구를 통해 배아를 만들고 사용하고 냉동 보관하는 모든 활동을 규제하는 법이다. 이 법에 따르면, 생후 14일이 지난 인간배아에 대한 연구는 금지되어 있다.

(착상전 유전자 검사를 포함하여) 시험관 시술과 관련해서, 시험관 시술을 시행하고자 하는 병원은 인간수정 및 배아 연구법 시행을 감독하는 HFEA 로부터 면허를 받아야 한다. 또한 시험관 시술을 하는 센터들은 매년 HFEA의 조사를 받아야만 한다. 착상전 유전자 검사에 대해 인간수정 및 배아 연구법에서 가하고 있는 단 하나의 제약은 이 기술의 사용에 대해서는 이를 사용하고자 하는 센터가 직접 그 판단을 내려야 한다는 것이다. 이 법의 13조 5항에 따르면 "해당 여성에게 시술 결과로 태어나게 될 아기나 그 출생으로 인해 영향을 받을 수 있는 아이의 행복에 관해 설명을 하지 않았다면 그 여성에게 그 시술을 해서는 안 된다." 그러나 '아이에게 가장 이로운 것'이 무엇인가에 관한 해석은 병원의 판단에 맡겨진다. 관련 임상의의 견해에 따라 특정 커플이나 개인의 착상전 유전자 검사 신청이 받아들여질 것인가의 여부가 결정되는 것이다. 일부 사람들은 이 조항이 임상의로 하여금 '바람직하지 못한' 잠재적 부모들을 '배제시키도록 한다'고 해석하기도 했다.

시험관 시술 면허 외에도 착상전 유전자 검사를 시행하는 센터들은 HFEA가 발행하는 또 다른 면허도 갖고 있어야 한다. 이는 착상전 유전자 검사의 일부인 유전자 검사에 대한 센터의 능력을 인정해주는 면허이다. 이 면허는 병원 의료진이 HFEA가 만족할 만큼 이를 능숙하게 시술할 수 있는 경우에 한해서만 발급된다.

센터들이 어떤 유전적 장애와 질병(혹은 잠재적인 특성)을 가려내야 할 것인가 하는 문제는 HFEA의 허가 위원회(licensing committee)에서 결정한다. 이 결정은 사례별로 이루어진다. 현재까지 검사 가능한 유전적 장애가 불허된 적은 한 번도 없었다. 그러나 1993년 위원회가 비의학적인 이유에서 이루어지는 성 감별에 대해 심의 끝에 금지 결정을 내린 적은 있다. 2000년 모닥불 사고로 세 살짜리 딸을 잃은 알란 매스터슨(Alan Masterson)과 루이스 매스터슨(Louise Masterson) 부부가 비의학적 성 감별 금지를 재고해달라고 요청했을 때에도 이 결정은 누차 확인되었다. 네 아들의 부모였던 이 커플은 착상전 유전자 검사로 성 감별을 하고자 했으나 그 요청은 거부되었다. 계속해서 성 감별을 금지하는 것에 대해 HFEA의 관장인 루스 디치(Ruth Deech)는 이렇게 말했다. "대중도, 우리도 맞춤아기라는 발상을 좋아하지 않으니까요."

산전 검사와 관련법

어떤 법으로도 임산부의 산전 검사는 규제하지 않는다. 하지만 이와 유관한 것으로 1967년의 임신중절법(Abortion Act 1967)을 들 수 있을 텐데, 이에 따르면 태아에게 유전적이거나 다른 질병이 있다는 진단을 받았을 때 산모는 임신중절을 고려하거나 요청할 수 있다.

이 법에 따르면, 임신을 유지하는 것이 산모나 이미 태어난 자식들의 물리적, 정신적 건강에 위협이 된다는 점에 의사 두 명이 동의를 하면 임신 24주 이내에는 중절이 합법적이다. 하지만 태아가 중증 기형이 될 심각한 위험에 처해 있는 것으로 진단되었을 경우에는 이 기한이 적용되지 않는다.

태아의 질병을 진단하는 검사 중에는 임신 후반에 이루어지는 것도 있기 때문에, (산모의 목숨이 위태로운 경우를 제외한) 모든 경우에 적용되는 시한이 이 경우에 대해서는 면제되어야 한다는 것이다. 이 근거에 따라 1999년 1년 동안 임신 24주를 넘긴 중절은 89건이 이루어졌다. 기형으로 인한 임신중절이 임신 기간 전체를 통틀어서는 총 1,813건에 걸쳐 이루어졌는데, 그중 다운증후군이 329건이었고 신경계 유전 장애가 434건을 차지했다.

산전 검사는 법적 규제의 대상이 아니지만, 관련된 전문가 집단이 정한 가이드라인은 알려져 있다. 예를 들어 산과 및 부인과 의사를 위한 로열 칼리지(Royal College of Obstetricians and Gynaecologists)는 산전 검사와 진단에 필요한 훌륭한 시술 절차를 마련하여 그 회원들을 교육하고 있다. 이에 따르면 훌륭한 시술이 되기 위해서는 이 과정에 관련된 모든 사람들이 다음의 사항들을 확실히 해야 한다. 여성과 그의 파트너가 "각각의 검사에 관련된 득과 위험을 알고" 있고, "해당 여성이 그에 대한 지식을 갖고 동의를 할 때에만" 검사가 이루어져야 하며, 여성과 그의 파트너는 "자신들이 고른 선택이 무엇이든 간에 그것을 하는 데 주저함이 없어야 한다." 적절한 정보가 제공되었는지, 산전 검사 및 진단의 시술 시에 선택의 자유가 존재했는지의 문제는 이 책의 기고자들이 중요하게 다루고 있는 부분이기도 하다.

이 장의 논자들은 이러한 기술적, 법적 배경에 기초하여 자신들의 주장을 펼쳐나간다. 베로니카 잉글리쉬와 앤 솜머빌의 글에서 다루는 주요한 이슈는 논쟁에서의 균형의 필요성이다. 한편으로, 그들은 출생 전에 자식의 건강과 형질에 영향을 미치고자 하는 부모들의 시도에 대해 그 새로움을 지나치게 과장하지 않는 것과, 그렇게 하려는 부모들의 동기를 왜곡하거나 비방하지 않는 것이 중요하다고 주장한다. 다른 한편으로는, 충분한 근거 위에서 생식기술에 대해 우려를 표하는 사람들도 존재한다고 주장한다. 특히 그 안에는 부모와 '맞춤' 아기 사이의 관계의 특징에 주목하는 사람들과, 생식기술을 장애인에 대한 차별의 한 형태로서 해석하는 사람들이 포함되어 있다.

이와 같은 주제, 즉 착상전 유전자 검사, 그리고 특히 산전 검사가 장애인을 차별하는 기술이고 그렇기 때문에 제약을 가해야 한다는 문제를 다루고 있는 것은 아그네스 플레처(Agnes Fletcher)와 줄리엣 티저드(Juliet Tizzard)이다. 아그네스 플레처는 이 기술들이 장애인의 삶을 해치고 있으며 그런 이유에서 예비부모들이 이 기술을 사용하는 것은 제한되어야 한다고 말한다. 하지만, 줄리엣 티저드는 그런 걱정을 잘못된 것으로 간주하면서, 사회적으로는 장애인의 권리를 존중하는 동시에 예비부모로 하여금 유전 결함이 있는 아이를 가질지 말지를 선택하도록 허용하는 것이 가능하다고 주장한다. 티저드는, 자신의 관점에서 볼 때 최근 대부분의 논쟁에서 부차적인 문제로 여겨지고 있는 문제점들, 즉 착상전 유전자 검사에 접근하기 어렵다는 점과 비용이 비싸다는 점, 그렇기 때문에 그것을 필요로 하는 잠재적인 부모들의 시술을 막고 있다는 점에 관심을 집중시키고 있다.

줄리엣 티저드처럼 존 해리스(John Harris) 역시 생식기술이 내포하고 있는 위험은 그리 크지 않다고 믿는다. 그는 이러한 개입술의 사용을 거부할 만한 강력한 윤리적인 근거가 존재하지 않는 한 자유를 중요시하는 사회에서는 사람들로 하여금 스스로 선택할 수 있게 해야 한다고 주장한다. 그저 싫다거나 혐오스럽다는 이유로 다른 사람의 선택을 제약하는 일은 정당화되기 어렵기 때문이다. 해리스가 보기에는, 비의료적 성 감별이나 지능, 재능을 유전적으로 향상시키는 경우에 대해서조차도 그것을 막을 만한 강력한 근거는 존재하지 않는다. 마지막 글에서 조세핀 퀸타빌레

(Josephine Quintavalle)는 출산의 자유에 관한 해리스의 주장에 반대를 표명하고 있다. 이 글에서 그는 부모와 사회 전체가 임신의 자연스러운 결과를 인정하게 만드는 긍정적인 가치를 보호해야 한다고 주장하고 있다.

경계짓기:
균형의 필요성

베로니카 잉글리쉬* & 앤 솜머빌**

여기에 제시된 견해는 논자들의 생각으로서, 영국 의료협회와는 관련이 없다.

2025년 저녁파티로 가보자. 어떤 사람이 스미스씨 가족은 파란 눈을 가진 딸을 얻기 위해 돈을 썼다고 이야기한다. 차라리 그 아이의 음악적 재능을 키우는 데 쓰는 편이 낫지 않았을까? (『이코노미스트』[The Economist], 사설, 2001년 4월 14일)

역사를 보면, 사람들은 자신들이 바람직하다고 생각하는 대로 자식을

---

* 베로니카 잉글리쉬(**Veronica English**)는 영국 의료협회(British Medical Association) 의료윤리 분과의 부의장이다. 의사들에게 윤리적 자문을 제공하고, 다양한 윤리적 이슈에 대한 지침과 보고서를 작성하는 일을 맡고 있다. 1994년 영국 의료협회에 합류하기 전에는 불임 시술 규제에 관한 자원 단체, 규제기관과 7년 동안 함께 일하기도 했다.
** 앤 솜머빌(**Ann Sommerville**)은 1987년부터 영국 의료협회에서 일해왔으며, 현재는 영국 의료협회 의료윤리 분과의 의장을 맡고 있다. 의학, 윤리, 법, 인권이 만나는 접점에 많은 관심을 가지고 있다.

강하게 만드는 방법을 찾아왔다. 육체적인 매력을 원하는 사람도 있고, 가상의 스미스씨 가족처럼 파란 눈을 가진 아이를 원하는 사람도 있으며, 또 음악적 능력과 같은 특별한 재능을 원하는 사람도 있다. 이를 달성하기 위해서는 오직 두 가지 방법, 즉 배우자를 주의 깊게 고르거나 또는 잘 먹이고 특별한 재주를 가르치는 등 아이가 자라나는 환경을 낫게 만들어주는 방법만이 존재했다. 그 중 어느 쪽도 확실한 결과를 보장해주지는 못했고, 그저 핸디캡을 약간 줄여줄 뿐이었지만 말이다. 재능 있고 매력적인 아이가 나올 수 있도록 제아무리 주의를 기울여 계산한다 하더라도, 결정적 영향을 미치기에는 예비부모의 역량이 부족했다. 이 점에 대해서는 극작가였던 조지 버나드 쇼(George Bernard Shaw)도 강조한 적이 있다. 그의 팬 한 사람이 그의 위트와 무용가 이사도라 던컨(Isadora Duncan)의 아름다움과 우아함을 고루 갖춘 아이가 태어난다면 사회의 보물이 될 것이라고 말한 적이 있었다. 그에 대해 쇼는 이렇게 대답했다. "부인, 그 아이가 그녀의 두뇌와 내 얼굴을 타고날 끔찍한 가능성을 생각해보신 적은 있습니까?"

오늘날에는 부모들이 생식의 여러 측면을 인위적으로 조절할 수 있다. 가족의 규모와 터울을 조절할 수도 있다. 성별에 따라 나타나는 중증 질환의 위험이 있을 경우, 질환을 피하기 위해 부모가 아이의 성별을 선택할 수도 있다. 산업화된 나라들에서는 점점 더 적은 수의 자녀를 가지려 하면서도 양육에는 더 많은 노력을 투자하면서 양보다 질을 강조하고 있다.

어떻게 정의되든 간에, '질'은 여전히 변화무쌍한 자연적 생식에 의해 대부분 결정된다. (착상전 검사부터 성형수술, 거대한 미용 산업에 이르는 여러 개입을 통해) 완벽에 이르는 장애물을 제거하는 기술이 발전하고는 있지만, 이런 것들이 부모들에게 아이의 아름다움이나 재능을 보장해주는 것은 아니다. 자궁에 있을 때부터 아기가 음악과 언어를 이해할 수 있도록 만들고자 하지만, 그 무엇도 그런 재능을 보장해주지는 못한다. 과학이 새로운 가능성을 열어주었을 수는 있지만, 부모에게 열린 이 선택의 자유를 제한해야 하는가 하는 문제 또한 이와 함께 제기된다.

자 연 적 방 법 v s 과 학 적 방 법

아들을 낳고 싶다면 아빠의 왼쪽 고환을 묶어야 한다고 충고했던 아리스토텔레스의 시대, 적어도 그때부터 부모들은 선택을 하기 위해 노력해왔다. 예비부모들은 벌써부터 아이의 유형에 영향을 미쳐 더 좋은 쪽으로 만들고자 다양한 종류의 일들을 해왔다. 신문의 '애인 구함'(lonely heart) 광고란을 보면 사람들이 사귀고 싶은 상대의 유형을 꽤 소상히 정해놓고 있다는 사실을 알 수 있다. 파트너를 선택하면서 장래 태어날 아이의 구체적인 특성까지 곰곰이 생각하지는 않겠지만, 함께 아이를 낳을 부모로서 상대방이 적절한가 하는 고려가 적어도 어느 정도의 영향은 미칠 것이다.

　워츠(Wertz)와 플레처(Fletcher)에 따르면, 회음부 절개, 겸자 사용, 선택적 제왕절개와 같은 방법들이 지난 세기 초에 출산 과정의 일부로 도입된 것은 "그 당시 산모와 의사가 공유했던 생각, 즉 더 완벽한 아이를 낳으려는 소망과 자연적 과정에 대한 불신"에서 기인한 것이었다.[1] 여성들은 신경관의 결손 위험을 줄이기 위해 임신하기 전부터 엽산을 복용한다. 엄마가 되기를 바라는 사람들은 무엇을 먹고 무엇을 피해야 하는지에 관한 정보를 얻기 위해 노력한다. 그들은 술과 약물을 삼간다. 자신들의 아이를 최고로 시작하게 해주고 싶어하는 사람들은 점점 커져가기만 하는 육아 관련 출판왕국에 돈을 지불한다. 발육 중인 아이의 건강에 대해 이렇게 강박적이라 할 수준의 관심이 암묵적으로 조장되고 있다.

가족의 안녕과 사회적 출세를 위한 부모들의 노력은 여기서 멈추지 않는다. 부모가 선호하는 학교에 들어갈 수 있도록 어렸을 때부터 아이들에게 사교육을 시킨다. 축구, 음악, 댄스처럼 사회적으로 인정받는 활동에서 빼어난 실력을 갖추도록 아이들을 장려하거나 강요한다. 얼마나 많은 아버지들이 프로 축구선수가 되고 싶었던 자신의 꿈을 아이의 묵종에 힘입어, 혹은 그런 묵종마저도 없는 상태로 아이들에게 떠넘겨왔던가? 부모들은 상당한 시간과 노력, 돈을 투자하여 똑똑하고 사회적으로 잘난 아이를 만들기 위해 노력하고 있고, 그런 부모들에게 그런 목표를 완전히 버려야 한다는 생각은 상상조차 할 수 없을 것이다.

자식의 건강, 외모, 성격의 일부를 선택하거나 거기에 영향을 미치고자 하는 부모들의 노력이 이처럼 뿌리 깊은 인간의 본능적 충동이라면, 또 자식을 위해 그 결과를 좋게 만들고자 하는 노력이 그처럼 칭찬할 만한 계획으로 여겨진다면, 이를 실행하는 여러 방법들 사이에 사회적 차등을 매길 만한 근거는 있는 것일까? 과학적 방법으로 자식을 바꾸는 것은 인간의 불완전함을 인정하지 않는 차갑고 가혹한 일인 반면에, 우연적이고 종종 효과적이지도 못한 '자연적' 방법은 계획에 없던 임신만큼이나 전적으로 인간적이고 효과적이지 못하며 우연적이기 때문에 논란의 여지가 없는 것이라고 할 수 있다는 말인가?

치 료 v s 향 상

사회적으로, 부모가 아이의 질병을 치료하기 위해 의학 지식을 이용한다거나 아이의 매력이나 인지력, 운동 능력을 향상시키기 위해 운동이나 교육과 같이 '자연스러운' 방법을 사용하는 것에 반대하는 사람은 거의 없다. 부모와 아이의 관계는 거의 복권당첨 수준의 운이다(그리고 그래야 하기도 한다). 그럼에도 불구하고, 정상적인 기능을 더욱 향상시키기 위해 취하는 비슷한 조치들에 어느 정도의 문제는 있다는 점에 동의해왔던 것과 마찬가지로, 자녀의 고통과 장애를 막기 위한 예방적 조치라면 대개는 받아들일 수 있다는 합의가 오래 전부터 있어왔던 것 같다.

레스닉(Resnik) 같은 사람들은 치료와 향상을 나누는 이같은 이분법을 비판해왔으며, 그런 식으로 경계를 지을 때 사회는 최소한 "두 가지의 의심스러운 전제"에 기대어왔다고 주장했다. "(1) 우리는 건강이 무엇인지, 질병이 무엇인지에 대해 아무런 논란의 여지도 없이 명백하게 설명할 수 있으며, (2) 다른 목표는 그렇지 않더라도, 질병 치료라는 목표는 도덕적으로 정당하다."[2] 그렇지만, 치료라는 목적이 확실하지 않은 새로운 종류의 선택이나 변형을 허가할 것인가 하는 문제에 대한 주된 우려는 그로 인해 '다른(different)' 사람들에 대한 차별이 증가할 수 있으며 완벽한 아이에 대한 비현실적인 (또는 바람직하지 못한) 기대를 양산할 가능성이 있다는 점에 맞춰져 있다. 그리고 이러한 우려는 이 분야의 의학적 발전에 신중해져야 할 이유가 있음을 의미한다.

아픈 것도 아니면서 단지 신체를 보다 '향상시키겠다'는 목적만으로 의학을 점점 더 많이 이용하고 있는 현재의 추세를 생각해보면(성형수술, 식이요법[dietary regimens] 등), 이렇게 신중한 태도는 꼭 필요한 것일 수도 있다. 장래 태어날 아이에게 좋은 형질을 심어주는 데까지 의학을 확장시키려 하는 것이 이런 현재 사고방식의 연속선상에 놓여 있는 것일 수도 있기 때문이다. 사회적 일반에 맞춰서 살아가는 것이 좋다고 평가받는 사회에서는 부모와 의사들이 다운증후군 아이의 외모를 바꾸는 성형수술을 고려할 수도 있다. 다르다는 사실을 눈치채지 못하게 해준다는 점을 제외한다면 이 수술이 환자의 장애를 줄이는 데에는 아무런 역할도 하지 못하겠지만 말이다.

'이질적인' 사람들은 동질성을 추구하는 반면에 동질적인 사람들은 자신을 튀게 하고자 노력한다. 특정한 기증자의 정자나 난자에 대한 수요는 매우 높다. 미인대회 여왕의 난자가 최고가에 팔리고 노벨상 수상자의 정자 또한 마찬가지이다(만일 버나드 쇼였다면, 아이가 석학의 보잘 것 없는 몸과 쇼걸의 지능을 물려받을 수도 있다는 점을 구매자들에게 일깨워줬을 테지만 말이다). 기증받은 난자로 시험관 시술을 받는 여성들에게 기증자의 키, 체격, 눈 색깔, 모발 색깔 등에 대해 선호하는 내용을 말하라고 하면 그들은 주로 배우자의 특징과 일치하는 내용을 선택한다. 이는 '맞춤아기' 논쟁에 흥미로운 전환점을 제공해준다. 자연출산의 경우와 최대한 비슷한 아기를 만들어내는 데에 새로운 기술이 사용되고 있는 셈이기 때문이다.

사회는 특출한 재능과 외모를 상당히 높이 평가한다. 그런 특성은 상대적으로 귀하기 때문에 아끼고 고이 지킬 필요가 있다. 그런 재능을 모든 사람이 가질 수 있도록 (또는, 적어도 충분한 재산이 있는 사람이라면 가질 수 있도록) 해주는 재능의 민주화에 대해서는 많은 사람들이 유보적인 입장을 취하고 있다. 『이코노미스트』(*Economist*)에 실린 최근의 사설에 따르면, "(환영할 만한) 의학적인 치료와 (현명치 못한) 부모의 완벽주의" 사이에 선을 그어야 한다는 것이 일반적인 생각이라고 한다. "부모가 동성애와 같은 형질을 제거하거나 운동신경, 큰 키, 높은 IQ와 같이 좋은 유전적 형질을 적극적으로 선택하기 시작한다면 역겹게 느껴질 것이기 때문이다."

유전적 향상에 대해 비판가들이 내놓는 타당한 지적 중 한 가지는, 그것이 아이에게 이전 세대의 우선순위를 부과함으로써 아이 스스로가 결정할 수 있는 기회를 빼앗아버린다는 점이다. 지금 우리가 결정을 내려서는 안 된다는 주장들에는 설득력이 있는데, 한편으로는 우리의 결정이 미래의 사람들에게 주어질 선택의 폭을 한정시킬 수 있기 때문이며, 다른 한편으로는 그들 스스로가 선택하고 싶을 수도 있기 때문이다. 개인이 가진 가치 체계의 문제와 복잡성에도 불구하고, 부모들이 원하는 것은 자식에게 최선이 되는 일을 해 주는 것이다. 때로 그들은 아이들이 하게 될 장래의 선택을 제약하기보다는 선택의 기회를 최대한으로 제공하는 것이 최선이 될 수도 있다는 점을 깨닫기도 한다. "부모가 피아노 레슨을 받으라고 시켰던 아이는 나중에 그만둘 수 있다. 하지만 부모가 10인치 더 큰 키로 만들어놓은 사람은 그 사실을 바꿀 수 없다."[3]

용어(Terminology)

용어는 어느 논쟁에서나 매우 중요하다. 의도적이든 아니든, 사용하는 용어는 정책(policy)에 영향을 주며 정책을 결정할 수도 있다. 오늘날의 대중 매체들을 잠깐 살펴보면 유전 기술의 잠재성에 대해 사회적인 두려움이 존재한다는 것을 알 수 있다. 하지만 이런 두려움은 그 주장이 어떤 식으로 제시되고 있는가 하는 문제와도 종종 관련되어 있다.

'맞춤아기'

'맞춤아기'는 온당치 않거나 받아들이기 힘든 방식으로 생식을 조절하거나 조작하려는 시도에 대한 불편한 심기를 요약하고 있는 말이다. 일반적으로 이 용어는 (이러한 이분법이 너무 단순하기는 하지만) 치료가 아닌 유전 향상을 지칭하며, 부모의 변덕에 따라 '사소한' 특징을 선택하는 것을 의미한다. 사소함에도 서열을 정할 수 있다면 스미스씨 가족의 파란 눈 선호는 사소한 것으로 분류되겠지만, 딸을 선택한 것은, 특히나 그 가족에게 아들만 있는 상태였다면 그렇게 분류되지는 않을 것이다. 만약 성별에 관련된 유전질환에 걸리기 쉽다면 딸을 선택했다는 것은 '사소함'이 아니라 '상당히 분별 있음'의 범주로 분류될 것이다.

'맞춤아기'라는 말은 암묵적으로 아이를 패션 액세서리에 비유하고 있다. 또 신체를 향상시키는 (성형) 수술이나 기분을 좋게 해주는 '맞춤약'처럼, 이 용어는 '맞춤아기'를 생활양식에 따른 선택 사항으로 변질되어버린 의료기술의 일종에 불과한 것으로 그려내고 있다. 이 용어는 인간의 형질 패키지를 구매하는 행위가 손쉽게 '쇼핑 치료법'(retail therapy, 기분 개선을 위한 쇼핑)의 일종이 될 가능성을 지적하는 것이기도 하다. 그 선택이 사람들의 기분을 좋게 만들 수는 있을지도 모르지만 이 용어가 사용되는 것은 거의 언제나 경멸조이다. 그렇다고 해서 생식을 조작하려고 하는 모든 시도들에 이 용어가 적용되는 것은 아니다. 예를 들어 심신 장애를 피하기 위해 착상전 유전자 검사를 할 경우에는 이 꼬리표가 붙지 않는다. 이런 일은 모든 사람들이 '심각하고' 용인할 만하다고 여기는 영역에 속하기 때문이다.

'정규절차'(routine procedure)

산전 관리 중에서도 장애 산전 검사는 받아들일 만한 부분으로 간주되면서 요즘에는 출산 계획이나 출산 준비의 필수적인 부분으로 여겨지고 있다. 그 결과, 초음파 검사나 다운증후군 등의 질병 검사가 '정규절차'로서 제공되며, 여성들도 그 검사를 받아들일 것으로 기대하고 있다. '조절', '선택', '안심'과 같은 단어들은 산전 검사를 매력적이고 신뢰할 만하며 '올바른' 일처럼 보이게 만든다. 이러한 용어들은 그것이 만들어내는 인식에 영향을 미칠 가능성이 매우 높다. 새로운 생식기술의 일면을 '정규적'이거나 '표준적'인 것으로 보이게 만드는 그런 용어들 때문에 그러한 개입에 반대하는 사람들은 자신의 입장을 정당화하기가 두 배나 더 힘들다고 느끼게 되기도 한다.

여성들에 따르면, 그들은 암묵적으로든 명시적으로든 산전 검사의 압력을 받는다고 한다. 많은 사람들은 그 함의를 깊이 따지지 않은 채 제공되는 검사를 받게 된다. 그리고 그렇게 산전 검사를 정규절차처럼 만들게 되면 많은 위험이 발생할 수 있다. 그중 한 가지가 산전 검사를 '올바르고', '책임감 있는' 일로서 받아들였던 여성들이 (그리고 불행한 결과의 가능성을 고려하기보다는 '안심'을 위해 시행했던 여성들이) 나쁜 통보를 받았을 때, 무척이나 이를 극복하기 힘들어 한다는 것이다. 심각한 장애에 관한 통보를 받게 되면 부모는 그와 관련된 결정을 내려야만 한다. 아무 것도 하지 않는 것이 더 이상은 중립적인 행동이 아니다.

'정상'과 '비정상'

장애나 중증 질환의 유전 위험성을 감소시키는 것이 바람직하다는 점에 대해서는 사회적 합의가 되어 있는 것 같지만, 이 개념들이 어떻게 정의되는가에 대해서는 별다른 합의가 이루어지지 않았다. 사실, 정상과 비정상, 건강과 질병의 경계에 대한 인식마저도 문화 상대적이라 할 수 있다. 푸코와 같은 철학자들은 이 경계가 의학적, 사회적 사정의 변화에 따라 흔들린다고 주장했고, 다른 학자들은 서구 의학이 일관적 체계라기보다는 민족적으로 선호하는 진단들과 다양한 문화적 규범들에 의해 특징지어진다고 보았다. 다른 시기, 다른 집단마다 진단이 다르다는 점에서 장애 또한 사회적 산물이라 할 수 있다. 동성애가 그 한 예로서, 현재는 개인의 개성으로 받아들여지고 있지만, 그것이 정신병으로 분류되지 않게 된 것은 최근에 들어서의 일이다. 개인에 따라 장애를 이해하는 방식 또한 다르다. 일례로, 많은 청각장애인들은 자신들의 상황을 장애로 여기지 않으며, 그중 일부는 자신의 자식이 청각장애인이 될 것이라는 사실을 확인하

기 위해 유전자 검사에 찬성하기까지 한다.[4]

유전학자 앵거스 클라크(Angus Clarke)의 보고에 따르면, 터너 증후군(불임과 작은 키, 때로는 괴상한 외모를 유발한다)인 태아를 가진 어느 커플은 "평균보다 나이도 많고 절실히 아이를 원했지만, 태아가 비정상이라는 말을 듣고" 임신중절을 결정했다.[5] 그들에게는 도박을 걸만한 시간이 없었고 그 질환이 의학적으로 심각한, 극복하기 어려운 문제를 거의 일으키지 않는다는 점을 알지 못했지만, 제한된 범위의 '정상'만을 높게 평가하는 사회에서 소위 '비정상 임신'을 지속하기 어렵다는 점은 알고 있었던 것이다. 산전 검사 결과에 따른 결정을 다룬 연구에서 프라이드(Pryde)와 그의 동료들은 초음파 검사의 결과가 비정상으로 나올 경우 임신중절을 택하는 쪽이 30%라는 점에 주목했다. '가벼운' 비정상으로 분류된 경우에는 아무도 임신중절을 선택하지 않았고 '불확실한' 경우에도 12%만이 임신중절을 선택했다.[6] 이런 경우에는 어떤 수식 어구를 쓰는가에 생명이 달려 있는 것이다.

책임과 비난에 대한 생각

산전 검사를 규범으로 인식하게 되면, 장애아 출산을 떳떳하지 못하거나 비난받을 일로 느끼게 될 위험이 크다. 재능이 있거나 매력적인 아이의 부모를 (불합리하게) 칭송하게 됨에 따라, 완벽하지 않은 자식을 둔 부모를 실패한 것으로 보게 되는 것은 아닐까? 한 연구에 따르면 산부인과 의사들과 세상 사람들, 일부 유전학자들은 검사를 받지 못했던 다운증후군 아이의 엄마보다 검사를 거부했던 다운증후군 아이의 엄마를 더 많이 비난한다고 한다.[7] 산전 검사를 이용해 장애아 출산을 피해야만 한다는 이런 명백한 기대는 장애인에게 제공되는 서비스에 영향을 줄 수 있으며 장애인에 대한 사회의 경멸적인 인식 형성에 영향을 미칠 수도 있다. 산전 검사를 통해 질병의 가능성을 낮추는 것은 특정 유형의 사람들을 제거해버리고자 하는 개인적, 사회적 요인에 의해 추동되어온 것처럼 여겨져 왔다. 우리는 대부분의 임산부가 지배적인 문화관을 따라 선택한다 할지라도 이 때문에 '우생학적' 사회로 나아가게 될 것이라고는 생각하지 않는다. 그럼에도 불구하고, 어떤 사람들에게는 사소한 이유 때문에 건강한 태아를 유산시키는 것보다는 장애아를 유산시키는 일이 더 큰 문제이면서 성급한 판단에 근거하고 있는 차별적인 일이 될 수 있다. 여성이 임신을 원치 않는다면 태아의 미약해 보이는 권리보다는 여성의 자율적 선택이 더 중요할 수도 있다. 하지만 산전 검사의 좋지 않은 결과 때문에 계획했던 임신을 중단하는 경우에는, 이 태아보다 더 낫고 더 완벽한 태아를 선호한다는 생각이 분명하게 드러나 있는 것이다.

사회 전반의 '유전자화'(geneticization)는 사람들의 중요한 걱정거리로 주목받고 있다. 유전자 구성에 따라 사람들의 개성과 행동이 결정된다는 주장이 제기됨에 따라 개인의 책임, 보상, 처벌을 법적, 사회적으로 어떻게 다루어야 할 것인가에 대한 우려들이 함께 부각되고 있다. 장애나 핸디캡의 원인으로 사회적, 환경적 요인들에 비해 유전적 요인이 더 큰 것으로 부각된다면, 아동 보건의 질을 개선하기 위한 비유전적 방법은 관심을 잃게 되고 거기에 투입되는 자원도 줄어들 것이다. 유전적 원인이 강조되면 될수록 빈곤선(poverty line) 아래의 임산부나 아이들에게 돌아갈 복지/구제 물품을 늘려가는 조치를 취할 가능성은 점점 더 줄어들어갈 것이다.

균형 지키기

이미 논의되었듯이 생식기술의 영향에 관해 타당한 우려들이 많기는 하지만, 부모들의 동기를 하찮은 것으로 몰아붙이지 않는 것 또한 중요하다. 분명히, 부모들이 자식에게 유리한 출발점을 물려주고 싶어하는 것은 사실이지만, 그렇다고 해서 꼭 완벽한 자식만을 원하거나 불완전한 아이를 거부한다는 것은 아니다. 철학적 논쟁에서는 예비부모들이 미리 규정된 완벽의 개념을 기준으로 수집된, 태아의 건강이나 비정상성에 관한 데이터에 근거하여 냉철하게 계산한 후 결정한다고 가정하기도 한다. 하지만 어떤 부모도 완벽하지는 않으며, 대부분은 그저 본인들이 가진 가장 좋은 형질을 물려받은 건강한 아이를 원할 뿐이다. 아이는 개인이 미래로 지속되는 방식의 한 가지이고, 그렇기에 그 아이는 미래 세대에까지 남기고 싶은 내 자신의 형질들을 상당히 갖추고 있어야만 한다. 주의 깊게 조작된 인간의 원형(原型)이 제아무리 완벽하다 할지라도 이를 실현시킬 수는 없다.

많은 연구들이 산전 검사를 받고 임신중절을 고려해야 했던 여성들이 받은 스트레스와 괴로움을 보여주었다. 어떤 연구들은 태어나지 않은 아기와 부모 사이에 형성된 긴밀한 유대 관계가 임신중절을 할 때 극심한 슬픔과 비탄으로 이어진다고 보고하기도 했다. 그런 비탄은 불완전한 생명을 존중하고 태아의 상실을 육친의 죽음처럼 느끼는 데서 연유한다. 완벽한 자식을 바라는 소망과 산전 검사의 사회심리적 결과 전반에 관한 내용을 잘못 이해한다면, 그 선택에 관한 윤리적 토론들은 사실상 표피적인 것에 불과할 수 있으며 현실을 제대로 반영하지 못할 수도 있다.

때로, 특정 기질이나 특성과 관련된 유전자가 규명되기만 하면 그 즉시 유전자를 조작하여 아이의 유전자 구성에 영향을 주려 할 것이라고 쉽사리 가정하는 이들도 있다. 하지만 사실은, "유전적 향상을 위한 유전자 이식법이 갖는 본질적인 한계를 생각해볼 때 그 방법을 인간에게까지 확장시킨다는 논의는 과학적으로 맞지 않고", "지능과 같이 훨씬 복잡한 특성의 경우에는 우리가 무엇을 해야 하는지도 모르며, 사실상 그런 표현형을 강화하는 데 있어 유전자 이식법은 결코 이용되지 못할 것이다."[8] 더욱이 대중매체의 과대포장에도 불구하고, 아이의 모발이나 눈 색깔을 선택하느라 소란을 떨 것이라는 실제적인 증거도 존재하지 않는다. 문화적, 종교적, 또는 사회적 이유에서 성별을 선택하려 하는 생각만이 이에 대한 예외가 될 것이다. 가족 균형을 맞추거나 아들을 먼저 얻기 위해 그 기술을 사용할 사람은 분명히 나타나겠지만, 그 목표를 위해 어디까지 갈 지는 확실치 않다. 그리고 유전질환이 없는데도 그저 선택의 폭을 최대한으로 만들기 위해 의학적 도움을 구해 병원에서 임신하려고 할 사람들이 얼마나 많을 지도 확실치 않다. 수정 후 단계에서 골라내야 하는 경우, 즉 비용과 불편함, 시험관 시술의 제한적 성공률을 감수하면서까지 선택을 해야 할 경우에는 더욱 그럴 것이다.

어디까지 제한할 것인가에 관한 논의는 균형 있게 이루어져야 한다. 자기만족을 위한 경우를 피해야 하는 한편, '필요'가 아닌 '불만'을 해결하는 의학을 하찮은 것으로 몰아붙이는 대중매체의 선정적인 시각을 그대로 받아들이는 것도 피해야 한다. 가능한 것이 무엇인가에 관해 현실적인 접근법을 취하는 것이 중요하다. 사람들이 자신의 아이를 '디자인'하고 싶어하고 이를 위해서라면 극단으로까지 치달으려 한다는, 널리 퍼져 있는 가정을 지지해줄 만한 증거가 있다면 그것을 참작해보는 것도 중요할 것이다.

결 론

바람직한 육체적, 정신적, 사회적 특징들을 두루 갖춘 완벽한 사람에 대한 꿈은 새로운 것이 아니다. 그런 판타지는 여러 문명의 신화나 이야기

속에 반영되어 있다. 대부분의 사람들에게 있어 그 꿈이 머무는 자리는 바로 그 곳, 재미있는 판타지의 속이다. 하지만, 이제는 그런 꿈에 도전하고 실현시킬 수 있는 기회가 점점 더 늘어나고 있다. 기술이 존재하면 그 기술을 이용하라는 기술적 명령(technological imperatives)의 위험은 항상 존재해왔다. 걱정스러운 점은, 변덕스런 이유에서 자신의 아이에게 유행하는 특성을 주고 싶어하는 사람들이 다수는 아닐지라도 일부는 존재한다는 것이다. 아이의 재능을 강화하기 위해 극단적인 방법을 택하는 부모들은 비현실적인 기대를 품고 있을 수도 있다. 그들이 아이의 외모나 성질을 그런 식으로 제어하려 할 경우, 거기서 돌출될 부작용이 걱정스럽다. (선택이나 디자인이) 실패한 아이들에 내포되어 있는 문제도 고민의 영역으로 남아 있다. 아이가 아이 자체로서가 아니라 부모의 요구를 만족시켜줄 상품이나 물건으로 평가되는 것에 대한 우려가 제기되기도 한다. 고통이나 장애가 없는데도 다른 사람의 생명에 간섭한다는 것이 받아들이기 힘든 참견처럼 보이기도 한다. 맥기(McGee)는 대중매체들이 이상적인 완벽의 이미지를 다루고 있음을 지적했다. 그에 따르면, 『코스모폴리탄』(*Cosmopolitan*)이나 『남성의 건강』(*Man's Health*)에 등장하는 완벽한 아기들은 "체중 84kg에 키는 183cm까지 자라고 질병은 없다. 지능지수(IQ)는 150이고 생의학에 특히 재능이 있다. 금발 머리에 푸른 눈을 가지고 있다. 활동적인 훌륭한 스포츠맨이지만, 시와 근사한 와인을 즐길 줄도 안다."[9] 하지만 그렇게 우수한 사람이라면 자신을 '디자인한' 단점 많은 부모들과는 비슷한 점이 별로 없기 때문에 자기와 비슷한 우수한 사람들끼리만 친척이 되고 싶어하지는 않을까?

반세기 전에도 미래 세대를 우수하고 총명하게 만들어보려는 꿈은 있었지만, 그에 대한 논쟁은 상당히 달랐다. 당시에는 부모 개개인보다는 정부가 나서서 의료 기술을 통제해야 한다고 생각했다. 오늘날 우리는 다른 버전의 '맞춤아기'가 필요하다며 그 필요성을 역설했던 1945년의 논쟁을 혐오스럽게 바라본다. 당시에는 "바람직한 자질이 매우 부족한" 부모는 임신할 수 없도록 해야 한다는 논의가 진지하게 이루어졌다. 생식은 건강하고 총명하며 사회적으로 쓸모 있고 "유전적 오염"을 시키지 않을 만한, 자식욕심이 많지 않은 사람들에 한정되어야 했다. 유전병에 걸린 친척이 있는 여성에게는 임신하지 말라고 말했고, 총명하지만 게으르거나 기생충 같은 남자에게도 마찬가지였다. 이런 사회상이 보여주는 간섭과 부모들이 하려는 간섭은 그 정도에 있어 큰 차이가 난다고 말할 수도 있다. 하지만 과연 현재 혹은 미래 사회가 이 선택을 더 현명하게 다룰 것이라고 자신할 수 있을까?

사회는 '사소한' 특징의 선택을 권장하지 않도록 해야 한다. 그것이 모든 아이들의 권리인 무조건적 사랑이라는 개념을 심각하게 훼손하기 때문이다. 이 이유와 그 외의 실제적인 이유 때문에 스미스씨 가족이 그들이 원하는 파란 눈의 딸을 가까운 장래에 주문해서 받기는 힘들 것이다. 부모의 기대와 실제로 도달할 수 있는 결과의 사이에 존재하는 거대한 간격에 대해서는 많은 우려가 제기되고 있다. 그렇다고는 해도, 유전적 향상은 안 되지만 의학적인 목적의 선택은 괜찮다는 주장은 너무 단순하다. 중증 질환을 막기 위한 유전자 조작과 선택은 납득할 만하고 부모에게도 편한 일이라고 많이들 생각하겠지만, 거기에도 문제가 없는 것은 아니다. 치료에서 향상으로 가는 길은 연속적으로 이어져 있기 때문에 그 사이에 확실하고 선명한 경계선이 존재하지 않는다는 점은 오래 전부터 알려져 있었지 않은가 말이다. 어느 경우에나 타인(부모나 사회)의 기대에 무조건적으로 맞게 하기 위해 개인에게 압력을 가하는 일은 없도록 주의해야 할 것이다. 적절한 선을 지킬 수 있도록 세심하게 규제하는 일도 필요하다. 그리고 아마 가장 중요한 것은 유전적 해결책에 대한 관심 때문에 미래 세대

의 건강을 지켜줄 사회적, 정치적, 비유전적 해결책을 무시하는 일이 없
도록 해야 한다는 것이 아닐까 한다. 이 세상 대부분의 사람들에게 정말로
중요한 해결책은 바로 이 영역들에서 찾을 수 있을 것이기 때문이다.

더 좋게 만들까?:
장애와 유전자 선택

아그네스 플레처*

"심각한 유전병을 가진 아이를 낳는 것은 머지않아 죄가 될 것이다. 우리는 아이의 자질을 고려해야만 하는 세계로 진입하고 있다." 발생학자이자 시험관 시술의 선구자인 밥 에드워즈(Bob Edwards)가 1999년 7월 4일자 『선데이 타임즈』(*Sunday Times*)에서 한 말이다.

  이 말은 장애를 '부모의 죄'에 대한 형벌이라 여겼던 중세적 사고방식을 떠오르게 한다. 또한 이는 '바람직하지 못한' 형질을 지닌 아이의 부모를 비난하는 문화가 도래하게 될 것임을 예고하기도 한다. 착상전 유전자 검사나 산전 유전자 검사, 그리고 여기에 따르는 임신중절, 체세포 유전자 치료, 생식세포 유전자 치료를 통해 이런 형질을 미연에 방지할 수도 있을 것이기 때문이다. 부모의 자책감이 사회적 원망, 즉 왜 장애아를 가지겠다는 '당신의 선택' 때문에 '우리'가 비용을 치러야 하느냐는 사회적

---

* **아그네스 플레처(Agnes Fletcher)**는 유전질환을 앓는 장애 여성으로서, 10년 넘게 유전학과 장애 문제에 관해 고민하며 토론하고 글을 써왔다. 1999년에는 유전학 발달에 대한 장애인들의 태도를 주제로 연구하기도 했다(『유전자가 우리인가?』(*Genes Are Us?*, RADAR, 런던). 그녀는 장애인 권리 위원회에서 일하고 있다.

원망의 대상으로 변하는 데에는 어느 정도의 시간이 필요할까?

인간 유전체를 해독하여 유전자 지도를 작성한다는 국제적인 노력은 과학적 호기심, 이타심, 탐욕 등의 다양한 동기에 의해 추진되었다. 무서울 정도로 고통스러우며 치명적인 질병을 효과적으로 치료하는 방법에 대한 연구는 훌륭한 일이다. 드물기는 하지만 유전자 검사를 개발하거나 유전자의 일부에 대해 특허를 받는 것처럼 돈이 되는 경우도 있다. 하지만 개인차를 유발하거나 평균과의 정도 차이를 유발하는 유전자를 찾아 바꾸려는 연구는 정치적, 윤리적으로 큰 논란거리가 되고 있다.

여기에는 큰돈이 개입되어 있고, 종종 현명하고 적절하게 사용되기도 한다. 하지만, 유전자 연구 및 기술은 수많은 사람들의 불안감과 죄책감을 자극하여 금전적 수익을 올릴 수 있는 엄청난 기회를 제공해준다. 생식에서 '소비자' 선택이라는 압력이 점점 더 커져가는 선진국에서는 특히나 그렇다. 어쩌면 이 기술이 더 큰 불안감과 슬픔을 낳을 수도 있다. 이것이 우리 자신이나 우리 아이들의 미래에 대해 알려주기는 하지만 그에 관해 무엇인가를 해볼 기회를 항상 제공해주는 것은 아니니까 말이다. 우리 '아이들'의 경우에는, 그 애가 존재하기도 전에 우리가 이 기술로 그 아이들의 장래를 결정지을 수도 있다. 이는 부모-자식 관계의 근본적인 변화를 의미한다.

유전공학적 가능성들이 예고하는 엄청난 결과들을 볼 때, 앞으로의 연구 방향과 그 적용 방식에 대해 사회에서는 미리(priori) 세심하게 심사숙고해둘 필요가 있다. 그렇지 않을 경우에는 개인이나 국민의 건강과 행복에 대한 고려뿐만 아니라, '삶의 질'을 결정하는 요인들에 대한 오해와 상업적 압력이 그러한 결정에 개입될 수도 있다. 설사 이러한 연구들이 자식에게 건강과 행복한 삶을 물려주고 싶은 부모의 자연스러운 바람에 의해 추동되는 경우라 할지라도, 절대적으로 통제 가능한 권역 너머의 일에 영향을 미치려는 우리의 시도가 어떤 결과를 낳을 지를 검토하는 것은 중요하다.

산전 검사의 광범위한 보급 덕분에 아이를 원하는 여성들이 아이의 장래 건강이나 형질에 관한 예측에 근거하여 특정한 아이의 낙태 여부에 대해 고통스러울 정도로 힘겨운 결정을 내려야 하는 일이 빈번해진 요즘, 장애인들의 경험은 우리에게 유용한 경험을 제공해준다. 이 글에서는 이 경험에 따른 시각에 초점을 맞출 것이다.

사 회 적 인   구 성 물 로 서   장 애

나는 "장애인 평등의 입장", 즉 모든 삶이 가치 있으며 인간의 다양한 특성들—하나의 종으로서 우리의 다양성—은 본래부터 가치를 갖는다는 입장에 서서 글을 쓰고 있다. 그 근거로는 모든 사람이 삶의 특정한 지점에 이르렀을 때는 물리적으로, 지적으로, 또는 감각에 있어서 한계를 겪게 된다는 점, 이런 점에서 볼 때 질병과 장애는 '정상적'이라는 점, 그리고 어떤 방식으로든 우리는 서로에게 의지하며 살아가고 있다는 점을 들 수 있겠다. 사실, 장애를 겪는 대다수 사람들의 '삶의 질'에 영향을 미치는 결정적인 요인은 사회의 반응이다. 다시 말해서 이들의 참여에 대해 사회가 보이는 태도나 이들의 참여를 막는 장벽이 영향을 미치는 것이다. 장애인 평등의 입장에 따르면, 훌륭한 보건의료 서비스가 중요하고 필요한 사람들에게 열려 있어야 하는 것은 맞지만 사회적인 질병, 즉 편견, 차별, 혹은 우리 사이의 차이에 대한 몰이해와 불응에 대해서까지 의학적 해법을 찾는 것은 적절치 못하다. 쉽게 말해서 운동장에서 놀림을 받지 않도록 하기 위해 부모가 아이의 키를 잡아 늘이려 하는 것은, 이해가 가는 대응책이기는 하지만, 비슷한 괴롭힘에 직면한 흑인아이의 피부를 하얗게 만들기 위해 애쓰는 것과 매한가지라 할 수 있다는 것이다. 실로, 완벽한 건강에 대한 희망과 우리의 아이를 그 이상적인 평균, 즉 좀 더 크고, 좀 더 똑똑하고, 좀 더 하얀 사람으로 만들 수 있는 수단을 동시에 제공하게 되면 우리 사이에 존재하는 차이를 끌어안기 위해 사회를 변화시키는 일에서 우리의 관심은 좀더 멀어지게 될 것이다.

장애인들은 여성들에게 산전 검사와 유산(을 종용하는) 압력이 가해지고 있다고 지적하면서, 그 증거로서 1997년 전국 분만 재단(National Childbirth Trust)이 처음으로 엄마가 된 여성들을 대상으로 실시했던 '임신 중 검사 스트레스'라는 조사를 제시했다. 재단의 정책 연구를 담당한 로즈마리 도즈(Rosemary Dodds)는 그 보고서에서 이렇게 적고 있다. "산전 검사 기술은 조언 가능한 영역을 벗어나고 있다. 우리가 조사했던 부모 중 일부는 끔찍한 대우를 받았다." 실제로, 일부 장애인들은 이것이 바로 소위 '올바른' 선택을 하라고 여성을 압박하는 압력이라고 생각한다. 이는 흔히 장애아로 추정되는 아이를 태어나지 않게 함으로써 그 아이를 "고통 받지 않게 해주기" 위한 도덕적인 의무라도 되는 것처럼 그려지곤 하지만, 장애인들이 보기에는 그것이 성별, 인종, 성적 취향(sexuality)에 근거한 선택적 유산과 다를 바가 없다.

장애인들과 장애인 단체들은 산전 검사에 의해 제기되는 윤리적, 사회적 문제점들에 관심을 표명해왔으며, 이 문제를 두고 내부적으로 토론하는 동시에 대중적인 논쟁을 끌어내기 위해 노력해왔다. 많은 장애인들이 유전학의 발전에 특히 관심을 가지고 있으며, 그 기술이 발전하고 '선택'의 폭이 커지는 맥락이 장애에 대한 공포와 미신, 고정관념에 좌지우지되는 것을 우려한다. 그들 중 많은 이들은 그러한 발전이 가져올 분열과 소외 효과에 대해 경고하는 것을 자신의 역할이라고 생각하는데, 특히 그 적용 대상이 일반적으로 장애로 받아들여지는 것에서 유전적 '향상'으로 옮겨가는 상황에 대해 경고해야 한다고 믿고 있다.

산 전 선 택 에   대 한   장 애 인   평 등 권 의   비 판

장애인 평등권의 옹호자들은 아이를 갖는다는 결정과 단 하나의 형질을 기준으로 어떤 아이를 갖거나 갖지 않는다고 하는 결정 사이에는 질적으로 중요한 차이가 있다고 주장해왔다. 이 결정들은 개인적으로도 엄청난 의미를 지닌 중대한 결정이지만, 사회적 맥락에 의해 영향을 받기 때문에 개인적 차원 이상의 의미를 지니게 된다. 익숙한 표현을 사용하자면, 개인적인 것이 정치적인 것이다. 또한, 특정 형질을 기준으로 아이를 가질 것인지 말 것인지를 선택하는 것은 부모 – 자식 관계의 성격에도 큰 영향을 미치게 된다.

장애인 권리의 옹호자인 캐나다 출신 에이드리언 애쉬(Adrienne Asch)는 최근 발간된 논문 모음집 『산전 검사와 장애인의 권리』(*Prenatal Testing and Disability Rights*)에서 이런 입장을 분명하게 개진하고 있다. 산전 유전자 검사 및 선택적 임신중절을 통한 장애아 제거 시도에 대해 많은 장애인들이 느끼는 감정적 반응을 애쉬는 이렇게 표현했다. "일반적 차별에서와 마찬가지로, 산전 검사에서는 하나의 특성이 한 개인의 전부를 대변하고 그 특성이 나머지 전부를 지워버린다. 차별과 산전 검사 모두에서 그 누구도 나머지 부분들을 보지 못한다. 왜냐하면 그 검사들이 나머지 부분들에 대해서는 생각할 필요조차 없다는 메시지를 보내고 있기 때문이다." 그리고 애쉬는 다음과 같이 덧붙였다. "폐에 점액이 형성되는 낭포성섬유증이나 정신지체 같은 특성을 갖고 있다고 해서 아기를 낙태시킨다면 그것은 그러한 개개의 특성이 생명 자체보다도 더 중요하다고 말하는 것이며, 너무나 중요한 그 형질이 너무 좋지 않기 때문에 다른 좋은 특징들이 살아남는다 해도 별다른 의미가 없다고 말하는 것과 다를 바 없다."

부 모 – 자 식 의 관 계 변 화

영국의 장애인 학자인 톰 셰익스피어(Tom Shakespeare)는 '잠정적 임신' (tentative pregnancy)이라는 개념을 발전시켰다. 이는 임신을 원하지만 특정 '사실'이 확정되기 전까지는 조건부 상태인 임신을 가리킨다. 여기에서는 두 가지 점이 분명하게 나타나 있다. 우선 그런 '잠정적 임신'이 이미 널리 퍼져 있다는 것이고("우리 아기는 괜찮나요?"), 또 정교한 진단도구가 늘어나면서 각지에서 이런 일은 지속적으로 증가하게 될 것이라는 점이다. 200년 전에는 산모와 아기의 분만 중 사망률이 높다는 이유에서 임신이 두려운 일이었지만, 사망률이 낮아진 오늘날에도 임신은 그와 비슷한 정도로 두려운 일이 되었다.

많은 평론가들은 새로운 생식기술이 아이에 대해 어떤 식으로 소비자적 태도를 조장해왔는지를 보여주었다. 장애인의 삶이 정상인과의 차이나 장애에 의해서라기보다는 환경적 제약과 편견에 의해 훨씬 더 많이 제약받아왔음을 사회적으로 인정하려고 하던 찰나, 마치 새로운 성배라도 되는 양 '열등하고' '불완전한' 유전자를 제거해버릴 가능성이 대두되었다는 것이다. 아이의 교육을 위해 투자할 수 있다면 이 방법이라고 안 될 이유가 있겠는가? 하지만, 선별적 교육(selective education)에서와 마찬가지로, 새로운 생식기술은 능력 있는 부모들에게만 한정되어 있는 '선택'을 기회의 평등, 사회적 결속, 전체의 이익을 고려해서 어떤 식으로든 제한시켜야 할 것인가 하는 문제도 제기하고 있다. 또한, 선택받은 아이들 혹은 선택받지 못한 아이들에게 그 선택이 도움이 되는 것인가 하는 문제도 제기된다.

유전적 개입, 특히 유전적 '향상'은 부모-자식 관계를 뿌리 깊은 곳까지 변화시킬 수도 있다. (다운증후군에 걸리지 않았다거나 음악적 재능이 있다는 식의) '사실'이 확정될 때까지 임신을 잠정적인 것으로만 여기게 되면, 아이는 점점 환불이 보장되는 반품 가능한 상품처럼 여겨지게 될 것이다.

'어떤 아이라도/이런 특별한 아이만'이라는 논쟁을 살펴본 에이드리언 애쉬는, 어떤 아이라도 받아들이겠다는 쪽이 아니라면, 부모가 되겠다는 결정은 부모와 그 특별한 아이 사이의 관계를 근본적으로 변화시키게 되리라고 생각한다. 만약 당신이 어떤 결과를 선택할 수 있다고 기대했다면, 삶이란 파란만장하고 비탄으로 가득 차 있으며 이런 것이 바로 인생이라는 사실을 알게 되었을 때 매우 실망하게 될 것이다.

착상전 유전자 검사나 산전 유전자 검사를 받는 여성이나 커플의 대부분은 지금 당장 임신하기를 원하는 사람들이다. 그런 그들이 배아를 폐기하거나 임신을 포기했다면, 이는 그 배아나 태아, 혹은 그로부터 생겨날 아이에 관한 무엇인가를 알게 되었기 때문이다. 산전 유전자 검사를 받은 여성이나 커플은 앞으로 태어날 아이가 그들과 가족들에게 심각하게 나쁜 영향을 미칠 것이 분명하다고 확신하기 때문에 그렇게도 원했던 임신을 포기할 생각을 하게 되는 것이다.

장애인 평등권 비평가들에 대해, 척추이분증 장애아를 낳지 않는 것은 자라나는 태아의 건강을 위해 엽산을 먹는 것과 다를 바가 없다는 주장으로 대응하는 사람들도 있다. 결과적으로는 어느 쪽이나 이 병에 걸린 아이의 출산을 막는 것이기는 하다. 하지만 이 주장에 반대한다고 해서 여성의 임신중절 권리를 인정하지 않는다거나, 간혹 '장애인의 긍지'(disability pride)라는 말을 오해할 때처럼 장애를 바람직한 본질로 생각한다는 것은 아니다.

대부분의 장애인들은 '건강한 아기'에 대한 바람을 잘 알고 있다. 또 자신들의 장애 경험에서 나온, 사회적이기보다는 개인적인 현실적 어려움들에 대해서도 잘 알고 있다. 하지만 그렇다고 해서 고통받고 불편하며 제약이 많은 생명은 살아갈 가치도 없다는 생각을 받아들인다는 뜻은 아니다. 개개인의 삶에는 각각의 어려움과 고통, 제약이 존재하며 그 중 상당수는 장애인의 경험보다 더 좋지 않은 경우도 있지 않은가 말이다.

또 장애나 장애인의 비참한 삶을 최대한 피해야 한다는 생각은, 훌륭한 보건의료 서비스의 필요성을 인정하고 살아 있는 태아의 건강을 위해 무엇이든 하겠다고 하는 생각과는 다른 것이다. 바라고 있던 예비아기와의 연을 끊고 대신 새로운 아기와 연을 맺기로 하는 것은 꽤나 고통스럽고 힘든 결정이 될 것이다. 따라서 사회적으로 다음과 같은 책임을 받아들이는 것이 중요하다. 잘 알지도 못하는 질병을 가진 생명에 대해 부모들이 결정을 내릴 때 도움이 될 수 있도록 폭넓은 정보를 마련할 책임. 장애아와 그 가족을 따뜻하게 환영하고 지속적으로 지원할 책임. 그리고 사회가 사람들의 다양한 특성과 경험에 맞춰 변화해 나가겠다고 약속하는, 가장 힘든 책임. 이들 대부분, 특히 폭이 넓은 문이나 저상버스 등은 아직 장애를 갖지 않은 사람들에게도 해가 되기보다는 득이 될 것이다.

'장 애' 피 하 기

영국에서의 생식적 선택들은, 국가가 개입하는 중국과는 달리 남녀 개개인들에 의해 이루어진다. 하지만 예비부모들의 자유로운 선택을 방해하는 무시할 수 없는 압력의 정체를 밝힐 수는 있을 것이다.

생명윤리에 관한 너필드 위원회(Nuffield Council on Bioethics)는 1993년에 작성한 보고서 『유전자 검사: 윤리적 이슈들』(*Genetic Screening: Ethical Issues*)에서 "유전자 검사를 우생학적으로 오용할 가능성이 증가할 것"이라고 예측했다. 실제로 각종 연구와 경험들에 따르면, 특정 질환에 걸린 아기를 낳지 않는 것이 낫다고 가정하는 경향이 있는데, 그럼으로써 그 병을 앓는 사람들에게 암묵적으로 부정적인 가치를 부여하면서 손쉽게 그들에게 비극적 역할을 맡기려고 한다. 특정 민족이나 게이, 레즈비언처럼 낙인찍히고 탄압받는 집단에 대해 그 씨를 말려버려려야 할 가치 없는 목숨이라고 간단히 분류해버린다면 이는 인종주의나 동성애 혐오라는 꼬리표를 달게 될 것이다. 몇 년 전 임신중절 선택에 '게이 유전자'의 이용 가능성이 제기되었을 때, 이것이 생식적 '선택'의 폭을 넓혀줄 수 있음에도 불구하고 많은 사람들이 그 가능성에 대해 분노했던 것처럼 말이다.

외부의 압력을 받지 않고 부모들 스스로가 선택하는 데 있어, 그들은 태아의 유전질환이 아이의 삶에 어떤 영향을 미칠 것인가 하는 것뿐만 아니라, 그들 자신과 그 아이가 살아갈 사회가 그들에게 전폭적인 도움과 지원을 제공해줄 것이라는 점 또한 알아야 한다. 장애 여부에 상관없이 모든 사람에게 존중받고 지원받을 기회가 보장된다는 점을 확신하게 되면, 예비부모들도 스스로의 가치를 기준으로 결정을 내릴 수 있게 될 것이다. 거기까지는 아직도 갈 길이 멀다.

'장애' 선택하기

(일반에서는 소인증이라고들 부르는) 연골발육부전증에 걸린 사람들이 평균 크기의 아기나 유아를 챙기고 보살피기는 힘들 것이고, 그런 아기를 임신하기는 더욱 힘들 것이다. 청각장애인 부부는, 그렇지 않은 부부가 청각장애인 아이를 대할 때와 마찬가지로, 아이와 언어를 공유하지 못하게 되지 않을까 두려워한다. 이런 두려움은 '건강'에 관한 것일까? 아니면, 성별이나 다른 특성에 따른 복제나 선택을 찬성하는 부모들처럼, 이 부모들도 '소비자'로서의 결정을 내리려 하는 것일까? 소리를 못 듣는 것이 다른 사람들에게 해를 끼치는 일일까? 부주의한 사고로 소리를 듣지 못하게 된 사람이 있다면 그는 이를 보충할 방법을 찾으려 할 것이 틀림없다. 하지만, 청각장애를 안고 태어난 사람들 중 많은 수는, 특히 수화를 배우고 사용하는 혜택을 어려서부터 경험해온 사람들은 자신들을 '장애인'이라든가 결함이 있는 사람이라고 여기는 대신에, 문화적, 언어적 마이너리티로서 간주해왔다.

청각장애 부모에게서 태어난 청각장애 아이를 축복으로 여기는 데에서 한 발만 더 나아가본다면, '청각장애' 배아에 대한 거부나 '청각장애' 태아에 대한 의도적 낙태는 일종의 집단 학살로 여겨질 수 있을 것이다. 성별에 따른 임신중절과 마찬가지로, 이는 사회적 차원에서 해로운 일이다. 다시 말해서, 임신중절이라는 개인적 행동이 더 넓은 범주에서는 하나의 성이나 다른 특성—이 경우에는 청각장애—을 지닌 집단에 대한 부정혹은 공격이 될 수 있다는 뜻이다. 수화 사용을 억제당한 역사가 있는 청각장애인들에게는 집단 학살이라는 말이 특히나 가슴 아프게 다가올 것이다. 그들의 언어와 문화를 말살시키려는 시도 속에서 아이들은 수화를 사용하지 못하도록 손을 맞아야만 했고 서로가 고립된 상태에 놓였었다.

그 위협으로 인해 '그 계보를 이어갈' 커뮤니티도 감소하고 말았다.

　많은 사람들에게는 다운증후군이나 척추이분증에 걸린 태아, 수능 준비를 하는 학생이 임신을 한 경우의 낙태가 괜찮아 보일 것이다. 반면에 청각장애가 아니라는 이유로 낙태를 하거나 산전 유전자 검사로 청각장애아만을 골라내는 몇몇 청각장애인들의 유별난 선호도는 어처구니없어 보일 것이다. 태아는 개인화되었다. 태아가 특정한 형질—예를 들어 청각장애가 없는 형질—을 갖고 있으면, 바로 그 이유 때문에 죽임을 당한다. 이 가능성에 대해 함께 분노할 수 있다면, 당당하고 행복한 청각장애인 및 여타 장애인들이 매일매일의 차별 앞에서도 산전 선택을 특히나 차별로 여기게 되는 이유를 조금은 더 쉽게 이해할 수 있을 것이다. 청각장애인들은 단결력이 강한 커뮤니티를 이루어왔고, 풍부한 문화적 유산과 드라마, 시, 그 밖의 예술품 등 많은 예술 작품을 보유하고 있다. 올리버 색스(Oliver Sacks)가 『목소리 보기: 청각장애인 세계로의 여행』(*Seeing Voice: A Journey into the World of the Deaf*)에서 지적했듯이, "수화는 말과 다를 바 없이 엄밀한 표현과 시적인 표현을 할 수 있으며 철학적 분석과 사랑을 표현할 수도 있다. 정말로 때로는 말보다 더 쉽고 편하게 전달되기도 한다."

　하지만, 그녀 자신이 장애인인 에이드리언 애쉬는 산전 유전자 검사의 범위가 광범위해지면 그 기술을 사용하여 청각장애 같은 특성을 선택할 수도 있을 것이라는 입장에 반대한다. 이 반대는 산전에 특정한 특성을 배제하는 일에 대해 그녀가 취해온 입장에 기초하고 있다. 즉, 이 경우에도 부분이 전체를 대변하는 실수를 범하고 있다는 것이다. 단 하나의 특성이 풍부하고 긍정적인 삶을 결정짓는 요소로까지 격상되게 되는 것이다.

여 성 의 권 리 , 장 애 인 의 권 리

우리들 대부분은 태어나지도 않은 생명을 끊는 것에 대해 우리 자신의 종교적, 윤리적 신념이나 정치적 입장, 개인적 경험에 따라 상반된 감정을 느끼게 된다. 일례로, 낙태에 관한 영국의 법률을 보면, 이는 낙태를 살인이라고 믿는 사람이나 임신 여부 및 시기에 대한 여성의 절대적 자율권을 믿는 사람, 그 어느 쪽도 만족시키지 못하는, 허점 많은 타협안이라는 것을 알 수 있다. 의사들은 여성의 행복, 이미 존재하는 아이의 행복, '중증 장애'의 가능성 등을 근거로 낙태 시술을 해줄 수 있고, '중증 장애'일 경우에는 24주 이내라는 통상적인 시한을 넘겨서까지도 낙태가 허용된다. 하지만 수면 아래에서는 이에 대한 반발이 끓어오르고 있다. 여성이나 커플 스스로의 장래 계획에 따라 낙태를 하는 것이 허용되지 않기 때문이다. 낙태의 '권리'는 의학계에만 주어졌고, 또 의학계에 의해 그 권리가 규제되고 있다.

　법적으로 낙태가 허용되는 '중증 장애'와 몇몇 사례를 정할 경우에는, 이런 낙태는 정당하다는 메시지를 줄 수도 있다. 태아의 각종 장애 때문에 임신을 중도 포기해야 하는 여성들이 느낄 죄책감을 덜어준다는 점에서 보면 이해가 되기도 한다. 그들을 자책에 빠지게 해서는 안 된다. 원치 않는 사람에게 '성장할 수 없는' 태아의 임신을 강요할 수는 없는 일이다. 여성은 힘든 선택을 하는 것이고, 이는 다른 누구도 아닌, 바로 그들과 그 배우자들의 문제이기 때문이다. 이런 경우에 여성들은 쉽게 상처받기 때문에 자책하지 않도록 도와줄 필요가 있다. 하지만 낙태를 금지하면서도 태아의 각종 장애를 근거로 이를 '허용'한다면 여성의 임신중절 '선택'은, 대중매체들의 표현을 빌자면 '고심 끝에 내린 결정'(spun)이 된다. 즉, 스스로의 삶에 관한 결정이 아니라 태아를 위한 용감한 행동으로 여겨지게 되는 것이다.

사회적, 정치적 변화를 위해 싸우는 많은 장애인들에게는 이 점이 실망스럽게 느껴진다. 어떤 삶에나 우리가 어찌할 수 없는 괴로운 상황은 일어난다. 병에 걸리고 사랑하는 사람과의 사이가 나빠지며 사랑하는 사람이 죽기도 한다. 하지만 삶의 시련과 트라우마를 각자의 개성과 능력으로 받아 넘김으로써 삶 속에서 뜻밖의 기쁨과 만족을 얻어내기도 한다. 장애인도 다를 바 없다. 그들도 웃고, 사랑하고, 울고, 다른 사람들처럼 그냥 그런 일들을 하면서 살아가는 사람들이다. 하지만 우리 문화는 평균에서 벗어난 사람들을 추려내고는 그들의 삶을 절망적인 비극이라도 되는 듯이 바라보게 만든다. 게다가 대부분의 사회에서는 인간사의 불가피한 문제들을 외면한 채 운송수단, 고용, 통신에서 장애인들을 배제시켜버렸다. 우리의 대부분이 겪는 질병, 손상, 죽음의 존재와 그 불가피성을 부정하려 하는 것에 대해, 사회가 이를 외면하고 잊으려 하며 주변부로 쫓아버리려 하는 것이라고 말할 수 있다. 이 때문에 시각장애인이 갈 수 없는 술집이나 학교가 생겨나는 것이다.

많은 장애인들은 '장애인은 비참한 삶을 산다'는 생각이 현실로 바뀌는 것에 대해 좌절감을 느낀다. 장애 때문이 아닌데, 혹은 장애 때문만이 아닌데도 실제로는 그렇게 되는 것에 좌절하는 것이다. 영국 장애인 운동과 세계 각지의 비슷한 운동들이 이러한 선택의 문제에 신경을 곤두세우는 큰 이유가 바로 여기에 있다.

선 택 하 기 : 정 책 적 제 안

이 글에서는 유전적 선택이라는 주제를 '장애인 평등의 입장'에서 살펴보았다. 이 글에서 나는 이 문제에 대해 장애인 단체들이 많은 입장을 공개적으로 표명해왔고 어떤 점들에 대해서는 합의가 이루어졌지만 여전히 이견들이 존재하며 논쟁이 계속되고 있다는 점을 지적했다. 이 문제들은 공공 정책의 문제이면서도, 동시에 종종 고통스럽고 개인적이며 결정하기 힘든 문제이기도 하다. 이 글에서 내가 주장했던 것처럼, 우리들은 각자의 경험과 믿음에 따라 제각각 입장을 달리했다. 그래서 나도 한 명의 장애인으로서의 입장, 즉 내 자신의 입장에서 구체적인 제안을 제시하도록 하겠다.

나는 한 명의 장애인 여성으로서 이 글을 쓰고 있다. 내 척추에는 적어도 한 가지 종류의 '유전병'이 침투해 있으며 나의 아버지와 나의 자매 또한 이 병을 앓고 있다. 십대와 이십대 때 심각하게 느꼈던 나의 '장애인으로서의 중압감'은 '유전' 가능성, 즉 부모로서 아이의 유전자를 오염시켜 망치지나 않을까 하는 점에 직결되어 있었다. 요즘에는 이런 고민을 하지 않는다. 내 아이가 이 특성을 나와 공유하기를 바라는 것은 아니지만, 나는 그 특성이 내 삶에 해롭다고는 생각하지 않기 때문이다. 삶과 생명을 좌우하는, 보다 더 심각한 질병에 걸린 다른 많은 장애인들도 나와 생각을 함께하고 있다.

나는 또한 여성 스스로의 결정권과 자율권을 매우 강하게 믿는 여성으로서 이 글을 쓰고 있다. 나는 태아가 자궁 밖에서 생존할 수 있게 되기 전까지는 생식에 관한 결정이 여성 자신의 양심에 맡겨져야 한다고 생각한다. 하지만 나는 개인의 권리와 집단의 권리 사이에는 올바른 균형감각이 필요하다고도 생각한다. 평등의 문제는 개인의 결정과 연관되어 있으며 그 결정에 의해 영향을 받는다. 지나치게 역설적으로 들릴 수도 있겠지만, 이 정책과 관련해서 내가 원하는 것은 명확히 정해진 한계 내에서 가능한 많은 자유를 주어야 한다는 쪽이다.

첫째, 모든 임신중절의 시기 제한은 동일해야 한다고 생각한다. 임신 중인 태아의 독자적 지위를 인정할 수 있는 시기, 다시 말하면, 의학적 도움을 받아서라도 엄마의 몸 밖에서 태아가 생존 가능하다고 여겨지는 시기가 어느 시점에서 선택될지는 모르겠지만, 모든 태아에게 이 시기는 같아야 한다는 말이다. 즉, 법 앞에서 평등해야 한다. 이를 어기는 것은 결과적으로 생명의 가치와 권리에는 차이가 있다는 견해를 받아들이는 것이 될 것이다.

둘째, 나는 산전 검사 제도에 큰 변화가 있기를 바란다. 공명정대함을 추구하는 새로운 노력이 이루어져야 할 것이다. 또, 의료적 측면에 집중하는 대신에 장애인의 생활이 어떠하며 어떻게 될 것인지에 대해 더 많은 정보가 제공되어야만 한다. 이런 측면에서 장애인들은 부모들에게 직접적인 경험을 알려줄 자료를 준비하는 데 중요한 역할을 담당할 수 있다.

셋째, 장애아가 될 것을 알면서도 임신을 지속하기로 결정한 부모에게는 더 많은 지원을 해줄 필요가 있다. 이런 선택은, 아이의 특성과 환경이 어떻든 간에 태어날 아이를 사랑하겠다는 확신에 찬 행동이자 부모의 역할을 받아들이겠다는 각오를 보여주는 행동으로 간주되어야 할 것이다.

넷째, 위의 주장이, 임신중절을 포함하여, 혼자 생존할 수 있기 전 단계의 태아에 대한 여성이나 커플의 생식적 선택을 도덕적으로 잘못된 것으로 본다는 의미는 아니다. 하지만 다음과 같은 점은 강조되어야 한다. 여성이나 커플의 결정은 그들이 원하는 미래와 가족상을 기준으로 이루어져야지, 살아갈 가치가 없는 생명이라는 판단을 기준으로 이루어져서는 안 된다는 점 말이다. 그러나 이것이 가능해지려면 임신중절에 대해 좀 더 자유롭게 접근할 수 있어야 할 것이다.

다섯째, 산전 유전자 검사가 '바람직한' 형질을 고르는 일에 결코 사용되어서는 안 된다고 생각한다. 그럴 경우에는 우생학적 결과를 초래할 수도 있다. 산전 유전자 검사는 임신이 힘든 커플이나 일부 사람들에게 고마운 가능성을 제공해준다. 조기 사망에 이르는 몇몇 질병을 피할 수도 있게 해준다. 이처럼 실용적인 이유 덕분에, 이와 같은 몇몇 질병에 대해서는 이 기술을 허용해야 한다고 믿는다. 하지만 이는 오래 살지 못하는 생명이나 고통받는 삶의 가치가 덜하기 때문이 아니며, 또한 이런 일을 겪는 아이나 어른이 행복한 경험을 할 수 없기 때문도 아니다.

마지막으로는, 톰 셰익스피어의 다음과 같은 지적을 환기시키고 싶다. 우리는 침팬지와 98%의 유전물질을 공유하고 있고, 효모와도 51%를 공유하고 있다. 삶의 의미에 관해 유전자는 그 무엇도 말해주지 못한다. 유전자는 삶의 청사진을 제공해주지도 못한다. 우리는 우리의 유전자 그 이상의 존재이다. 유전적 향상을 통해서가 아니라 사랑받고 인정받고 기대받고 있다는 느낌을 통해 아이의 삶을 더 낫게 해주는 것, 바로 그것이 좋은 부모가 되는 길일 것이다.

'맞춤아기':
선택의 필요성

줄리엣 티저드*

2000년 8월, 미국 콜로라도의 젊은 부부 잭과 리사 내쉬에게 아담이라는 이름의 아이가 태어났다. 아담은 평범한 아기들과 별반 다를 바가 없어 보였고, 실제로도 평범한 아기였다. 하지만 그는 의학의 역사를 새로 쓰게 할 방식에 따라 잉태되었다. 아담은 착상전 유전자 검사를 통해 잉태되었는데, 이 방법을 이용하여 내쉬 부부는 6살짜리 딸 몰리가 앓고 있는 판코니 빈혈을 앓지 않는 아이를 낳을 예정이었다. 하지만 정말 새로웠던 것은 아담이 될 배아에 행해진 또 다른 검사였다. 판코니 빈혈 검사 후, 배아의 조직 적합 검사가 이루어졌던 것이다. 이를 통해 병에 걸리지 않았으면서 몰리와 조직도 같은 배아가 리사 내쉬의 자궁으로 옮겨졌다. 그 결과가 아담이었다.

이는 특정 질병을 피하기 위해서뿐만 아니라 기증자의 조직 적합성을 알아보기 위해 착상전 유전자 검사를 사용한 최초의 사례였다. 내쉬 부부

---

* **줄리엣 티저드(Juliet Tizzard)**는 생식학 및 유전학의 이익 촉진을 목표로 설립된 진보 교육 기금(Progress Educational Trust)의 의장이다. 웹 뉴스, 논평 서비스인 『바이오뉴스』 (*BioNews*)의 주편집장이기도 하다.

는 딸 몰리와 달리, 이 아기가 병에 걸리지 않을 것이라는 점을 처음부터 알고서 아이를 가질 수 있었다. 더욱이 아이가 태어나면 몰리가 치료를 받음으로써 생명을 구할 수 있으리라는 희망도 가질 수 있었다. 내쉬 가족에게 착상전 유전자 검사는 두 아이의 건강과 행복을 지켜줄 유일한 희망이었다.

부모나 누나의 기쁨과는 달리, 모든 사람들이 아담의 탄생을 환영했던 것은 아니다. 이 소식이 전해지고 얼마 지나지 않아 다수의 저널리스트, 평론가, 전문가들이 내쉬 부부의 행동에 대해 논평을 하고 나섰다. 뉴스 기사와 텔레비전 인터뷰에는 '맞춤아기'라는 말이 여기저기에서 등장했다. BBC와의 대담에서 반유전학 운동가 데이비드 킹(David King)은 이렇게 말했다. "우리는 맞춤아기의 시대로 진입하고 있습니다. 저는 이를 우리 아이들을 골라 담는 [……] 우생학의 일종이라고 규정하는 바입니다." (2000년 10월 4일)

『데일리 메일』(Daily Mail)이 아담 내쉬를 "진정한 의미의 최초의 맞춤아기"라며 환영한 반면, 대부분의 논평가들은 아담의 탄생을 중대한 일의 작은 실마리라고 이야기하는 데에서 더 나아가지 못했다. "이는 미끄럼틀의 시작에 불과하다"고 철학자 조나단 글로버(Jonathan Glover)는 말했다.[10] 내쉬 부부가 이용한 산전 유전자 검사의 용도에 대해 반대하는 사람은 거의 없었다. 대부분의 사람들이 주로 관심을 보인 것은 그 검사가 어떤 다른 용도를 이끌어낼 것인지 하는 점이었다. 착상전 유전자 검사와 '맞춤아기'를 둘러싼 대다수의 매체 논쟁에서 흔히 그랬던 것처럼, 여기서도 착상전 유전자 검사가 걱정스러운 미래로 옮겨간다고 하는 '미끄럼틀 효과'에 대한 전망이 제기되었다.

미끄럼틀 효과와 '맞춤아기'

아이의 건강을 지키고자 했던 잭과 리사 내쉬 부부를 비판하는 논평가는 거의 없었다. 인간 배아의 파괴라면 무엇이 되었든 반대하는 사람들만이 무조건적으로 반대해야 한다고 느꼈을 뿐이다. 이는 "본질적으로 당신이 원하는 아이를 얻기 위해 죽임을 당해야 하는 사람들에 관한 것"이라고, 반(反)낙태 단체를 대표하여 케빈 메일(Kevin Male)이 말한 바 있듯이 말이다. 다른 사람들은 산전 유전자 검사를 사용한 목적에 대해서는 별반 신경을 쓰지 않았고, 오히려 이것이 장래에 무엇을 초래할 것인가를 더 많이 걱정했다. 판코니 빈혈과 조직 적합성을 찾기 위해 착상전 유전자 검사를 사용한 것이 장래에는 더 사소한 용도로 이 기술을 사용하는 것을 조장하게 되는 것일까?

'맞춤아기'로의 미끄럼틀 효과에 대한 우려는 최근의 착상전 유전자 검사 사례에서도 되풀이 되었다. P53이라는 종양 억제 유전자에 돌연변이가 발생하면 유전적으로 다양한 종류의 암에 걸릴 가능성이 높아지는 리-프라우메니 증후군(Li-Fraumeni Syndrome)을 보이게 되는데, 바로 이 리-프라우메니 증후군을 골라내기 위해 익명의 커플이 착상전 유전자 검사를 신청했던 것이다. 미국 생물윤리학자 아트 캐플란(Art Caplan)은 아담 내쉬가 태어났을 때 제기되었던 것과 비슷한 우려를 이 사례에 대해서도 표방했다. "매우 위험하고 치명적 암을 예방하기 위해 검사를 하겠다는 것은 윤리적으로 이해할 수 있습니다. 하지만 상당부분 유전자에 의해 결정되는 키, 눈 색깔, 근육 강도, 머리 색깔 같은 특성들로까지 그 검사가 확대된다면 무슨 일이 벌어지겠습니까?" [11]

착상전 유전자 검사의 여러 사례들에 대한 대중 매체의 논의들을 보면, 머지않아 이 기술이 삶을 위협하는 질병을 찾아내기보다는 유전적 특성을 선택하는 데 사용되리라는 두려움이 나타나 있다. 하지만 이 두려움이 올바른 것일까? 캐플란이 언급한 특징들 중 상당수는 주로 유전적 요인에 의한 것이다. 하지만 그 중 상당수는 많은 유전자들의 상호작용을 통해 나타나는 것이며, 또 어떤 경우에는 식생활이나 운동과 같은 비유전적 요인에 의해서 나타나기도 한다. 그런 특성들의 유전적 원리를 제대로 이해하게 된다면, 언젠가는 배아 단계에서 그 특성을 검사할 수도 있을 것이다. 이런 용도에 대한 수요가 있다면 말이다. 하지만 그때까지 착상전 유전자 검사는 좀 더 평범한 이유들 때문에 시행될 것이다.

착 상 전 유 전 자 검 사 의 현 실

영국에서 환자에게 산전 유전자 검사를 시행할 수 있는 자격증을 갖고 있는 병원은 겨우 다섯 곳에 불과하다. 착상전 유전자 검사가 가능했던 지난 12년 동안, 희귀병과 중증 질환 검사를 위해 착상전 유전자 검사를 이용한 후 태어난 아기의 수는 몇 백 명을 넘지 않는다. 착상전 유전자 검사에는 시험관 시술이 포함되어 있기 때문에 돈이 많이 드는 데다가 국가의료제도의 지원도 받지 못한다. 착상전 유전자 검사를 받은 커플들은 흔히 육체적으로나 감정적으로 지칠 뿐만 아니라 수천 파운드나 가난해져버리고 마는 것이다. 운이 나쁘면 목표했던 아기조차 갖지 못했다는 결과에 직면하게 될 것이다(게다가 그들 중 운이 나쁜 사람의 비율은 70%에 달한다).

이를 이용한 사람들에게 이 시술이 별 도움을 주지 못했다는 말이 아니다. 건강한 아이를 갖는 데 성공하지 못한 사람들에게조차 그렇게 말할 수는 없다. 단지 오늘날의 대중매체에서 흔히 그려내는 착상전 유전자 검사의 모습이 현실과는 꽤나 다르다는 말을 하려는 것뿐이다. 현시점에서

'맞춤아기'는 착상전 유전자 검사의 모습이 아니다. 오히려 그 시술은 기다림, 바람, 큰돈이 들어가는 일을 의미하며, 많은 경우에는 실패로 특징지어진다.

'맞춤아기' 논쟁에서 착상전 유전자 검사가 이처럼 왜곡된 모습으로 그려지는 것은 분명 유감스러운 일이 아닐 수 없으며 관련된 사람들을 좌절시키기까지 한다. 이 시술은 그렇게나 심각한 문제일까? 미래에 발생할 수도 있는 일에 초점을 맞춤으로써, 이 논쟁은 자기만족에 빠지는 것을 막고 문제가 발생하기 전에 미리 경고를 할 수도 있을 것이다. 하지만 유감스럽게도 미래에 있을 남용에 대한 이런 우려가 지금 낳고 있는 것은 득보다는 실이라 하겠다.

'맞춤아기' 논쟁은 왜 해로운가

우리는 '맞춤아기'에 대한 현 논의들이 얼마나 미래에 초점을 맞추고 있는 것인가를 보았다. 하지만, 그것이 정말로 중요한 일일까?

미래에 발생할 일을 미리 생각해보는 것은 그다지 해로워 보이지 않는다. 오히려 현명한 접근법으로 생각될 수도 있다. 하지만 현재보다도 미래에 초점을 맞추게 되면 종종 역효과를 낳을 수 있으며 득보다는 실이 되기 쉽다. 현재의 필요를 과도하게 규제할 수도 있고, 생식기술의 이용을 필요 이상으로 제약할 수도 있다. 또한, 생식기술을 '맞춤아기'에 연결시킴으로써 현재의 용도를 하찮아 보이게 만들며, 서비스 제공이 제한됨으로써 생겨나는 현재의 문제들을 짚어내기 어렵게 만들기도 한다. 마지막으로, 미래에 벌어질 수도 있는 생식기술과 유전기술의 남용가능성에 초점을 맞추게 되면 궁극적으로는 생식의 선택이 훼손될 수도 있다.

과도한 규제

논평가들은 종종 "통제를 벗어난 일들"에 대해 우려를 보이곤 한다. 하지만, 그들의 우려는 단순히 무제한적인 생식적 선택에 관한 막연한 걱정으로만 끝나지 않는다. 미끄럼틀 효과에 대한 경고와 함께 지금보다 더 강력한 제약과 통제가 이루어져야 한다는, 매우 실질적인 요구가 이런 우려들로부터 나오고 있기 때문이다.

착상전 유전자 검사는 1990년에 제정된 인간수정 및 배아 연구법에 의해 규제받고 있다. 하지만 착상전 유전자 검사를 어떻게 사람들에게 제공할 것인가 하는 문제는 인간수정 및 배아 연구법에 의해 설립된 감시기관인 인간수정 및 배아 연구권리청(이하 HFEA)의 결정을 따른다. 현재 HFEA는 착상전 유전자 검사를 실시하는 병원으로 하여금 새로운 질병을 검사할 때마다 허가를 받도록 하고 있다. 그러기 위해서는 (몇 달에 걸쳐) 실험실에서 검사 준비를 해야 하고, 새 질병마다 매번 새로운 허가를 받아야 한다. 이렇게 되면 시술을 원하는 환자들은 꽤 오랜 시간을 기다려야만 한다.

착상전 유전자 검사를 왜 이렇게 개별적으로 규제하는지 그 이유는 분명치 않다. 착상전 유전자 검사를 시술하는 병원은 시험관 시술에 대한 허가도 받아야 한다. 이 허가를 받은 병원은 시술 사이클에 대한 데이터를 수집하여 HFEA에 보고해야 하고, 매해 현장 시찰을 받아야 하며, 실험실과 병원의 프로토콜과 윤리적 프로토콜을 지켜야 하고, 시술로 태어나는 아이의 복지를 신경써야 한다. 착상전 유전자 검사를 하려는 병원이 이에 대한 허가를 받아야 함은 물론이다. 이 허가는 HFEA의 기준을 만족시키는 병원에 한해, 다시 말하면 단 하나의 배아세포로 생체검사를 할 수 있는 발생학자를 확보하고 있으며 임신 보조팀과 유전 상담가, 유전학 실험실 연구원 사이에 협력 체계가 구축되어 있는 병원에 한해 발급된다. 유전질환을 검사할 때마다 허가를 받게 하는 이러한 규제 감시를 더욱 강화한다면, 이는 병원이나 환자 모두에게 불필요한 부담을 안기는 일이 될 것이다.

많은 감시기관들처럼, HFEA도 생식의학을 빈틈없이 통제하고 있는 것처럼 보이고 싶어한다. 착상전 유전자 검사를 둘러싼 논쟁들이 지속적으로 법적 규제를 요구할 경우, 환자의 필요에 의해서가 아니라 규제를 원하는 대중적 요구에 부합하기 위해서 HFEA는 더 많은 규제를 하게 될 것이다. 이는 제대로 된 규제라 할 수 없으며, 정말로 중요한 사람들, 즉 환자의 요구에 관해서는 거의 다루어지지 않고 있다는 사실을 의미할 뿐이다.

현 용도의 과소평가

무분별하게 '맞춤아기'에만 초점을 맞추게 되면 현 시점에서 착상전 유전자 검사를 요청하는 커플들의 이유가 별 것 아닌 것처럼 보이게 될 수 있다. 착상전 유전자 검사를 찾는 커플들은 다른 선택에서 전부 다 실패한 경우가 보통이다. 그들에게는 아픈 아이가 있거나 한 번 이상의 유산 경험이 있다. 자신의 가족들이 헌팅턴 무도병과 같은 질환으로 고통받거나 죽는 모습을 목격한 사람도 있다. 그들이 착상전 유전자 검사를 요청하는 이유는 더 이상은 생식을 우연에 맡길 수 없기 때문이다. 유전병을 앓는 아이를 둘 위험을 안고 있는 사람들은 유전자의 주사위가 아이에게 어떻게 나타날 것인지를 기대하는 평범한 임신의 기쁨을 거의 누리지 못한다. 그들은 모든 사람들이 당연하게 여기는 생식에 대한 자신감을 잃어버린 이들이다.

이처럼 아주 정당한 이유에서 착상전 유전자 검사를 신청하는 사람들을 두고, 자식의 눈 색깔이나 체격을 골라내기 위해 이 기술을 사용하려는 사람들과 동일한 부류인 것처럼 이야기한다면 이는 둘을 잘못 연결시키고 있는 것이다. 이는 오늘날의 착상전 유전자 검사 환자들에게 미래에 아이를 '디자인'하고 싶어하는 사람들과 똑같다는 오명을 씌우는 일이다.

착상전 유전자 검사에서 특정한 특성을 골라내는 용도만 강조하게 된다면, 현재의 환자들이 직면해 있는 실질적인 문제로부터 우리의 관심은 멀어져버릴 것이다. (착상전 유전자 검사에 필수적인) 시험관 시술은 돈이 많이 들고 (여성의 몸에 대해) 침입적이며 감정적으로도 소모적이다. 영국에서는 한 번의 시술에 3,000파운드[약 550만 원]에 가까운 비용이 소요되고 (미국은 더 비싸다), 시험관 시술의 10%만을 국가의료제도에서 제공해주기 때문에 재정적 부담은 환자에게 전가되는 것이 보통이다. 그리고 한 번의 시술에 성공할 확률이 30% 정도이기 때문에 임신하기까지는 2회 이상의 시술을 필요로 하는 경우가 많다. 시험관 시술 시에는 집중적인 약물 투여로 인해 많은 부작용이 생길 수 있으며, 수정에 쓰일 성숙한 난자를 모으기 위해 침입적인 시술을 하기도 한다. 시험관 시술을 못하게 막아야 한다거나 할 만한 가치가 없다는 말이 아니다. 시험관 시술에 성공하지 못한 사람들에게조차도 그렇게 말하지는 않는다. (일반적으로 불임 시술을 받을 필요는 없지만) 유전질환에 걸린 아이를 낳을 위험이 높은 커플들에게 착상전 유전자 검사는 육체적으로나 심리적으로나 결코 재밋거리가 아니라는 것이다.

영국에서 착상전 유전자 검사는 아주 협소한 경우에 한해서만 허용된다. 첫 시술 후 10년 이상의 시간이 흘렀지만 그 검사는 영국 내 다섯 개의 병원에서만, 그리고 소수의 유전질환과 몇몇 유전암에 한해서만 이루어지고 있다. 이런 질병들은 희귀하지만, 종종 치명적이고(심각할 정도로 쇠약하게 만들기도 하며) 유전될 확률이 매우 높다(보통 2명 중 한 명이나 4명 중 한 명 꼴로 유전된다). 착상전 유전자 검사를 받는 커플에 대한 연구가 거의 이루어지지 않기는 했지만, 현재 영국에서 이루어지는 몇몇 검사들에 대해 환자들은 매우 높은 점수를 주고 있다. 그 중 대다수는 병에 걸린 아이를 두고 있거나(그리고 그 아이가 어린 나이에 죽는 것을 보았거나) 여러 번 유산한 경험이 있는 사람들이다. 그 중에는 개인적으로 낙태 반대론자이며, 모든 것을 우연에 맡기면서 그 외에는 착상전 유전자 검사만을 유일한 선택으로 받아들이는 사람도 있다. 이 검사를 요청하는 이유가 무엇이든 간에, 착상전 유전자 검사는 대안이 없다고 여겼던 사람들에게 새로운 대안을 제공했다.

착상전 유전자 검사에 대해 고민해야 할 실제적인 문제는 그것이 얼마나 제한되어 있는가에 관한 것이 되어야 한다. 영국의 경우, 착상전 유전자 검사를 할 수 있는 질병의 수가 매우 적고 시술을 받을 수 있는 곳도 얼마 되지 않는다. 하지만, 비의학적 용도와 '맞춤아기'에 대한 지나친 걱정으로 인해 이러한 문제가 가려지면서 이처럼 현실적인 제약에 관해서는 거의 논의가 이루어지지 못하고 있다.

선택권의 훼손

미래에 있을 수도 있는 착상전 유전자 검사의 남용에 지나치게 초점을 맞춤으로 인해 나타나는 마지막 문제는 선택권의 훼손이다. '맞춤아기'에 관한 모든 논의들에서 생식적 선택이 좋은 일이라는 생각은 훼손되고 말았다. 대신에 선택은 이기심, 방종, 심지어는 폐해로까지 여겨지고 있다. 생식적 선택은 사회구성원이라면 누구라도 향유할 수 있는 중요한 자유이다. 그러므로 자율적인 성인으로서 우리로 하여금 자신의 필요와 바람에 따라 스스로의 삶을 결정할 수 있도록 해주어야 하는 것이다. 실제로 우리는 당연히 그래야 한다고 여겨왔다. 대부분의 사람들은 성생활과 같은 행위에 대해 다른 사람들이 개입하거나 규칙을 정하려 하면 분노할 것이다. 생식의 경우, 부모는 아이를 위해 이 아이에게 최선이 될 만한 이익을 찾아내고 이를 보호해야 할 책임의 짐을 대부분 떠맡고 있다. 이를 가장 잘 하기 위해서는 언제, 어디에서, 어떻게 아이를 갖고 낳을 것인가 하는 선택이 부모들의 영역으로 남겨져야 할 것이다.

선 택 에   반 대 하 지 는   않 지 만 ……

오늘날 생식적 선택의 중요성 자체를 인정하지 않는 사람은 거의 없다. 하지만 생식적 선택을 하는 개인들에 대한 지원은 제한적이거나 일관되지 않은 경우가 많다. 사람들은 흔히 자신은 생식적 선택을 하는 여성(과 그 파트너)에게 우호적이라고 말하지만, 이에 덧붙여 어떤 경우에는 선택을 제약해야 하며 무제한적인 선택이 이루어져서는 안 된다고도 이야기한다. 그렇다면, 개인의 생식적 선택을 제약하는 데 대해서는 어떤 정당한 근거를 제시할 수 있을까? 개인의 선택이라는 문제에 대해서는 두 가지 입장이 주목을 받고 있는데, 두 입장 모두가 선택이 항상 좋은 것만은 아니라고 주장하고 있다. 그 선택이 다른 사람에게 불리하게 작용할 수도 있고 심지어 해를 끼칠 수도 있기 때문이다. 그리고 그 주장에 따르면, 우리 사회의 장애인이나 개인적 선택의 결과로 태어나는 아이들이 바로 그 영향을 받는 사람들이다.

장애인에 대한 태도

장애인의 이익을 증진시키려는 사람들은 착상전 검사와 산전 검사가, 검사 그 자체로나 그 검사를 하기로 한 선택에 있어서나, 둘 다 장애인에게 악영향을 줄 수 있다는 점을 걱정한다. 그중 한 주장에 따르면, 장애아를 가질지 말지에 대한 선택은 실제로는 선택이 될 수 없다. 왜냐하면 사회가 우리에게 편향적인 생각, 즉 장애아를 피해야 한다는 생각을 강요하기 때문이다.

하지만 이 논리에 따르면 사람들이 하는 모든 선택이 의심스러워진다. 그 어떤 선택도 사회의 영향에서 완전히 벗어날 수는 없으니까 말이다. 일례로 예비부모의 선택을 보면, 그들은 삶의 현실을 기준으로 생식의 문제를 결정한다. 양육비나 주거비, 친구나 가족들의 아이가 있는지 아닌지, 부모로서 아이를 가질 정서적 준비가 되어 있는지 아닌지 등을 기준으로 결정을 내리는 것이다. 이 중 대부분의 제약들은 변할 수도 있지만(돈이나 사회적 지원이 더 많아지면 그 영향이 줄어들 것이다), 대부분의 부모들은 그저 아이들에게 최선의 환경을 만들어주기 위해 노력할 뿐이다. 장애아의 예비부모들도 이와 비슷한 실제적인 고민들을 한다. 하지만 이에 덧붙여, 그들은 아이들에게 보탬이 될 만한 의료 서비스와 사회복지 서비스에 어떤 것이 있을지, 아이들이 어느 학교에 갈 수 있을지, 어떤 직업을 가질 수 있을지, 성인으로서 독립적인 삶을 살아갈 수 있을지 등의 문제까지도 고민해야만 한다. 장애인 사회복지 모델을 옹호하는 사람들은 장애아를 갖지 않겠다는 결정을 미심쩍은 눈으로 바라보아야만 하는 이유가 바로 여기에 있다고 주장한다. 장애인을 위한 서비스가 부족한 상황에서 진정한 선택은 이루어질 수 없기 때문이다. 서비스가 개선된다면 그 선택은 달라질 수 있다는 것이다. 이 주장은 과연 얼마나 타당한 것일까?

낙후된 사회복지 서비스, 고용기회의 부족, 적당한 집과 지원의 부재 모두가 오늘날 장애인들을 속박하는 문제들로서, 이것들이 생식적 결정에 영향을 미친다는 점을 부인하기는 힘들다. 하지만 이런 속박들이 없어진다고 해서 장애아와 비장애아 사이의 선택이 완전히 동등해지지는 않을 것이다. 서비스가 아무리 좋아진다 할지라도, 장애아를 갖는 것이 많은 예비부모들에게 최선의 선택으로 여겨지지는 않을 것이기 때문이다.

이런 이유 중 하나는 질병을 앓는 장애아를 돌보는 일 자체의 실제적인 어려움이다. (영국에서 가장 흔한 유전병인) 낭포성섬유증을 앓는 아이는 생명이 위태로워지는 경우가 많으며, 어려서부터 병원에 자주 들락거려야만 한다. 정신지체의 경우에, 아이는 정상적인 아이들처럼 삶을 온전히 영위하기 힘들다. (증세의 심각성에 따라 다르겠지만) 다운증후군에 걸린 아이가 차를 운전하거나 혼자 살거나 가족을 꾸리거나 85세가 될 때까지 사는 등 완전히 독립적인 성인으로서 살아가기는 힘들 것이다. 이런 것들이 장애아를 낳지 말아야 할 불가피한 이유가 될 수는 없겠지만, 산전 검사의 결과가 양성으로 나왔을 때 부모들이 당연히 고려해보아야 할 현실적인 문제들이라는 것만은 확실하다.

산전 검사의 존재 자체가 지금 세상에 존재하고 있는 장애인에 대한 부정적인 태도를 담고 있다고 비판하는 사람들도 있다. 예비부모들이 검사를 받는 것 자체가 장애를 가진 사람들은 인간으로서 장애가 없는 사람보다 귀하지 않거나 가치가 없다는 생각을 강화시키는 것이며, 그렇기에 장애인들에게 해가 된다는 주장이다. 진정으로, 산전 검사를 받는 것은 장애인의 삶에 해가 되는 일일까? 임신 지속 여부에 대한 예비부모들의 선택은 장애인 전반에 대해 무엇인가를 '이야기하는' 것일까?

어떤 부모들에게는, 특히 이미 장애아를 키우고 있는 부모들에게는 장애가 있는 태아를 유산시키려는 자신들의 선택이 그 임신 이외의 영역에까지 영향을 미치는 것처럼 보일 수도 있다. 하지만, 이런 상황에 놓인 부모들의 대부분은 이미 태어난 자신들의 아이와 그 아이들이 앓고 있는 질병을 따로 떼어 생각할 수 있다. 다음 아이가 이 병에 걸리지 않기를 바라면서도, 이미 태어난 그 아이를 사랑하고 보호하기 때문이다. 어떤 질병이나 장애를 피하기 위한 유전자 검사를 받을 때, 부모들이 하는 것은 일신상의 선택이지 사회적 선택이 아니다.

따라서, 임신을 지속할 것이냐 아니냐에 대해 커플들은 자신들에게 최선인 결정을 내리는 것이지, 사회적으로 보편화되기를 바라는 그런 결정을 내리는 것이 아니라는 말이다. 여기에 나이든 여성의 경우를 비교해보자. 비의학적 이유의 낙태 중에는 막내아이를 낳은 지도 꽤 오래되고 가족구성도 마친 상태에서 뜻하지 않게 임신이 된 여성들의 경우가 간혹 있다. 이런 여성이 임신중절을 선택한다고 해서 그녀가 나이든 여성의 임신에 반대한다고 말하는 것은 아니다. 그녀는 그저 아이를 또 갖는 것이 자신과 자신의 파트너, 그리고 자신의 아이들에게 좋지 않다고 말하고 있을 뿐이다.

장애아를 낳지 않겠다는 개인의 결정이 장애인들에게 부정적인 영향을 끼치는 것이 아니라면, 검사 자체는 어떨까? 어떤 사람들은 병에 걸린 배아나 태아를 찾아내는 검사의 존재 자체가 아프거나 장애가 있는 아이를 낳지 않는 것을 바람직하지 않게 보는 것이라고 주장하기도 한다. 유방암 예방 및 치료를 옳은 일로 전제하고 있는 유방암 검사와 마찬가지로, 유전자 검사도 유전병을 막는 것이 옳은 일이라는 전제를 깔고 있는 것일까?

분명히 유전병이나 염색체 이상 검사의 목적이 생식적 선택의 폭을 넓히는 데에만 있는 것은 아니다. 그런 결과를 가져오기는 하지만 말이다. 산전 검사는 유전병을 가질 아이를 낳을 위험이 높은 부모가 그 병에 걸린 아이를 낳는 것을 예방하기 위해 도입되었다. 연구 결과에 따르면, 산전 검사가 도입되기 전에는 이런 커플들의 다수가 그 이유 때문에 아이를 갖지 않기로 결정했었다. 그러므로 새로운 서비스는 그들이 오랫동안 잃고 있었던, 아이를 낳을 수 있다는 자신감을 되찾아 주는 데 일조했을 뿐이다.

산전 검사와 착상전 유전자 검사에 따르는 또 다른 고민거리로는 경제적인 문제를 들 수 있다. 보건의료의 경제적 측면을 연구하는 학자들에 따르면, 장기적으로 보았을 때 산전 검사와 이에 따른 산과 시술 비용이 장애인을 돕는 데 필요한 의료서비스와 사회복지서비스에 비해 돈이 덜 든다고 한다. 보건의료서비스의 불쾌한 현실이지만, 이는 무시할 수 없는 측면이기도 하다.

따라서 산전 검사와 착상전 유전자 검사의 존재는 아이의 유전적 질환을 막는 것이 의학적으로나 경제적으로 바람직한 목표라는 것을 전제로 하고 있다. 하지만 그렇다고 해서 유전병에 걸린 사람은 태어나지 말았어야 했다고 말하는 것은 아니다. 병에 걸리지 않은 아이를 낳기 위해 부모들에게 검사를 권장해야 한다는 것도 아니다. 검사 결과 유방암에 걸린 것을 알게 된 여성이 아무 치료나 모두 받을 필요가 없는 것처럼, 태아의 기형을 알게 된 여성에게 임신중절을 해야 할 의무는 없다. 사실, 유방암 치료를 거부한 여성보다는 낙태를 거부한 여성에 대해 사람들은 좀 더 동정적일 것이다. 여성이나 커플에게는 산전 검사를 거부할 권리가 있으며 검사 결과가 기형으로 나온다 해도 임신중절을 거부할 권리가 있다. 검사를 받겠다거나 임신중절을 하겠다는 결정과 마찬가지로, 이런 결정에 대해서도 의료 담당자나 사회 모두가 존중하고 지원해주어야만 한다.

유전자 검사가 특정한 목적으로 사용될 수도 있겠지만, 그렇다고 해서 이 검사를 그 용도로만 사용할 필요는 없다. 이 검사는 우생학적 전제를 깔고 있는 것이 아니라, 모든 조건이 동일하다면 아프거나 장애가 있는 것보다는 건강하게 태어나는 것이 더 낫다는 전제를 따르는 것이다. 하지만 (선택 때문이든 불운 때문이든 간에) 아프거나 장애를 가진 채 태어난 아이들은 보살핌을 받아야 하며 다른 아이들과 같은 서비스를 받을 수 있어야만 한다.

상품으로서의 아이

생식적 선택에 관해 우려하는 일부 논평가들은 생식적 선택을 한 사람들이 자기 아이에 대해 실망하게 될 것을 걱정하기도 한다. 선택의 폭이 넓어짐에 따라 부모는 아이에 대해 '소비자'의 태도를 취하게 될 것이며, 이로써 부모와 아이의 관계가 근본적으로 바뀌게 될 것이라고 그들은 주장한다. 도대체 이것은 무슨 소리일까? 소비자는 원하는 물건을 사서 쓰고, 목적을 다 달성하면 그 물건을 버린다. 이런 소비자와 제품 사이의 관계가 부모 – 자식 간에도 적용될 수 있다는 말일까?

오늘날의 부모들이 아이들에게 좀 더 '소비자' 같은 태도를 갖고 있는지 어떤지를 확인하기는 쉽지 않다. 이런 고발을 하는 사람들도 그 실체를 거의 입증하지 못하고 있을 정도이다. 하지만, 생식적 선택이 부모로 하여금 아이들에게 '소비자'적인 태도를 갖게 만든다고 가정해보자. 생식에 있어 소비주의가 (우리가 상품을 사용하고 버리듯이) 아이를 사용하고 나서 버린다는 것을 의미한다면, 오늘날 우리는 학대받고 버려진 아이를 더 많이 볼 수 있어야 할 것이다. 부모가 학대하거나 더 이상 원하지 않아서 보호시설에 간 아이들이 더 많아졌을까? 아니, 전혀 그렇지 않다.

보다 넓어진 생식적 선택으로 인해 부모가 아이들에게 거는 기대가 더욱 높아졌다면, 우리는 오늘날 부모의 기대를 만족시킬 수 없다고 느끼는 아이들을 더 많이 볼 수 있어야만 한다(그런 기대를 만족시켜줄 만한 아이는 있을 수 없으니까 말이다). 아이에 대해 가장 많은 선택을 한 것처럼 보이는 부모들은 시험관 시술이나 그와 관련된 보조생식기술을 이용한 사람들일 것이다. 하지만 심리학 연구의 결과에 따르면, 보조생식기술로 태어난 아이들은 자연적으로 임신된 아이들과 마찬가지로 부모와 좋은 관계를 유지하며 심리적 발달 상태도 좋다고 한다. 보조생식기술을 사용한 부모들, 즉 아이를 갖기 위해 많은 고생을 했기 때문에 아이에 대한 기대치가 가장 높을 것으로 보이는 사람들에게서 자식에게 심리적 상처를 준다는 증거를 찾을 수는 없었다. 보조생식기술로 태어난 아이들이 학대나 애정결핍 때문에 보살핌을 받지 못하는 것처럼 보이지도 않는다.

불임이거나 유전질환을 물려주고 싶지 않아서 아이를 갖는 데 고생을 한 사람들에게서 아이를 상품처럼 취급할 만한 조짐을 찾기는 어렵다. 생식에서의 선택과 시장에서의 선택은 동일한 것이 아니며, 동일한 것으로 여겨져서도 안 된다. 생식기술이 제공하는 선택의 혜택을 받고자 하는 사람들은 임신을 우연에 맡길 수 있는 사람들만큼이나 아이를 원하고 사랑하며 키우려 한다.

결론: 선택에 찬성할 것인가, 반대할 것인가?

착상전 검사 및 산전 검사를 둘러싼 논쟁에는 두 개의 입장만이 존재한다. 스스로 생식적 결정을 내리는 여성이나 커플을 옹호하거나, 혹은 그렇지 않거나. "나는 선택을 선호한다. 하지만 [……]"이라는 주장은 유지되기 어렵다.

어떤 사람들은 낙태에 반대하는 입장 때문에 선택을 반대한다. 그들이 보기에 여성의 선택은 그들이 신성불가침이라 여기는 배아나 태아의 생명을 파괴할 가능성을 열어놓기 때문에 언제나 문제가 많다. 이 입장이 내적으로 일관성을 갖는 것은 사실이다. 하지만 이 입장에서는 모든 종류의 생식기술을 반대하며, 이 중에는 배아를 죽게 만들 수 있는 몇 가지 피임법도 포함되어 있다. 어떤 사람들은 반낙태주의자가 아니면서도 생식적 선택을 한정시켜야 한다고 주장한다. 하지만 이런 주장을 이해하기는 더 어렵다. 생식의 선택을 한정짓는 데 있어 정당한 근거를 제공하지 못한다면, 그런 반대는 건전한 원칙보다는 개인적 편견에 기대고 있는 것처럼 보일 뿐이기 때문이다.

남용을 막기 위해 선택을 한정시켜야 한다는 말은 전면적으로 선택을 금지해야 한다는 의미가 아니다. 이는 여성이나 커플 이외의 다른 사람이 선택하는 것을 의미한다. 의회에서 여성의 임신중절을 허용치 않기로 결정했다면, 즉, 예를 들어 자신의 태아가 다운중후군에 걸린 것을 알게 된 여성에 대해서 의회에서 임신중절을 허용치 않기로 했더라도, 결정 자체가 사라지는 것은 아니다. 본인들을 대신해서 정치가들이 미리 그런 결정을 해버렸을 뿐인 것이다.

　남용을 막는 최선의 방법은, 다른 사람들에게처럼 착상전 유전자 검사를 원하는 사람들에게도 자신들의 아이에 대해 스스로 선택할 수 있는 기회를 주는 것이다. 사람들은 각기 다른 이유로 생식적 선택을 하고 싶어한다. 어려운 환경이나 아이의 건강을 최대한 좋게 해주고 싶다는 납득할 만한 바람 때문일 때도 있다. 무제한적인 선택을 걱정할 것이 아니라, 결정 과정에 의사, 정치가, 법률가, 심지어는 압력단체와 같은 제삼자가 관여하는 것을 걱정해야만 한다. 여성이나 커플을 대신해서 그들의 허락 없이 제삼자가 생식에 관한 결정을 내린다면 상상 속의 '맞춤아기'보다도 이편이 사회적으로는 더 큰 위협이 될 것이다.

입장 4

생식의 자유

존 해리스*

보조생식기술에 대해 어떤 속박이나 제약이 있어야 할까? 생식의 넓은 길 뿐만 아니라 그 좁은 샛길에 이르기까지 사람들은 얼마나 많은 선택의 자유를 가져야 하는 것일까? 즉 언제, 어떻게, 왜 출산할 것인가에 대한 것뿐 아니라 (모발, 눈, 피부 색깔과 같은 특징들, 일반적인 체형, 지능, 운동능력과 같

* **존 해리스(John Harris)**는 맨체스터 대학의 데이비드 얼라이언스 생명윤리학 교수(Sir David Alliance Professor of Bioethics)이며, 영국의료협회의 윤리위원회와 영국 인간유전학위원회에서 활동하고 있다. 여기 수록된 그의 글은 수년에 걸친 연구의 성과이며, 관련된 생각들은 아래의 글들을 통해 이미 출판되었거나 곧 출판될 예정이다. 『클론, 유전자, 그리고 죽음 없는 삶』(*Clones, Genes and Immortality*), 옥스퍼드 출판사, 1988. 「권리와 생식적 선택」("Rights and Reproductive Choice"), 존 해리스(John Harris)와 쇠렌 홀름(Søren Holm) 편집, 『인간 생식의 미래』(*The Future of Human Reproduction*), 옥스퍼드 출판사, 1998. 「인간의 개념과 생명의 가치」("The Concept of the Person and the Value of Life"), 『케네디 윤리연구소 저널』(*Kennedy Institute of Ethics Journal*), 9, 4, 1999. 「장애에 대한 일관된 사회적 개념은 존재하는가?」("Is There a Coherent Social Conception of Disability"), 『의료윤리 저널』(*Journal of Medical Ethics*), 26, 2, 2000년 4월. 「복제와 균형적인 윤리」("Cloning and Balanced Ethics"), 이에인 토렌스(Iain Torrance) 편집, 『새로운 밀레니엄 시대의 생명 윤리』(*Bioethics in the New Millennium*), 세인트 앤드류스 출판사, 2000. 「생식적 선택」("Reproductive Choice"), 『인간 유전체 백과사전』(*Encyclopaedia of the Human Genome*), 네이처 출판부, 2002.

은) 아이의 표현형 등 기술적, 유전적 조작이 가능한 다른 특징까지도 통제할 수 있도록 해주어야 하는 것일까?

생 식 에 서 의   개 입 이   어 떻 게   정 당 화 될   수   있 는 가 ?

생식 과정에 개입하는 것이 어떤 경우에 정당화될 수 있는가라는 질문에서 시작해보자. 그런데 그런 개입은 더 일반적으로 본다면 의학적 개입의 사례에 해당하므로, 그에 선행하는 다음의 질문부터 시작해야 할 것이다. 의학적인 치료를 목적으로 하는 기술의 사용이 도덕적으로 정당한 것은 어느 경우인가? 이에 대해 가장 먼저 등장하는, 그리고 명백해 보이는 답변은 그 기술이 이롭게 사용될 때, 이로움에 비해 해로운 부작용이 적을 때, 다른 사람의 권리를 침해하지 않을 때 정당하다는 것이다. 따라서 그 기술을 통해 얻게 되는 이로움과 그 이로움이 갖는 중요성, 그리고 혜택을 받는 사람이나 (환자가 그 기술을 요청하거나 그 기술 사용에 대해 동의할 수 없는 경우에는) 최대 이해 당사자가 원하고 있다는 사실이 중요한 요인이 된다. 의학적 개입의 중요성은 그 이로움의 정도에 비례한다. 그 개입이 환자가 원하는 이로운 일을 할 때, 그리고 환자가 개입을 요청할 수 없는 경우라면 그 개입이 환자의 이익에 가장 부합하게 될 때 의학적 개입은 윤리적인 것이 된다.

의학적 '이로움'은 많은 경우에 매우 중요하다. 이는 생명을 보호하고 고통을 감소시키며 운동능력을 되살려내기도 한다. 하지만 우리가 그 이로움이 의학적 개입을 정당화한다고 말할 때, 그 말이 무엇을 의미하는지는 모호하다. 이 말은 한편으로는 특정한 이로움을 위해 공공자원을 사용하는 것이 정당한가라는 질문으로 이어지지만, 다른 한편으로는 개인들이 의학적 시술을 받는 것이 정당한가, 그 개인들에게 의학적 시술을 제공하는 것이 정당한가라는 질문을 이끌어낸다. 의학적 개입이 마땅히 이로운 일을 하는 것이라면, 그에 대한 공공자원의 사용은 정당화될 것이다. 현실적으로는 그 자원의 지원이 언제나 자원에 대한 압력에 따라 영향을 받는다고 할지라도 말이다. 하지만 개인의 문제로 넘어가면, 무해하거나 혹은 거의 해를 끼치지 않는 일들을 해야 할 도덕적 요청이 없다 할지라도, 의학적 시술이나 개입이 전혀 혹은 별달리 심각한 해를 끼치지만 않는다면 개인들이 이를 이용하는 것은 정당화된다.

이런 식으로 남성의 포경수술과 여성의 가슴확대술 등 대부분의 선택적 의료는 정당화될 수 있다. 그 수술이 고통을 막거나 줄여준다면, 수술을 하는 것과 거기에 공공자원을 사용하는 것은 모두 정당화된다. 큰 가슴이나 포경수술을 받은 성기를 좋아하지만 타고난 신체 때문에 삶이 견디기 힘들 정도는 아닌 때처럼 순전히 개인적 선호에 의한 경우에는, 의학적 개입이 도덕적으로 필요한 것도 아니고 공공의 이익을 위한 것도 아니지만 그렇다고 해서 의학적 개입을 이용하는 것이 잘못된 것도 아니다. 하지만 어떤 사람이 스스로 당하는 해는 아주 작지만 다른 이유에서 비도덕적으로 간주될 수 있는 그런 종류의 의학적 개입을 원한다면 사정은 많이 달라진다. 이마에 지워지지 않게 인종차별적 슬로건을 새겨 넣는 경우가 바로 이러한 예에 해당된다. 이는 인종혐오를 선동하고 공공의 이익에 위배되며 다른 사람에게 해가 되거나 다른 사람을 위험에 빠뜨리는 행동이다.

그 결과를 (그리고 거기에 드는 비용을) 논외로 한다면, 기술을 제공하는 서비스들은, 의료 기술이라 할지라도 도덕적으로는 중립적이다. '의료' 기술이라고 해서 더 특별한 것은 아니며, 의료 기술은 보다 일반적으로는 의료 활동이 갖는 정당성을 공유한다. 이런 의료 일반의 정당성을 얻을 수 없을 때 그 의료 기술은 그 자체의 정당성을 필요로 하게 된다. 그럴 경우에는 입증의 책임이 누구에게 있는가라는 문제가 제기된다. 누가 무엇을 정당화해야 하는 것일까?

자유 선호 추정(Presumption in favor of liberty)을 할 수 있는가?

(모두는 아닐지라도) 대부분의 민주주의에서는 자유 선호 추정을 따르고 있다. 이 말의 의미는 자유를 누리고자 하는 사람이 아니라 그것을 부정하고자 하는 사람이 자신의 행동을 정당화해야 한다는 것이다. 이 말이 옳다면, 인공적 생식기술 사용을 반대할 실질적 근거를 제시하지 않는다면 이 추정에 따라 이 기술을 사용할 자유를 옹호해야 할 것이다. 하지만 이 추정이 받아들여지지 않는 사회라고 가정해보자. 이 경우, 보조생식기술을 사용할 자유에 관해 이를 지지할 만한 근거로 어떤 것을 제시할 수 있을까?

생식의 자유

생식에 대한 스스로들의 선택권을 표현하고자 하는 사람들은 오래된, 하지만 최근에서야 굳건히 확립된 '기본권'의 한 예로서 이 권리를 주장하고 있다. 이 권리는 인권에 관한 주요 협정이나 선언문이라면 어디에서나 찾아볼 수 있다. 이 권리는 때로는 결혼을 하고 일가를 꾸릴 권리로 표현되기도, 때로는 사생활의 자유와 가정생활 존중의 권리로 표현된다.[12] 때로는 '생식의 자유'나 '출산의 자율권'이라는 견지에서 논의되기도 한다.

생식적 자유의 권리는 그 기원이 다양하며 많은 정당성을 확보하고 있다. 어떤 사람들은 이 권리가 생식의 권리, 그 자체에서 연유했다고 생각하고, 또 다른 사람들은 중요한 자유권에서 파생되어 나왔다고 생각한다.[13] 확실히 이 권리의 본질과 범위에 대해 보편적인 합의가 이루어진 적은 없었다. 하지만 통상적으로 남녀 사이에 이루어지는 생식 그 이상의 경우에까지 이 권리가 적용되어야 한다는 것은 분명하다. 또, 이 권리가 그런 통상적인 생식이 체현하고 있는, 혹은 그런 생식을 통해 표현되고 있는 일련의 가치와 자유를 포함한다는 것도 분명하다. 일례로, 존 로버트슨은 이 권리에 대한 자신의 생각을 대략적으로 설명하면서 이렇게 이야기했다.

개인의 정체성과 존재의미, 존엄성에 있어 생식은 그 중심에 놓여 있는 문제이기 때문에 생식의 도덕적 권리는 존중되어야만 한다. 이러한 중요성, 즉 개인의 자주성의 윤리에 있어서나, 결혼과 성적 결합의 목적을 자녀 출산과 양육에서 찾는 사회 윤리나 가족 윤리에 있어서 모두 중요하다는 점 때문에 출산의 권리는 중요한 도덕적 권리가 된다. 또한 이 중요성 때문에, 정당한 이유가 충분히 존재하지 않는 한 생식의 권리는 제한될 수 없는 자명한 도덕적 권리로서 널리 인정되고 있다. (『선택된 아이』, 프린스턴 대학 출판사, 1994)

로널드 드워킨(Ronald Dworkin)은 생식의 자유와 출산의 자율권을 "국가가 그 권리를 부정해야만 할 어쩔 수 없는 이유가 없는 한, 생식에 관해 개개인들이 스스로의 역할을 관리할 수 있는 권리"라고 정의했다.

일반적으로 출산의 자율권은 서구 정치 문화에서 매우 중요한 자리를 차지한다. 서구 정치 문화가 갖는 가장 중요한 특징은 개인의 존엄성에 대한 신념이라고 할 수 있다. 즉, 자신의 삶의 의미와 가치에 대한 가장 근원적인 질문에 맞닥뜨렸을 때, 사람들에게는 자신의 양심과 확신에 따라 대답할 도덕적 권리와 도덕적 책임이 있다는 것이다. [……] 넓게 보자면 출산의 자율권이라는 원칙

은 민주적인 문화의 어디에나 심어져 있다. (『생명의 지배』, 하퍼콜린스, 1993)

내가 볼 때, 드워킨과 로버트슨이 내놓은 설명의 중심에 존재하는 핵심적인 아이디어는 생식이 갖는 중요성의 근간이 되는 가치와 자율성을 존중해야 한다는 것이다. 이 가치들은 출산과 가족꾸리기를 스스로의 라이프스타일을 선택할 개인의 자유에 관계된 것으로 간주한다. 또 이 가치들은, 말을 통해서만이 아니라 행동을 통해서도, 가족이 공유하고 다음 세대에 전하고 싶어하는 굳건한 신념과 도덕성을 나타낸다.

유전자를 물려줄 자유의 중요성을 보편적으로 인정한다면, 이 자유는 당연히 생식적 자유의 한 영역으로서 고려되어야 할 것이다. 너무나 많은 사람들, 많은 기관들이 유전자의 특별함에만 생각을 집중시키면서 출산의 의무(imperative)를 유전적 선택의 의무와 연결지어 생각해왔다. 이 제안의 설득력이 크냐 아니냐에 상관없이, 생식적 자유와 관련 기술에 접근할 권리가 부정될 수는 없다. 이를 부정하는 사람들은 생식적 자유란 단순하고 한가하게 선호하는 것을 고르는 것에 불과하다고 주장하고 있기는 하지만 말이다. 생식적 선택이 출산의 자유권과 자율권의 하나로서 보호받아야 하는가 아닌가 하는 문제와는 상관없이, 생식적 선택의 권리는 도덕적인 권리로서 진지하게 고려되어야만 한다. 그렇기 때문에, 수많은 이들이 그에 대해 반대표를 던지기 위해 언젠가, 어딘가에 모인다 하더라도 이 권리가 쉽게 기각되지는 못하는 것이다. (한가하게 자기가 좋아하는 것이나 골라내는 사람들과는 정반대로) 타인의 도덕적 권리를 부인하고 싶은 사람이 있다면 그는 그에 반대할 만한 타당한 이유를 충분히 제시해야만 한다.

인공적 생식기술 사용을 막을 만한 정당한 이유는 존재하는가?

어떤 개입이 그 자체로서 도덕적 문제를 안고 있는지, 또 그 개입으로 인해 어떤 결과가 발생할 것인지를 판단할 수 있다면, 어떤 특성을 낳는 개입이 도덕적으로 문제가 되는지 아닌지도 알 수 있을 것이다. 이 문제와 관련해서는, 그 기술을 통해 태어난 개인에게 혹은 다른 사람에게 그 기술이 해가 될 경우에 그 개입에는 도덕적으로 문제가 있다고 말할 수 있다. 따라서 여자애 대신 남자애가 태어나거나 그 반대인 경우에는 도덕적으로 문제가 없다. 또, 특정한 색깔의 피부, 눈동자, 머리카락을 가진 아이나 운동신경, 음악적 재능, 높은 지능 등 다재다능한 아이가 태어나거나 만들어졌다고 해도 도덕적으로 문제가 되는 것은 아니다. 이런 특성을 지닌 아이를 두고 나쁜 조건이나 불리한 처지에 놓였다고 말하기는 힘들 테니까 말이다. 또, 어떤 식으로든 그들이 다른 사람에게 해가 되거나 위험하다고 주장하기도 힘들 것 같다. 어느 누구도 그런 특징을 지녔다는 이유에서 아이의 출생을 슬퍼할 리 없기 때문이다. 또, 그런 특성을 가진 아이가 자신이 토실토실하고 기운이 세며 파란 눈에 음악적으로 재능 있는 남자아이라는 사실을 알게 되었다고 해서, 혹은 예쁘고 나긋나긋하며 축구에 뛰어난 갈색 눈의 여자아이라는 사실을 알게 되었다고 해서 불평할 리도 없다.

이와 똑같은 이유에서, 우리는 장애아를 낳기로 한 선택에 도덕적인 문제가 있다는 점을 잘 알고 있다. 평생 절름발이, 귀머거리, 장님으로 살아야 하거나 어린 나이에 사망할 위험성이 높은 아이라면 이런 특징을 심사숙고해서 선택한 부모나 타인에 대해 불만을 표시할 만한 이유가 충분하다. 그렇다면 왜 어떤 사람들은 아이를 건강하고 재능 있게 맞추는 것이 잘못이라고 생각하는 것일까? 피부색, 머리카락 색깔, 눈 색깔이나 성별 등 무해하고 유용한 특성을 갖도록 하는 것을 왜 어떤 사람들은 잘못된 행동이라고 생각하는 것일까? 운동신경이 좋고 음악적 재능도 뛰어난 토실토실하고 힘센 갈색 눈의 똑똑한 여자아이를 바라는 것이 문제될 게 없다면, 기술을 이용해 스스로 요정대모님(fairy godmother)이 되어 소원을 이루는 것이 도대체 어떤 점에서 문제가 된다는 것일까?

이제 좀 더 구체적으로 생식기술 각각에 대해 그 선택을 알아보고, 우리가 밝힌 원칙들이 그 선택에서 어떤 식으로 적용되는지를 살펴보도록 하자.

나이든 부모

나이든 남자나 여자, 폐경기에 접어든 여성의 임신을 돕기 위한 인공적 생식기술 사용은 허용해야 할까? 어떤 사람들은 여성의 가임기를 연장시키는 것을 자연스럽지 못하다는 이유에서 반대하기도 한다. 그렇지만 모든 의학적 활동은 자연스럽지 못한 것이다(사람들은 자연적으로 아프거나 자연적으로 일찍 죽는 법이다). 따라서 자연스러운 것에 개입하지 말아야 한다는 윤리를 받아들이게 되면 의료 종사자들이나 의학자들이 할 일은 거의 남지 않게 된다. 나이든 여성의 임신이 위험하다는 점을 근거로 이러한 시술에 반대하는 이들도 있다. 엄마의 건강이 확실히 중요한 관심사이기는 하지만, 그것은 원칙적으로는 엄마 자신의 관심사라고 할 수 있다. 만약 그녀가 아이를 갖고 싶어서 건강상의 위험을 감수하기로 결심했다면 이는 분명 그녀가 감수해야 할 위험인 것이다. 물론, 어느 나이에라도 임신과 출산은 위험하기 때문에 이는 모든 어머니가 감수해야 하는 위험이기도 하다.

70대의 폐경기 여성에게 10대인 아이가 있다면, 젊은 혈기가 부족하고 육체적으로도 쇠약하여 부모가 해주어야 할 힘든 일도 못해주고 놀아주

지도 못하는 등 부모로서 제 역할을 다하지 못할 것이라고 주장하는 사람들도 있다. 이는 다른 사람의 권리를 침해하는 주장이라 할 수 있다. 왜냐하면 이러한 주장은 신체장애를 가진 수많은 부모들의 출산권을 부정하고 있기 때문이다. 그리고 기력의 문제를 다른 관점에서 본다면, 오늘날에는 60대나 70대인 사람들이 80대나 90대가 된 나이든 부모를 돌보는 일도 흔하다. 이같은 일은 우리 사회가 노인에게 기대하는 역할로서, 어느 면으로 보나 아이를 돌보는 일보다는 훨씬 힘이 많이 든다.

어린 나이에 겪는 부모의 죽음은 아이들이 피해야만 하는 시련일까? 사랑하고 의지했던 부모의 상실이란 어떤 나이에서나 괴롭고 힘들겠지만, 어렸을 때나 청소년기에 더 그럴 것이라는 데에는 의심의 여지가 없다. 그러한 사별이 비극이라는 점에 대해 여러 문헌들도 동의하고 있는 것은 사실이지만, 보호와 지원을 통해 그런 해로운 영향들을 줄일 수 있을 것이라는 점에 대해서도 그 문헌들은 동의하고 있는 것 같다.[14] 어쨌든, 문제는 이렇다. 아동기와 청소년기에 겪는 부모와의 사별이 그 아이의 삶 전체에 미치는 영향은 너무나 크기 때문에, 그런 아이는 살 가치도 없으며 태어나지도 말았어야 한다는 말인가? 그래서 그들을 세상에 내놓은 것이 어떤 식으로든 잘못된 일이라는 걸까? 그 누구도 그런 식으로 생각하지는 않을 것이다.

맞춤아기

생식적 선택의 결과로 태어난 아이를 '맞춤아기'라는 말로 묘사할 때, 거기에는 명백히 부정적인 함의가 담겨 있다. 부모가 아이를 그 자체로 존중하기보다는, 유행이나 그들 자신을 기쁘게 하는 일에 더 많은 신경을 쓴다는 의미가 담겨 있는 것이다. 하지만 평범한 성관계를 통한 생식과 출산 파트너의 선택에도 맞춤의 요소는 많이 들어가 있다. 결혼과 출산을 같은 집단에 속한 사람과 해야 한다고 권장하는 문화적, 종교적, 인종적 요소들도 맞춤아기 속에 모두 포함되어 들어간다. 다시 한번 말하지만, 선택할 능력이 있고 그 능력이 있음을 알게 되었다면, 선택은 피할 수 없다. 전통적으로 용인된 방식 혹은 문화적으로 용인된 방식에 따라 선택이 이루어지기 때문에 선택한다는 행위, 그 자체는 문제가 되지 않는다.

성 선택

출산에서 맞춤이 야기하는 윤리적 문제를 논하기 위해 맞춤의 가장 기본적 요소, 즉 성별의 문제를 살펴보도록 하자. 우선은 도덕적으로 중립적인 특징 또는 형질과 도덕적으로 의미 있는 특징 또는 형질을 구분할 필요가 있다. 한 특징의 존재 유무가 도덕적으로 중요하지 않을 때, 그 특징은 도덕적으로 중립적이라고 할 수 있다. 머리 색깔이 이 색이 아니라 저 색이라든가, 혹은 여기서 다룰 것처럼 성별이 이것이 아니라 저것이라고 해서 도덕적으로 더 우월한 것은 아니기 때문이다. 마찬가지로, 장애가 있다든가 혹은 어떤 장점을 갖고 있다는 점은 도덕적으로 중립적인 것이 아니다. 선택 방식 또한 도덕적으로 중요하다. 우리는 낙태를 합리적인 결정 방식이 아니라고 생각한다. 하지만 임신 중 특정 시점에 오렌지주스 1리터를 마시면 원하는 결과를 얻을 수 있다고 할 때, 그것을 규제하려는 시도가 성공할 수 있을지 그리고 그런 규제가 필요한지에 대해 나는 회의적이다. 아직까지는 성별을 결정하는 믿을 만한 방법이 존재하지 않지만, 실용적으로 이용되기 전에 원칙을 먼저 결정하는 것은 항상 중요한 법이다.

성 선택이라는 생각이나 그 비슷한 것을 반대하는 사람들은 종종 '미끄럼틀' 논쟁의 두 가지 주장에 주목한다. 하나는 성 선택으로 인해 특정 성에 대한 선호도가 나타나면 선택받지 못한 성은 '모욕감'을 느낄 것이고, 그러한 선호도는 인종차별적인 그래피티(graffiti, 낙서)와도 같이 그들에게 굴욕을 안겨주게 될 것이라는 주장이다. 그리고 다른 하나는 특정 성에 대한 선호도가 사회의 인구 구조에 심각한 불균형을 가져옴으로써 사회적으로 위험한 결과를 초래하게 될 것이라는 주장이다. 확실히, 이 둘은 매우 다른 종류의 결과이기는 하다.

여러 성별 중 하나의 성을 더 선호하는 것으로 나타난다고 해서, 그것을 성차별이라고 할 수는 없다는 점에 주목해야 할 것이다. 딸만, 혹은 아들만 좋아하는 식으로 하나의 성을 다른 성보다 더 좋아하는 데에는 존중할 만한, 편파적이지 않은 갖가지 이유가 있을 수 있다. 특정한 성별을 가진 아이 낳기를 선호하는 것을 다른 성별의 사람들에 대한 차별로 해석할 필요는 없다. 똑같은 종교, 한 동포, 동일한 인종, 심지어 같은 계급에 속하는 사람과 결혼하려 하는 것이 다른 종교, 다른 민족, 다른 인종, 다른 계급에 대한 차별은 아닌 것처럼 말이다. 물론, 한쪽 성에 대한 선호도가 두드러지면 앞에서 지적했던 두 가지 문제 중 하나 혹은 두 가지 모두가 나타날 수도 있으며, 이는 걱정스러운 일임에 틀림없다. 하지만 이 영향들이 반드시 나타난다고 또는 이 영향이 너무 해롭기 때문에 그 일이 발생할 위험을 최대한 막기 위해 법률을 제정해야만 한다고 쉽게 가정해버리는 것은 히스테리에 가까워 보인다.

성 선택의 달갑지 않은 악영향을 어떻게 하면 막을 수 있을까? 한 가지 가능한 해결책은 다음과 같다. 인구가 대략 5,800만 명에 이르는 영국 같은 사회에서 10년 동안 약 백만 번 정도의 성 선택 절차를 허가하면서, 심각한 불균형이 초래될 것 같거나 사회나 개인에 심각한 해가 되는 것으로 판명이 날 경우에는 정책을 개정하겠다는 단서를 다는 것이다. 그러면 우리는 어떤 선택 패턴이 나올지, 선택의 동기가 무엇인지를 볼 수 있을 것이다. 선택이 한쪽으로 집중된다 하더라도 인지적으로 인식되기 전이라면 불균형은 아직 그리 크지 않을 것이며 정당한 이유가 있으면 중지시킬 수도 있다. 그런 프로그램을 시행하겠다는 지역이 있을지는 회의적이지만 말이다(이 시술은 물론 자기 돈을 들여서 해야 하며 국가의료제도에 포함되지도 않을 것이다). (현재의 기술로) 성 선택을 하려는 사람들은 출산에 대해 매우 신중해야만 하고, 성 선택 방법으로 정자 선택이나 착상전 검사를 사용해야만 한다. 내 생각에는 이런 일이 엄청나게 매력적으로 보인다든가 무척이나 신뢰가 간다든가 하지는 않을 것 같다. 서비스를 제공할 수 있는 병원이 많지 않다는 것도 당분간은 제약 요소로 작용할 것이다. 아무튼, 성급한 법 제정이 자율성을 존중하는 관용적인 사회로 나아가는 길은 아니다. 그보다는 허가를 내주면서 정기적인 감시를 병행함으로써 금지하는 법을 제정할 필요가 있을 만큼 끔찍한 일이 일어나는지 어떤지를 살펴보는 쪽으로 나아가야 할 것이다.

다른 맞춤 요소는 어떨까?

자궁에 착상되기를 기다리는 여섯 개의 배아가 있다. 검사 결과 3개는 유전병에 걸려 있고 3개는 정상이란 것이 밝혀졌다면, 이 중 어느 3개를 착상시켜야 할까? 유전병에 걸린 배아를 선택해 착상시키는 것이 합리적이라고 생각하는 사람들이 있다면, 그들은 질병에 걸린 아기를 낳을지 여부를 결정해서 예방 가능한 질병을 막는 것에 대해서도 그럴 필요가 없다고 생각할 것이다(실제와 달리, 나는 이 경우에 성공적으로 태어날 확률은 모든 수정란이 동일하다고 가정하겠다.) 자, 이제 세 개는 정상이고 다른 세 개는 평균보다 더 오래, 더 건강하게 살 수 있다는 사실을 알고 있다고 가정해보자. 건강하게 더 오래 살 가능성이 높은 수정란을 선호하는 데에는 어떤 도덕적 근거가 있을까? 나는 있다고 생각하지만, 여기서의 결정은 좀 더 복잡하다. 어쨌든 평균보다 더 오래, 건강하게 살 것 같은 배아를 선호한다고 해서 그것을 비윤리적이라고 결론짓기는 힘들 것 같다. 이제 다른 상황을 가정해보자. 착상전 유전자 검사로 세 개의 배아가 높은 지능을 갖고 있음을 알아냈다. 또다시 나는, 그게 어디에 도움이 될지는 모르겠지만, 더 똑똑한 배아를 착상시키려 할 것이다. 이런 선택을 하지 않는 사람을 이해할 수는 있지만, 이번에도 평균 이상의 지능을 가질 것으로 예상되는 배아를 착상시키는 것이 비윤리적 행동처럼 보이지는 않을 것 같다.

배아의 안전한 유전자 조작으로 건강하게 오래 살고 머리도 좋은 존재를 만들어낼 수 있다고 해보자. 자연이 내린 우연적 '축복'을 이용하는 것이 비윤리적인 일이 아니라면, 착상이 이루어지기 전에 이를 검사할 수 있어서 그런 기술로 축복을 베푸는 것을 어떻게 비윤리적이라고 할 수 있겠는가?

차 별

특정 형질의 아이를 디자인하는 것은 선택되지 못한 형질을 가진 사람을 부당하게 차별하는 일이라고 말하는 사람도 있다. 이 주장에 따르면, 맞춤이라는 전략이 없었다면 세상에 나올 수도 있었던 사람들이 잘못된 차별로 인해 피해를 입게 되며, 또는 이 차별로 인해 이미 세상에 존재하는 사람들이 피해를 볼 수도 있다고 한다. 모든 차별적 선택이 잘못이라는 것은 아니지만, 부당한 차별이 이루어진다면 그런 선택은 잘못이다. 불공정한 차별은 수많은 방식으로 일어난다. 하지만 우리 논의의 목적에 맞도록, 여기에서는 세 가지 경우에 한정시켜보는 것이 좋겠다.

관련 정보

사람들이 다른 사람의 결정으로 인해 손해를 보게 되었을 때, 또한 그 결정이 해당 이슈와 관련이 없거나 관련이 적은 정보를 근거로 이루어졌을 때, 그 결정은 불공정하다고 할 수 있다. 여기에 해당되는 일반적인 예로는 고용 자격조건으로 인종을 따지는 경우, 민주적 절차에 참가할 수 있는 조건으로 재산을 따지는 경우 등을 들 수 있다. 생식기술에 있어서, 피부색이 이익이나 불이익을 준다는 식의 잘못된 믿음이 있다면 그런 경우에 그 결정은 불공정한 차별이 된다. 하지만 오존홀의 위협을 받는 지역, 예를 들어 호주 같은 곳에서 창백한 피부가 피부암의 위험을 높이는 중요한 위험 요소라면, 호주 사람들이 갈색 피부의 아이를 선호하는 것은 합당한 근거를 갖는다.

선택이나 결정이 가져오는 도덕적 결과 혹은 사회적 결과

유관한 정보에 근거하여 결정을 내리더라도 그 결정이 부도덕하거나 유해한 사회적 결과를 초래한다면, 이는 불공정한 차별에 해당한다. 예를 들어 젊은 여성이 출산 휴가를 신청하면 그 여성이 속한 조직의 입장에서는 이것이 그녀의 유용성에 관한 문제가 될 것이다. 하지만, 그렇다고 해서 젊은 여성을 고용에서 배제하거나 그들에게 임신하지 말라고 종용하는 도덕적 잘못을 저지른다면, 또 그런 이유에서 이루어진 차별이 사회적으로 해로운 결과를 가져온다면, 이는 불공정한 차별이다. 이런 관점에서 남아를 선택하려는 결정 또한 불공정한 차별이 될 수 있다. 그 선택이 사회 구성원들에게는 심각한 해가 될 수 있기 때문이다.

선택 과정의 정당성

어떤 사람이 타당한 근거를 기준으로 선택되거나 배제되었다 할지라도, 이것이 선택의 원칙을 임의적으로 또는 일관되지 못하게 적용하는 과정 중에 일어난 일이라면, 그 선택은 불공정하다. 실제로는 최상의 자격을 갖춘 사람이 일자리를 얻었을 지라도 그 과정에서 다른 사람이 부당하게 떨어졌다면, 그 선택 과정 전체를 불공정한 것으로 볼 수 있는 것이다. 생식의 경우, (나이든 부모나 가난한 사람들처럼) 어떤 부류의 사람들에게는 생식기술 사용을 금지시키면서 다른 사람들에게는 시술을 받게 했다면 이는 불공정한 차별에 해당된다.

누 가   존 재 해 야   하 는 가 에   대 한   선 택

생식에서 장애를 배제하는 것을 두고 장애인 집단에 대한 불공평한 차별이라고 말하는 사람도 있다. 하지만 장애를 배제하는 경우 대신에 장점을 선택하는 경우를 고려해본다면, 그렇지 않다는 것을 알 수 있다. 어떤 배아가 주요 질병, 예를 들면 HIV/AIDS, 암, 심장병 등에 대해 완벽한 면역력을 갖고 있어 장수할 수 있는 유전적 특성을 지니고 있다고 해보자. 내가 보기에, 선택의 기회가 주어진다면 우리에게는 그런 배아를 선호하여 착상시킬 만한 도덕적 이유가 있는 것으로 생각된다. 하지만 그런 결정을 했다고 해서 평범한 사람들이 (또는 2001년의 '평범한' 사람들이) 살 가치가 없다거나 열등하고 문제 많은 형질이라는 의미는 아닐 것이다. 미래의 내 아이에게 이런 장점을 주고 싶어한다 하더라도, 지금 이 상태로 살아가는 나 같은 사람들이 살만한 가치가 없다거나 열등한 형질이라는 것을 의미하지는 않는다는 뜻이다. 따라서 이미 세상에 나와 있는 사람들에게는 불평할 이유가 없다. 앞으로 태어날 사람들도 마찬가지이다.

어떤 이유에서든 이미 세상에 존재하는 사람들 중에서의 선택은, 그 선택에 의해 손해를 보는 사람이 있기 때문에 언제나 불공평한 차별의 가능성을 안고 있다. 하지만 어떤 타입의 아이를 낳을 것인가에 대한 선택은 그 선택으로 인해 배제당한 아이에게조차도 불리하게 작용하지 않는다. 왜냐하면 그 선택으로 인해 손해를 보는 사람은 세상에 결코 나오지 못할 것이기 때문이다.

나의 부모님에게 특정한 달에 아이를 가져야 할 의무는 없었다. 그들이 1944년 12월이 아닌 다른 달에 아이를 가졌더라면, 나는 존재하지 않았을 것이다. 내 부모님의 이 선택으로 인해 돌이킬 수 없는 손해를 입었을, 나의 형제자매가 될 수도 있었을 사람들 중 그 누구도 불평을 늘어놓거나 하지는 않는다. 그뿐 아니라, 내 부모님이 그 달에 아이를 가질 계획이 없었거나 그분들의 시도가 성공하지 못했을 지라도, (만약 그랬더라도) 나의 불평을 듣지는 못했을 테고, 그 누구에게도 불평을 할 만한 정당한 근거는 없었을 것이다.

1944년 12월에 시험관 시술과 산전 유전자 검사가 가능했고 '나'는 배양접시 위에 존재하고 있었다고 해보자. 그리고 내 부모님이 내가 가진 유전적 단점을 갖지 않은 다른 배아를 선택했다고 해보자. 내가 불평할 만한 근거가 있을까? 이 선택이 나와 같은 유전적 특징을 갖춘 사람들에 대한 차별이라 할 수 있을까? 나는 그렇게 생각하지 않는다. 착상전 단계의 배아 중에서 선택한다거나 다른 배아의 생존가능성이 더 높으므로 이 배아를 포기하겠다는 것을 불공정한 차별이라 생각한다면, 이는 잘못된 생각이다. 이 차별로 인해 피해를 보는 사람이 아무도 없기 때문이다. 태어날 권리나 착상될 권리를 가진 사람은 아무도 없다. 낙태나 다른 선택의 방법으로 인해 피해를 보는 사람도 아무도 없다.

맞춤보다는 타고난 것이 더 낫다

조세핀 퀸타빌레*

언젠가는 인류 모두가 아름답고 건강하고 죽지도 않는 그런 날이 올 것이고, 이 목표를 이루기 위해서라면 어떤 방법이라도 허용될 수 있다. 이같은 생각은 서구 세계에 널리 퍼져 있는 만트라(mantra)[眞言]이다. 유사 이래로 인간은 불로불사의 약을 찾아왔다. 하지만 그런 꿈은 얼마나 현실적인 것이며, 어느 정도나 도덕적으로 용인될 수 있는 것일까?

인간 생식의 역사에서 1978년 7월 25일은 기념비적인 날이다. 이 날은 모태수정이 아니라 배양접시 위에서 성공적으로 만들어진 최초의 인간 루이스 브라운(Louise Brown)이 태어난 날이기 때문이다. 루이스가 완전히 새로운 방식으로 수정되기는 했지만, 브라운 가족은 당시의 기준에서 상당히 정상적인 가족의 삶을 보여주고 있었다. 안정된 결혼 생활을 하고 있던 어머니와 아버지에게 루이스는 그들의 유전적 자식이었다.

---

* 조세핀 퀸타빌레(**Josephine Quintavalle**)가 1994년에 공동으로 설립한 생식 윤리 비평(Comment on Reproductive Ethics, CORE)이라는 공공 이익단체는 인간생식에 관련된 이슈들에 대해 균형 있는 토론을 촉진시키는 일을 하고 있다. 또한 그녀는 국내외적으로 다수의 생명윤리 학술대회, 자문, 브리핑을 주최하거나 그에 적극적으로 참여해왔다. 그녀는 영문학 대학원생이며, 생명윤리와 공공정책 센터(CBPP) 위원회에 있다.

루이스의 출생 이후, 실험실 기술이 성관계를 대신하게 됨에 따라 정상이라는 개념은 빠른 속도로 재정의되었다. '우연'으로 여겨지던 출생, 혹은 신을 창조주로 여기는 사람들에게는 생명이라는 귀한 '선물'로 여겨져왔던 아기를 이제는 원하기만 하면 거의 대부분의 사람들이, 기혼이든 독신이든 이성애자이든 동성애자이든 간에 누구든지 가질 수 있게 되었다. 최근에는 여러 명의 유전적 부모를 둘 가능성까지 현실로 나타나려 하고 있다. 미토콘드리아 조작으로 유전적 엄마가 두 명인 아기가 태어날 수도 있게 되었고, 앞으로 인간 복제가 가능해지면 유전적 아빠가 없는 아이가 태어날 수도 있을 것이다.

현재 제공되는 생식적 선택들에는 끝이 없어 보인다. 인터넷을 통해 전 세계에 광고까지 내면서 정자나 난자를 사고 팔 수 있으며, 카탈로그를 보고 대리 자궁을 빌릴 수도 있다. 그뿐 아니라, 수정 직후에는 배양접시에서, 그리고 임신 중에는 자궁 속에서 끝없이 형질을 조절할 수 있게 되었으며 배아를 수년간이나 냉동고에 보관할 수도 있게 되었다. 또한 배우자의 사후에도, 자연적 폐경 후 한참이 지난 후에도 아이를 가질 수 있게 되었다.

이 모든 선택에도 충분하지 않았는지 2001년에는 '생명의 책', 즉 인간 유전체 정보가 공개되었다. 이를 통해 인간의 완전한 생물학적 구조를 해명할 가능성은 더욱 높아졌으며, 인간에 대한 새로운 이해도 가능해졌다. 엄청나게 복잡한 인간의 생물학적 코드 해석은 전세계 수천 명의 과학자들이 15년에 걸쳐 노력한 결과였다. 2001년 2월 『사이언스』(Science)는 29억 개의 유전 염기가 담긴 거대한 포스터를 독자들에게 내놓았다. 과학자가 아닌 사람들에게 인간 유전체가 몰고 온 것은 염색체, DNA 섬유, 이중나선, 아미노산 배열, 아데닌(A), 티민(T), 구아닌(G), 시토신(Cs)과 같은 과학 용어의 홍수였다. 이것들은 무엇을 의미하는 것일까? 기본적으로,

과학자들은 인체를 구성하는 가장 작은 단위를 보면서, 인간의 정체성과 운명이 우리가 생물학적으로 어떻게 이루어져 있는가로 환원될 수 있다고 주장한다. 각 개인의 유전자를 현미경 아래에 놓기만 하면 현재와 미래의 건강 패턴이나 신경학적인 문제들, 행동 패턴을 예측할 수 있다는 것이다. 『스코츠맨』(*The Scotsman*)[2001년 5월 31일]에 실린 한 편지는 확신에 찬 어조로 성격(personality)의 생리학에 대해 언급하기도 했다. 모든 것이 유전자 안에 있는 것이다.

정말 그럴까? 많은 사람들은 인간의 생명에 대한 이런 결정론적 접근 방식을 거부하면서 우리의 인간본성에 대해 유전자 분석으로는 결코 적합한 설명을 얻어낼 수 없을 것이라고 확신한다. 사회학자인 톰 셰익스피어(Tom Shakespeare)는 『란셋』(*Lancet*)에 실린 리뷰에서, "DNA를 생명의 비밀로 여기면서 복잡한 사회적 경험들을 단순한 분자적 프로세스로 환원시키려 드는 과장된 주장"에 반대했다. 그리고 이런 접근법이 "분명히 잘못되었을 뿐 아니라 위험하기까지 하다"고도 말했다.

분명한 것은 인간 유전체의 해독이 생식과 관련된 선택지에 꽤 많은 항목들을 덧붙였다는 것이다. 서구 세계에서 다운증후군이나 낭포성섬유증 같은 유전질환 검사는 이제 산전 관리의 상례적 절차 중 하나가 되었고, 미래에 대해서는 다음과 같은 엄청난 주장이 제기되기도 했다.

우리는 대략 1,000개에 달하는 질병 유전자의 기능적 범주를 결정했으며, 발병 시기, 유전 방식 같은 질병의 특성과 유전자의 기능 사이에 놀랄 만큼의 연관 관계를 발견했다. 복잡한 형질을 결정하는 유전자와 질병 유전자에 관한 지식이 늘어남에 따라 더욱 정교한 분석이 가능해질 것이다. 그럼으로써 질병에 관한 이해는 심화되고 생물학과 의학은 더욱 밀접하게 융합될 것이다.[15]

다시 말해서, 유전자의 결함을 밝혀내는 능력이 커지면 커질수록 바람직하지 않은 형질을 교정, 강화, 대체할 수 있는 능력도 커지게 된다. 아이를 맞출 수 있게 되는 것이다.

이 글에서는 이와 같은 생식기술의 발전이 갖는 부정적인 측면에 주목하려 한다. 이를 통해, 아이를 만드는 데 더 많은 기술적 방법을 사용하는 것을 반대할 만한 강력한 근거가 존재하며, 자연적인 방식을 따라야 할 강력한 이유가 있다고 주장할 것이다.

생식기술의 의학적 한계

'맞춤'아기에 대한 모든 논의에서, '맞춤'이라는 용어는 오늘날의 보조적 생식에서 일어나는 일을 묘사하기에 적합하지 못하다. 첫째, 시험관 시술의 결과로는 자연적으로 임신된 아이만큼 건강한 아이를 만들지 못한다. 아이에 대한 간절한 바람에 밀려, 완벽과 맞춤이라는 요청은 종종 부차적인 것이 되어버리곤 했다. (이 기술과 관련하여) 쌍둥이 출생률이 높은 것도 태어나는 아이의 건강에 심각한 결과를 초래할 수 있다. 남성 불임에 사용되는 난자 세포 내 정자 직접 주입술(intracytoplasmic sperm injection, ICSI)은 미성숙 정자를 난자에 직접 주입하는 기술인데, 이는 성염색체의 이상을 유발할 위험이 높은 것으로 나타났다. 2001년 3월 로마에서 열린 한 학회에서는 세베리노 안티노리(Severino Antinori)라는 이름의 이탈리아인 부인과 의사가 불임남성 복제 계획을 발표했는데, 그는 아버지의 불임이 불가피하게 복제될 수밖에 없다는 점에 대해 태평할 정도로 신경을 쓰지 않았고, 동물 복제에서 밝혀진 높은 수준의 기형에 대해서도 전혀 관심을 보이지 않았다.

둘째, 보조생식기술에 관련된 사람들에 대해 아기를 맞춤상품처럼 만들었다고 비판들을 하지만, 그들이 아기를 시작부터 만들어내지 못한다는 점은 분명하다. 그들은 그저 자궁 속에 존재하고 있는 배아나 태아를 일련의 조절 기술들에 노출시켜 '결함'을 찾아낸 뒤, 적당치 못한 배아를 폐기시키고 불완전한 태아는 떼어버리는 일을 할 뿐이다.

선택된 아기는 기형이 없다는 증거를 얻기 위해 점점 더 많은 수의 의학적 검사를 받아야만 한다. 다운증후군과 낭포성섬유증은 가장 많이 실시하는 검사로서, 영국 정부는 두 검사를 필수적인 것으로 만들겠다고 약속했다. 현재 잉글랜드와 웨일즈에서는 매년 1,800명이 태아의 기형을 이유로 임신중절을 하고 있다.

'결함 있는' 생명을 간단히 폐기시켜버리는 이런 종류의 부정적 '맞춤'은 배아에도 적용되고 있다. 실험실에서 생명을 창조해내는 일이 상대적으로 쉬워지자 이번에는 착상전 유전자 검사가 그 뒤를 따랐다. 앞으로는 더 정교해질 수도 있겠지만, 현재의 착상전 유전자 검사는 상당히 정교하지 못한 검사 방법이다. 이 검사는 배아의 성 감별에 의존하는 경우가 많다. X염색체에 관련된 질병이 성별에 관계된다는 점에 근거하여 원하지 않는 성별의 배아를 폐기시키는 것이다. 예를 들어 뒤센 근이영양증이나 혈우병은 남성에게만 발병하므로, 시험관 시술 후에 남성 배아는 버리고 여성 배아만을 착상용으로 선택한다. 미국 생식 의학회(American Society for Reproductive Medicine)는 성 선택을 통해 앞으로 200가지 정도의 질병을 막을 수 있게 되리라고 주장하면서, 현재의 기술로 판별할 수 있는 15가지 특정 유전질환(단일 유전자나 염색체 이상)의 목록을 제시했다. X염색체 관련 질병을 막기 위한 성 감별과 개월 수에 따른 기형검사는 착상전 유전자 검사 중에서도 전세계적으로 가장 많이 이용되고 있는 기술이다. 1990년, X염색체 관련 중증 질환의 유전 위험이 높은 가족들이 두 쌍의 쌍둥이 여자 아이들을 낳는 과정에서 처음으로 이 기술을 이용했다.

인간의 생명에 '형질 조절' 방법을 사용해야 할 것인가 하는 중대한 질문은 잠깐 제쳐두고, 현존하는 검사 중에는 확실한 결과를 보장하는 기술이 없다는 점에 주목할 필요가 있다. 질병 유무를 나타내는 특정 특성(예를 들면 호르몬의 농도)을 찾아내는 일은 평균치에 따라 결정된다. 건강한 사람의 측정치와 건강하지 않은 사람의 측정치가 상당 부분 겹쳐 있기 때문에 평균을 정하기란 쉽지 않다. 이 분야에서 부정적 결과를 낳은 오진 빈도나 좋은 결과로 이어진 오진 빈도의 통계를 찾기는 어렵다. 하지만 논리적으로 따져본다면 장애를 가진 아이의 출생으로 이어진다는 점에서 부정적 결과를 낳은 오진이 기록될 가능성이 더 높을 것이다. 그럼에도 불구하고, 계속해서 보고되는 오진을 보면 긍정적인 결과를 낳은 경우가 상대적으로 더 높게 나타나고 있다. 가장 흔히 검사하는 유전자 이상인 다운증후군의 경우에는 5%가 넘는 오진이 보고되었다.

검사의 정확도는 점차 향상되고 있지만, 제비뽑기 같은 면이 남아 있는 것은 여전하다. 부모는 잘못될 확률이 200분의 1이라거나 10명 중 한 명일 정도로 높다는 소리를 듣는다. 부모들은 이 확률에 깜짝 놀라겠지만, 사실 이 말은 한 명의 아이에게 장애가 나타날 때마다 9명의 아이는 완벽하게 건강하다는 의미이다. 따라서 그런 계산에 따라 임신중절을 선택한다면 다수의 건강한 아기들이 죽임을 당하게 되는 것이다.

검사 자체는 결국에는 더 정확해질 것이다. 하지만 그 검사는 언제나 검사자의 숙련도(skill)와 그 결과를 해석하는 사람에게 좌우되는 면이 없지 않다. 일부 검사는 그 자체로서 위험 요소를 안고 있다. 양수천자 (aminocentesis)는 200명 중에 한 명 꼴로 유산을 유발할 수 있다. 이것이 200명에 한 명 꼴로 기형이 존재하는 검사를 해야 하는 경우라면, 부모로서는 결정을 내리기가 매우 어려울 것이다. 올해 초 영국에서 발표된 보고서에 따르면, 다운증후군 아기 한 명을 찾아내는 동안 네 명의 건강한 아기가 유산된다고 한다. 런던 킹스 칼리지 병원(King's College Hospital)의 태아의학과를 이끄는 키프로스 니콜라이데스(Kypros Nicolaides) 교수는 2001년 4월 『선데이 텔레그라프』(*The Sunday Telegraph*)에서 다음과 같이 논평한 바 있다.

> 1970년대부터는 침입적 검사가 폭발적으로 증가했다. 다운증후군의 발병은 늘지 않았지만, 그 검사 건수는 매해 3,500에서 40,000으로 뛰어 올랐다. 이로 인해 많은 생명이 사라졌으리라는 점은 쉽게 예측할 수 있다.

1995년에 밝혀진 바에 따르면 또 다른 침입적 산전 검사인 융모막 검사로 인해 영국에서만도 40명의 태아가 심각한 발달장애를 겪게 되었으며, 전세계적으로는 500명의 태아가 피해를 받았다고 한다.

첫 번째 진단만으로는 아이가 어느 정도나 문제가 있는지 알기 어렵다. 2001년 2월 『영국의학저널』(*British Medical Journal*)에 글을 실은 유전 상담가(genetic counsellor) 바바라 비세커(Barbara Biesecker)에 따르면, 중증 심장병에 걸린 다운증후군 아기의 예후는 심장병에 걸리지 않은 다운증후군 아기의 경우와는 전혀 다르다고 한다. "보건의료 책임자들은 병에 걸린 사람들 집단에 대한 정보를 제공하지만, 특정 태아에 대해서는 알 수 없다."

'완벽한 아이'를 얻고자 애쓸 때의 위험성

생식기술의 발전은 흔한 질병 찾기에 국한되지 않는다. 인간 유전체 연구 프로젝트에서 파생된 결과 중에서 가장 선정적인 것은 아마도 행동 유전학이라는 분야일 것이다. 이 분야에서는 인간의 모든 형질이 유전자로 설명될 수 있다고 주장한다. 공격성, 범죄성, 동성애, 직관, 과잉행동 등이 신문의 헤드라인을 장식했다. 바람직하지 못한 특성을 제거할 수 있으리라는 전망은 진작부터 제기되었다. 하지만 전문가들은 인간의 행동이 단일한 유전자에 의해 결정되는 것이 아니라 환경과 여러 유전자 사이의 복합적인 상호작용에 의해 결정된다고 경고해왔다. 현재 생식기술과 관련된 테크닉은 배아나 태아를 선택적으로 폐기하는 데에 집중되어 있다. '결함이 있는' 아기를 찾아내어 제거하는 기술에서 '완벽한' 아기를 맞추어내는 기술로 옮겨가는 것은 어느 정도나 실행 가능한 일일까?

특정한 유전적 특성을 향상시키려는 일부 초보적인 시도들은 이미 자리를 잡은 상태이다. 맞춤 정자은행에서는 몇 년 전부터 노벨상 수상자나 다른 학자들의 우수한 정자를 시장에 내놓고 있으며, 아이비리그 출신 기증자들의 난자는 5만 달러가 넘는 가격에 팔리고 있다. 미국에서는 시장의 원리가 강하게 적용되고 있는 반면, 영국에서는 그런 거래에 돈이 개입되면 불법이다. 그럼에도 불구하고 우수한 유전자를 구하려는 노력은 이 나라에서도 계속되고 있다. 1999년 부활절 학기(Easter Term)에 나온 『케임브리지 동창회보』(*Cambridge Alumni Magazine*)에는 난자 기증자를 찾는 광고가 실리기도 했다.

착상전 유전자 검사를 쓰지 않더라도, 시험관 시술에서 매기는 배아의 등급은 완벽한 아이를 추구하려는 또 다른 시도라고 할 수 있다. 3일째에 이루어지는 배아 평가는 상당한 수준의 물리적 형질 조절을 하는 것이다. 어느 불임시술 클리닉의 웹사이트(www.advancedfertility.com)에서는 그 과정을 상세히 설명하고 있는데, 거기에서는 다음과 같은 언급도 볼 수 있다. "등급이 낮은 배아에서 형질이 좋지 않은 아이가 태어나는 것은 아닌지 문의하시는 환자분들이 종종 계십니다." 그리고는 다음과 같은 답변으로 우리를 안심시키고 있다. "등급이 낮은 배아에서 태어난 아이들도 높은 등급의 배아를 착상시킨 후 태어난 아이만큼이나 귀엽고 똑똑하고 튼튼합니다." 그 말이 맞다면 등급을 매기는 목적은 도대체 무엇이란 말인가?

특정한 유전체를 지닌 아이를 얻기 위해 부모들은 자연적인 임신보다는 실험실을 선택했다. 2000년, 착상전 유전자 검사는 판코니 빈혈에 걸린 아이를 치료할 목적의 제대혈 세포를 얻기 위해 아이의 형제자매를 찾는 일에 사용되었다. 판코니 빈혈에 걸리지 않았으면서도 병에 걸린 누나의 유전체에 맞는 배아가 발견되었고, 나머지 배아는 폐기되었다. 2001년 로마에서는 유전질환 때문이 아니라, 죽은 딸아이를 대신할 아이를 낳고 싶어하던 커플에게 의사가 착상전 유전자 검사를 통한 성 감별을 시행해주었다. 이미 아들이 넷이나 되어 더 이상의 아들을 원하지 않았던 커플에게서 남성 배아 하나만이 만들어졌을 때 이 일은 중단되었다. 위의 두 사례에서, 배아는 특정 목적을 위한 도구로 만들어졌을 뿐, 그 자체가 최종 목적으로 존중되지는 못했다.

생식을 위한 선택인가, 이기심인가?

오늘날 생식기술의 수준은 이와 같다. 우리는 어느 수준까지는 형질을 조절할 수 있지만, 보장할 수 있는 것은 아무것도 없다. 우리의 기술은 (오류 가능성이 꽤 큰 상태로) '결함이 있는' 배아와 태아를 찾아내서 폐기하는 방향으로 나아가고 있을 뿐, 바람직한 형질로 바꾸어주거나 그런 형질을 향상시키는 쪽으로 나아가지는 않고 있다. 인간 게놈이 보여준 새로운 사실들에도 불구하고, 무(無)로부터 새로운 생명을 디자인하는 우리의 능력은 상당히 초보적인 단계에 있다고 할 수 있다. 하지만, 윤리적으로 중요한 문제는 남아 있다. 이러한 일들을 우리는 해야만 하는 것일까?

보조생식 분야에서 주도적인 생각은 선택, 즉 소위 말하는 출산의 자유에 관한 이데올로기이다. 이는 낙태의 합법화를 통해 얻게 되는 부정적인 권리에서 자동적으로 도출되는 것으로 여겨졌다. 이 주장에 따르면, 아이를 낳지 않을 권리가 있다면 가능한 모든 수단을 동원해서 임신하거나 혹은 아이를 얻을 수 있는 권리도 있다는 것이다. 하지만 이 입장을 뒷받침하는 이론적 근거는 구체화되기 힘들며, 낙태를 받아들인다는 점이 우선적으로 전제되어야 한다.

미국 법원은 생식에 관한 결정에 관여하는 것을 가능한 한 피해왔다. 영국의 경우에는 수많은 가이드라인과 의회가 부여한 권한에도 불구하고 인간수정 및 배아 연구관리청(HFEA)은 사실상 대부분의 결정을 지역 윤리 위원회에 맡기고 있다. 60세의 여성이 시험관 시술로 쌍둥이를 낳았다는 소식이나 대리모 계약이 비극으로 이어진 사건에 대해 대중들은 재빨리 충격을 표하고 있음에도 불구하고, HFEA의 의장인 루스 디치(Routh Deech)는 법적으로는 임신 시술이 누구에게나 허용된다는 막연한 입장만을 가끔씩 밝힐 뿐이다.

윤리적 딜레마를 해결하는 가장 손쉬운 방법은 선택을 제한없이 허용하는 것이다. 하지만, 인간 생식에 관련된 그런 심각한 선택들은 도덕적 견지에서 이루어져야만 한다. 그리하여 우리는 단지 '무엇을 할 수 있는가?'를 묻는 것이 아니라, 좀 더 신중하게 '무엇을 해야만 하는가? 무엇이 옳은가?'에 대해 물어야 하는 것이다. 과학은 우리의 삶에 가치 있는 기술을 더해주었지만, 이 독특한 분야에서 주어지는 새로운 선택의 거의 대부분은 도덕적으로 중립적이지 않다.

생식의 자유를 보장한다는 근거로 선택의 이데올로기를 주장한다면, 이는 매우 심각한 반대에 직면하게 될 것이다. 선택의 대상이 되는 것이 타인이기 때문이다. 노예제 폐지나 여성 해방 모두는 누구에게도 다른 사람을 소유할 권리는 없다는 진리에 기반하고 있었다. 왜 아이에 대해서는 이것이 바뀌어야 하는 걸까? 보조생식기술의 과다 사용에 대한 대중들의 분노는 평범한 힘없는 아이의 권리—자율권, 안정권, 유전적 배경에 대한 정보권 등—를 침해하는 것처럼 보인다는 점에 집중되어 있다.

최초의 시험관 아이가 태어난 지 22년이 흐른 후, 세 차례나 대리모 역할을 했던 클레어 오스틴(Claire Austin)의 이야기가 헤드라인을 장식했는데, 이 이야기에는 가능한 생식기술이 모두 개입되어 있었다. 프랑스에 사는 포르투갈과 이탈리아 출신의 커플이 영국인 기증자로부터는 난자를, 덴마크 정자은행에서는 미국인의 정자를 얻었다. 배아는 아테네에서 수정되어 클레어에게 착상되었고 그녀는 스페인으로 다시 돌아왔다. 대리모가 쌍둥이 딸을 임신했다는 사실이 알려지자 의뢰인 부부는 딸 둘이 아니라 아들 하나를 원한다면서 임신중절을 요구했다. 클레어는 낙태를 거부했고, 결국 쌍둥이 딸들은 할리우드에서 살고 있는 레즈비언 커플에게 입양되었다. 브래드포드 대학의 철학 교수인 안토니 오히어(Anthony O'Hear)가 이 사건에 대해 내놓은 논평은 많은 사람들의 걱정을 대변하고 있다. "이 이야기는 인간의 경악스러운 이기심과 난잡함, 불행을 보여준다. [……] 이 사건에서 아이는 상품이나 최신 유행품과도 같이 취급되었다."16

생식기술에 따르는 아이의 상품화가 이전 세대의 부모들이 이상으로 여겼던 부모—자식 관계, 즉 자식에 대한 무조건적 인정과 사랑을 자기만족이라는 불건전한 방식으로 변화시키고 있다는 점, 바로 이것이 주요한 문제인 것이다.

생식의 선택인가, 은근한 우생학인가?

불리한 위치에 놓여 있는 것은 아이만이 아니다. 생식기술을 선택하는 사람들에 대해 그들이 전적으로 객관적인 조건에서 자신의 권리를 행사하는 것이라고 주장할 수 있는 사람이 있다면 그는 아주 단순한 사람일 것이다. 이 과정에서는 충분한 정보와 조언조차도 행운이라고 할 수 있다. 2001년 2월 『영국의학저널』(*British Medical Journal*)에 실린 연구가 밝혀낸 바에 따르면, 건강전문가들이 성염색체 이상에 대해 알고 있는 정보는 사람에 따라서 어마어마하게 다르다고 한다. 따라서 산전 검사 직후에 누가 부모들에게 정보를 전해주느냐 하는 것도 거의 운의 문제라고 할 수 있다. 이 글의 논자들은 다음과 같이 결론지었다. "부모들에게 검사의 결과가 통보되는 방식이나 제공되는 정보, 전해지는 뉘앙스 등이 들쭉날쭉하다는 점을 알게 되어 걱정스럽기 그지없다."

전국 출산 기금(National Childbirth Trust) 등의 단체에서 실시한 조사에 따르면, 많은 여성들이 산전 검사의 압력을 느끼고 있으며 종내에는 낙태 압력까지 느끼게 된다. 점점 더, 여성들은 산전 검사를 거부하기 어려워지는데, 그 검사가 정규절차로서 제시될 때에는 특히나 더 그렇다. 의사와 조산사들은 '결점 없는' 아이 찾기가 부모에 의해 조장된다고 주장하지만, 부모들은 그 반대라며 불만을 터뜨린다. 1997년 『선데이 텔레그라프』(*The Sunday Telegraph*)와의 인터뷰에서 다운증후군 아이의 아버지이기도 한 하원의원 브라이언 윌슨(Brian Wilson)은 이렇게 말했다. "다운증후군 아이를 낳는 것은 무기징역을 선고받는 것과 다를 바 없으니 현명하게 이를 피해야 한다고 전문가들이 요긴하게 귀띔해줄 것입니다."

최근에 아이를 낳은 많은 친구들이 들려주는 일화 속에서도 계속 은밀한 강압의 증거를 보게 된다. 한 엄마는 이런 일화를 이야기했다. "다운증후군 판별에 필요한 목둘레 투명체 검사를 하지 않겠다고 했더니 아이를 볼 수 없도록 초음파 검사하는 사람이 스크린을 꺼버리더군요. 그 사람은 꽤나 기분이 언짢아 보였어요." 다른 동료는 산전 검사 경험을 조금 더 자세히 이야기해주었다. "무슨 검사를 하는지 물었습니다." 그녀가 들은 말은 다음과 같았다. "20가지의 이상 증상이요." 어떤 이상 증상들인지, 치료법은 무엇인지를 물었지만 그 전문가는 대답을 해주지 못했다.

공리주의적 경제 논리도 거리낌 없이 표출되고 있다. 『영국의학저널』에는, 다양한 산전 검사 프로그램의 비용을 분석하고 임신을 지속했을 때 앞으로 소요될 의료비용과 이를 비교해보는 글들이 주기적으로 실린다. 이런 글 중 하나(1995년 12월에 실린 글)에서는 "임신 중 낭포성섬유증 검사에 소요되는 비용은 4만 파운드에서 10만 4천 파운드 사이"라고 밝힌 뒤, 자신들의 경제적 평가 방식이 가장 확실한 비용—편익 접근법이라는 점을 다음과 같이 설명했다. "일례로, 낭포성섬유증에 걸린 환자의 치료비용(1990년에 성인 1인당 8,000 파운드로 추산됨)을 절감할 수 있다면 큰 편익을 기대할 수 있다." '치료를 피하는 것'을 더 직접적인 말로 표현한다면 '임신중절'로 바꿀 수 있을 것이다.

산전 검사의 지지자들이 새로운 유전학 이용에 열광하는 반면에, 다른 사람들은 현재의 완벽한 아이를 추구하는 것 이면에 존재하는 불길한 우생학의 그림자를 본다. 물론 이에 대해서는 대부분의 사람들이 생식의 자유를 끌어들이며 그 혐의를 부인하곤 한다. 산전 검사나 착상전 진단을 정부에서 강제적으로 시행하는 것이 아니라 순전히 부모가 선택하는 것이기 때문에 이는 우생학이 될 수 없다고 말하면서 말이다. 위에서 언급한 강압을 별도로 하고 본다면, 부모의 선택에 의해서 죽는 것이나 국가의 지시에 의해서 죽는 것이나 아이의 입장에서는 별 차이가 없다. 사실은 부모의 거부가 아이에게는 더 해롭다는 주장이 나올 수도 있다. 정부는 언제나 그런 행동에 대한 공범자라 할 수 있으며, 장애를 가진 배아나 태아를 제거하는 데 그 동기가 있다는 것은 자명한 일이다.

우생학이라는 말은 '좋은 태생'이라는 그리스어에서 나온 것인데, 1883년 프란시스 갈턴(Francis Galton)에 의해 만들어졌다. 그는 1905년의 논문에서 우생학이란 "더 나은 교배(breeding)를 통해 인간종의 유전요소(germ plasma)를 향상시키는 과학"이라고 정의했다. 오늘날에는 우생학이 나치의 인종 말살 정책을 연상시키지만, 원래는 영국에서 처음 등장해서 1930년대에 독일과 미국으로 확산된 것이다. 완벽한 인간에 대한 열망과 "꽤 많은 인간들이 수준 이하"(줄리안 헉슬리)라는 믿음에 근거하여 선택적 교배(selective breeding)라는 유전학자들의 목표가 달성되었는데, 처음에 이루어진 것은 열등하다고 평가받던 사람들의 단종수술이었다. 1931년 경 미국에서는 이미 30개의 주에서 '소위' 성도착자, 마약중독자, 알콜중독자, 간질환자, 이외에도 여러 종류의 병자와 몸이 좋지 않은 사람들에게 의무적으로 단종수술을 시행하는 법이 시행되었다.

오늘날에는 행동적 '결함'보다도 신체적 결함을 제거하는 데 더 큰 무게를 두고 있고 그 기술도 더 정교해졌지만, 과거에 비해 오늘날 더 신중한(subtle) 접근법을 취하고 있다고 보기는 어렵다. 1971년 미국과학진흥협회(American Association for the Advancement of Science)의 전임 회장이었던 벤틀리 글래스(Bentley Glass)가 앞으로는 부모가 "기형이나 정신 지체아로 사회에 짐을 지울" 권리가 없다고 말했을 때, 시험관 시술의 개척자인 로버트 에드워즈(Robert Edwards)가 1999년 유럽 인간 생식 학회(European Society of Human Reproduction) 연례 모임에서 다음과 같이 말했을 때, 그들은 일말의 가책도 느끼지 않았을 것이다. "중증 유전질환 아이를 가진 부모는 죄를 짓는 것이다. 우리는 아이의 질을 고려해야 하는 세계로 진입하고 있다." 하지만 『데일리 메일』(*Daily Mail*)[1997년 8월]에 실린 글에서 케임브리지의 역사학 교수 존 케이시(John Casey)는 우리에게 이렇게 경고한다. "사람들은 진보주의자들이 정치적으로 올바르다고 생각하는 것을 나치, 공산주의, 우생학 이데올로기와 연계시키는 것에 대해 천성적으로 거부감을 갖는다. 하지만 그들 사이에는 정말로 공통점이 존재한다. 인간의 생명을 그 자체로서 고귀하고 가치 있는 것으로 보는 것이 아니라, 목적을 위한 수단으로 보는 점 말이다."

이렇게나 명백한 유사점을 다른 사람들은 알아채지 못하고 있다. 선도적인 영국 유전학자 존 번(John Burn)은 1995년 『타임즈』(*The Times*)에 보낸 편지에서 비정상아에 대한 강제적 임신중절을 법으로 규정하고 있는 중국의 현실에 대해 두려움을 표했다. 유전질환자에 대한 불임시술도 강요되고 있는데, 그는 이와 같은 정책을 우생학적 원칙을 '공공연히 드러내는 것'이라고 묘사했다. 그는 중국이 취하고 있는 정책의 강압적인 요소에만 초점을 맞춰 반대를 표명했다. 그러나 중국은 우리가 이미 가고 있는 그 길에서 그저 조금 더 나아갔을 뿐이다. 성인에 대한 불임시술이든 유전적 결함이 있는 배아와 태아의 목숨을 끊는 일이든 간에, 그 밑에 깔려 있는 원칙은 항상 인간의 유전 혈통을 더 낮게 만든다는 것이기 때문이다.

영국의 장애인 단체들은 언제나 유전자 검사의 차별적 특성을 문제삼고 있다. "홀로코스트의 흔적이 유전학 분야의 언저리를 맴돌고 있다. 경고하건대, 역사는 반복된다. 유전학자들은 장애인이나 유전적 결함을 가진 환자들의 인간성을 말살하려 계획하고 있다. 유전자 풀 속에 섞여 있는 결점들로 우리를 속박하려 한다."[17]

결 론

건강한 자식을 원하는 것은 흠잡을 데 없이 정당하고 아주 정상적인 바람이라 할 수 있지만, 문제가 되는 것은 이 목표를 어떻게 실현할 것인가 하는 점이다. 아이는 언제라도 그 자체로서 환영받아야 하는 존재이지, 부모 마음 속 기준에 맞는다는 이유에서 환영받는 존재가 아니다. 생식의 자유를 부모의 권리만으로 좌지우지하는 일은 없어져야 하며, 그것은 아이의 존재 자체는 말할 바도 없이 아이의 행복에 반대되는 것이어서도 안 된다. 유전적인 문제를 판별하는 일에서 새로운 유전학의 검사 도구들은 점점 더 정교해져가고 있지만, 이 문제에 대한 적극적인 해결책은 최소한으로만 이루어지고 있으며 치료를 위한 기술을 발전시키는 데에만 열중하는 사람도 거의 없는 상황이다. 더욱 선호되는 방법은 원치 않는 배아와 태아를 폐기처분해버리는 것이다. 이와 같은 파괴와 차별의 방식은 심각하게 잘못된 의료정책과 부도덕한 사회정책을 의미한다. 우리의 모든 노력과 투자는 환자를 죽이지 않는, 실제 치료법을 찾는 쪽에 집중되어야 한다. 오늘날에도 새로운 생식기술은 속속 등장하고 있지만, 변함없이 가장 좋은 방법으로 남게 되는 것은 아이를 '타고난 운명'으로 여기고 무조건적으로 받아들였던 오랜 전통이다. 공정하고 문명화된 사회에서는, 완벽한 아기를 디자인하겠다는 현재의 우생학적인 꿈보다는 이 오래된 전통이 훨씬 더 높은 가치를 지니는 것이다.

정리와 토론거리

엘리 리*

이 책에 실린 글들을 보면, '맞춤아기: 어디에 경계선을 그어야 하는가?'
에 대한 답변은 '착상전 유전자 검사와 같은 생식기술은 위험한가? 문제
가 있는가?'라는 선행 질문에 대한 입장에 따라 달라지는 것으로 생각된
다. 이 문제에 대해 이 책의 기고자들은 각자의 글을 통해, 제각각 설득력
있지만 서로 반대되기도 하는 주장들을 펼쳤다. 토론 과정에서 나온 핵심
적 주장을 요약해본다면 다음과 같다.

착 상 전   유 전 자   검 사 와   같 은   생 식 기 술 은   위 험 하 고 문 제 가   있 다

착상전 유전자 검사와 같은 생식기술은 임신 중의 엽산 복용과 같이, 자식

---

* **엘리 리(Ellie Lee)**는 사우스햄프턴 대학에서 사회학과 사회정책을 가르치며, 정신건강과 생
식기술 규제 분야에서의 사회 문제 및 정책 개발 사회학을 연구하고 있다. 그녀는 『논쟁』 시
리즈 법 분야의 책임 편집자를 맡고 있다.

에게 어떤 영향을 미쳐보겠다고 부모들이 시도하는 단순한 수단들과는 본질적으로 다르다. 이러한 기술에는 매우 신중할 필요가 있다. 미래 세대의 유전적 조성을 선택하는 데 있어 이 기술들이 제공하는 수준의 통제는 여러 영역에서 위험을 초래할 수 있기 때문이다.

1. 부모가 아이의 유전적 조성을 선택할 수 있게 된다면 이는 부모 – 자식 관계에 악영향을 미칠 수 있다. 이럴 경우에 아이를 상품처럼 여기게 되고, 아이가 부모의 요구 사항에 적합한 '품질'을 지니고 있는지에 따라 아이를 평가하게 될 수 있다. 이런 상황에서라면 부모가 아이에게 무조건적인 사랑을 베풀 여지는 줄어드는 반면에, 부모가 아이를 평가할 여지는 더 많아지게 될 것이며 기대에 부응하지 못한 아이에게 부모가 실망하기도 쉬워질 것이다.

2. 특정한 질병이나 형질을 배제하는 기술은 이런 질병이나 형질을 가진 사람들에 대한 부정적 태도를 조장할 것이며 차별을 낳을 수 있다.

3. 현재와 같은 착상전 유전자 검사와 산전 검사는 특히 장애인에 대한 부정적 태도를 내포하고 있다. 이 검사들은 장애인으로서 살아가느니 태어나지 않는 편이 낫다는 생각에 근거하고 있으며, 이런 생각을 조장하기까지 한다. 또한 이 검사들은 장애아를 낳기로 결심한 임산부에 대해서도 '그릇된 선택'을 했다는 생각을 조장하게 된다.

4. 개인의 선택이 생식기술 규제의 최우선 기준이 되어야 한다는 생각에 대해서는 거부할 필요가 있다. 지금 살펴본 것처럼, 그와 같은 기술이 문제를 안고 있기 때문에 규제가 필요하다.

착상전 유전자 검사와 같은 생식기술은 위험하지도 않고, 문제도 없다.

'맞춤아기'에 관한 많은 논쟁에서 제시된 끔찍한 시나리오들은 실현 가능한 일들을 오도하고 있다. 대부분의 질병과 거의 모든 형질들은 그 복잡성 때문에, 현재의 생식기술로는 선택하거나 피하거나 할 수 없기 때문이다. 하지만 작금의 논쟁이 안고 있는 문제는 그 주장이 부정확하다는 점보다도 악의적이라는 점에 있다고 하겠다. 이 논쟁들로 인해, 시술 비용이 너무 높다거나 착상전 유전자 검사와 같은 기술의 혜택을 꼭 받아야만 할 사람들이 서비스에 접근하기 어렵다는 점 등은 오히려 관심을 받지 못하고 있다. 임신할 수 없는 사람들이나 유전병 가족력이 있는 사람들, 장애아를 낳을 것이냐 말 것이냐를 선택하려는 사람들에게 있어 생식기술은 커다란 혜택일 수 있다. 다음과 같은 이유에서 이 기술에 대한 우려는 근거가 없다고 할 수 있다.

1. 부모들이 생식기술로 태어난 아이들을 '상품'처럼 여길 것이라는 주장은 입증되지 못했다. 이런 견해는 '추측'에 근거한 것이며, 그런 부모들이 자식과 맺고 싶어하는 관계를 이런 식으로 왜곡하는 것에는 분명히 문제가 있다.

2. 생식기술이 차별을 낳을 것이라는 주장 또한 사실상 근거가 없다. 개개인이 그런 기술을 사용한다고 해서, 결과적으로 다른 사람들의 기회가 감소되는 것은 아니기 때문이다. 예비부모들이 착상전 유전자 검사나 다른 기술을 선택한다 할지라도 그 누구도 해를 입지는 않으며 생명의 기회가 줄어들지도 않는다.

3. 산전 검사 및 착상전 유전자 검사에 관련된 규정이 생식적 선택의 폭을 확대시키는 것 이외의 다른 이해관계에 기반할 것이라는 말이 사

실이라 할지라도, 이 말이 장애인에 대한 부정적인 태도를 반드시 조장하게 되리라는 것을 의미하지는 않는다. 산전 검사가 일상화되면서도 사회가 이미 태어난 장애인에 대해 호의적인 정책을 채택하는 것은 가능할 것이기 때문이다. 착상전 유전자 검사를 이용하거나 산전 검사에 이어 임신중절을 선택한 사람들이라고 해서 그들을 장애인에 적대적인 사람으로 간주하는 것은 잘못이다. 장애가 없는 아이를 갖고 싶어한다고 해서 이것이 장애인 일반에 대한 부정적인 태도를 의미하는 것은 아니다.

4. 생식의 자유라는 가치를 옹호해야만 하는 강력한 이유가 있다. 성인에게는 각자의 삶과 미래에 대해 결정을 할 수 있는 능력이 필요하다. 생식과 관련하여 이루어진 결정이 다른 사람들에게 해를 끼치지만 않는다면, 그들 스스로가 결정하도록 허용해야 할 것이다. 이는 본인이 원할 경우에는 장애아를 낳지 않기 위한 생식기술 사용을 허가해야 한다는 것을 의미할 뿐만 아니라, 기술적으로 가능해질 경우에는 자식의 형질을 선택하는 데에도 이를 사용할 수 있도록 해야 한다는 것을 뜻한다.

이처럼 대조적인 접근법은 생식기술 규제에 대해 중요한 이슈를 부각시킨다. 앞에서 간략히 언급했던 것처럼, 착상전 유전자 검사와 같은 인간 배아에 관한 시술 여부가 지금은 의사의 결정에 따라 규제된다. 관련 의사는 이 시술이 아이에게 최선인가를, 그리고 요청된 시술을 제공해야 할 것인가의 여부를 판단한다. 성 선택이나 특정한 유전적 결함을 검사하는 것과 같이 특정한 요청에 대한 착상전 유전자 검사 허용 여부는 사안별로 결정되고 있다.

대체적으로, 이 글을 쓰고 있는 지금, 윤리적으로 가장 바람직하게 여겨지고 있는 것은 비의학적 이유의 검사에 대해서는 선을 그어야 한다는 입장이다. 다시 말해서, 착상전 유전자 검사가 중증 질환을 유발하는 유전자 결함을 검사하는 용도로만 사용되어야 한다는 것이다. 2002년 2월 이후, 영국에서는 특정한 유전자를 찾아내기 위한 검사 또한 윤리적으로 정당화되고 있다. 예를 들면 장래의 아이를 골수 이식자로 만드는 것은 허용된다. 하지만 이 경우에도 이런 착상전 유전자 검사의 정당성 여부는 의학적 목적에 부합하는가의 기준에 따라 결정된다. 앞으로 태어날 아이가 아니라 지금 존재하는 아이에게 도움이 된다는 목적이라 할지라도 말이다.

이 장에서 제기된 몇몇 주장들은 이러한 규제를 옹호하는 입장에 대해 이의를 제기한다. 규제에 반대하는 주요한 입장은 다음의 두 가지이다. 한쪽 입장에서는, 생식의 자유라는 윤리에 근거하여 최소한의 규제만이 이루어져야 한다고 주장한다. 착상전 유전자 검사 및 다른 기술은 이 기술의 사용이 다른 사람에게 해를 끼칠 수 있다는, 반박하기 어려운 증거가 제시될 경우에만 정당하게 제한될 수 있다는 것이다. 이같은 시나리오에서는 의학적 질병 검사뿐 아니라 형질 검사도, 할 수만 있다면 예비부모에게 허용되어야 한다. 또 다른 입장은 생식기술 사용에는 엄격한 규제가 필요하다고 주장한다. 이 입장은 생식기술은 틀림없이 부모–자식 관계에 해를 끼치게 될 것이며 차별과 반(反)장애적인 관점을 낳을 수 있다는 생각에 근거하고 있다. 착상전 유전자 검사는 조기 사망을 유발할 수 있는 질환에 한해서만 허용되어야 한다. 어디에 '경계를 그어야' 할 것인가에 대한 논쟁이 계속되고 있는 현재의 상황에서, 법과 정책이 변화해야 할지, 또 변화한다면 어떻게 변해가야 할 것인지를 독자 스스로가 판단하는 과정에 이 글들이 도움이 되기를 바란다.

2000년 여름부터 영국사상연구소(Institute of Ideas)는 당대의 문제들을 가지고 광범위한 라이브 토론, 회의, 모임을 조직해왔다. 이러한 이벤트들의 성공은 우리 사회가 그동안 신문 표제나 방송 뉴스를 넘어서는 지적 논쟁에 목말라 있었음을 시사한다. 그래서 호더 & 스토턴(Hodder & Stoughton) 출판사로부터 이런 종류의 논쟁을 모델로 한 책을 시리즈로 내자는 제안을 받았을 때에도 영국사상연구소는 이를 기쁜 마음으로 받아들였다. 이 '논쟁'(Debating Matters) 시리즈는 그 결과물로서, 공적 영역에서 종종 거론되기는 하지만 학계, 정부 위원회, 전문가 사회의 밖으로 나가면 거의 의문시되지 않는 문제들에 대해 토론의 장을 열겠다는 연구소의 약속을 반영하고 있다. 각 장은 몇 개의 에세이로 구성되어 있으며, 각 에세이는 네 가지 주제—법, 과학, 사회, 예술&미디어— 중 하나를 검토한다.

우리는 문제들에 대해 '모 아니면 도'라는 식의 접근을 피하고자 한다. 대신 각 책의 논자들은 논란이 되는 현안에 대해 논쟁의 다양한 측면들을 쉬운 말로 드러내줄 것이다. 때로 각 접근들은 중복될 수도 있지만 서로 다른 관점을 제시할 것이며, '지지 혹은 반대'의 태도를 취하지 않은 채 공정하게 증거만을 제시하는 논자도 있을 것이다.

이 책은 최근 몇 년 사이에 관심사로 떠오른 주요 문제들을 다루고 있지만, 일시적인 유행 이상을 반영하는 문제들로 선별했다. 예컨대, 이 책 중 한 장에서 다루고 있는 '맞춤아기'에 대한 두려움은 지난 10년 사이에 생겨난 문제이다. 그러나 생식기술 발전의 함의에 대한 문화적 불신이 광범위하게 퍼져 있는 상황에서, 앞으로도 계속될 과학 발전은 '맞춤아기'에 대한 논쟁이 이제 시작에 불과할 뿐임을 의미한다. 마찬가지로, 날씨 문제는 이따금 홍수나 기상 악화가 있을 때 뉴스를 타곤 하겠지만 그 아래에 놓인 지구 온난화에 대한 걱정이나 자연에 대한 인간의 개입이 세계를 해치고 있다는 생각은 현대 문명의 지속적인 주제로서 이 책의 또 다른 장에서 다루어질 수도 있을 것이다.

이 책의 핵심에는 오늘날의 문화에서 논쟁이 너무 옆으로 밀려나 있다는 인식이 자리잡고 있다. 소위 정치적 올바름이라고 하는 것은 너무 많은 문제들을 논쟁에 부적절한 것으로 제외시키는 역할을 해왔다. 자주 지적되어온 문화와 교육의 '하향평준화'는 지적이고 도전적인 공적 토론에 큰 타격을 입혀왔다. 국회에서 또는 더 나아가 정치 일반에서, 관점들 사이의 교류는 합의를 명목으로 경시되고 있으며, 원칙의 문제를 놓고 논증하는 일은 보기 드문 일이 되었다. 오늘날 우리 대학에 팽배한 상대주의적 통설은 마치 어떤 논증도 우월하지 못한 것처럼 모든 시각을 찬양한다. 원인이 무엇이든 간에 학계 안의 많은 사람들은 세미나, 강의실, 연구 논문에서 활발한 논쟁과 당찬 반박이 실종되었음을 슬퍼하고 있다. 미디어는 실제(real) 문제에 대한 TV 토론보다 '리얼리티 TV'를 좇는 추세이며, 신문은 폭넓은 논쟁적 글보다 개인적인 칼럼을 선호한다. 그리고 이 모든 경향들이 논쟁에 대한 냉소적인 효과를 가져오고 있다.

그러나 사회 일반을 위해, 그리고 그 안의 개인을 위해, 우리 시대의 주요 문제에 대한 활발한 지적 접근은 필수적이다. 이 책은 입장들 사이의 논쟁을 북돋우기 위한 일환으로서, 우리가 세계를 이해하고 그 미래를 만들어가는 데 동참하고자 한다면 이러한 논쟁이 반드시 필요하다. 당신은 이 책 속의 모든 글에 대해 동의하지 않을 수도 있고, 모든 질문에 대한 답을 구하지 못하거나 모든 지적 호기심을 만족시키지 못할 수도 있을 것이다. 그러나 우리는 당신이 책을 덮은 뒤에도 한동안은 논쟁을 지속할 수 있을 만큼 자극이 되는 생각과 글들을 이 안에서 발견하게 되기를 희망한다.

영국사상연구소 소장

클레어 폭스(Claire Fox)

리얼리티 TV: 얼마나 실제적이어야 실제인가?

1 "The Message", BBC Radio 4, 8 August 2000.

2 *International Journal of Cultural Studies*, 2001. 12. no. 4-4.

3 *The Guardian*, 2001. 11. 5.

4 『가디언』, 2001년 7월 7일에서 인용.

5 *Unwanted Gaze*, 2000.

6 『스마트 하트』 웹사이트: www.the-loop.com/smarthearts

7 Jim White, "Summer Lovin", *G2*, 2002. 1. 14.

8 "Television, the Crisis of Democracy and the Persian Gulf War", M Raboy, B. Dagenais (eds.), *Media, Crisis and Democracy: Mass Communication and the Disruption of the Social Order*.

9 *Observer*, 2002년 2월 3일에서 인용.

10 *Representing Reality: Issues and Concepts in Documentary*, Indiana University Press, 1991.

11 Brian McNair, *News & Journalism in the UK*, Routledge, 1999.

12 John Ranger, *Tabloid Television: Popular Journalism and the 'Other News'*, Routledge, 1998.

13 Michael Curtin, "The Discourse of 'Scientific Anti-Communism' in the 'Golden Age' of Documentary", *Cinema Journal*, vol. 32, no. 1, Fall 1992.

14 William Rothman, *Documentary Film Classics*, Cambridge University Press, 1997.

15 W. Hugh Baddeley, *The Technique of Documentary Film Production*, Focal Press, 1975.

16 Brian Winston, *Claiming the Real*, BFI Publishing, 1995.

17 Patricia Holland, *The Television Handbook*, Routledge, 2000.

18 William Rothman, *Documentary Film Classics*, 1997.

19 Gilbert A. Bouchard, 「리얼리티 TV로의 탈출」, www.expressnews.ualberta.ca에 연재.

20 http://www.spiked-online.com/Articles/00000002D2C4.htm

21 Andrew Calcutt, "Democracy Under Threat", Hugh Stephenson, Michael Bromley (eds.), *Sex, Lies and Democracy: The Press and the Public*, Longman, 1998.

윤리적 관광: 누구를 위한 것인가?

1 *Independent*, 1993. 8. 3.

2 Observer, 1999. 6. 27.

3 "Tourism's Troubled Times", in L. Francis (ed.), *Sustainable Tourism,* Earthscan, 1997.

4 "Is Progressive Tourism Appropriate?", *Tourism Management*, 1992.

5 "Is There a Real 'Alternative Tourism'?", *Tourism Management*, 1992.

6 World Travel and Tourism Council, *Millennium Vision*, WTTC, 1999.

7 *The Native Tourist*, Earthscan, 2001.

8 *The Holiday Makers*, Butterworth Heinemann, 1987.

9 *Practicing Responsible Tourism*, Wiley, 1996.

10 *Hosts and Guests the Anthropology of Tourism*, University of Pennsylvania Press, 1989.

11 Tearfund, "World's Apart", 2002.

12 VSO, "Travelling in the Dark", 1999; Tearfund, "Tourism, Putting Ethics into Practice", 2001.

13 "Tourism's Troubled Times", in L. France, *Sustainable Tourism*, 1997.

14 Proyecto Ambiental Promotional Literature, 1997.

15 *Preserve or Destroy: Tourism and the Environment*, 1995, p. 56.

16 *Guardian*, 1999. 5. 15.

17 Tourism Concern Press Release, 2001.

18 D. Nash, *The Anthropology of Tourism*, 1996, 논자의 강조.

19 "Introduction", *Ecotourism: A Sustainable Option*, 1994.

20 *The Green Travel Guide*, 1998.

21 *Entitlement to Natural Resources*, International Books, 1996.

22 Parks and People, *Development and Change*, 25, 1, 1994. 1.

23 *Eco-tourism: Suicide or Development?*, UN Non-Governmental Liason Service, 1996.

24 M. Colchester, "Salvaging Nature: Indigenous Peoples and Protected Areas," K. B. Ghimire and M. P. Pimbert (eds.), *Social Change and Conservation: Environmental Politics and the Impacts of National Parks and Protected Areas*, Earthscan, 1997.

25 *Indegenous People and Protected Areas*, Sieera Books, 1994.

26 M. Colchester, "Salvaging Nature: Indigenous Peoples and Protected Areas", *op.cit*에서 인용.

27 "A Landless People of the Land", *Electronic Mail & Guardian*, 1996. 7. 11.

28 Mowforth and Munt, *Tourism and Sustainability: New Tourism in the Third World,*

Routledge, 1998.

29 George Monbiot, "Whose Wildlife is It Anyway?", *Electronic Mail & Guardian*, 1999. 6. 9.

30 "A Landless People of the Land", *Electronic Mail & Guardian*, 1996. 7. 11.

31 Eddie Koch, "Whose Land is This?", *Electronic Mail & Guardian*, 1995. 2. 23.

32 Eddie Koch, "The Texan Who Plans a Dream Park Just Here", *Electronic Mail & Guardian*, 1996. 1. 18.

33 "Amazing Thailand", *BBC World Service Online*, 1999. 3. 21.

34 *The Moralisation of Tourism*, Routledge, 2002.

35 "A Great White Lie", *Guardian*, 2001. 12. 1.

36 J. Vidal, *op.cit.*

37 F. Pearce, *The Green Warriors*, Bodley Head, 1991.

38 *CIA World Factbook*, 2001.

39 Earthwatch Institute, "Two Tickets to Paradise. Is Eco-tourism an Environmental Boon or Boondoggle?", 1996. 11/12.

동물실험: 과연 선인가 악인가?

1. N. A. Rupke, (ed.), *Vivisection in Historical Perspective*, Croon-Helm, 1987.

2. P. Rhodes, *An Outline of the History of Medicine*, Butterworths, 1985.

3. N. A. Rupke, (ed.), *Vivisection in Historical Perspective*, Croon-Helm, 1987.

4. R. D. French, *Antivivisection and Medical Science in Victorian Society*, Princeton University Press, 1975.

5. *Statistics of Scientific Procedures on Living Animals Great Britain 2000*, The Stationary Office, CM 5244.

6. A. Coghlan (*et al.*), "Let the People Speak", *New Scientist* 22 May 1999; B. Davies, "In-depth Survey of Public Attitudes Show Surprising Degree of Acceptance", RDS News April 2000, pp. 8~11.

7. D. Henshaw, *Animal Warfare*, Fontana/Collins, 1989.

8 이에 대한 더욱 풍부한 비평을 보려면, *The Animal Rights Debate*, Rowman & Littlefield, 2001에 실린 나[Tom Regan]의 논문을 참고할 것.

9 관련된 문헌으로는 Hugh Lafollett and Niall Shanks, *Brute Science: Dilemmas of Animal Experimentation*, Rouledge, 1996.

10 *The Animal Rights Debate*, *op.cit*, p. 291.

11 이 권리에 대해 더 알고 싶다면, 나[Tom Regan]의 책 *The Case for Animal Rights*, University of California Press, 1983을 볼 것.

12 *The Descent of Man*, Chapter 4.

13 이러한 예를 보고 싶다면 Carl Cohen, "The Case for the Use of Animals in Biomedical Research", *New England Journal of Medicine* 315, 1986, pp. 865~870을 보라.

14 K. Goodwin and A. R. Morrison, "Science and Self Doubt", *Reason,* October, 2000.

15 S. W. G. Derbishire, "Animal Research: A Scientist's Defence", *Spiked,* 2001. www.spiked-online.com

16 J. B. McKinlay and S. McKinlay, *Health and Society,* Milbank, 1977.

17 이 단어는 리차드 라이더가 처음으로 발명한 것이다. 그의 책 *Victims of Science,* Davis-Poynter 1975.

18 T. Regan, *Defending Animal Rights,* University of Illinois Press, 2001, pp. 42~43.

19 R. Ryder, "Darwinism, Altruism and Painience", *A Talk Presented to Animals, People and the Environment,* 1999, www.ivu.org/ape/talks/ryder/ryder.htm

20 C. Cohen, T. Regan, *The Animal Rights Debate,* Rowman and Littlefield Publishers, 2001.

21 S. W. G. Derbyshire, "The IASP Definition Captures the Essence of Pain Experience", *Pain Forum* 8, 1999, pp. 106~109; S. W. G. Derbyshire, "Locating the Beginnings of Pain", *Bioethics* 13, 1999, pp. 1~31; S. W. G. Derbyshire, "Fetal Pain: An Infantile Debate", *Bioethics* 1, 2001, pp. 77~84.

22 T. Nagel, "What is It Like to Be Bat?", *Philosophical Review* 4, 1974, pp. 435~450.

23 S. W. G. Derbyshire, "Sources of Variation in Assessing Male and Female Responses to Pain", *New Ideas in Psychology* 15, 1997, pp. 83~95; G. Waddell, "A New Clinical Model for the Treatment of Low-back Pain", *Spine* 12, 1987, pp. 632~644.

24 H. Merskey, "The Definition of Pain", *European Journal of Psychiatry* 6, 1991, pp. 153~159.

25 D. C. Dennett, *Kinds of Minds: Towards an Understanding of Consciousness,* Basic Books, 1996, p. 18. 강조는 원필자.

26 C. M. Heyes, "Anecdotes, Trapping and Triangulating: Do Animals Attribute Mental State?", *Animal Behavior* 46, 1993, pp. 177~188; K. Malik, Man, *Beast and Zombie,* Weidenfeld, 2000; J. Vauclair, "Mental States in Animals: Cognitive Ethology", *Trends in Cognitive Sciences* 1, 1997, pp. 35~39.

27 C. Cohen, "The Case for the Use of Animals in Biomedical Research", *New England Journal of Medicine* 315, 1986, p. 867.

대체의학: 우리는 대체의학을 받아들여야 하는가?

1 *Complementary and Alternative Medicine: Session 1999~2000,* 2000.

2 A. Furnham, "Why Do People Choose and Use Complementary Therapies", E. Ernst (ed.), *Complementary Medicine*, 1996.

3 "Acupuncture and Intention: Needling without Needle", *Medical Acupuncture Online Journal*, 11, 1999.

4 *The Science of Homeopathy*, 1980.

5 preface to S. Hahnemann, *The Chronic of Diseases*, trans. C. Hempel, 1845.

6 A. I. Tauber, "Darwinian Aftershocks: Repercussions in the Twentieth Century", *Journal of the Royal Society of Medicine*, 87, pp. 27~31, 1994.

7 R. M. Nesse and G. C. Williams, *Evolution and Healing: The New Science of Darwinian Medicine*, 1995.

8 "Sentence, Cancer, and Endogenous Parasites: A Salutogenic Hypothesis", *Journal of the Royal College of Physicians*, 30, 1996, pp. 10~12.

9 *The Whole Truth*, 1989.

10 *Homeopathic Science and Modern Medicine*, 1980.

11 *Chinese Medicine: The Web That Has No Weaver*, 1983.

12 D. Peters, "Is Complementary Medicine Holistic?", A. Vickers (ed.), *Examining Complementary Medicine*, 1998.

13 editorial, *The Lancet*, 244, 1994, pp. 681~682.

14 A. Vickers, "Criticism, Scepticism and Complementary Medicine", A. Vickers (ed.), *Examining Complementary Medicine*, 1998.

15 C. Wood, "Subtle Energy and the Vital Force in Complementary Medicine", A. Vickers (ed.), *Examining Complementary Medicine*, 1998.

16 D. P. O'Mathúna, *Scientific Review of Alternative Medicine*, 1998.

17 J. A. Straneva, "Therapeutic Touch Coming of Age", *Holistic Nursing Practice*, 14(3), 2000.

18 G. Turner (et al.), "The Effect of Therapeutic Touch on Pain and Anxiety in Burn Patients", *Journal of Advanced Nursing*, 28(1), 1998.

19 J. A. Straneva, "Therapeutic Touch Coming of Age", *Holistic Nursing Practice*, 14(3), 2000.

20 M. E. Rogers, "Nursing: Science of Unitary, Irreducible, Human Beings: Update", E. Barrett (ed.), *Visions of Rogers's Science-Based Nursing*, 1990.

21 D. O'Mathúna and W. Larimore, *Alternative Medicine*, The Christian Handbook, 2001.

22 D. Lewis, *Nursing Standard*, 14 April, 1999.

23 L. Freeman and G. Lawlis, *Mosby's Complementary and Alternative Medicine*, 2001.

24 M. Mooney, *Complementary Therapies in Nursing and Midwifery*, 2000.

25 T. Meehan, "Therapeutic Touch as a Nursing Intervention", *Journal of Advanced Nursing*, 28(1), 1998.

26 D. Lewis, *Nursing Standard*, 14 April, 1999.

27 J. A. Straneva, "Therapeutic Touch Coming of Age", *Holistic Nursing Practice*, 14(3), 2000.

28 L. Rosa (et al.), "A Close Look at Therapeutic Touch", *Journal of the American Medical Association*, 279(13), 1998.

29 J. A. Straneva, "Therapeutic Touch Coming of Age", *Holistic Nursing Practice*, 14(3), 2000.

30 Meehan, "Therapeutic Touch as a Nursing Intervention", *Journal of Advanced Nursing*, 28(1), 1998.

31 *Science and the Retreat from Reason*, 1995.

32 *Postmodern Nursing*, www.thepublicinterest.com, 2000.

33 N. Mellon, *Nursing Standard*, letters page, 7 July 1999.

34 Steve Wright, *Nursing Times*, 23 April 1997.

35 J. Salvage, "Journey to the Centre", *Nursing Times*, 23 April 1997.

36 J. Sayre-Adams and S. G. Wright, *The Theory and Practice of Therapeutic Touch*, 1995.

37 "Physiological and Psychodynamic Responses to Receiving Therapeutic Touch in Critical Care", *Complementary Therapies in Nursing and Midwifery*, 5(3), 1999.

38 *PC, M. D. How Political Correctness Is Corrupting Medicine*, 2001.

39 "Therapeutic Touch as a Nursing Intervention", *Journal of Advanced Nursing*, 28(1), 1998.

40 *Science and the Retreat from Reason*, 1995.

41 Donal O'Mathúna, *Scientific Review of Alternative Medicine*, 1998.

42 *British Medical Journal, letters page*, 20 August 1999.

43 J. Salvage, "Journey to the Centre", *Nursing Times*, 23 April 1997.

44 M. E. Rogers, *An Introduction to the Theoretical Basis of Nursing*, 1970.

45 "Use and Expenditure on Complementary Medicine in England: A Population Based Survey", *Complementary Therapies in Medicine*, 2001.

46 D. M. Eisenberg; R. B. Davis, S. L. Ettner et al., "Trends in Alternative Medicine Use in the United States, 1990~1997: Results of the Follow up National Survey", *Journal of the American Medical Association*, 280, 1998, pp. 1569~1575.

47 House of Lords, *Select Committee on Science and Technology: Complementary and Alternative Medicine*, November 2000.

48 Thomas (*et al.*), "Use and Expenditure on Complementary Medicine in England: A Population Based Survey", *Complementary Therapies in Medicine*, 2001.

49 J. Bonet, *Complementary Medicine in Primary Care: What are the Key Issues?*, NHS Executive, 2000.

50 British Medical Association, *Acupuncture: Efficacy, Safety and Practice*, 2000.

51 *Government Response to the House of Lords Select Committee on Science and*

Technology's Report on Complementary and Alternative Medicine, March 2001.

52 *The Observer*, 8 July 2000.

53 S. Mills, *Professional Organization of Complementary and Alternative Medicine in the United Kingdom*, The Centre of Complementary Health Studies, University of Exeter, 2000.

54 Office of National Statistics 2001, 미발표 자료.

55 L. Rees (*et al.*), "Integrated Medicine", *British Medical Journal*, 322, 2001, pp. 119~120.

56 Lesely Rees and Andrew Weil, "Integrated Medicine", *British Medical Journal*, 20 January 2001.

57 R. Dubos, *Louis Pasteur: Free Lance of Science*, 1960.

58 *Daedalus*, 106, Winter, 1977.

59 F. Furedi, *The Silent Ascendancy of the Therapeutic Culture in Britain*.

60 M. Fitzpatrick, *The Tyranny of Health*, 2001.

61 E. Showalter, *Hystories: Hysterical Epidemics and Modern Culture*, 1997.

62 *Descartes Error: Emotion, Reason and the Human Brain*, 1994.

63 *British Medical Journal*, 29 January 2001.

맞춤아기(Designer Babies): 경계선을 어디쯤에 그어야 할 것인가?

1 *Clinical Obsterics and Gynaecology*, 36(3), 1993, p. 543.

2 *Cambridge Quarterly of Healthcare Ethics*, 9, 2000, p. 366.

3 Editorial, *The Economist*, 14 April 2001,

4 Middleton, *American Journal of Human Genetics*, 63(4), 1998, pp. 1175~1180.

5 *Lancet*, 338, 1991, p. 999.

6 *Clinical Obstetrics and Gynaecology*, 1993, pp. 496~509.

7 Marteau & Drake, *Social Science and Medicine*, 40(8), 1995, pp. 1127~1132.

8 Gordon, *Science*, 283, 1999, p. 2023.

9 *Hastings Center Report*, 27(2), 1997, pp. 16~22.

10 *Independent*, 2000. 10. 4.

11 MSNBC, 2001. 6. 8.

12 국제연합의 보편 인권 선언(1978) 16조, 유럽 인권 협정(1953) 8조와 12조, 국제 시민권과 정치권 규약(1976)의 23조를 보라.

13 예를 들어, *Wonderwoman & Superman: The Ethics of Human Biotechnology*, Oxford University Press, 1992를 보라. 이에 대한 좀 더 명시적이고 명쾌한 변호를 보고자 한다면 John A. Robertson, *Children of Choice*, Princeton University Press, 1994; Ronald Dworkin, *Life's Dominion*, HarperCollins, 1993을 보라.

14 예를 들어, 다음 글들을 참고하라. Dora Black, "Psychological Reactions to Life Threatening and Terminal Illness and Bereavement", in *Child Psychiatry: Modern Approches*, M. Rutter, E. Taylor, L. Hersov (eds.), Butterworth, 1994 and Rebecca Abrams, *When Parents Die*, Chales Letts, 1992.

15 "Human Disease Genes", G. Jimenez-Sanchez (*et al.*), *Nature*, 2001. 2. 15.

16 *Daily Mail*, 2000. 5. 8.

17 "Fighting Back Against Eugenics……", Disability Action North East, 1998.